공기업 통합전공

기술직

전기·기계·토목

PREFACE

머리말

최근 공사 · 공단은 직무에 대한 전문성을 평가하기 위하여 국가직무능력표준(NCS)뿐 아니라 전공과목의 출제 및 평가비중을 높이고 있다. 이에 따라 공사 · 공단 채용을 준비하는 수험생들은 지원하는 공사 · 공단이 어떤 전공과목을 출제하는지 미리 파악해 두는 것이 필요하며, 공사 · 공단 기술직에서 출제 비중이 높은 전공과목인 전기 / 기계 / 토목 과목을 학습함으로써 필기전형에 대한 철저한 준비가 필요하다.

이에 SD에듀에서는 공기업 기술직 통합전공 판매량 1위의 출간경험을 토대로 다음과 같은 특징을 가진 도서를 출간하였다.

도서의 특징

첫 째 | **공기업 기술직 전공 출제기관을 한눈에 확인!**
전기 / 기계 / 토목 과목을 출제하는 공기업을 도표로 정리하여 채용을 준비하는 데 도움이 될 수 있도록 하였다.

둘 째 | **최신 기출복원문제를 통한 공기업 전공시험 출제 유형 파악!**
2022 ~ 2021년 주요 공기업 전공 기출문제를 복원하여 공기업 전공 필기시험의 전반적인 유형과 출제 경향을 파악할 수 있도록 하였다.

셋 째 | **기술직 필기전형 출제 영역 맞춤 기출예상문제를 통한 실력 상승!**
전기 / 기계 / 토목 과목에 대한 핵심이론과 기출예상문제를 수록하여 필기전형에 완벽히 대비할 수 있도록 하였다.

넷 째 | **최종점검 모의고사로 완벽한 실전 대비!**
철저한 분석을 통한 전공별 최종점검 모의고사를 수록하여 자신의 실력을 마지막으로 점검할 수 있도록 하였다.

다섯째 | **다양한 콘텐츠로 최종합격까지!**
온라인 모의고사와 AI면접 응시 쿠폰을 제공하여 채용 전반을 대비할 수 있도록 하였다.

끝으로 본 도서를 통해 공기업 기술직 채용을 준비하는 모든 수험생 여러분이 합격의 기쁨을 누리기를 진심으로 기원한다.

NCS직무능력연구소 씀

주요 공기업 기술직 전공 출제영역

기업명	전기	기계	토목
KORAIL 한국철도공사	○	○	○
K-Water 한국수자원공사	○	○	○
SH 서울주택도시공사	○	○	○
SR 수서고속철도	○	○	–
TS 한국교통안전공단	○	○	–
공무원연금공단	○	○	○
국가철도공단	○	–	○
국토안전관리원	–	–	○
근로복지공단	–	○	–
대구도시철도공사	–	○	○
도로교통공단	○	–	○
부산교통공사	○	○	○
울산항만공사	–	–	○
인천교통공사	○	○	○
인천국제공항공사	○	○	○
인천항만공사	○	○	–

기업명	전기	기계	토목
한국가스공사	○	○	–
한국가스기술공사	○	○	○
한국가스안전공사	–	○	–
한국남동발전	○	○	–
한국남부발전	○	○	○
한국농어촌공사	○	○	○
한국도로공사	○	○	○
한국동서발전	○	○	○
한국서부발전	○	○	○
한국수력원자력	○	○	○
한국에너지공단	○	○	○
한국전력공사	○	○	○
한국중부발전	○	○	–
한국환경공단	○	○	–
한전KDN	○	–	–
한전KPS	○	○	–
해양환경공단	–	–	○

※ 본 자료는 2022년 채용공고를 기준으로 작성하였으므로 세부내용은 반드시 각 기업의 확정된 채용공고를 확인하시기 바랍니다.

주요 공기업 적중 문제

전기

코레일 한국철도공사 ▸ 변압기의 결선 방식

40 다음 중 변압기의 병렬 운전이 가능한 결선 방식의 조합으로 옳은 것은?

① △－△와 △－Y
② △－Y와 Y－△
③ Y－Y와 △－Y
④ Y－△와 Y－Y
⑤ △－△와 Y－△

한국전력공사 ▸ 알칼리 축전지

10 다음 중 알칼리 축전지의 대표적인 축전지로 널리 사용되고 있는 2차 전지는?

① 망간 전지
② 산화은 전지
③ 페이퍼 전지
④ 니켈카드뮴 전지
⑤ 황산 전지

한국남동발전 ▸ 펠티어 효과

55 두 종류의 금속 접합부에 전류를 흘리면 전류의 방향에 따라 줄열 이외의 열의 흡수 또는 발생 현상이 생긴다. 다음 중 이러한 현상을 무엇이라 하는가?

① 제벡 효과
② 페란티 효과
③ 펠티어 효과
④ 초전도 효과

기계

코레일 한국철도공사 ▸ 냉동사이클

36 역카르노사이클로 작동하는 냉동기의 증발기 온도가 250K, 응축기 온도가 350K일 때, 냉동사이클의 성적계수는 얼마인가?

① 0.25
② 0.4
③ 2.5
④ 3.5
⑤ 4.5

코레일 한국철도공사 ▸ 웨버수

46 웨버수(Weber Number)의 정의와 표면장력의 차원으로 옳은 것은?(단, 질량 M, 길이 L, 시간 T)

① $\frac{관성력}{표면장력}$, 표면장력=$[MT^{-2}]$
② $\frac{점성력}{표면장력}$, 표면장력=$[MT^{-2}]$
③ $\frac{관성력}{표면장력}$, 표면장력=$[MLT^{-2}]$
④ $\frac{점성력}{표면장력}$, 표면장력=$[MLT^{-2}]$
④ $\frac{관성력}{표면장력}$, 표면장력=$[MLT^{-3}]$

서울교통공사 ▸ 구성인선

25 다음 중 구성인선(Build-up Edge)에 관한 설명으로 옳은 것은?

① 공구 윗면 경사각이 크면 구성인선을 크게 한다.
② 칩의 흐름에 대한 저항이 클수록 구성인선은 작아진다.
③ 고속으로 절삭할수록 구성인선은 작아진다.
④ 칩의 두께를 감소시키면 구성인선의 발생이 증가한다.
⑤ 바이트 날을 무디게 하면 구성인선이 작아진다.

토목

코레일 한국철도공사 ▸ 방위각법

30 다음 중 트래버스 측량에 속하는 방위각법에 대한 설명으로 옳지 않은 것은?

① 진북을 기준으로 어느 측선까지 시계 방향으로 측정하는 방법이다.
② 험준하고 복잡한 지역에서는 적합하지 않다.
③ 각이 독립적으로 관측되므로 오차 발생 시 개별각의 오차는 이후의 측량에 영향이 없다.
④ 각 관측값의 계산과 제도가 편리하고 신속히 관측할 수 있다.
⑤ 노선측량 또는 지형측량에 널리 쓰인다.

코레일 한국철도공사 ▸ 단면의 성질

45 다음 중 단면의 성질에 대한 설명으로 옳지 않은 것은?

① 단면 2차 모멘트의 값은 항상 0보다 크다.
② 도심축에 관한 단면 1차 모멘트의 값은 항상 0이다.
③ 단면 2차 극모멘트의 값은 항상 극을 원점으로 하는 두 직교 좌표축에 대한 단면 2차 모멘트의 합과 같다.
④ 단면 상승모멘트의 값은 항상 0보다 크다.
⑤ 단면계수는 도심을 지나는 축에 대한 단면 2차 모멘트를 단면의 상, 하 끝단까지의 거리로 나눈 것이다.

서울교통공사 ▸ 부정정 구조물의 반력

03 다음 부정정 구조물의 A단 수직반력은?

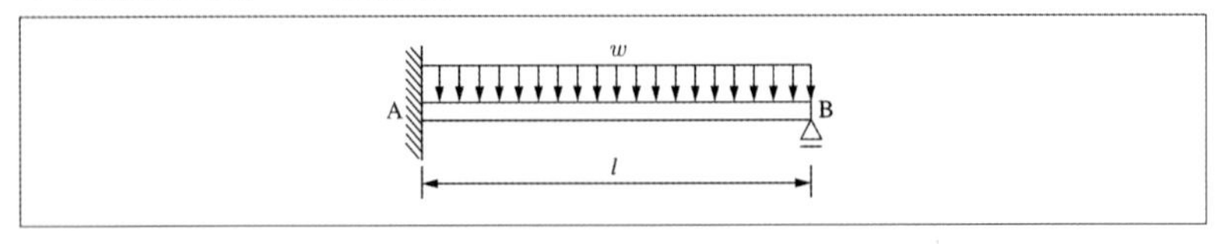

① $\frac{5wL}{8}$
② $\frac{4wL}{2}$
③ $\frac{3wL}{8}$
④ $\frac{2wL}{3}$
⑤ $\frac{wL}{2}$

시험 전 CHECK LIST

D-1

체크	리스트
☐	수험표를 출력하고 자신의 수험번호를 확인하였는가?
☐	수험표나 공지사항에 안내된 입실 시간 및 유의사항을 확인하였는가?
☐	신분증을 준비하였는가?
☐	컴퓨터용 사인펜 · 여분의 필기구를 준비하였는가?
☐	계산기 리셋 방법을 숙지하였는가?
☐	고사장 위치를 파악하고 교통편을 확인하였는가?
☐	고사장에서 볼 수 있는 자료집을 준비하였는가?
☐	인성검사에 대비하여 지원한 공사 · 공단의 인재상을 확인하였는가?
☐	확인 체크표의 × 표시한 문제를 한 번 더 확인하였는가?
☐	자신이 취약한 영역을 두 번 이상 학습하였는가?
☐	도서의 모의고사를 통해 자신의 실력을 확인하였는가?

시험 유의사항

D-DAY

체크	리스트
☐	시험 전 화장실을 미리 가야 한다.
☐	통신기기(휴대폰, 태블릿PC, 무선호출기, 스마트워치, 블루투스 이어폰 등)를 가방에 넣어야 한다.
☐	휴대폰의 전원을 꺼야 한다.
☐	시험 종료 후 시험지와 답안지는 제출해야 한다.

시험 후 CHECK LIST

D+1

체크	리스트
☐	시험 후기를 작성하였는가?
☐	상 · 하의와 구두를 포함한 면접복장이 준비되었는가?
☐	지원한 직무의 분석을 하였는가?
☐	단정한 헤어와 손톱 등 용모관리를 깔끔하게 하였는가?
☐	자신의 자기소개서를 다시 한 번 읽어보았는가?
☐	1분 자기소개를 준비하였는가?
☐	도서 내 면접 기출질문을 확인하였는가?
☐	자신이 지원한 직무의 최신 이슈를 정리하였는가?

도서 200% 활용하기

01 주요 공기업 전공 기출복원문제로 최신 출제 경향 파악

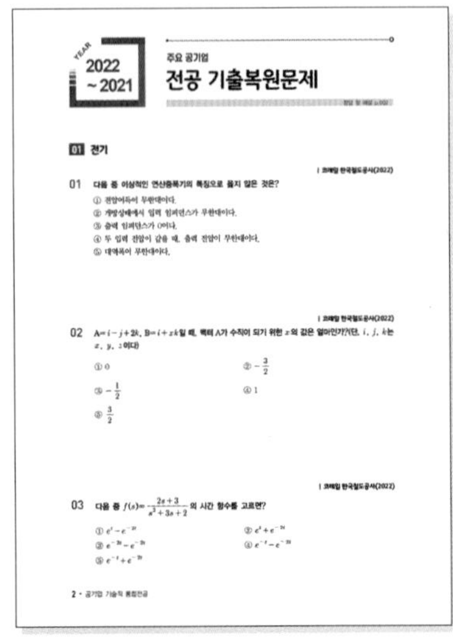
YEAR 2022 ~ 2021

주요 공기업

전공 기출복원문제

01 전기

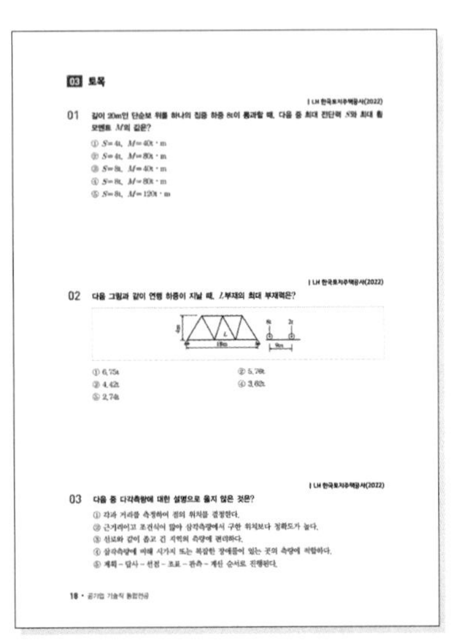
03 토목

2022～2021년 주요 공기업 전공 기출문제를 복원하여 공기업 필기 출제유형을 파악할 수 있도록 하였다.

02 핵심이론＋기출예상문제로 단계적 학습

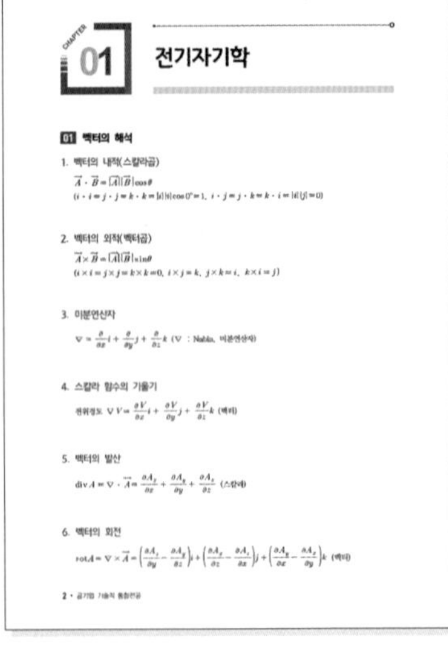
CHAPTER 01 전기자기학

01 벡터의 해석

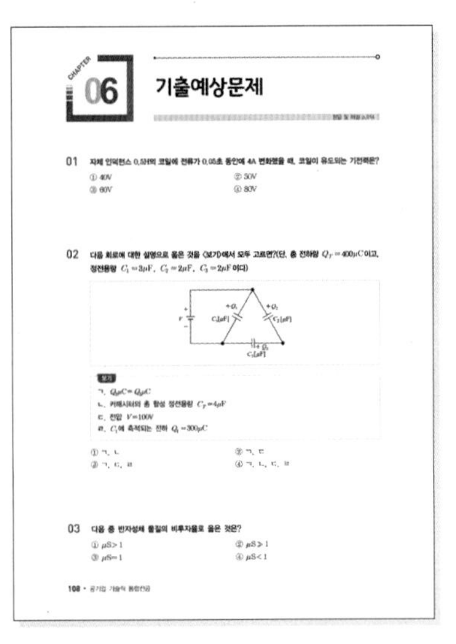
CHAPTER 06 기출예상문제

전기 · 기계 · 토목 핵심이론 및 기출예상문제를 수록하여 각 전공을 효과적으로 학습할 수 있도록 하였다.

03 최종점검 모의고사+OMR을 활용한 실전 연습

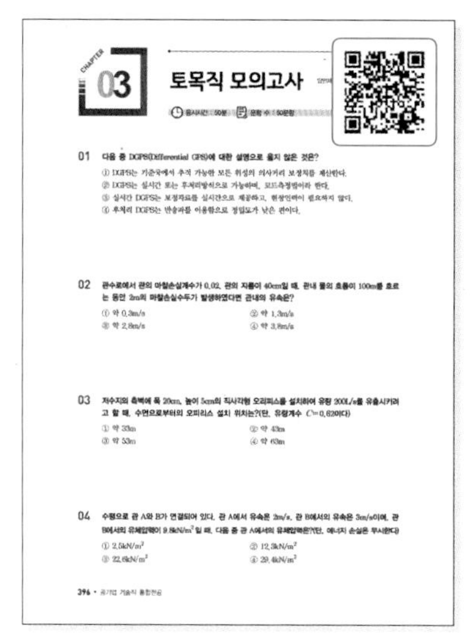

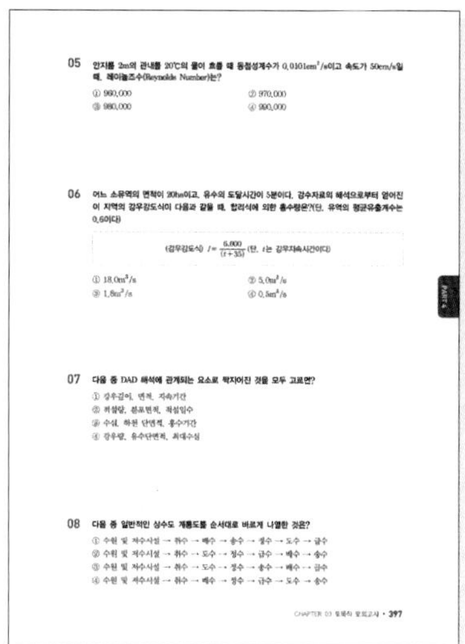

기술직 전공별 모의고사와 OMR 답안카드를 통해 실제로 시험을 보는 것처럼 최종 마무리 연습을 할 수 있도록 하였다.

04 상세한 해설로 정답과 오답을 완벽하게 이해

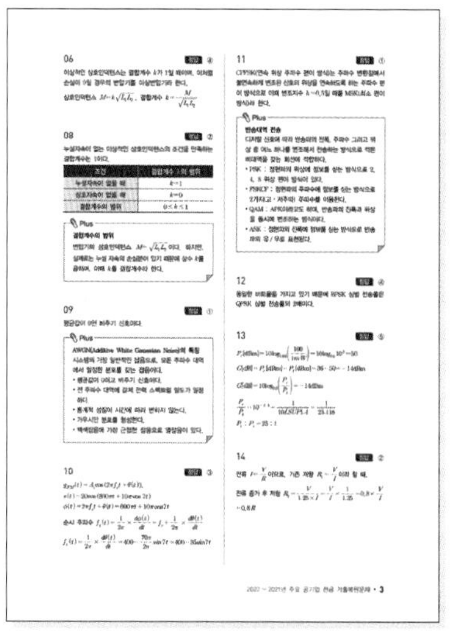

정답과 오답에 대한 상세한 해설을 통해 혼자서도 학습을 할 수 있도록 하였다.

이 책의 차례

Add+ 특별부록

PART 1

전기직 핵심이론

PART 2

기계직 핵심이론

PART 3

토목직 핵심이론

PART 4

최종점검 모의고사

별책

정답 및 해설

Add+

특별부록

2022 ~ 2021년
주요 공기업
전공 기출복원문제

YEAR 2022 ~ 2021

주요 공기업

전공 기출복원문제

정답 및 해설 p.002

01 전기

| 코레일 한국철도공사(2022)

01 다음 중 이상적인 연산증폭기의 특징으로 옳지 않은 것은?

① 전압이득이 무한대이다.
② 개방상태에서 입력 임피던스가 무한대이다.
③ 출력 임피던스가 0이다.
④ 두 입력 전압이 같을 때, 출력 전압이 무한대이다.
⑤ 대역폭이 무한대이다.

| 코레일 한국철도공사(2022)

02 A$=i-j+2k$, B$=i+xk$일 때, 벡터 A가 수직이 되기 위한 x의 값은 얼마인가?(단, i, j, k는 x, y, z이다)

① 0
② $-\frac{3}{2}$
③ $-\frac{1}{2}$
④ 1
⑤ $\frac{3}{2}$

| 코레일 한국철도공사(2022)

03 다음 중 $f(s)=\frac{2s+3}{s^2+3s+2}$의 시간 함수를 고르면?

① $e^{t}-e^{-2t}$
② $e^{t}+e^{-2t}$
③ $e^{-2t}-e^{-2t}$
④ $e^{-t}-e^{-2t}$
⑤ $e^{-t}+e^{-2t}$

| 코레일 한국철도공사(2022)

04 어떤 전기설비로 역률 0.8, 용량 200kVA인 3상 평형유도부하가 사용되고 있다. 이 부하에 병렬로 전력용 콘덴서를 설치하여 합성역률을 0.95로 개선하고자 할 경우 필요한 전력용 콘덴서의 용량은 약 몇 kVA인가?

① 57kVA
② 62kVA
③ 67kVA
④ 72kVA
⑤ 77kVA

| 코레일 한국철도공사(2022)

05 구 내부의 전하량이 Q[C]일 때, 전속수는 몇 개인가?

① Q
② $\frac{Q}{\varepsilon_0}$
③ $\frac{Q}{\varepsilon}$
④ 0
⑤ 4π

| 코레일 한국철도공사(2022)

06 다음 중 역률 개선으로 얻을 수 있는 효과가 아닌 것은?

① 전압변동률 감소
② 변압기 및 배전선의 부하 부담 증가
③ 설비 투자비 경감
④ 전압이 안정되어 생산성이 증가
⑤ 전기요금 경감

| 코레일 한국철도공사(2022)

07 다음 중 이상적인 변압기의 조건을 만족하는 상호유도회로에서 결합계수 k의 값은?(단, M은 상호 인덕턴스, L_1과 L_2는 자기인덕턴스이다)

① $k=\sqrt{ML_1L_2}$
② $k=L_1L_2+M$
③ $k=M\sqrt{L_1L_2}$
④ $k=\frac{M}{\sqrt{L_1L_2}}$
⑤ $k=\frac{\sqrt{L_1L_2}}{M}$

| 코레일 한국철도공사(2022)

08 다음 중 누설자속이 없을 때, 이상적인 상호인덕턴스 M의 조건을 만족하는 결합계수 k의 조건으로 옳은 것은?

① $k<1$
② $k=1$
③ $0<k<1$
④ $k<0$
⑤ $k=0$

| 코레일 한국철도공사(2022)

09 다음 중 AWGN(Additive White Gaussian Noise)의 특징으로 옳지 않은 것은?

① 평균값이 무한대인 비주기 신호이다.
② 전 주파수 대역에 걸쳐 전력 스펙트럼 밀도가 일정하다.
③ 통계적 성질이 시간에 따라 변하지 않는다.
④ 가우시안 분포를 형성한다.
⑤ 백색잡음에 가장 근접한 잡음으로 열잡음이 있다.

| 코레일 한국철도공사(2022)

10 각변조된 신호 $s(t)=20\cos(800\pi t+10\pi\cos 7t)$가 있다. 다음 중 신호 $s(t)$의 순시 주파수(Hz)를 바르게 표시한 것은?[단, 신호 $s(t)$는 전압이고 단위는 V이며, t의 단위는 초이다]

① $800\pi t-35\sin 7t$
② $400+35\sin 7t$
③ $400-35\sin 7t$
④ $800\pi t-20\cos 7t$
⑤ $800\pi t+20\cos 7t$

| 코레일 한국철도공사(2022)

11 다음 중 위상의 불연속이 발생하지 않는 변조방식은?

① MSK
② PSK
③ FSKCF
④ QAM
⑤ ASK

| 코레일 한국철도공사(2022)

12 동일한 비트율을 가지는 BPSK와 QPSK방식의 디지털 통신에서, 두 방식의 심벌 전송률 관계로 옳은 것은?

① BPSK 심벌 전송률이 QPSK 심벌 전송률의 8배

② BPSK 심벌 전송률이 QPSK 심벌 전송률의 $\frac{1}{4}$배

③ BPSK 심벌 전송률이 QPSK 심벌 전송률의 4배

④ BPSK 심벌 전송률이 QPSK 심벌 전송률의 2배

⑤ BPSK 심벌 전송률이 QPSK 심벌 전송률의 $\frac{1}{2}$배

| 코레일 한국철도공사(2022)

13 전력이 100W인 신호가 어떤 회로를 통과하여 전력이 36dBm이 되었다고 할 때, 입력 신호와 출력 신호의 전력비는?(단, log2=0.3, log3=0.48로 한다)

① 1 : 1
② 4 : 1
③ 9 : 1
④ 16 : 1
⑤ 25 : 1

| 코레일 한국철도공사(2022)

14 전기 회로에서 전류를 25% 증가시키면 저항값은 어떻게 변하는가?

① $0.5R$
② $0.8R$
③ $1.2R$
④ $1.25R$
⑤ $1.5R$

| 코레일 한국철도공사(2022)

15 다음 중 기저대역 전송(Baseband Transmission)의 조건으로 옳지 않은 것은?

① 전송에 필요로 하는 전송 대역폭이 적어야 한다.

② 타이밍 정보가 충분히 포함되어야 한다.

③ 저주파 및 고주파 성분이 제한되어야 한다.

④ 전송로 상에서 발생한 에러 검출 및 정정이 가능해야 한다.

⑤ 전송 부호는 직류 성분이 포함되어야 한다.

❙ 한국전력공사(2022)

16 **다음 중 반원구의 입체각으로 옳은 것은?**

① π
② $\frac{1}{2\pi}$
③ 2π
④ 4π
⑤ $\frac{1}{4\pi}$

❙ 한국전력공사(2022)

17 **전계와 자계의 요소를 서로 대칭되게 나타내었을 때, 전계에서 전기 2중층을 자계에서는 무엇이라 하는가?**

① 판자석
② 소자석
③ 자기쌍극자
④ 자기력
⑤ 강자석

❙ 한국전력공사(2022)

18 **직류전동기의 속도 제어법 중에 보조 전동기가 별도로 필요하며, 정부하 시 광범위한 속도 제어가 가능한 속도 제어법은?**

① 일그너 제어방식
② 워드 레너드 제어방식
③ 직·병렬 제어방식
④ 2차 저항 제어법
⑤ 계자 제어법

❙ 한국전력공사(2022)

19 **다음 중 변전소의 설치 위치 조건으로 옳지 않은 것은?**

① 변전소 앞 절연구간에서 전기철도차량의 타행운행을 제한하는 곳
② 수전선로의 길이가 최소화 되도록 하며 전력수급이 용이한 곳
③ 기기와 시설 자재의 운반이 용이한 곳
④ 공해, 염해, 및 각종 재해의 영향이 적거나 없는 곳
⑤ 전기철도망 건설계획 등 연장급전을 고려한 곳

| 한국전력공사(2022)

20 다음 중 소호리엑터 접지 방식을 채택한 전선로의 공칭전압은 얼마인가?

① 765kV
② 345kV
③ 154kV
④ 66kV
⑤ 22.9kV

| 한국전력공사(2022)

21 다음 중 하천의 유량이 적을 때 사용하는 직접유량 측정방법은?

① 언측법
② 수위 관측법
③ 염분법
④ 부표법
⑤ 피토관법

| 한국전력공사(2022)

22 가로의 길이가 10m, 세로의 길이 30m, 높이가 3m인 사무실에 27W 형광등 1개의 광속이 3,800lm인 형광등 기구를 시설하여 300lx의 평균 조도를 얻고자 할 때, 필요한 형광등 기구 수는 약 몇 개인가?(단, 조명율이 0.5, 보수율은 0.8이며 기구 수는 소수점 첫째 자리에서 올림한다)

① 55개
② 60개
③ 65개
④ 70개
⑤ 75개

| 한국전력공사(2022)

23 다음 중 $f(t)=\sin t+2\cos t$를 라플라스 변환한 것으로 옳은 것은?

① $\frac{2s-1}{(s+1)^2}$
② $\frac{2s+1}{(s+1)^2}$
③ $\frac{2s}{(s+1)^2}$
④ $\frac{2s}{s^2+1}$
⑤ $\frac{2s+1}{s^2+1}$

| 한국전력공사(2022)

24 출력 30kW, 6극 50Hz인 권선형 유도 전동기의 전부하 회전자가 950rpm이라고 한다. 같은 부하 토크로 2차 저항 r_2를 3배로 하면 회전속도는 몇 rpm인가?

① 780rpm
② 805rpm
③ 820rpm
④ 835rpm
⑤ 850rpm

| 한국전력공사(2022)

25 다음 중 고압 가공전선로의 지지물로서 사용하는 목주의 안전율과 말구 지름이 바르게 연결된 것은?

① 안전율 1.0 이상, 말구 지름 0.08m 이상일 것
② 안전율 1.2 이상, 말구 지름 0.10m 이상일 것
③ 안전율 1.3 이상, 말구 지름 0.12m 이상일 것
④ 안전율 1.5 이상, 말구 지름 0.15m 이상일 것
⑤ 안전율 2.0 이상, 말구 지름 0.18m 이상일 것

| 한국서부발전(2022)

26 점전하 $Q_1=1\text{C}$, $Q_2=10\text{C}$이고, 두 점전하 간 작용하는 힘의 크기가 9N일 때, 두 점전하 간의 거리는 몇 m인가?

① 10^2m
② 10^3m
③ 10^4m
④ 10^5m

| 한국서부발전(2022)

27 반지름이 a[m]이고, $N=2$회의 원형코일에 I[A]의 전류가 흐를 때 그 코일의 중심점에서의 자계의 세기[AT/m]는?

① $\frac{I}{a}$[AT/m]
② $\frac{I}{\pi a}$[AT/m]
③ $\frac{I}{2a}$[AT/m]
④ $\frac{I}{2\pi a}$[AT/m]

| 한국서부발전(2022)

28 반지름 25mm의 강심 알루미늄 연선으로 구성된 완전 연가 된 3상 1회선 송전선로가 있다. 각 상간의 등가 선간거리가 5,000mm라고 할 때, 이 선로의 작용인덕턴스는 약 몇 mH/km인가?

① 0.5mH/km　　② 0.7mH/km
③ 0.9mH/km　　④ 1.1mH/km

| 한국서부발전(2022)

29 세 변의 저항 $R_a = R_b = R_c = 30\Omega$ 인 평형 3상 △회로를 등가 Y결선으로 변환하면 각 상의 저항은 몇 Ω 이 되는가?

① 30Ω　　② 15Ω
③ 10Ω　　④ 6Ω

| 한국서부발전(2022)

30 $\epsilon_1 > \epsilon_2$의 두 유전체의 경계면에 전계가 수직으로 입사할 때, 경계면에 작용하는 힘은?

① $f = \frac{1}{2}\left(\frac{1}{\epsilon_1} - \frac{1}{\epsilon_2}\right)D^2$의 힘이 ϵ_1에서 ϵ_2로 작용한다.

② $f = \frac{1}{2}\left(\frac{1}{\epsilon_2} - \frac{1}{\epsilon_1}\right)D^2$의 힘이 ϵ_1에서 ϵ_2로 작용한다.

③ $f = \frac{1}{2}\left(\frac{1}{\epsilon_1} - \frac{1}{\epsilon_2}\right)E^2$의 힘이 ϵ_2에서 ϵ_1로 작용한다.

④ $f = \frac{1}{2}\left(\frac{1}{\epsilon_2} - \frac{1}{\epsilon_1}\right)E^2$의 힘이 ϵ_1에서 ϵ_2로 작용한다.

02 기계

| 한국서부발전(2022)

01 1,560km/h로 비행하는 분사 추진 로켓의 공기 흡입량은 95kg/s이고, 연료인 연소 기체의 질량은 2.15kg/s이었다. 추진력이 4,500kg일 때 분사속도는 몇 m/s인가?

① 약 230m/s
② 약 470m/s
③ 약 520m/s
④ 약 730m/s

| 한국서부발전(2022)

02 다음 중 Fe－C 평형 상태도에서 온도가 가장 높은 것은?

① 공석점
② 공정점
③ 포정점
④ 순철 자기변태점

| 한국서부발전(2022)

03 스프링으로 지지되어 있는 어느 물체가 매분 80회를 반복하면서 상하운동을 할 때, 각속도와 진동수는 얼마인가?(단, 물체는 조화운동이다)

① 약 4.20rad/s, 약 2.66cps
② 약 8.38rad/s, 약 1.33cps
③ 약 42.0rad/s, 약 1.33cps
④ 약 83.8rad/s, 약 1.33cps

| 한국중부발전(2022)

04 공기압축기에서 입구 공기의 온도와 압력은 각각 35℃, 140kPa이고, 체적유량은 $0.03m^3/s$이다. 출구에서 압력이 700kPa이고, 이 압축기의 등엔트로피 효율이 0.6일 때, 압축기의 소요동력은 약 몇 kW인가?(단, 공기의 정압비열과 기체상수는 각각 1kJ/kg·K, 0.287kJ/kg·K이고, 비열비는 1.4이다)

① 약 5.6kW
② 약 8.7kW
③ 약 11.4kW
④ 약 14.3kW

| 한국중부발전(2022)

05

압력 3.2MPa, 온도 550℃인 이상기체를 실린더 내에서 압력이 200kPa까지 가역 단열팽창시킬 때, 변화과정에서 가스 2kg이 하는 일은 얼마인가?(단, $k=1.25$, $R=287\text{J/kg}\cdot\text{K}$이다)

① 약 212kJ
② 약 402kJ
③ 약 736kJ
④ 약 804kJ

| 코레일 한국철도공사(2021)

06

두께 4.5mm, 폭 30mm 강재에 13.5kN의 인장력이 작용할 때, 폭의 수축량은 몇 mm인가?(단, 푸아송 비는 0.4이고, 탄성계수 $E=230\text{GPa}$이다)

① 0.783×10^{-3}mm
② 1.543×10^{-3}mm
③ 2.256×10^{-3}mm
④ 3.217×10^{-3}mm
⑤ 4.825×10^{-3}mm

| 코레일 한국철도공사(2021)

07

다음 그림과 같이 길이 2m의 사각 단면인 외팔보에서 집중 하중 P가 작용할 때, 자유단의 처짐량은 얼마인가?(단, 재료의 탄성계수 $E=300\text{GPa}$이며, 소수점 둘째 자리에서 반올림한다)

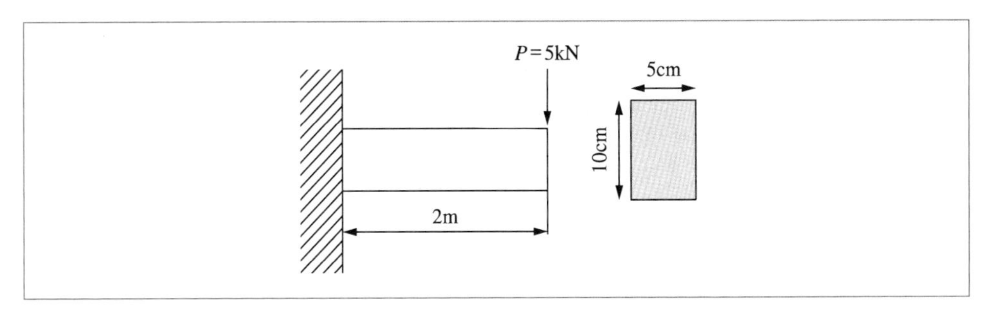

① 10.7mm
② 21.5mm
③ 38.9mm
④ 42.7mm
⑤ 52.1mm

| 코레일 한국철도공사(2021)

08 다음 그림과 같은 외팔보에서 자유단으로부터 3m 떨어진 C점에 집중하중 $P=9\text{kN}$이 작용할 때, 자유단의 처짐각 θ_A와 처짐량 δ_A는 얼마인가?(단, $E=200\text{GPa}$, $I=250\text{cm}^4$이다)

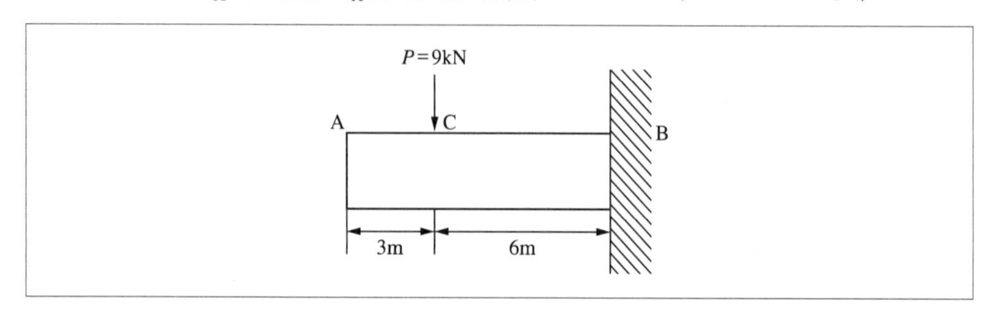

① 125.8cm ② 152.2cm
③ 187.5cm ④ 226.8cm
⑤ 235.4cm

| 코레일 한국철도공사(2021)

09 지름 3m, 두께 3cm의 얇은 원통에 860kPa의 내압이 작용할 때, 이 원통에 발생하는 최대 전단응력은 몇 MPa인가?

① －8.2MPa ② －10.75MPa
③ 10.75MPa ④ －15.85MPa
⑤ 15.85MPa

| 코레일 한국철도공사(2021)

10 디젤 사이클 엔진이 초온 500K, 초압 200kPa, 최고 온도 7,000K, 최고 압력 5MPa로 작동할 때 열효율은 몇 %인가?(단, $k=1.5$이다)

① 약 34% ② 약 43%
③ 약 55% ④ 약 58%
⑤ 약 61%

ㅣ 코레일 한국철도공사(2021)

11 다음 중 800kPa, 110℃의 CO_2(이산화탄소)의 비중량은?(단, 소수점 셋째 자리에서 반올림한다)

① 11.05kg/m^3
② 11.05N/m^3
③ 110kg/m^3
④ 110N/m^3
⑤ 115N/m^3

ㅣ 코레일 한국철도공사(2021)

12 다음 중 압축률의 차원을 절대단위계로 바르게 표시한 것은?

① $M^{-2}LT^2$
② $M^{-1}LT^2$
③ MLT^2
④ $M^{-2}LT$
⑤ $M^{-2}L^2T$

ㅣ 코레일 한국철도공사(2021)

13 니켈 – 크롬강에서 강인성을 증가시키고 질량효과를 감소시키며, 뜨임메짐을 방지하기 위해 첨가하는 원소로 가장 적절한 것은?

① Mn
② V
③ W
④ Mo
⑤ P

▎코레일 한국철도공사(2021)

14 (가) ~ (다)는 항온열처리의 종류이다. 〈보기〉에서 옳은 것을 골라 순서대로 바르게 나열한 것은?

(가) M_s점과 M_f점 사이에서 항온처리하며, 마텐자이트와 베이나이트의 혼합 조직을 얻는다.
(나) 특정 온도로 유지 후 공기 중에서 냉각, 베이나이트 조직을 얻는다.
(다) 과랭 오스테나이트에서 소성 가공을 한 후 마텐자이트화한다.

보기

㉠ 오스템퍼링
㉡ 오스포밍
㉢ 마템퍼링

	(가)	(나)	(다)
①	㉠	㉡	㉢
②	㉡	㉠	㉢
③	㉡	㉢	㉠
④	㉢	㉠	㉡
⑤	㉢	㉡	㉠

▎코레일 한국철도공사(2021)

15 다음 〈보기〉와 관련된 시험 방법으로 옳은 것은?

보기

- 해머의 낙하 높이와 반발 높이
- 끝에 다이아몬드가 부착된 해머를 시편 표면에 낙하
- 반발 높이가 높을수록 시편의 경도가 높음

① 피로 시험
② 브리넬 경도 시험
③ 샤르피식 시험
④ 로크웰 경도 시험
⑤ 쇼어 경도 시험

| 코레일 한국철도공사(2021)

16 **다음 중 조밀육방격자들로만 이루어진 금속을 바르게 묶은 것은?**

① W, Ni, Mo, Cr
② Mg, Ce, Ti, Y
③ V, Li, Ce, Zn
④ Mg, Ti, Zn, Cr
⑤ Zn, Ag, Ni, Y

| 코레일 한국철도공사(2021)

17 **다음 중 핀(Pin)의 종류에 대한 설명으로 옳지 않은 것은?**

① 테이퍼 핀은 보통 $\frac{1}{50}$ 정도의 테이퍼를 가진다.
② 평행 핀은 분해·조립하는 부품 맞춤면의 관계 위치를 일정하게 할 때 주로 사용한다.
③ 분할 핀은 축에 끼워진 부품이 빠지는 것을 막는 데 사용된다.
④ 스프링 핀은 2개의 봉을 연결하여 2개의 봉이 상대각운동을 할 수 있도록 하는 데 사용한다.
⑤ 조인트 핀은 2개 부품을 연결할 때 사용된다.

| 코레일 한국철도공사(2021)

18 **다음 중 아크 용접의 종류로 옳은 것을 〈보기〉에서 모두 고르면?**

보기

가. 산소 – 아세틸렌
나. 불활성가스
다. 원자수소
라. 프로젝션
마. 서브머지드

① 가, 다
② 나, 라
③ 나, 다, 라
④ 나, 다, 마
⑤ 다, 라, 마

❙ 코레일 한국철도공사(2021)

19 정상 2차원 속도장 $\vec{V}=4x\vec{i}-4y\vec{j}$ 내의 한 점 (3, 5)에서 유선의 기울기 $\frac{dy}{dx}$는?

① $\frac{3}{5}$
② $-\frac{3}{5}$
③ $\frac{5}{3}$
④ $-\frac{5}{3}$
⑤ -1

❙ 코레일 한국철도공사(2021)

20 다음 중 원통 커플링의 종류로 옳은 것을 〈보기〉에에서 모두 고르면?

보기	
ㄱ. 슬리브 커플링	ㄴ. 플랜지 커플링
ㄷ. 셀러 커플링	ㄹ. 반중첩 커플링
ㅁ. 올덤 커플링	

① ㄱ, ㄷ
② ㄴ, ㄹ
③ ㄱ, ㄷ, ㄹ
④ ㄴ, ㄷ, ㅁ
⑤ ㄷ, ㄹ, ㅁ

❙ 한국가스공사(2021)

21 다음 중 프로판 가스(Propane Gas)에 대한 설명으로 옳지 않은 것은?

① 공기보다 무겁다.
② 유독한 일산화탄소 성분이 있다.
③ 폭발할 위험이 있다.
④ 액화 수소 가스이다.
⑤ 가정용 연료로 많이 사용된다.

| 한국가스공사(2021)

22 **표준성분이 Al – Cu – Ni – Mg으로 구성되어 있으며, 내열성 주물로서 내연기관의 실린더나 피스톤으로 많이 사용되는 합금은?**

① 실루민
② 하이드로날륨
③ 두랄루민
④ Y합금
⑤ 코비탈륨

| 한국가스공사(2021)

23 **피스톤 – 실린더 장치에 120kPa, 70℃의 공기 $0.5m^3$이 들어 있다. 이 공기가 온도를 일정하게 유지하면서 $0.1m^3$까지 압축될 때, 행해진 일은?**

① 약 –55.5kJ
② 약 –65.6kJ
③ 약 –78.4kJ
④ 약 –96.6kJ
⑤ 약 –101.2kJ

| 한국가스공사(2021)

24 **탄성한도 내 인장 하중을 받는 봉이 있다. 응력을 4배로 증가시키면 최대 탄성에너지는 몇 배가 되는가?**

① 4배
② 8배
③ $\frac{1}{4}$배
④ $\frac{1}{8}$배
⑤ 16배

| 한국가스공사(2021)

25 **다음 중 바깥지름 $d_1=5$cm이고, 안지름 $d_2=3$cm인 중공원 단면의 극관성모멘트 I_p는?**

① 약 $25.2cm^4$
② 약 $34.8cm^4$
③ 약 $53.4cm^4$
④ 약 $62.5cm^4$
⑤ 약 $71.2cm^4$

03 토목

| LH 한국토지주택공사(2022)

01 길이 20m인 단순보 위를 하나의 집중 하중 8t이 통과할 때, 다음 중 최대 전단력 S와 최대 휨 모멘트 M의 값은?

① $S=4$t, $M=40$t · m
② $S=4$t, $M=80$t · m
③ $S=8$t, $M=40$t · m
④ $S=8$t, $M=80$t · m
⑤ $S=8$t, $M=120$t · m

| LH 한국토지주택공사(2022)

02 다음 그림과 같이 연행 하중이 지날 때, L부재의 최대 부재력은?

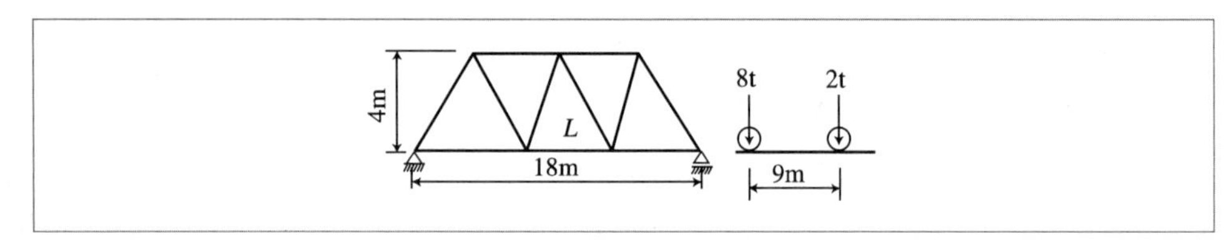

① 6.75t
② 5.76t
③ 4.42t
④ 3.62t
⑤ 2.74t

| LH 한국토지주택공사(2022)

03 다음 중 다각측량에 대한 설명으로 옳지 않은 것은?

① 각과 거리를 측정하여 점의 위치를 결정한다.
② 근거리이고 조건식이 많아 삼각측량에서 구한 위치보다 정확도가 높다.
③ 선로와 같이 좁고 긴 지역의 측량에 편리하다.
④ 삼각측량에 비해 시가지 또는 복잡한 장애물이 있는 곳의 측량에 적합하다.
⑤ 계획 – 답사 – 선점 – 조표 – 관측 – 계산 순서로 진행된다.

| LH 한국토지주택공사(2022)

04 수평으로 관 A와 B가 연결되어 있다. 관 A에서 유속은 2m/s, 관 B에서의 유속은 3m/s이며, 관 B에서의 유체압력이 9.8kN/m^2이라 하면 관 A에서의 유체압력은?(단, 에너지 손실은 무시한다)

① 약 2.5kN/m^2
② 약 12.3kN/m^2
③ 약 22.6kN/m^2
④ 약 29.4kN/m^2
⑤ 약 37.6kN/m^2

| LH 한국토지주택공사(2022)

05 한 등변 L형 강(100×100×10)의 단면적 $A=19.0\text{cm}^2$, 1축과 2축의 단면 2차 모멘트 $I_1=I_2=175\text{cm}^4$이고, 1축과 45°를 이루는 U축의 $I_U=278\text{cm}^4$이면 V축의 단면 2차 모멘트 I_V는?(단, 여기서 C는 도심을 나타내는 거리이다)

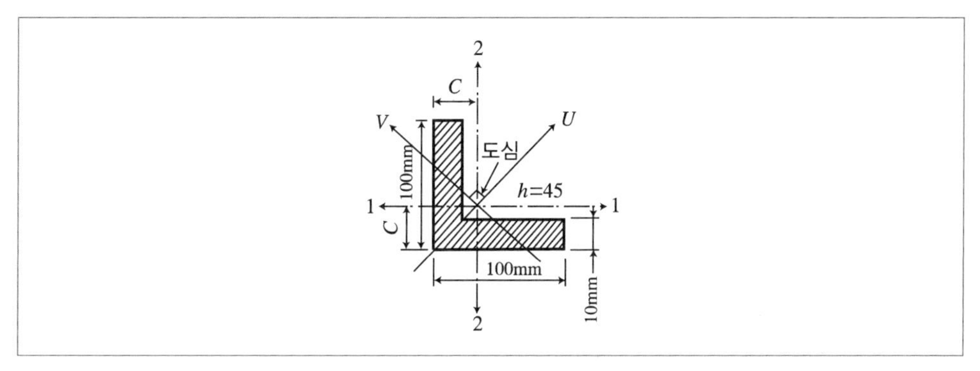

① 72cm^4
② 175cm^4
③ 139cm^4
④ 253cm^4
⑤ 350cm^4

| LH 한국토지주택공사(2022)

06 다음 중 토질조사에 대한 설명으로 옳지 않은 것은?

① 사운딩(Sounding)이란 지중에 저항체를 삽입하여 토층의 성상을 파악하는 현장 시험이다.
② 불교란시료를 얻기 위해서 Foil Sampler, Thin Wall Tube Sampler 등이 사용된다.
③ 표준관입시험은 로드(Rod)의 길이가 길어질수록 N치가 작게 나온다.
④ 베인 시험은 정적인 사운딩이다.
⑤ 지층의 상태, 흙의 성질, 내력, 지하수의 상황을 살펴서 설계・시공의 자료로 하는 조사이다.

| 코레일 한국철도공사(2021)

07 250mm×400mm 직사각형 단면을 가진 길이가 8m인 양단힌지 기둥이 있다. 이 기둥의 세장비(λ)는?

① 약 54.98
② 약 69.28
③ 약 75.18
④ 약 92.78
⑤ 약 115.58

| 코레일 한국철도공사(2021)

08 길이가 10m인 철근을 300MPa의 인장응력으로 인장하였더니 그 길이가 15mm만큼 늘어났다. 이 철근의 탄성계수는 어떻게 되는가?

① 2.0×10^5MPa
② 2.1×10^5MPa
③ 2.2×10^5MPa
④ 2.3×10^5MPa
⑤ 2.4×10^5MPa

| 코레일 한국철도공사(2021)

09 단면이 150mm×350mm인 장주의 길이가 5m일 때, 좌굴하중은?(단, 기둥의 지지상태는 일단고정 일단힌지이고, E=20,000MPa이다)

① 약 759.376kN
② 약 820.335kN
③ 약 842.155kN
④ 약 863.590kN
⑤ 약 885.905kN

| 코레일 한국철도공사(2021)

10 어떠한 지반의 포화단위중량이 1.88t/m^{3}인 흙에서의 한계동수경사 i_c는?

① 0.80
② 0.81
③ 0.86
④ 0.88
⑤ 1.00

❙ 코레일 한국철도공사(2021)

11 **다음 중 테르자기(Terzaghi)의 1차원 압밀 이론의 가정조건으로 옳지 않은 것은?**

① 흙은 균질하고 완전하게 포화되어 있다.
② 토립자와 물은 비압축성이다.
③ Darcy의 법칙이 타당하게 사용된다.
④ 압밀 진행 중인 흙의 성질은 변할 수 있다.
⑤ 압력과 간극비 사이에는 직선적인 관계가 성립된다.

❙ 코레일 한국철도공사(2021)

12 **옹벽의 뒷면과 흙의 마찰각이 0인 연직옹벽에서 지표면이 수평인 경우, Rankine 토압과 Coulomb 토압은 어떻게 되는가?**

① Rankine의 토압은 Coulomb의 토압보다 크다.
② Rankine의 토압은 Coulomb의 토압보다 작다.
③ Rankine의 토압은 Coulomb의 토압보다 1만큼 크다.
④ Rankine의 토압은 Coulomb의 토압보다 1만큼 작다.
⑤ Rankine의 토압은 Coulomb의 토압과 같다.

❙ 국가철도공단(2021)

13 **철근의 겹침이음에서 A급 이음의 조건에 대한 설명으로 옳은 것은?**

① 배근된 철근량이 이음부 전체 구간에서 해석결과 요구되는 소요철근량의 2배 이상이고 소요 겹침이음길이 내 겹침이음된 철근량이 전체 철근량의 1/2 이하인 경우
② 배근된 철근항이 이음부 전체구간에서 해석결과 요구되는 소요철근량의 1.5배 이상이고 소요 겹침이음길이 내 겹침이음된 철근량이 전체 철근량의 1/3 이상인 경우
③ 서로 다른 크기의 철근을 배근하는 경우, 이음길이는 크기가 큰 철근의 정착길이와 크기가 작은 철근의 겹침이음길이 중 큰 값 이상인 경우
④ 철근량이 이음부 전체 구간에서 해석결과 요구되는 소요철근량의 1.5배 이상이고, 소요 겹침이음길이 내 겹침이음된 철근량이 전체 철근량의 1/2 이상인 경우
⑤ 철근량이 이음부 전체 구간에서 해석결과 요구되는 소요철근량의 2배 이상이고 소요 겹침이음길이 내 겹침이음된 철근량이 전체 철근량의 1/4 이하인 경우

ㅣ국가철도공단(2021)

14 다음 그림과 같이 가운데가 비어있는 직사각형 단면 기둥의 길이가 L=20m일 때, 이 기둥의 세장비(λ)는?

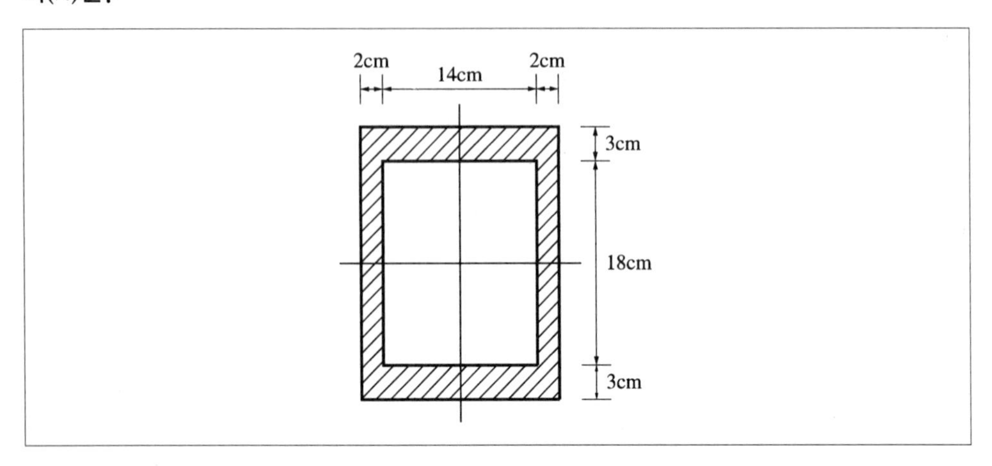

① 약 3.724
② 약 4.128
③ 약 2.273
④ 약 3.218
⑤ 약 4.012

ㅣ국가철도공단(2021)

15 다음 그림과 같이 부재에 분포하중이 가해졌을 때, M_{max}는?

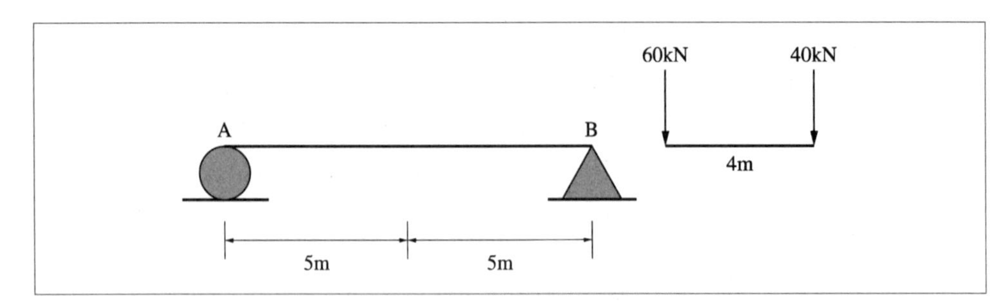

① 156.33kN
② 172.27kN
③ 189.61kN
④ 208.28kN
⑤ 216.23kN

| 한국도로공사(2021)

16 반지름이 6m이고, $\theta'=20°$인 수문이 설치되었을 때, 수문에 작용하는 전수압(저항력)은?

① 148.225kN/m
② 158.473kN/m
③ 162.314kN/m
④ 173.302kN/m
⑤ 180.051kN/m

| 한국도로공사(2021)

17 반지름이 200mm인 원형단면을 갖는 단주에서 핵의 면적은 대략 얼마인가?

① 7,259.225mm^2
② 7,853.982mm^2
③ 8,135.258mm^2
④ 8,823.592mm^2
⑤ 9,024.537mm^2

| 한국도로공사(2021)

18 단면 150mm×300mm인 장주의 길이가 5m일 때의 좌굴하중은?(단, 기둥의 지지상태는 일단고정 타단자유, $E=20,000$MPa이다)

① 74.022N
② 81.492N
③ 95.283N
④ 102.145N
⑤ 120.151N

| 한국도로공사(2021)

19 다음 중 PSC에 대한 설명으로 옳지 않은 것은?

① 부분 프리스트레싱은 사용하중 작용 시 PSC부재 단면의 일부에 인장응력이 생기는 것을 허용하는 방법이다.
② PSC는 균등질 보의 개념, 내력 모멘트의 개념, 하중평형 개념 3가지 원리를 기본개념으로 한다.
③ PSC는 콘크리트 전 단면을 유효하게 이용할 수 있으며, RC부재 보다 긴 경간 제작이 가능하다.
④ 프리캐스트(Pre-Cast) 사용 시 거푸집 및 동바리를 사용하여 제작하고, 기본 제작기간보다 더 걸린다.
⑤ PSC는 RC부재에 비해 고강도의 재료를 사용하므로, 단면이 65 ~ 80%로 작기 때문에 진동, 변형 및 내화성에 불리하다.

20 **다음 중 철근콘크리트구조에서 표준 갈고리에 대한 설명으로 옳지 않은 것은?**

① 주철근의 경우 90° 표준 갈고리는 구부린 끝에서 $12d_b$ 이상 연장해야 한다.

② 스터럽 또는 띠철근의 경우, 135° 표준 갈고리에서 D25 이하의 철근은 구부린 끝에서 $6d_b$ 이상 연장해야 한다.

③ 표준 갈고리를 갖는 인장 이형철근의 정착길이 공식은 $l_{hb} = \dfrac{0.25\beta d_b f_y}{\lambda\sqrt{f_{ck}}}$ 이다.

④ 스터럽 또는 띠철근의 경우 90° 표준 갈고리에서 D16 이하의 철근은 구부린 끝부분에서 $6d_b$ 이상 연장해야 한다.

⑤ 갈고리는 압축을 받는 구역에서 철근정착에 유효하지 않은 것으로 보아야 한다.

PART 1

전기직 핵심이론

CHAPTER 01

전기자기학

01 벡터의 해석

1. 벡터의 내적(스칼라곱)

$\vec{A} \cdot \vec{B} = |\vec{A}||\vec{B}|\cos\theta$

$(i \cdot i = j \cdot j = k \cdot k = |i||i|\cos 0° = 1,\ i \cdot j = j \cdot k = k \cdot i = |i||j| = 0)$

2. 벡터의 외적(벡터곱)

$\vec{A} \times \vec{B} = |\vec{A}||\vec{B}|\sin\theta$

$(i \times i = j \times j = k \times k = 0,\ i \times j = k,\ j \times k = i,\ k \times i = j)$

3. 미분연산자

$\nabla = \frac{\partial}{\partial x}i + \frac{\partial}{\partial y}j + \frac{\partial}{\partial z}k$ (∇ : Nabla, 미분연산자)

4. 스칼라 함수의 기울기

전위경도 $\nabla V = \frac{\partial V}{\partial x}i + \frac{\partial V}{\partial y}j + \frac{\partial V}{\partial z}k$ (벡터)

5. 벡터의 발산

$\text{div} A = \nabla \cdot \vec{A} = \frac{\partial A_x}{\partial x} + \frac{\partial A_y}{\partial y} + \frac{\partial A_z}{\partial z}$ (스칼라)

6. 벡터의 회전

$\text{rot} A = \nabla \times \vec{A} = \left(\frac{\partial A_z}{\partial y} - \frac{\partial A_y}{\partial z}\right)i + \left(\frac{\partial A_x}{\partial z} - \frac{\partial A_z}{\partial x}\right)j + \left(\frac{\partial A_y}{\partial x} - \frac{\partial A_x}{\partial y}\right)k$ (벡터)

7. 스토크스(Stokes)의 정리

선(l) 적분 → 면(s) 적분

$$\oint E \cdot dl = \int_s \text{rot}E \cdot ds$$

8. (가우스)발산의 정리

면(s) 적분 → 체적(v) 적분

$$\oint E \cdot ds = \int_v \div E \cdot dv$$

9. 라플라시안(Laplacian)

$$\nabla^2 V = \frac{\partial^2 V}{\partial x^2} + \frac{\partial^2 V}{\partial y^2} + \frac{\partial^2 V}{\partial z^2} \text{ (스칼라)}$$

※ $\nabla \times \nabla f = 0$

02 진공 중의 정전계

1. 쿨롱의 법칙

$$F = \frac{Q_1 Q_2}{4\pi\varepsilon_0 r^2} = 9\times 10^9 \times \frac{Q_1 Q_2}{r^2} \text{ [N]}$$

※ Q : 전하량[C], r : 거리[m], ε_0(진공 유전율)$=8.855\times 10^{-12}$ F/m

2. 전계의 세기

① 단위 점전하(+1C)와 전하 사이에 미치는 쿨롱의 힘

$$E = \frac{Q}{4\pi\varepsilon_0 r^2} \text{[V/m]} = 9\times 10^9 \cdot \frac{Q}{r^2}$$

② 전계의 세기 단위 표시

$$E = \frac{F}{Q} \text{[V/m] (단위 : [N/C]} = \left[\frac{N \cdot m}{C \cdot m}\right] = \left[\frac{J}{C \cdot m}\right] = \text{[V/m])}$$

> **※ 전계의 세기가 0이 되는 지점**
> - 두 개의 점전하의 극성이 동일한 경우 : 두 전하의 사이
> - 두 개의 점전하의 극성이 서로 다른 경우 : 두 전하의 외곽 부분(전하의 절댓값이 작은 값의 외측)에 존재

3. 전기력선의 성질

① 전기력선의 방향은 전계의 방향과 같다.
② 전기력선의 밀도는 전계의 세기와 같다(∵ 가우스의 법칙).
③ 전기력선은 전위가 높은 곳에서 낮은 곳으로, (+)에서 (−)로 이동한다.
④ 전하가 없는 곳에서 발생하지만 소멸이 없다(연속적).
⑤ 단위전하에서는 $\frac{1}{\varepsilon_0}$ 개의 전기력선이 출입한다.
⑥ 전기력선은 자신만으로 폐곡선을 이루지 않는다.
⑦ 두 개의 전기력선은 서로 교차하지 않는다(전계가 0이 아닌 곳).
⑧ 전기력선은 등전위면과 수직 교차한다.

4. 전기력선 방정식

$$\frac{dx}{E_x} = \frac{dy}{E_y} = \frac{dz}{E_z}$$

① $V = x^2 + y^2$ (전기력선 방정식 : $y = Ax$ 형태)
② $V = x^2 - y^2$ (전기력선 방정식 : $xy = A$ 형태)

5. 전계의 세기 구하는 방법 : 가우스의 법칙 이용

$$\oint E \cdot ds = \frac{Q}{\varepsilon_0},\ E = \frac{Q}{\varepsilon_0 S} = \frac{\sigma}{\varepsilon_0}$$

① 구도체(점전하)

㉠ 표면($r > a$) : $E = \frac{Q}{4\pi\varepsilon_0 r^2}$

㉡ 내부($r < a$)

- 일반조항 : $E = 0$
- 강제조항(내부에 전하가 균일분포) : $E = \frac{rQ}{4\pi\varepsilon_0 a^3}$

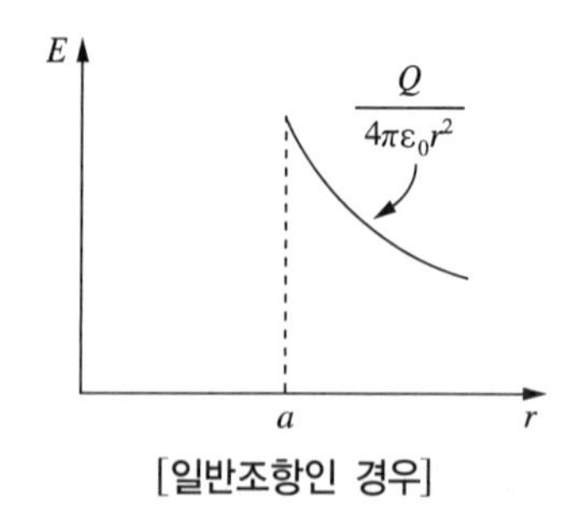

[일반조항인 경우]

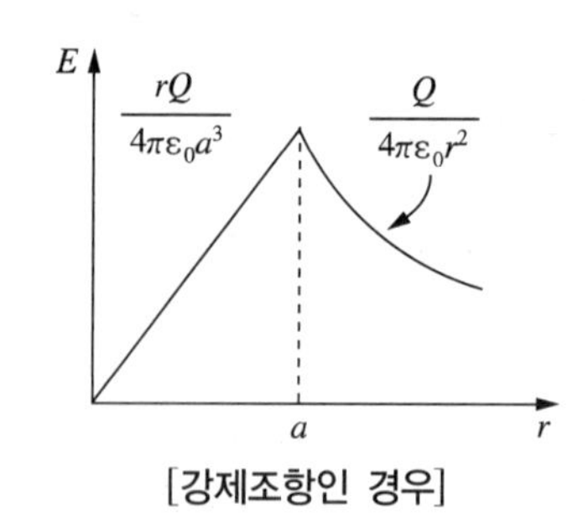

[강제조항인 경우]

② 축 대칭(선전하밀도 : $\lambda[\mathrm{C/m}]$, 원통)

㉠ 표면$(r > a)$: $E = \dfrac{\lambda}{2\pi\varepsilon_0 r}$

㉡ 내부$(r < a)$

• 일반조항 : $E = 0$

• 강제조항(내부에 균일분포) : $E = \dfrac{r\lambda}{2\pi\varepsilon_0 a^2}$

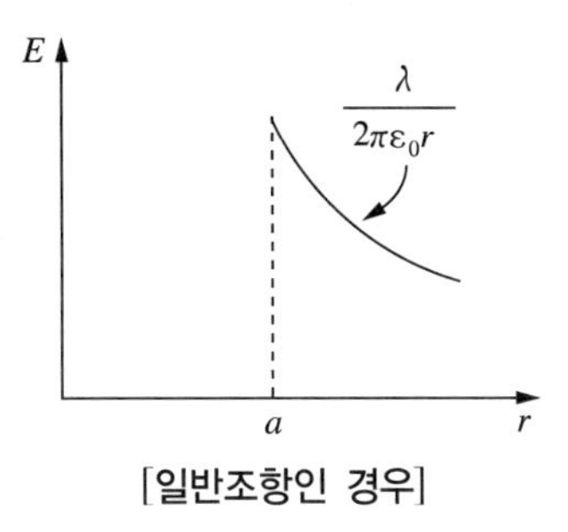

[일반조항인 경우]

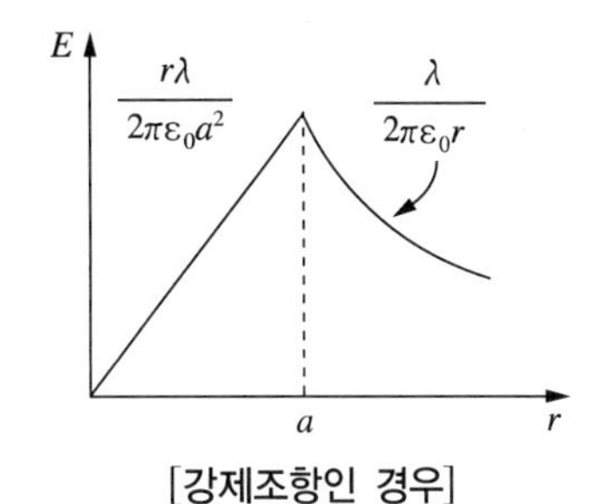

[강제조항인 경우]

③ 무한평면 : $E = \dfrac{\sigma}{2\varepsilon_0}$ (내부 $E = 0$)

※ 면전하밀도 : $\sigma[\mathrm{C/m^2}]$

④ 표면에 전하분포(표면전하밀도)

$E = \dfrac{\sigma}{\varepsilon_0}$ (내부 $E = 0$)

⑤ 푸아송의 방정식

㉠ $\mathrm{div}E = \dfrac{\rho}{\varepsilon_0}$ (가우스의 미분형)

㉡ $\nabla^2 V = -\dfrac{\rho}{\varepsilon_0}$ (푸아송의 방정식)

※ ρ : 체적전하밀도$[\mathrm{C/m^3}]$

㉢ $\nabla^2 V = 0$ (라플라스 방정식, 전하밀도 $\rho = 0$일 때)

6. 전기쌍극자

$M = Q \cdot \delta[\mathrm{C \cdot m}]$ (쌍극자의 모멘트)

※ 미소전하 $\pm Q[\mathrm{C}]$, 미소거리 δ 떨어져서 배치

① 전기쌍극자의 전위

$$V = \frac{M}{4\pi\varepsilon_0 r^2}\cos\theta[\mathrm{V}] \quad [\theta = 0°(\text{최대}),\ 90°(\text{최소})]$$

② 전기쌍극자의 전계

$$E = \frac{M}{4\pi\varepsilon_0 r^3}\sqrt{1 + 3\cos^2\theta}\,[\mathrm{V/m}] \quad [\theta = 0°(\text{최대}),\ 90°(\text{최소})]$$

7. 정전응력(면적당 힘)

$$f = \frac{\sigma^2}{2\varepsilon_0} = \frac{1}{2}\varepsilon_0 E^2 = \frac{D^2}{2\varepsilon_0}[\mathrm{N/m^2}]$$

8. 전기이중층

① 이중층의 세기 : $M = \sigma \cdot \delta[\mathrm{C/m}]$

② 이중층의 전위 : $V_P = \dfrac{M}{4\pi\varepsilon_0}\omega[\mathrm{V}]$

※ 입체각 $\omega = 2\pi(1-\cos\theta)$

03 진공 중의 도체계

1. 전위계수와 용량계수

① 전위계수 P

㉠ 도체의 크기, 주위 매질, 배치상태의 영향을 받는다.

㉡ $P = \dfrac{V}{Q}[\mathrm{V/C}] = [1\mathrm{F}] = [\mathrm{daraf}]$

㉢ P_{rr} , $P_{ss} > 0$

㉣ P_{rs} , $P_{sr} \geq 0$

㉤ $P_{rs} = P_{sr}$

㉥ $P_{rr} \geq P_{rs}$

> **※ 정전차폐의 경우**
> - $P_{11} = P_{21}$: 도체 2가 도체 1 속에 있다(도체 1이 도체 2를 감싸고 있다).
> - $P_{bc}=0$: 도체 b와 도체 c 사이의 유도계수는 0이다. 즉, 타 도체에 의해 정전차폐가 되어 있다.

② 용량계수와 유도계수

㉠ 용량계수 : q_{rr} , $q_{ss} > 0$

㉡ 유도계수 : q_{rs} , $q_{sr} \leq 0$

㉢ $q_{rs} = q_{sr}$

㉣ $q_{rr} = -(q_{r1} + q_{r2} + \cdots + q_{rn})$

2. 정전 용량

① 구도체 : $C = 4\pi\varepsilon_0 a$[F]

(단, a = 반지름)

② 동심구 : $C = \dfrac{4\pi\varepsilon_0 ab}{b-a}$[F]

(단, a, b는 반지름, $a < b$)

③ 동축케이블(원통) : $C = \dfrac{2\pi\varepsilon_0}{\ln\dfrac{b}{a}}$[F/m]

(단, a, b는 반지름, $a < b$)

④ 평행왕복도선 : $C = \dfrac{\pi\varepsilon_0}{\ln\dfrac{d}{a}}$[F/m]

(단, a = 반지름, d = 두 원의 중심 간의 거리)

⑤ 평행판 콘덴서 : $C = \dfrac{\varepsilon_0 S}{d}$[F]

3. 정전 에너지

$W = \dfrac{1}{2}QV = \dfrac{1}{2}CV^2$[V] (충전 중, V는 일정하다)

$= \dfrac{Q^2}{2C}$[J] (충전 후, Q는 일정하다)

4. 콘덴서 연결

① 직렬연결 : $C_0 = \dfrac{C_1 C_2}{C_1 + C_2}$

> ※ **콘덴서의 파괴 순서**
> - 내압이 같은 경우 : 정전 용량이 적은 콘덴서부터 파괴
> - 내압이 다른 경우 : 총전하량이 적은 콘덴서부터 파괴

② 병렬연결 : $C_0 = C_1 + C_2$

> ※ **일반적인 콘덴서의 연결법** : 병렬연결
> - $V = \dfrac{C_1 V_1 + C_2 V_2}{C_1 + C_2}$

04 유전체

1. 분극의 세기

유전체의 단위 체적당 모멘트를 말한다.

$$P = \varepsilon_0(\varepsilon_S - 1)E = \left(1 - \frac{1}{\varepsilon_s}\right)D[\mathrm{C/m^2}]$$

2. 전속밀도

$$D = \varepsilon_0\varepsilon_S E = \varepsilon_0 E + \varepsilon_0(\varepsilon_S - 1)E = \varepsilon_0 E + P[\mathrm{C/m^2}]$$

3. 비유전율(ϵ_S)과의 관계

① 전하량이 일정한 경우(힘, 전계, 전위는 감소한다)

㉠ 힘 : $F = \dfrac{1}{\varepsilon_S}F_0$

㉡ 전계 : $E = \dfrac{1}{\varepsilon_S}E_0$

㉢ 전위 : $V = \dfrac{1}{\varepsilon_S}V_0$

㉣ 전기력선수 : $N = \dfrac{1}{\varepsilon_S}N_0$

② 전위가 일정한 경우(전속밀도, 총전하량은 증가한다)

㉠ 전속밀도 : $D = \varepsilon_S D_0$

㉡ 총전하량 : $Q = \varepsilon_S Q_0$

③ 항상 성립하는 경우(비유전율에 항상 비례한다)

정전 용량 : $C = \varepsilon_S C_0$

4. 경계조건

① 경계조건(굴절법칙)

㉠ 전속밀도의 법선성분 : $D_1\cos\theta_1 = D_2\cos\theta_2$, $\varepsilon_1 E_1\cos\theta_1 = \varepsilon_2 E_2\cos\theta_2$

㉡ 전계의 접선성분 : $E_1\sin\theta_1 = E_2\sin\theta_2$

㉢ 경계조건 : $\dfrac{\tan\theta_1}{\tan\theta_2} = \dfrac{\varepsilon_1}{\varepsilon_2}$

㉣ $\varepsilon_1 > \varepsilon_2$일 경우 $\theta_1 > \theta_2$

② **맥스웰 응력** : 유전체의 경계면에 작용하는 힘은 유전율이 큰 쪽에서 작은 쪽으로 발생한다.

⇒ 수직 : 인장응력, 수평 : 압축응력

㉠ 수직으로 입사($\theta=0°$), $E=0$, $D=D_1=D_2$, $f=\frac{1}{2}\left(\frac{1}{\varepsilon_2}-\frac{1}{\varepsilon_1}\right)D^2[\text{N/m}^2]$

㉡ 평형으로 입사($\theta=90°$), $D=0$, $E=E_1=E_2$, $f=\frac{1}{2}(\varepsilon_1-\varepsilon_2)E^2[\text{N/m}^2]$

5. 패러데이관의 특징

① 패러데이관 내의 전속선 수는 일정하다.

② 패러데이관 양단의 정·부의 단위전하가 있다.

③ 진전하가 없는 점에서 패러데이관은 연속적이다.

④ 패러데이관의 밀도는 전속밀도와 같다.

⑤ 패러데이관 수와 전속선 수는 같다.

6. 분극의 종류

① **전자분극** : 단결정 매질에서 전자운과 핵의 상대적인 변위

② **이온분극** : 화합물에서 (+)이온과 (−)이온의 상대적 변위

③ **쌍극자분극** : 유극성 분자가 전계 방향에 의해 재배열한 분극

④ **원자분극** : 원자가 전계에 의하여 이동해서 생기는 분극

05 전기영상법

1. 영상전하법

① **평면도체와 점전하** : 평면도체로부터 거리가 $d[\text{m}]$인 곳에 점전하 $Q[\text{C}]$가 있는 경우

㉠ 영상전하 $Q'=-Q[\text{C}]$

㉡ 평면과 점전하 사이의 힘 $F=-\frac{Q'Q}{4\pi\varepsilon_0(2d)^2}=-\frac{Q^2}{16\pi\varepsilon_0 d^2}[\text{N}]$

② **평면도체와 선전하** : 평면도체와 $h[\text{m}]$ 떨어진 평행한 무한장 직선도체에 $\rho[\text{C/m}]$의 선전하가 주어졌을 때, 직선도체의 단위 길이당 받는 힘은 다음과 같다.

$$F=-\rho E=-\rho\cdot\frac{\rho}{2\pi\varepsilon_0(2h)}=-\frac{\rho^2}{4\pi\varepsilon_0 h}[\text{N/m}]$$

2. 접지도체구

반지름 a의 접지도체구의 중심으로부터 거리가 $d(>a)$인 점에 점전하 $Q[\mathrm{C}]$가 있는 경우

① 영상전하의 크기 : $Q'=-\dfrac{a}{d}Q$

② 영상전하의 위치 : $b=\dfrac{a^2}{d}$

③ 접지도체구와 점전하 사이에 작용하는 힘 : $F=-\dfrac{d^2Q^2}{4\pi\varepsilon_0(d^2-a^2)^2}$

06 전류

1. 전류밀도

① $i=\dfrac{I}{S}=env$

※ $e=1.602\times10^{-19}[\mathrm{C}]$: 전자의 전하량, $n[\text{개}/\mathrm{m}^3]$: 전자의 개수, $v[\mathrm{m/s}]$: 전자의 이동속도

② $i=kE[\mathrm{A/m^2}]$($k=$도전율) : 옴의 법칙 미분형

③ $\mathrm{div}\, i=0$: 전류의 연속성(키르히호프 법칙 미분형)

2. 저항 : $R=\rho\dfrac{l}{S}[\Omega]$

$\left(C=\dfrac{\varepsilon S}{l} \rightarrow RC=\rho\dfrac{l}{S}\cdot\dfrac{\varepsilon S}{l}=\rho\varepsilon,\ R=\dfrac{\rho\varepsilon}{C}\right)$

※ **저항온도계수** : 도체의 온도가 상승하면 저항은 증가한다.
- $0[℃] \rightarrow t[℃]$: $R_t=R_0[1+\alpha_0 t]$
- $t[℃] \rightarrow T[℃]$: $R_T=R_t[1+\alpha_t(T-t)]$

07 진공 중의 정자계

1. 정전계와 전자계의 비교

정전계	전자계
• 전하 : Q[C]	• 자하(자극의 세기) : m[Wb]
• 진공의 유전율 : $\varepsilon_0 = 8.855 \times 10^{-12}$F/m	• 진공의 투자율 : $\mu_0 = 4\pi \times 10^{-7}$H/m
• 쿨롱의 법칙 : $F = \dfrac{Q_1 Q_2}{4\pi\varepsilon_0 r^2} = 9 \times 10^9 \cdot \dfrac{Q_1 Q_2}{r^2}$[N]	• 쿨롱의 법칙 : $F = \dfrac{m_1 m_2}{4\pi\mu_0 r^2} = 6.33 \times 10^4 \cdot \dfrac{m_1 m_2}{r^2}$[N]
• 전계의 세기 : $E = \dfrac{Q}{4\pi\varepsilon_0 r^2} = 9 \times 10^9 \cdot \dfrac{Q}{r^2}$[V/m]	• 자계의 세기 : $H = \dfrac{m}{4\pi\mu_0 r^2} = 6.33 \times 10^4 \cdot \dfrac{m}{r^2}$[AT/m]
• 전위 : $V = \dfrac{Q}{4\pi\varepsilon_0 r}$[V]	• 자위 : $u = \dfrac{m}{4\pi\mu_0 r}$[AT]
• 전속밀도 : $D = \varepsilon E$[C/m²]	• 자속밀도 : $B = \mu H$[Wb/m²]
• 전기력선수 : $N = \dfrac{Q}{\varepsilon_0 \varepsilon_s}$	• 자기력선수 : $S = \dfrac{m}{\mu_0 \mu_s}$
• 분극의 세기 : $P = \varepsilon_0(\varepsilon_S - 1)E = \left(1 - \dfrac{1}{\varepsilon_s}\right)D$	• 자화의 세기 : $J = \mu_0(\mu_S - 1)H = \left(1 - \dfrac{1}{\mu_s}\right)B$
• 전기쌍극자 : $V = \dfrac{M}{4\pi\varepsilon_0 r^2}\cos\theta$, $E = \dfrac{M}{4\pi\varepsilon_0 r^3}\sqrt{1 + 3\cos^2\theta}$ [$\theta = 0°$(최대), $90°$(최소)] ※ 쌍극자모멘트 : $M = Q \cdot \delta$[C · m]	• 자기쌍극자 : $U = \dfrac{M}{4\pi\mu_0 r^2}\cos\theta$, $H = \dfrac{M}{4\pi\mu_0 r^3}\sqrt{1 + 3\cos^2\theta}$ [$\theta = 0°$(최대), $90°$(최소)] ※ 쌍극자모멘트 : $M = m \cdot \delta$[Wb · m]
• 전기이중층 : $V = \dfrac{M}{4\pi\varepsilon_0}\omega$[V]	• 판자석(자기이중층) : $U = \dfrac{M}{4\pi\mu_0}\omega$[AT]
• 경계조건 – 전계의 접선성분 : $E_1\sin\theta_1 = E_2\sin\theta_2$ – 전속밀도의 법선성분 : $D_1\cos\theta_1 = D_2\cos\theta_2$ – 경계조건 : $\dfrac{\tan\theta_1}{\tan\theta_2} = \dfrac{\epsilon_1}{\epsilon_2}$	• 경계조건 – 자계의 접선성분 : $H_1\sin\theta_1 = H_2\sin\theta_2$ – 자속밀도의 법선성분 : $B_1\cos\theta_1 = B_2\cos\theta_2$ – 경계조건 : $\dfrac{\tan\theta_1}{\tan\theta_2} = \dfrac{\mu_1}{\mu_2}$

2. 전류에 의한 자계의 세기

① 원형 전류의 중심(원형 코일에 전류가 흐를 때)

$$H_0 = \frac{NI}{2a}[\text{AT/m}]$$

② 무한장 직선(원통도체)

반지름 a인 원통도체의 전류에 의한 자계

㉠ 외부($r > a$) : $H = \dfrac{I}{2\pi r}$[AT/m]

㉡ 내부($r < a$) : $H = \dfrac{rI}{2\pi a^2}$[AT/m]

※ 전류가 표면에만 분포된 경우 $H = 0$

③ 유한장 직선(직선도체)

$$H=\frac{I}{4\pi r}(\sin\theta_1+\sin\theta_2)[\mathrm{AT/m}]$$

④ 환상 솔레노이드

㉠ 내부 : $H=\frac{NI}{2\pi r}[\mathrm{AT/m}]$(여기서 N=권수)

㉡ 외부 : $H=0$

⑤ 무한장 솔레노이드

㉠ 내부 : $H=nI[\mathrm{AT/m}]$(여기서 n=[m]당 권수)

㉡ 외부 : $H=0$

⑥ 자계 내에서 전류 도체가 받는 힘(전동기)

$F=BIl\sin\theta[\mathrm{N}]$ (플레밍의 왼손법칙)

⑦ 전하가 평등자계 내를 이동할 때의 유기기전력(발전기)

$e=(v\times B)l=vBl\sin\theta[\mathrm{V}]$ (플레밍의 오른손법칙)

⑧ 회전력(토크)

㉠ 자성체에 의한 토크

$T=M\times H=MH\sin\theta=mlH\sin\theta[\mathrm{N\cdot m}]$

㉡ 도체의 회전에 의한 토크

$T=NBSI\cos\theta[\mathrm{N/m}]$

⑨ 평행도선 사이에 작용하는 힘

$$F=\frac{\mu_0 I_1 I_2}{2\pi r}=\frac{2I_1I_2}{r}\times 10^{-7}[\mathrm{N/m}]$$

㉠ 같은 방향 : 흡인력 발생

㉡ 반대 방향 : 반발력 발생

⑩ 하전입자에 작용하는 힘(로렌츠의 힘)

$F=q[E+(v\times B)][\mathrm{N}]$

⑪ 판자석

㉠ 점 P에서의 자위 : $U_P=\frac{M}{4\pi\mu_0}\omega[\mathrm{AT}]$

㉡ 판자석의 세기 : $M=\sigma[\mathrm{Wb/m^2}]\times\delta[\mathrm{m}]$

08 자성체와 자기회로

1. 자성체

자계 내에 놓았을 때 자석화되는 물질

2. 자화의 세기

$$J = \mu_0(\mu_S - 1)H = \chi H = \left(1 - \frac{1}{\mu_S}\right)B = \frac{M}{v}[\mathrm{Wb/m^2}]$$

(단, 자기모멘트 $M = m\delta[\mathrm{Wb \cdot m}]$)

3. 자속밀도

$$B = \mu H + J[\mathrm{Wb/m^2}]$$

4. 경계조건

① $H_1 \sin\theta_1 = H_2 \sin\theta_2$ (자계의 접선성분)

② $B_1 \cos\theta_1 = B_2 \cos\theta_2$ (자속밀도의 법선성분)

③ 굴절의 법칙 : $\dfrac{\tan\theta_2}{\tan\theta_1} = \dfrac{\mu_2}{\mu_1}$

※ $\mu_1 > \mu_2$일 때, $\theta_1 > \theta_2$, $B_1 > B_2$, $H_1 < H_2$

5. 자기저항

$$R_m = \frac{l}{\mu S} = \frac{NI}{\phi} = \frac{F_m}{\phi}[\mathrm{AT/Wb}]$$

※ $F_m = NI = R_m \phi$ (기자력)

6. 자기회로의 옴의 법칙

$$\phi = \frac{F}{R_m} = BS = \frac{\mu SNI}{l}[\mathrm{Wb}] \text{ (자속)}$$

7. 자계 에너지밀도

$$W_m = \frac{1}{2}\mu H^2 = \frac{B^2}{2\mu} = \frac{1}{2}HB[\mathrm{J/m^3}][\mathrm{N/m^2}]$$

PART 1

09 전자유도

1. 패러데이의 전자유도법칙

① $e = -N\dfrac{d\phi}{dt}[\mathrm{V}]$, $\phi = \phi_m \sin\omega t$

② $e = \omega N \phi_m \sin\left(\omega t - \dfrac{\pi}{2}\right)$

※ 기전력의 위상은 자속의 위상보다 $90°$ 늦다.

2. 전자유도법칙의 미분형과 적분형

① 적분형 : $e = \oint_c E \cdot dl = -\dfrac{d}{dt}\int_s B \cdot dS = -\dfrac{d\phi}{dt}[\mathrm{V}]$

② 미분형 : $\mathrm{rot}\,E = -\dfrac{dB}{dt}$

3. 표피효과

① 표피효과 : 도선의 중심부로 갈수록 전류밀도가 적어지는 현상

② 침투깊이 : $\delta = \sqrt{\dfrac{2}{\omega\mu k}} = \sqrt{\dfrac{1}{\pi f \mu k}}$

※ 침투깊이가 작을수록(f, μ, k가 클수록) 표피효과가 커진다($w = 2\pi f$).

10 인덕턴스

1. 자기인덕턴스와 상호인덕턴스

① 자기인덕턴스 : $L_1 = \dfrac{{N_1}^2}{R_m}$, $L_2 = \dfrac{{N_2}^2}{R_m}$

② 상호인덕턴스 : $M = \dfrac{N_1 N_2}{R_m}$

2. 유기기전력

$e = -L\dfrac{dI}{dt} = -N\dfrac{d\phi}{dt}[\mathrm{V}]$, $LI = N\phi$

(단자전압 : $v_L = L\dfrac{dI}{dt}[\mathrm{V}]$)

3. 상호인덕턴스

$M = k\sqrt{L_1 L_2}$ (M=상호 인덕턴스, k=결합계수, L_1, L_2=자기 인덕턴스)

4. 인덕턴스 계산

① 환상 솔레노이드 : $L = \frac{\mu S N^2}{l}$[H] (S=단면적[m^2], l=길이[m], N=권수)

② 무한장 솔레노이드 : $L = \mu\pi a^2 N^2 = \mu S N^2$[H/m]

③ 원통도체의 내부 인덕턴스 : $L = \frac{\mu}{8\pi}$[H/m] $= \frac{\mu l}{8\pi}$[H]

④ 동축 케이블 : $L = \frac{\mu_1}{2\pi} ln\frac{b}{a} + \frac{\mu_2}{8\pi}$[H/m]

⑤ 평행 왕복도선 : $L = \frac{\mu_1}{\pi} ln\frac{d}{a} + \frac{\mu_2}{4\pi}$[H/m]

5. 합성인덕턴스

① 상호인덕턴스가 없는 경우

㉠ 직렬접속 : $L = L_1 + L_2$ (자속과 같은 방향)

㉡ 병렬접속 : $L = \frac{L_1 L_2}{L_1 + L_2}$ (자속의 반대 방향)

② 상호인덕턴스가 있는 경우

㉠ 직렬접속

- $L = L_1 + L_2 + 2M$ (자속과 같은 방향)
- $L = L_1 + L_2 - 2M$ (자속의 반대 방향)

㉡ 병렬접속

- $L = \frac{L_1 L_2 - M^2}{L_1 + L_2 - 2M}$ (자속과 같은 방향)
- $L = \frac{L_1 L_2 - M^2}{L_1 + L_2 + 2M}$ (자속의 반대 방향)

6. 자기에너지

$W = \frac{1}{2} L I^2$[J] $= \frac{1}{2} L_1 I_1^2 + \frac{1}{2} L_2 I_2^2 \pm M I_1 I_2$[J]

11 전자계

1. 변위전류밀도

시간적으로 변화하는 전속밀도에 의한 전류

$i_d = \frac{I}{S} = \frac{\partial D}{\partial t} = \varepsilon \frac{\partial E}{\partial t}$ [A/m²] (여기서 D= 전속밀도)

2. 맥스웰(Maxwell) 방정식

$\mathrm{rot}\,E = -\frac{\partial B}{\partial t}$, $\mathrm{rot}\,H = \varepsilon \frac{\partial E}{\partial t} + kE$

$\mathrm{div}\,D = \rho$, $\mathrm{div}\,B = 0$

3. 고유(파동, 특성) 임피던스

$$Z_0 = \frac{E}{H} = \sqrt{\frac{\mu}{\varepsilon}} = \sqrt{\frac{\mu_0}{\varepsilon_0}}\sqrt{\frac{\mu_s}{\varepsilon_s}} = 377\sqrt{\frac{\mu_s}{\varepsilon_s}}\,[\Omega]$$

① 전송회로 특성 임피던스

$$Z_0 = \frac{V}{I} = \sqrt{\frac{Z}{Y}} = \sqrt{\frac{R + j\omega L}{G + j\omega C}} \fallingdotseq \sqrt{\frac{L}{C}}\,[\Omega]$$

② 동축케이블 특성 임피던스

$$Z_0 = \sqrt{\frac{\mu}{\varepsilon}} \cdot \frac{1}{2\pi}\ln\frac{b}{a} = 138\sqrt{\frac{\mu_s}{\varepsilon_s}}\log\frac{b}{a}\,[\Omega]$$

4. 전파(위상) 속도

$$v = \frac{1}{\sqrt{LC}} = \frac{1}{\sqrt{\varepsilon\mu}} = \frac{3 \times 10^8}{\sqrt{\varepsilon_s \mu_s}}\,[\mathrm{m/s}]$$

5. 파장

$\lambda = \frac{C}{f} = \frac{1}{f\sqrt{\mu\varepsilon}}$ [m] (C= 광속)

6. 포인팅 벡터(방사 벡터)

$P = E \times H = EH\sin\theta = EH\sin 90° = EH\,[\mathrm{w/m^2}]$

전력공학

PART 1

01 전선로

1. 송전 방식

① 직류 송전의 특징

㉠ 서로 다른 주파수로 비동기 송전이 가능하다.

㉡ 리액턴스가 없으므로 리액턴스 강하가 없으며, 안정도가 높고 송전효율이 좋다.

㉢ 유전체 손실과 연피 손실이 없다.

㉣ 표피 효과 또는 근접 효과가 없어 실효저항의 증대가 없다.

㉤ 절연 레벨을 낮출 수 있다.

㉥ 직류·교류 변환 장치가 필요하며 설비비가 비싸다.

㉦ 전류의 차단 및 전압의 변성이 어렵다.

② 교류 송전의 특징

㉠ 전압의 승압, 강압이 용이하다.

㉡ 회전 자계를 얻기 쉽다.

㉢ 전 계통을 일관되게 운용 가능하다.

2. 전선

① 전선의 구비조건

㉠ 도전율, 기계적 강도, 내구성, 내식성이 커야 한다.

㉡ 중량이 가볍고, 밀도가 작아야 한다.

㉢ 가선 공사, 유연성(가공성)이 용이해야 한다.

㉣ 가격이 저렴해야 한다.

※ 경제적인 전선의 굵기 선정 : 허용 전류, 전압 강하, 기계적 강도, 전선의 길이

② 연선

㉠ 소선의 총수 $N=3n(n+1)+1$

㉡ 연선의 바깥지름 $D=(2n+1)d\,[\text{mm}]$($d=$소선의 지름)

㉢ 연선의 단면적 $A=\frac{1}{4}\pi d^2\times N[\text{mm}^2]$($N=$소선의 총수)

③ 진동과 도약

㉠ 진동 : 가볍고 긴 선로 및 풍압에 의해 발생한다.

- 가벼운 강심 알루미늄선(ACSR)이 경동선에 비해 진동이 많이 일어난다.
- 방지법 : 댐퍼, 아머로드 설치, 특수 클램프 채용 등

㉡ 도약 : 빙설이 떨어져 전선이 도약하여 혼촉(단락)이 일어난다(Off-set 방식으로 방지).

④ 이도 및 전선의 길이

㉠ 이도(Dip) : $D = \frac{WS^2}{8T}$[m]

(W= 전선의 중량[kg/m], S= 경간, T= 수평장력)

㉡ 전선의 실제 길이 : $L = S + \frac{8D^2}{3S}$[m]

⑤ 온도 변화 시 이도($D_1 \rightarrow D_2$)

$$D_2 = \sqrt{{D_1}^2 \pm \frac{3}{8} atS^2}\,[\text{m}]$$

(t= 온도차, a= 온도계수)

⑥ 전선의 합성하중

$$W = \sqrt{(W_c + W_i)^2 + {W_w}^2}\,[\text{kg/m}]$$

[W_c= 전선의 하중(수직하중), W_i= 빙설하중(수직하중), W_w= 풍압하중(수평하중)]

3. 애자(Insulator)

① 기능 : 전선을 절연하여 지지물과의 고정 간격을 유지한다.

② 애자가 갖추어야 할 조건

㉠ 절연내력이 커야 한다.

㉡ 절연 저항이 커야 한다(누설 전류가 적을 것).

㉢ 기계적 강도가 커야 한다.

㉣ 온도 급변에 견디고 습기를 흡수하지 않아야 한다.

③ 전압부담

㉠ 최대 : 전선에 가장 가까운 애자

㉡ 최소 : 철탑(접지측)에서 1/3 또는 전선에서 2/3 위치에 있는 애자

④ 애자의 연효율(연능률)

$$\eta = \frac{V_n}{nV_1} \times 100$$

(V_n= 애자련의 전체 섬락전압, n= 애자의 개수, V_1= 애자 1개의 섬락전압)

⑤ 전압별 현수애자의 수

전압(kV)	22.9	66	154	345	765
애자수(개)	2 ~ 3	4 ~ 6	9 ~ 11	19 ~ 23	약 40

⑥ 애자련 보호 대책 : 소호환(Arcing Ring), 소호각(Arcing Horn)

㉠ 섬락(뇌섬락, 역섬락) 시 애자련 보호

㉡ 애자련의 전압 분포 개선

4. 지지물

① 종류 : 목주, 철주, 콘크리트주(배전용), 철탑(송전용)

② 철탑의 종류

㉠ 직선형 : 수평각도 3° 이내(A형)

㉡ 각도형 : 수평각도 3 ~ 20° 이내(B형), 수평각도 20 ~ 30° 이내(C형)

㉢ 인류형 : 가섭선을 인류하는 장소에 사용(D형)

㉣ 내장형 : 수평각도 30° 초과 또는 불균형 장력이 심한 장소에 사용(E형)

㉤ 보강형 철탑 : 불균형 장력에 대해 $\frac{1}{6}$을 더 견딜 수 있게 한 철탑

PART 1

02 선로정수와 코로나

1. 선로정수

① 인덕턴스

㉠ 단도체 : $L=0.05+0.4605\log_{10}\frac{D}{r}$[mH/km]($D$= 선간 거리, r= 전선의 반지름)

㉡ 다도체 : $L=\frac{0.05}{n}+0.4605\log_{10}\frac{D}{r_e}$[mH/km]($r_e=\sqrt[n]{r\cdot s^{n-1}}$)

㉢ 작용인덕턴스 : (자기인덕턴스)+(상호인덕턴스)

② 정전 용량

㉠ 정전 용량

- 단도체 : $C=\frac{0.02413}{\log_{10}\frac{D}{r}}$[μF/km]
- 다도체 : $C=\frac{0.02413}{\log_{10}\frac{D}{r_e}}$[μF/km]

㉡ 작용 정전 용량(1선당)=(대지 정전 용량)+(상호 정전 용량)

- 단상 2선식 : $C=C_s+2C_m$
- 3상 3선식 : $C=C_s+3C_m$

> ※ **연가(Transposition)**
> - 목적 : 선로정수 평형
> - 효과 : 선로정수 평형, 정전 유도 장해 방지, 직렬 공진에 의한 이상 전압 상승 방지

㉢ 충전전류 : $I_c=2\pi f C_w\frac{V}{\sqrt{3}}$[A]($C_w$= 작용 정전 용량)

2. 코로나

전선 주위 공기의 부분적인 절연 파괴가 일어나 빛과 소리가 발생하는 현상

① 임계전압

$$E = 24.3 m_0 m_1 \delta d \log_{10} \frac{D}{r} [\text{kV}]$$

[m_0 = 전선의 표면 상태(단선 : 1, 연선 : 0.8), m_1 = 날씨 계수(맑은 날 : 1, 우천 시 : 0.8), δ = 상대공기밀도$\left(\frac{0.386b}{273+t}\right)$ → b : 기압, t : 온도, d : 전선의 지름, r : 전선의 반지름, D : 선간 거리]

② 코로나의 영향과 대책

영향	• 통신선의 유도 장해 • 코로나 손실 → 송전 손실 → 송전효율 저하 • 코로나 잡음 및 소음 • 오존(O_3)에 의한 전선의 부식 • 소호 리액터에 대한 영향(소호 불능의 원인) • 진행파의 파고값 감소
대책	• 전선의 지름을 크게 한다. • 복도체(다도체)를 사용한다.

③ 코로나 손실(Peek식)

$$P_c = \frac{241}{\delta}(f+25)\sqrt{\frac{d}{2D}}(E-E_0)^2 \times 10^{-5} [\text{kW/km/line}]$$

(δ = 상대공기밀도, f = 주파수, D = 선간 거리, d = 전선의 지름, E_0 = 코로나 임계전압, E = 전선의 대지전압)

03 송전 선로 특성값 계산

1. 단거리 송전 선로(50km 이하)

임피던스 Z 존재, 어드미턴스 Y는 무시, 집중 정수 회로

① 3상 송전전압 : $V_S \fallingdotseq V_R + \sqrt{3} I(R\cos\theta + X\sin\theta) [\text{V}]$

② 단상 송전전압 : $E_S \fallingdotseq E_R + I(R\cos\theta + X\sin\theta) [\text{V}]$

③ 전압 강하

㉠ $1\phi(E = V)$: 단상

$$e = E_s - E_r = V_s - V_r = RI\cos\theta + IX\sin\theta = I(R\cos\theta + X\sin\theta)$$

㉡ $3\phi(V = \sqrt{3}E)$: 3상

$$e = E_s - E_r = I(R\cos\theta + X\sin\theta) = \sqrt{3}E_s - \sqrt{3}E_r$$

$$= V_s - V_r = \sqrt{3} I(R\cos\theta + X\sin\theta) = \frac{P}{V_r}(R + X\tan\theta)$$

④ 전압 강하율

$$\varepsilon = \frac{V_s - V_r}{V_r} \times 100 = \frac{e}{V_r} \times 100 = \frac{P}{{V_r}^2}(R + X\tan\theta) \times 100$$

⑤ 전압 변동률

$$\delta = \frac{V_{r_0} - V_r}{V_r} \times 100(V_{r_0} = \text{무부하 수전단 전압},\ V_r = \text{수전단 전압})$$

⑥ 전력 손실(선로 손실)

$$P_l = 3I^2R = 3\left(\frac{P}{\sqrt{3}\,V\cos\theta}\right)^2 R\ \left(R = \rho\frac{l}{A}\right) = 3\frac{P^2R}{3V^2\cos^2\theta} = \frac{P^2R}{V^2\cos^2\theta} = \frac{P^2\rho l}{V^2\cos^2\theta A}$$

⑦ 전력 손실률

$$K = \frac{P_l}{P} \times 100 = \frac{\frac{P^2R}{V^2\cos^2\theta}}{P} \times 100 = \frac{PR}{V^2\cos^2\theta} \times 100$$

2. 중거리 송전 선로(50 ~ 100km)

Z, Y 존재, 4단자 정수에 의하여 해석, 집중 정수 회로

① 4단자 정수

$$\begin{bmatrix} E_s \\ I_s \end{bmatrix} = \begin{bmatrix} A & B \\ C & D \end{bmatrix} \begin{bmatrix} E_r \\ I_r \end{bmatrix} = \begin{matrix} AE_r + BI_r \\ CE_r + DI_r \end{matrix}$$

$$E_s = AE_r + BI_r$$

$$I_s = CE_r + DI_r$$

② T형 회로와 π형 회로의 4단자 정수값

구분		T형	π형
A	$\left.\frac{E_s}{E_r}\right\vert_{I_r=0}$	$A = 1 + \frac{ZY}{2}$	$A = 1 + \frac{ZY}{2}$
B	$\left.\frac{E_s}{I_r}\right\vert_{V_r=0}$	$B = Z\left(1 + \frac{ZY}{4}\right)$	$B = Z$
C	$\left.\frac{E_s}{E_r}\right\vert_{I_r=0}$	$C = Y$	$C = Y\left(1 + \frac{ZY}{4}\right)$
D	$\left.\frac{E_s}{I_r}\right\vert_{V_r=0}$	$D = 1 + \frac{ZY}{2}$	$D = 1 + \frac{ZY}{2}$

3. 장거리 송전 선로(100km 초과)

분포 정수 회로(어느 위치에서 보아도 특성 임피던스가 같은 회로)

① 특성(파동) 임피던스 : 거리와 무관

$$Z_0 = \sqrt{\frac{Z}{Y}} \fallingdotseq \sqrt{\frac{L}{C}} = 138\log\frac{D}{r}[\Omega]$$ (Z= 단락 임피던스, Y= 개방 어드미턴스)

② 전파 정수

$$\gamma = \sqrt{ZY} = \sqrt{(R+jwL)(G+jwC)} = \alpha + j\beta$$ (α= 감쇠정수, β= 위상정수)

③ 전파 속도

$$v = \frac{\omega}{\beta} = \frac{1}{\sqrt{LC}} = 3\times10^5\text{km/s} = 3\times10^8\text{m/s}$$

04 안정도

1. 의미

전력 계통에서 상호협조하에 동기 이탈하지 않고 안정되게 운전할 수 있는 정도

2. 종류

① 정태 안정도 : 부하를 서서히 증가시켜 계속해서 어느 정도 안정하게 송전할 수 있는 능력

② 동태 안정도 : 고속 자동 전압 조정기(AVR)나 조속기 등으로 전류를 제어할 경우의 정태 안정도

③ 과도 안정도 : 부하 급변 시나 사고 시에도 어느 정도 안정하게 송전을 계속할 수 있는 능력

3. 안정도 향상 대책

① 직렬 리액턴스를 작게 한다(발전기나 변압기 리액턴스를 작게, 병행회선수를 늘리거나 복도체 또는 다도체 방식 사용, 직렬 콘덴서 삽입).

② 전압 변동을 작게 한다(단락비를 크게, 속응 여자 방식 채택, 중간 조상 방식 채택, 계통 연계).

③ 고장 구간을 신속히 차단한다(적당한 중성점 접지 방식 채용, 고속 재폐로 방식 채용, 차단기 고속화).

④ 고장 시 발전기 입출력의 불평형을 작게 한다.

4. 전력원선도

① 전력 원선도 작성 시 필요한 것 : 송·수전단 전압, 일반회로 정수(A, B, C, D)

② 원선도 반지름 : $\rho = \dfrac{V_S V_R}{B}$ (V_S= 송전단 전압, V_R= 수전단 전압, B= 리액턴스)

③ 알 수 있는 것 : 최대 출력, 조상 설비 용량, 4단자 정수에 의한 손실, 선로 손실과 송전 효율, 선로의 일반회로 정수
④ 알 수 없는 것 : 과도 안정 극한 전력, 코로나 손실

5. 조상 설비

① 동기 조상기 : 무부하로 운전하는 동기 전동기
㉠ 과여자 운전 : 콘덴서로 작용, 진상
㉡ 부족 여자 운전 : 리액터로 작용, 지상
㉢ 증설이 어려움, 손실 최대(회전기)
② 콘덴서 : 충전전류, 90° 앞선 전류, 진상전류

직렬 콘덴서	병렬 콘덴서
$e=\sqrt{3}I(R\cos\theta+X\sin\theta)$ $X=X_L-X_C$ 전압 강하 보상	역률 개선

6. 송전 용량

① 고유부하법 : $P=\dfrac{V^2}{Z_0}=\dfrac{V^2}{\sqrt{\dfrac{L}{C}}}$[MW/회선]($V$=수전단 전압, Z_0=선로의 특성임피던스)

② 용량계수법 : $P=k\dfrac{{V_r}^2}{l}$[kW](k=용량계수, l=송전거리[km], V_r=수전단 전압[kV])

③ 리액턴스법

$P=\dfrac{V_s V_r}{X}\sin\delta$[MW], 보통 30~40° 운영

(δ=송·수전단 전압의 상차각, V_s=송전단 전압[kV], V_r=수전단 전압[kV], X : 리액턴스)

7. 경제적인 송전 전압의 결정(Still의 식)

$V_S=5.5\sqrt{0.6l+\dfrac{P}{100}}$[kV]($l$=송전 거리[km], P=송전 전력[kW])

05 고장계산

1. 옴[Ω]법

① 단락전류 : $I_S = \frac{E}{Z} = \frac{E}{\sqrt{R^2 + X^2}}$ [A]

② 단락용량 : $P_S = 3EI_S = \sqrt{3}\, VI_S$[VA]

2. 단위법

① $\%Z = \frac{I_n Z}{E} \times 100 = \frac{PZ}{10V^2}$ [%]

② 단락전류 : $I_S = \frac{100}{\%Z} I_n$[A]

③ 단락용량 : $P_S = \frac{100}{\%Z} P_n$[MVA]($P_n$ = 기준용량)

3. 대칭좌표법

불평형전압 또는 불평형전류를 3상(영상분, 정상분, 역상분)으로 나누어 계산한다.

① 대칭좌표법

㉠ 대칭 성분

- 영상분 : $V_0 = \frac{1}{3}(V_a + V_b + V_c)$
- 정상분 : $V_1 = \frac{1}{3}(V_a + aV_b + a^2 V_c)$
- 역상분 : $V_2 = \frac{1}{3}(V_a + a^2 V_b + aV_c)$

㉡ 각상 성분

- $V_a = (V_0 + V_1 + V_2)$
- $V_b = (V_0 + a^2 V_1 + aV_2)$
- $V_c = (V_0 + aV_1 + a^2 V_2)$

② 교류 발전기 기본 공식

$V_0 = -Z_0 I_0$, $V_1 = E_a - Z_1 I_1$, $V_2 = -Z_2 I_2$

③ 1선 지락사고

㉠ 대칭분 : $I_0 = I_1 = I_2$

㉡ 지락전류 : $I_g = 3I_0 = \frac{3E_a}{Z_0 + Z_1 + Z_2}$

④ 기기별 임피던스 관계

㉠ 변압기 : $Z_0 = Z_1 = Z_2$

㉡ 송전 선로 : $Z_0 > Z_1 = Z_2$

06 중성점 접지 방식

1. 비접지 방식(3.3kV, 6.6kV)

① 저전압 단거리, △ - △ 결선을 주로 이용

② 1상 고장 시 V-V 결선 가능(고장 중 운전 가능)

③ 1선 지락 시 전위는 $\sqrt{3}$ 배 상승

2. 직접접지 방식(154kV, 345kV, 745kV)

① 유효접지 : 1선 지락 사고 시 전압 상승이 상규 대지전압의 1.3배 이하가 되도록 하는 접지 방식

② 직접접지의 장단점

㉠ 장점 : 전위 상승 최소, 단절연・저감 절연 가능, 지락전류 검출 쉬움(지락보호 계전기 동작 확실), 피뢰기효과 증가

㉡ 단점 : 지락전류가 저역률 대전류이므로 과도 안정도 저하, 인접 통신선의 유도 장해 큼, 대용량 차단기, 차단기 동작 빈번해 수명 경감

3. 저항접지 방식

① 고저항접지(100 ~ 1,000Ω)

② 저저항접지(30Ω)

4. 소호리액터 방식[병렬 공진 이용 → 전류(지락전류) 최소, 66kV]

① 소호리액터 크기

㉠ $X_L = \dfrac{1}{3wCs} - \dfrac{X_t}{3}[\Omega]$ (X_t = 변압기의 리액턴스)

㉡ $L_L = \dfrac{1}{3w^2 C_S}[\mathrm{H}]$

② 소호리액터 용량(3선 일괄의 대지 충전 용량)

$$Q_L = E \times I_L = E \times \frac{E}{wL} = \frac{E^2}{wL} = 3wC_s E^2 \times 10^{-3}\,\mathrm{kVA}$$

③ 합조도(과보상)

구분	공진식	공진 정도	합조도
$I_L > I_C$	$w_L < \frac{1}{3wC_S}$	과보상(10%)	+
$I_L = I_C$	$w_L = \frac{1}{3wC_S}$	완전 공진	0
$I_L < I_C$	$w_L > \frac{1}{3wC_S}$	부족 보상	−

5. 소호리액터 접지의 장단점

① 장점 : 지락전류 최소, 지락 아크 소멸, 과도 안정도 최대, 고장 중 운전 가능, 유도장해 최소

② 단점 : 1선 지락 시 건전상의 전위 상승 최대($\sqrt{3}$ 배 이상), 보호 계전기 동작 불확실, 고가 설비

07 이상전압과 개폐기

1. 이상전압

① 내부 이상전압 : 직격뢰, 유도뢰를 제외한 나머지

㉠ 개폐 이상전압 : 무부하 충전전류 개로 시 가장 큼, 무부하 송전 선로의 개폐, 전력용 변압기 개폐, 고장전류 차단

㉡ 1선 지락 사고 시 건전상의 대지전위 상승

㉢ 잔류전압에 의한 전위 상승

㉣ 경(무)부하 시 페란티 현상에 의한 전위 상승

② 외부 이상전압

㉠ 원인 : 직격뢰, 유도뢰, 다른 송전선로와의 혼촉사고 및 유도

㉡ 방호 대책

- 피뢰기 : 기계 기구 보호(변압기 보호설비)
- 가공지선 : 직격뢰, 유도뢰 차폐, 일반적으로 45° 이하 설계
- 매설지선 : 역섬락 방지(철탑저항을 작게)

③ 파형

㉠ 표준 충격파 : $1.2 \times 50 \mu$[sec]

㉡ 내부·외부 이상전압은 파두장, 파미장 모두 다름

④ 반사와 투과계수

㉠ 반사계수 $\beta = \frac{Z_2 - Z_1}{Z_2 + Z_1}$ (무반사조건 : $Z_1 = Z_2$)

㉡ 투과계수 $r = \frac{2Z_2}{Z_2 + Z_1}$

2. 피뢰기(L.A) : 변압기 보호

① 구성 : 특성 요소, 직렬 갭

㉠ 직렬갭 : 이상전압 시 대지로 방전, 속류 차단

㉡ 특성요소 : 임피던스 성분 이용, 방전전류 크기 제한

㉢ 실드링 : 전·자기적 충격 완화

② 피뢰기 정격전압

㉠ 속류를 차단하는 교류 최고 전압

㉡ 직접접지 계통 : 0.8 ~ 1.0배

㉢ 저항 또는 소호 리액터접지 계통 : 1.4 ~ 1.6배

③ 피뢰기 제한전압(절연 협조의 기본)

㉠ 피뢰기 동작 중 단자전압의 파고값

㉡ 뇌전류 방전 시 직렬갭 양단에 나타나는 교류 최고 전압

㉢ 피뢰기가 처리하고 남는 전압

㉣ (제한전압)=(이상전압 투과전압)−(피뢰기가 처리한 전압)

$$e_a = e_3 - V = \left(\frac{2Z_2}{Z_2 + Z_1}\right)e_i - \left(\frac{Z_2 \cdot Z_1}{Z_2 + Z_1}\right)i_a$$

④ 구비조건

㉠ 제한전압이 낮아야 한다.

㉡ 속류 차단 능력이 우수해야 한다.

㉢ 충격 방전개시전압이 낮아야 한다.

㉣ 상용 주파 방전개시전압이 높아야 한다.

⑤ 절연 협조 : 피뢰기의 제한전압 < 변압기의 기준충격 절연강도(BIL) < 부싱, 차단기 < 선로애자(피뢰기의 제1보호대상 : 변압기)

⑥ 절연체계

㉠ 내뢰 : 견디도록 설계

㉡ 외뢰 : 피뢰장치 이용 보호 및 절연

3. 단로기(DS)

① 부하 차단 및 개폐 불가

② 선로 기기의 접속 변경

③ 기기를 선로로부터 완전 개방

④ 무부하 선로의 개폐

⑤ 차단기 앞에 직렬 시설(선로 개폐유무 확인 가능)

4. 차단기(Breaker)

① 목적

㉠ 정상 시 부하전류 안전하게 통전

㉡ 사고 시 전로를 차단하여 기기나 계통 보호

② 동작 책무

㉠ 일반용

- 갑호 : O－1분－CO－3분－CO
- 을호 : CO－15초－CO

㉡ 고속도 재투입용 : O－t초－CO－1분－CO

③ 차단 시간

㉠ 트립코일 여자로부터 소호까지의 시간

㉡ 개극 시간과 아크 시간의 합(3～8Hz)

④ 차단 용량(3상)

$$P_S = \sqrt{3} \times (\text{정격전압}) \times (\text{정격차단전류}) \text{ (단락 용량, } P_S = \frac{100}{\%Z} P_n \text{[MVA])}$$

⑤ 차단기 트립 방식

㉠ 전압 트립 방식

㉡ 콘덴서 트립 방식

㉢ CT 트립 방식

㉣ 부족전압 트립 방식

⑥ 인터록(Interlock) : 차단기가 열려 있어야 단로기 조작 가능

⑦ 차단기 종류(소호매질에 따른 분류)

종류	특징	소호매질
공기 차단기 (ABB)	• 소음이 크다. • 공기압축설비가 필요하다(10～20kg/cm^2).	압축 공기
가스 차단기 (GCB)	• 밀폐 구조이므로 소음이 없다(공기 차단기와 비교했을 때 장점). • 공기의 2～3배 정도의 절연내력을 가진다. • 소호능력이 우수하다(공기의 100～200배). • 무색, 무취, 무독성, 난연성(불활성) • 154kV, 345kV	SF_6
유입 차단기 (OCB)	• 방음 설비가 불필요하다. • 부싱 변류기 사용이 가능하다. • 화재의 위험이 있다.	절연유
자기 차단기 (MBB)	• 보수 및 점검이 용이하다. • 전류 절단에 의한 과전압이 발생하지 않는다. • 고유 주파수에 차단 능력이 좌우되지 않는다.	전자력
진공 차단기 (VCB)	• 소내 공급용 회로(6kV급) • 차단 시간이 짧고 폭발음이 없다. • 고유 주파수에 차단 능력이 좌우되지 않는다.	진공
기중 차단기 (ACB)	• 소형, 저압용 차단기로 사용한다.	대기

5. 보호 계전기(Relay)

① 보호 계전기의 구비조건

㉠ 열적, 기계적으로 견고해야 한다.

㉡ 감도가 예민해야 한다.

㉢ 시간 지연이 적어야 한다.

㉣ 후비 보호 능력이 있어야 한다.

② 보호 계전기의 종류

선로 보호용	• 거리 계전기(임피던스 계전기, Ohm 계전기, Mho 계전기) – 전압과 전류의 비가 일정값 이하가 되면 동작 – 기억 작용(고장 후에도 고장 전 전압을 잠시 유지) • 지락 계전기 – 선택접지 계전기(병렬 2회선, 다회선) – 지락 방향 계전기
발전기 · 변압기 보호용	• 과전류 계전기(OCR) • 부흐홀츠 계전기(변압기 보호) – 변압기와 콘서베이터 연결관 도중에 설치 • 차동 계전기(양쪽 전류 차에 의해 동작) • 비율차동 계전기

③ 시한특성

㉠ 순한시 계전기 : 최소 동작전류 이상의 전류가 흐르면 즉시 동작, 고속도 계전기(0.5 ~ 2사이클)

㉡ 정한시 계전기 : 동작전류의 크기에 관계없이 일정시간에 동작

㉢ 반한시 계전기 : 동작전류가 적을 때는 동작시간이 길고 동작전류가 클 때는 동작시간이 짧음

㉣ 반한시성 정한시 계전기 : 반한시 · 정한시 계전기의 특성을 모두 가지고 있음

6. 계기용 변압기(P.T)

① 고전압을 저전압으로 변성

② 2차 전압 110V

③ 계측기(전압계, 주파수계, 파이롯 램프)나 계전기 전원

④ 종류

㉠ 전자형

- 전자유도 원리
- 오차가 적고 특성이 우수
- 절연강도가 적음(66kV급 이하)

㉡ 콘덴서형

- 콘덴서의 분압회로
- 오차와 절연강도가 큼(154kV급 이하)

⑤ 점검 시 : 2차측 개방(2차측 과전류에 대한 보호)

7. 변류기(C.T)

① 대전류를 소전류로 변성

② 2차 전류 5A

③ 계측기(전류계)의 전원 공급, 전류 측정

④ 종류 : 권선형, 관통형, 건식, 몰드형, 유입형, 영상

⑤ 점검 시 : 2차측 단락(2차측 절연보호)

08 유도장해

1. 전자유도장해

영상전류(I_0), 상호 인덕턴스에 의해

$E_m = jwMl(3I_0) = jwMlI_g[\mathrm{V}]$

2. 정전유도장해

영상전압(E_0), 상호 정전 용량에 의해

① 전력선과 통신선 이격 거리가 동일한 경우

정전유도전압 $E_S = \dfrac{C_m}{C_m + C_s} E_0[\mathrm{V}]$ (C_m = 상호 정전 용량, C_s = 통신선의 대지 정전 용량)

② 전력선과 통신선 이격 거리가 다른 경우

$$E_S = \frac{\sqrt{C_a(C_a - C_b) + C_b(C_b - C_c) + C_c(C_c - C_a)}}{C_a + C_b + C_c + C_s} \times E_0[\mathrm{V}]$$

※ **완전 연가 시**($C_a = C_b = C_c = C$)

$$E_s = \frac{3C_0}{3C_0 + C} E_0$$

3. 유도장해 방지대책

전력선 측	통신선 측
• 연가 • 소호 리액터접지 방식 → 지락전류 소멸 • 고속도 차단기 설치 • 이격 거리 크게 • 차폐선을 설치(30 ~ 50% 경감, 전력선측에 가깝게 시설) • 지중 전선로 설치 • 상호 인덕턴스 작게	• 교차 시 수직 교차 • 연피케이블, 배류 코일 설치 • 절연 변압기 시설 강화 • 피뢰기 시설 • 소호 리액터접지

09 배전공학

1. 배전 방식

① 가지식(수지상식)

㉠ 전압 변동률이 크다. → 플리커 현상이 발생한다.

㉡ 전압 강하 및 전력 손실이 크다.

㉢ 고장 범위가 넓고(정전 파급이 큼), 신뢰도가 낮다.

㉣ 설비가 간단하며, 부하증설이 용이하므로 경제적이다.

㉤ 농어촌 지역 등 부하가 적은 지역에 적절하다.

② 루프식(환상식)

㉠ 가지식에 비해 전압 강하 및 전력손실이 적고, 플리커 현상이 경감된다.

㉡ 설비비가 고가이다.

③ 저압 뱅킹 방식

㉠ 전압 강하와 전력손실이 적다.

㉡ 변압기와 저압선 동량이 감소한다.

㉢ 플리커 현상이 감소한다.

㉣ 부하의 증설이 용이하다.

㉤ 변압기의 용량이 저감된다.

㉥ 캐스케이딩현상 발생 : 저압선의 일부 고장으로 건전한 변압기의 일부 또는 전부가 차단되는 현상이 발생한다.

→ 대책 : 뱅킹 퓨즈(구분 퓨즈)를 사용한다.

㉦ 부하가 밀집된 시가지 계통에서 사용한다.

④ 저압 네트워크 방식

㉠ 무정전 공급 방식, 공급 신뢰도가 가장 좋다.

㉡ 공급 신뢰도가 가장 좋고 변전소의 수를 줄일 수 있다.

㉢ 전압 강하, 전력손실이 적다.

㉣ 부하 증가 대응력이 우수하다.

㉤ 설비비가 고가이다.

㉥ 인축의 접지 사고 가능성이 있다.

㉦ 고장 시 고장전류 역류가 발생한다.

→ 대책 : 네트워크 프로텍터(저압용 차단기, 저압용 퓨즈, 전력 방향 계전기)를 사용한다.

2. 전기 방식별 비교

종별	전력	손실	1선당 공급전력 비교	1선당 공급전력 비율	소요전선량(중량비)
$1\phi 2W$	$P=VI\cos\theta$	$2I^2R$	$1/2P$	1	1
$1\phi 3W$	$P=2VI\cos\theta$		$2/3P$	1.33	3/8=0.375
$3\phi 3W$	$P=\sqrt{3}VI\cos\theta$	$3I^2R$	$\sqrt{3}/3P$	1.15	3/4=0.75
$3\phi 4W$	$P=3VI\cos\theta$		$3/4P$	1.5	1/3=0.33

※ 단상 3선식의 특징
- 전선 소모량이 단상 2선식에 비해 37.5%(경제적)이다.
- 110 / 220V의 두 종의 전원을 사용한다.
- 전압의 불평형 → 저압 밸런서의 설치
  - 여자 임피던스가 크고, 누설 임피던스가 작다.
  - 권수비가 1 : 1인 단권 변압기
- 단상 2선식에 비해 효율이 높고 전압 강하가 적다.
- 조건 및 특성
  - 변압기 2차측 1단자 제2종 접지 공사
  - 개폐기는 동시 동작형
  - 중성선에 퓨즈 설치 금지 → 저압 밸런서 설치(단선 시 전압 불평형 방지)

3. 말단 집중 부하와 분산 분포 부하의 비교

구분	전압 강하	전력 손실
말단 집중 부하	$I \cdot R$	$I^2 \cdot R$
분산 분포 부하	$\frac{1}{2} I \cdot R$	$\frac{1}{3} I^2 \cdot R$

10 배전계산

1. F(부하율) $= \frac{(\text{평균 전력})}{(\text{최대 전력})} \times 100$

※ H(손실계수) $= \frac{(\text{평균 전력손실})}{(\text{최대 전력손실})} \times 100$

① 배전선의 손실계수(H)와 부하율(F)의 관계

$0 \le F^2 \le H \le F \le 1$

② $H = \alpha F + (1-\alpha) F^2$(여기서 α = 보통 $0.2 \sim 0.5$)

2. 수용률 $= \frac{(\text{최대 전력})}{(\text{설비 용량})} \times 100$

3. 부등률(전기 기구의 동시 사용 정도)$=\dfrac{\text{(개별 최대수용 전력의 합)}}{\text{(합성 최대 전력)}}\geq 1$

(단독 수용가일 때, 부등률=1)

① (변압기 용량)$=\dfrac{\text{(최대 전력)}}{\text{(역률)}}$[kVA]

㉠ 단일 부하인 경우

$$T_r=\frac{\text{(설비 용량)}\times\text{(수용률)}}{\text{(역률)}}$$

㉡ 여러 부하인 경우

$$T_r=\frac{\sum[\text{(설비 용량)}\times\text{(수용률)}]}{\text{(역률)}\times\text{(부등률)}}$$

② 역률 개선용 콘덴서의 용량

$$Q_C=P(\tan\theta_1-\tan\theta_2)=P\left(\frac{\sin\theta_1}{\cos\theta_1}-\frac{\sin\theta_2}{\cos\theta_2}\right)$$

(Q_C=콘덴서 용량, P=부하 전력, $\cos\theta_1$=개선 전 역률, $\cos\theta_2$=개선 후 역률)

> ※ **역률 개선의 장점**
> - 전력손실 경감$\left(P_l \propto \dfrac{1}{\cos^2\theta}\right)$
> - 전기요금 절감
> - 설비 용량 여유분
> - 전압 강하 경감

4. 전력 조류(Power Flow) 계산

모선	기지량	미지량
Swing모선(Slack모선)	• 모선 전압 V • 위상각 θ	• 유효 전력 P • 무효 전력 Q
발전기모선	• 유효 전력 P • 모선 전압 V	• 무효 전력 Q • 위상각 θ
부하모선	• 유효 전력 P • 무효 전력 Q	• 모선 전압 V • 위상각 θ

11 수력발전

1. 수력발전

물의 위치에너지를 이용하여 수차(기계 에너지)를 회전시켜 전기를 얻어내는 방식이다.

① **취수 방식** : 수로식, 댐식, 댐수로식, 유역 변경식

② **유량을 얻는 방식** : 유입식, 조정지식, 저수지식, 양수식, 조력식

2. 정수력학

① **물의 압력** : 1기압, 온도 4℃, 비중 1.0 기준

$1m^3 = 1ton/m^3 = 1{,}000kg/m^3 = 1g/cm^3 = 1w$(물의 단위체적당 중량)

② **수두** : 물이 가지는 에너지를 높이로 환산한다.

㉠ 위치에너지 → 위치수두 : $H[m]$

㉡ 압력에너지($P[kg/m^2]$) → 압력수두

$$H_P = \frac{P[kg/m^2]}{w[kg/m^3]} = \frac{P}{1{,}000}[m]$$

㉢ 운동(속도)에너지($v[m/sec]$) → 속도수두

$$H_v = \frac{v^2}{2g}[m],\ g[m/sec^2] = 9.8 : 중력가속도$$

㉣ 물의 분사속도 $v = \sqrt{2gH}[m/sec]$

㉤ 총수두 : $H + H_p + H_v = H + \frac{P}{1{,}000} + \frac{v^2}{2g}$

3. 동수력학

① **연속의 정리**

유량 $Q = AV[m^3/sec]$, $Q = AV[m^3/sec]$, $Q = A_1 V_1 = A_2 V_2$(연속의 정리)

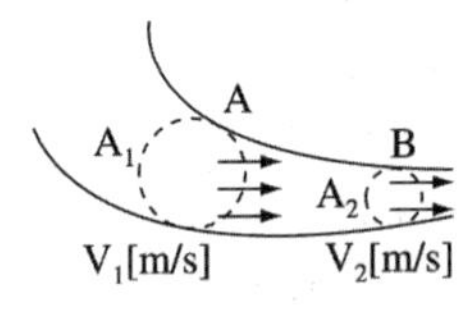

② **베르누이의 정리(에너지 불변의 법칙)**

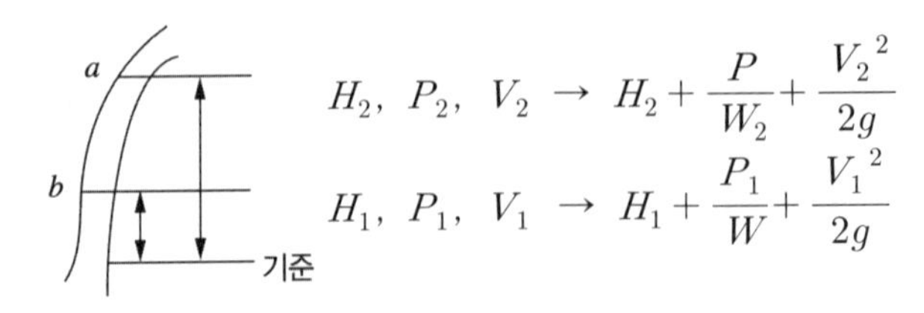

$$H_2,\ P_2,\ V_2 \rightarrow H_2 + \frac{P}{W_2} + \frac{{V_2}^2}{2g}$$

$$H_1,\ P_1,\ V_1 \rightarrow H_1 + \frac{P_1}{W} + \frac{{V_1}^2}{2g}$$

$$H_1 + \frac{P_1}{1,000} + \frac{v_1^2}{2g} = H_2 + \frac{P_2}{1,000} + \frac{v_2^2}{2g} = k = H[\mathrm{m}]$$ (총수두) (단, k는 상수)

③ 토리첼리의 정리(수조 → 분출속도)

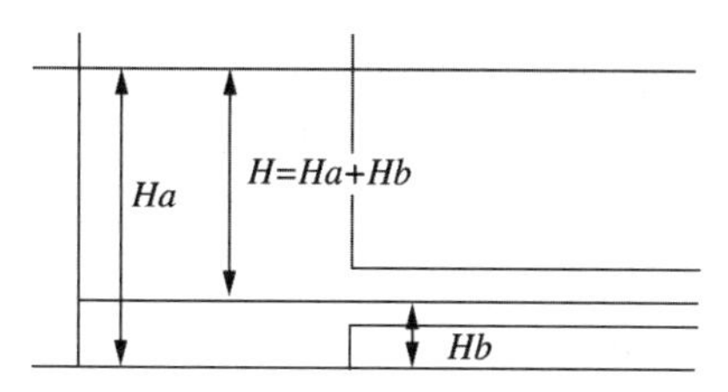

(조건) $P_a = P_b = P$(대기압), $V_a = 0$(정지된 물)

$$\frac{v_b^2}{2g} = H_a - H_b = H \rightarrow v_b^2 = 2gH$$

∴ 분출속도 $v = c\sqrt{2gH}$ [c = 유속계수(0.95 ~ 0.99)]

4. 수력발전소의 출력

① 이론상 출력 $P = 9.8QH[\mathrm{kW}]$

② 실제상 출력 $P = 9.8QH\eta_t\eta_G = 9.8QH\eta[\mathrm{kW}]$

5. 댐의 종류 및 그 부속설비

① 댐의 종류

㉠ 콘크리트댐(중력댐, 댐 자체의 무게로 물의 압력을 견디는 방식) : 댐에 미치는 모든 힘의 합력이 댐 저부의 중앙 $\frac{1}{3}$ 지점에 작용하도록 설계한다.

㉡ 아치댐 : 기초와 양안이 튼튼하고 댐 하부 양쪽이 견고한 암반 등으로 구성된 곳에 적합하다.

㉢ 중공댐 : 댐 내부를 조금씩 비워둔 댐으로 가장 경제적이다.

㉣ 록필댐 : 암석으로 축조(중심코어), 소양강댐, 홍수 시 붕괴 우려가 있으나, 콘크리트 댐에 비해 경제적이다.

② 댐의 부속설비

㉠ 여수로 : 여분의 물을 배출시키기 위한 수문

㉡ 배사문 : 상류에서 흘러 내려온 토사 등을 제거하기 위한 수문

㉢ 어도 : 물고기 통로

㉣ 유목로 : 목재 등을 유하시키는 설비

6. 수문

댐의 수위와 유량 조절, 토사 등을 제거하기 위해 댐의 상부에 설치하는 설비이다.

① **슬루스 게이트(슬라이딩 게이트)** : 상하로 조절, 소형수문에 사용하며, 마찰이 크다.

② **롤러 게이트** : 롤러를 부착하여 마찰이 감소하며, 대형수문에 적합하다.

③ **스토니 게이트** : 사다리형의 롤러로 마찰이 현저히 감소하며, 대형 수문에 적합하다.

④ **롤링 게이트** : 원통형의 강판 수문으로 돌, 자갈 등이 많은 험준한 지역에 적합하다.

⑤ **테인터 게이트** : 반달형의 수문으로 체인으로 감아올려 개폐한다.

⑥ **스톱로그** : 수문의 점검, 수리 시 일시적으로 물을 막기 위해 사용한다.

7. 취수구 및 수로

① **취수구(제수문)** : 하천의 물을 수로에 유입시키기 위한 설비(유량 조절)

② **수로** : 취수구에서 나온 물을 수조에 도입하기 위한 설비(도수로)

㉠ 침사지 : 토사 등을 침전시켜 배제하기 위한 설비

㉡ 스크린 : 각종 부유물 등을 제거하기 위한 설비

8. 수조(Tank) : 도수로와 수압관을 연결

① **수조의 역할**

㉠ 발전소 부하변동에 따른 유량조절, 부유물의 최종적인 제거

㉡ 최대 수량 1 ~ 2분 정도의 저장능력

② **수조의 종류**

㉠ 수조(상수조, 무압수조) : 무압수로(구배 1/1,000 ~ 1/1,500)와 연결

㉡ 조압수조 : 유압수로(구배 1/300 ~ 1/400)와 연결

→ 부하 변동 시 발생하는 수격작용을 완화, 흡수하여 수압철관을 보호

- 단동조압수조 : 수조의 높이만을 증가시킨 수조
- 차동조압수조 : 라이저(Riser)라는 상승관을 가진 수조, 부하 변동에 신속한 대응, 고가
- 수실조압수조 : 수조의 상·하부 측면에 수실을 가진 수조, 저수지의 이용수심이 클 경우 사용
- 단동포트수조 : 포트(제수공)을 통해 물의 마찰을 증가시키는 수조

9. 수압관로

① 수조에서 수차까지의 도수 설비, 관내 유속 3 ~ 5m/sec

② 수압관 두께 $t = \dfrac{PD}{2\sigma\eta} + \alpha$ (P= 수압, D= 수압관 직경, σ = 허용응력, η = 접합효율, α = 여유 두께)

10. 수차

물의 속도 에너지를 기계 에너지로 변환한다.

① **펠턴 수차(충동 수차)** : 노즐의 분사물이 버킷에 충돌하여 이 충동력으로 러너가 회전하는 수차
  ㉠ 300m 이상의 고낙차
  ㉡ 니들밸브(존슨밸브) : 유량을 자동 조절하여 회전속도 조절(고낙차 대수량 이용)
  ㉢ 전향장치(디플렉터) : 수격작용(수압관내의 압력이 급상승하는 현상) 방지

② **반동 수차** : 압력과 속도에너지를 가지고 있는 유수를 러너에 작용시켜 반동력으로 회전하는 수차 (물의 운동에너지와 반발력 이용)
  ㉠ 프란시스 수차(10 ~ 300m, 중낙차)
  ㉡ 프로펠러 수차 : 러너날개 고정, 효율 최저, 80m 이하의 저낙차(특유속도 최대)
  ㉢ 카프란 수차 : 이상적인 수차(효율 최대), 무구속 속도가 최대
  ㉣ 튜블러(원통형) 수차 : 10m 정도 저낙차, 조력발전용
  ㉤ 부속설비
    - 차실 : 수류를 안내날개에 유도
    - 안내날개 : 수차의 속도 조절
    - 러너 : 동력 발생 부분
    - 흡출관 : 날개를 통과한 유량을 배출하는 관, 낙차를 높이는 목적, 흡출수두

11. 수차특성 및 조속기

① **수차의 특유속도(N_s)** : 실제수차와 기하학적으로 비례하는 수차를 낙하 1m의 높이에서 운전시켜 출력 1kW를 발생시키기 위한 1분간의 회전수

$$N_s = N\frac{P^{\frac{1}{2}}}{H^{\frac{5}{4}}}[\mathrm{rpm}]$$

② **수차의 낙차 변화에 의한 특성 변화**

㉠ 회전수 : $\frac{N_2}{N_1}=\left(\frac{H_2}{H_1}\right)^{\frac{1}{2}}$

㉡ 유량 : $\frac{Q_2}{Q_1}=\left(\frac{H_2}{H_1}\right)^{\frac{1}{2}}$

㉢ 출력 : $\frac{P_2}{P_1}=\left(\frac{H_2}{H_1}\right)^{\frac{3}{2}}$

③ 캐비테이션(공동현상) : 유체가 빠른 속도로 진행 시에 러너 날개에 진공이 발생하는 현상
  ㉠ 영향 : 수차의 금속부분이 부식, 진동과 소음 발생, 출력과 효율의 저하
  ㉡ 방지대책
   • 수차의 특유속도를 너무 높게 취하지 말 것, 흡출관을 사용하지 말 것
   • 침식에 강한 재료를 사용할 것
   • 과도하게 운전하지 말 것(과부하 운전 방지)

④ 조속기 : 부하 변동에 따라서 유량을 자동으로 가감하여 속도를 일정하게 해주는 장치
  ㉠ 평속기(스피더) : 수차의 속도 편차 검출
  ㉡ 배압밸브 : 유압조정
  ㉢ 서보모터 : 니들밸브나 안내날개 개폐
  ㉣ 복원기구 : 니들밸브나 안내날개의 진동 방지
  ㉤ 조속기 동작 순서 : 평속기 → 배압밸브 → 서보 모터 → 복원기구

12 화력발전

1. 열역학

① 열량 계산

열량 $Q = 0.24Pt = \mathrm{cm}\theta[\mathrm{cal}][\mathrm{BTU}]$

(출력 $P = I^2R$[W], 시간 t[sec], 질량 m[g], 온도변화 θ)

② 물과 증기 가열
  ㉠ 액체열(현열) : 물체의 온도를 상승시키기 위한 열
  ㉡ 증발열(잠열) : 증발(기화)시키는 데 필요한 열, 539kcal
  ㉢ 습증기 : 수분이 있는 증기
  ㉣ 건조포화증기 : 수분이 없는 완전한 증기
  ㉤ 과열증기 : 건조포화증기를 계속 가열하여 온도와 체적만 증가시킨 증기

③ 엔탈피와 엔트로피
  ㉠ 엔탈피 : 증기 1kg이 보유한 열량[kcal/kg] (액체열과 증발열의 합)
  ㉡ 엔트로피$\left(S = \dfrac{dQ}{T}\right)$: 절대 온도에 대한 열량 변화

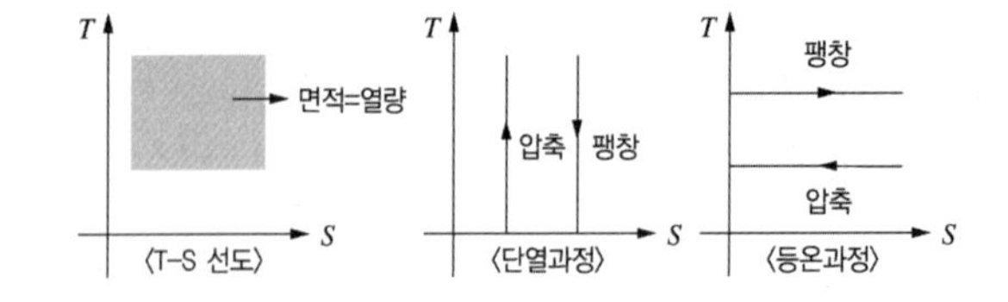

2. 화력발전의 열사이클

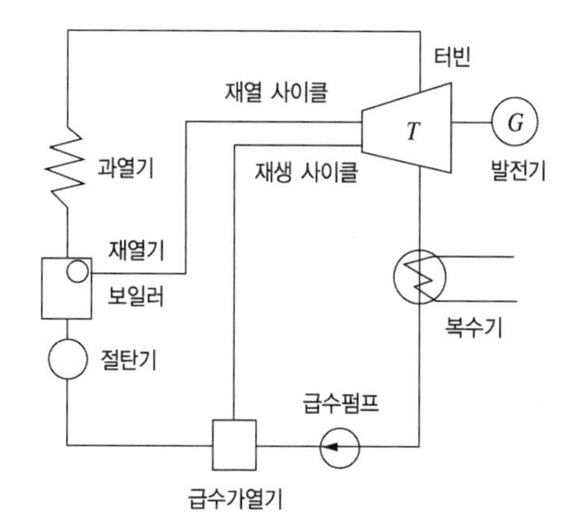

① **랭킨 사이클** : 가장 기본적인 사이클
② **재생 사이클** : 터빈의 중도에서 증기를 뽑아내어(추기) 급수를 예열하는 사이클(복수기의 소형화, 저압 터빈의 소형화)
③ **재열 사이클** : 터빈에서 팽창된 증기가 포화상태에 가까워졌을 때 이 증기를 보일러로 되돌려보내 가열하는 방식(터빈 날개의 부식 방지, 열효율 향상)
④ **재생·재열 사이클** : 가장 열효율이 좋은 사이클, 대용량발전소에 채용
⑤ **카르노 사이클** : 가장 이상적인 사이클

3. 보일러의 부속설비

① **과열기** : 포화증기를 과열증기로 만들어 증기터빈에 공급하기 위한 설비
② **재열기** : 고압 터빈 내에서 팽창된 증기를 다시 재가열하는 설비
③ **절탄기** : 배기가스의 여열을 이용하여 보일러 급수를 예열하는 여열회수장치(연료 절약)
④ **공기예열기** : 연도가스의 나머지 여열을 이용하여 연소용 공기를 예열하는 장치, 연료 소모량 감소, 연도의 맨끝에 시설

4. 터빈(배기 사용 방법에 의한 분류)

① **복수터빈** : 일반적, 열을 복수기에서 회수(열손실이 큼)
② **추기터빈** : 터빈의 배기 일부는 복수, 나머지는 추기하여 다른 목적으로 이용되는 것으로 추기 복수형, 추기 배압형이 있음
③ **배압터빈** : 터빈의 배기 전부를 다른 곳으로 보내 사용하는 것(복수기가 필요 없음)

5. 복수기

터빈에서 나오는 배기를 물로 전환시키는 설비, 열손실이 가장 크다.

① 혼합 복수기(분사 복수기) : 냉각 수관을 설치하여 터빈의 배기증기와 직접 접촉시켜 냉각

② 표면 복수기 : 금속별의 열전도를 이용

6. 급수장치

① 급수펌프 : 보일러에 급수를 보내주는 펌프

② 보일러 급수의 불순물에 의한 장해

㉠ Ca, Mg 함유 : 스케일(Scale)현상, 캐리오버현상 발생

- 스케일(Scale)현상 : Ca, Mg 등이 관벽에 녹아 부착되어 층을 이루는 현상으로 열효율 저하, 보일러 용량 감소, 절연면의 열전도 저하, 수관 내의 급수 순환 방해, 과열에 의해 관벽 파손
- 캐리오버현상 : 보일러 급수 중의 불순물이 증기 속에 혼입되어 터빈날개 등에 부착되는 현상

㉡ 슬러지 : 석축물이 생기지 않고 내부에 퇴적된 것

㉢ 가성 취하(알칼리 취하) : 산성인 용수에 너무 많은 알칼리를 투입하여 생기는 현상, 보일러 수관 벽 부식, 균열 발생

③ 급수 처리 : 원수 → 응집침전조 → 여과기 → 연와조 → 증발기 → 순수

7. 화력발전소의 효율

$$\eta_G = \frac{860\,W}{mH} \times 100 (H = \text{발열량[kcal/kg]},\ m = \text{연료량[kg]},\ W = \text{전력량[kWh]})$$

13 원자력 발전

1. 원자력 발전

원자의 핵분열을 이용하여 에너지를 얻어내는 방식

① 핵분열 연쇄반응

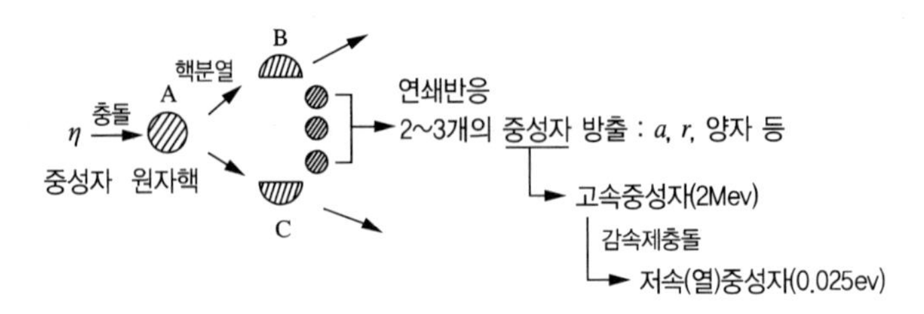

② 핵분열 중성자 에너지

질량 결손 에너지 $W = mc^2$[J](m = 질량[kg], $c = 3 \times 10^8$m/s)

※ 질량 결손 발생 : (분열 전 질량 A)>(질량 B)+(질량 C)+[질량 결손(에너지 손실)]

③ 원자력 발전용 핵 연료 : ${}_{92}U^{235}$, ${}_{92}U^{238}$, ${}_{94}Pu^{239}$, ${}_{94}Pu^{241}$

2. 원자로의 구성

① 감속재 : 중성자의 속도를 감속시키는 역할, 고속 중성자를 열중성자까지 감속시키는 역할. 감속재로써는 중성자 흡수가 적고 감속효과가 큰 것이 좋으며, H_2O(경수), D_2O(중수), C(흑연), BeO(산화베릴륨) 등이 사용된다.

② 제어재 : 중성자의 밀도를 조절하여 원자로의 출력 조정하는 역할. 중성자를 잘 흡수하는 물질인 B(붕소), Cd(카드뮴), Hf(하프늄) 등이 사용된다.

③ 냉각재 : 원자로 내의 열을 외부로 운반하는 역할. H_2O(경수), D_2O(중수), CO_2(탄산가스), He(헬륨), 액체 Na 등이 사용된다.

④ 반사재 : 원자로 밖으로 나오려는 중성자를 노안으로 되돌리는 역할. 즉, 중성자의 손실을 감소시키는 역할. H_2O(경수), D_2O(중수), C(흑연), BeO(산화베릴륨) 등이 사용된다.

⑤ 차폐재 : 방사능(중성자, γ선)이 외부로 나가는 것을 차폐하는 역할. Pb(납), 콘크리트 등이 사용된다.

3. 원자력 발전소의 종류

① 비등수형(BWR) : 원자로 내에서 바로 증기를 발생시켜 직접터빈에 공급하는 방식

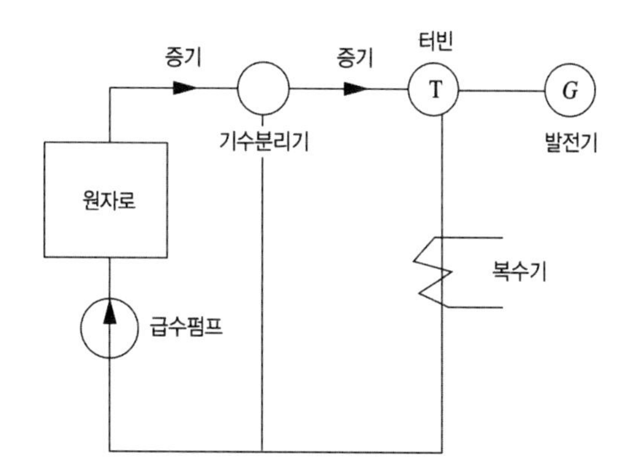

㉠ 핵연료 : 저농축 우라늄

㉡ 감속재 · 냉각재 : H_2O(경수)

㉢ 특징

- 기수분리기 사용(물과 증기 분리)
- 방사능을 포함한 증기 우려
- 미국 GE사에서 개발, 우리나라에서는 사용하지 않음

② 가압수형(PWR) : 원자로 내에서의 압력을 매우 높여 물의 비등을 억제함으로써 2차측에 설치한 증기 발생기를 통하여 증기를 발생시켜 터빈에 공급하는 방식

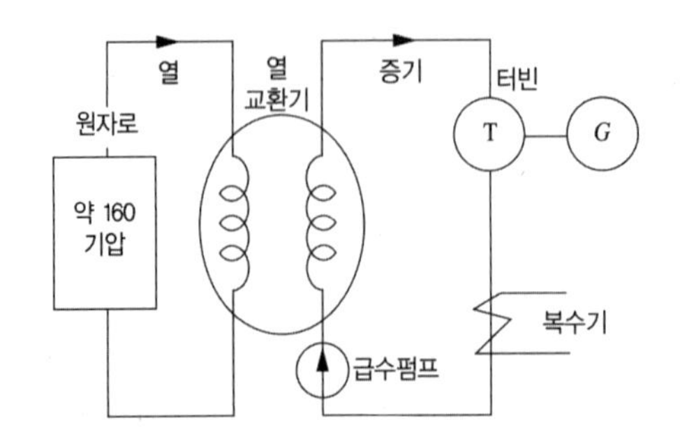

㉠ 가압 경수형 원자로
- 경수 감속, 경수 냉각
- 울진, 영광, 고리
- 핵연료 : 저농축 우라늄
- 감속재・냉각재 : H_2O(경수)

㉡ 가압 중수형 원자로
- 중수 감속, 중수 냉각
- 월성
- 핵연료 : 천연 우라늄
- 감속재・냉각재 : D_2O(중수)
- 캐나다 개발(CANDUR)
- 특징
  - 열교환기 필요
  - 원자로・열교환기 : 보일러 역할

전기기기

01 직류기

1. 직류 발전기의 구조

① 전기자(전기자 철심 및 전기자 권선) : 자속 ϕ를 끊어 기전력 발생
  ㉠ 권선(코일) : 유기전력 발생
  ㉡ 철심 : 0.35 ~ 0.5mm
    • 규소강판 : 히스테리시스손 감소
    • 성층철심 : 와류손 감소
② 계자(Field) : 자속 ϕ를 발생
  ㉠ 자속을 공급
  ㉡ 계자철심, 계철, 계자권선
③ 정류자(Commutator) : 교류를 직류로 변환
  ㉠ 정류자 편수 : $K=\frac{u}{2}S$
  ㉡ 정류자 편간 위상차 : $\theta=\frac{2\pi}{K}$
  ㉢ 정류자편 평균전압 : $e_a=\frac{PE}{K}$
  ㉣ 정류주기 : $T_c=\frac{b-\delta}{v_c}$[sec][$v_c=\pi Dn=\frac{\pi DN}{60}$, b=브러시 두께, δ=절연물의 두께, v_c=전기자 주변속도, P=극수, E=유기기전력, u=슬롯내부 코일변수, S=슬롯(홈) 수]
④ 브러시(Brush) : 외부회로와 내부회로를 연결
  ㉠ 구비조건
    • 기계적 강도가 커야 한다.
    • 내열성이 커야 한다.
    • 전기저항이 작아야 한다.
    • 적당한 접촉저항을 가져야 한다.
  ㉡ 종류
    • 탄소 브러시 : 접촉저항이 크기 때문에 직류기에 사용
    • 흑연질 브러시
      – 전기 흑연질 브러시 : 대부분의 전기 기계에 사용
      – 금속 흑연질 브러시 : 전기 분해 등의 저전압 대전류용 기기에 사용
    • 설치압력 : 0.15 ~ 0.25kg/cm^2 (단, 전차용 전동기 0.35 ~ 0.45kg/cm^2)

2. 직류기 전기자 권선법 : 고상권, 폐로권, 이층권

※ 중권과 파권 비교

비교항목	단중 중권	단중 파권
전기자의 병렬회로수	P(mP)	2(2m)
브러시 수	P	2
용도	저전압, 대전류	고전압, 소전류
균압접속	4극 이상, 균압환 필요	불필요

3. 유기기전력

$$E = \frac{P}{a}\phi Z\frac{N}{60} = K\phi N(K = \frac{PZ}{60a})$$

(a = 병렬회로수, P = 극수, ϕ = 자속[Wb], N = 회전속도[rpm], Z = 총도체수[(전슬롯수)×(한슬롯 내 도체수)]

4. 전기자 반작용

전기자도체의 전류에 의해 발생된 자속이 계자 자속에 영향을 주는 현상

① 현상

㉠ 편자작용

- 감자작용 : 전기자 기자력이 계자 기자력에 반대 방향으로 작용하여 자속이 감소하는 현상
  - δ(전기각) = (기하각) $\times \frac{P}{2}$
  - (매극당 감자 기자력) = $\frac{I_a}{a} \times \frac{z}{2p} \times \frac{2\alpha}{180}$
- 교차자화작용 : 전기자 기자력이 계자 기자력에 수직 방향으로 작용하여 자속분포가 일그러지는 현상
  - (매극당 교차 기자력) = $\frac{I_a}{a} \times \frac{z}{2p} \times \frac{\beta}{180}$ (단, $\beta = 180 - 2\alpha$)

㉡ 중성축 이동 – 보극이 없는 직류기는 브러시를 이동

- 발전기 : 회전 방향
- 전동기 : 회전 반대 방향

㉢ 국부적으로 섬락 발생, 공극의 자속분포 불균형으로 섬락(불꽃) 발생

② 방지책

㉠ 보극, 보상권선 설치한다(전기자 전류와 반대 방향).

㉡ 계자 기자력을 크게 한다.

㉢ 자기 저항을 크게 한다.

③ 영향 : 자속 감소

㉠ 발전기 : $E\downarrow$, $V\downarrow$, $P\downarrow$

㉡ 전동기 : $N\uparrow$, $T\downarrow$

5. 정류

• 전기자 코일이 브러시에 단락된 후 브러시를 지날 때 전류의 방향이 바뀌는 것

• 리액턴스전압 : $e_L = L \cdot \dfrac{di}{dt} = L \cdot \dfrac{2I_c}{T_c}[\mathrm{V}]$

① 종류

㉠ 직선정류(이상적인 정류) : 불꽃 없는 정류

㉡ 정현파정류 : 불꽃 없는 정류

㉢ 부족정류 : 브러시 뒤편에 불꽃(정류말기)

㉣ 과정류 : 브러시 앞면에 불꽃(정류초기)

> ※ **불꽃 없는 정류**
> • 저항정류 : 탄소 브러시를 사용하여 단락전류 제한
> • 전압정류 : 보극을 설치하여 평균리액턴스전압 상쇄

② 방지책

㉠ 보극과 탄소 브러시를 설치한다.

㉡ 평균 리액턴스전압을 줄인다.

㉢ 정류주기를 길게 한다.

㉣ 회전속도를 적게 한다.

㉤ 인덕턴스를 작게 한다(단절권 채용).

6. 발전기의 종류

① 타여자 발전기

㉠ 잔류 자기가 없어도 발전 가능

㉡ 운전 중 회전 방향 반대 : (+), (−) 극성이 반대로 되어 발전 가능

㉢ $E = V + I_a R_a + e_a + e_b$, $I_a = I$

② 분권 발전기

㉠ 잔류 자기가 없으면 발전 불가능

㉡ 운전 중 회전 방향 반대 → 발전 불가능

㉢ 운전 중 서서히 단락 → 소전류가 발생

㉣ $E = V + I_a R_a + e_a + e_b$, $I_a = I + I_f$

③ 직권 발전기

㉠ 운전 중 회전 방향 반대 → 발전 불가능

㉡ 무부하 시 자기 여자로 전압 확립 불가능

㉢ $E = V + I_a(R_a + R_s) + e_a + e$,

$I_a = I_f = I$

④ 복권(외복권) 발전기

㉠ 분권 발전기 사용 : 직권 계자 권선 단락(Short)

㉡ 직권 발전기 사용 : 분권 계자 권선 개방(Open)

㉢ • $E = V + I_a(R_a + R_s) + e_a + e_b$

• $I_a = I + I_f$

7. 직류 발전기의 특성

① 무부하 포화곡선 : $E - I_f$(유기기전력과 계자전류) 관계 곡선

② 부하 포화곡선 : $V - I_f$(단자전압과 계자전류)관계 곡선

③ 자여자 발전기의 전압 확립 조건

㉠ 무부하곡선이 자기 포화곡선에 있어야 한다.

㉡ 잔류 자기가 있어야 한다.

㉢ 임계저항이 계자저항보다 커야 한다.

㉣ 회전 방향이 잔류 자기를 강화하는 방향이어야 한다.

※ 회전 방향이 반대이면 잔류 자기가 소멸하여 발전하지 않는다.

8. 전압 변동률

$$\varepsilon = \frac{V_0 - V}{V} \times 100 = \frac{E - V}{V} \times 100 = \frac{I_a R_a}{V} \times 100$$

+	$V_0 > V$	타여자, 분권
−	$V_0 < V$	직권, 과복권
0	$V_0 = V$	평복권

9. 직류 발전기의 병렬 운전

① 조건

㉠ 극성, 단자전압 일치(용량 임의)해야 한다.

㉡ 외부특성이 수하 특성이어야 한다.

㉢ 용량이 다를 경우 부하전류로 나타낸 외부특성 곡선이 거의 일치해야 한다.

→ 용량에 비례하여 부하분담이 이루어진다.

㉣ 용량이 같은 경우, 외부특성 곡선이 일치해야 한다.

㉤ 병렬 운전 시 직권, 과복권 균압 모선이 필요하다.

② 병렬 운전식

$V = E_1 - I_1R_1 = E_2 - I_2R_2$

$I = I_1 + I_2$

③ 부하분담

㉠ 유기기전력이 큰 쪽이 부하분담을 많이 진다.

㉡ 유기기전력이 같으면 전기자 저항에 반비례한다.

㉢ 용량이 다르고, 나머지가 같으면 용량에 비례한다.

PART 1

10. 직류 전동기

① 발전기 원리 : 플레밍의 오른손법칙

전동기 원리 : 플레밍의 왼손법칙

② 역기전력 : $E = \frac{P}{a}Z\phi\frac{N}{60} = K\phi N = V - I_aR_a$

③ 회전속도 : $n = \frac{E}{K\phi} = K \cdot \frac{V - I_aR_a}{\phi}$ [rps]

④ 토크 : $T = \frac{P}{w} = \frac{PZ\phi I_a}{2\pi a} = K\phi I_a$ [N · m]

$$T = \frac{1}{9.8} \times \frac{P_m}{\omega} = 0.975\frac{P_m}{N}\text{[kg · m]}$$

$$T = 0.975\frac{P_m}{N} = 0.975\frac{E \cdot I_a}{N}\text{[kg · m]} = 9.55\frac{P_m}{N}\text{[N · m]}$$

⑤ 직류 전동기의 종류

종류	전동기의 특징
타여자	• (+), (−) 극성을 반대로 접속하면 → 회전 방향이 반대 • 정속도 전동기
분권	• 정속도 특성의 전동기 • 위험 상태 → 정격전압, 무여자 상태 • (+), (−) 극성을 반대로 접속하면 → 회전 방향이 불변 • $T \propto I \propto \frac{1}{N}$
직권	• 변속도 전동기(전동차에 적합) • 부하에 따라 속도가 심하게 변한다. • (+), (−) 극성을 반대로 접속하면 → 회전 방향이 불변 • 위험 상태 → 정격전압, 무부하 상태 • $T \propto I^2 \propto \frac{1}{N^2}$

11. 직류 전동기 속도 제어

$n = K' \dfrac{V - I_a R_a}{\phi}$ (단, K' : 기계정수)

종류	특징
전압 제어	• 광범위 속도 제어 가능 • 워드 레너드 방식[광범위한 속도 조정(1 : 20), 효율 양호] • 일그너 방식(부하가 급변하는 곳, 플라이휠효과 이용, 제철용 압연기) • 정토크 제어
계자 제어	• 세밀하고 안정된 속도 제어 • 효율은 양호하나 정류 불량 • 정출력 가변속도 제어
저항 제어	• 좁은 속도 조절 범위 • 효율 저하

12. 직류 전동기 제동

① **발전 제동** : 전동기 전기자회로를 전원에서 차단하는 동시에 계속 회전하고 있는 전동기를 발전기로 동작시켜 이때 발생되는 전기자의 역기전력을 전기자에 병렬 접속된 외부 저항에서 열로 소비하여 제동하는 방식

② **회생 제동** : 전동기의 전원을 접속한 상태에서 전동기에 유기되는 역기전력을 전원전압보다 크게하여 이때 발생하는 전력을 전원 속에 반환하여 제동하는 방식

③ **역전 제동(플러깅)** : 전동기를 전원에 접속한 채로 전기자의 접속을 반대로 바꾸어 회전 방향과 반대의 토크를 발생시켜, 급정지시키는 방법

13. 직류기의 손실과 효율

① **고정손(무부하손)** : 철손(히스테리시스손, 와류손), 기계손(베어링 마찰손, 풍손)

② **부하손(가변손)** : 동손(전기자동손, 계자동손), 표유부하손

③ **총손실** : (철손)+(기계손)+(동손)+(표유부하손)

④ **최대 효율조건** : (부하손)=(고정손)

⑤ **실측효율**

$$\eta = \frac{(\text{출력})}{(\text{입력})} \times 100$$

⑥ **규약효율**

㉠ 발전기 : $\eta = \dfrac{(\text{출력})}{(\text{입력})} = \dfrac{(\text{출력})}{(\text{출력})+(\text{손실})} \times 100$

㉡ 전동기 : $\eta = \dfrac{(\text{출력})}{(\text{입력})} = \dfrac{(\text{입력})-(\text{손실})}{(\text{입력})} \times 100$

14. 절연물의 최고 허용온도

절연 재료	Y	A	E	B	F	H	C
최고허용온도(단위 : ℃)	90	105	120	130	155	180	180 초과

15. 직류 전동기의 토크 측정, 시험

① 전동기의 토크 측정 : 보조발전기법, 프로니 브레이크법, 전기 동력계법

② 온도 시험

㉠ 실부하법

㉡ 반환부하법 : 홉킨스법, 블론델법, 카프법

PART 1

02 동기기

1. 동기 발전기의 구조 및 원리

① 동기속도 : $N_s = \dfrac{120f}{P}$ [rpm] (P : 극수)

② 코일의 유기기전력 : $E = 4.44 f \phi \omega k_\omega$ [V]

③ 동기 발전기 : 회전 계자형

㉠ 계자는 기계적으로 튼튼하고 구조가 간단하여 회전에 유리하다.

㉡ 계자는 소요 전력이 적다.

㉢ 절연이 용이하다.

㉣ 전기자는 Y결선으로 복잡하며, 고압을 유기한다.

④ 동기 발전기 : Y결선

㉠ 중성점을 접지할 수 있어 이상전압의 대책이 용이하다.

㉡ 코일의 유기전압이 $\dfrac{1}{\sqrt{3}}$배 감소하므로 절연이 용이하다.

㉢ 제3고파에 의한 순환 전류가 흐르지 않는다.

⑤ 수소 냉각 방식의 특징(대용량 기기)

㉠ 비중이 공기의 7%로 풍손이 공기의 $\dfrac{1}{10}$로 경감된다.

㉡ 열전도도가 좋고 비열(공기의 약 14배)이 커서 냉각 효과가 크다.

㉢ 절연물의 산화가 없으므로 절연물의 수명이 길어진다.

㉣ 소음이 적고 코로나 발생이 적다.

㉤ 발전기 출력이 약 25% 정도 증가한다.

㉥ 단점 : 수소는 공기와 혼합하면 폭발 우려(안전장치 필요)가 있으며, 설비비용이 고가이다.

2. 전기자 권선법

① **분포권** : 매극 매상의 도체를 각각의 슬롯에 분포시켜 감아주는 권선법

㉠ 고조파 제거에 의한 파형을 개선

㉡ 누설 리액턴스를 감소

㉢ 집중권에 비해 유기기전력이 K_d배로 감소

㉣ 매극 매상의 슬롯수 : $q = \dfrac{(\text{총슬롯수})}{(\text{상수}) \times (\text{극수})}$

㉤ 분포권 계수 : $K_d = \dfrac{\sin\dfrac{\pi}{2m}}{q\sin\dfrac{\pi}{2mq}}$

② **단절권** : 코일 간격을 극간격보다 작게 하는 권선법

㉠ 고조파 제거에 의한 파형을 개선

㉡ 코일의 길이, 동량이 절약

㉢ 전절권에 비해 유기기전력이 K_v배로 감소

㉣ 단절비율 : $\beta = \dfrac{(\text{코일간격})}{(\text{극간격})} = \dfrac{(\text{코일피치})}{(\text{극피치})} = \dfrac{[\text{코일간격}(\text{슬롯})]}{(\text{전슬롯수}) \div (\text{극수})}$

㉤ 단절권계수 : $K_v = \sin\dfrac{\beta\pi}{2}$

3. 동기기의 전기자 반작용

① 횡축 반작용(교차자화작용) : R부하, 전기자 전류가 유기기전력과 동위상, 크기 : $I\cos\theta$, 일종의 감자작용

② 직축 반작용(발전기 : 전동기는 반대)

㉠ 감자작용 : L부하, 지상전류, 전기자전류가 유기기전력보다 위상이 $\dfrac{\pi}{2}$ 뒤질 때

㉡ 증자작용 : C부하, 진상전류, 전기자전류가 유기기전력보다 위상이 $\dfrac{\pi}{2}$ 앞설 때

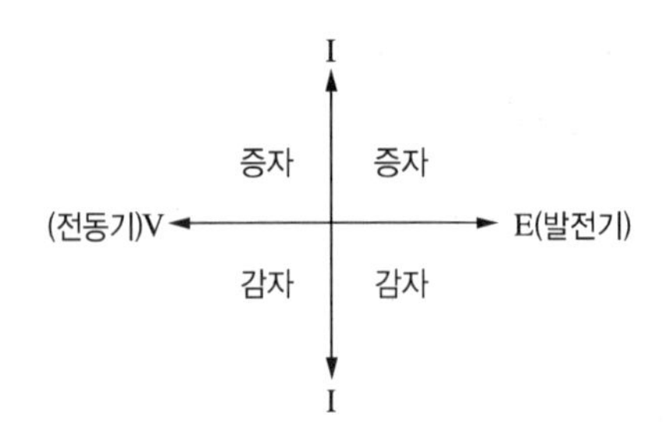

4. 동기 발전기의 출력

① 비돌극형

$$P_s = \frac{EV}{x_s}\sin\delta \ (\delta = 90°\text{에서 최대 출력})$$

② 돌극형

$$P_s = \frac{EV}{x_s}\sin\delta + \frac{V^2(x_d - x_q)}{2x_d x_q}\sin 2\delta$$

($\delta = 60°$에서 최대 출력, 직축반작용 $x_d >$ 횡축반작용 x_q)

PART 1

5. 동기기의 동기 임피던스

철심이 포화상태이고 정격 전압일 때 임피던스

$Z_s = r_a + jx_s \fallingdotseq x_s = x_a + x_l$

[x_s = 동기 리액턴스, x_a = 전기자 반작용 리액턴스(지속단락전류 제한), x_l = 전기자 누설 리액턴스{순간(돌발)단락전류 제한}]

6. 동기 발전기의 특성

① 동기 임피던스

$$Z_s = \frac{E}{I_s} = \frac{\frac{V}{\sqrt{3}}}{I_s}[\Omega]$$

② % 동기 임피던스

㉠ $Z_s' = \frac{I_n Z_s}{E} \times 100 = \frac{P_n Z_s}{V^2} \times 100 = \frac{I_n}{I_s} \times 100$

㉡ % 동기 임피던스[PU]

$$Z_s' = \frac{1}{K_s} = \frac{P_n Z_s}{V^2} = \frac{I_n}{I_s}[\text{PU}]$$

③ 단락비 : 무부하 포화곡선, 3상 단락곡선

㉠ $K_s = \frac{(\text{정격전압을 유기하는 데 필요한 여자전류})}{(\text{정격전류와 같은 단락전류를 유기하는 데 필요한 여자전류})} = \frac{I_s}{I_n} = \frac{1}{Z_s'[\text{PU}]}$

㉡ 단락비가 큰 경우

- 동기 임피던스, 전압 변동률, 전기자 반작용, 효율이 적다.
- 출력, 선로의 충전 용량, 계자 기자력, 공극, 단락전류가 크다.
- 안정도 좋음, 중량이 무겁고 가격이 비싸다.

㉢ 단락비 작은 기계 : 동기계, 터빈 발전기($K_s = 0.6 \sim 1.0$)

㉣ 단락비 큰 기계 : 철기계, 수차 발전기($K_s = 0.9 \sim 1.2$)

7. 동기 발전기 자기 여자작용

발전기 단자에 장거리 선로가 연결되어 있을 때 무부하 시 선로의 충전전류에 의해 단자전압이 상승하여 절연이 파괴되는 현상

> **※ 동기 발전기 자기 여자 방지책**
> - 수전단에 리액턴스가 큰 변압기를 사용한다.
> - 발전기를 2대 이상 병렬 운전을 한다.
> - 동기 조상기에 부족여자 방식을 사용한다.
> - 단락비가 큰 기계를 사용한다.

8. 전압 변동률

$$\epsilon = \frac{E-V}{V} \times 100$$

① 용량부하의 경우(−) : $E < V$

② 유도부하의 경우(+) : $E > V$

9. 동기 발전기의 동기 병렬 운전

① 병렬 운전 조건

기전력의 크기가 같을 것	무효순환전류(무효횡류)	$I_C = \frac{E_a - E_b}{2Z_s} = \frac{E_C}{2Z_S}$
기전력의 위상이 같을 것	동기화전류(유효횡류)	$I_{cs} = \frac{E}{Z_s} \sin\frac{\delta}{2}$
기전력의 주파수가 같을 것	난조발생	−
기전력의 파형이 같을 것	고주파 무효순환전류	−
기전력의 상회전 방향이 같을 것(3상)		−

② • 수수전력 $P_s = \frac{E^2}{2Z_s} \sin\delta$

• 동기화력 $P_s = \frac{E^2}{2Z_s} \cos\delta$

10. 난조(Hunting)

발전기의 부하가 급변하는 경우 회전자속도가 동기속도를 중심으로 진동하는 현상

① 원인

㉠ 원동기의 조속기 감도가 너무 예민할 때

㉡ 전기자저항이 너무 클 때

㉢ 부하가 급변할 때

㉣ 원동기 토크에 고조파가 포함될 때

㉤ 관성모멘트가 작을 때

② 방지책

㉠ 계자의 자극면에 제동 권선 설치

㉡ 관성모멘트를 크게 → 플라이휠 설치

㉢ 조속기의 감도를 너무 예민하지 않도록 할 것

㉣ 고조파의 제거 → 단절권, 분포권 설치

③ 제동 권선의 역할

㉠ 난조 방지

㉡ 기동 토크 발생

㉢ 파형개선과 이상전압 방지

㉣ 유도기의 농형 권선과 같은 역할

11. 동기 전동기

① 특징

㉠ 정속도 전동기

㉡ 기동이 어렵다(설비비가 고가).

㉢ 역률 1.0으로 조정할 수 있으며, 진상과 지상전류의 연속 공급이 가능하다(동기 조상기).

㉣ 저속도 대용량의 전동기 → 대형 송풍기, 압축기, 압연기, 분쇄기

② 동기 전동기 기동법

㉠ 자기 기동법 : 제동 권선을 이용한다.

㉡ 기동 전동기법 : 유도 전동기(2극 적게)를 기동 전동기로 사용한다.

③ 안정도 증진법

㉠ 정상 리액턴스는 적고, 영상과 역상 임피던스는 크게 한다.

㉡ 플라이휠 효과와 반지름을 크게 하여 관성 모멘트를 크게 한다.

㉢ 조속기 동작을 신속하게 한다.

㉣ 단락비가 큰 기계(철기계, 수차형)를 사용한다.

㉤ 속응 여자 방식을 채용해야 한다.

④ 위상특성곡선(V곡선) : $I_a - I_f$관계곡선(P는 일정), P : 출력, 계자전류의 변화에 대한 전기자전류의 변화를 나타낸 곡선

㉠ 과여자 : 앞선 역률(진상), 전기자전류 증가, C

㉡ 부족여자 : 늦은 역률(지상), 전기자전류 증가, L

⑤ 토크의 특성

㉠ $P = EI_a = w\tau = 2\pi \dfrac{N_s}{60}\tau$

㉡ $\tau = 9.55\dfrac{P_0}{N_s}[\mathrm{N \cdot m}] = 0.975\dfrac{P_0}{N_s}[\mathrm{kg \cdot m}]$

㉢ $P_0 = 1.026 N_s \tau[\mathrm{W}]$, $P_0 \propto \tau$ [(동기 와트)=(토크)]

03 변압기

1. 변압기의 유기기전력과 권수비

① $E_1 = 4.44fN_1\phi_m$ [V], $E_2 = 4.44fN_2\phi_m$ [V]

② 권수비 $a = \dfrac{E_1}{E_2} = \dfrac{V_1}{V_2} = \dfrac{I_2}{I_1} = \dfrac{N_1}{N_2} = \sqrt{\dfrac{Z_1}{Z_2}} = \sqrt{\dfrac{R_1}{R_2}}$

2. 변압기의 구조

① 분류

내철형, 외철형, 권철심형

② 냉각 방식에 따른 분류

건식자냉식, 건식풍냉식, 유입자냉식(주상변압기), 유입풍냉식, 유입수냉식, 유입송유식

③ 변압기 절연유의 구비조건

㉠ 절연내력이 커야 한다.

㉡ 점도가 적고 비열이 커서 냉각효과가 커야 한다.

㉢ 인화점은 높고, 응고점은 낮아야 한다.

㉣ 고온에서 산화하지 않고, 침전물이 생기지 않아야 한다.

④ 변압기의 호흡작용

㉠ 외기의 온도 변화, 부하의 변화에 따라 내부기름의 온도가 변화한다.

㉡ 기름과 대기압 사이에 차가 생겨 공기가 출입하는 작용을 한다.

※ 절연열화

변압기의 호흡작용으로 절연유의 절연내력이 저하하고 냉각효과가 감소하며 침전물이 생기는 현상

※ 절연열화 방지책

- 콘서베이터 설치
- 질소 봉입 방식
- 흡착제 방식

3. 변압기의 등가회로

※ 2차를 1차로 환산한 등가회로

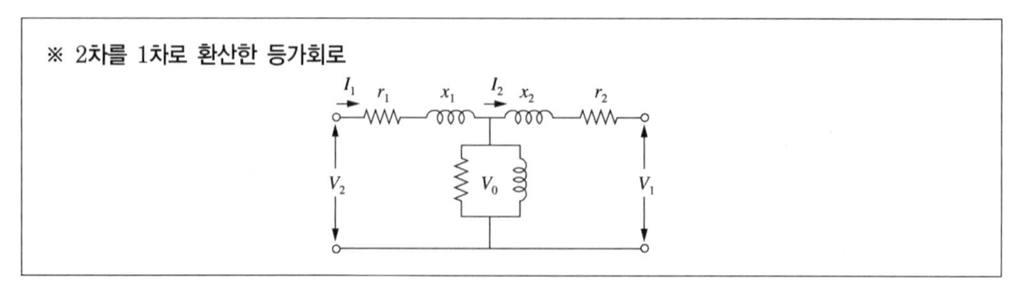

① $V_2{}' = V_1 = aV_2$

② $I_2{}' = I_1 = \dfrac{I_2}{a}$

③ $Z_2{}' = \dfrac{V_2{}'}{I_2{}'} = \dfrac{aV_2}{\dfrac{I_2}{a}} = a^2\dfrac{V_2}{I_2} = a^2 Z_2$(단, $r_2{}' = a^2 r_2$, $x_2{}' = a^2 x_2$)

④ 2차를 1차로 환산한 임피던스

$Z_{21} = r_{21} + jx_{21} = (r_1 + a^2 r_2) = (x_1 + a^2 x_2)$

4. 백분율 강하

① % 저항 강하

$$p = \frac{I_{1n}r_{21}}{V_{1n}} \times 100 = \frac{I_{2n}r_{12}}{V_{2n}} \times 100 = \frac{I_{1n}r_{21}}{V_{1n}} \times \frac{I_{1n}}{I_{1n}} = \frac{I_{1n}^2 r_{21}}{V_{1n}I_{1n}} \times 100 = \frac{P_s}{P_n} \times 100$$

② % 리액턴스 강하

$$q = \frac{I_{1n}\chi_{21}}{V_{1n}} \times 100 = \frac{I_{2n}\chi_{21}}{V_{2n}} \times 100$$

③ % 임피던스 강하

$$Z = \frac{I_{1n}Z_{21}}{V_{1n}} \times 100 = \frac{V_{1S}}{V_{1n}} \times 100 = \frac{I_{1n}(r_{21} + jx_{21})}{V_{1n}} \times 100 = \frac{I_n}{I_s} \times 100$$

[P_n = 변압기 용량, P_s = 임피던스 와트(동손), V_{1S} = 임피던스 전압, I_n = 정격전류, I_s = 단락 전류]

㉠ 임피던스 전압($V_{1s} = I_{1n} \cdot Z_{21}$)

- 정격전류가 흐를 때 변압기 내 임피던스 전압 강하
- 변압기 2차측을 단락한 상태에서 1차 측에 정격전류(I_{1n})가 흐르도록 1차 측에 인가하는 전압

㉡ 임피던스 와트($P_s = I_{1n}{}^2 \cdot r_{21}$) : 임피던스 전압을 인가한 상태에서 발생하는 와트(동손)

5. 전압 변동률

① $\epsilon = p\cos\theta + q\sin\theta$(지상)

$\epsilon = p\cos\theta - q\sin\theta$(진상)

② 최대 전압 변동률과 역률

㉠ $\cos\theta = 1 : \epsilon = \rho$

㉡ $\cos\theta \neq 1$

- 최대 전압 변동률 $\epsilon_{max} = Z = \sqrt{p^2 + q^2}$
- 최대 전압 변동률일 때 역률 $\cos\theta_{max} = \dfrac{p}{Z} = \dfrac{p}{\sqrt{p^2+q^2}}$

6. 변압기의 결선

① △ - △ 결선

㉠ 1, 2차 전압에 위상차가 없고, 상전류는 선전류의 $\frac{1}{\sqrt{3}}$ 배이다.

㉡ 제3고조파 여자전류가 통로를 가지게 되므로 기전력은 사인파전압을 유기한다.

㉢ 변압기 외부에 제3고조파가 발생하지 않으므로 통신선의 유도장해가 없다.

㉣ 변압기 1대 고장 시 V - V 결선으로 변경하여 3상 전력 공급이 가능하다.

㉤ 비접지 방식이므로 이상전압 및 지락 사고에 대한 보호가 어렵다.

㉥ 선간전압과 상전압이 같으므로 고압인 경우 절연이 어렵다.

② Y - Y 결선 특징

㉠ 1, 2차 전압에 위상차가 없다.

㉡ 중성점을 접지할 수 있으므로 이상전압으로부터 변압기를 보호할 수 있다.

㉢ 상전압이 선간전압의 $\frac{1}{\sqrt{3}}$ 배이므로 절연이 용이하여 고전압에 유리하다.

㉣ 중성점 접지 시 접지선을 통해 제3고조파가 흐르므로 통신선에 유도장해가 발생한다.

㉤ 보호 계전기 동작이 확실하다.

㉥ 역 V 결선 운전이 가능하다.

③ △ - Y 결선(승압용), Y - △ 결선(강압용)

㉠ Y 결선으로 중성점을 접지할 수 있으므로 이상전압으로부터 변압기를 보호할 수 있다.

㉡ △ 결선에 의한 여자전류의 제3고조파 통로가 형성되므로 기전력의 파형이 사인파가 된다.

㉢ △ - Y는 송전단에 Y - △는 수전단에 설치한다.

㉣ 1, 2차 전압 및 전류 간에는 30°의 위상차가 발생한다.

㉤ 1대 고장 시 송전이 불가능하다.

④ V - V 결선

㉠ 출력 $P_V = \sqrt{3}\,P_1$

㉡ 4대의 경우 출력 $P_V = 2\sqrt{3}\,P_1$

㉢ (이용률)$= \frac{\sqrt{3}\,P_1}{2P_1} \times 100 \fallingdotseq 86.6\%$

㉣ (출력비)$= \frac{\sqrt{3}\,P_1}{3P_1} \times 100 \fallingdotseq 57.7\%$

⑤ 상수의 변환

㉠ 3상 → 2상 변환

- Scott 결선(T 결선)
  - 이용률 : 86.6[%]
  - T좌 변압기의 권수비 : $a_T = \frac{\sqrt{3}}{2} \times a$
- Meyer 결선
- Wood Bridge 결선

㉡ 3상 → 6상 변환
- Fork 결선
- 2중 성형 결선
- 환상 결선, 대각 결선, 2중 △ 결선, 2중 Y 결선

7. 병렬 운전

① 병렬 운전 조건

㉠ 극성, 권수비, 1, 2차 정격전압이 같아야 한다(용량은 무관).

㉡ 각 변압기의 저항과 리액턴스비가 같아야 한다.

㉢ 부하분담 시 용량에 비례하고 임피던스 강하에는 반비례해야 한다.

㉣ 상회전 방향과 각 변위가 같아야 한다(3ϕ 변압기).

가능	불가능
Y－Y와 Y－Y	Y－Y와 Y－△
Y－△와 Y－△	Y－△와 △－△
Y－△와 △－Y	－
△－△와 △－△	△－Y와 Y－Y
△－Y와 △－Y	△－△와 △－Y
△－△와 Y－Y	－

PART 1

② 부하분담

㉠ $\dfrac{I_a}{I_b} = \dfrac{I_A}{I_B} \times \dfrac{\%Z_b}{\%Z_a}$

분담전류는 정격전류에 비례하고 누설 임피던스에 반비례

㉡ $\dfrac{P_a}{P_b} = \dfrac{P_A}{P_B} \times \dfrac{\%Z_b}{\%Z_a}$

분담용량은 정격용량에 비례하고 누설 임피던스에 반비례

- I_a : A기 분담전류, I_A : A기 정격전류, P_a : A기 분담용량, P_A : A기 정격용량
- I_b : B기 분담전류, I_B : B기 정격전류, P_b : B기 분담용량, P_B : B기 정격용량

8. 특수 변압기

① 단권 변압기

㉠ 특징
- 코일 권수가 절약된다.
- 손실이 작다.
- 효율이 좋다.
- 누설 리액턴스가 작다.
- 1차와 2차 절연이 어렵다.

- 단락전류가 크다.
- 고압용, 대용량에 적절하다.

㉡ $\dfrac{V_h}{V_l}=\dfrac{N_1+N_2}{N_1}=1+\dfrac{N_2}{N_1}$, $V_h=\left(1+\dfrac{1}{a}\right)V_l=\left(1+\dfrac{N_2}{N_1}\right)V_l$

㉢ 부하 용량(2차 출력) : $W=V_h I_2$

㉣ 자기 용량(변압기 용량) : $\omega=eI_2=(V_h-V_l)I_2$

㉤ $\dfrac{(\text{자기 용량})}{(\text{부하 용량})}=\dfrac{V_h-V_l}{V_h}$

구분	단상	Y결선	△결선	V결선
자기 용량 / 부하 용량	$\dfrac{V_h-V_l}{V_h}$	$\dfrac{V_h-V_l}{V_h}$	$\dfrac{V_h^2-V_l^2}{\sqrt{3}V_hV_l}$	$\dfrac{2}{\sqrt{3}}\cdot\left(\dfrac{V_h-V_l}{V_h}\right)$

② 누설 변압기

㉠ 수하특성(정전류 특성)

㉡ 전압 변동이 크다.

㉢ 누설 리액턴스가 크다.

㉣ 용도 : 용접용 변압기

③ 3상 변압기(내철형, 외철형)

㉠ 사용 철심양이 감소하여 철손이 감소하므로 효율이 좋다.

㉡ 값이 싸고 설치 면적이 감소한다.

㉢ Y, △ 결선을 변압기 외함 내에서 하므로 부싱이 절약된다.

㉣ 단상 변압기로의 사용이 불가능(각 권선마다 독립된 자기 회로가 없기 때문)하다.

㉤ 1상만 고장이 발생하여도 사용할 수 없고 보수가 어렵다.

④ 3권선 변압기

㉠ Y－Y－△ 결선을 하여 제3고조파를 제거 가능

㉡ 조상 설비를 시설하여 송전선의 전압과 역률을 조정 가능

㉢ 발전소에서 소내용 전력공급 가능

⑤ 계기용 변압기(PT)

㉠ 고전압을 저전압으로 변성, 2차측 정격전압(110V)

㉡ 2차측 단락 금지

⑥ 계기용 변류기(CT)

㉠ 대전류를 소전류로 변성, 2차 정격전류(5A)

㉡ CT 점검 시 2차측 단락(2차측 개방 금지) : 2차측 절연보호, 2차측에 고압 유기되는 것을 방지

⑦ 변압기 보호 계전기

㉠ 전기적인 보호장치 : 차동 계전기, 비율차동 계전기

㉡ 기계적인 보호장치 : 부흐홀츠 계전기, 서든프레서(압력 계전기), 유위계, 유온계

※ 부흐홀츠 계전기 : 변압기 내부 고장 검출, 수소 검출

※ 콘서베이터 : 변압기 절연유의 열화 방지

9. 변압기의 손실 및 효율

① 손실 : [무부하손(무부하시험)]+[부하손(단락시험)]

㉠ 동손(부하손)

㉡ 철손 : 히스테리시스손, 와류손

② 변압기효율

㉠ 전부하효율

$$\eta = \frac{P_n \cos\theta}{P_n \cos\theta + P_i + P_c} \times 100$$

㉡ $\frac{1}{m}$ 부하 시 효율

$$\eta_{\frac{1}{m}} = \frac{\frac{1}{m} P_n \cos\theta}{\frac{1}{m} P_n \cos\theta + P_i + \left(\frac{1}{m}\right)^2 P_c} \times 100$$

㉢ 최대 효율조건

- 전부하 시 : $P_i = P_c$ (철손 : 동손=1 : 1)
- $\frac{1}{m}$ 부하 시 : $P_i = \left(\frac{1}{m}\right)^2 P_c$, $\frac{1}{m} = \sqrt{\frac{P_i}{P_c}}$ [(철손) : (동손)=1 : 2]
- 최대 효율 : $\eta_{\max} = \dfrac{\frac{1}{m} P_n \cos\theta}{\frac{1}{m} P_n \cos\theta + 2P_i} \times 100$
- 전일 효율 : $\eta_{day} = \dfrac{\text{(24시간 출력 전력량)}}{\text{(24시간 입력 전력량)}} \times 100$

㉣ 일정시간 운전 시의 최대 효율 조건

$24P_i = \Sigma h P_c$: 전부하 운전 시간이 짧은 경우 철손을 작게 한다.

10. 변압기의 시험

① 권선의 저항 측정 시험

② 단락 시험 → 임피던스 전압, 임피던스 와트(동손) 측정

③ 무부하 시험 → 여자전류, 철손 측정

04 유도기

1. 유도 전동기의 사용 이유 및 특징

① 유도 전동기 사용 이유

㉠ 전원을 쉽게 얻을 수 있다.

㉡ 구조가 간단하고, 값이 싸며, 튼튼하다.

㉢ 취급이 용이하다.

㉣ 부하 변화에 대하여 거의 정속도 특성을 가진다.

② 농형과 권선형의 비교

구분	특징
농형	• 구조가 간단하고, 보수가 용이하다. • 효율이 좋다. • 속도 조정이 곤란하다. • 기동 토크가 작아 대형이 되면 기동이 곤란하다.
권선형	• 중형과 대형에 많이 사용한다. • 기동이 쉽고 속도 조정이 용이하다.

2. 슬립

전동기 전부하에 있어서 속도 감소의 동기속도에 대한 비율

① 슬립 : $s = \dfrac{N_s - N}{N_s} \times 100$

② 상대속도 : $sN_s = N_s - N$

③ 회전자속도(전동기속도) : $N = (1-s)N_s[\text{rpm}] = (1-s)\dfrac{120f}{p}[\text{rpm}]$

㉠ 유도 전동기 : $0 < S < 1$

㉡ 유도 제동기 : $0 < S < 2$

3. 정지 시와 회전 시 비교

정지 시	회전 시
E_2	$E_{2s} = sE_2$
f_2	$f_{2s} = sf_2$
I_2	$I_{2s} = \dfrac{E_{2s}}{Z_{2s}} = \dfrac{sE_2}{\sqrt{{r_2}^2 + (sx_2)^2}} = \dfrac{E_2}{\sqrt{(\frac{r_2}{s})^2 + x_2^2}}$

4. 유도 전동기 전력변환

① 전력변환 관계식 : $P_2 : P_{c2} : P_0 = 1 : s : (1-s)$

㉠ $P_{c2} = sP_2$

㉡ $P_0 = (1-s)P_2$

㉢ $P_{c2} = \frac{s}{1-s}P_0$

② 2차 효율 $\eta = \frac{P_0}{P_2} = 1-s = \frac{N}{N_S} = \frac{w}{w_0}$

PART 1

5. 유도 전동기의 토크 특성, 토크와 슬립의 관계

① $T = \frac{P_2}{W_s} = \frac{P_2}{2\pi\frac{N_2}{60}} = \frac{P_2}{\frac{2\pi}{60} \times \frac{120f}{p}} = \frac{P_2}{\frac{4\pi f}{p}}$

$= 9.55\frac{P_2}{N_s}[\text{N} \cdot \text{m}] = 0.975\frac{P_2}{N_s}[\text{kg} \cdot \text{m}]$

② $T = \frac{P_0}{W} = \frac{P_0}{2\pi\frac{N}{60}} = \frac{P_0}{\frac{2\pi}{60}(1-s)N_s}$

$= \frac{P_0}{\frac{2\pi}{60}(1-s) \times \frac{120f}{p}} = \frac{P_0}{(1-s)\frac{4\pi f}{p}}$

$= 9.55\frac{P_0}{N}[\text{N} \cdot \text{m}] = 0.975\frac{P_0}{N}[\text{kg} \cdot \text{m}]$

③ 최대 토크슬립

$s_t = \frac{r_2}{x_2}$

④ 최대 토크

$T = \frac{P_2}{\omega_s} = \frac{m_2}{\omega_s}E_2 I_2 \cos\theta_2$

$= KE_2 \times \frac{sE_2}{\sqrt{{r_2}^2 + (sx_2)^2}} \times \frac{r_2}{\sqrt{{r_2}^2 + (sx_2)^2}}$

$= K\frac{s{E_2}^2 \cdot r_2}{r_2^2 + (sx_2)^2}$

㉠ $T \propto V^2$[토크는 공급전압의 제곱(자승)에 비례]

㉡ $S \propto \frac{1}{V^2}$

6. 비례 추이의 원리 : 권선형 유도전동기

① 비례 추이의 특징

㉠ 최대 토크$\left(\tau_{\max} = K\dfrac{{E_2}^2}{2x_2}\right)$는 불변, 최대 토크의 발생 슬립은 변화

㉡ 기동전류는 감소, 기동 토크는 증가

② $\dfrac{r_2}{s} = \dfrac{r_2 + R}{s'}$(여기서 s = 전부하 슬립, s' = 기동슬립, R=2차 외부저항)

③ 기동 시 전부하 토크와 같은 토크로 기동하기 위한 외부저항

$$R = \frac{1-s}{s}r_2$$

④ 기동 시 최대 토크과 같은 토크로 기동하기 위한 외부저항

$$R = \frac{1-s_t}{s_t}r_2 = \sqrt{r_1^2 + (x_1 + x_2')^2} - r_2' \fallingdotseq (x_1 + x_2') - r_2' [\Omega]$$

⑤ 비례 추이할 수 없는 것 : 출력, 2차 효율, 2차 동손

7. Heyland 원선도

① 원선도 작성에 필요한 시험

㉠ 저항 측정

㉡ 무부하(개방) 시험 : 철손, 여자전류

㉢ 구속(단락) 시험 : 동손, 임피던스 전압, 단락전류

② 원선도에서 구할 수 없는 것 : 기계적 출력, 기계손

8. 유도 전동기의 기동법 및 속도제어법

① 기동법

구분	기동법
농형 유도 전동기	• 전전압 기동(직입기동) : 5HP 이하(3.7kW) • Y - △ 기동(5 ~ 15kW) 급 : 전류 $\frac{1}{3}$배, 전압 $\frac{1}{\sqrt{3}}$배 • 기동 보상기법 : 단권 변압기 사용 감전압기동 • 리액터 기동법(콘도르파법)
권선형 유도 전동기	• 2차 저항 기동법 → 비례 추이 이용 • 게르게스법

② 속도제어법

농형 유도 전동기	• 주파수 변환법 – 역률이 양호하며 연속적인 속도 제어가 되지만, 전용 전원이 필요 – 인견·방직 공장의 포트모터, 선박의 전기추진기 • 극수 변환법 • 전압 제어법 : 공극 전압의 크기를 조절하여 속도 제어
권선형 유도 전동기	• 2차 저항법 – 토크의 비례 추이를 이용한 것 – 2차 회로에 저항을 삽입 토크에 대한 슬립 S를 바꾸어 속도 제어 • 2차 여자법 – 회전자 기전력과 같은 주파수전압을 인가하여 속도 제어 – 고효율로 광범위한 속도 제어 • 종속접속법 – 직렬종속법 : $N=\frac{120}{P_1+P_2}f$ – 차동종속법 : $N=\frac{120}{P_1-P_2}f$ – 병렬종속법 : $N=2\times\frac{120}{P_1+P_2}f$

9. 단상 유도 전동기

① 종류(기동 토크가 큰 순서)

반발 기동형 → 반발 유도형 → 콘덴서 기동형 → 분상 기동형 → 셰이딩 코일형 → 모노사이클릭형

② 단상 유도 전동기의 특징

㉠ 교번자계가 발생한다.

㉡ 기동 시 기동 토크가 존재하지 않으므로 기동 장치가 필요하다.

㉢ 슬립이 0이 되기 전에 토크는 미리 0이 된다.

㉣ 2차 저항이 증가되면 최대 토크는 감소한다(비례 추이할 수 없다).

㉤ 2차 저항값이 어느 일정값 이상이 되면 토크는 부(−)가 된다.

10. 유도 전압 조정기(유도 전동기와 변압기 원리를 이용한 전압 조정기)

종류	단상 유도 전압 조정기	3상 유도 전압 조정기
전압조정 범위	$(V_1-E_2)\sim(V_1+E_2)$	$\sqrt{3}(V_1-E_2)\sim\sqrt{3}(V_1+E_2)$
조정 정격 용량[kVA]	$P_2=E_2I_2\times10^{-3}$	$P_2=\sqrt{3}E_2I_2\times10^{-3}$
정격 출력(부하)[kVA]	$P=V_2I_2\times10^{-3}$	$P=\sqrt{3}V_2I_2\times10^{-3}$
특징	• 교번자계 이용 • 입력과 출력 위상차 없음 • 단락 권선 필요	• 회전자계 이용 • 입력과 출력 위상차 있음 • 단락 권선 필요 없음

※ **단락 권선의 역할**
누설 리액턴스에 의한 2차 전압 강하 방지

※ **3상 유도 전압 조정기 위상차 해결 → 대각유도전압 조정기**

11. 특수 유도 전동기

① 2중 농형 : 기동 토크가 크고, 기동 전류가 작으며(기동 특성 우수), 열이 많고 효율이 낮다.
㉠ 바깥 권선(기동 권선) : R(大), X(小)
㉡ 안쪽 권선(운전 권선) : R(小), X(大)
② 딥 슬롯 : 효율, 역률이 좋고 구조가 간단하다.

12. 유도 전동기의 시험

① 부하 시험
㉠ 다이나모 메터
㉡ 프로니 브레이크
㉢ 와전류 제동기
② 슬립 측정
㉠ DC(직류) 밀리볼트계법
㉡ 수화기법
㉢ 스트로보스코프법
㉣ 회전계법

05 정류기

1. 회전 변류기

① 전압비 : $\frac{E_a}{E_d} = \frac{1}{\sqrt{2}} \sin\frac{\pi}{m}$ (단, m : 상수)

② 전류비 : $\frac{I_a}{I_d} = \frac{2\sqrt{2}}{m \cdot \cos\theta}$

③ 전압 조정법
㉠ 직렬 리액터에 의한 방법
㉡ 유도전압 조정기에 의한 방법
㉢ 동기 승압기에 의한 방법
㉣ 부하 시 전압조정 변압기에 의한 방법

④ 난조(운전 중 부하 급변 시 새로운 부하각 중심으로 진동하는 현상)

㉠ 발생 원인

- 브러시 위치가 전기적 중성축과 뒤질 때
- 직류측 부하가 급변할 때
- 역률이 나쁠 때
- 교류측 전원 주파수의 주기적 변화가 있을 때
- 전기자회로의 저항이 리액턴스에 비해 클 때

㉡ 난조의 방지법

- 제동 권선의 작용을 강하게 한다.
- 전기자저항에 비해 리액턴스를 크게 한다.
- 전기 각도와 기하 각도의 차를 작게 한다.

2. 수은 정류기

① 전압비 : $\dfrac{E_d}{E} = \dfrac{\sqrt{2}E\sin\dfrac{\pi}{m}}{\dfrac{\pi}{m}}$

② 전류비 : $\dfrac{I_a}{I_d} = \dfrac{1}{\sqrt{m}}$

③ 이상현상

㉠ 역호 : 음극에 대하여 부전위로 있는 양극에 어떠한 원인에 의해 음극점이 형성되어 정류기의 밸브작용이 상실되는 현상

- 역호의 원인
  - 과전압, 과전류
  - 증기 밀도 과대
  - 양극 재료의 불량 및 불순물 부착
- 역호 방지책
  - 과열, 과냉을 피한다.
  - 과부하를 피한다.
  - 진공도를 높인다.

㉡ 실호 : 격자전압이 임계전압보다 正의 값이 되었을 때는 완전하게 아크를 점호하며 이 기능이 상실되어 양극의 점호에 실패하는 현상

㉢ 통호 : 양극에 음극점이 형성되어도 완전히 저지하여 전류를 통과시키지 않는 작용(제어격자)의 고장현상

3. 다이오드 정류회로

구분	단상반파	단상전파	3상반파	3상전파
직류전압(E_d)	$0.45E$	$0.9E$	$1.17E$	$1.35E$
정류효율	40.6%	81.2%	96.5%	99.8%
맥동률	121%	48%	17%	4%

4. 사이리스터 정류회로

※ **단방향성** : SCR(3), GTO(3), SCS(4), LASCR(3)
※ **양방향성** : SSS(2), TRIAC(3), DIAC(2)

① SCR(역저지 3단자)의 특성

㉠ 역방향 내전압이 크고, 전압 강하가 낮음

㉡ Turn On 조건

- 양극과 음극 간에 브레이크 오버전압 이상의 전압 인가
- 게이트에 래칭전류 이상의 전류 인가

㉢ Turn Off 조건 : 애노드의 극성을 부(−)로 한다.

㉣ 래칭전류 : 사이리스터가 Turn On하기 시작하는 순전류

㉤ 이온이 소멸되는 시간이 짧음

② SCR의 위상 제어

㉠ 단상 반파 정류 회로

$$E_d = 0.45E\left(\frac{1+\cos\alpha}{2}\right)$$

㉡ 단상 전파 정류회로

- 저항만의 부하 : $E_d = 0.45E(1+\cos\alpha)$, $(1+\cos\alpha)$: 제어율
- 유도성 부하 : $E_d = 0.9E\cos\alpha$, $\cos\alpha$: 격자율

㉢ 3상 반파 정류회로

$$E_d = \frac{3\sqrt{6}}{2\pi}E\cos\alpha = 1.17Ecos\alpha$$

㉣ 3상 전파 정류회로

$$E_d = \frac{6\sqrt{2}}{2\pi}E\cos\alpha = 1.35Ecos\alpha$$

※ SCR은 항상 부하 역률각보다 큰 범위에서만 제어가 가능하다(제어각>역률각).

5. 사이클로 컨버터

AC전력을 증폭(제어 정류기를 사용한 주파수 변환기)

6. 쵸퍼

DC 전력을 증폭

7. 교류 정류자기(정류자 전동기)

① **원리** : 직류 전동기에 전류 인가

② **분류**

㉠ 단상

- 직권
  - 반발 전동기
    - ⓐ 브러시를 단락시켜 브러시 이동으로 기동 토크, 속도 제어
    - ⓑ 종류 : 아트킨손형, 톰슨형, 데리형
  - 단상 직권 정류자 전동기(만능 전동기, 직・교류 양용)
    - ⓐ 종류 : 직권형, 직렬보상형, 유도보상형
    - ⓑ 특징
      - ㉮ 성층 철심, 역률 및 정류 개선을 위해 약계자, 강전기자형으로 한다.
      - ㉯ 역률 개선을 위해 보상권선을 설치한다.
      - ㉰ 회전속도를 증가시킬수록 역률이 개선된다.
- 분권 : 현재 상용화되지 않음

㉡ 3상

- 직권 : 3상 직권 정류자 전동기 → 중간 변압기로 사용
  - 효율 최대 : 동기속도
  - 역률 최대 : 동기속도 이상
- 분권 : 3상 분권 정류자 전동기 → 시라게 전동기(브러시 이동으로 속도 제어 가능)

> **※ 교류 분권 정류자 전동기**
> 정속도 전동기 & 교류 가변 속도 전동기

CHAPTER 04

회로이론

01 직류회로

1. 전기회로에 필요한 기본적인 전기량 요약

구분	기호	단위	기본식	
			직류	교류
전하량	Q, q	C	$Q=I\cdot t$	$q=\int i\ dt$
전류	I, i	A	$I=\frac{Q}{t}$	$i=\frac{dq}{dt}$
전압	V, v	V	$V=\frac{W}{Q}$	$v=\frac{dw}{dq}$
전력	P, p	W(J/s)	$P=VI$	$p=vi$

※ **전지의 연결** : $E=rI+V=I(r+R)$

① 직렬

㉠ 기전력 n배 : nE

㉡ 내부저항 n배 : nr

② 병렬

㉠ 기전력 : E

㉡ 내부저항 : $\frac{r}{m}$

2. 직 · 병렬회로 요약

직렬회로(전압분배)	병렬회로(전류분배)
$R_0=R_1+R_2$ $V_1=R_1I=\frac{R_1}{R_1+R_2}V$ $V_2=R_2I=\frac{R_2}{R_1+R_2}V$	$R_0=\frac{R_1R_2}{R_1+R_2}$ $I_1=\frac{V}{R_1}=\frac{R_2}{R_1+R_2}I$ $I_2=\frac{V}{R_2}=\frac{R_1}{R_1+R_2}I$

02 교류회로

1. 교류의 표시

① 순시값 : $i(t) = I_m \sin(\omega t + \theta)[\mathrm{A}]$ [(순시값)=(최댓값) sin(ωt + 위상)]

② 평균값 : $I_{av} = \frac{1}{T}\int_0^T |i(t)|\,dt = \frac{1}{\frac{T}{2}}\int_0^{\frac{T}{2}} i(t)dt$

③ 실횻값 : $I = \sqrt{\frac{1}{T}\int_0^T i^2 dt} = \sqrt{\text{1주기 동안 } i^2 \text{의 평균}}$

PART 1

2. 교류의 페이저 표시

① 정현파 교류를 크기와 위상으로 표시 : $v = v_m \sin(\omega t + \theta)$

② 페이저 표시 : $V = \frac{v_m}{\sqrt{2}} \angle \theta$

3. 각 파형의 실횻값 및 평균값

구분	파형	실횻값	평균값
정현파	i(t), π, 2π, ωt	$\frac{I_m}{\sqrt{2}}$	$\frac{2}{\pi}I_m$
정현전파	i(t), ωt	$\frac{I_m}{\sqrt{2}}$	$\frac{2}{\pi}I_m$
정현반파	i(t), ωt	$\frac{I_m}{2}$	$\frac{1}{\pi}I_m$
삼각파	i(t), I_m, $\frac{\pi}{2}$, π, $\frac{3}{2}\pi$, 2π, ωt	$\frac{I_m}{\sqrt{3}}$	$\frac{I_m}{2}$
톱니파	i(t), I_m, $-I_m$, π, 2π, 3π, ωt	$\frac{I_m}{\sqrt{3}}$	$\frac{I_m}{2}$
구형파	i(t), I_m, $-I_m$, π, 2π, 3π, ωt	I_m	I_m
구형반파	i(t), I_m, π, 2π, 3π, ωt	$\frac{I_m}{\sqrt{2}}$	$\frac{I_m}{2}$

4. 파고율과 파형률

① 파고율(Crest Factor) : $\frac{(\text{최댓값})}{(\text{실횻값})}$ (실횻값의 분모값 → 반파정류가 가장 크다)

② 파형률(Form Factor) : $\frac{(\text{실횻값})}{(\text{평균값})}$

03 기본 교류회로

1. R, L, C(단일소자)

① 저항 R

㉠ 전압, 전류 동위상

㉡ $Z = R$

② 인덕턴스 L

㉠ 전압이 전류보다 위상 90° 앞선다(유도성).

㉡ $Z = j\omega L$

㉢ $V_L = L\frac{di}{dt}$, $i = \frac{1}{L}\int V_L dt$ (전류가 급격히 변화하지 않는다)

③ 커패시턴스 C

㉠ 전류가 전압보다 위상 90° 앞선다(용량성).

㉡ $Z = 1/j\omega C$

㉢ $i = C\frac{dv}{dt}$, $v = \frac{1}{C}\int i\ dt$ (전압이 급격히 변화하지 않는다)

2. $R-L-C$ 직렬회로

회로명	특징
$R-L$ 직렬회로	• 임피던스 : $Z = R + j\omega L = R + jX_L$ – 크기 : $Z = \sqrt{R^2 + {X_L}^2} = \sqrt{R^2 + (\omega L)^2}$ – 위상 : $\theta = \tan^{-1}\frac{\omega L}{R}$ • $V = V_R + V_L$
$R-C$ 직렬회로	• 임피던스 $Z = R - j\frac{1}{\omega C} = R - jX_C$ – 크기 : $Z = \sqrt{R^2 + {X_C}^2} = \sqrt{R^2 + \left(\frac{1}{\omega C}\right)^2}$ – 위상 : $\theta = -\tan^{-1}\frac{1}{\omega CR}$ • $V = V_R + V_C$

$R-L-C$ 직렬회로	• 임피던스 $Z=R+j(X_L-X_C)=R+j\left(\omega L-\frac{1}{\omega C}\right)$ – 크기 : $Z=\sqrt{R^2+(X_L-X_C)^2}=\sqrt{R^2+\left(\omega L-\frac{1}{\omega C}\right)^2}$ – 위상 : $\theta=\tan^{-1}\frac{\left(\omega L-\frac{1}{\omega C}\right)}{R}$ • $V=V_R+V_L+V_C$

3. $R-L-C$ 병렬회로

회로명	특징
$R-L$ 병렬회로	• 어드미턴스 : $Y=\frac{1}{R}-j\frac{1}{X_L}=\frac{1}{R}-j\frac{1}{\omega L}$ – 크기 : $Y=\sqrt{\left(\frac{1}{R}\right)^2+\left(\frac{1}{\omega L}\right)^2}$ – 위상 : $\theta=-\tan^{-1}\frac{R}{\omega L}$ • $I=I_R+I_L$
$R-C$ 병렬회로	• 어드미턴스 : $Y=\frac{1}{R}+j\frac{1}{X_C}=\frac{1}{R}+j\omega C$ – 크기 : $Y=\sqrt{\left(\frac{1}{R}\right)^2+\left(\frac{1}{X_C}\right)^2}=\sqrt{\left(\frac{1}{R}\right)^2+(\omega C)^2}$ – 위상 : $\theta=\tan^{-1}\omega CR$ • $I=I_R+I_C$
$R-L-C$ 병렬회로	• 어드미턴스 : $Y=\frac{1}{R}+j\left(\omega C-\frac{1}{\omega L}\right)$ – 크기 : $Y=\sqrt{\left(\frac{1}{R}\right)^2+\left(\omega C-\frac{1}{\omega L}\right)^2}$ – 위상 : $\theta=\tan^{-1}R\left(\omega C-\frac{1}{\omega L}\right)$ • $I=I_R+I_L+I_C$

4. 공진회로

구분	직렬공진	병렬공진(반공진)
공진조건	$\omega_r L=\frac{1}{\omega_r C}$	$\omega_r C=\frac{1}{\omega_r L}$
공진주파수	$f_r=\frac{1}{2\pi\sqrt{LC}}$	$f_r=\frac{1}{2\pi\sqrt{LC}}$
임피던스	최소	최대
전류	최대	최소

※ **일반적인 병렬공진회로($R-L$직렬, C병렬)**

• $Y=\frac{R}{R^2+(wL)^2}=\frac{CR}{L}$

• $f_r=\frac{1}{2\pi}\sqrt{\frac{1}{LC}-\left(\frac{R}{L}\right)^2}$

5. 선택도(첨예도)

① 직렬공진 : $Q=\frac{1}{R}\sqrt{\frac{L}{C}}$

② 병렬공진 : $Q=R\sqrt{\frac{C}{L}}$

04 교류 전력

1. 단상 교류 전력

저항	유효 전력 소비 전력 평균 전력	$P=VI\cos\theta=P_a\cos\theta=I^2R=\frac{V^2}{R}=GV^2$[W]
리액턴스	무효 전력	$P_r=VI\sin\theta=P_a\sin\theta=I^2X=\frac{V^2}{X}=BV^2$[VAR]
임피던스	피상 전력	$P_a=VI=I^2Z=\frac{V^2}{Z}=YV^2$[VA]

2. 교류 전력 측정

구분	역률	유효 전력
3전압 계법	$\cos\theta=\frac{V_1^2-V_2^2-V_3^2}{2V_2V_3}$	$P=\frac{1}{2R}(V_1^2-V_2^2-V_3^2)$
3전류 계법	$\cos\theta=\frac{I_1^2-I_2^2-I_3^2}{2I_2I_3}$	$P=\frac{R}{2}(I_1^2-I_2^2-I_3^2)$

3. 최대 전력 전달조건

① (내부저항)=(부하저항) : $R_L=R_g \rightarrow P_{\max}=\frac{V^2}{4R}$

② (내부 리액턴스)=(부하저항) : $X=R_L \rightarrow P_{\max}=\frac{V^2}{2R}=\frac{V^2}{2X}$

③ (내부 임피던스의 공액)=(부하 임피던스) : $Z_g^*=Z_L \rightarrow P_{\max}=\frac{V^2}{4R}$

4. 역률 개선 콘덴서 용량

$Q_c=P(\tan\theta_1-\tan\theta_2)$[kVA]

05 상호유도 결합회로

1. 상호 인덕턴스와 결합계수

① $M = k\sqrt{L_1 L_2}$

② 결합계수 $k = \dfrac{M}{\sqrt{L_1 L_2}}$

㉠ $k=1$: 완전결합(이상결합)

㉡ $k=0$: 미결합

2. 인덕턴스 접속

구분	직렬접속	병렬접속
가동접속	M, L_1, L_2 $L_0 = L_1 + L_2 + 2M$	I, M, L_1, L_2 $L_0 = \dfrac{L_1 L_2 - M^2}{L_1 + L_2 - 2M}$
차동접속	M, L_1, L_2 $L_0 = L_1 + L_2 - 2M$	I, M, L_1, L_2 $L_0 = \dfrac{L_1 L_2 - M^2}{L_1 + L_2 + 2M}$

3. 이상 변압기

권수비 $a = \dfrac{N_1}{N_2} = \dfrac{E_1}{E_2} = \dfrac{I_2}{I_1} = \sqrt{\dfrac{Z_1}{Z_2}}$

06 벡터 궤적

1. 임피던스 궤적과 어드미턴스 궤적

① 임피던스 궤적
  ㉠ $Z = R + jX$
  ㉡ R(저항)과 X(리액턴스)를 가변
  ㉢ 전압 궤적

② 어드미턴스 궤적
  ㉠ 임피던스 궤적의 역궤적(Inverse Locus Diagram)
  ㉡ 전류 궤적

2. 회로별 궤적의 정리

구분	임피던스 궤적	어드미턴스 궤적
$R-L$ 직렬	가변하는 축에 평행한 반직선 벡터 궤적(1상한)	가변하지 않는 축에 원점이 위치한 반원 벡터 궤적(4상한)
$R-C$ 직렬	가변하는 축에 평행한 반직선 벡터 궤적(4상한)	가변하지 않는 축에 원점이 위치한 반원 벡터 궤적(1상한)
$R-L$ 병렬	가변하지 않는 축에 원점이 위치한 반원 벡터 궤적(1상한)	가변하는 축에 평행한 반직선 벡터 궤적(4상한)
$R-C$ 병렬	가변하지 않는 축에 원점이 위치한 반원 벡터 궤적(4상한)	가변하는 축에 평행한 반직선 벡터 궤적(1상한)

07 선형회로망

1. 전압원 : 내부저항 0(단락)
전류원 : 내부저항 ∞

2. 회로망의 기본 해석법

① 지로 해석법(Branch Analysis)
  ㉠ 지로전류 선정
  ㉡ 접속점에 K.C.L 적용
  ㉢ 망로(Mesh)에 K.V.L 적용
  ㉣ 연립방정식 해법

② 폐로 해석법(Loop Analysis, Mesh Analysis)
  ㉠ 망로(Mesh)전류 선정

㉡ 망로(Mesh)에 K.V.L 적용
- 자기망로의 저항 : 자기저항(Self Resistance)
- 이웃 망로와 걸쳐있는 저항 : 상호저항(Mutual Resistance)

㉢ 연립방정식 해법

③ 절점 해석법(Node Analysis)

㉠ 기준절점 및 기준전위(Reference Potential) 선정

㉡ 절점에 K.C.L 적용

㉢ 연립방정식 해법

3. 회로망의 여러 정리

① 중첩의 정리(Principle of Superposition) → 선형회로

㉠ 다수의 독립 전압원 및 전류원을 포함하는 회로

㉡ 어떤 지로에 흐르는 전류는 각각 전원이 단독으로 존재할 때 그 지로에 흐르는 전류의 대수합과 같다는 원리

㉢ 전압원은 단락(Short), 전류원은 개방(Open)시켜 전류의 특성을 파악

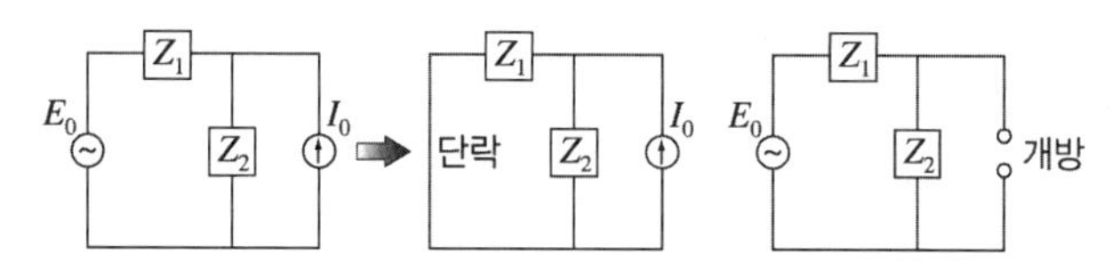

② 테브난의 정리(Thevenin's Theorem) : 전압과 전류의 비례관계를 나타냄

등가 전압원의 원리 : 임의의 회로망에 대한 개방 단자전압이 V_0, 부하측 개방단자 a, b에서 회로망 방향으로 본 합성 임피던스가 Z_0인 경우의 회로는 V_0에 하나의 임피던스가 부하 임피던스 Z_L과 직렬로 연결된 회로와 같다는 원리

※ **테브난 등가회로 구성**
- 회로에서 부하저항 RL을 분리
- 개방단자 a, b에 나타나는 전압 : 테브난 전압(V_{TH})
- 전압원 단락, 전류원 개방 후 개방단자에세 본 임피던스 : 테브난 임피던스(Z_{TH})

※ **테브난 등가회로**

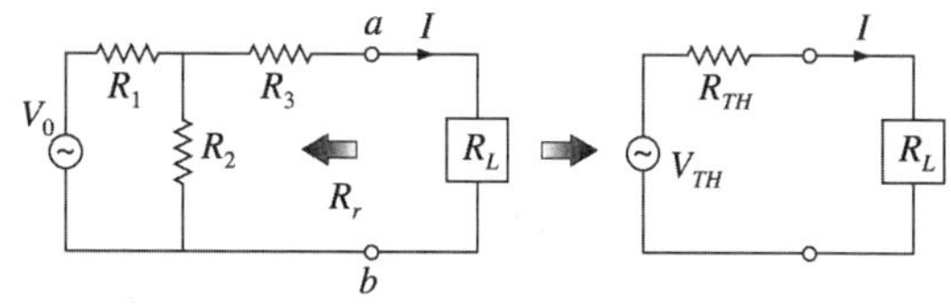

- 테브난 전압 $V_{TH} = \frac{R_2}{R_1 + R_2} \times V_0[\mathrm{V}]$
- 테브난 등가저항 $R_{TH} = R_3 + \frac{R_1 R_2}{R_1 + R_2}[\Omega]$

③ 노튼의 정리

등가 전류원의 원리 : 전원을 포함하고 있는 회로망에서 임의의 두 단자 a, b를 단락했을 때 부하측 개방단자 a, b에서 회로망 방향으로 본 개방단 임피던스를 R_N라 할 경우 단자 a, b에 대하여 하나의 전류원 I_N에 하나의 임피던스 R_N가 병렬로 연결된 회로와 같다는 원리

※ 노튼의 등가회로 구성

- 회로에서 부하저항 R_L을 분리
- 절점 a, b를 단락시켜 단락점에 흐르는 전류 : 노튼의 전류원(I_N)
- 전압원 단락, 전류원 개방 후 개방단자에서 본 임피던스 : 노튼의 임피던스(R_L)

※ 노튼 등가회로

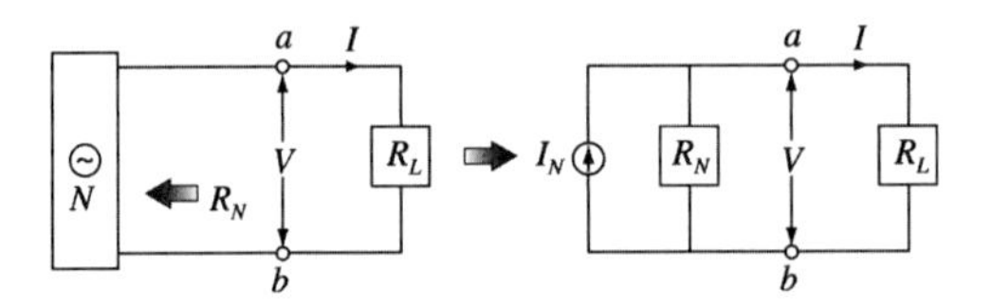

※ 전원의 변환(테브난 회로와 노튼의 회로 상호 등가변환)

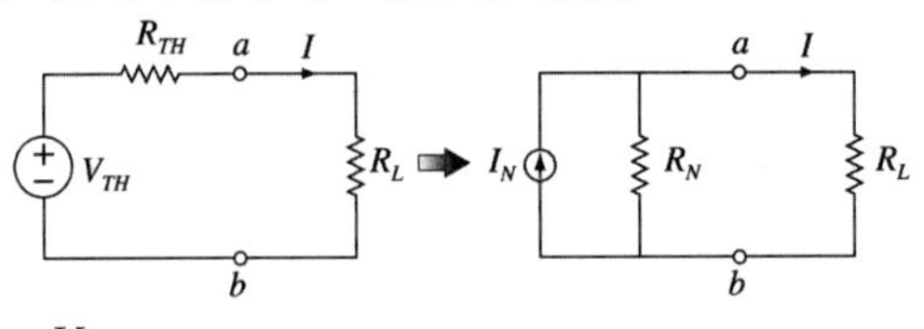

$$V_{TH}=I_N R_N,\ I_N=\frac{V_{TH}}{R_{TH}},\ R_{TH}=R_N$$

④ 밀만의 정리(Millman's Theorem)

㉠ 내부 임피던스를 갖는 여러 개의 전압원이 병렬로 접속되어 있을 때 그 병렬 접속점에 나타나는 합성전압

㉡ 각각의 전원을 단락했을 때 흐르는 전류의 대수합을 각각의 전원의 내부 임피던스의 대수합으로 나눈 것과 같다.

$$V_{ab}=\frac{\frac{E_1}{Z_1}+\frac{E_2}{Z_2}+\cdots+\frac{E_n}{Z_n}}{\frac{1}{Z_1}+\frac{1}{Z_2}+\cdots+\frac{1}{Z_n}}=\frac{I_1+I_2+\cdots+I_n}{Y_1+Y_2+\cdots+Y_n}=\frac{Y_1E_1+Y_2E_2+\cdots+Y_nE_n}{Y_1+Y_2+\cdots+Y_n}$$

※ 밀만의 회로

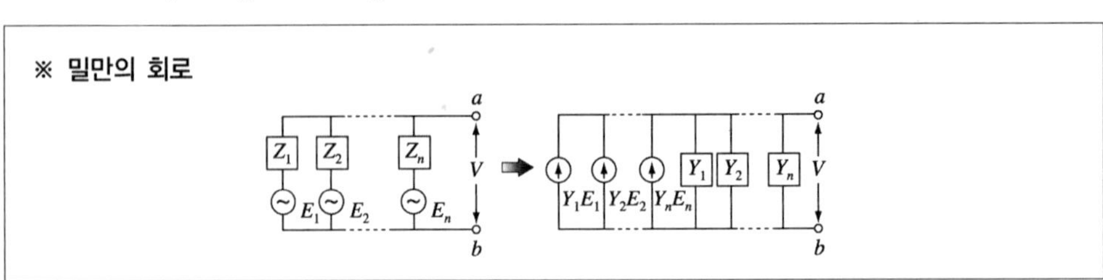

⑤ 가역의 정리, 상반의 정리(Reciprocity Theorem)

㉠ 임의의 선형 수동 회로망에서 회로망의 한 지로에 전원 전압을 삽입

㉡ 다른 임의의 지로에 흐르는 전류는 후자의 지로에 동일한 전압 전원을 삽입할 때, 전자의 지로에 흐르는 전류와 동일

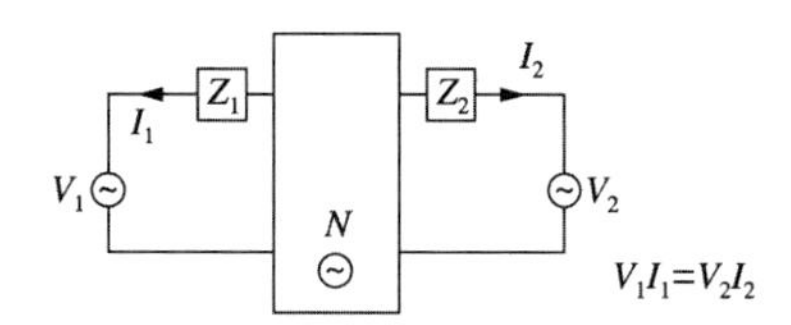

⑥ 쌍대회로

원회로	쌍대	변환회로
직렬회로	⇔	병렬회로
전압원 V	⇔	전류원 I
저항 R	⇔	컨덕턴스 G
인덕턴스 L	⇔	정전용량 C
리액턴스 X	⇔	서셉턴스 B
개방회로	⇔	단락회로
Y형	⇔	△형
키르히호프(전압법칙)	⇔	키르히호프(전류법칙)
폐로 방정식	⇔	절점 방정식
테브난의 정리	⇔	노튼의 정리

08 대칭 3상 교류

1. Y ↔ △ 회로의 상호 변환

Y → △ 변환	△ → Y 변환
$Z_{ab}=\dfrac{Z_aZ_b+Z_bZ_c+Z_cZ_a}{Z_c}[\Omega]$	$Z_a=\dfrac{Z_{ab}Z_{ca}}{Z_{ab}+Z_{bc}+Z_{ca}}[\Omega]$
$Z_{bc}=\dfrac{Z_aZ_b+Z_bZ_c+Z_cZ_a}{Z_a}[\Omega]$	$Z_b=\dfrac{Z_{ab}Z_{bc}}{Z_{ab}+Z_{bc}+Z_{ca}}[\Omega]$
$Z_{ca}=\dfrac{Z_aZ_b+Z_bZ_c+Z_cZ_a}{Z_b}[\Omega]$	$Z_c=\dfrac{Z_{bc}Z_{ca}}{Z_{ab}+Z_{bc}+Z_{ca}}[\Omega]$

※ 저항, 선전류, 소비 전력(C는 반대)

- Y → △ 변환 : 3배
- △ → Y 변환 : $\dfrac{1}{3}$배

2. Y, △ 회로의 특징(대칭 3상)

Y 결선 특징	△ 결선 특징
• $V_l = \sqrt{3}\,V_p \angle 30°$ • $I_l = I_p$	• $V_l = V_p$ • $I_l = \sqrt{3}\,I_p \angle -30°$

3. 3상 전력 계산

유효전력	$P=3\,V_pI_p\cos\theta = \sqrt{3}\,V_lI_l\cos\theta = 3I_p{}^2R$[W]
무효전력	$P_r = 3\,V_pI_p\sin\theta = \sqrt{3}\,V_lI_l\sin\theta = 3I_p{}^2X$[Var]
피상전력	$P_a = 3\,V_pI_p = \sqrt{3}\,V_lI_l = 3I_p{}^2Z$[VA]

※ 주의

- 3상 회로의 모든 계산은 상(Phase)을 기준으로 계산하는 것이 일반적이다.
- 임피던스는 각 상에 있는 것으로 계산한다.
- 부하에 주는 전압은 대부분 선간전압이다.

4. 2전력계법

① $P = W_1 + W_2$

② $P_r = \sqrt{3}\,(W_1 - W_2)$

③ $P_a = 2\sqrt{W_1{}^2 + W_2{}^2 - W_1 W_2}$

④ $\cos\theta = \dfrac{P}{P_a} = \dfrac{W_1 + W_2}{2\sqrt{W_1{}^2 + W_2{}^2 - W_1 W_2}}$

※ 참고

$$\begin{cases} P_1 = P_2 \rightarrow \text{역률 } \cos\theta = 1 \\ P_1 = 2P_2 \rightarrow \text{역률 } \cos\theta = 0.866 \\ P_1 = 3P_2 \rightarrow \text{역률 } \cos\theta = 0.756 \end{cases}$$

5. 대칭전류 : 원형 회전자계 형성
비대칭전류 : 타원 회전자계 형성

6. V 결선

① 출력 : $P = \sqrt{3}\,VI\cos\theta$[W]

② 변압기 이용률 : $P = \dfrac{\sqrt{3}\,VI\cos\theta}{2\,VI\cos\theta} = 0.866$

③ 출력비 : $P = \dfrac{\sqrt{3}\,VI\cos\theta}{3\,VI\cos\theta} = 0.577$

09 대칭좌표법

1. 불평형회로의 해석

대칭성분을 이용한 각 상 표현	각 상을 이용한 대칭분 표현
$\begin{bmatrix} V_a \\ V_b \\ V_c \end{bmatrix} = \begin{bmatrix} 1 & 1 & 1 \\ 1 & a^2 & a \\ 1 & a & a^2 \end{bmatrix} \begin{bmatrix} V_0 \\ V_1 \\ V_2 \end{bmatrix}$	$\begin{bmatrix} V_0 \\ V_1 \\ V_2 \end{bmatrix} = \dfrac{1}{3} \begin{bmatrix} 1 & 1 & 1 \\ 1 & a & a^2 \\ 1 & a^2 & a \end{bmatrix} \begin{bmatrix} V_a \\ V_b \\ V_c \end{bmatrix}$

2. 불평형률 : $\dfrac{[\text{역상분}(V_2)]}{[\text{정상분}(V_1)]}$

3. 교류 발전기 기본식

① $V_0 = -Z_0 I_0$

② $V_1 = E_a - Z_1 I_1$

③ $V_2 = -Z_2 I_2$

10 비정현파 교류

1. 비정현파의 푸리에 변환

(비정현파 교류)=(직류분)+(기본파)+(고조파)

① 비정현파 : $f(t) = a_0 + \sum_{n=0}^{\infty} a_n \cos nwt + \sum_{n=0}^{\infty} b_n \sin nwt$

② 직류분 : $a_0 = \frac{1}{2\pi}\int_0^{2\pi} f(wt)d(wt)$

③ cos 항 : $a_n = \frac{1}{\pi}\int_0^{2\pi} f(wt)\cos nwt d(wt)$

④ sin 항 : $b_n = \frac{1}{\pi}\int_0^{2\pi} f(wt)\sin nwt d(wt)$

2. 여러 파형의 푸리에 변환

기함수, 정현대칭 원점대칭	sin 항 (n : 정수)	$f(t) = -f(-t)$ $a_0 = 0,\ a_n = 0$ $f(t) = \sum_{n=1}^{\infty} b_n \sin nwt$
우함수, 여현대칭 Y축대칭	a_0, cos 항 (n : 정수)	$f(t) = f(-t)$ $b_n = 0$ $f(t) = a_0 + \sum_{n=1}^{\infty} a_n \cos nwt$
구형파 / 삼각파 반파대칭	sin 항과 cos 항 (n : 홀수항)	$f(t) = -f(t+\pi)$ $a_0 = 0$ $f(t) = \sum_{n=1}^{\infty} a_n \cos nwt + \sum_{n=1}^{\infty} b_n \sin nwt$ ($n = 1,\ 3,\ 5,\ \cdots,\ 2n-1$)

3. 비정현파의 실횻값 → 직류분 존재

$$V_{r.m.s} = \sqrt{{V_0}^2 + {V_1}^2 + {V_2}^2 + \cdots + {V_n}^2}$$

4. 왜형률 → 직류분 없음

$$(\text{왜형률}) = \frac{(\text{전고조파의 실횻값})}{(\text{기본파의 실횻값})} = \frac{\sqrt{{V_2}^2 + {V_3}^2 + \cdots + {V_n}^2}}{V_1}$$

5. 비정현파의 전력

① 유효 전력 : $P = V_0 I_0 + \sum_{n=1}^{\infty} V_n I_n \cos\theta_n$ [W]

② 무효 전력 : $P_r = \sum_{n=1}^{\infty} V_n I_n \sin\theta_n$ [VAR]

③ 피상 전력 : $P_a = VI$ [VA]

6. 비정현파의 임피던스

$R-L$ 직렬회로
$Z_1 = R + j\ wL = \sqrt{R^2 + (wL)^2}$ ⋮ $Z_n = R + j\ nwL = \sqrt{R^2 + (nwL)^2}$
$R-C$ 직렬회로
$Z_1 = R - j\frac{1}{wC} = \sqrt{R^2 + \left(\frac{1}{wC}\right)^2}$ ⋮ $Z_n = R - j\frac{1}{nwC} = \sqrt{R^2 + \left(\frac{1}{nwC}\right)^2}$
$R-L-C$ 직렬회로
$Z_1 = R + j\left(wL - \frac{1}{wC}\right) = \sqrt{R^2 + \left(wL - \frac{1}{wC}\right)^2}$ ⋮ $Z_n = R + j\left(nwL - \frac{1}{nwC}\right) = \sqrt{R^2 + \left(nwL - \frac{1}{nwC}\right)^2}$

> ※ $I_3(\text{3고조파}) = \frac{V_3(\text{3고조파})}{Z_3(\text{3고조파})}$

11 2단자망

1. 구동점 임피던스($s = jw$)

① $R \rightarrow Z_R(s) = R$

② $L \rightarrow Z_L(s) = jwL = sL$

③ $C \rightarrow Z_c(s) = \frac{1}{jwC} = \frac{1}{sC}$

> ※ $Z(s) = \frac{Q(s)}{P(s)}$
>
> • $Q(s) = 0$, $Z(s) = 0$, 단락 → 영점
>
> • $P(s) = 0$ (특성근), $Z(s) = \infty$, 개방 → 극점

2. 정저항회로

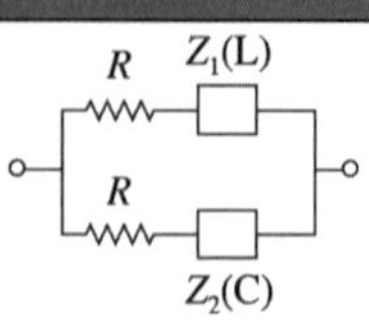

$$\therefore R=\sqrt{\frac{L}{C}}\,[\Omega]$$

3. 역회로

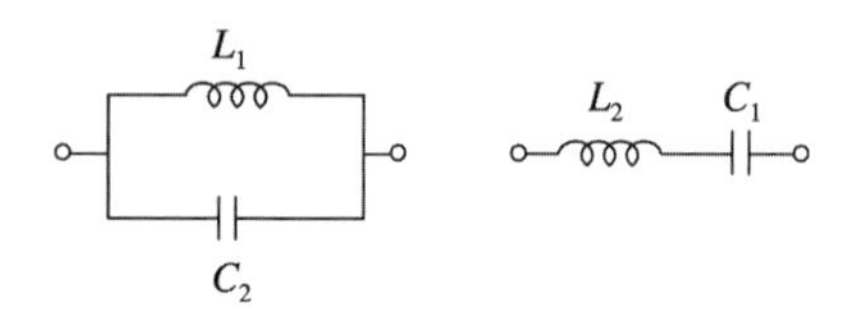

① 직렬 ↔ 병렬
② $R \leftrightarrow G$
③ $L \leftrightarrow C$

12 4단자망

1. 4단자망 회로

임피던스 파라미터
$V_1 = Z_{11}I_1 + Z_{12}I_2$ $V_2 = Z_{21}I_1 + Z_{22}I_2$
$Z_{11} = \frac{A}{C},\ Z_{12} = Z_{21} = \frac{1}{C},\ Z_{22} = \frac{D}{C}$
어드미턴스 파라미터
$I_1 = Y_{11}V_1 + Y_{12}V_2$ $I_2 = Y_{21}V_1 + Y_{22}V_2$
$Y_{11} = \frac{D}{B},\ Y_{12} = Y_{21} = -\frac{1}{B},\ Y_{22} = \frac{A}{B}$
전송 파라미터(ABCD 파라미터)
$V_1 = AV_2 + BI_2$ $I_1 = CV_2 + DI_2$
$\begin{vmatrix} A & B \\ C & D \end{vmatrix} = AD - BC = 1$

2. 영상 임피던스와 전달정수

영상 임피던스 Z_{01}, Z_{02}	$Z_{01}=\sqrt{\frac{AB}{CD}}\,[\Omega]$, $Z_{02}=\sqrt{\frac{DB}{CA}}\,[\Omega]$
영상 임피던스 Z_{01}, Z_{02}의 관계	$Z_{01}Z_{02}=\frac{B}{C}$, $\frac{Z_{01}}{Z_{02}}=\frac{A}{D}$
영상 전달 함수	$\theta=\log_e(\sqrt{AD}+\sqrt{BC})=\cosh^{-1}\sqrt{AD}=\sinh^{-1}\sqrt{BC}$

13 분포정수회로

1. 분포정수회로

① 직렬 임피던스 : $Z=R+j\omega L$

② 병렬 어드미턴스 : $Y=G+j\omega C$

③ 특성 임피던스 : $Z_0=\sqrt{\frac{Z}{Y}}=\sqrt{\frac{R+j\omega L}{G+j\omega C}}$

④ 전파정수 : $\gamma=\sqrt{ZY}=\sqrt{(R+j\omega L)(G+j\omega C)}=\alpha+j\beta$ (α=감쇠정수, β=위상정수)

2. 무손실 선로와 무왜형 선로

구분	무손실 선로	무왜형 선로
조건	$R=G=0$	$RC=LG$
특성임피던스	$Z_0=\sqrt{\frac{Z}{Y}}=\sqrt{\frac{L}{C}}$	$Z_0=\sqrt{\frac{Z}{Y}}=\sqrt{\frac{L}{C}}$
전파정수	• $\gamma=\sqrt{ZY}$ • $\alpha=0$ • $\beta=w\sqrt{LC}$ [rad/m] [rad/km]	• $\gamma=\sqrt{ZY}$ • $\alpha=\sqrt{RG}$ • $\beta=\omega\sqrt{LC}$ [rad/m] [rad/km]
위상속도	$v=\frac{\omega}{\beta}=\frac{\omega}{\omega\sqrt{LC}}=\frac{1}{\sqrt{LC}}$	$v=\frac{\omega}{\beta}=\frac{\omega}{\omega\sqrt{LC}}=\frac{1}{\sqrt{LC}}$

3. 반사계수와 투과계수

① 반사계수 : $\frac{(\text{반사파})}{(\text{입사파})} = \frac{Z_L - Z_0}{Z_L + Z_0} = \frac{Z_2 - Z_1}{Z_2 + Z_1}$

② 투과계수 : $\frac{(\text{투과파})}{(\text{입사파})} = \frac{2Z_L}{Z_0 + Z_L} = \frac{2Z_2}{Z_1 + Z_2}$

③ 정재파비 : $\frac{1+|\rho|}{1-|\rho|}$ (ρ= 반사계수)

14 과도현상

1. $R-L$ 직렬회로

$R-L$ 직렬회로	직류 기전력 인가 시(S/W On)	직류 기전력 인가 시(S/W Off)
전류 $i(t)$	$i(t) = \frac{E}{R}\left(1-e^{-\frac{R}{L}t}\right)$	$i(t) = \frac{E}{R}e^{-\frac{R}{L}t}$
특성근	$P=-\frac{R}{L}$	$P=-\frac{R}{L}$
시정수	$\tau=\frac{L}{R}$[sec]	$\tau=\frac{L}{R}$[sec]
V_R	$V_R = E\left(1-e^{-\frac{R}{L}t}\right)$[V]	–
V_L	$V_L = Ee^{-\frac{R}{L}t}$[V]	–

2. $R-C$ 직렬회로

$R-C$ 직렬회로	직류 기전력 인가 시(S/W On)	직류 기전력 인가 시(S/W Off)
전하 $q(t)$	$q(t) = CE\left(1-e^{-\frac{1}{RC}t}\right)$	$q(t) = CEe^{-\frac{1}{RC}t}$
전류 $i(t)$	$i=\frac{E}{R}e^{-\frac{1}{RC}t}$[A] (충전)	$i=-\frac{E}{R}e^{-\frac{1}{RC}t}$[A] (방전)
특성근	$P=-\frac{1}{RC}$	$P=-\frac{1}{RC}$
시정수	$\tau=RC$[sec]	$\tau=RC$[sec]
V_R	$V_R = Ee^{-\frac{1}{RC}t}$[V]	
V_c	$V_c = E\left(1-e^{-\frac{1}{RC}t}\right)$[V]	

3. $R-L-C$ 직렬회로

구분	특성	응답곡선
과제동(비진동적)	• $R>2\sqrt{\frac{L}{C}}$ • 서로 다른 두 실근	
임계 제동	• $R=2\sqrt{\frac{L}{C}}$ • 중근	
부족 제동(진동적)	• $R<2\sqrt{\frac{L}{C}}$ • 서로 다른 두 허근	

4. $L-C$ 직렬회로

① $i=\dfrac{E}{\sqrt{\dfrac{L}{C}}}\sin\dfrac{1}{\sqrt{LC}}t\,[\mathrm{A}]$ → 불변의 진동전류

② $V_L=L\dfrac{di}{dt}=E\cos\dfrac{1}{\sqrt{LC}}t\,[\mathrm{V}]$ → 최소 : $-E$, 최대 : E

③ $V_C=E-V_L=E\left(1-\cos\dfrac{1}{\sqrt{LC}}t\right)[\mathrm{V}]$ → 최소 : 0, 최대 : $2E$

5. 과도상태

① 과도상태가 나타나지 않는 위상각 : $\theta=\tan^{-1}\dfrac{X}{R}$

② 과도상태가 나타나지 않는 R값 : $R=\sqrt{\dfrac{L}{C}}$

※ 과도상태는 시정 수가 클수록 오래 지속된다.

KEC / 기술기준 및 판단기준

※ CHAPTER 05 KEC / 기술기준 및 판단기준은 전기직 기출 키워드를 바탕으로 정리한 요약본입니다. 자세한 내용은 위의 QR코드로 접속 후, "KEC"를 검색하여 학습에 참고해 주시기 바랍니다.

01 KEC(한국전기설비규정) 주요 내용

<table>
<tr><th colspan="4">2021년 이전 규정</th><th colspan="3">2021년 변경사항(KEC)</th></tr>
<tr><td colspan="7">〈저압 · 고압 · 특고압 기준〉</td></tr>
<tr><td>전압 구분</td><td>교류</td><td colspan="2">직류</td><td>전압 구분</td><td>교류</td><td>직류</td></tr>
<tr><td>저압</td><td>600V 이하</td><td colspan="2">750V 이하</td><td>저압</td><td>1kV 이하</td><td>1.5kV 이하</td></tr>
<tr><td>고압</td><td>600V 초과 7kV 이하</td><td colspan="2">750V 초과 7kV 이하</td><td>고압</td><td>1kV 초과 7kV 이하</td><td>1.5kV 초과 7kV 이하</td></tr>
<tr><td>특고압</td><td colspan="3">7kV 초과</td><td>특고압</td><td colspan="2">7kV 초과</td></tr>
</table>

<table>
<tr><td colspan="6">〈접지〉</td></tr>
<tr><td>종별</td><td>내용</td><td>접지저항</td><td>접지선 굵기</td><td rowspan="4">• 계통접지 방식 : TN, TT, IT 방식
• 보호접지 : 등전위본딩 등
• 피뢰시스템접지</td><td rowspan="5">접지선 굵기(상도체방식)
• $S \le 16mm^2$인 경우 : S
• $16 < S \le 35mm^2$인 경우 : $16mm^2$
• $36mm^2 < S$인 경우 : $S \times \frac{1}{2}$ 또는 차단시간 5초 이내인 경우 $S = \frac{\sqrt{I^2 t}}{k}$
• S(상도체의 단면적)</td></tr>
<tr><td>제1종 접지공사</td><td>고압 특고압설비</td><td>10Ω 이하</td><td>$6mm^2$ 이상</td></tr>
<tr><td>특별 제3종 접지공사</td><td>400V 이상 저압</td><td>10Ω 이하</td><td>$25mm^2$ 이상</td></tr>
<tr><td>제3종 접지공사</td><td>400V 미만</td><td>100Ω 이하</td><td>$25mm^2$ 이상</td></tr>
<tr><td>제2종 접지공사</td><td>변압기</td><td>계산</td><td>$16mm^2$ 이상</td><td>• 변압기 중성점접지로 변경</td></tr>
</table>

<table>
<tr><td colspan="6">〈절연저항〉</td></tr>
<tr><td colspan="2">전로의 사용전압 구분</td><td>절연저항[MΩ]</td><td>전로의 사용전압[V]</td><td>DC 시험전압[V]</td><td>절연저항[MΩ]</td></tr>
<tr><td rowspan="3">400V 미만</td><td>대지전압이 150V 이하인 경우</td><td>0.1</td><td>SELV 및 PELV</td><td>250</td><td>0.1</td></tr>
<tr><td>대지전압이 150V 초과 300V 이하</td><td>0.2</td><td>FELV, 500V 이하</td><td>500</td><td>1.0</td></tr>
<tr><td>사용전압이 300V 초과 400V 미만</td><td>0.3</td><td>500V 초과</td><td>1,000</td><td>1.0</td></tr>
<tr><td colspan="2">400V 이상</td><td>0.4</td><td colspan="3">특별저압(Extra Low Voltage : 2차 전압이 AC 50V, DC 120V 이하)으로 SELV(비접지회로 구성) 및 PELV(접지회로 구성)는 1차와 2차가 전기적으로 절연된 회로, FELV는 1차와 2차가 전기적으로 절연되지 않은 회로</td></tr>
</table>

02 총칙

1. 일반사항

① 통칙

㉠ 적용범위 : 인축의 감전에 대한 보호와 전기설비 계통, 시설물, 발전용 수력설비, 발전용 화력설비, 발전설비 용접 등의 안전에 필요한 성능과 기술적인 요구사항에 대하여 적용한다.

㉡ 전압의 구분

구분	교류(AC)	직류(DC)
저압	1kV 이하	1.5kV 이하
고압	1kV 초과 7kV 이하	1.5kV 초과 7kV 이하
특고압	7kV 초과	

② 안전을 위한 보호

㉠ 감전에 대한 보호

- 기본 보호 : 직접접촉을 방지하여야 한다(전기설비의 충전부에 인축이 접촉하여 일어날 수 있는 위험으로부터 보호).
- 고장 보호 : 기본절연의 고장에 의한 간접접촉을 방지하여야 한다(노출도전부에 인축이 접촉하여 일어날 수 있는 위험으로부터 보호).

㉡ 과전류에 대한 보호

- 과전류에 의한 과열 또는 전기・기계적 응력에 의한 위험으로부터 인축의 상해를 방지하고 재산을 보호하여야 한다.
- 과전류에 대한 보호는 과전류가 흐르는 것을 방지하거나 과전류의 지속시간을 위험하지 않는 시간까지로 제한함으로써 보호하여야 한다.

㉢ 고장전류에 대한 보호

- 고장전류가 흐르는 도체 및 다른 부분은 고장전류로 인해 허용온도 상승 한계에 도달하지 않도록 하여야 한다.
- 도체를 포함한 전기설비는 인축의 상해 또는 재산의 손실을 방지하기 위하여 보호장치가 구비되어야 한다.
- 고장으로 인해 발생하는 과전류에 대하여 보호되어야 한다.

㉣ 열영향에 대한 보호

- 고온 또는 전기 아크로 인해 가연물이 발화 또는 손상되지 않도록 전기설비를 설치하여야 한다. 또한, 정상적으로 전기기기가 작동할 때 인축이 화상을 입지 않도록 하여야 한다.

㉤ 과전압, 전자기 장애에 대한 대책

- 회로의 충전부 사이의 결함으로 발생한 전압에 의한 고장으로 인한 인축의 상해가 없도록 보호하여야 하며, 유해한 영향으로부터 재산을 보호하여야 한다.
- 저전압과 뒤이은 전압 회복의 영향으로 발생하는 상해로부터 인축을 보호하여야 하며, 손상에 대해 재산을 보호하여야 한다.
- 설비는 규정된 환경에서 그 기능을 제대로 수행하기 위해 전자기 장애로부터 적절한 수준의 내성을 가져야 한다. 설비를 설계할 때는 설비 또는 설치 기기에서 발생되는 전자기 방사량이 설비 내의 전기사용기기와 상호 연결 기기들이 함께 사용되는 데 적합한지를 고려하여야 한다.

㉥ 전원공급 중단에 대한 보호

- 전원공급 중단으로 인해 위험과 피해가 예상되면 설비 또는 설치기기에 적절한 보호장치를 구비하여야 한다.

2. 전선

① 전선의 식별

상(문자)	색상
L1	갈색
L2	흑색
L3	회색
N	청색
보호도체	녹색－노란색

② 전선의 종류

㉠ 저압 절연전선(450/750V 비닐절연전선, 450/750V 폴리올레핀 절연전선, 450/750V 고무절연전선 등)

㉡ 저압케이블(0.6/1kV 연피케이블, 금속외장케이블, 무기물 절연케이블, 300/500V 연질 비닐시스케이블 등)

㉢ 고압케이블(클로로프렌외장케이블, 비닐외장케이블, 폴리에틸렌외장케이블, 컴바인덕트케이블 등)

㉣ 특고압케이블(파이프형 압력 케이블, 금속피복을 한 케이블 등)

3. 전로의 절연

① 저압 전로의 절연성능

전로의 사용전압[V]	DC시험전압[V]	절연저항[MΩ]
SELV 및 PELV	250	0.5
FELV, 500V 이하	500	1.0
500V 초과	1,000	1.0

※ 특별저압(Extra Law Voltage : 2차 전압이 AC 50V, DC 120V 이하)으로 SELV(비접지회로 구성) 및 PELV(접지회로 구성)은 1차와 2차가 전기적으로 절연된 회로, FELV는 1와 2차가 전기적으로 절연되지 않은 회로

※ 사용전압이 저압인 전로에서 정전이 어려운 경우 등 절연저항 측정이 곤란한 경우에는 누설전류를 1mA 이하로 유지

② 전로의 누설전류

전로	단상 2선식	유희용전차
최대공급전류의 $\frac{1}{2,000}$ 이하	$\frac{1}{1,000}$ 이하	$\frac{1}{5,000}$ 이하

③ 절연내력시험

일정 전압을 가할 때 절연이 파괴되지 않은 한도로서 전선로나 기기에 일정 배수의 전압을 일정시간(10분) 동안 흘릴 때 파괴되지 않는지 확인하는 시험

4. 접지시스템

① 접지시스템의 구분 및 종류

구분	종류
계통접지	단독접지
보호접지	공통접지
피뢰시스템접지	통합접지

② 접지공사 생략이 가능한 장소

㉠ 사용전압이 직류 300V 또는 교류 대지전압이 150V 이하인 기계기구를 건조한 곳에 시설하는 경우

㉡ 저압용의 기계기구를 건조한 목재의 마루 기타 이와 유사한 절연성 물건 위에서 취급하도록 시설하는 경우

㉢ 저압용이나 고압용의 기계기구, 특고압 배전용 변압기의 시설에서 규정하는 특고압 전선로에 접속하는 배전용 변압기나 이에 접속하는 전선에 시설하는 기계기구 또는 KEC 333.32(25kV 이하인 특고압 가공전선로의 시설)의 1과 4에서 규정하는 특고압 가공전선로의 전로에 시설하는 기계기구를 사람이 쉽게 접촉할 우려가 없도록 목주 기타 이와 유사한 것의 위에 시설하는 경우

㉣ 철대 또는 외함의 주위에 적당한 절연대를 설치하는 경우

㉤ 외함이 없는 계기용 변성기가 고무·합성수지 기타의 절연물로 피복한 것일 경우

㉥ 전기용품 및 생활용품 안전관리법의 적용을 받는 2중 절연구조로 되어 있는 기계기구를 시설하는 경우

㉦ 저압용 기계기구에 전기를 공급하는 전로의 전원측에 절연변압기(2차 전압이 300V 이하이며, 정격용량이 3kVA 이하인 것에 한한다)를 시설하고 그 절연변압기의 부하측 전로를 접지하지 않은 경우

㉧ 물기 있는 장소 이외의 장소에 시설하는 저압용의 개별 기계기구에 전기를 공급하는 전로에 전기용품 및 생활용품 안전관리법의 적용을 받는 인체감전보호용 누전차단기(정격감도전류가 30mA 이하, 동작시간이 0.03초 이하의 전류동작형에 한한다)를 시설하는 경우

㉨ 외함을 충전하여 사용하는 기계기구에 사람이 접촉할 우려가 없도록 시설하거나 절연대를 시설하는 경우

03 전선로

1. 지지물의 종류와 안전율, 매설깊이

① 지지물의 기초 안전율 : 2 이상(이상 시 철탑에 대한 안전율 : 1.33 이상)

㉠ 목주 : 풍압하중에 대한 안전율(저압 : 1.2, 고압 : 1.3, 특고압 : 1.5)

㉡ 철주 : A종과 B종으로 구분

㉢ 철근 콘크리트주 : A종과 B종으로 구분

㉣ 철탑 : 지선이 필요없음

② 철근 콘크리트주 매설깊이

설계하중	전주길이		매설깊이
6.8kN 이하	15m 이하		l=(전장)×1/6m 이상
	15m 초과 16m 이하		2.5m
	16m 초과 20m 이하		2.8m
6.8kN 초과 9.8kN 이하	14m 이상 20m 이하	15m 이하	l+30cm
		15m 초과	2.8m
9.81kN 초과 14.72kN 이하	14m 이상 20m 이하	15m 이하	l+0.5m
		15m 초과 18m 이하	3m 이상
		18m 초과	3.2m 이상

③ 특별 고압 가공전선로용 지지물(B종 및 철탑)

㉠ 직선형 : 전선로의 직선 부분(3° 이하인 수평각도를 이루는 곳을 포함)

㉡ 각도형 : 전선로 중 3°를 초과하는 수평각도를 이루는 곳

㉢ 인류형 : 전가섭선을 인류하는 곳(맨 끝)에 사용하는 것

㉣ 내장형 : 전선로의 지지물 양쪽의 경간의 차가 큰 곳에 사용하는 것

㉤ 보강형 : 전선로의 직선 부분에 그 보강을 위하여 사용하는 것

※ 직선주는 목주, A종 철근 콘크리트주 5° 이하, B종 철근 콘크리트주 철탑은 3° 이하, 이를 넘는 경우는 각도형을 사용

2. 가공전선의 굵기 · 안전율 · 높이

① 전선 굵기

※ 동복강선 : 3.5mm

구분	전선 굵기	보안공사
저압 400V 미만	3.2mm 경동선(2.6mm 절연전선)	4.0mm
400V 이상 저압 또는 고압	시가지 5.0mm 경동선 시가지 외 4.0mm 경동선	5.0mm
특별고압 가공전선	25mm^2 경동연선 이상 시가지 내 : 100kV 미만 – 55mm^2 100kV 이상 – 150mm^2	–

② 안전율

㉠ 경동선 및 내열 동합금선 : 2.2 이상

㉡ ACSR(기타) : 2.5 이상

③ 저압 · 고압 · 특고압 가공전선의 높이

장소	저압	고압	특고압[kV]		
			35kV 이하	~160kV 이하	160kV 초과
횡단보도교	3.5m (절연전선인 경우 3m)	3.5m	절연 또는 케이블 4m	케이블 5m	불가
일반	5m(교통지장 없음 4m)	5m	5m	6m	6m+N×0.12
도로 횡단	6m			–	불가
철도 횡단	6.5m				6.5m+N×0.12
산지	–		–	5m	5m+N×0.12

※ 일반(도로 방향 포함), (케이블), N=160kV 초과 / 10kV(반드시 절상 후 계산)

④ 특별 고압 시가지의 가공전선의 높이(지지물에 위험을 표시하고, 목주 사용 불가)

㉠ 35kV 이하 : 10m(절연전선 : 8m)

㉡ 35kV 초과 : 10+(1단수)×0.12m

8+(1단수)×0.12m

3. 케이블에 의한 가공전선로 시설

조가용선	인장강도	굵기	접지	간격	
				행거	금속제테이프
저 · 고압	5.93kN 이상	22mm^2 이상 아연도강연선	케이블 피복의 금속체 KEC 140(접지시스템)의 규정에 준하여 접지공사	0.5m 이하	0.2m 이하, 나선형
특고압	13.93kN 이상	25mm^2 이상 아연도강연선			

※ 100kV 초과의 경우로 지기발생, 단락 시 1초 이내에 자동으로 차단되도록 장치 시설

4. 특고압 가공전선과 지지물과의 이격거리

사용전압	이격거리[m]	사용전압	이격거리[m]
15kV 미만	0.15	70kV 이상 80kV 미만	0.45
15kV 이상 25kV 미만	0.2	80kV 이상 130kV 미만	0.65
25kV 이상 35kV 미만	0.25	130kV 이상 160kV 미만	0.9
35kV 이상 50kV 미만	0.3	160kV 이상 200kV 미만	1.1
50kV 이상 60kV 미만	0.35	200kV 이상 230kV 미만	1.3
60kV 이상 70kV 미만	0.4	230kV 이상	1.6

5. 구내에 시설하는 저압 가공전선로(400V 미만)

① 저압 가공전선은 인장강도 1.38kN 이상의 것 또는 지름 2mm 이상의 경동선이어야 한다(단, 경간 10m 미만 : 0.62kN 이상의 것 또는 공칭단면적 $4mm^2$ 이상의 연동선).
② 경간은 30m 이하이어야 한다.
③ 전선과 다른 시설물과의 이격거리 : 상방 1m, 측방 / 하방 0.6m(케이블 0.3m)

6. 옥측전선로

① 저압 : 애자사용배선, 합성수지관배선, 케이블배선, 금속관배선(목조 이외), 버스덕트배선(목조 이외)
㉠ 애자사용 시 전선의 공칭단면적 : $4mm^2$ 이상
㉡ 애자사용 시 이격거리

다른 시설물	접근상태	이격거리
조영물의 상부 조영재	위쪽	2m (전선이 고압 절연전선, 특고압 절연전선 또는 케이블인 경우 1m)
	옆쪽 또는 아래쪽	0.6m (전선이 고압 절연전선, 특고압 절연전선 또는 케이블인 경우 0.3m)
조영물의 상부 조영재 이외의 부분 또는 조영물 이외의 시설물		0.6m (전선이 고압 절연전선, 특고압 절연전선 또는 케이블인 경우 0.3m)

※ 애자사용배선에 의한 저압 옥측전선로의 전선과 식물과의 이격거리는 0.2m 이상이어야 한다.

② 고압 : 케이블배선[KEC 140(접지시스템)의 규정에 준하여 접지공사]
③ 특고압 : 100kV를 초과할 수 없다.

7. 옥상전선로

① 저압

구분	이격거리
지지물	15m 이내
조영재	2m(케이블 1m) 이상
약전류전선, 안테나	1m(케이블 0.3m) 이상

• 2.6mm 이상 경동선
• 다른 시설물과 접근하거나 교차하는 경우 시 이격거리 0.6m(고압 절연전선, 특고압 절연전선, 케이블 0.3m) 이상

② 특고압 : 시설 불가

8. 지중전선로의 시설

① 사용전선 : 케이블, 트라프를 사용하지 않을 경우는 CD(콤바인덕트)케이블을 사용한다.

② 매설방식

매설깊이			
장소	직접 매설식		관로식
	차량, 기타 중량물의 압력	기타 (차량, 압박받을 우려 없는 장소)	
길이	1.2m 이상	0.6m 이상	1m 이상

③ 지중함의 시설

㉠ 지중함은 견고하고 차량 기타 중량물의 압력에 견디는 구조여야 한다.

㉡ 지중함은 그 안의 고인 물을 제거할 수 있는 구조로 되어 있어야 한다.

㉢ 폭발성 또는 연소성의 가스가 침입할 우려가 있는 것에 시설하는 지중함으로서 그 크기가 $1m^3$ 이상인 것에는 통풍장치 기타 가스를 방산시키기 위한 적당한 장치를 시설해야 한다.

㉣ 지중함의 뚜껑은 시설자 이외의 자가 쉽게 열 수 없도록 시설해야 한다.

9. 터널 안 전선로의 시설

① 철도·궤도 또는 자동차 전용 터널 내 전선로

전압	전선의 굵기	애자사용공사 시 높이	시공방법
저압	2.6mm 이상	노면상, 레일면상 2.5m 이상	• 합성수지관배선 • 금속관배선 • 가요전선관배선 • 케이블배선 • 애자사용배선
고압	4mm 이상	노면상, 레일면상 3m 이상	• 케이블배선 • 애자사용배선

② 사람이 상시 통행하는 터널 안 전선로

㉠ 저압 전선은 차량 전용 터널 내 공사 방법과 같다.

㉡ 고압 전선은 케이블공사에 의하여 시설할 수 있다.

㉢ 특고압 전선은 시설하지 않는 것을 원칙으로 한다.

10. 수상전선로(KEC 224.3 / 335.3)

저압	고압	수면상에 접속점이 있는 경우	접속점이 육상에 있는 경우
케이블			
3, 4종 캡타이어 (클로로프렌)	고압용 캡타이어케이블	저압 4m 이상 고압 5m 이상	5m 이상 도로 이외 4m 이상

04 저압 · 고압 · 특고압 전기설비

1. 옥내배선

저압 옥내배선은 합성수지관배선, 금속관배선, 가요전선관배선, 케이블배선에 의해 시설할 수 있다. 특수장소는 다음에 따라 시설한다.

시설장소 \ 사용전압		400V 미만	400V 이상
전개된 장소	건조한 장소	애자사용배선, 합성수지몰드배선, 금속몰드배선, 금속덕트배선, 버스덕트배선, 라이팅덕트배선	애자사용, 금속덕트, 버스덕트배선
	기타의 장소	애자사용배선, 버스덕트배선	애자사용배선
점검할 수 있는 은폐 장소	건조한 장소	애자사용, 합성수지몰드, 금속몰드, 금속덕트, 버스덕트, 셀룰라덕트, 라이팅덕트배선	애자사용, 금속덕트, 버스덕트배선
	기타의 장소	애자사용배선	애자사용배선
점검할 수 없는 은폐 장소	건조한 장소	플로어덕트배선, 셀룰러덕트배선	–

※ 모든 옥내배선 공통 사항
- 옥외용 비닐절연전선 제외
- 단선 $10mm^2$, 알루미늄 $16mm^2$ 이하만 사용. 넘는 경우 연선 사용
- 관 안에는 접속점, 나전선 사용 금지

① 저압 애자사용배선
- ㉠ 구비조건 : 절연성, 난연성, 내수성
- ㉡ 전선 : 절연전선[옥외용 비닐절연전선(OW), 인입용 비닐절연전선(DV) 제외]

② 합성수지관배선
- ㉠ 특징
  - 장점 : 내부식성과 절연성이 뛰어나고, 시공이 용이
  - 단점 : 열과 충격에 약함
- ㉡ 전선 : 절연전선[단선 $10mm^2$, 알루미늄 $16mm^2$ 이하(OW 제외) 연선 사용]
- ㉢ 관 상호 및 관과 박스와 삽입 깊이 : 관 외경의 1.2배(접착제 : 0.8) 이상
- ㉣ 습하거나 물기 있는 장소에는 방습장치 설치

③ 금속관배선
- ㉠ 특징
  - 장점 : 전기, 기계적 안전, 단락, 접지사고 시 화재 위험 감소
  - 단점 : 부식성, 무거움, 높은 가격
- ㉡ 전선 : 절연전선(OW 제외)
- ㉢ 연선사용 : 단선 $10mm^2$, 알루미늄 $16mm^2$ 이하
- ㉣ 콘크리트에 매설 시 관 두께 : 1.2mm 이상[노출 시 1mm 이상(길이 4m 이하인 단소관 : 0.5mm)]
- ㉤ 수도관 접지 클램프 : 3Ω

④ 금속몰드배선
- ㉠ 전선 : 절연전선(OW 제외)
- ㉡ 폭 50mm 이하, 두께 0.5mm 이상(합성수지몰드 폭 : 35mm 이하)

⑤ 가요전선관배선

㉠ 연결 시

- (가요관)+(가요관)=(플렉시블 커플링)
- (가요관)+(금속관)=(콤비네이션 커플링)

㉡ 전선 : 절연전선(OW 제외)

㉢ 연선사용 : 단선 $10mm^2$, 알루미늄 $16mm^2$ 이하

㉣ 제2종 금속제 가요전선관을 사용(단, 전개되거나 점검 가능한 은폐장소에는 1종 가요전선관 사용가능)

⑥ 금속덕트배선

㉠ 전선 : 절연전선(OW 제외)

㉡ 전선 삽입 정도 : 덕트 내 단면적의 20% 이하(전광표시장치, 출퇴표시등, 제어회로 등의 배선만 넣는 경우 : 50% 이하)

㉢ 덕트 폭 5cm를 넘고, 두께 1.2mm 이상인 철판

⑦ 버스덕트배선

㉠ 종류

- 피더 : 도중에 부하접속 불가능
- 플러그인 : 도중에 접속용 플러그
- 트롤리 : 이동 부하 접속

㉡ 끝부분을 먼지가 침입하지 않도록 폐쇄

⑧ 라이팅덕트배선

㉠ 지지 간격 : 2m 이하

㉡ 끝부분을 막고, 개구부는 아래로 향해 시설

⑨ 셀룰러덕트배선

㉠ 전선은 절연전선(옥외용 비닐절연전선을 제외한다)일 것

㉡ 연선일 것. 단, $10mm^2$ 이하(알루미늄은 $16mm^2$)일 때 예외

㉢ 판 두께

덕트의 최대폭	덕트의 판 두께
150 mm 이하	1.2mm
150mm 초과 200mm 이하	1.4mm
200mm 초과	1.6mm

⑩ 플로어덕트배선

㉠ 전선은 절연전선(옥외용 비닐절연전선 제외)일 것

㉡ 연선일 것. 단, $10mm^2$ 이하(알루미늄은 $16mm^2$)일 때 예외

㉢ 점검할 수 없는 은폐 장소(바닥)

⑪ 케이블배선

㉠ 지지 간격 : 2m 이하(캡타이어케이블 : 1m 이하)

㉡ 직접 콘크리트 내 매입 경우 : MI 케이블, 직매용 케이블, 강대개장 케이블

㉢ 전선 및 지지 부분의 안전율 : 4 이상

⑫ 고압 옥내배선의 시설

㉠ 공사 : 케이블배선, 애자사용배선(건조하고 전개 장소), 케이블트레이배선

㉡ 외피 : 접지시스템

㉢ 고압 애자사용배선(사람이 접촉할 우려 없도록)

㉣ 전선 : 단면적 $6mm^2$ 연동선 이상 절연전선, 인하용 고압 절연전선

㉤ 지지 간격 : 6m 이하(조영재면 따라 시설 시 : 2m)

㉥ 전선 상호 간격 : 0.08m 이상, 전선 - 조영재 이격거리 : 0.05m 이상

⑬ 특별 고압 옥내배선

㉠ 사용전압 : 100kV 이하(케이블트레이배선 시 35kV 이하)

㉡ 사용전선 : 케이블은 철재, 철근 콘크리트관, 덕트 등의 기타 견고한 장치에 시설

2. 고압 · 특고압 시설

① 특별 고압 옥외배전용 변압기의 시설(발 · 변전소 개폐소 내 25kV 이하에 접속하는 것은 제외)

㉠ 특별 고압 절연전선, 케이블 사용

㉡ 변압기 1차 : 35kV 이하, 2차 : 저압, 고압

㉢ 총출력 : 1,000kVA 이하(가공전선로에 접속 시 500kVA 이하)

㉣ 변압기 특별 고압 : 개폐기, 과전류차단기 시설

㉤ 2차측이 고압인 경우 : 개폐기 시설(쉽게 개폐할 수 있도록)

② 특별 고압을 직접 저압으로 변성하는 변압기는 다음에 한하여 시설한다.

㉠ 전기로 등 전류가 큰 전기를 소비하기 위한 변압기

㉡ 발 · 변전소, 개폐소 또는 이에 준하는 곳에 시설하는 소내용 변압기

㉢ 25kV 이하의 중성점 다중접지식 전로에 접속하는 변압기

㉣ 교류식 전기철도 신호용 변압기

㉤ 사용전압 35kV 이하인 변압기로 특별 고압과 저압 혼촉 시 자동차단장치가 있는 경우

㉥ 사용전압 100kV 이하인 변압기로 특별 고압과 저압 전선 간에 접지공사를 한 금속제 혼촉방지판이 있는 경우(접지저항값 10Ω 이하)

③ 동작 시 아크발생 기계기구 이격거리(피뢰기, 개폐기, 차단기)

목재의 벽, 천장, 기타의 가연성의 물체로부터 고압 : 1m 이상, 특고압 : 2m 이상

※ 35kV 이하 특고압용 기구의 경우 아크의 방향과 길이를 화재가 발생할 우려가 없도록 제한 시 1.0m 이상 이격

④ 개폐기의 시설

㉠ 전로 중 개폐기는 각 극에 설치한다.

㉡ 고압용, 특별 고압용 개폐기 : 개폐상태 표시 장치가 있어야 한다.

㉢ 고압, 특별 고압용 개폐기로 중력 등에 의해 자연동작 우려가 있는 것 : 자물쇠 장치, 기타 방지장치 시설

㉣ 고압, 특별 고압용 개폐기로 부하전류를 차단하기 위한 것이 아닌 DS(단로기)는 부하전류가 흐를 때 개로할 수 없도록 시설하지만 보기 쉬운 곳에 부하전류 유무 표시장치, 전화 지령장치, 태블릿을 사용하는 경우 예외이다.

⑤ 피뢰기 시설 장소(고압, 특고압 전로)

㉠ 발 · 변전소 또는 이에 준하는 장소의 가공전선 인입구, 인출구

㉡ 가공전선로에 접속하는 배전용 변압기 고압 및 특고압측

㉢ 고압, 특고압 가공전선로에서 공급받는 수용장소 인입구

㉣ 가공전선로와 지중전선로가 접속되는 곳

※ 피뢰기의 접지저항 : 10Ω 이하(단, 고압 가공전선로에 시설하는 피뢰기 접지공사의 접지극을 변압기 중성점 접지용 접지극으로부터 1m 이상 격리하여 시설하는 경우에는 30Ω 이하)

05 전기 사용 장소의 시설

1. 옥내전로의 대지전압 제한

대지전압은 300V 이하(단, 대지전압 150V 이하 전로인 경우 제외)

2. 저압 옥내배선의 사용전선(KEC 231.3)

전선의 굵기는 2.5mm^2 이상 연동선, 1mm^2 이상의 미네랄인슐레이션(MI)케이블 사용

※ 400V 미만인 경우 다음에 의하여 시설할 수 있다.
- 전광표시장치, 출퇴근표시등, 제어회로 : 1.5mm^2 이상의 연동선
- 과전류차단장치 시설 : 0.75mm^2 이상의 캡타이어케이블
- 진열장 : 0.75mm^2 이상의 코드, 캡타이어케이블

3. 옥내에 시설하는 저압 전선은 나전선 사용을 제한(다음의 경우는 예외)

① 애자사용배선의 경우로 전기로용 전선, 절연물이 부식하는 장소 전선, 취급자 이외의 자가 출입할 수 없도록 설비한 장소에 전선을 시설하는 경우

② 버스덕트 또는 라이팅덕트배선에 의하는 경우

③ 이동 기중기, 유희용 전차선 등의 접촉전선을 시설하는 경우

4. 설치방법에 해당하는 배선방법의 종류

설치방법	배선방법
전선관시스템	합성수지관배선, 금속관배선, 가요전선관배선
케이블트렁킹시스템	합성수지몰드배선, 금속몰드배선, 금속덕트배선(a)
케이블덕트시스템	플로어덕트배선, 셀룰러덕트배선, 금속덕트배선(b)
애자사용방법	애자사용배선
케이블트레이시스템(래더, 브래킷 포함)	케이블트레이배선
고정하지 않는 방법, 직접 고정하는 방법, 지지선 방법(c)	케이블배선

a : 금속본체와 커버가 별도로 구성되어 커버를 개폐할 수 있는 금속덕트를 사용한 배선방법을 말한다.
b : 본체와 커버 구분없이 하나로 구성된 금속덕트를 사용한 배선방법을 말한다.
c : 비고정, 직접고정, 지지선의 경우 케이블의 시설방법에 따라 분류한 사항이다.

5. 고주파 전류에 의한 장해의 방지

전기기계기구는 무선설비의 기능에 계속적이고 중대한 장해를 주는 고주파 전류가 생길 우려가 있는 경우에는 다음의 시설을 한다.

① 형광 방전등에는 정전 용량 $0.006\mu F$ 이상 $0.5\mu F$ 이하(예열시동식의 것으로 글로우램프에 병렬로 접속하는 것은 $0.006 \sim 0.01\mu F$ 이하)인 커패시터를 시설

② 저압에 정격출력 1kW 이하인 전기드릴용 소형교류직권전동기의 단자 상호 간에 정전용량이 $0.1\mu F$인 무유도형 커패시터, 대지 사이에 $0.003\mu F$의 관통형 커패시터를 시설

③ 전기드릴용을 제외한 소형교류직권전동기의 단자 상호 간에 $0.1\mu F$, 각 단자와 대지와의 사이에 $0.003\mu F$의 커패시터를 시설할 것

④ 네온점멸기에 전원 상호 간 및 접점의 근접하는 곳에서 고주파전류를 방지하는 장치를 시설할 것

6. 저압 옥내간선의 시설

저압 옥내간선은 손상을 받을 우려가 없는 곳에 다음에 의해 시설해야 한다.

① 전동기 정격전류 합계≤전등, 전열(기타 기계기구) 정격전류의 합계인 경우

[간선의 허용전류(I_a)]$= \Sigma I_M + \Sigma I_H$

② 전동기 정격전류 합계>기타 기계기구의 정격전류 합계 경우

㉠ 전동기 정격이 50A 이하 : (전동기 정격전류)×(1.25배)+(기타 정격전류합계)

$I_a \geq \Sigma I_M \times 1.25 + \Sigma I_H$

㉡ 전동기 정격이 50A 초과 : (전동기 정격전류)×(1.1배)+(기타 정격전류합계)

$I_a \geq \Sigma I_M \times 1.1 + \Sigma I_H$

※ ΣI_M : 전동기 정격전류의 합

ΣI_H : 전열기 정격전류의 합

I_a : 간선의 허용전류

I_B : 과전류차단기의 정격전류

예 $\Sigma I_M = 10+30=40A$, $\Sigma I_H = 20+10=30A$

$\Sigma I_M > \Sigma I_H$이며 ΣI_M이 50A 이하이므로 $k=1.25$

$I_a = kI_M + I_H = 1.25 \times 40 + 30 = 80A$

7. 분기회로의 시설

① 각 극에 분기 개폐기 및 과전류 차단기를 시설

② 간선에서 분기하여 3m 이내에 시설

06 전력보안통신설비

1. 통신선의 시설

① 통신케이블의 종류 : 광케이블, 동축케이블 및 차폐용 실드케이블(STP)

② 시설기준

㉠ 가공통신케이블은 반드시 조가선에 시설할 것

㉡ 통신케이블은 강전류전선 또는 가로수나 간판 등 타 공작물과는 최소 이격거리 이상 이격하여 시설할 것

㉢ 전력구 내에 시설하는 지중통신케이블은 케이블 행거를 사용하여 시설할 것

PART 1

2. 가공통신선의 높이

[배전주(배전용 전주)의 공가 통신케이블의 지상고]

구분	지상고	비고
도로(인도)에 시설 시	5.0m 이상	경간 중 지상고 (교통에 지장을 줄 우려가 없는 경우 : 4.5m)
도로횡단 시	6.0m 이상	–
철도 궤도 횡단 시	6.5m 이상	레일면 상
횡단보도교 위	3.0m 이상	노면 상
기타	3.5m 이상	–

[배전설비와의 이격거리]

구분	이격거리	비고
7kV 초과	1.2m 이상	–
1kV 초과 7kV 이하	0.6m 이상	–
저압 또는 특고압 다중접지 중성도체	0.6m 이상	–

3. 특고압 가공전선로의 첨가통신선과 도로, 철도, 횡단보도교 및 다른 선로와의 접근, 교차 시설

① 전선 : $16mm^2$ 이상 절연전선, 8.01kN 이상 또는 $25mm^2$ 이상 경동선

② 삭도나 다른 가공약전류전선과의 이격거리 : 0.8m(케이블 0.4m) 이상

4. 가공통신 인입선 시설

노면 상의 높이는 4.5m 이상, 조영물의 붙임점에서의 지표 상의 높이는 2.5m 이상

5. 특고압 가공전선로 첨가설치 통신선의 시가지 인입 제한

시가지에 시설하는 통신선은 특별 고압 가공전선로의 지지물에 시설하여서는 안 된다. 단, 통신선이 5.26kN 이상, 단면적 $16mm^2$(지름 4mm) 이상의 절연전선 또는 광섬유 케이블인 경우 그러하지 않는다.

6. 전력선 반송 통신용 결합장치의 보안장치

① CC : 결합 커패시터
② CF : 결합 필터
③ DR : 배류 선륜(전류용량 2A 이상)
④ FD : 동축 케이블
⑤ S : 접지용 개폐기

7. 무선용 안테나 등을 지지하는 철탑 등의 시설

무선통신용 안테나나 반사판을 지지하는 지지물들의 안전율 : 1.5 이상

8. 지중통신선로설비의 시설

① 지중 공용설치 시 통신케이블의 광케이블 및 동축케이블은 $400mm^2$ 이하일 것
② 전력구내 통신케이블의 시설은 다음 시설에 준할 것
㉠ 전력구내에서 통신용 행거는 최상단에 시설할 것
㉡ 난연성 재질이 아닌 통신케이블 및 내관을 사용하는 경우에는 난연처리를 할 것
㉢ 통신용 행거 끝단에는 행거 안전캡(야광)을 씌울 것
㉣ 전력케이블이 시설된 행거에는 통신케이블을 같이 시설하지 말 것

07 발 · 변전소, 개폐소 및 이에 준하는 곳의 시설

1. 발 · 변전소, 개폐소 및 이에 준하는 곳의 시설

① 발 · 변전소 시설 원칙(KEC 351.1)
㉠ 울타리, 담 등을 시설한다.
㉡ 출입구에는 출입금지의 표시한다.
㉢ 출입구에는 자물쇠 장치 기타 적당한 장치를 한다.
② 울타리 · 담 등의 높이와 충전 부분까지의 거리의 합계(KEC 351.1)

특고압	이격거리(a+b)	기타
35kV 이하	5.0m 이상	• 울타리에서 충전부까지 거리(a) • 울타리의 높이(b) : 2m 이상 • 지면과 하부 : 15cm 이하
160kV 이하	6.0m 이상	
160kV 초과	6.0m+H 이상	

N= 160kV 초과분/10kV(반드시 절상), $H = N \times 0.12$m
고압 또는 특고압 가공전선(케이블 제외함)과 금속제의 울타리 · 담 등이 교차하는 경우 좌, 우로 45m 이내의 개소에 KEC 140(접지시스템)의 규정에 의한 접지공사를 하여야 한다.

※ 고압용 기계기구의 시설
- 고압용 기계기구 : 지표상 4.5m 이상(시가지 외 4m 이상)
- 울타리 높이와 충전부분까지의 거리 합계 : 5m 이상(위험 표시할 것)

③ 발전기 보호장치(고장 시 자동 차단, KEC 351.3)

㉠ 발전기에 과전류나 과전압이 생긴 경우

㉡ 압유장치 유압이 현저히 저하된 경우
- 수차발전기 : 500kVA 이상
- 풍차발전기 : 100kVA 이상

㉢ 수차발전기의 스러스트 베어링의 온도가 현저히 상승한 경우 : 2,000kVA를 초과

㉣ 내부고장이 발생한 경우 : 10,000kVA 이상(10,000kW를 넘는 증기터빈 스러스트 베어링 온도)

④ 특고압용 변압기의 보호장치(KEC 351.4)

뱅크용량의 구분	동작조건	장치의 종류
5,000kVA 이상 10,000kVA 미만	변압기 내부고장	자동차단장치 또는 경보장치
10,000kVA 이상	변압기 내부고장	자동차단장치
타냉식 변압기 (변압기의 권선 및 철심을 직접 냉각 – 냉매강제순환)	냉각장치 고장, 변압기 온도의 현저히 상승	경보장치

⑤ 무효전력 보상장치의 보호장치(KEC 351.5)

설비종별	뱅크용량의 구분	자동적으로 전로로부터 차단하는 장치
전력용 커패시터 및 분로리액터	500kVA 초과 15,000kVA 미만	내부고장, 과전류가 생긴 경우에 동작하는 장치
	15,000kVA 이상	내부고장, 과전류 및 과전압이 생긴 경우에 동작하는 장치
조상기	15,000kVA 이상	내부고장이 생긴 경우에 동작하는 장치

기기의 종류	용량	사고의 종류	보호장치
발전기	모든 발전기	과전류, 과전압	자동차단장치
	500kVA 이상	수차의 유압 및 전원 전압이 현저히 저하	자동차단장치
	2,000kVA 이상	베어링 과열로 온도가 상승	자동차단장치
	10,000kVA 이상	발전기 내부 고장	자동차단장치
특별 고압 변압기	5,000kVA 이상 10,000kVA 미만	변압기의 내부고장	경보장치, 자동차단장치
	10,000kVA 이상	변압기의 내부고장	자동차단장치
	타냉식 특별 고압용 변압기	냉각 장치의 고장, 온도상승	경보장치
전력콘덴서 및 분로리액터	500kVA 초과 15,000kVA 미만	내부고장 및 과전류	자동차단장치
	15,000kVA 이상	내부고장, 과전류 및 과전압	자동차단장치
조상기	15,000kVA 이상	내부고장	자동차단장치

⑥ 계측장치

㉠ 발전기, 연료전지 또는 태양전지 모듈, 동기조상기
- 전압, 전류, 전력
- 베어링 및 고정자 온도(발전기, 동기조산기)
- 정격출력 10,000kW를 넘는 증기터빈 발전기 진동진폭

㉡ 변압기
- 주변압기의 전압, 전류, 전력
- 특고 변압기의 온도

㉢ 동기발전기, 동기조상기 : 동기검정장치(용량이 현저히 작을 경우는 생략)

08 전기철도설비

1. 용어정의

① 급전선 : 전기철도차량에 사용할 전기를 변전소로부터 합성전차선에 공급하는 전선

② 급전방식 : 전기철도차량에 전력을 공급하기 위하여 변전소로부터 급전선, 전차선, 레일, 귀선으로 구성되는 전력공급방식

③ 가선방식 : 전기철도차량에 전력을 공급하는 전차선의 가선방식으로 가공식, 강체식, 제3궤조식으로 분류

④ 귀선회로 : 전기철도차량에 공급된 전력을 변전소로 되돌리기 위한 귀로

2. 전기철도 전기방식의 일반사항

① 전력수급조건

수전선로의 전력수급조건 : 다음의 공칭전압(수전전압)으로 선정하여야 한다.

[공칭전압(수전전압)]

공칭전압(수전전압)kV	교류 3상 22.9, 154, 345

② 전차선로의 전압

㉠ 직류방식 : 사용전압과 각 전압별 최고, 최저전압은 다음 표에 따라 선정하여야 한다.

[직류방식의 급전전압]

구분	지속성 최저전압[V]	공칭전압 [V]	지속성 최고전압[V]	비지속성 최고전압[V]	장기 과전압[V]
DC(평균값)	500	750	900	950[1]	1,269
	900	1,500	1,800	1,950	2,538

[1] 회생제동의 경우 1,000V의 비지속성 최고전압은 허용 가능하다.

㉡ 교류방식 : 사용전압과 각 전압별 최고, 최저전압은 다음 표에 따라 선정하여야 한다.

[교류방식의 급전전압]

주파수 (실횻값)	비지속성 최저전압[V]	지속성 최저전압[V]	공칭전압 [V][2]	지속성 최고전압[V]	비지속성 최고전압[V]	장기 과전압[V]
60[Hz]	17,500	19,000	25,000	27,500	29,000	38,746
	35,000	38,000	50,000	55,000	58,000	77,492

[2] 급전선과 전차선 간의 공칭전압은 단상교류 50kV(급전선과 레일 및 전차선과 레일 사이의 전압은 25kV)를 표준으로 한다.

3. 전기철도 변전방식의 일반사항

① 변전소의 용량 : 변전소의 용량은 급전구간별 정상적인 열차부하조건에서 1시간 최대출력 또는 순시최대출력을 기준으로 결정하고, 연장급전 등 부하의 증가를 고려하여야 한다.

② 변전소의 설비

㉠ 급전용 변압기는 직류 전기철도의 경우 3상 정류기용 변압기, 교류 전기철도의 경우 3상 스코트결선 변압기의 적용을 원칙으로 하고, 급전계통에 적합하게 선정하여야 한다.

㉡ 제어용 교류전원은 상용과 예비의 2계통으로 구성하여야 한다.
㉢ 제어반의 경우 디지털계전기방식을 원칙으로 하여야 한다.

4. 전기철도 전차선로의 일반사항

① 전차선로의 충전부와 건조물 간의 절연이격

시스템 종류	공칭전압[V]	동적[mm]		정적[mm]	
		비오염	오염	비오염	오염
직류	750	25	25	25	25
	1,500	100	110	150	160
단상 교류	25,000	170	220	270	320

② 전차선로의 충전부와 차량 간의 절연이격

시스템 종류	공칭전압[V]	동적[mm]	정적[mm]
직류	750	25	25
	1,500	100	150
단상 교류	25,000	190	290

③ 전차선 및 급전선의 높이

시스템 종류	공칭전압[V]	동적[mm]	정적[mm]
직류	750	4,800	4,400
	1,500	4,800	4,400
단상 교류	25,000	4,800	4,570

④ 전차선로 설비의 안전율

하중을 지탱하는 전차선로 설비의 강도는 작용이 예상되는 하중의 최악 조건 조합에 대하여 다음의 최소 안전율이 곱해진 값을 견뎌야 한다.

㉠ 합금전차선의 경우 2.0 이상
㉡ 경동선의 경우 2.2 이상
㉢ 조가선 및 조가선 장력을 지탱하는 부품에 대하여 2.5 이상
㉣ 지지물 기초에 대하여 2.0 이상

5. 전기철도의 원격감시제어설비

① 원격감시제어시스템(SCADA)

㉠ 원격감시제어시스템은 열차의 안전운행과 현장 전철전력설비의 유지보수를 위하여 제어, 감시대상, 수준, 범위 및 확인, 운용방법 등을 고려하여 구성하여야 한다.
㉡ 중앙감시제어반의 구성, 방식, 운용방식 등을 계획하여야 한다.
㉢ 변전소, 배전소의 운용을 위한 소규모 제어설비에 대한 위치, 방식 등을 고려하여 구성하여야 한다.

② 중앙감시제어장치

㉠ 변전소 등의 제어 및 감시는 관제센터에서 이루어지도록 한다.

㉡ 원격감시제어시스템(SCADA)는 중앙집중제어장치(CTC), 통신집중제어장치와 호환되도록 하여야 한다.

㉢ 전기시설 관제소와 변전소, 구분소 또는 그 밖의 관제 업무에 필요한 장소에는 상호 연락할 수 있는 통신 설비를 시설하여야 한다.

09 분산형전원설비

1. 전기 공급방식

분산형전원설비의 전기 공급방식, 접지 또는 측정 장치 등은 다음과 같은 기준에 따른다.

① 분산형전원설비의 전기 공급방식은 전력계통과 연계되는 전기 공급방식과 동일할 것

② 분산형전원설비의 접지는 전력계통과 연계되는 설비의 정격전압을 초과하는 과전압이 발생하거나 전력계통의 보호협조를 방해하지 않도록 시설할 것

③ 분산형전원설비 사업자의 한 사업장의 설비 용량 합계가 250kVA 이상일 경우에는 송·배전계통과 연계지점의 연결 상태를 감시 또는 유효전력, 무효전력 및 전압을 측정할 수 있는 장치를 시설할 것

2. 전기저장장치

① 설치장소의 요구사항

㉠ 전기저장장치의 축전지, 제어반, 배전반의 시설은 기기 등을 조작 또는 보수·점검할 수 있는 충분한 공간을 확보하고 조명설비를 시설하여야 한다.

㉡ 폭발성 가스의 축적을 방지하기 위한 환기시설을 갖추고 적정한 온도와 습도를 유지하도록 시설하여야 한다.

㉢ 침수의 우려가 없도록 시설하여야 한다.

② 설비의 안전 요구사항

㉠ 충전부분은 노출되지 않도록 시설하여야 한다.

㉡ 고장이나 외부 환경요인으로 인하여 비상상황 발생 또는 출력에 문제가 있을 경우 전기저장장치의 비상정지스위치 등 안전하게 작동하기 위한 안전시스템이 있어야 한다.

㉢ 모든 부품은 충분한 내열성을 확보하여야 한다.

③ 대지전압 제한

주택의 전기저장장치의 축전지에 접속하는 부하측 옥내배선을 다음에 따라 시설하는 경우에 주택의 옥내전로의 대지전압은 직류 600V 이하이어야 한다.

㉠ 전로에 지락이 생겼을 때 자동적으로 전로를 차단하는 장치를 시설해야 한다.

㉡ 사람이 접촉할 우려가 없는 은폐된 장소에 합성수지관배선, 금속관배선 및 케이블배선에 의하여 시설하거나 사람이 접촉할 우려가 없도록 케이블배선에 의하여 시설하고 전선에 적당한 방호장치를 시설해야 한다.

3. 전기저장장치의 시설

① 전기배선의 굵기 : $2.5mm^2$ 이상의 연동선

② 충전 및 방전 기능

㉠ 충전기능

- 전기저장장치는 배터리의 SOC특성(충전상태 : State of Charge)에 따라 제조자가 제시한 정격으로 충전할 수 있어야 한다.
- 충전할 때에는 전기저장장치의 충전상태 또는 배터리상태를 시각화하여 정보를 제공해야 한다.

㉡ 방전기능

- 전기저장장치는 배터리의 SOC특성에 따라 제조자가 제시한 정격으로 방전할 수 있어야 한다.
- 방전할 때에는 전기저장장치의 방전상태 또는 배터리상태를 시각화하여 정보를 제공해야 한다.

③ 전기저장장치의 이차전지는 다음에 따라 자동으로 전로로부터 차단하는 장치를 시설하여야 한다.

㉠ 과전압 또는 과전류가 발생한 경우

㉡ 제어장치에 이상이 발생한 경우

㉢ 이차전지 모듈의 내부 온도가 급격히 상승할 경우

④ 계측장치

전기저장장치를 시설하는 곳에는 다음의 사항을 계측하는 장치를 시설하여야 한다.

㉠ 축전지 출력단자의 전압, 전류, 전력 및 충·방전상태

㉡ 주요변압기의 전압, 전류 및 전력

4. 태양광발전설비

※ 주택의 전기저장장치의 축전지에 접속하는 부하측 옥내배선을 시설하는 경우에 주택의 옥내전로의 대지전압은 직류 600V까지 적용할 수 있다.

① 설치장소의 요구사항

㉠ 인버터, 제어반, 배전반 등의 시설은 기기 등을 조작 또는 보수점검할 수 있는 충분한 공간을 확보하고 필요한 조명설비를 시설하여야 한다.

㉡ 인버터 등을 수납하는 공간에는 실내온도의 과열 상승을 방지하기 위한 환기시설을 갖추어야 하며, 적정한 온도와 습도를 유지하도록 시설하여야 한다.

㉢ 배전반, 인버터, 접속장치 등을 옥외에 시설하는 경우 침수의 우려가 없도록 시설하여야 한다.

② 설비의 안전 요구사항

㉠ 태양전지 모듈, 전선, 개폐기 및 기타 기구는 충전부분이 노출되지 않도록 시설하여야 한다.

㉡ 모든 접속함에는 내부의 충전부가 인버터로부터 분리된 후에도 여전히 충전상태일 수 있음을 나타내는 경고가 붙어 있어야 한다.

㉢ 태양광설비의 고장이나 외부 환경요인으로 인하여 계통연계에 문제가 있을 경우 회로분리를 위한 안전시스템이 있어야 한다.

③ 태양광설비의 시설

㉠ 간선의 시설기준(전기배선)

- 모듈 및 기타 기구에 전선을 접속하는 경우는 나사로 조이고, 기타 이와 동등 이상의 효력이 있는 방법으로 기계적·전기적으로 안전하게 접속하고, 접속점에 장력이 가해지지 않도록 할 것

- 배선시스템은 바람, 결빙, 온도, 태양방사와 같이 예상되는 외부 영향을 견디도록 시설할 것
- 모듈의 출력배선은 극성별로 확인할 수 있도록 표시할 것
- 기타 사항은 KEC 512.1.1(전기저장장치의 전기배선)에 따를 것

ⓛ 전력변환장치의 시설 : 인버터, 절연변압기 및 계통 연계 보호장치 등 전력변환장치의 시설은 다음에 따라 시설하여야 한다.

- 인버터는 실내·실외용을 구분할 것
- 각 직렬군의 태양전지 개방전압은 인버터 입력전압 범위 이내일 것
- 옥외에 시설하는 경우 방수등급은 IPX4 이상일 것

ⓒ 태양광설비의 계측장치 : 태양광설비에는 전압, 전류 및 전력을 계측하는 장치를 시설하여야 한다.

ⓔ 제어 및 보호장치 등(어레이 출력 개폐기 등의 시설)

- 중간단자함 및 어레이 출력 개폐기는 다음과 같이 시설하여야 한다.
  - 태양전지 모듈에 접속하는 부하측의 태양전지 어레이에서 전력변환장치에 이르는 전로(복수의 태양전지 모듈을 시설한 경우에는 그 집합체에 접속하는 부하측의 전로)에는 그 접속점에 근접하여 개폐기 기타 이와 유사한 기구(부하전류를 개폐할 수 있는 것에 한한다)를 시설할 것
  - 모듈을 병렬로 접속하는 전로에는 그 주된 전로에 단락전류가 발생할 경우에 전로를 보호하는 과전류차단기 또는 기타 기구를 시설할 것
  - 어레이 출력개폐기는 점검이나 조작이 가능한 곳에 시설할 것
- 역전류 방지기능은 다음과 같이 시설하여야 한다.
  - 1대의 인버터에 연결된 태양전지 직렬군이 2병렬 이상일 경우에는 각 직렬군에 역전류 방지기능이 있도록 설치할 것
  - 용량은 모듈단락전류의 2배 이상이어야 하며, 현장에서 확인할 수 있도록 표시할 것

5. 풍력발전설비

① 화재방호설비 시설

500kW 이상의 풍력터빈은 나셀 내부의 화재 발생 시 이를 자동으로 소화할 수 있는 화재방호설비를 시설하여야 한다.

② 제어 및 보호장치 시설의 일반 요구사항

제어장치	보호장치
제어장치는 다음과 같은 기능 등을 보유하여야 한다. • 풍속에 따른 출력 조절 • 출력제한 • 회전속도제어 • 계통과의 연계 • 기동 및 정지 • 계통 정전 또는 부하의 손실에 의한 정지 • 요잉에 의한 케이블 꼬임 제한	보호장치는 다음의 조건에서 풍력발전기를 보호하여야 한다. • 과풍속 • 발전기의 과출력 또는 고장 • 이상진동 • 계통 정전 또는 사고 • 케이블의 꼬임 한계

③ 접지설비

접지설비는 풍력발전설비 타워기초를 이용한 통합접지공사를 하여야 하며, 설비 사이의 전위차가 없도록 등전위본딩을 하여야 한다.

④ 계측장치의 시설

풍력터빈에는 설비의 손상을 방지하기 위하여 운전상태를 계측하는 다음의 계측장치를 시설하여야 한다.

㉠ 회전속도계

㉡ 나셀(Nacelle) 내의 진동을 감시하기 위한 진동계

㉢ 풍속계

㉣ 압력계

㉤ 온도계

PART 1

6. 연료전지설비

① 설치장소의 안전 요구사항

㉠ 연료전지를 설치할 주위의 벽 등은 화재에 안전하게 시설하여야 한다.

㉡ 가연성 물질과 안전거리를 충분히 확보하여야 한다.

㉢ 침수 등의 우려가 없는 곳에 시설하여야 한다.

② 연료전지 발전실의 가스 누설 대책(연료가스 누설 시 위험을 방지하기 위한 적절한 조치)

㉠ 연료가스를 통하는 부분은 최고사용 압력에 대하여 기밀성을 가지는 것이어야 한다.

㉡ 연료전지 설비를 설치하는 장소는 연료가스가 누설되었을 때 체류하지 않는 구조의 것이어야 한다.

㉢ 연료전지 설비로부터 누설되는 가스가 체류 할 우려가 있는 장소에 해당 가스의 누설을 감지하고 경보하기 위한 설비를 설치하여야 한다.

③ 안전밸브(안전밸브의 분출압력 설정)

㉠ 안전밸브가 1개인 경우는 그 배관의 최고사용압력 이하의 압력으로 한다. 다만, 배관의 최고사용압력 이하의 압력에서 자동적으로 가스의 유입을 정지하는 장치가 있는 경우에는 최고사용압력의 1.03배 이하의 압력으로 할 수 있다.

㉡ 안전밸브가 2개 이상인 경우에는 1개는 과압(통상의 상태에서 최고사용압력을 초과하는 압력)에 준하는 압력으로 하고, 그 이외의 것은 그 배관의 최고사용압력의 1.03배 이하의 압력이어야 한다.

④ 연료전지설비의 보호장치

연료전지는 다음의 경우에 자동적으로 이를 전로에서 차단하고 연료전지에 연료가스 공급을 자동적으로 차단하며, 연료전지 내의 연료가스를 자동적으로 배제하는 장치를 시설하여야 한다.

㉠ 연료전지에 과전류가 생긴 경우

㉡ 발전요소의 발전전압에 이상이 생겼을 경우 또는 연료가스 출구에서의 산소농도 또는 공기 출구에서의 연료가스 농도가 현저히 상승한 경우

㉢ 연료전지의 온도가 현저하게 상승한 경우

⑤ 접지도체

접지도체는 공칭단면적 $16mm^2$ 이상의 연동선 또는 이와 동등 이상의 세기 및 굵기의 쉽게 부식하지 않는 금속선(저압 전로의 중성점에 시설하는 것은 공칭단면적 $6mm^2$ 이상의 연동선 또는 이와 동등 이상의 세기 및 굵기의 쉽게 부식하지 않는 금속선)으로서 고장 시 흐르는 전류가 안전하게 통할 수 있는 것을 사용하고 손상을 받을 우려가 없도록 시설하여야 한다.

CHAPTER 06

기출예상문제

정답 및 해설 p.014

01 자체 인덕턴스 0.5H의 코일에 전류가 0.05초 동안에 4A 변화했을 때, 코일이 유도되는 기전력은?

① 40V ② 50V
③ 60V ④ 80V

02 다음 회로에 대한 설명으로 옳은 것을 〈보기〉에서 모두 고르면?(단, 총 전하량 $Q_T = 400\mu C$ 이고, 정전용량 $C_1 = 3\mu F$, $C_2 = 2\mu F$, $C_3 = 2\mu F$ 이다)

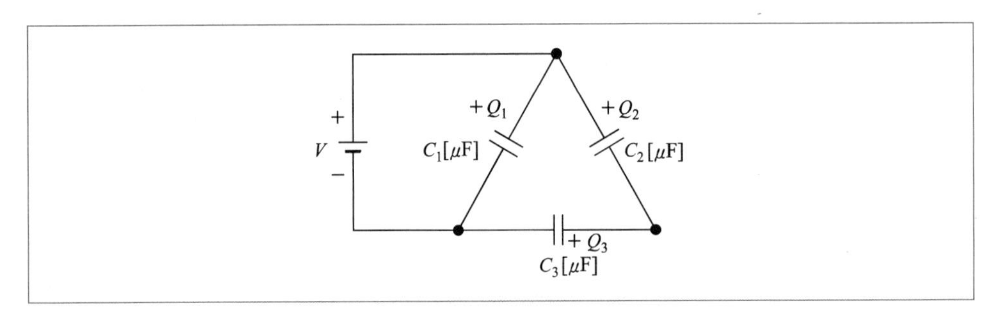

보기

ㄱ. $Q_2\mu C = Q_3\mu C$
ㄴ. 커패시터의 총 합성 정전용량 $C_T = 4\mu F$
ㄷ. 전압 $V = 100V$
ㄹ. C_1에 축적되는 전하 $Q_1 = 300\mu C$

① ㄱ, ㄴ ② ㄱ, ㄷ
③ ㄱ, ㄷ, ㄹ ④ ㄱ, ㄴ, ㄷ, ㄹ

03 다음 중 반자성체 물질의 비투자율로 옳은 것은?

① $\mu S > 1$ ② $\mu S \gg 1$
③ $\mu S = 1$ ④ $\mu S < 1$

04 $1\mu F$, $3\mu F$, $6\mu F$의 3개의 콘덴서가 병렬로 연결된 회로의 합성 정전 용량은?

① $1.5\mu F$ ② $5\mu F$
③ $10\mu F$ ④ $15\mu F$

05 공기 중에서 무한평면도체의 표면으로부터 1m 떨어진 곳에 점전하가 있다. 점전하가 8C일 때, 전하가 받는 힘의 크기는 얼마인가?

① 36×10^9N ② 100×10^9N
③ 121×10^9N ④ 144×10^9N

06 다음 중 전기장에 대한 설명으로 옳지 않은 것은?

① 도체 표면의 전기장은 그 표면과 평행하다.
② 대전된 무한히 긴 원통의 내부 전기장은 0이다.
③ 대전된 구의 내부 전기장은 0이다.
④ 대전된 도체 내부의 전하 및 전기장은 모두 0이다.

07 1CGS 정전 단위의 같은 부호의 두 점 전하가 진공 내에서 1m 떨어졌을 때, 작용하는 반발력은 얼마인가?

① 1,000dyne ② 100dyne
③ $\frac{1}{1,000}$dyne ④ $\frac{1}{10,000}$dyne

08 다음 회로에서 저항 R의 양단 전압이 15V일 때, 저항의 크기는?

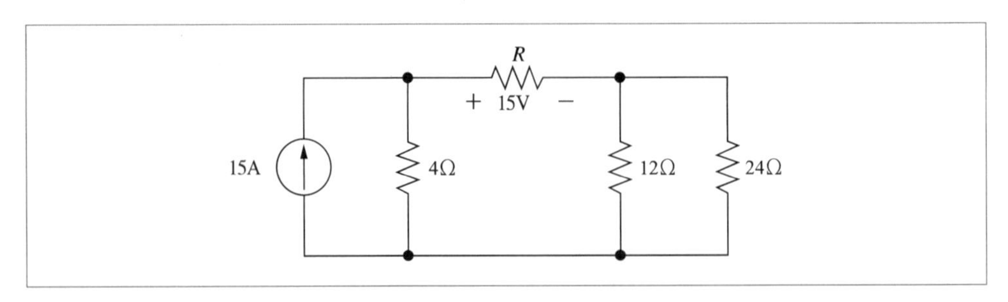

① 1Ω　　② 2Ω
③ 3Ω　　④ 4Ω

09 다음 중 플레밍의 오른손 법칙을 이용하는 것은?

① 발전기　　② 전동기
③ 계량기　　④ 축전기

10 다음 그림과 같이 평행한 무한장 직선 도선에 각각 I[A], $8I$[A]의 전류가 흐른다. 두 도선 사이의 점 P에서 측정한 자계의 세기가 0[V/m]이라면 $\frac{b}{a}$는?

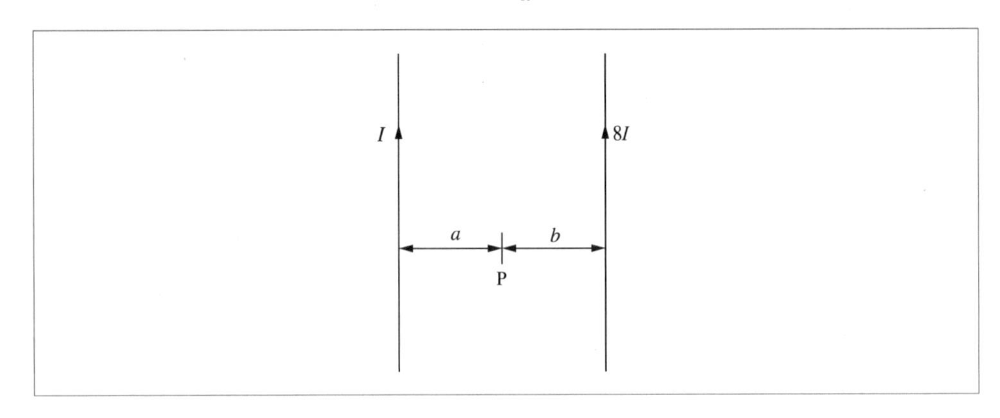

① $\frac{1}{8\pi}$　　② $\frac{1}{8}$
③ 8π　　④ 8

11 선간전압 20kV, 상전류 6A의 3상 Y결선되어 발전하는 교류 발전기를 △결선으로 변경하였을 때, 상전압 V_P[kV]와 선전류 I_L[A]은?(단, 3상 전원은 평형이며, 3상 부하는 동일하다)

	V_P[kV]	I_L[A]
①	$\frac{20}{\sqrt{3}}$	$6\sqrt{3}$
②	20	$6\sqrt{3}$
③	$\frac{20}{\sqrt{3}}$	6
④	20	6

12 3상 전원의 수전단에서 전압 3,300V, 1,000A 뒤진 역률 0.8의 전력을 받고 있을 때 동기 조상기로 역률을 개선하여 1로 하고자 한다. 필요한 동기 조상기의 용량은 얼마로 하면 되겠는가?

① 315kVA
② 1,525kVA
③ 3,150kVA
④ 3,429kVA

13 다음 중 역률개선의 효과로 볼 수 없는 것은?

① 전력손실 감소
② 전압강하 감소
③ 감전사고 감소
④ 설비용량의 이용률 증가

14 다음 중 동기 조상기의 계자를 부족여자로 하여 운전한 결과로 옳은 것은?

① 콘덴서로 작용
② 뒤진 역률 보상
③ 리액터로 작용
④ 저항손의 보상

15 다음 중 자동화재 탐지설비의 구성 요소가 아닌 것은?

① 비상콘센트
② 표시램프
③ 수신기
④ 감지기

16 발전기를 정격전압 220V로 전부하 운전하다가 무부하로 운전하였더니 단자전압이 242V가 되었다. 이 발전기의 전압변동률은?

① 10%
② 14%
③ 16%
④ 20%

17 다음 중 부하의 전압과 전류를 측정하기 위한 전압계와 전류계의 접속방법은?

	전압계	전류계
①	직렬	병렬
②	직렬	직렬
③	병렬	직렬
④	병렬	병렬

18 다음 중 부흐홀츠 계전기의 설치위치로 가장 적당한 곳은?

① 콘서베이터 내부
② 변압기 고압측 부싱
③ 변압기 주 탱크 내부
④ 변압기 주 탱크와 콘서베이터 사이

19 단권 변압기에서 고압측 V_h, 저압측을 V_l , 2차 출력을 P, 단권 변압기의 용량을 $P_1 n$이라 하면 $P_1 n / P$는?

① $\dfrac{V_l + V_h}{V_h}$
② $\dfrac{V_h - V_l}{V_h}$
③ $\dfrac{V_l + V_h}{V_l}$
④ $\dfrac{V_h - V_l}{V_l}$

20 3상 4선식 380/220V선로에서 전원의 중성극에 접속된 전선을 무엇이라 하는가?

① 접지선
② 중성선
③ 전원선
④ 접지측선

21 전기기계의 효율 중 발전기의 규약효율 η_G는 몇 %인가?(단, P는 입력, Q는 출력, L은 손실이다)

① $\eta_G = \dfrac{P-L}{P} \times 100$　② $\eta_G = \dfrac{P-L}{P+L} \times 100$

③ $\eta_G = \dfrac{Q}{P} \times 100$　④ $\eta_G = \dfrac{Q}{Q+L} \times 100$

22 3상 유도전동기의 운전 중 급속 정지가 필요할 때 사용하는 제동방식은?

① 단상제동　② 회생제동

③ 발전제동　④ 역상제동

23 다음 중 변압기에서 자속과 비례하는 것은?

① 권수　② 주파수

③ 전압　④ 전류

24 50Hz, 4극의 유도 전동기의 슬립이 4%일 때, 분당 회전수는?

① 1,410rpm　② 1,440rpm

③ 1,470rpm　④ 1,500rpm

25 다음 중 PN접합 다이오드의 대표적 응용작용은?

① 증폭작용　② 발진작용

③ 정류작용　④ 변조작용

26 기전력 1.5V, 전류 용량 1A인 건전지 6개가 있다. 이것을 직·병렬로 연결하여 3V, 3A의 출력을 얻으려면 어떻게 접속하여야 하는가?

① 2개 직렬 연결한 것을 3조 병렬 연결
② 3개 직렬 연결한 것을 2조 병렬 연결
③ 3개 병렬 연결한 것을 2조 직렬 연결
④ 6개 모두 직렬 연결

27 다음 중 라이팅 덕트 공사에 의한 저압 옥내배선의 시설 기준으로 옳지 않은 것은?

① 덕트의 끝부분은 막을 것
② 덕트는 조영재에 견고하게 붙일 것
③ 덕트의 개구부는 위로 향하여 시설할 것
④ 덕트는 조영재를 관통하여 시설하지 아니할 것

28 다음 중 특고압 가공전선로의 지지물로 사용하는 B종 철주, B종 철근 콘크리트주 또는 철탑의 종류에서 전선로 지지물의 양쪽 경간의 차가 큰 곳에 사용하는 것은?

① 각도형 ② 인류형
③ 내장형 ④ 보강형

29 다음 플로어 덕트 부속품 중 박스의 플러그 구멍을 메우는 것의 명칭은?

① 덕트 서포트 ② 아이언 플러그
③ 덕트 플러그 ④ 인서트 마커

30 과전류 차단기로 저압 전로에 사용하는 배선용 차단기가 정격 전류 30A 이하일 때, 정격 전류의 1.25배 전류를 통한 경우 몇 분 안에 자동으로 동작되어야 하는가?

① 10분 ② 20분
③ 40분 ④ 60분

PART 2

기계직 핵심이론

CHAPTER 01

열역학

1. 열역학의 법칙

① 열역학의 제0법칙(열평형의 법칙)

㉠ 물체 A와 B가 물체 C와 각각 열평형을 이루고 있으면 A와 B도 열평형을 이룬다. 즉, 한 C와 각각 열평형 상태에 있는 A와 B는 서로 열평형 상태에 있다. 온도 측정의 기초를 이루는 중요한 개념이다.

㉡ $Q=mC(T_2-T_1)$ (m = 질량, C = 비열, T = 온도)

② 열역학의 제1법칙(에너지 보존의 법칙)

㉠ 에너지가 다른 형태로 전환될 때 에너지의 총합은 항상 같다. 즉, 에너지의 생성이나 소멸은 없으며, 단지 다른 형태로 바뀔 뿐이다.

㉡ 공급된 에너지는 내부에너지와 사용한 일의 합과 같다.

㉢ $Q=\delta q+W$ (δq = 열량, W = 일량)

③ 열역학의 제2법칙(비가역의 법칙)

㉠ 일은 모든 양이 열로 변환되지만, 열은 모든 양이 일로 변환되지 못한다.

㉡ 고립되어 있는 계(系, System)에서 엔트로피는 일정하거나 증가하는 방향으로만 진행될 뿐이며, 감소하는 방향으로 진행되지 않는다.

④ 열역학의 제3법칙(네른스트의 열 정리)

㉠ 어떤 방법으로도 계를 절대온도 0K(켈빈)에 이르게 할 수 없다.

㉡ 절대온도(T)가 0으로 접근할 때 계의 엔트로피(S)는 어떤 일정한 값을 갖는다.

2. 영구기관

① **영구기관** : 밖으로부터 에너지 공급을 받지 않고 외부에 대해 영원히 일을 계속하는 가상의 기관이다.

② **제1종 영구기관** : 열효율이 100%를 넘는 기관으로, 에너지 보존의 법칙(열역학 제1법칙)에 위배된다.

③ **제2종 영구기관** : 열효율이 100%인(열에너지 전체를 일에너지로 변환하는) 기관으로, 비가역의 법칙(열역학 제2법칙)에 위배된다.

3. 보일 – 샤를의 법칙

① **보일 – 샤를의 법칙** : 기체의 부피는 압력에 반비례하고 절대온도에 비례한다.

$$\frac{P_1V_1}{T_1}=\frac{P_2V_2}{T_2}=\text{일정(Const)}\ (T=\text{온도},\ P=\text{압력},\ V=\text{부피})$$

② **보일의 법칙** : 이상기체의 온도가 일정할 때, 부피는 압력에 반비례한다.

$P_1 V_1 = P_2 V_2 =$ 일정(Const)

③ **샤를의 법칙** : 이상기체의 압력이 일정할 때, 부피는 절대온도에 비례한다.

$\frac{V_1}{T_1} = \frac{V_2}{T_2} =$ 일정(Const)

4. 이상기체

① **이상기체** : 보일－샤를의 법칙이 완전하게 적용된다고 여겨지는 가상의 기체이다. 고온·저압 아래에서 분자 사이의 상호 작용이 전혀 없는 상태를 가리킨다. 온도와 압력, 비체적이 이상기체 상태방정식을 만족하는 기체이다. 이상기체 상태에서 내부에너지와 엔탈피는 온도만의 함수이다.

② **이상기체 상태방정식(이상기체일 경우에만 성립)**

㉠ $P\nu = RT$ (P= 압력, ν= 비체적, R= 기체상수, T= 절대온도)

㉡ $PV = n\overline{R}T$ (V= 부피, n= 기체몰수, $\overline{R}$= 일반기체상수)

③ **실제 기체가 이상기체 상태방정식을 만족하는 경우** : 비체적이 클수록, 온도가 높을수록, 압력이 낮을수록, 분자량이 작을수록

5. 일량과 열량

① **일량**

㉠ 절대일 : 밀폐계에서의 일(내연기관), ${}_1W_2 = \int_1^2 P dv$[kJ/kg]

㉡ 공업일 : 개방계에서의 일(터빈, 펌프), $W_t = -\int_1^2 v dP$[kJ/kg]

② **열량** : 1기압에서 물 1g의 온도를 14.5℃에서 15.5℃로 1℃ 올리는 데 필요한 열의 양으로, 단위는 국제단위계(SI) 기준으로 J(Joule)을 사용한다. 과거에는 'cal(칼로리)'로 표기했다(1cal=4.186J).

㉠ 열량(Q)$= m \times c \times \Delta t$[여기서 m= 질량, c= 비열, Δt=(나중 온도)－(처음 온도)]

㉡ 열량에서 사용되는 온도는 절대온도(K)이다.

㉢ 섭씨온도(℃)와 절대온도(K)의 관계 : 0℃=273.15K, 즉 0K=－273.15℃

③ **일과 열의 기본적 특징**

㉠ 일과 열은 전달되는 에너지이다.

㉡ 일의 크기는 힘과 그 작용 거리의 곱이다.

㉢ 일량 선도 : P－v 선도, P－v 선도에서 면적은 일량 값을 의미한다.

㉣ 열량 선도 : T－s 선도, T－s 선도에서 면적은 열량 값을 의미한다.

㉤ 일과 열은 경로함수(반응 전과 후의 결과가 같더라도 경로가 다르면 다른 반응이 되는 함수)이다.

PART 2

6. 푸리에(Fourier)의 열전도 법칙

① 푸리에의 열전도 법칙 : 두 물체 사이에 단위시간당 전도되는 열량은 두 물체의 온도차와 두 물체가 접촉하고 있는 단면적에 비례하고 거리에는 반비례한다.

② 푸리에의 열전도율 $\dot{Q}_{\mathrm{cond}} = -kA\dfrac{\Delta T}{L}$ (k= 비례상수로 재료의 열전도율, A= 전도되는 단면적, L= 전도 물질의 두께)

7. 물질의 비열

① 비열(C) : 어떤 물질 1kg을 1℃ 상승시키는 데 필요한 열의 양

㉠ 물의 비열 : 약 4.2kJ/kg · ℃

㉡ 공기의 비열 : 약 1kJ/kg · ℃

㉢ 철의 비열 : 약 0.45kJ/kg · ℃

㉣ 얼음의 비열 : 약 2kJ/kg · ℃

② 정적비열(C_v) : v= 일정(Const) 상태에서 기체 1kg의 온도를 1℃ 상승시키는 데 필요한 열의 양으로, $C_p - C_v = R$ (C_p= 정압비열, R= 기체상수)

③ 정압비열(C_p) : P= 일정(Const) 상태에서 기체 1kg의 온도를 1℃ 상승시키는 데 필요한 열의 양으로, $kC_v - C_v = R$, $C_v(k-1) = R$, $C_v = \dfrac{R}{k-1}$ (k= 비열비)

④ 비열비(k) : 정압비열과 정적비열의 비율 (항상 $k \geq 1$)

$k = \dfrac{C_p}{C_v} \fallingdotseq 1.4$(단, 항상 $C_p > C_v$), $C_p = kC_v = k \times \dfrac{R}{k-1} = \dfrac{kR}{k-1}$

8. 기체상수

① 기체상수(R) : 보일-샤를의 법칙에 의한 이상기체의 상태 방정식에서 정의되는 비례 상수

㉠ $R = \dfrac{\overline{R}}{m} = \dfrac{8.314}{m}$[J/kg · K] ($m$= 분자량, $\overline{R}$= 일반기체상수)

㉡ $\overline{R}$(일반기체상수)$= \dfrac{PV}{T} = 8{,}314$J/kmol · K (1mol$= 6.022 \times 10^{23}$개 ← 아보가드로수)

② 공기의 기체상수 : $R = 29.27\mathrm{kg}_f/\mathrm{kg} \cdot \mathrm{K} = 287$[J/kg · K]

9. 열역학적 계(System)

① 열역학적 계 : 열을 통해 원하는 목적의 일을 달성하려 할 때, 핵심적인 일이 일어나는 공간 또는 영역(예 4행정 가솔린 기관의 실린더 내부)

② 계의 종류

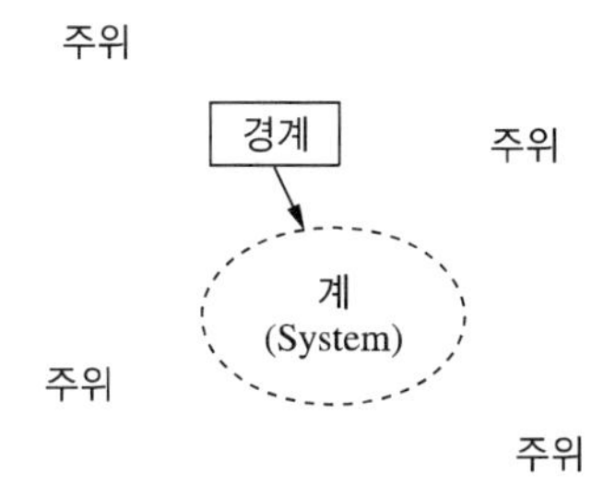

㉠ 고립계 : 주위와 에너지(열과 일)나 작동물질의 교환이 없는 계(예 로켓)
㉡ 개방계 : 주위와 에너지(열과 일)과 작동물질의 교환이 가능한 계(예 터빈, 펌프)
㉢ 밀폐계 : 주위와 에너지의 교환은 있으나 작동물질의 교환은 없는 계(예 내연기관)

③ 열역학적 계에서의 열량 변화

㉠ 밀폐계에서의 열량 변화 : $\delta q = du + Pdv$[kJ/kg], $C_v dT + Pdv$
㉡ 개방계에서의 열량 변화 : $\delta q = dh - vdP$[kJ/kg], $C_P dT - vdP$

10. 고위발열량과 저위발열량

① 고위발열량(H_h) : 연료가 완전연소했을 때 방출하는 열량으로, 연소에 의해 발생한 수증기의 잠열도 포함한다.

㉠ $H_h = 8,100C + 34,000\left(h - \frac{O}{8}\right) + 2,500S$[kcal/kg]
㉡ 잠열 : 물질이 액체와 기체, 액체와 고체 간 상변화될 때 온도를 변화시키지 않고 흡수되거나 방출되는 열량

② 저위발열량(H_l) : 고위발열량에서 연소가스에 포함된 수증기의 증발열을 뺀 열량이다.

㉠ $H_l = 8,100C + 29,000\left(h - \frac{O}{8}\right) + 2,500S - 600w$[kcal/kg]

11. 엔탈피

① 엔탈피(H) : 계(系) 밖에서 가해진 압력과 그것에 의해 변화한 계의 부피의 곱을 계의 내부에너지(U, 물질이 가지고 있는 자체의 에너지)에 합한 양으로, 일정한 압력 아래에서 계에 출입하는 열량은 엔탈피의 변화량과 같다. 열의 이동과 상태 변화에 따른 물질의 에너지 변화를 동시에 설명하기 위해 만들어진 개념이다.

② $H = U + PV$ (U=내부에너지, P=압력, V=부피)

③ 정압·정적·단열 과정에서의 엔탈피 변화 : $dh = C_p dT$ (C_p=정압비열)

12. 엔트로피

① 엔트로피(s) : 물리 열의 이동과 더불어 유효하게 이용할 수 있는 에너지의 감소 정도나 무효(無效) 에너지의 증가 정도를 나타내는 양, 즉 시스템을 구성하는 물질들의 무질서한 정도를 나타내는 척도이다. 엔트로피 변화식은 $\Delta s = s_2 - s_1 = \int_1^2 \frac{\delta q}{T}$ 이다.

② 엔트로피의 특징 : 엔트로피는 항상 증가한다. 또한 엔트로피 생성 항은 항상 양수이다.

③ 엔트로피에 대한 상식 문제

㉠ 방 안의 온도가 올라갔다. → 엔트로피가 증가했다.

㉡ 앞에 있는 종이가 움직였다. → 엔트로피가 증가했다.

㉢ 차 안의 온도가 일정하게 계속 유지된다. → 엔트로피는 0이다.

13. 내부에너지

① 내부에너지(U)

㉠ 물질이 가진 총에너지에서 역학적인 에너지(운동에너지・위치에너지)와 같은 외부의 에너지를 뺀, 물질 자체가 가진 고유의 에너지

㉡ 내부에너지 $U = Q - W$, $Q = U + W$, $\delta q = du + pdv$

② 내부에너지의 변화($du = C_v dT$) : 내부에너지는 줄(Joule)의 실험을 통해서 온도만의 함수라는 것이 증명되었다.

14. 스테판-볼츠만의 법칙

① 스테판-볼츠만의 방정식 : 물체의 에너지 복사율은 절대온도의 4제곱에 비례한다.

② 스테판-볼츠만의 법칙

㉠ 태양 흑체가 단위면적당 만들어내는 방출에너지(E)는 절대온도의 4제곱에 비례한다.

㉡ 스테판-볼츠만 법칙에 따른 흑체의 단위면적당 복사에너지(E)$= \sigma T^4$ (σ=스테판-볼츠만 상수$= 5.67 \times 10^{-8} \mathrm{W \cdot m^{-2} K^{-4}}$, T=절대온도)

15. 랭킨 사이클

① 랭킨 사이클 : 증기기관에서 가장 기본적인 사이클로서, 급수 펌프에서의 물의 단열 압축, 보일러에서의 등압 가열, 증기 터빈에서의 증기의 단열 팽창, 복수기에서의 등압 냉각 등의 4과정으로 이루어진다.

② 랭킨 사이클의 효율을 높이는 방법

㉠ 보일러의 압력을 높인다.

㉡ 복수기의 압력은 낮춘다.

㉢ 터빈의 입구 온도를 높인다.

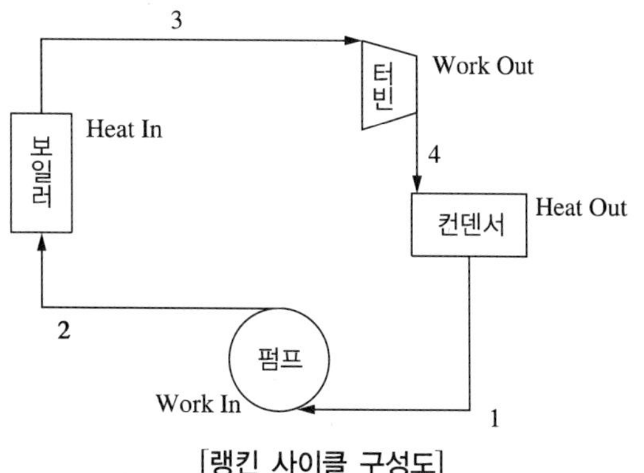

[랭킨 사이클 구성도]

③ 랭킨 사이클의 P－v, T－s 선도

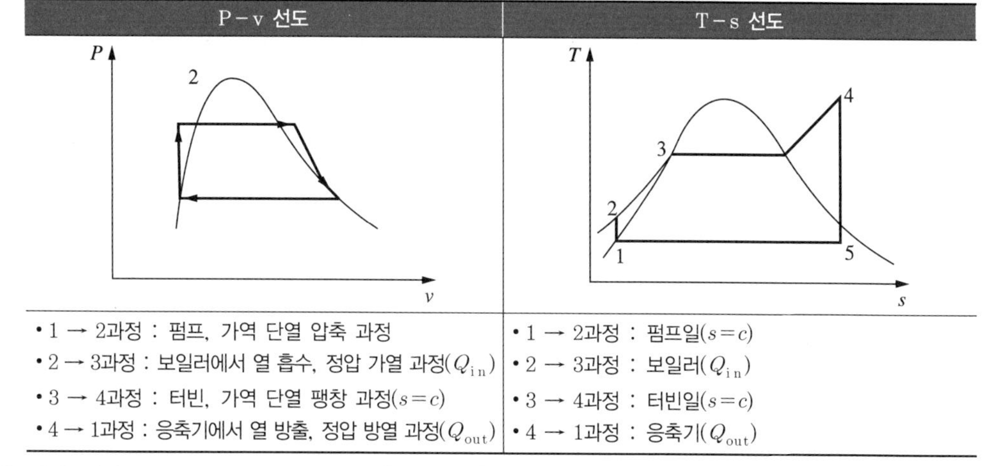

P－v 선도	T－s 선도
• 1 → 2과정 : 펌프, 가역 단열 압축 과정	• 1 → 2과정 : 펌프일($s=c$)
• 2 → 3과정 : 보일러에서 열 흡수, 정압 가열 과정(Q_{in})	• 2 → 3과정 : 보일러(Q_{in})
• 3 → 4과정 : 터빈, 가역 단열 팽창 과정($s=c$)	• 3 → 4과정 : 터빈일($s=c$)
• 4 → 1과정 : 응축기에서 열 방출, 정압 방열 과정(Q_{out})	• 4 → 1과정 : 응축기(Q_{out})

④ 랭킨 사이클의 펌프일 : $W_p = v \times (P_2 - P_1)$

16. 카르노 사이클

① 카르노 사이클(Carnot Cycle) : 단열 변화와 등온 변화의 과정으로 이루어지는 이상적인 열기관의 사이클

② 카르노 사이클의 일반적인 특성

㉠ 열의 전달은 등온과 단열 과정에서 모두 발생할 수 있다.

㉡ 2개의 가역 단열 과정과 2개의 가역 등온 과정으로 구성된다.

㉢ 총엔트로피의 변화는 없으며, 열의 전달은 등온 과정에서만 이루어진다.

③ 카르노 사이클의 열효율 : $\eta = 1 - \dfrac{T_2(\text{저온, 절대온도})[K]}{T_1(\text{고온, 절대온도})[K]} = 1 - \dfrac{273 + T_2[°C]}{273 + T_1[°C]}$

④ 카르노사이클의 P－v, T－s 선도

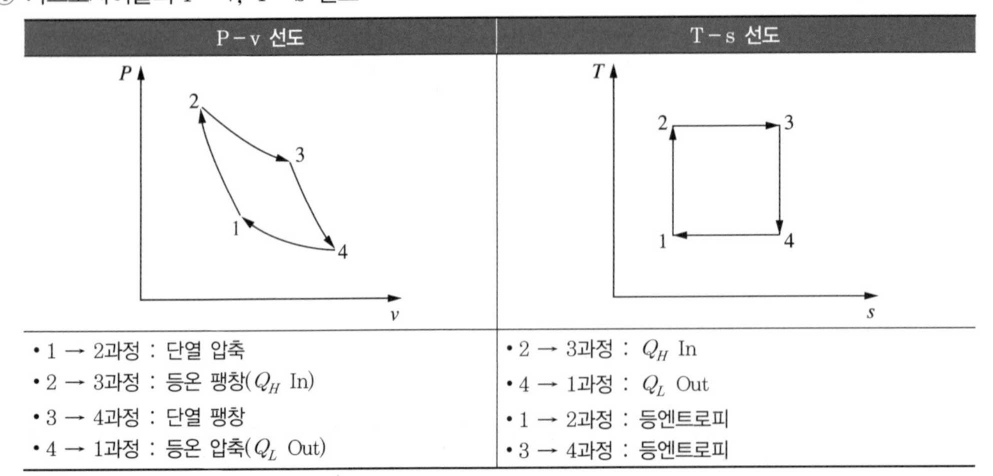

P－v 선도	T－s 선도
• 1 → 2과정 : 단열 압축 • 2 → 3과정 : 등온 팽창(Q_H In) • 3 → 4과정 : 단열 팽창 • 4 → 1과정 : 등온 압축(Q_L Out)	• 2 → 3과정 : Q_H In • 4 → 1과정 : Q_L Out • 1 → 2과정 : 등엔트로피 • 3 → 4과정 : 등엔트로피

17. 냉동 사이클

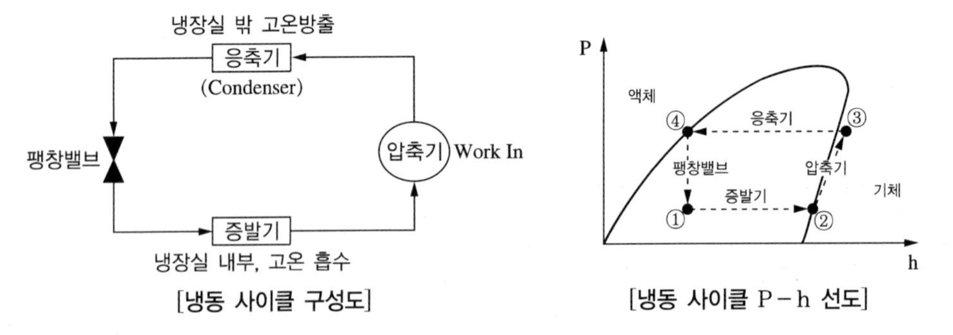

[냉동 사이클 구성도]　　[냉동 사이클 P－h 선도]

① 냉동 사이클 : 냉매를 순환시켜 저온 측의 열을 흡수해 고온 측으로 이동시키는 열역학적 과정의 사이클

② 냉동 사이클의 경로 순서 : 단열 팽창 → 등온 팽창 → 단열 압축 → 등온 압축

③ 냉동 사이클의 성적계수(ε_r, 성능계수, COP)

㉠ 냉동 효과를 나타내는 기준이 되는 수치

㉡ $\varepsilon_r = \dfrac{(\text{저온체에서 흡수한 열량})}{(\text{공급 열량})} = \dfrac{Q_2}{Q_1 - Q_2} = \dfrac{T_2}{T_1 - T_2} = \dfrac{(\text{증발기})}{(\text{응축기})-(\text{증발기})}$

(T_1 = 고온, T_2 = 저온)

④ 이상적인 냉동 사이클 : 역카르노 사이클

⑤ 이원 냉동 사이클 : 저온과 고온부에서 각각의 사이클을 행하는 2개의 냉동기를 하나로 조합한 사이클로, －60℃ 이하의 저온을 얻고자 할 때 적합하다.

⑥ 냉동기의 4대 구성 요소

㉠ 압축기 : 냉매 기체의 압력과 온도를 높여 고온·고압으로 만들면서 냉매에 압력을 가해 순환시킨다.

㉡ 응축기(복수기) : 냉매 기체를 액체로 상변화시키면서 고온·고압의 액체를 만든다.

㉢ 팽창밸브 : 교축 과정 상태로 줄어든 입구를 지나면서 냉매 액체가 무화되어 저온·저압의 액체를 만든다.

㉣ 증발기 : 냉매 액체가 대기와 만나면서 증발되면서 기체가 된다. 실내는 냉매의 증발 잠열로 인해 온도가 낮아진다. 저열원에서 열을 흡수하는 장치이다.

18. 오토 사이클

① **오토 사이클** : 불꽃점화 기관인 가솔린 기관의 열효율이나 출력에서 기본이 되는 사이클

② **오토 사이클 기관** : 두 번의 피스톤 운동으로 흡입·압축·폭발·배기의 모든 동작을 끝내는 내연기관, 즉 4행정 기관

③ **오토사이클의 열효율**

㉠ $\eta = \dfrac{Q_H - Q_L}{Q_H} = 1 - \dfrac{Q_L}{Q_H} = 1 - \dfrac{C_v(T_4 - T_1)}{C_v(T_3 - T_2)} = 1 - \dfrac{T_4 - T_1}{T_3 - T_2}$

㉡ $\eta_0 = 1 - \left(\dfrac{1}{\varepsilon}\right)^{k-1}$ (k = 비열비, ε = 압축비)

④ **오토사이클 특징** : 압축비$\left(\varepsilon = \dfrac{V_C(\text{간극체적}) \times V_S(\text{행정체적})}{V_C(\text{간극체적})}\right)$가 클수록 효율이 높다. 또한 연소 과정을 정적 가열 과정으로 본다.

⑤ **오토사이클의 P-v, T-s 선도**

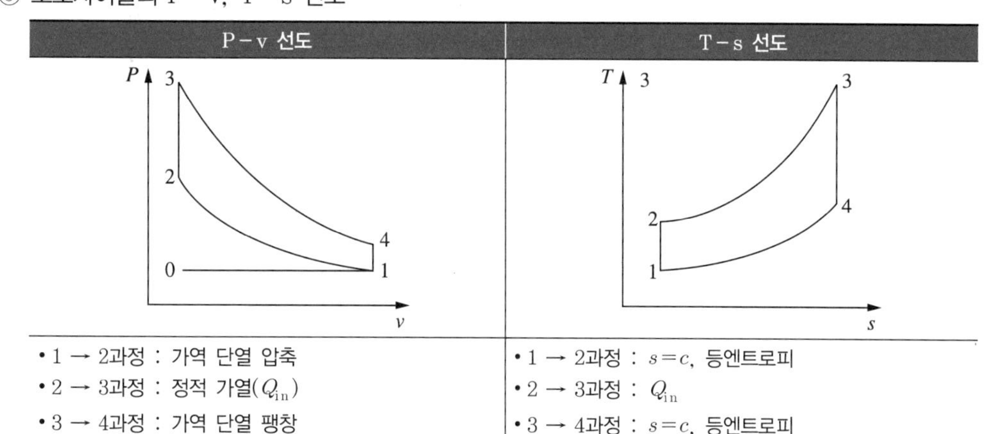

P-v 선도	T-s 선도
• 1 → 2과정 : 가역 단열 압축	• 1 → 2과정 : $s=c$, 등엔트로피
• 2 → 3과정 : 정적 가열(Q_{in})	• 2 → 3과정 : Q_{in}
• 3 → 4과정 : 가역 단열 팽창	• 3 → 4과정 : $s=c$, 등엔트로피
• 4 → 1과정 : 정적 방열(Q_{out})	• 4 → 1과정 : Q_{out}

19. 브레이턴 사이클

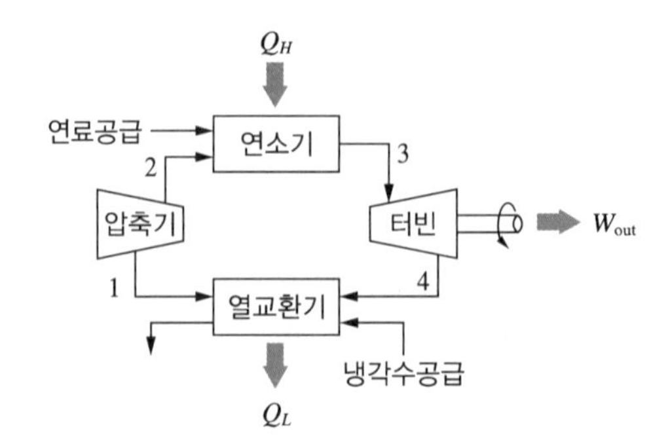

① 브레이턴 사이클 : 발전 사이클을 통하는 열전달 매체가 가스체로 이루어진 방식의 사이클

② 브레이턴 사이클의 터빈 작동 과정

㉠ 단열 압축 → 정압 가열 → 단열 팽창 → 정압 방열

㉡ 사이클로 흡입된 공기는 압축기에서 고압으로 압축된 후 연소실로 보내진다. 연소실을 거쳐 고온 · 고압이 된 가스는 가스터빈을 회전시킨 후 대기 중으로 배출된다.

③ 브레이턴 사이클의 특징

㉠ 정압하에서 열량을 공급받고 방출한다.

㉡ 압축 과정은 단열 압축이고, 팽창 과정은 단열 팽창이다.

④ 브레이턴 사이클의 P－v, T－s 선도

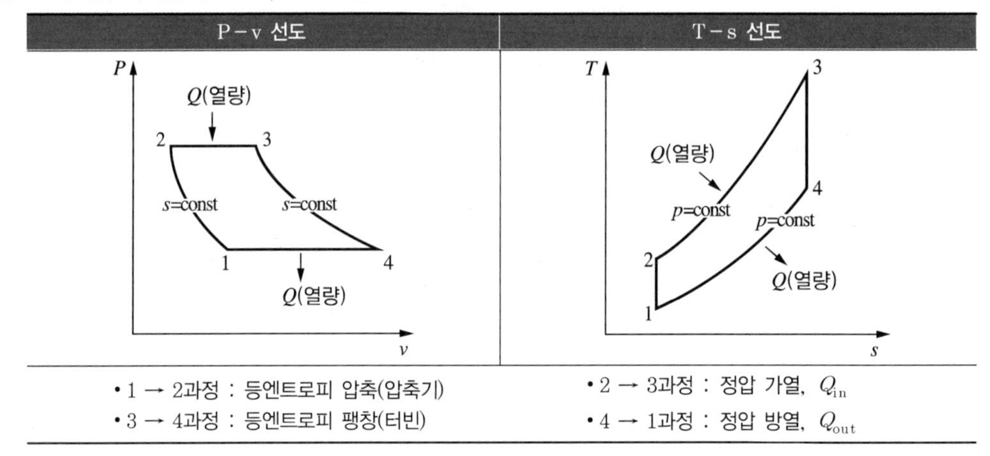

20. 줄－톰슨 계수

① 줄－톰슨 계수 : 엔탈피가 일정할 때 단위 압력의 변화에 따라 온도의 변화를 나타내는 척도이다. 유체가 모세관이나 작은 구멍이 여러 개 있는 팽창밸브나 뚜껑을 통과할 때 압력은 감소되지만, 유체의 엔탈피의 변화 없이 일정하고 온도가 크게 떨어지는 현상을 나타내는 계수이다.

② 줄－톰슨 계수 공식 : $\mu = \left(\frac{\partial T}{\partial P}\right)_h = \frac{V}{C_P}(\alpha T - 1)$

(α = 열팽창계수, C_P = 정압비열, V = 부피)

21. 가스터빈

① **가스터빈** : 압축공기와 연료를 혼합 · 연소시킬 때 발생하는 고온 · 고압의 가스로 터빈을 돌려 동력을 발생시키는 원동기로서, 내연기관과 외연기관으로 구분된다.

② **가스터빈의 3요소** : (압축기)+(연소기)+(터빈)

③ **가스터빈의 특징**

㉠ 고속회전이 가능하며, 동일 출력에서 소형 · 경량이다.

㉡ 실제 가스터빈은 개방사이클이며, 증기터빈에 비해 중량당 동력이 크다.

㉢ 열효율이 낮고, 연료 소비율이 크다. 또한 윤활유 소비가 적고, 운전비가 저렴하다.

㉣ 기구가 간단하고, 토크 변동이 작다. 또한 공기는 산소 공급과 냉각제 역할을 한다.

22. 수소화플루오린화탄소(냉매제)

① **냉매제의 규제** : 2016년 지구온난화 방지를 위해 '수소화플루오린화탄소(HFCs, 수소불화탄소)' 사용 규제에 합의했다. 수소화플루오린화탄소는 1987년 '몬트리올 의정서'에서 오존층 파괴의 원인으로 지목된 프레온가스(CFC, 염화플루오린화탄소)의 대체 물질로 사용되어 왔지만, 수소화플루오린화탄소는 이산화탄소보다 더 강력한 온실가스 효과가 있고, 전 세계적으로 에어컨 등의 사용이 늘면서 규제 대상으로 지목되어 왔다.

② **냉매의 종류** : R-22, R-123a, R-134a, R-152a, R-32, R-407C

③ **냉매의 구비 조건**

㉠ 비열비, 응축압력, 응고 온도 등이 낮을 것

㉡ 점도가 크고, 표면장력이 작을 것

㉢ 임계온도가 높고, 상온에서 액화가 가능할 것

㉣ 증발 잠열이 크고, 저온에서도 증발 압력이 대기압 이상일 것

23. 완전가스의 상태방정식

① **등온 과정**(T=Constant)

㉠ 절대일 : $W=\int_1^2 Pdv$, $Pv=RT$, $P=\dfrac{RT}{v}$에 대입하면 $W=\int_1^2 \dfrac{RT}{v}dv=RT\ln\dfrac{v_2}{v_1}$ $=RT\ln\dfrac{P_1}{P_2}$에서 부피의 변화가 없으므로 $W=0$

㉡ 공업일 : $W_t=W$(절대일)와 같다. 내부에너지의 변화가 없으므로 절대일과 공업일이 같다.

㉢ 내부에너지의 변화 : $du=C_v dT=0$

㉣ 엔탈피의 변화 : $dh=C_P dT=0$

㉤ 열량의 변화 : $\delta q=W=W_t$

② 정적 과정(V=Constant)

㉠ 절대일 : $W=P(V_2-V_1)$에서 부피의 변화가 없으므로 $W=0$

㉡ 공업일 : $W_t=-v(P_2-P_1)=v(P_1-P_2)=R(T_1-T_2)$

㉢ 내부에너지의 변화 : $du=C_v dT=C_v(T_2-T_1)$

㉣ 엔탈피의 변화 : $dh=C_P dT=C_P(T_2-T_1)$

㉤ 열량의 변화 : $\delta q=du+pdv=du$

③ 정압 과정(P=Constant)

㉠ 절대일 : $W=P(V_2-V_1)$

㉡ 공업일 : $W_t=-v(P_2-P_1)=0$

㉢ 내부에너지의 변화 : $du=C_v dT=C_v(T_2-T_1)$

㉣ 엔탈피의 변화 : $dh=C_P dT=C_P(T_2-T_1)$

㉤ 열량의 변화 : $\delta q=dh-vdp=dh$

④ 단열 변화 : Pv^k=Constant, Tv^{k-1}=Constant

$$\frac{T_2}{T_1}=\left(\frac{P_2}{P_1}\right)^{\frac{k-1}{k}}=\left(\frac{v_1}{v_2}\right)^{k-1}$$ (k=비열비)

㉠ 절대일 : $W=\frac{R}{k-1}(T_1-T_2)$

㉡ 공업일 : $W_t=\frac{kR}{k-1}(T_1-T_2)$

㉢ 내부에너지의 변화 : $du=C_v dT=C_v(T_2-T_1)$

㉣ 엔탈피의 변화 : $dh=C_P dT=C_P(T_2-T_1)$

㉤ 열량의 변화 : $\delta q=0$

⑤ 폴리트로픽 변화 : Pv^n=Constant, Tv^{n-1}=Constant (n=폴리트로픽 지수)

$$\frac{T_2}{T_1}=\left(\frac{P_2}{P_1}\right)^{\frac{n-1}{n}}=\left(\frac{v_1}{v_2}\right)^{n-1}$$

24. 기타 열기관 사이클

① 스털링 사이클 : 2개의 정적 과정과 2개의 등온 과정으로 이루어지며, 무겁고 복잡하다.

㉠ 실린더의 양쪽에 2개의 피스톤이 있고, 중간에 1개의 재생장치로 구성된 사이클이다.

㉡ 재생기는 열용량이 큰 금속이나 세라믹 재질의 망으로 열에너지를 일시적 저장에 사용된다.

② 에릭슨 사이클 : 2개의 정압 과정과 2개의 등온 과정으로 이루어진다.

③ 앳킨슨 사이클 : 2개의 단열 과정과 1개의 정적 과정, 1개의 정압 과정으로 이루어진다.

④ 르누아 사이클 : 1개의 정압 과정, 1개의 정적 과정, 1개의 단열 과정으로 이루어진다.

25. 보일러

① 보일러의 종류 및 특징

㉠ 드럼형 보일러(순환보일러)

- 자연순환보일러 : 급수펌프를 통해 절탄기를 거친 급수는 드럼에서 기체와 수분이 분리된 후 포화수는 관(Tube)을 통해 하부 헤더를 거치면서 수랭벽에서 노 내부의 복사열을 흡수한다.
- 강제순환보일러 : 보일러의 물을 순환시킬 때 순환펌프를 이용한 것으로, 이를 제외하면 자연순환보일러와 구조는 비슷하다. 자연순환보일러보다 더 많은 증기를 만들어낸다.

구분	특징
자연순환 보일러의 특징	• 별도 순환 설비가 없어 구조가 간단 • 운전이 비교적 용이 • 증기 압력이 높아지면 순환력이 저하 • 보유 수량이 많아 기동·정지 시간이 길고, 정지 시 열손실이 많음
강제순환 보일러의 특징	• 순환펌프는 사용 압력 증가 시 충분한 순환력 확보, 증발관 과열 감소 • 증발관 유량을 일정하게, 오리피스의 막힘 방지 • 점화 전 보일러의 물을 순환시켜 물때(Scale) 생성이 적음 • 튜브 직경이 작아 내압 강도가 크고 열전달률이 양호 • 보유 수량이 적어 기동·정지 시간 단축, 정지 시 열손실 감소 • 전열면 수관 자유롭게 배치 가능, 노 구성이 자유로움

㉡ 관류형 보일러 : 관으로 급수가 공급되어 예열부 → 증발부 → 과열부를 지나면서 관 속을 흐르는 물을 가열하는 구조의 보일러이다. 하나의 긴 관만으로 구성된 단관식과, 다수의 수관이 상부와 하부의 헤더로 이루어진 다관식 관류 보일러로 분류된다.

구분	특징
관류보일러의 특징	• 대용량이며, 드럼이 없다. • 급수펌프의 동력 손실이 크다. • 내압 강도가 크지만 압력 손실이 크다. • 고압에 적합하며, 가볍고 기동 시간이 빠르다. • 열용량이 작아서 부하의 변동에 신속하게 대응할 수 있다.

- 슐저(Sulzer) 보일러 : 표준 석탄 화력 보일러로 사용되며, 가수 분리기가 설치된다.
- 벤슨(Benson) 보일러 : 물이 전열면을 한 번만 통과한다. 유동 안정성을 위해 최소 급수량은 정격량의 3% 이상 유지되어야 한다.

㉢ 노통연관식 보일러 : 노통 내에 있는 파이프 안으로 연소가스를 흐르게 해 외부의 물을 가열해 증발시킨다.

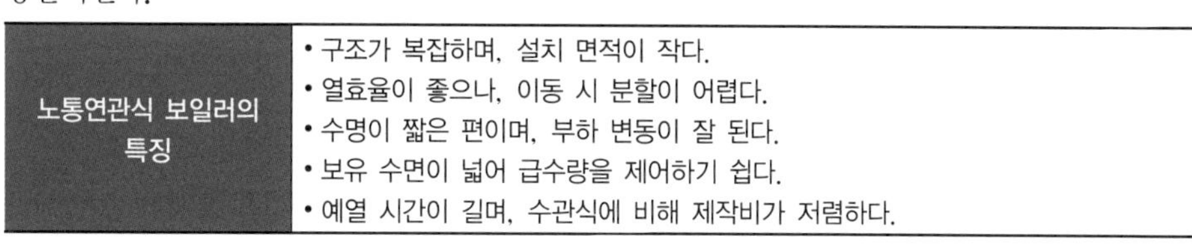

구분	특징
노통연관식 보일러의 특징	• 구조가 복잡하며, 설치 면적이 작다. • 열효율이 좋으나, 이동 시 분할이 어렵다. • 수명이 짧은 편이며, 부하 변동이 잘 된다. • 보유 수면이 넓어 급수량을 제어하기 쉽다. • 예열 시간이 길며, 수관식에 비해 제작비가 저렴하다.

② 보일러의 구조

㉠ 본체 : 연소실, 대류 전열면

㉡ 부속장치 : 급수장치, 연소장치, 송풍장치, 자동화 컨트롤장치

③ 보일러의 열효율

$$\eta_B = \frac{\{(\text{증기엔탈피}) - (\text{급수엔탈피})\}[\text{kJ/kg}] \times (\text{증기의 증발량})[\text{kg/h}]}{(\text{연료소비량})[\text{kg/h}] \times (\text{연료발열량})[\text{kJ/kg}]}$$

④ 보일러의 연료 소모량 : $F=\frac{Q(\text{보일러의 용량})}{H_l(\text{저위발열량})\times\eta(\text{효율})}$[kg/h]

⑤ 보일러의 용량(Q) : 난방 면적을 기준으로 하며, 일반적인 난방 면적으로는 평당 500kcal 정도이다.

26. 상태량

강도성 상태량	• 물질의 질량이나 크기에 상관없이 그 크기가 결정되는 상태량 • 종류 : v(비체적), ρ(밀도), T(온도), P(압력)
종량성 상태량	• 물질의 질량이나 크기에 따라 그 크기가 결정되는 상태량 • 종류 : V(부피), H(엔탈피), s(엔트로피), m(질량), u(내부에너지)

27. 과열기와 재열기

① 과열기(Superheater) : 보일러의 수랭벽에서 증발된 포화증기를 더욱 가열해 과열증기로 만드는 기계장치

② 재열기(Reheater) : 고압터빈(약 250Pa의 고압증기에 의해 구동되는 터빈)을 회전시킨 후 빠져나온 증기를 다시 재가열하는 장치로, 과열도를 높이는 기계장치

③ 열기관에서 과열기와 재열기를 사용하는 목적

㉠ 마찰로 인한 손실을 줄여 효율을 높이기 위해

㉡ 습기로 인한 부품 내부의 침식을 줄이기 위해

㉢ 증기의 압력과 온도를 높여서 열효율을 높이기 위해

㉣ 과열증기가 터빈에서 열 낙차를 증가시키고 내부 효율을 높이기 때문에

28. 기계효율과 제동마력, 도시마력

① 기계효율 : $\eta=\frac{(\text{제동마력})}{[\text{도시마력}(\text{지시마력})]}$

② 제동마력(BHP) : 실제 기관 운전에 사용되는 마력(=축마력, 정미마력)

$\text{BHP}=\frac{2\pi NT}{75\times 60}$[PS] ($N$= 회전수[rpm])

③ 도시마력(IHP) : 연소실 발생 마력으로, 실린더 내부의 폭발 압력을 측정한 것(지시마력)

$\text{IHP}=\frac{PV_sZN}{75\times 60}$[PS] ($P$= 평균유효압력, V_s = 행정 부피, Z= 실린더 수)

29. 자동차의 총배기량과 압축비

① **배기량** : 자동차로 대표되는 내연기관의 피스톤이 1회 움직였을 때 배출되는 기체의 부피이다(실린더의 총부피=배기량).

② **총배기량** : $Vs = A \times L \times Z = \frac{\pi D^2}{4} \times L \times Z$ (L= 행정 길이, Z= 실린더 수)

③ **압축비** : $\varepsilon = 1 + \frac{V_s(\text{행정 부피})}{V_c(\text{연소실 부피})}$

30. 디젤 기관의 연소 과정

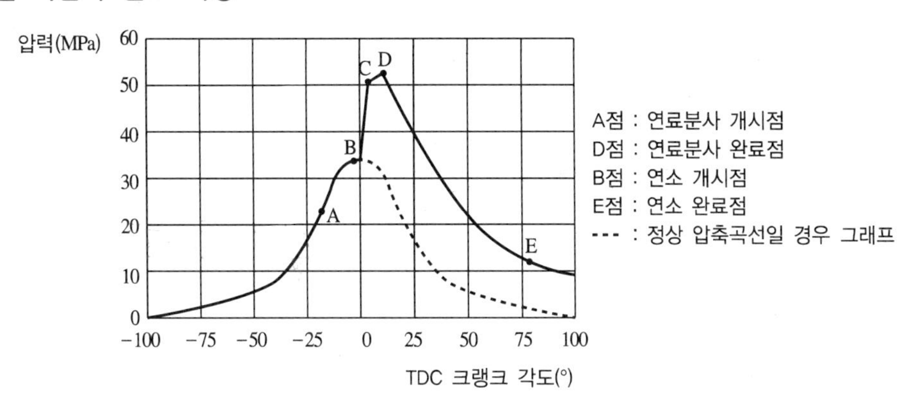

① **착화지연기간(A ~ B 구간)** : 연료가 분사되어 연소가 일어날 때까지의 기간을 말한다. 압축이 끝나기 전인 A지점에서 연료 분사가 시작되나 바로 착화되지 않고 지연되면서 B지점까지 압력이 상승한 후 착화되어 연소된다.

② **화염전파기간(B ~ C 구간)** : 확산연소기간이나 급격연소기간이라고도 불리는 이 구간은 착화지연기간이 끝나고 착화와 동시에 화염 전파가 일어나는 구간이다. 연소실 내의 압력이 급상승하면서 동력이 발생하는 구간이다.

③ **직접연소기간(C ~ D 구간)** : 제어연소기간이라고도 불리는 이 구간은 혼합기에서 연소가 발생하는 구간으로 연료 분사량의 영향을 가장 많이 받는다.

④ **후기연소기간(D ~ F 구간)** : 연료 분사가 종료된 직후부터 연소가 끝날 때까지의 구간이다.

31. 4행정 기관과 2행정 기관

① 행정(Stroke) : 피스톤이 상사점이나 하사점에서 출발한 후 반대 방향 끝까지 1번 움직인 거리

② 4행정 기관 : 크랭크축이 2회전하는 동안 '흡입 → 압축 → 폭발 → 배기'의 4번의 스트로크(Stroke)가 연달아 일어나면서 1사이클을 마치는 내연기관

③ 2행정 기관 : 크랭크축이 1회전하는 동안 '흡입·압축 → 폭발·배기'의 2번의 스트로크가 연달아 일어나면서 1사이클을 마치는 내연기관

구분	4행정 사이클	2행정 사이클
구조	복잡하다	간단하다
제작단가	고가이다	저가이다
밸브기구	필요하다	필요 없다
유효행정	길다	짧다
열효율	높다	낮다
연료소비율	2행정보다 적다	4행정보다 많다
체적효율	높다	낮다
회전력	불균일	균일
마력당 기관중량	무겁다	가볍다
동력 발생	크랭크축 2회전당 1회	크랭크축 1회전당 1회
윤활유 소비	적다	많다
동일 배기량 시 출력	작다	크다

32. 가솔린 기관과 디젤 기관

① 가솔린 기관 : 불꽃점화 방식으로, 가솔린(휘발유)을 연료로 하여 폭발동력을 만들어내는 내연기관이다.

② 디젤 기관 : 디젤연료의 자기착화를 이용한 압축착화 방식의 내연기관으로, 고온의 압축된 공기에 연료를 분사해 자연발화시켜 폭발동력을 만든다.

③ 인젝터 : 연료를 실린더나 기화기 안으로 공급해 주는 장치이다.

구분	가솔린 기관	디젤 기관
점화 방식	전기 불꽃점화	압축착화
최대 압력	$30 \sim 35\text{kg}_f/\text{cm}^2$	$65 \sim 70\text{kg}_f/\text{cm}^2$
열효율	작다	크다
압축비	$6 \sim 11 : 1$	$15 \sim 22 : 1$
연소실 형상	간단하다	복잡하다
연료 공급	기화기 또는 인젝터	분사펌프, 분사노즐, 인젝터
진동 및 소음	작다	크다
출력당 중량	작다	크다
제작비	저렴하다	비싸다

유체역학

1. 압축성 유체와 비압축성 유체

① 유체의 분류

㉠ 압축성 유체 : 외부 압력을 받아 그 부피가 줄거나 밀도의 변화가 있는 유체(기체)

㉡ 비압축성 유체 : 외부 압력을 받아도 그 부피나 밀도의 변화가 없는(무시할 수 있는) 유체(액체)

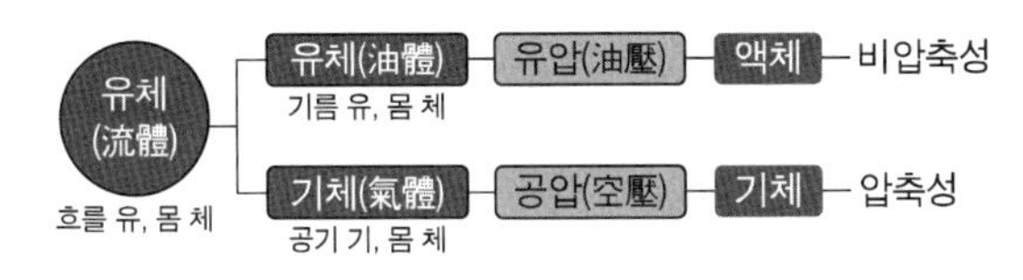

② 유압과 공압(기압)의 응답속도 : 유압장치에 사용되는 유체는 비압축성 액체이다. 액체를 실린더나 관로 내에서 일정한 부피만큼 밀어내면 그 즉시 동일한 부피만큼 끝부분이 다른 곳으로 이동하므로 응답속도가 빠르다. 반면에 공압장치는 압축성 유체인 기체를 사용하므로, 일정한 부피만큼 밀어내도 상당한 부피의 압축이 이루어진 후에 응답이 이루어지므로 반응속도는 유압보다 느리다. 따라서 유압이 공압(기압)에 비해 반응속도(응답속도)가 빠르다.

2. 파스칼(Pascal)의 원리

① 파스칼의 원리 : 밀폐된 용기 속에 있는 액체에 압력을 가하면 그 액체가 접하고 있는 모든 방향으로 같은 크기의 압력이 전달되며, 그 압력은 벽에 수직으로 작용한다.

② 파스칼의 원리는 유압 잭(펌프)의 원리로도 적용되며, 단위로 Pa, N/m^2를 사용한다.

③ 파스칼의 원리 표현식

$$P_1 = P_2$$

$$P_1 = \frac{F_1}{A_1} = \frac{F_1}{\frac{\pi D_1^2}{4}} = P_2$$

$$\frac{4F_1}{\pi D_1^2} = \frac{4F_2}{\pi D_2^2}$$

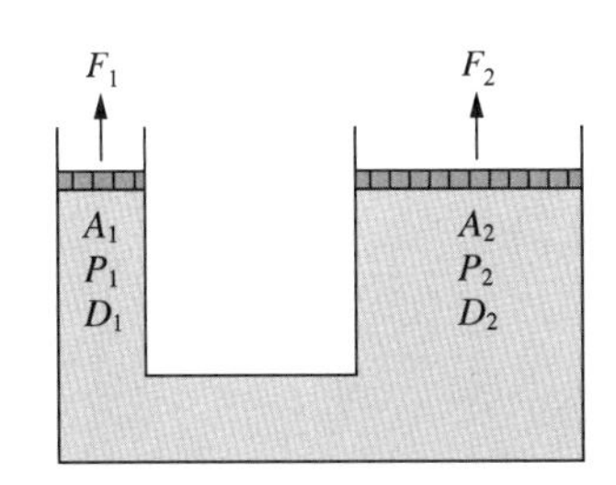

PART 2

3. 압력(Pressure)의 종류

① **절대압력(P_{abs})** : 완전진공(기압=0) 상태를 기점 0으로 해 측정한 압력을 뜻한다.

$P_{abs} = P_{a(=atm)} + P_g$

② **대기압(P_{atm})** : 지표면에 작용하는 공기의 압력을 뜻한다. 대기압 1기압은 1m의 유리관 속에 수은을 채우고 입구를 뒤집어서 수은을 채운 용기에 넣었을 때 수은 기둥의 높이가 76cmHg(=760mmHg)까지 내려온 후 평형을 이루었을 때의 압력을 말한다. 이 값은 측정 위치나 날씨에 따라 달라진다.

㉠ 표준대기압 1atm=760mmHg=10.332mAq=101.3kPa(해수면 기준)

1bar=10^5Pa=14.5psi

㉡ 국소대기압 : 임의의 위치를 기준으로 측정

③ **게이지압력(P_g)** : 대기압을 기점 0으로 해 측정한 압력으로, (+)면 정압, (−)면 부압

$P_g = P_{abs} - P_{atm}$

④ **진공압(부압)** : 대기압을 기준으로 그 이하의 압력으로, 진공도는 진공압력의 크기를 백분율로 표시한다.

4. 표면장력과 모세관현상

① **표면장력(γ 또는 σ)** : 유체 입자 간 응집력으로 인해 유체의 자유표면이 서로 잡아당기면서 얇은 탄성 막이 형성되는 성질

㉠ 표면장력 : $\gamma = \dfrac{F}{L} = \dfrac{ma}{L} = \dfrac{[\mathrm{kg \cdot m/s^2}]}{[\mathrm{m}]} = [\mathrm{kg/s^2}]$

㉡ 표면장력의 차원 : MT^{-2}

② **모세관 현상** : 물속에 모세관을 세로로 넣으면 관 내부의 액체 표면이 외부 액체의 표면보다 높거나 낮아지는 현상이다. 물 분자와 유리벽 사이의 접착력이 액체의 응집력보다 더 클 때 발생한다.

액면으로부터의 모세관 높이 $h = \dfrac{4\sigma\cos\theta}{\gamma d}$ (γ=물의 비중량, σ=표면장력, θ=모세관에 의해 올라간 각도, d=모세관 지름)

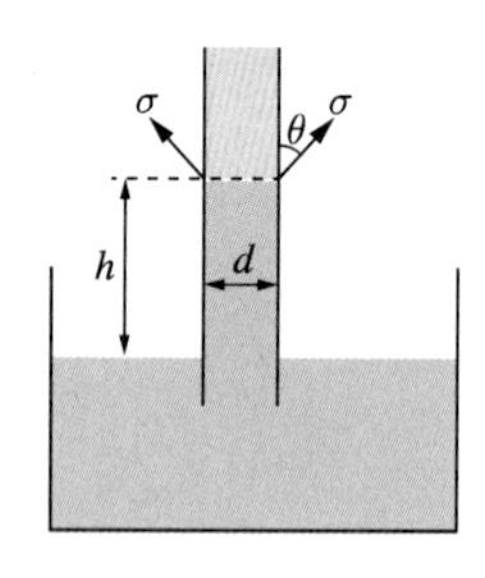

5. 체적유량과 질량유량

① **체적유량(Q)** : 단위시간 동안 수로나 관의 단면적을 통과하는 유체의 총량

$Q = A \times v$[m^3/s] (A = 단면적[m^2], v = 유동속도[m/s])

② **질량유량($\dot{M}$)** : 단위시간 동안 수로나 관의 단면적을 통과하는 유체의 총질량

$\dot{M} = \rho \times A \times v = \rho Q$[kg/s] ($\rho$ = 밀도[kg/m^3])

6. 부력(Buoyancy)

① **부력** : 물체를 액체 속에 넣었을 때 중력의 반대 방향으로 물체를 밀어 올리는 힘으로, 표면력이라고도 한다.

$F_B = \rho g V = \gamma V$ (ρ = 물의 밀도, g = 중력가속도, γ = 비중량, V = 물체가 유체에 잠긴 부피)

② **부력의 크기** : 액체 내에서 물체가 차지하는 부피에 상당하는 액체의 무게로 표시한다.

7. 유선, 유적선, 유맥선

① **유선(Stream Line)** : 유체 입자가 곡선을 따라 유동할 때, 모든 점에서 속도벡터의 방향을 갖는 연속적인 선

㉠ 유체의 속도 V는 3개의 방향으로 각각의 속도벡터를 갖는데, x방향으로 u, y 방향으로 v, z 방향으로 w를 기호로 사용한다.

㉡ 속도벡터와 각 방향의 성분들은 비례관계를 갖는데, 이에 대한 유선의 미분 방정식은 $\frac{dx}{u} = \frac{dy}{v} = \frac{dz}{w}$이다.

② **유적선(Path Line)** : 유체 입자가 시간이 지나면서 이동한 경로를 이어놓은 선(궤적)

③ **유맥선(Streak Line)** : 일정 시간 동안 임의의 한 점을 통과한 입자들을 순서대로 이어놓은 선

8. MLT계와 FLT계

① 기본 차원의 종류

㉠ MLT계 : M(질량), L(길이), T(시간)

㉡ FLT계 : F(힘), L(길이), T(시간)

② 물리량별 표시 방법

물리량	기호	단위	MLT계	FLT계
운동량	$p=mv$	N・s	MLT^{-1}	FT
응력	σ	N/m^2	$ML^{-1}T^{-2}$	FL^{-2}
압력	P	N/m^2	$ML^{-1}T^{-2}$	FL^{-2}
힘	$F=ma$	kg・m/s^2	MLT^{-2}	F
에너지	E	N・m	ML^2T^{-2}	FL
동력	$H(=L)$	J/s	ML^2T^{-3}	FLT^{-1}
점성계수	μ	poise	$ML^{-1}T^{-1}$	$FL^{-2}T$
동점성계수	$\nu=\frac{\mu}{\rho}$	St(Stokes)	L^2T^{-1}	L^2T^{-1}
표면장력	$Y(=T,\ \sigma)$	dyne/cm	MT^{-2}	FL^{-1}
체적유량	Q	m^3/s	L^3T^{-1}	L^3T^{-1}
토크	T	N・m	ML^2T^{-2}	FL
속도	v	m/s	LT^{-1}	LT^{-1}
가속도	a	m/s^2	LT^{-2}	LT^{-2}
밀도	$\rho=\frac{m}{V}$	kg/m^3	ML^{-3}	$FL^{-4}T^2$
비중량	$\gamma=\frac{W}{V}$	kg$_f$/m^3	$ML^{-2}T^{-2}$	FL^{-3}

9. 베르누이의 정리

① 베르누이 정리 : 유체 에너지 보존의 법칙을 적용한 법칙이며, 오일러 방정식을 적분하면 베르누이 정리가 된다. 베르누이 정리는 유체의 유동 관련식을 수두의 형태로 표현한 방정식으로 다음과 같다.

$$\frac{P_1}{\gamma}+\frac{{v_1}^2}{2g}+z_1=\frac{P_2}{\gamma}+\frac{{v_2}^2}{2g}+z_2\ \left(\frac{P_1}{\gamma}=\text{압력수두},\ \frac{{v_1}^2}{2g}=\text{속도수두},\ z_1=\text{위치수두}\right)$$

② 베르누이 방정식을 충족시키기 위해 가정한 조건

㉠ 정상 유동이다.

㉡ 비점성 유동이다.

㉢ 비압축성 유동이다.

㉣ 유체 입자는 유선을 따라서 유동한다.

10. 뉴턴의 점성 법칙

① **뉴턴의 점성 법칙** : 모든 유체에는 점성이 존재하며, 이 때문에 유체가 유동할 때 서로 다른 층을 이루어 흐르는 층류유동이 발생한다. 이때 층 사이에는 전단력이 발생되고, 이 전단응력에 대한 관계식을 정리한 것이 뉴턴의 점성법칙이다.

② **뉴턴의 점성 법칙에 따른 전단력** : $\tau=\mu\dfrac{du}{dy}$ [$\dfrac{du}{dy}$=속도구배(변형률)]

11. 로켓 추진력

① **로켓의 분출 추력(추진력)** : $F=\dot{m}v=\rho Qv$ ($\dot{m}$=질량유량[kg/s], Q=체적유량[m^3/s], v=분출속도[m/s])

② **추력** : 비행기가 앞으로 나아가려는 힘이다. 추력이 클수록 양력도 커진다.

③ **질량유량($\dot{m}$)** : 단위시간 동안 수로나 관의 단면적을 통과하는 유체의 총질량

12. 연속방정식

① **연속방정식** : 질량 보존의 법칙을 적용한 공식으로, 유체 유동을 방정식의 형태로 표현할 때, '모든 관로의 단면에서 유량의 무게는 같다'는 것을 나타낸 법칙이다.

$A_1v_1=A_2v_2$ (A=유동 단면적, v=유체의 속도)

② **유동(流動)** : 액체나 기체 상태의 물질이 흘러서 움직이는 현상

13. 동점성계수

① **동점성계수(ν)** : 유체가 유동할 때 밀도를 고려한 점성계수로, 점성계수를 유체가 가진 밀도로 나눈 값이다.

$\nu=\dfrac{\mu}{\rho}$ [Stokes]

② **동점성계수의 단위** : 1Stokes=1cm^2/s=100centiStokes(cSt)

14. 관의 상당길이

① **상당길이(Equivalent Length)** : 배관에서 이음부와 같이 유체의 흐름을 방해하는 인자들의 영향에 상당하는 저항을 배관의 손실길이로 계산한 것

② **관의 상당길이** : $L_e=\dfrac{K(\text{밸브 손실계수})\times d(\text{관의 지름})}{f(\text{관마찰계수})}$

PART 2

15. 노즐(Nozzle)과 디퓨저(Diffuser)

① 노즐 : 유체가 관이나 튜브 내부를 이동할 때 기존의 통로보다 작은 구멍으로 빠져나가게 함으로써 속도를 높이기 위한 장치

② 디퓨저 : 관내를 흐르는 고속의 유체를 감속시키면서 압력을 높이는 장치

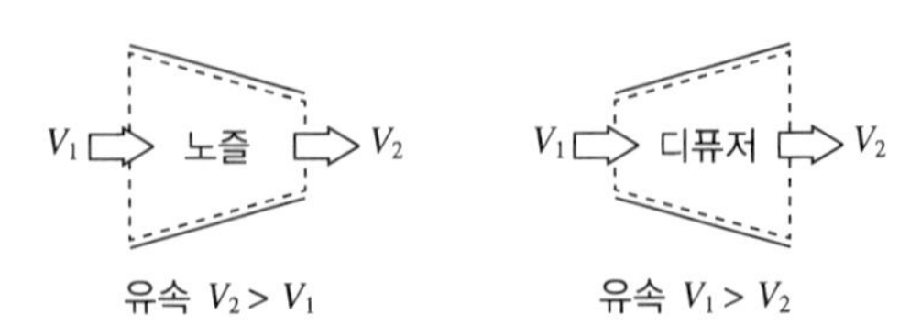

[노즐과 디퓨저의 형상]

16. 스토크스의 법칙

① 스토크스의 법칙 : 물체가 점성이 있는 유체로부터 받는 점성 저항인 저항력(F)을 정립한 법칙

② 점성 유체의 저항력 : $F=6\pi\mu rv$ (μ=점성계수, r=물체의 반지름, v=유동 속도)

③ 스토크스의 법칙에 따라 저항력이 큰 경우 : 물체가 클수록, 점성이 클수록, 속도가 빠를수록 저항력이 커진다.

17. 박리와 후류 현상

① 박리(Separation) : 유체 입자가 물체의 표면에 붙어 있을 수 없어서 이탈하는 현상

② 박리점(Separation Point) : 경계층 내에 있지만 물체의 표면에 매우 근접해 있는 유체 입자는 물체 표면과의 마찰로 인해 운동에너지를 잃어버리고 일정 지점에 도달하면, 속도가 0이 되면서 더 이상 유체의 표면을 따라가지 못해 표면에서 이탈하는 박리 현상이 일어나게 되는데, 이 점이 박리점이다.

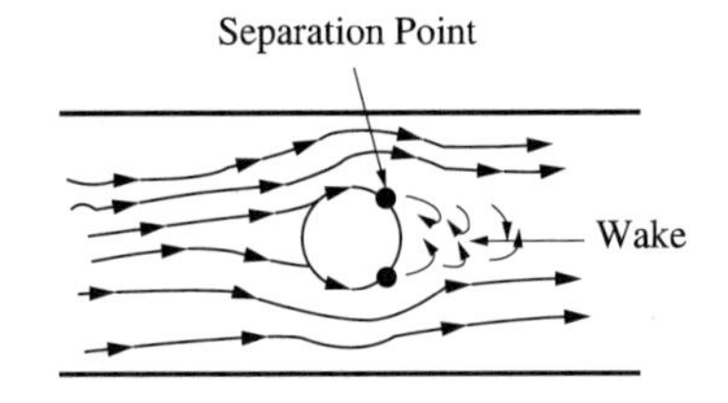

③ 후류(Wake) : 박리점 후방에 생기는 유체의 와류 현상

18. 하겐 – 푸아죄유의 법칙

① 하겐 – 푸아죄유의 법칙 : 일정한 크기의 원형 관내를 흐르는 점성 유체의 흐름량에 관한 방정식으로, 점성 유체가 일정 시간 동안 원형관 내를 흐르는 양은 관의 양 끝의 압력 차와 반지름의 4제곱에 비례하고 관의 길이에는 반비례한다는 법칙이다.

② 하겐-푸아죄유 방정식에 의해 구할 수 있는 유량

㉠ 원형관을 흐르는 유량 $Q=\frac{\Delta p\pi d^4}{128\mu l}$ [$\triangle p$=압력구배(압력차), d=관의 직경, μ=점성계수, l=관의 길이]

㉡ 하겐-푸아죄유 방정식은 오스트발트(Ostwald) 점도계에 이용된다.

19. 관마찰계수

① 관마찰계수는 레이놀즈 수와 관벽의 표면조도(표면의 매끈한 정도)와의 함수이다.

$f=\left(\frac{\rho vD}{\mu}, \frac{e}{D}\right)$ ($\frac{e}{D}$=상대 표면조도)

② 층류유동에서의 관마찰계수 : $f=\frac{64}{Re}$ (Re=레이놀즈 수)

20. 손실수두(Loss of Head)

① 손실수두 : 유체가 관 내부를 흐를 때 단위중량당 유체에 발생하는 에너지의 손실을 수두(물의 높이)로 나타낸 것

② 관마찰 손실수두 : $h=\lambda\times\frac{L}{D}\times\frac{v^2}{2g}$[m]

③ 밸브의 손실수두 : $h_L=\zeta\frac{V_2^2}{2g}$[m](여기서 ζ=손실계수)

21. 돌연축소관과 돌연확대관의 손실수두

① 돌연축소관 : 유체가 들어가는 입구의 지름이 출구 지름보다 월등히 큰 관

② 돌연확대관 : 유체가 나오는 출구의 지름이 입구 지름보다 월등히 큰 관

③ 손실수두

㉠ 돌연축소관의 손실수두 : $H=K\frac{{v_2}^2}{2g}$[m] (v_2=축소된 관의 유속[m/s], K=손실계수)

㉡ 돌연확대관의 손실수두 : $H=K\frac{(v_1-v_2)^2}{2g}$[m] ($v_1$=축소된 관의 유속[m/s], v_2=확대관의 유속[m/s])

22. 레이놀즈 수

① 레이놀즈 수(Re) : '무차원 수'로 층류와 난류를 구분하는 척도

$$Re = \frac{(관성력)}{(점성력)} = \frac{\rho v d}{\mu} = \frac{VD}{\nu}$$ (ρ= 밀도, v= 속도, d= 관의 지름, ν= 동점성계수)

② 레이놀즈 수에 따른 유체의 유동 상태

㉠ 원형관 : Re가 2,100 미만이면 층류유동, 2,100< Re < 4,000이면 천이구역, Re가 4,000 초과이면 난류유동이다. 여기서 층류는 유체의 유동이 규칙적이고 매끄러운 흐름을, 난류는 유체의 유동이 불규칙적이고 와류가 일어나는 흐름을, 천이구역은 층류와 난류의 중간 영역의 흐름 상태를 뜻한다.

㉡ 비원형관 : Re가 500 미만이면 층류유동, 500< Re < 2,000이면 천이구역, Re가 2,000 초과이면 난류유동이다.

23. 프루드 수

① 프루드 수(F_r) : 유체 유동을 관성과 중력의 비로 나타내는 무차원 수로, 유동의 역학적 상사성을 판단하기 위해 사용한다. 자유표면 유동의 해석에 중요한 영향을 미친다.

$$F_r = \frac{(관성력)}{(중력)} = \frac{V}{\sqrt{Lg}}$$ (L= 길이, V= 유동속도, g= 중력가속도)

② 프루드 수를 통해 유체 흐름의 분류

㉠ $F_r < 1$, 아(亞)임계 흐름, 느린 하천

㉡ $F_r = 1$, 임계 흐름, 아임계와 초임계의 변환점, 자유흐름

㉢ $F_r > 1$, 초(超)임계 흐름, 빠르게 흐르는 하천

24. 음속과 마하 수

① 음속

㉠ 기체의 음속 : $a = \sqrt{kRT}$ (k= 비열비, R= 기체상수, T= 절대온도)

㉡ 음속의 특징

- 밀도가 크면 음속은 낮다. 또한 탄성과 온도가 클수록 음속도 크다.
- 기체의 음속< 액체의 음속< 고체의 음속(매질의 밀도가 클수록 빠름)

② 마하 수(M) : 유체의 유동 속도와 음속의 비율을 나타내는 용어로서, 무차원 수이다. 마하 1의 유속은 음속과 같으므로 마하 수 0.8은 음속의 80%를 의미한다.

㉠ $$M = \frac{V}{c} = \frac{V}{\sqrt{\frac{k}{\rho}}}$$ (c= 음속, V= 유체속도, K= 유량계수, ρ= 유체의 밀도)

㉡ 마하 수의 분류 : M이 1보다 크면 초음속, $M=1$이면 천음속, M이 1보다 작으면 아음속

25. 위어(Weir)

① 위어 : 유체의 흐름을 측정하거나 제어하는 장치

② 위어의 종류

삼각위어	사각위어	사다리꼴위어

③ 사각위어의 수로 폭(b) 설계 : $b=2y$ (y=수로의 깊이)

26. 평판에 작용하는 힘

① 분류가 고정평판에 수직으로 충돌할 때 평판에 작용하는 힘. $F=\rho QV=\rho AV^2$

② 분류가 이동평판에 수직으로 충돌할 때 평판에 작용하는 힘. $F=\rho Q(V-u)=\rho A(V-u)^2$ (u=평판의 이동속도)

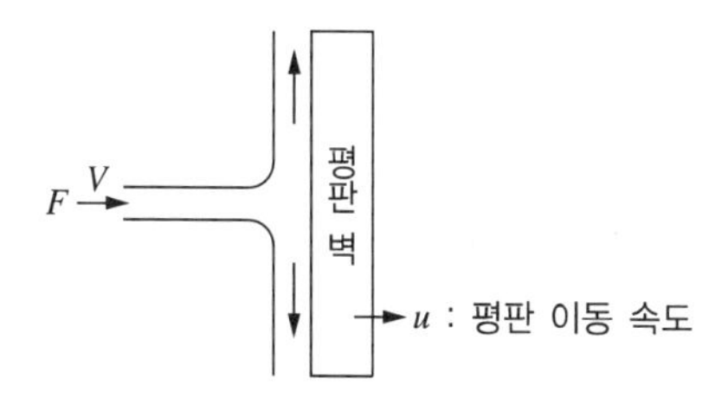

27. 경계층

① 경계층 : 유체가 흐를 때 물체 표면과의 마찰로 인해 표면에 생성되는 층

② 경계층의 특징 : 물체가 받는 저항은 경계층과 관련이 있다. 층류경계층은 평판의 선단 근방에서 발생한다. 또한 난류경계층은 난류의 성질을 갖는 경계층 구역이다.

③ 경계층의 두께(δ) : 유체의 속도가 자유흐름의 속도인 99%가 되는 부분까지의 길이

㉠ 층류 : $\delta \propto x^{\frac{1}{2}}$ (x=평판 선반으로부터의 거리)

㉡ 난류 : $\delta \propto x^{\frac{4}{5}}$

28. 강관의 지름

① 강관의 지름(D)은 체적유량(Q)식을 변형시켜 유도할 수 있다.

$$Q=A\times v \rightarrow Q=\frac{\pi D^2}{4}\times v[\mathrm{m^3/s}],\ D^2=\frac{4Q}{\pi v} \rightarrow D=\sqrt{\frac{4Q}{\pi v}}\,[\mathrm{m}]$$

② 체적유량(Q) : 단위시간 동안 수로나 관의 단면적을 통과하는 유체의 총량을 뜻한다.

29. 피스톤 펌프의 소요동력과 축동력

① PS 단위

㉠ 소요동력 : 펌프를 구동시키는 데 필요한 동력, $L=\frac{PQ}{75\eta}$[PS] (P= 압력, Q= 유량, T= 토크, ω= 각속도, η= 효율)

㉡ 축동력 : 펌프를 통해 만들어내는 동력, $L=\frac{T\omega}{75\eta}$[PS]

② kW 단위

㉠ 소요동력 : $L=\frac{PQ}{102\eta}$[kW]

㉡ 축동력 : $L=\frac{T\omega}{102\eta}$[kW]

30. 다르시 – 바이스바흐 방정식

① **다르시 – 바이스바흐 방정식** : 관로를 흐르는 물에 발생되는 손실은 물의 점성으로 인한 마찰이 발생된다는 것(관마찰계수)을 가정하고, 마찰 손실의 크기를 정량화하기 위해 마찰손실수두를 구하는 공식

$H_L=f\times\frac{L}{D}\times\frac{V^2}{2g}$[m] ($f$= 관마찰계수, v= 유속, D관의 직경, L= 길이, g= 중력가속도)

② 다르시 – 바이스바흐 방정식은 레이놀즈 수와 관의 상대조도와 관계된 수치이다.

31. 터빈의 종류

① **축류형 터빈**

㉠ 충동형 터빈 : 엔탈피 강하가 노즐에서만 일어나며, 작동유체는 고속으로 로터에 유입된다.

㉡ 반동형 터빈 : 엔탈피 강하가 노즐과 버킷에서 동시에 일어나며, 충동형보다 효율이 높다.

② **원심형 터빈** : 원심형 압축기와 작동유체의 흐름 방향이 반대인 터빈으로, 축류형 터빈보다 부하가 작은 곳에 사용된다. 따라서 소형 가스터빈이나 터보차저에 사용된다.

32. 유체 흐름의 특성

① **정상류** : 유체 흐름이 시간에 따라 변하지 않는 일정한 흐름으로서, 입구와 출구에서의 속도 · 압력 · 밀도 · 온도가 일정하다.

② **비정상류** : 유체 흐름이 시간에 따라 변하는 흐름으로서, 입구와 출구에서의 속도 · 압력 · 밀도 · 온도가 일정하지 않다.

③ **점성 유체 흐름** : 유체가 흐를 때 마찰저항이 존재하는 상태이다.

④ **비점성 유체 흐름** : 유체가 흐를 때 마찰저항이 존재하지 않는 상태이다.

33. 유체 토크 컨버터

① **유체 토크 컨버터** : 동력 전달이나 유체 변속을 유체의 유동으로 실행하는 장치이다. 과부하에 대한 기관 정지나 손상이 없고, 유체가 발생하는 부하의 변동에 따라 자동으로 변속한다.

② **유체 토크 컨버터의 구성 요소** : 터빈, 임펠러(펌프의 역할), 스테이터(유체 흐름 방향을 일정하게 유지 및 힘의 전달 역할)

34. 전압력

① **전압력(P)** : 유체 안에서 물체가 받는 압력, 즉 유체 안에 잠긴 평판에 작용하는 힘을 뜻한다.

② $P=\dfrac{F}{A}=\dfrac{mg}{A}=\dfrac{\rho V\times g}{A}=\dfrac{\rho(Ah)g}{A}=\rho g\overline{h}=\gamma\overline{h}$ ($\overline{h}$ = 물체의 도심점과 유체 표면 사이의 거리)

35. 버킹엄의 π 정리

① **버킹엄의 π 정리** : 상사 법칙 등에서 계산상 편의를 위해 변수를 없애야 유체 현상을 이해하기 쉬우므로 버킹엄의 π 정리를 통해서 변수를 줄일 수 있다. 또한 한 방정식에서 얻을 수 있는 무차원의 수는 π 정리로 알 수 있다.

② **버킹엄의 π 정리에 의한 무차원의 수** : $\pi=m-n$ (m = 방정식의 물리량 수, n = 기준 차원의 최소 개수)

③ **버킹엄의 π 정리 사용 조건**

㉠ 변수를 셀 수 있어야 한다.

㉡ 기준 차원 : MLT, FLT

36. 무차원의 수

① **무차원의 수** : 단위가 모두 소거되어 차원이 없는 수

② **무차원의 수의 종류**

㉠ 코시 수 : $C_a=\dfrac{\rho v^2}{K}$

㉡ 웨버 수 : $We=\dfrac{\rho V^2 L}{\sigma}$

㉢ 마하 수 : $M=\dfrac{V}{c}$

㉣ 오일러 수 : $E_n=\dfrac{\Delta P}{\rho v^2}$

㉤ 프루드 수 : $F_r = \dfrac{V}{\sqrt{Lg}}$

㉥ 레이놀즈 수 : $Re = \dfrac{\rho v D}{\mu}$

㉦ 비중 : $S = \dfrac{\rho_x}{\rho_w} = \dfrac{\gamma_x}{\gamma_w}$

37. 내연기관용 윤활유

① 내연기관용 윤활유의 구비 조건
 ㉠ 산화 안정성이 클 것
 ㉡ 기포 발생이 적을 것
 ㉢ 부식 방지성이 좋을 것
 ㉣ 점도가 적당할 것

② 내연기관 윤활유의 SAE 번호 : 오일의 점도를 SAE 다음의 번호로 구분하며, 번호가 클수록 점도가 높다.
 ㉠ 겨울용 : SAE 10
 ㉡ 봄, 가을용 : SAE 20 ~ 30
 ㉢ 여름용 : SAE 40

③ 미국석유협회에서 지정한 API 번호

가솔린 기관용	디젤 기관용
• ML : 경부하용 오일 • MM : 중간부하용 오일 • MS : 고부하용 오일	• DG : 경부하용 오일 • DM : 중간부하용 오일 • DS : 고부하용 오일

기계재료

1. 금속과 기계재료

① 금속의 특징과 기계재료의 구비 조건

구분	내용
금속의 특징	• 비중이 크고, 전기 및 열의 양도체이다. • 금속 특유의 광택이 있으며, 이온화하면 양(+)이온이 된다. • 상온에서 고체이며 결정체이다(단, 수은 제외). • 연성과 전성이 우수하며 소성변형이 가능하다.
기계재료의 구비 조건	• 가공 특성 : 절삭성, 용접성, 주조성, 성형성 • 경제성 : 목적 대비 적절한 가격과 재료 공급의 용이성 • 물리화학적 특성 : 내식성, 내열성, 내마모성 • 열처리성

② 전기 및 열전도율이 높은 순서 : Ag > Cu > Au > Al > Mg > Zn > Ni > Fe > Pb > Sb(열전도율이 높을수록 고유 저항은 작아짐)

③ 금속의 비중(s)

㉠ 비중 : 어떤 물질의 밀도 또는 비중량과 표준물질(4℃의 물 또는 1기압 0℃의 공기)의 밀도 또는 비중량의 비율

$$s = \frac{\rho_x}{\rho_w} = \frac{\gamma_x}{\gamma_w}$$

㉡ 경금속과 중금속의 비중

경금속				중금속													
Mg	Be	Al	Ti	Sn	V	Cr	Mn	Fe	Ni	Cu	Mo	Ag	Pb	W	Au	Pt	Ir
1.7	1.8	2.7	4.5	5.8	6.1	7.1	7.4	7.8	8.9	8.9	10.2	10.4	11.3	19.1	19.3	21.4	22

2. 철의 결정구조

종류	체심입방격자(BCC)	면심입방격자(FCC)	조밀육방격자(HCP)
성질	• 강도가 크다. • 용융점이 높다. • 전성과 연성이 작다.	• 전기전도도가 크다. • 가공성이 우수하다. • 전성과 연성이 크다. • 연한 성질의 재료이다.	• 전성과 연성이 작다. • 가공성이 좋지 않다.
원소	W, Cr, Mo, V, Na, K	Al, Ag, Au, Cu, Ni, Pb, Pt, Ca	Mg, Zn, Ti, Be, Hg, Zr, Cd, Ce
단위격자	2개	4개	2개
배위수	8	12	12
원자 충전율	68%	74%	74%
기준치	5.00mg/L	5.00mg/L	1.00mg/L

3. 강괴의 탈산 정도에 따른 종류

① **킬드강** : 평로, 전기로에서 제조된 용강을 Fe－Mn, Fe－Si, Al 등으로 완전히 탈산(산소를 제거)시킨 강으로, 상부에 작은 수축관과 소수의 기포만이 존재하며 탄소 함유량이 0.15～0.3% 정도인 강이다.

② **세미킬드강** : 탈산의 정도가 킬드강과 림드강의 중간으로, 림드강에 비해 재질이 균일하며 용접성이 좋고, 킬드강보다는 압연이 더 잘 된다.

③ **림드강** : 평로, 전로에서 제조된 것을 Fe－Mn으로 가볍게 탈산시킨 강이다.

④ **캡트강** : 림드강을 주형에 주입한 후 탈산제를 넣거나 주형에 뚜껑을 덮고 리밍 작용을 억제해 표면을 림드강처럼 깨끗하게 만듦과 동시에 내부를 세미킬드강처럼 편석이 적은 상태로 만든 강이다.

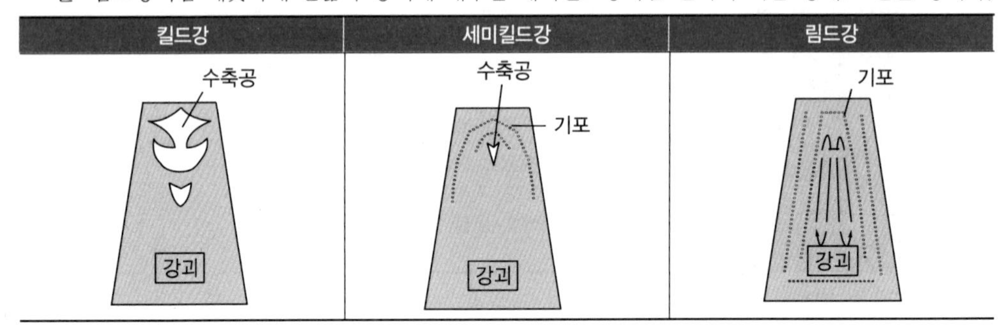

4. 합금(Alloy)

① **주요 합금 원소 10가지** : 철강에 영향을 주는 주요 10가지 합금 원소에는 탄소(C), 규소(Si), 망간(Mn), 인(P), 황(S), 질소(N), 크로뮴(Cr), 바나듐(V), 몰리브덴(Mo), 구리(Cu), 니켈(Ni) 등이 있다. 이러한 철강의 합금 원소는 각각 철강재의 용접성과 밀접한 관련이 있다. 이 가운데 탄소가 가장 큰 영향을 미치는데, 탄소량이 적을수록 용접성이 좋으므로 저탄소강이 용접성이 가장 좋다.

② **합금의 일반적 성질**

㉠ 경도가 증가하며, 주조성이 좋아진다.

㉡ 성분 금속의 비율에 따라 색이 변한다.

㉢ 성분 금속보다 강도 및 경도가 증가한다.

㉣ 용융점이 낮아지며, 전성과 연성은 떨어진다.

㉤ 합금 전 금속들보다 우수한 성질을 나타내는 경우가 많다.

③ **초경합금(소결 초경합금)**

㉠ 1,100℃의 고온에서도 경도 변화 없이 고속으로 절삭이 가능한 절삭공구로 사용하며, WC, TiC, TaC 분말에 Co나 Ni 분말을 추가한 후 1,400℃ 이상의 고온으로 가열하면서 프레스로 소결시켜 만든다.

㉡ 초경합금의 특징

- 경도가 높고, 내마모성이 크다.
- 고속도강의 4배의 절삭 속도로 가공이 가능하다.
- 고온에서 변형이 적으며, 고온경도 및 강도가 양호하다.
- 소결합금으로 이루어진 공구이며, 진동이나 충격을 받으면 쉽게 깨진다.

④ **주조경질합금(Stellite)** : 코발트(Co)를 주성분으로 한 Co - Cr - W - C계의 합금
㉠ 800℃의 절삭 열에도 경도 변화가 없다.
㉡ 청동이나 황동의 절삭 재료로도 사용된다.
㉢ 열처리가 불필요하며, 내구성과 인성이 작다.
㉣ 고속도강보다 2배의 절삭 속도로 가공이 가능하다.

⑤ **고속도강(HSS)**
㉠ 탄소강에 텅스텐(W) 18%, 크로뮴(Cr) 4%, 바나듐(V) 1%이 합금된 것으로, 600℃의 절삭 열에도 경도 변화가 없다. 탄소강보다 2배의 절삭 속도로 가공이 가능하기 때문에 강력 절삭 바이트나 밀링 커터용 재료로 사용된다. 고속도강에서 나타나는 시효 변화를 억제하기 위해서는 뜨임처리를 3회 이상 반복함으로써 잔류응력을 제거해야 한다. 크게 W계와 Mo계로 분류된다.
㉡ 표준 고속도강의 합금 비율은 텅스텐 18%, 크로뮴 4%, 바나듐 1%이다.

PART 2

5. 취성의 종류

① **취성** : 물체가 외력을 견디지 못하고 파괴되는 성질로, 인성의 반대 성질이다. 취성 재료는 연성이 거의 없으므로 항복점이 아닌 탄성한도를 고려해서 다뤄야 한다.

② **취성의 종류**
㉠ 적열취성 : 철이 빨갛게 달궈진 상태이다. 황(S)의 함유량이 많은 탄소강이 900℃ 부근에서 적열(赤熱) 상태가 되었을 때 파괴되는 성질로, 철에 황 함유량이 많으면 황화철이 되면서 결정립계 부근의 황이 망상으로 분포되면서 결정립계가 파괴된다. 적열취성을 방지하려면 망간을 합금해 황을 황화망간(MnS)으로 석출시키면 된다. 적열취성은 높은 온도에서 발생하므로 고온취성이라고도 부른다.
㉡ 청열취성 : 철이 산화되어 푸른빛으로 달궈져 보이는 상태이다. 탄소강이 200 ~ 300℃에서 인장강도와 경도값이 상온일 때보다 커지는 반면, 연신율이나 성형성은 오히려 작아져서 취성이 커지는 현상이다. 200 ~ 300℃에서는 철의 표면에 푸른 산화피막이 형성되기 때문에 청열취성이라고 부른다. 따라서 탄소강은 200 ~ 300℃에서는 가공을 피해야 한다.
㉢ 저온취성 : 탄소강이 천이온도에 도달하면 충격치가 급격히 감소되면서 취성이 커지는 현상이다.
㉣ 상온취성 : 인(P)의 함유량이 많은 탄소강이 상온(약 24℃)에서 충격치가 떨어지면서 취성이 커지는 현상이다.

6. Fe - C 평형상태도

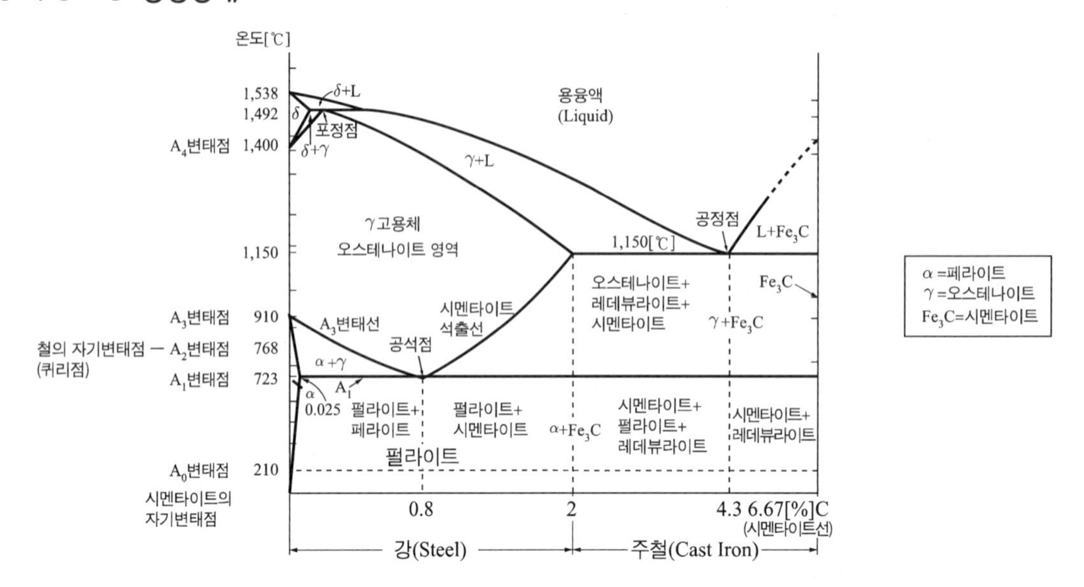

① **Fe - C 평형상태도** : 순수한 철에 탄소를 합금할 때 온도에 따른 조직의 변화를 나타낸 그래프

② **공석점** : 철이 하나의 고용체 상태에서 냉각될 때 공석점으로 불리는 A1 변태점(723℃)을 지나면서 2개의 고체가 혼합된 상태로 변하는 반응

③ **공정점** : 2개의 성분 금속이 용융 상태에서는 하나의 액체로 존재하나 응고 시에는 공정점이라 부르는 1,150℃에서 일정한 비율로 두 종류의 금속이 동시에 정출되어 나오는 반응

④ Fe - C계 **평형상태도에서의 3개 불변반응**

종류	반응 온도	탄소 함유량	반응 내용	생성 조직
공석반응	723℃	0.8%	γ 고용체 ↔ α 고용체+Fe_3C	펄라이트 조직
공정반응	1,147℃	4.3%	융체(L) ↔ γ 고용체+Fe_3C	레데뷰라이트 조직
포정반응	1,494℃ (1,500℃)	0.18%	δ 고용체+융체(L) ↔ γ 고용체	오스테나이트 조직

※ 고용체 : 2개 이상의 고체가 일정한 조성으로 완전하게 균일한 상을 이룬 혼합물

7. 철의 변태점

① **변태** : 철이 온도 변화에 따라 원자 배열이 바뀌어 내부 결정구조나 자성이 변하는 현상

② **동소 변태** : 동일한 원소 내에서 온도 변화에 따라 원자 배열이 바뀌는 현상으로 철은 고체 상태에서 910℃의 열을 받으면 체심입방격자(BCC) → 면심입방격자(FCC)로, 1,400℃에서는 FCC → BCC로 바뀌며 열을 잃을 때는 반대가 된다.

③ Fe의 **변태점의 종류**

㉠ A_0 변태점(210℃) : 시멘타이트의 자기변태점

㉡ A_1 변태점(723℃) : 철의 동소변태점(=공석변태점)

㉢ A_2 변태점(768℃) : 철의 자기변태점

㉣ A_3 변태점(910℃) : 철의 동소변태점, 체심입방격자(BCC) → 면심입방격자(FCC)

㉤ A_4 변태점(1,410℃) : 철의 동소변태점, 면심입방격자(FCC) → 체심입방격자(BCC)

8. 재료의 고온경도와 파손강도

① 공구재료 중 고온경도, 파손강도가 높은 순서 : 다이아몬드 > WC – TiC – Co계 초경합금 > 고속도강 > 합금공구강 > 탄소공구강

② 다이아몬드 : 절삭공구용 재료 중에서 가장 경도가 높고(브리넬 경도 H_B 7,000), 내마멸성이 크며 절삭 속도가 빨라서 가공이 매우 능률적이지만, 취성이 크고 값이 비싼 단점이 있다. 강에 비해 열팽창이 크지 않아서 장시간의 고속 절삭이 가능하다.

9. 철강과 탄소의 함유

① 철강의 탄소 함유량 증가에 따른 특성 : 경도 · 취성 · 항복점 · 인장강도 등의 증가 및 충격치 · 인성 · 연신율 등의 감소

② 철강의 5대 합금 원소 : 탄소, 규소(실리콘), 망간, 인, 황

③ 강(Steel)의 분류 : 탄소 함유량이 증가함에 따라 취성이 커지기 때문에 재료의 내충격성을 나타내는 값인 '충격치'는 감소한다.

㉠ 아공석강 : 순철에 0.02 ~ 0.8%의 탄소가 합금된 강이다.

㉡ 공석강 : 순철에 0.8%의 탄소가 합금된 강으로, 공석강을 서서히 냉각시키면 펄라이트 조직이 나온다.

㉢ 과공석강 : 순철에 0.8 ~ 2%의 탄소가 합금된 강이다.

④ 탄소의 함유량에 따른 철강의 분류

성질	순철	강	주철
영어 표현	Pure Iron	Steel	Cast Iron
탄소 함유량	0.02% 이하	0.02 ~ 2.0%	2.0 ~ 6.67%
담금질성	담금질이 안 됨	좋음	잘 되지 않음
강도 · 경도	연하고 약함	큼	경도는 크나 잘 부서짐
활용	전기재료	기계재료	주조용 철
제조	전기로	전로	큐폴라

10. 탄소강에 합금된 원소들의 영향

종류	합금에 따른 영향
탄소(C)	• 일정 함유량까지 강도를 증가시킨다. • 함유량이 많아질수록 취성(메짐)이 강해진다. • 경도를 증가시키고, 인성과 연성을 감소시킨다.
규소(Si)	• 인장강도, 탄성한계, 경도를 상승시킨다. • 유동성을 증가시키고, 용접성과 가공성을 저하시킨다. • 결정립의 조대화로 충격값과 인성, 연신율을 저하시킨다.
망간(Mn)	• 주조성과 담금질 효과를 향상시킨다. • 주철의 흑연화를 방지하고, 고온에서 결정립 성장을 억제한다. • 탄소강에 함유된 황을 황화망간으로 석출시켜 적열취성을 방지한다.
인(P)	• 결정입자를 조대화시킨다. • 상온취성, 편석이나 균열 등의 원인이 된다.
황(S)	• 철을 여리게 하며, 알칼리성에 약하다. • 절삭성을 양호하게 하며, 편석과 적열취성의 원인이 된다.
수소(H)	• 백점, 헤어크랙의 원인이 된다.
몰리브덴(Mo)	• 담금질 깊이를 깊게 한다. • 내식성을 증가시키고, 뜨임취성을 방지한다.
크로뮴(Cr)	• 탄화물을 만들기 쉽게 한다. • 강도, 경도 내식성, 내열성, 내마모성 등을 증가시킨다.
납(Pb)	• 절삭성을 크게 해 쾌삭강의 재료가 된다.
코발트(Co)	• 고온에서 내식성, 내산화성, 내마모성, 기계적 성질 등이 뛰어나다.
구리(Cu)	• 고온취성, 압연 시 균열 등의 원인이 된다.
니켈(Ni)	• 내식성 및 내산성을 증가시킨다.
타이타늄(Ti)	• 부식에 대한 저항이 매우 크다. • 가볍고 강해서 항공기용 재료로 사용된다.

11. 개량처리

① **개량처리** : 알루미늄에 규소(실리콘)가 고용될 수 있는 한계는 공정 온도인 577℃에서 약 1.6%이고, 공정점은 12.6%이다. 이 부근의 주조 조직은 육각판의 모양으로, 크고 거칠며 취성이 있어서 실용성이 없다. 이 합금에 나트륨이나 수산화나트륨, 플루오린화 알칼리, 알칼리 염류 등을 용탕 안에 넣으면 조직이 미세화되며, 공정점과 온도가 14%, 556℃로 이동하는 이 처리를 개량처리라고 한다.

② **실용적인 개량처리 합금** : 알루미늄에 10～13%의 규소(실리콘)가 고용된 실루민이 대표적이다.

③ **개량처리에 주로 사용되는 합금 원소** : 나트륨(Na)

12. 마우러 조직도

마우러 조직도는 주철 조직을 지배하는 주요 요소인 탄소와 규소(실리콘)의 함유량에 따른 주철 조직의 변화를 나타낸 그래프이다.

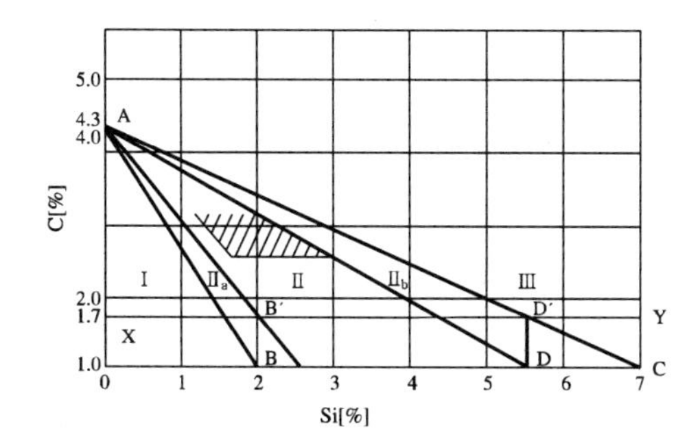

영역	주철 조직	경도
Ⅰ	백주철	
Ⅱ_a	반주철	최대
Ⅱ	펄라이트 주철	↕
Ⅱ_b	회주철	최소
Ⅲ	페라이트 주철	

※ 빗금친 부분은 고급 주철이다.

13. 불변강(Ni - Fe계 합금)

① **불변강** : 일반적으로 Ni – Fe계 내식용 합금을 말하는데, 주변 온도가 변해도 재료가 가진 열팽창계수나 탄성계수가 변하지 않아서 불변강이라고도 한다.

② **불변강의 종류**

종류	용도
인바	철에 35%의 니켈, 0.1 ~ 0.3%의 코발트, 0.4%의 망간이 합금된 불변강의 일종으로, 상온 부근에서 열팽창계수가 매우 작아서 길이 변화가 거의 없다. 줄자나 측정용 표준자, 바이메탈용 재료로 쓰인다.
슈퍼인바	철에 30 ~ 32%의 니켈, 4 ~ 6%의 코발트를 합금한 재료로, 20℃에서 열팽창계수가 0에 가까워서 표준 척도용 재료로 쓰인다.
엘린바	철에 36%의 니켈, 12%의 크로뮴이 합금된 재료로, 온도 변화에 따라 탄성률의 변화가 미세해 시계태엽이나 계기의 스프링, 기압계용 다이어프램, 정밀 저울용 스프링 재료로 쓰인다.
퍼멀로이	철에 35 ~ 80%의 니켈이 합금된 재료로, 열팽창계수가 작아서 측정기나 고주파 철심, 코일, 릴레이용 재료로 쓰인다.
플래티나이트	철에 46%의 니켈이 합금된 재료로, 열팽창계수가 유리나 백금과 가까우며, 전구 도입선이나 진공관의 도선용으로 쓰인다.
코엘린바	철에 크로뮴 10 ~ 11%, 코발트 26 ~ 58%, 니켈 10 ~ 16%이 합금된 것으로, 온도 변화에 대한 탄성률의 변화가 작고, 공기 중이나 수중에서 부식되지 않아서 스프링, 태엽, 기상관측용 기구의 부품에 쓰인다.

14. 형상기억합금

① **형상기억합금** : 항복점을 넘어서 소성변형된 재료는 외력을 제거해도 원래의 상태로 복원이 불가능하지만, 형상기억합금은 고온에서 일정 시간 유지함으로써 원하는 형상을 기억시키면 상온에서 외력에 의해 변형되어도 기억시킨 온도로 가열만 하면 변형 전 형상으로 되돌아오는 합금이다.

② **형상기억합금의 특징**

㉠ 어떤 모양을 기억할 수 있는 합금이다.

㉡ 형상기억 효과를 만들 때 온도는 마텐자이트 변태온도 이하에서 한다.

㉢ Ni – Ti 합금의 대표적인 상품은 니티놀(Nitinol)이다.

15. 비파괴검사

① **방사선투과시험(RT)** : 용접부 뒷면에 필름을 놓고 용접물 표면에서 엑스선이나 감마선 등을 방사해 용접부를 통과시키면, 금속 내부에 구멍이 있을 경우 그만큼 투과되는 두께가 얇아져서 필름에 방사선의 투과량이 많아지게 되므로 다른 곳보다 검은 정도를 확인함으로써 불량을 검출하는 방법

② **초음파탐상검사(UT)** : 매우 높은 주파수의 초음파를 사용해 검사 대상물의 형상과 물리적 특성을 검사하는 방법으로, 4 ~ 5MHz 정도의 초음파가 경계면·결함표면 등에서 반사해 되돌아오는 성질을 이용해 반사파의 시간과 크기를 스크린으로 관찰함으로써 결함의 유무·크기·종류 등을 검사하는 방법

③ **와전류탐상검사(ET)** : 도체에 전류가 흐르면 도체 주위에는 자기장이 형성되며, 반대로 변화하는 자기장 내에서는 도체에 전류가 유도되는데, 표면에 흐르는 전류의 형태를 파악해 검사하는 방법

④ **육안검사(VT, 외관검사)** : 용접부의 표면이 좋고 나쁨을 육안으로 검사하는 것으로, 간편하고 경제적이어서 가장 많이 사용되는 검사 방법

⑤ **자분탐상검사(MT)** : 철강 재료 등 강자성체를 자기장에 놓았을 때 시험편 표면이나 표면 근처에 균열이나 비금속 개재물과 같은 결함이 있으면 결함 부분에는 자속이 통하기 어려워 공간으로 누설되어 누설자속이 생긴기는데, 이 누설자속을 자분(자성 분말)이나 검사 코일을 사용해 결함의 존재를 검사하는 방법

⑥ **침투탐상검사(PT)** : 검사 대상물의 표면에 침투력이 강한 형광성 침투액을 도포 또는 분무하거나 표면 전체를 침투액 속에 침적시켜 표면의 흠집 속에 침투액이 스며들게 한 다음 이를 백색 분말의 현상액을 뿌려서 침투액을 표면으로부터 빨아내서 결함을 검출하는 방법

⑦ **누설검사(LT)** : 탱크나 용기 속에 유체를 넣고 압력을 가해 새는 부분을 검사함으로써 구조물의 기밀성, 수밀성 등을 검사하는 방법

16. 파괴시험법(기계적 시험)의 종류

① **인장시험** : 인장강도, 항복점, 연신율 계산

② **굽힘시험** : 연성의 정도 측정

③ **충격시험** : 인성과 취성의 정도 측정

④ **경도시험** : 외력에 대한 저항의 크기 측정

⑤ **매크로시험** : 현미경 조직검사

⑥ **피로시험** : 반복적인 외력에 대한 저항력 측정

17. 충격시험

① **충격시험** : 시험편에 충격이 가해질 때 그 재료의 저항력으로 대표되는 인성과 취성을 측정하기 위한 시험

② **충격시험의 종류**

㉠ 샤르피(Charpy)식 충격 시험법 : 시험편을 40mm 떨어진 2개의 지지대 위에 가로 방향으로 지지하고, 노치부를 지지대 사이의 중앙에 일치시킨 후 노치부 뒷면을 해머로 1회만 충격을 주어 시험편을 파단시킬 때 소비된 흡수에너지(E)와 충격값(U)을 구하는 시험 방법

ⓛ 아이조드(Izod)식 충격 시험법 : 시험편을 세로방향으로 고정시키는 방법으로 한쪽 끝을 노치부에 고정하고 반대쪽 끝을 노치부에서 22mm 떨어뜨린 후 노치부와 같은 쪽 면을 해머로 1회 충격해 시험편을 파단시킬 때 그 충격값을 구하는 시험 방법

18. 경도시험

① **경도시험** : 재료의 표면 경도를 측정하기 위한 시험으로, 강구나 다이아몬드와 같은 압입자에 일정한 하중을 가한 후 시험편에 나타난 자국을 측정해 경도값을 구한다.

② **경도시험의 종류**

종류	시험 원리	압입자
브리넬 경도 (H_B)	압입자인 강구에 일정량의 하중을 걸어 시험편의 표면에 압입한 후, 압입 자국의 표면적 크기와 하중의 비율로 경도 측정 $H_B = \frac{P}{A} = \frac{P}{\pi Dh} = \frac{2P}{\pi D(D-\sqrt{D^2-d^2})}$ (여기서 D=강구 지름, d=압입 자국의 지름, h=압입 자국의 깊이, A=압입 자국의 표면적)	강구
비커스 경도 (H_V)	압입자에 1 ~ 120kg의 하중을 걸어 자국의 대각선 길이로 경도를 측정하며, 하중을 가하는 시간은 캠의 회전속도로 조절 $H_V = \frac{P(\text{하중})}{A(\text{압입 자국의 표면적})}$	136°인 다이아몬드 피라미드 압입자
로크웰 경도 (H_{RB}, H_{RC})	압입자에 하중을 걸어 압입 자국(홈)의 깊이를 측정해 경도 측정 • 예비 하중 : 10kg • 시험 하중 : B스케일은 100kg, C스케일은 150kg • $H_{RB} = 130 - 500h$ • $H_{RC} = 100 - 500h$ (여기서 h=압입 자국의 깊이)	• B스케일 : 강구 • C스케일 : 120° 다이아몬드(콘)
쇼어 경도 (H_S)	추를 일정한 높이(h_0)에서 낙하시켜, 이 추의 반발 높이(h)를 측정해서 경도 측정 $H_S = \frac{10,000}{65} \times \frac{h(\text{추의 반발 높이})}{h_0(\text{추의 낙하 높이})}$	다이아몬드 추

19. 기본 열처리 4단계

① **담금질** : 강을 Fe – C 상태도의 A_3 및 A_1 변태선에서 약 30 ~ 50℃ 더 높은 온도로 가열한 후 급랭시켜 오스테나이트 조직에서 마텐자이트 조직으로 만들어 강도를 높인다.

② **뜨임** : 담금질한 강을 A_1 변태점 이하의 온도로 가열한 후 서랭하는 것으로, 담금질되어 경화된 재료에 인성을 부여한다.

③ **풀림** : 재질을 연하고 균일화시킬 목적으로 목적에 맞는 일정한 온도 이상으로 가열한 후 서랭한다(예 완전풀림 – A_3 변태점 이상, 연화풀림 – 650℃ 정도).

④ **불림** : 담금질이 심하거나 결정입자가 조대해진 강을 표준화 조직으로 만들기 위해 A_3점이나 A_{cm}점 이상으로 가열 후 공랭시킨다.

20. 열처리의 분류와 목적

① 열처리의 분류

열처리	기본 열처리	담금질, 뜨임, 풀림, 불림
	표면경화 열처리	화염경화법, 고주파경화법, 질화법, 숏피닝, 침탄법(고체침탄법·액체침탄법·가스침탄법), 금속침투법(세라다이징·칼로라이징·크로마이징·보로나이징·실리코나이징)
	항온 열처리	항온풀림, 항온뜨임, 항온담금질(마퀜칭·마템퍼링·오스포밍·MS퀜칭·오스템퍼링)

② **열처리의 목적** : 금속재료를 가열·냉각하는 과정을 조절하거나, 표면에 금속을 침투시키거나, 물리적 조작을 가함으로써 사용자가 원하는 금속재료의 강도나 기타 특성을 얻기 위해 실시한다.

21. 화염경화법

① **화염경화법** : 산소 – 아세틸렌가스 불꽃으로 강의 표면을 급격히 가열한 후 물을 분사시켜 급랭시킴으로써 담금질성 있는 재료의 표면을 경화시키는 방법

② **화염경화법의 특징** : 설비비가 저렴하지만, 가열 온도의 조절이 어렵다. 또한 부품의 크기와 형상은 무관하다.

22. 고주파경화법

① **고주파경화법** : 고주파 유도 전류로 강(Steel)의 표면층을 급속 가열한 후 급랭시키는 방법으로, 가열 시간이 짧고 피가열물에 대한 영향을 최소로 억제하며 표면을 경화시키는 표면경화법이다. 고주파는 소형 제품이나 깊이가 얕은 담금질 층을 얻고자 할 때, 저주파는 대형 제품이나 깊은 담금질 층을 얻고자 할 때 사용된다.

② **고주파경화법의 특징**

㉠ 불량이 적어서 변형을 수정할 필요가 없다.
㉡ 급열이나 급랭으로 인해 재료가 변형될 수 있다.
㉢ 경화층이 이탈되거나 담금질 균열이 생기기 쉽다.
㉣ 작업비가 저렴하며, 직접 가열하므로 열효율이 높다.
㉤ 가열 시간이 짧아서 산화되거나 탈탄의 우려가 적다.
㉥ 마텐자이트 생성으로 체적이 변화해 내부응력이 발생한다.
㉦ 부분 담금질이 가능하므로 필요한 깊이만큼 균일하게 경화시킬 수 있다.
㉧ 열처리 후 연삭 과정을 생략할 수 있고, 조작이 간단해 열처리 시간이 단축된다.

23. 침탄법과 질화법

① **침탄법** : 순철에 0.2% 이하의 탄소가 합금된 저탄소강을 목탄과 같은 침탄제 속에 완전히 파묻은 상태로 약 900 ~ 950℃로 가열해 재료의 표면에 탄소를 침입시켜 고탄소강으로 만든 후 급랭시킴으로써 표면을 경화시키는 방법이다. 기어나 피스톤 핀을 표면 경화할 때 주로 사용된다. 액체침탄법은 재료 표면의 내마모성 향상을 위해 사이안화칼륨(KCN), 사이안화나트륨(NaCN) 등을 750 ~ 900℃에서 30분 ~ 1시간 침탄시키는 표면경화법이다.

② **질화법** : 암모니아(NH_3) 가스 분위기(영역) 안에 재료를 넣고 500℃에서 50 ~ 100시간을 가열하면 재료 표면에 알루미늄, 크로뮴, 몰리브덴 원소와 함께 질소가 확산되면서 강 재료의 표면이 단단해지는 표면경화법이다. 내연기관의 실린더 내벽이나 고압용 터빈날개를 표면경화할 때 주로 사용된다.

③ **침탄법과 질화법의 차이점**

특성	침탄법	질화법
경도	질화법보다 낮음	침탄법보다 높음
수정 여부	침탄 후 수정 가능	불가능
처리 시간	짧음	김
열처리	침탄 후 열처리 필요	불필요
변형	변형이 큼	변형이 적음
취성	질화층보다 여리지 않음	질화층부가 여림
경화층	질화법에 비해 깊음	침탄법에 비해 얇음
가열 온도	질화법보다 높음	침탄법보다 낮음

24. 숏피닝과 피로수명

① **숏피닝** : 강이나 주철제의 작은 강구(볼)를 금속 표면에 고속으로 분사해 표면층을 냉간가공에 의한 가공경화 효과로 경화시키면서 압축 잔류응력을 부여해 금속 부품의 피로수명을 향상시키는 표면경화법

② **피로수명** : 반복 하중을 받는 재료가 파괴될 때까지의 하중을 반복적으로 가한 수치나 시간

25. 금속침투법

① **금속침투법** : 경화시키고자 하는 재료의 표면을 가열한 후 여기에 다른 종류의 금속을 확산 작용으로 부착시켜 합금 피복층을 얻는 표면경화법이다.

② **금속침투법의 종류에 따른 침투 원소** : 세라다이징은 아연, 칼로라이징은 알루미늄, 크로마이징은 크로뮴, 실리코나이징은 규소(실리콘), 보로나이징은 붕소 등이 침투됨

26. 항온 열처리

① 항온 열처리 : 변태점의 온도 이상으로 가열한 재료를 연속 냉각하지 않고 500 ~ 600℃의 온도인 염욕 중에서 냉각해 일정한 시간 동안 유지한 뒤 냉각시켜 담금질과 뜨임처리를 동시에 하여 원하는 조직과 경도값을 얻는 방법이다.

② 항온 열처리의 종류 및 특징

종류		특징
항온풀림		재료의 내부응력을 제거해 조직을 균일화하고 인성을 향상시키기 위한 열처리 조작으로, 가열한 재료를 연속적으로 냉각하지 않고 약 500 ~ 600℃의 염욕 중에 일정 시간 동안 유지시킨 뒤 냉각시키는 방법
항온뜨임		약 250℃의 열욕에서 일정 시간을 유지시킨 후 공랭해 마텐자이트와 베이나이트의 혼합된 조직을 얻는 방법으로, 고속도강이나 다이스강을 뜨임처리하고자 할 때 사용
항온 담금질	오스템퍼링	강을 오스테나이트 상태로 가열한 후 300 ~ 350℃의 온도에서 담금질해 하부 베이나이트 조직으로 변태시킨 후 공랭하는 방법으로, 강인한 베이나이트 조직을 얻고자 할 때 사용
	마템퍼링	강을 M_s점과 M_f점 사이에서 항온 유지 후 꺼내어 공기 중에서 냉각해 마텐자이트와 베이나이트의 혼합 조직을 얻는 방법
	마퀜칭	강을 오스테나이트 상태로 가열한 후 M_s점 바로 위에서 기름이나 염욕에 담그는 열욕에서 담금질해 재료의 내부 및 외부가 같은 온도가 될 때까지 항온을 유지한 후 공랭해 열처리하는 방법으로, 균열이 없는 마텐자이트 조직을 얻을 때 사용
	오스포밍	가공과 열처리를 동시에 하는 방법으로, 조밀하고 기계적 성질이 좋은 마텐자이트를 얻고자 할 때 사용
	MS퀜칭	강을 M_s점보다 다소 낮은 온도에서 담금질해 물이나 기름 중에서 급랭시키는 열처리 방법으로, 잔류 오스테나이트의 양이 적음

27. 피닝(Peening)과 샌드 블라스트

① 피닝 : 타격 부분이 둥근 구면인 특수 해머를 모재의 표면에 지속적으로 충격을 가함으로써 재료 내부에 있는 잔류응력을 완화시키면서 표면층에 소성변형을 주는 방법이다.

② 샌드 블라스트 : 압축 분사 가공의 일종으로, 재료 표면에 모래를 압축 공기로 분사시키거나, 중력으로 낙하시켜 표면을 연마하거나 녹을 제거하는 가공 방법이다. 주로 주물 제품의 표면을 깨끗이 하는 마무리 작업에 사용된다.

28. 전위

① 전위 : 안정된 상태의 금속결정은 원자가 규칙적으로 질서정연하게 배열되어 있는데, 이 상태에서 어긋나 있는 것을 말한다.

② 전위의 종류

㉠ 칼날전위(전위선과 버거스 벡터 – 수직) : 잉여 반면 끝을 따라서 나타나는 선을 중심으로 윗부분은 압축응력이, 아래로는 인장응력이 작용한다.

㉡ 나사전위(전위선과 버거스 벡터 – 수평) : 원자들의 이동이 나사의 회전 방향과 같이 뒤틀리며 움직이는 현상으로 전단응력에 의해 발생한다.

㉢ 혼합전위(전위선과 버거스 벡터 – 수직이나 수평 아님) : 칼날전위와 나사전위가 혼합된 전위로, 결정 재료의 대부분은 혼합전위로 이루어져 있다.

29. 구상흑연주철과 백주철

① **구상흑연주철** : 주철 속 흑연이 완전히 구상이고 그 주위가 페라이트 조직으로 되어 있다. 일반 주철에 니켈, 크로뮴, 몰리브덴, 구리를 첨가해 재질을 개선한 주철로, 내마멸성·내열성·내식성이 대단히 우수해 자동차용 주물이나 주조용 재료로 사용된다. 다른 말로 불스아이 주철, 노듈러 주철, 덕타일 주철로 등으로도 불린다.

② **흑연을 구상화하는 방법** : 황이 적은 선철(철이 1,538℃ 이상의 온도에서 녹은 액체 상태의 철)을 용해한 후 마그네슘, 세륨, 탄소 등을 첨가해 제조하는데, 흑연이 구상화되면 보통 주철에 비해 강력하고 점성이 강한 성질을 갖게 한다.

③ **백주철** : 회주철을 급랭시켜 얻는 주철로, 파단면이 백색이다. 흑연을 거의 함유하고 있지 않으며 탄소가 시멘타이트로 존재하기 때문에 다른 주철에 비해 시멘타이트의 함유량이 많아서 단단하지만 취성이 큰 단점이 있다. 마모량이 큰 제분용 볼(Mill Ball)과 같은 기계요소의 재료로 사용된다.

30. 알루미늄 합금

① **알루미늄(Al)의 성질**
  ㉠ 비중은 2.7, 용융점은 660℃이며, 면심입방격자이다.
  ㉡ 비강도, 주조성, 내식성, 가공성 등이 우수하다.
  ㉢ 열전도성과 전기전도성이 좋고, 가벼우며 전연성이 우수하다.
  ㉣ 담금질 효과는 시효경화로 얻는다. 또한 염산이나 황산 등의 무기산에 잘 부식된다.

② **Y합금** : Al+Cu+Mg+Ni

③ **두랄루민** : Al+Cu+Mg+Mn

31. 에릭슨 시험

① **에릭슨 시험의 목적** : 재료의 연성을 알기 위한 시험법으로, '커핑시험'이라고도 한다.

② **에릭슨 시험 방법** : 구리관이나 알루미늄관, 기타 연성의 판재를 가압하고 성형해 변형 능력을 시험한다.

32. 광탄성 시험과 응력

① **광탄성 시험** : 측정 재료에 하중을 가해서 재료의 내부와 표면의 응력을 측정해 재료의 응력 분포 상태를 파악하는 파괴시험 방법이다.

② **응력(Stress, σ)** : 재료나 구조물에 외력이 작용했을 때 그 외력에 대한 재료 내부의 저항력을 뜻한다. 일반적으로 응력이라고 하면 공칭응력을 말한다. 힘의 작용 방향에 대한 명칭은 다르나 일반적으로 $\sigma = \dfrac{F}{A}$를 적용한다.

33. 재결정 온도

① 재결정 온도 : 냉간가공과 열간가공을 구분하는 온도로서, 1시간 안에 95% 이상 새로운 재결정이 만들어지는 온도이다. 금속이 재결정되면 불순물이 제거되어 더 순수한 결정을 얻어낼 수 있는데, 재결정은 금속의 순도나 조성, 소성변형의 정도, 가열 시간에 큰 영향을 받는다. 보통 철의 재결정 온도는 350 ~ 450℃이다.

② 재결정의 일반적인 특징

㉠ 가공도가 클수록 재결정 온도는 낮아진다.

㉡ 재결정 온도는 가열 시간이 길수록 낮아진다.

㉢ 재결정은 강도를 저하시키나 연성은 증가시킨다.

㉣ 냉간 가공도가 커질수록 재결정 온도는 낮아진다.

㉤ 결정 입자의 크기가 작을수록 재결정 온도는 낮아진다.

㉥ 금속의 용융 온도를 절대온도 T_m이라 할 때 재결정 온도의 범위는 약 $0.3 \sim 0.5T_m$이다.

34. 문츠 메탈(Muntz Metal)

① 문츠 메탈 : 60%의 구리와 40%의 아연이 합금된 것으로, 인장강도가 최대이며, 강도가 필요한 단조제품이나 볼트, 리벳용 재료로 사용된다.

② 구리(Cu)의 성질

㉠ 비중은 8.96, 용융점은 1,083℃, 끓는점은 2,560℃이다.

㉡ 비자성체이며, 전기와 열의 양도체이다.

㉢ 결정격자는 면심입방격자이며, 변태점이 없다.

㉣ 내식성 · 전기전도율 · 전연성 · 가공성 등이 우수하다.

㉤ 황산 · 염산에 용해되며, 습기 · 탄소가스 · 해수에 녹이 생긴다.

㉥ 건조한 공기 중에서 산화하지 않으며, 방전용 전극 재료로 가장 많이 사용된다.

㉦ 니켈, 주석(Sn), 아연 등과 합금이 잘 된다. 또한 광택과 귀금속적 성질이 우수하다.

35. 화이트 메탈

① 화이트 메탈(배빗메탈) : 주석, 안티몬(Sb), 구리 등이 주성분인 합금이다. 주석이 약 89%, 안티몬이 약 7%, 구리가 약 4% 섞여 있다. 내열성이 우수해 내연기관용 베어링이나 활자로 사용된다.

② 화이트 메탈의 구성 성분 : 주석+안티몬+구리+아연

36. 마그네슘

① 마그네슘(Mg)의 성질

㉠ 조밀육방격자 구조이며, 절삭성이 우수하다. 또한 고온에서 발화하기 쉽다.

㉡ 대기 중에는 내식성이 양호하지만, 산이나 염류(바닷물)에는 침식되기 쉽다.

㉢ 용융점은 650℃이며, 열전도율과 전기전도율은 구리나 알루미늄보다 낮다.

㉣ 알칼리성에는 거의 부식되지 않으며, 구상흑연주철 제조 시 첨가제로 사용된다.
㉤ 비중이 1.74로 실용 금속 중 가장 가벼우며, 알루미늄에 비해 약 35% 가볍다.
㉥ 비강도가 우수해 항공기나 자동차 부품으로 사용된다.

② 비강도 : 재료의 극한 강도(강도)를 밀도로 나눈 값

재질	인장강도	비중	비강도
Mg AZ91D	230MPa	1.81	127.1
Zn ZMAK3	285MPa	6.6	43.2
Al ADC12	331MPa	2.82	117.4
Al 6061	124MPa	2.7	45.9

37. 파인세라믹스

① 파인세라믹스 : 세라믹의 중요 특성인 내식성·내열성, 전기 절연성 등을 더욱 향상시키기 위해 만들어진 차세대 세라믹으로, 흙이나 모래 등의 무기질 재료를 높은 온도로 가열해 만든다. 가볍고 금속보다 훨씬 단단한 신소재로 1,000℃ 이상의 고온에서도 잘 견디며 강도가 잘 변하지 않으면서 내마멸성이 커서 특수 타일이나 인공 뼈, 자동차 엔진용 재료로 사용된다. 그러나 부서지기 쉬워서 가공이 어렵다는 단점이 있다.

② 파인세라믹스의 특징
㉠ 금속에 비해 온도 변화에 따른 신축성이 작다.
㉡ 무게가 가볍고, 금속보다 단단하다. 또한 원료가 풍부하다.
㉢ 내마모성·내열성·내화학성이 우수하지만, 강도가 약해서 부서지기 쉽다.

③ 대표적인 파인세라믹스의 종류 : 탄화규소, 산화타이타늄, 질화규소, 타이타늄산바륨

38. TTT 곡선과 CCT 곡선

① TTT 곡선 : 항온 변태 곡선으로, 급랭 때문에 과랭된 오스테나이트의 온도에 따라 변하는 조직 변화를 상세히 나타낸다. 그 모양이 S자형이라서 S곡선이라고도 한다.

② CCT 곡선 : 연속 냉각 변태 곡선으로, 오스테나이트를 일정한 냉각속도로 연속 냉각해 변태 개시점과 종료점을 측정해 그린 곡선이다.

39. 자성체의 종류

종류	특성	원소
강자성체	자기장이 사라져도 자화가 남아 있는 물질	철, 코발트, 니켈, 페라이트
상자성체	자기장이 제거되면 자화하지 않는 물질	알루미늄, 주석, 백금(Pt), 이리듐(Ir), 크로뮴, 몰리브덴
반자성체	자기장에 의해 자계와 반대 방향으로 자화되는 물질	금(Au), 은(Ag), 구리, 아연, 유리, 비스무트(Bi), 안티몬

40. 청화법(사이안화법)

① 금이나 은 등을 추출하는 습식 제련법이다.

② 침탄법보다 더 얇은 경화층을 얻고자 할 때 사용하는 방법으로, 사이안화칼륨이나 사이안화나트륨과 같은 물질을 사용한다.

③ 처리 방법에는 '간편뿌리기법'과 '침적법'이 있으며, 침탄과 질화가 동시에 발생한다.

41. S - N(Stress - Number) 곡선

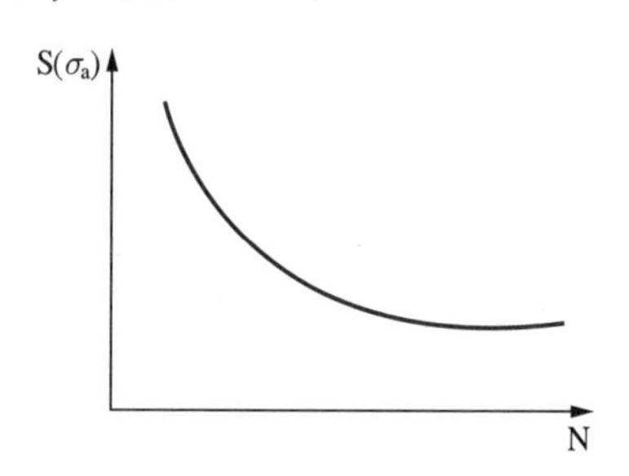

① S－N 곡선 : 피로시험을 통해 도출되는 S－N(응력－횟수) 곡선은 재료의 강도시험으로, 재료에 인장－압축응력을 반복해서 가했을 때 재료가 파괴되는 시점의 응력(S)과 반복 횟수(N)와의 상관관계를 나타내어 피로한도를 측정한다.

② 피로한도(피로강도) : 재료에 하중을 반복적으로 가했을 때 파괴되지 않는 응력 변동의 최대 범위로, S－N 곡선으로 확인할 수 있다. 재질이나 반복하중의 종류, 표면 상태나 형상 등의 영향을 받는다.

42. 스테인리스강

① 스테인리스강 : 일반강 재료에 크로뮴을 12% 이상 합금해 만든 내식용 강으로, 부식이 잘 일어나지 않아서 조리용 기구의 원료로 많이 사용된다. 스테인리스강에는 크로뮴(Cr)이 가장 많이 함유된다.

② 스테인리스강의 분류

구분	종류	주요 성분	자성
Cr계	페라이트계 스테인리스강	Fe+Cr 12% 이상	자성체
	마텐자이트계 스테인리스강	Fe+Cr 13%	자성체
Cr+Ni계	오스테나이트계 스테인리스강	Fe+Cr 18%+Ni 8%	비자성체
	석출경화계 스테인리스강	Fe+Cr+Ni	비자성체

43. 응력 - 변형률 곡선(σ - ε 선도)

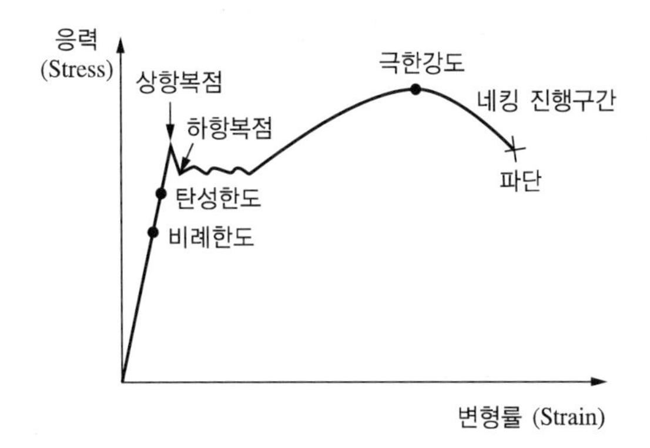

① **비례한도** : 응력과 변형률 사이에 정비례 관계가 성립하는 구간 중 응력이 최대인 점(훅의 법칙이 적용됨)

② **탄성한도** : 하중을 제거하면 시험편의 원래 치수로 돌아가는 구간

③ **극한강도** : 재료가 파단되기 전에 외력에 버틸 수 있는 최대의 응력

④ **항복점** : 인장 시험에서 하중이 증가해 어느 한도에 도달하면, 하중을 제거해도 원래의 위치로 돌아가지 않고 변형이 남게 되는 그 순간의 하중

⑤ **네킹(Necking) 구간** : 극한 강도를 지나면서 재료의 단면이 줄어들면서 길게 늘어나는 구간

44. 철을 만드는 과정

① **철강을 만드는 주요 과정** : 제선공정 → 제강공정 → 반제품 제작 단계

② **제선공정** : 용광로에 석회석과 철광석, 코크스를 장입한 후 약 1,200℃의 열풍을 불어넣어 용융된 쇳물인 용선을 만드는 공정이다. 이때 용선의 평균 탄소 함유량은 약 4.5%이다.

③ **제강공정** : 약 4.5%의 탄소 함유량을 강의 탄소 함유량 범위인 0.02 ~ 2% 사이로 만들기 위해 고압의 산소를 용선에 넣고, 용선 안의 불순물을 제거하는 공정이다. 즉, 선철의 용탕 안으로 고압의 산소를 투입해 이산화탄소가스의 형태로 탄소를 제거함으로써 내부 탄소 함유량을 0.02 ~ 2% 이하로 감소시킨다.

기계공작법

1. 구성인선(Built Up Edge)

① **구성인선(構成刃先)** : 연강, 스테인리스강 등 재질이 연하고 공구 재료와 친화력이 큰 재료를 절삭가공할 때, 칩과 공구의 윗면 사이의 경사면에 발생되는 높은 압력과 마찰열 때문에 칩의 일부가 공구의 날 끝에 달라붙어 마치 절삭 날처럼 공작물을 절삭하는 현상이다. 이것은 공작물의 치수 정밀도를 떨어뜨리고, 탈락될 때 절삭공구를 파손시킨다.

② **구성인선의 발생 과정** : 발생 → 성장 → 분열 → 탈락

③ **구성인선의 방지 대책**

㉠ 절삭 깊이를 작게, 절삭 속도를 빠르게 한다.

㉡ 세라믹 공구와 윤활성이 좋은 절삭유를 사용한다.

㉢ 공구면의 마찰계수를 감소시켜 칩의 흐름을 원활하게 한다.

㉣ 바이트의 날 끝을 예리하게 하고, 바이트의 윗면 경사각을 크게 한다.

㉤ 마찰계수가 작은 절삭공구를 사용하며, 피가공물과 친화력이 작은 공구 재료를 사용한다.

2. 테일러의 공구 수명식

① $C = VT^n$ (C = 절삭 깊이, 공구 재질 등에 따른 상수값, V = 절삭 속도, T = 공구 수명, n = 공구와 공작물에 따른 지수)

② **절삭 깊이** : 바이트로 공작물을 절삭할 때 바이트가 들어간 깊이로서, 깎여 나오는 절삭칩의 두께를 뜻한다. 절삭 깊이가 깊을수록 요구되는 절삭 동력도 더 커진다.

3. 선반가공

① **선반(Lathe)** : 주축대에 장착된 척(Chuck)에 공작물을 고정시킨 후 적당한 회전수(rpm)로 회전시키면서 절삭공구인 바이트를 직선 이송시켜 절삭하는 공작기계

② **선반의 구성** : 주축대, 심압대, 왕복대, 베드, 공구대

③ **선반의 부속 장치** : 척, 방진구, 센터, 맨드릴, 면판

4. 밀링가공

① **밀링(Milling)** : 여러 개의 절삭 날이 있는 밀링커터를 공작물 위에서 회전시키고 공작물을 고정한 테이블을 전후・좌우・상하의 방향으로 이송해 절삭하는 공작기계이다. 평면 가공을 주로 하며, 다양한 공구를 사용해 불규칙한 면의 가공이나 각도가공, 드릴의 홈 가공, 기어의 치형가공, 나선가공 등에 이용된다.

② **밀링의 구성** : 주축, 칼럼, 테이블, 새들, 니, 베이스

③ **밀링의 부속장치**

㉠ 밀링바이스 : 공작물을 고정시키는 역할

㉡ 오버암 : 수평 밀링머신의 상단에 장착되는 부분으로, 아버가 굽는 것을 방지

㉢ 아버 : 수평이나 만능 밀링머신에서 구멍이 있는 밀링 커터의 고정에 사용

㉣ 슬로팅장치 : 주축의 회전운동을 공구대의 직선 왕복운동으로 변환시키는 부속장치

㉤ 분할판 : 축과 같은 원형의 공작물을 $\frac{1}{n}$로 등간격의 분할을 위해 사용하는 부속장치

5. 칩 브레이커

① **칩 브레이커** : 선반가공 시 연속적으로 발생되는 유동형 칩으로 인해 작업자가 다치는 것을 막기 위해 칩을 짧게 절단하는 안전장치로, 바이트의 경사면에 돌출부를 만들어두면 이 부분을 지나는 칩이 절단됨으로써 작업자를 보호한다. 즉, 칩 브레이커는 바이트에 만들어놓은 돌기 부분을 가리킨다.

② **유동형 칩** : 칩이 공구의 윗면 경사면 위를 연속적으로 흘러 나가는 칩의 형태

6. 선반 작업 시의 3분력과 절삭 칩

① **선반 가공 3분력** : 주분력, 배분력, 이송분력

② **선반 작업 시 발생하는 3분력의 크기 순서** : 주분력 > 배분력 > 이송분력

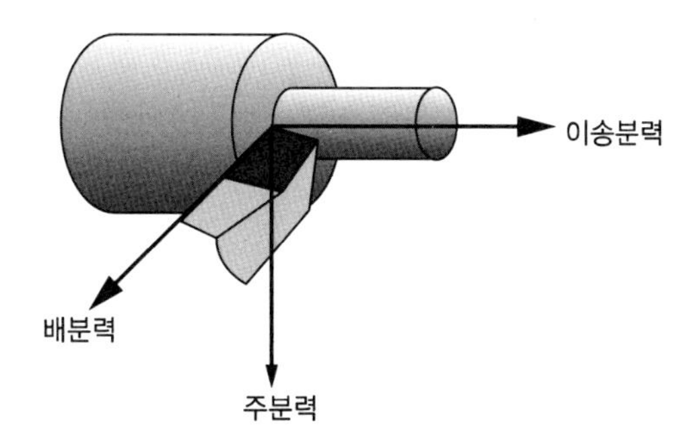

③ 선반 절삭 시 발생하는 칩의 종류

종류	특징	발생 원인
유동형 칩	칩이 공구의 윗면 경사면 위를 연속적으로 흘러나가는 형태의 칩으로, 절삭 저항이 작아서 가공 표면이 가장 깨끗하며 공구의 수명도 길다.	• 절삭 깊이가 작을 때 • 공구의 윗면 경사각이 클 때 • 절삭공구의 날 끝 온도가 낮을 때 • 윤활성 좋은 절삭유를 사용할 때 • 재질이 연하고 인성이 큰 재료를 큰 경사각으로 고속 절삭할 때
전단형 칩	공구의 윗면 경사면과 마찰하는 재료의 표면은 편평하나 반대쪽 표면은 톱니 모양으로, 유동형 칩에 비해 가공면이 거칠고 공구 손상도 일어나기 쉽다.	• 공구의 윗면 경사각이 작을 때 • 비교적 연한 재료를 느린 절삭 속도로 가공할 때
균열형 칩	가공면에 깊은 홈을 만들기 때문에 재료의 표면이 매우 울퉁불퉁하게 된다.	주철과 같이 취성(메짐)이 있는 재료를 저속으로 절삭할 때
열단형 칩	칩이 날 끝에 달라붙어 경사면을 따라 원활히 흘러나가지 못해 공구에 균열이 생기고, 가공 표면이 뜯긴 것처럼 보인다.	절삭 깊이가 크고 윗면 경사각이 작은 절삭공구를 사용할 때

④ **바이트의 윗면 경사각** : 바이트 절삭 날의 윗면과 수평면이 이루는 각도로, 절삭력에 가장 큰 영향을 주는 요인이다. 윗면 경사각이 크면 절삭성과 표면 정밀도가 좋아지나 날 끝이 약하게 되어 바이트가 빨리 손상된다.

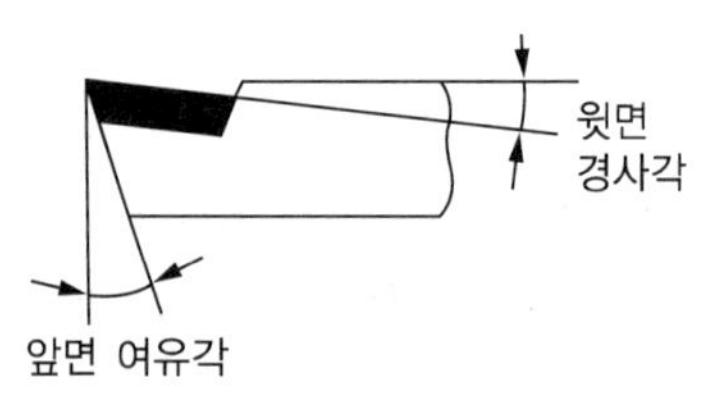

7. 절삭 속도와 회전수

① **절삭 속도(v)** : 공구가 공작물을 절삭하면서 절삭 칩이 나오는 속도

$v=\dfrac{\pi dn}{1,000}$ [m/min] (v = 절삭 속도[m/min], d = 공작물의 지름[mm], n = 주축 회전수)

② **회전수(n)** : 주축의 회전수로서, $n=\dfrac{1,000v}{\pi d}$ [rpm]

8. 밀링 분할법의 종류

① **직접 분할법** : 큰 정밀도를 필요로 하지 않는 키 홈과 같이 단순한 제품의 분할가공에 사용되는 분할법

㉠ 스핀들의 앞면에 있는 24개의 구멍에 직접 분할핀을 꽂고 분할탱크를 회전시켜 분할한다.

㉡ $n=\dfrac{24}{N}$ (n = 분할 크랭크의 회전수 N = 공작물의 분할 수)

㉢ 분할 가능 등분수 : 24의 약수인 2, 3, 4, 6, 8, 12, 24등분

② **단식 분할법** : 직접 분할법으로 분할할 수 없는 수나 정확한 분할이 필요한 경우에 사용

㉠ $n=\dfrac{40}{N}=\dfrac{R}{N'}$ (R = 크랭크를 돌리는 분할수, N' = 분할판에 있는 구멍 수)

※ 분할 크랭크 1회전당 스핀들은 9° 회전한다.

㉡ 분할 가능 등분수
- 2 ~ 60의 등분
- 60 ~ 120 중 2와 5의 배수
- 120 이상의 등분수 중에서 $\frac{40}{N}$에서 분모가 분할판의 구멍 수가 될 수 있는 등분수를 분할할 때 사용

③ **차동 분할법** : 직접 분할법이나 단식 분할법으로 분할할 수 없는 특정의 수(67, 97, 121)의 분할에 사용

9. 밀링가공의 상향절삭과 하향절삭

① **상향절삭**(Up Milling) : 밀링 커터날의 절삭방향과 공작물 이송방향이 서로 반대인 가공 방법

㉠ 마찰열, 동력 소비 등이 크다.
㉡ 공구 날의 마모가 빨라서 공구 수명이 짧다.
㉢ 칩이 가공할 면 위에 쌓이므로 작업 시야가 좋지 않다.
㉣ 백래시(뒤틈)의 영향이 적어 백래시 제거장치가 필요 없다.
㉤ 날 끝이 일감을 치켜올리므로 일감을 단단히 고정해야 한다.
㉥ 하향절삭에 비해 가공면이 깨끗하지 않고 표면 거칠기가 나쁘다.
㉦ 기계에 무리를 주지 않으므로 강성은 하향절삭에 비해 낮아도 된다.

② **하향절삭**(Down Milling) : 커터날의 절삭방향과 공작물 이송방향이 같음

㉠ 백래시 제거장치가 반드시 필요하다.
㉡ 고정밀 절삭이 가능하며, 커터의 날 자리 간격이 짧다.
㉢ 절삭가공 시 마찰력은 작으나 충격량이 크기 때문에 높은 강성이 필요하다.
㉣ 날의 마멸이 작아 공구의 수명이 길며, 가공면이 깨끗해 표면 거칠기가 좋다.
㉤ 절삭된 칩이 이미 가공된 면 위에 쌓이므로 작업 시야가 좋아 가공하기 편하다.
㉥ 커터날과 일감의 이송방향이 같아서 날이 가공물을 누르는 형태이므로 가공물 고정이 간편하다.

10. 열영향부(Heat Affected Zone)

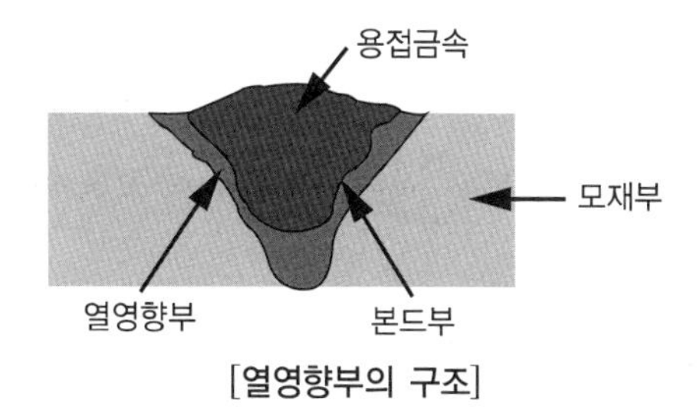

[열영향부의 구조]

① **열영향부**(HAZ) : 용접할 때 열의 영향을 받아 금속의 성질이 본래 상태와 달라진 부분이다. 용융된 금속의 경계면 주변에서 모재의 원질부와 명확하게 구분되는 부분이 존재하는 영역이다.

② 열영향부의 발생 원인 : 용접은 아크열이나 가스의 연소열, 전기저항과 같은 열원으로 모재에 열을 가한다. 열을 받은 금속 조직은 열이 가해진 정도에 따라 그 내부 조직이 변하는데, 용융된 부분은 용융금속(용접금속)이 되며, 용융되지 않은 부분과의 사이인 경계 영역이 존재하게 된다. 이 경계 영역이 열영향부가 된다.

11. 용접부 결함과 방지 대책

결함	원인	방지 대책
언더컷	• 전류가 높을 때 • 아크 길이가 길 때 • 용접 속도 부적당 시 • 부적당한 용접봉 사용 시	• 전류를 낮춤 • 아크 길이를 짧게 함 • 용접 속도를 알맞게 함 • 적절한 용접봉을 사용함
오버랩	• 전류가 낮을 때 • 운봉, 작업각과 진행각 불량 시 • 부적당한 용접봉 사용 시	• 전류를 높임 • 작업각과 진행각 조정 • 적절한 용접봉을 사용함
용입 불량	• 이음 설계 결함 • 용접 속도가 빠를 때 • 용접 전류가 낮을 때 • 부적당한 용접봉 사용 시	• 루트 간격 및 치수를 크게 함 • 용접 속도를 적당히 조절함 • 전류를 높임 • 적절한 용접봉을 사용함
균열	• 이음부의 강성이 클 때 • 부적당한 용접봉 사용 시 • C, Mn 등 합금성분이 많을 때 • 과대 전류, 속도가 빠를 때 • 모재에 유황 성분이 많을 때	• 예열, 피닝 등 열처리를 함 • 적절한 용접봉을 사용함 • 예열 및 후열함 • 전류 및 속도를 적절하게 조정함 • 저수소계 용접봉을 사용함
기공	• 수소나 일산화탄소의 과잉 • 용접부의 급속한 응고 시 • 용접 속도가 빠를 때 • 아크 길이 부적절	• 건조된 저수소계 용접봉을 사용함 • 적당한 전류 및 용접 속도 • 이음 표면을 깨끗이 하고 예열함 • 적합한 아크 길이 사용
슬래그 혼입	• 용접 이음의 부적당 • 슬래그 제거 불완전 • 전류 과소, 부적절한 운봉 조작	• 슬래그를 깨끗이 제거함 • 루트 간격을 넓게 함 • 전류를 크게 하고 적절한 운봉 조작

12. 버니어 캘리퍼스

① 버니어 캘리퍼스의 크기를 나타내는 기준은 측정 가능한 치수의 최대 크기이다. 표준형 버니어 캘리퍼스는 $\frac{1}{20}$mm(0.05mm)이지만, $\frac{1}{50}$mm(0.02mm)의 치수까지 읽을 수 있다.

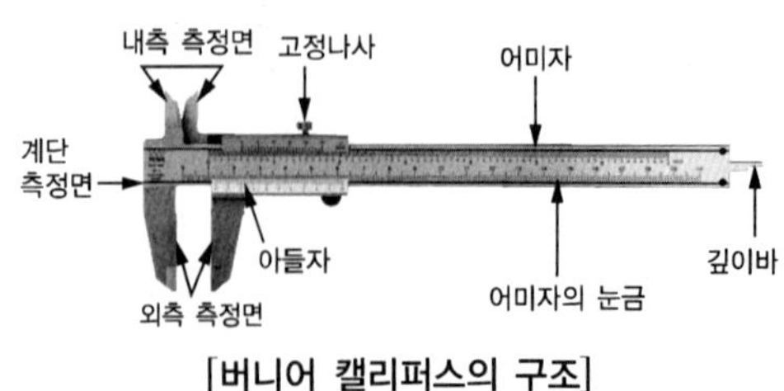

[버니어 캘리퍼스의 구조]

② 버니어 캘리퍼스의 측정값 계산 예시

㉠ 아들자의 0에 가장 가까운 어미자의 왼쪽 수치를 읽는다. → 12mm

㉡ 어미자와 아들자의 눈금이 일치하는 곳을 찾아서 소수점으로 읽는다. → 0.45mm

㉢ 이들을 더하면 측정값은 12.45mm다.

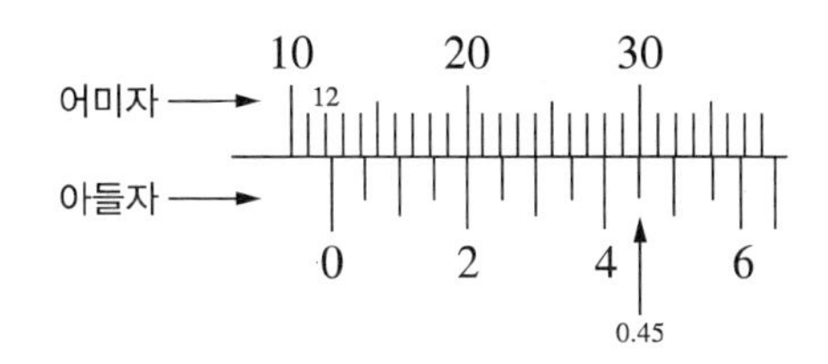

13. 마이크로미터

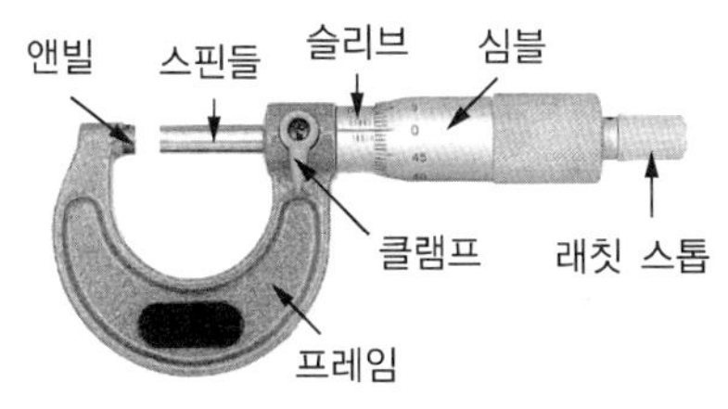

[마이크로미터의 구조]

① 나사를 이용한 길이측정기로, 정밀한 측정을 할 때 마이크로미터를 사용한다. 측정 영역에 따라서 내측 마이크로미터(내경 측정)와 외측 마이크로미터(외경 측정)는 나사의 유효지름을 측정하기 위해 사용한다.

② $(\text{마이크로미터의 최소 측정값}) = \frac{(\text{나사의 피치})}{(\text{심블의 등분수})}[\text{mm}]$

14. 선반용 바이트의 이상 현상

① 경사면 마멸(크레이터 마모)

㉠ 공구 날의 윗면이 유동형 칩과의 마찰로 오목하게 파이는 현상으로, 공구와 칩의 경계에서 원자들의 상호 이동 역시 마멸의 원인이 된다.

㉡ 공구 경사각을 크게 하면 칩이 공구 윗면을 누르는 압력이 작아지므로 경사면 마멸의 발생과 성장을 줄일 수 있다.

② **여유면 마멸(플랭크 마모)** : 절삭공구의 측면(여유면)과 가공면과의 마찰에 의해 발생되는 마모 현상으로, 주철과 같이 취성이 있는 재료를 절삭할 때 발생해 절삭 날(공구인선)을 파손시킨다.

③ **치핑** : 경도가 매우 크고 인성이 작은 절삭공구로 공작물을 가공할 때 발생되는 충격으로 공구 날이 모서리를 따라 작은 조각으로 떨어져 나가는 현상이다.

④ **채터링** : 절삭가공 중 공구가 떨리는 현상이다.

15. 오차의 종류

① 시차
　㉠ 측정자 눈의 위치에 따라 측정기 눈금을 잘못 읽어서 오차가 발생한다.
　㉡ 측정기가 치수를 정확하게 지시하더라도 측정자의 부주의로 발생한다.

② **계기 오차** : 측정기 오차라고도 하며, 측정기 자체가 가지고 있는 오차이다.

③ **개인 오차** : 측정자의 숙련도에서 발생하는 오차이다.

④ 우연 오차
　㉠ 외부적 환경 요인에 따라서 발생하는 오차이다.
　㉡ 측정기나 피측정물, 자연 환경 등 측정자가 파악할 수 없는 것들에 의해 우연히 발생하는 오차로, 측정치의 분산을 가져온다.

⑤ **후퇴 오차** : 측정물의 형상이 올라가거나 내려가는 형상일 때, 길이측정기로 측정함에 있어서 올라가거나 내려가게 이동시키면서 측정할 때 발생하는 오차이다.

⑥ **샘플링 오차** : 전수검사를 하지 않고 샘플링 검사를 할 때 시험편을 잘못 선택해서 발생하는 오차이다.

⑦ **계통 오차** : 측정 기구나 측정 방법이 처음부터 잘못되어서 생기는 오차이다.

16. 용접의 종류

① **용접** : 2개의 서로 다른 물체를 접합하고자 할 때 사용하는 기술
　㉠ 융접 : 접합 부위를 용융시켜 여기에 용가재인 용접봉을 넣어 접합하는 기술
　㉡ 압접 : 접합 부위를 녹기 직전까지 가열한 후 압력을 가해 접합하는 기술
　㉢ 납땜 : 모재를 녹이지 않고 모재보다 용융점이 낮은 금속(납)을 녹여 접합부에 넣어 표면장력(원자 간 확산침투)으로 접합하는 기술

② 용접의 분류

<table>
<tr><td rowspan="8">용접</td><td rowspan="4">융접</td><td rowspan="2">아크용접</td><td>용극식</td><td>SMAW(피복금속 아크용접), MIG(불활성가스금속 아크용접), CO_2(탄산가스 아크용접), Stud(스터드용접), SAW(서브머지드 아크용접)</td></tr>
<tr><td>비용극식</td><td>TIG(불활성가스 텅스텐 아크용접), 탄소 아크용접, 원자수소용접, 플라스마 아크용접</td></tr>
<tr><td>가스용접</td><td colspan="2">산소 – 아틸렌가스용접, 산소 – 프로판가스용접, 산소 – 수소가스용접, 공기 – 아세틸렌가스용접</td></tr>
<tr><td>기타 특수용접</td><td colspan="2">Thermit(테르밋용접), LBW(레이저빔용접), EBW(전자빔용접), 일렉트로슬래그용접</td></tr>
<tr><td rowspan="3">압접</td><td rowspan="2">가열식 (저항용접)</td><td>겹치기 저항용접</td><td>Spot(점용접), Seam(심용접), 프로젝션용접</td></tr>
<tr><td>맞대기 저항용접</td><td>업셋용접, 플래시버트용접, 방전충격용접</td></tr>
<tr><td>비가열식</td><td colspan="2">초음파용접, 확산용접, 마찰용접, 냉간용접</td></tr>
<tr><td>납땜</td><td colspan="3">경납땜, 연납땜</td></tr>
</table>

17. 주조법

① **원심주조법** : 사형이나 금형 주형에 용탕(쇳물)을 주입한 후 대략 300 ~ 3,000rpm으로 고속으로 회전시키면, 용탕에 원심력이 작용해서 주형의 내벽에 용탕이 압착된 상태에서 응고가 되면서 주물을 얻는 주조법이다. 주로 중공의 주물인 주철관, 주강관, 라이너, 포신을 제작할 때 사용된다.

② **셸몰드법** : 금속 모형을 약 250 ~ 300℃로 가열한 후, 모형 위에 박리제인 규소수지를 바르고 150 ~ 200mesh 정도의 SiO_2와 열경화성 합성수지를 배합한 주형재 속에 잠기게 하여 주형을 제작하는 주조법이다.

③ **다이캐스팅 주조법** : 용융금속을 금형 다이에 고속으로 충진・압입하는 주조법으로, 충진 시간이 매우 짧아서 생산 속도가 빠르므로 대량생산에 적합하다. 용융금속을 강한 압력으로 금형에 주입하고 가압해 주물을 얻으므로 주물 조직이 치밀하며 강도가 크다. 치수 정밀도가 높아 마무리 공정수를 줄일 수 있어서 비철금속의 주조에 사용된다.

㉠ 기계용량의 표시는 가압 유지 체결력과 관련이 있다.
㉡ 제품의 형상에 따라 금형의 크기와 구조에 한계가 있다.
㉢ 일반 주물에 비해 치수가 정밀하지만, 장치 비용이 비싸다.
㉣ 가압되므로 기공이 적고 주물 조직이 치밀하며 강도가 크다.
㉤ 정밀도가 높은 표면을 얻을 수 있어서 후가공 작업이 줄어든다.
㉥ 주형의 영구적 사용이 가능하며, 고온 체임버식과 저온 체임버식으로 나뉜다.
㉦ 냉각 속도가 빨라서 생산 속도가 빠르며, 용융금속이 응고될 때까지 압력을 가한다.

④ **인베스트먼트 주조법** : 제품과 동일한 모형을 왁스(양초)나 파라핀(합성수지)으로 만든 후, 그 주변을 슬러리 상태의 내화 재료로 도포한 다음 가열해 주형을 경화시키면서 내부의 모형을 용융시켜 빼냄으로써 주형을 완성하는 주조법이다. 로스트 왁스법, 주물의 치수 정밀도가 좋아서 정밀 주조법으로도 불린다.

㉠ 제작공정이 복잡하며, 주물의 표면이 깨끗하다.
㉡ 패턴(주형)은 왁스, 파라핀과 같이 열을 가하면 녹는 재료로 만든다.
㉢ 패턴을 내열재로 코팅하며, 복잡하고 세밀한 제품을 주조할 수 있다.
㉣ 생산성이 낮고 제조 원가가 비싸며, 사형주조법에 비해 인건비가 많이 든다.

18. 백래시(뒤틈)

① **상향절삭과 하향절삭 시 백래시(Backlash) 현상** : 상향절삭은 테이블의 이송방향과 절삭방향이 반대가 되어 백래시의 영향이 없고, 하향절삭은 테이블의 이송방향과 절삭방향이 같아서 테이블 이송나사의 백래시의 양만큼 가공 중에 떨림이 발생한다. 따라서 하향절삭 시에는 반드시 백래시 제거장치를 장착해야 한다.

② **백래시의 영향** : 공작물과 커터에 손상을 입히고 정밀한 절삭을 어렵게 한다.

③ **백래시 제거장치** : 고정 암나사 외에 또 다른 백래시 제거용 조절나사를 회전시키면, 나사기어에 의해 암나사가 회전해 백래시를 제거한다.

19. 큐폴라(용선로)

① **큐폴라** : 주철을 용해하는 대표적인 용해로이며, 내부는 강판 위에 내열벽돌로 채워진 형태이다. 전기로의 보급으로 많이 사용되지는 않으나, 설치비가 적고 짧은 시간에 많은 양을 용해할 수 있어서 지속적으로 사용된다.

㉠ 짧은 시간에 많은 양을 용해할 수 있다.

㉡ 장시간의 연속 조업이 가능하므로 대량생산에 적합하다.

㉢ 재료가 연료인 코크스와 직접 접촉하므로 열효율이 높다.

㉣ 노의 구조가 간단하며, 설치비가 적고 유지·보수가 쉽다.

② **큐폴라의 용해 능력** : 1시간당 용해할 수 있는 양을 톤(ton/hr)으로 표시한다.

20. 도가니로

① **도가니로** : 도가니에 용해시킬 재료를 넣고 열원을 가해 용해시키는 설비로서, 제철·제강 및 비철합금의 용해에 사용된다.

㉠ 열효율이 나쁘며, 용탕이 산화되지 않는다.

㉡ 설비는 비교적 간단하지만, 도가니 값이 비싸다.

㉢ 고온에서는 도가니의 강도가 크지 않으므로 용해량에 제한이 있다.

㉣ 용해 금속이 연료 가스와 접촉하지 않으므로 용탕에 불순물이 섞이지 않는다.

② **도가니로의 용량 표시법** : 1회당 용해할 수 있는 구리의 양을 수치로 표시한다.

21. 연삭숫돌

① **연삭** : 연삭기를 사용해 절삭입자들로 결합된 연삭숫돌을 고속으로 회전시켜 재료의 표면을 매끄럽게 만드는 정밀한 입자 가공법

② **연삭숫돌의 3요소** : 기공, 결합재, 숫돌입자

③ **연삭숫돌의 이상 현상**

㉠ 글레이징(Glazing, 눈무딤 현상) : 연삭숫돌의 자생 작용이 잘 되지 않기 때문에 숫돌 표면의 절삭입자가 납작해져 날이 무뎌져 결국 연삭성이 나빠지는 현상이다. 연삭숫돌의 결합도가 클 때, 원주 속도가 빠를 때, 공작물과 숫돌의 재질이 맞지 않을 때 등에 발생하는데, 연삭숫돌에는 열과 균열이 발생하고 재질이 변색된다.

㉡ 로딩(Loading, 눈메움 현상) : 숫돌 표면의 기공 안으로 칩이 메워져서 연삭성이 나빠지는 현상이다.

④ **연삭숫돌의 이상 현상의 교정 방법**

㉠ 드레싱(Dressing) : 절삭성 향상을 위해 눈메움이나 눈무딤이 발생한 연삭숫돌 표면의 입자를 제거하고, 새로운 절삭 날을 숫돌 표면에 생성시켜 절삭성을 회복시키는 작업이다. 이때 사용하는 공구를 '드레서'라고 한다.

㉡ 트루잉(Truing) : 연삭숫돌은 작업 중 입자가 닳거나 떨어져 나가면서 원래의 모양에서 점차 변형이 되는데, 이때 숫돌을 원래의 모양으로 수정하는 작업이다. 드레서를 주로 사용해서 트루잉과 드레싱 작업이 동시에 된다는 장점이 있다.

22. 급속 귀환 장치

① **급속 귀환 장치** : 절삭 작업 시 작업 진행방향의 속도는 느리지만 복귀하는 속도를 빠르게 하는 기구

② **급속 귀환 장치가 있는 절삭기계**

㉠ 셰이퍼 : 램에 설치된 절삭공구인 바이트를 전진시키면서 공작물을 절삭하고 공구를 뒤로 후퇴시킨 후 다시 전진시키면서 가공하는 공작기계이다. 구조가 간단하고 다루기 쉬워서 주로 소형 공작물의 평면을 가공할 때 사용된다.

㉡ 슬로터 : 상하로 왕복운동하는 램의 절삭운동으로 테이블에 수평으로 설치된 일감을 절삭하는 공작기계이다. 셰이퍼를 직립으로 세운 형태로 셰이퍼와 램의 운동방향만 다를 뿐 절삭 방법은 같으므로 수직 셰이퍼라고도 한다.

㉢ 플레이너 : 바이트가 고정되어 있는 상태에서 크고 튼튼한 테이블 위에 공작물을 설치한 후 테이블을 앞뒤로 이송하면서 가공한다.

㉣ 브로칭 머신 : 가공물에 홈이나 내부 구멍을 만들 때 가늘고 길며, 길이방향으로 많은 날이 있는 총형 공구인 브로치를 작업 공구로 해서 일감에 대고 누르면서 관통시켜 단 1회의 절삭 공정만으로 제품을 완성하는 절삭기계이다.

23. 래핑과 호닝, 배럴가공

① **래핑(Lapping)** : 주철 · 구리 · 가죽 · 천 등으로 만들어진 랩과 공작물의 다듬질을 실시할 면 사이에 랩제를 넣고 적당한 압력으로 누르면서 상대 운동을 하면, 절삭입자가 공작물 표면에서 극히 소량의 칩을 깎아내면서 표면을 다듬는 가공법이다. 주로 게이지 블록의 측정면을 가공할 때 사용한다.

② **호닝(Horning)** : 드릴링 · 보링 · 리밍 등으로 1차 가공한 재료를 더욱 정밀하게 연삭하는 가공법으로, 각봉 형상의 세립자로 만든 공구를 스프링이나 유압으로 연결한 후, 원통형의 공작물 내경 표면에 접촉시키면서 회전운동과 왕복운동을 동시에 주어 매끈하고 정밀한 제품을 만드는 가공법이다. 주로 내연기관의 실린더와 같이 구멍의 진원도와 진직도, 표면 거칠기 등의 향상을 위해 사용한다.

③ **배럴가공(Barrel Finishing)** : 회전하는 통속에 가공물과 숫돌입자, 가공액, 컴파운드 등을 모두 넣고 회전시킴으로써 가공물이 입자와 충돌하는 동안에 공작물 표면의 요철을 제거해 매끈한 가공면을 얻는 가공법이다.

④ **표면의 가공정밀도가 높은 순서** : 래핑가공 → 슈퍼피니싱 → 호닝가공 → 일반 연삭가공

24. 초음파가공

① **초음파가공** : 공구와 공작물 사이에 연삭입자가 섞인 혼합액을 넣고 초음파 진동을 주면 공구가 반복적으로 연삭입자에 충격을 가하면서 공작물의 표면을 미세하게 다듬질하는 가공법이다.

② **초음파가공의 특징**

㉠ 가공 속도가 느리고, 공구의 마모가 크다.

㉡ 가공 면적이나 가공 깊이에 제한을 받는다.

㉢ 소성변형이 없는 공작물을 가공하는 경우 가장 효과적이다.

㉣ 납, 구리, 연강 등 연성이 큰 재료는 가공 성능이 떨어진다.

ⓜ 금속이나 비금속 재료의 종류에 관계없이 광범위하게 이용된다.
ⓑ 구멍을 가공하기 용이하며, 복잡한 형상도 쉽게 가공할 수 있다.
ⓢ 연삭입자에 의한 미세한 절삭으로 도체는 물론 부도체도 가공할 수 있다.

25. 방전가공과 전해가공

① **방전가공(EDM)** : 절연성의 가공액 내에서 전극과 공작물 사이에서 일어나는 불꽃방전에 의해 재료를 조금씩 용해시켜 원하는 형상의 제품을 얻는 가공법으로, 가공 속도가 느리다. 주로 높은 경도의 금형가공에 사용되는데, 콘덴서의 용량을 크게 하면 가공 시간은 빨라지나 가공면과 치수 정밀도가 좋지 않다.
㉠ 열에 의한 변형이 작아 가공 정밀도가 우수하다.
㉡ 담금질한 재료처럼 강한 재료도 가공할 수 있다.
㉢ 전극으로 구리, 황동, 흑연을 사용하므로 성형성이 용이하다.
㉣ 아크릴과 같이 전기가 잘 통하지 않는 재료는 가공할 수 없다.
㉤ 미세한 구멍이나 얇은 두께의 재질을 가공해도 변형되지 않는다.
㉥ 전극이 소모되며, 간단한 전극만으로도 복잡한 가공을 할 수 있다.

② **전해가공** : 절삭가공 후 다듬질가공용으로 사용되는데, 공작물은 양극에 연결하고 공구는 음극에 연결하면, 전해질 가공액에 의한 전기화학적 작용에 의해 공작물이 전기분해되어 원하는 부분을 제거하는 가공법으로, 양도체의 가공액을 사용한다.

③ **방전가공과 전해가공의 차이점** : 방전가공은 절연성인 부도체의 가공액을 사용하나, 전해가공은 전기가 통하는 양도체의 가공액을 사용해 절삭가공을 한다.

26. 전해연마

① **전해연마** : 공작물을 양극(+)으로 연결하고 불용해성인 구리, 아연을 음극(−)으로 연결한 후, 전해액 속에 담그면 공작물의 표면이 전기분해되면서 매끈한 가공면을 얻는 전기화학적 연삭가공법이다. 광택이 있는 가공면을 쉽게 만들 수 있어서 거울, 드릴의 홈, 주사침, 반사경의 다듬질에 주로 사용된다.

② **전해연마의 특징**
㉠ 복잡한 형상의 공작물도 연마가 가능하다.
㉡ 가공 변질층이 없고, 가공면에 방향성이 없다.
㉢ 공작물의 형상을 바꾸거나 치수 변경에는 부적당하다.
㉣ 알루미늄이나 구리합금과 같은 연질 재료의 연마도 가능하다.
㉤ 치수의 정밀도보다는 광택의 거울면을 얻고자 할 때 사용된다.
㉥ 철강 재료와 같이 탄소를 많이 함유한 금속은 전해연마가 어렵다.
㉦ 내마모성과 내부식성이 우수하며, 표면이 깨끗해서 도금이 잘 된다.
㉧ 연마량이 적어 깊은 홈은 제거되지 않으며, 모서리가 둥글게(라운딩) 된다.
㉨ 가공층이나 녹, 공구 절삭 자리의 제거, 공구 날 끝의 연마, 표면 처리에 적합하다.

27. 기어 절삭법의 종류

총형 커터에 의한 방법	기어의 치형과 같은 형상을 가진 래크나 커터공구를 회전시키면서 공작물을 1피치씩 회전시키면서 1개의 치형을 만드는 가공법이다. 인벌류트 치형을 정확히 가공할 수 있다. 피치의 정밀도, 생산성이 낮아서 소량의 기어 제작에 사용된다.
형판에 의한 방법	셰이퍼의 테이블에 공작물을 고정하고 치형과 같은 형상(곡선)으로 만들어진 형판 위를 따라 움직이면서 바이트를 움직여서 기어를 모방 절삭하는 방법이다. 매끈한 다듬질 면을 얻기 힘들고 가공 능률이 낮아서 대형 스퍼 기어나 직선 베벨 기어 가공에 사용된다.
창성법	기어의 치형과 윤곽이 동일한 커터를 피절삭 기어와 맞물리게 하면서 상대운동을 시켜서 절삭하는 가공법으로, 종류에는 래크 커터, 피니언 커터, 호브에 의한 방법이 있다.
호빙머신에 의한 절삭	절삭공구인 호브를 사용하는 절삭기계를 이용해 기어의 치면을 절삭한다.

PART 2

28. 냉간가공과 열간가공

① 냉간가공 : 재결정 온도 이하의 온도에서 가공하는 방법으로, 강의 조직은 치밀해지나 가공이 진행될수록 내부에 변형이 일어나서 점성이 감소한다. 약 200 ~ 300℃ 부근에서는 청열취성이 발생하므로 이 온도 구간에서는 가공을 피해야 한다. 경량의 형강 제조에 주로 사용된다.

② 열간가공 : 재결정 온도 이상의 온도에서 가공하는 방법으로, 강재를 최종 치수로 마무리 작업을 하는 경우에 사용된다.

③ 냉간가공과 열간가공의 차이점

구분	냉간가공	열간가공
가공 온도	재결정 온도 이하	재결정 온도 이상
표면 거칠기 정도	우수하다	냉간가공에 비해 거칠다
가공동력	많이 든다	적게 든다
가공경화	가공경화로 강도가 증가한다	가공경화가 발생하지 않는다

29. 비교측정기

① 비교측정기의 장단점

장점	단점
• 다품종 대량생산에 적합하다. • 직접측정에 비해 오차 발생률이 낮다. • 고정밀도 측정을 비교적 쉽게 할 수 있다.	• 측정의 범위가 한정적이다. • 기준치수를 정할 표준게이지가 필요하다. • 제품을 기준과 비교만 가능하므로 제품의 치수를 읽을 수는 없다.

② 비교측정기의 종류 : 블록게이지, 다이얼게이지, 다이얼 인디케이터, 핀게이지

30. 바우싱거 효과

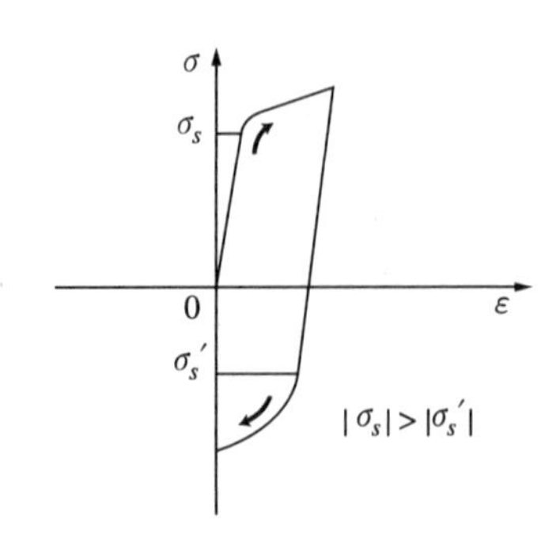

① **바우싱거 효과** : 재료를 탄성한도 이상으로 인장응력을 가한 후 다시 압축응력을 가할 경우에 처음 인장응력을 가했을 때의 항복강도보다 낮은 항복강도 값을 나타내는 현상

② **바우싱거 곡선** : 옆의 그림에서 보듯이 어떤 변형되는 힘을 가한 뒤 반대쪽에 힘을 가하면 처음 항복응력보다 현저히 저하되는 현상이 나타난다.

31. 밀링머신의 테이블 이송 속도(f)

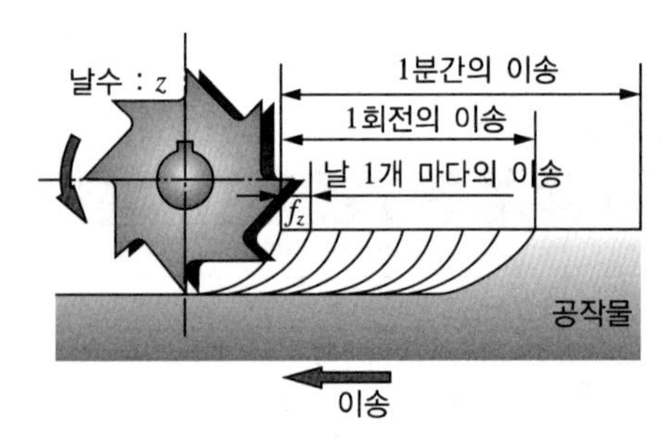

$f = f_z \times z \times n$ (f = 테이블의 이송 속도[mm/min], f_z = 밀링 커터날 1개의 이송[mm], z = 밀링 커터날의 수, n = 밀링 커터의 회전수= $\dfrac{1,000v}{\pi d}$ [rpm])

32. 입도

① **입도** : 숫돌입자의 크기를 숫자로 나타낸 것으로, 연삭가공면의 표면 정밀도를 결정하는 주요 요소이다. 입도번호가 클수록 더 고운 입자임을 나타낸다.

② **연삭숫돌의 입도번호**

구분	거친 연마용	일반 연마용	정밀 연마용
입도번호	4 ~ 220	230 ~ 1200	240 ~ 8000

33. 피복제

① 피복제(Flux) : 용재나 용가재라고도 하며, 용접봉의 심선을 둘러싸고 있는 성분이다. 용착 금속에 특정 성질을 부여하거나 슬래그 제거를 위해 사용된다.

② 피복제의 역할

㉠ 용융금속과 슬래그의 유동성을 좋게 한다.
㉡ 아크를 안정시키며, 보호가스를 발생시킨다.
㉢ 전기 절연 작용을 하며, 스패터의 발생을 줄인다.
㉣ 용융점이 낮고 적당한 점성의 슬래그를 생성한다.
㉤ 슬래그 제거를 쉽게 하여 비드의 외관을 좋게 한다.
㉥ 적당량의 합금 원소를 첨가해 금속에 특수성을 부여한다.
㉦ 용착금속의 급랭을 방지하고, 용착금속의 탈산정련 작용을 한다.
㉧ 아크의 집중성을 좋게 하고, 용적(쇳물)을 미세화해 용착의 효율을 높인다.
㉨ 중성 또는 환원성 분위기를 만들어 질화나 산화를 방지하고 용융금속을 보호한다.
㉩ 쇳물이 쉽게 달라붙도록 힘을 주어 수직 자세, 위보기 자세 등 어려운 자세를 쉽게 할 수 있다.

34. 가스용접

① 가스용접의 장단점

장점	단점
• 운반이 편리하고, 설비비가 싸다. • 전원이 없는 곳에 쉽게 설치할 수 있다. • 아크용접에 비해 유해 광선의 피해가 적다. • 가열할 때 열량 조절이 비교적 자유로워서 박판의 용접에 적당하다. • 용제가 기화해서 만든 가스 상태의 보호막은 용접 시 산화 작용을 방지한다. • 산화불꽃, 환원불꽃, 중성불꽃, 탄화불꽃 등 불꽃의 종류를 다양하게 만들 수 있다.	• 폭발의 위험이 있다. • 아크용접보다 불꽃의 온도가 낮다. • 열 집중성이 나빠서 효율적인 용접이 어려우며, 가열 범위가 커서 용접 변형이 크고, 일반적으로 용접부의 신뢰성이 낮다.

② 가스용접 시 불꽃의 이상 현상

구분	내용
역류	토치 내부의 청소가 불량할 때 내부 기관에 막힘이 생겨서 고압 산소가 밖으로 배출되지 못하고 압력이 낮은 아세틸렌 쪽으로 흐르는 현상이다.
역화	토치의 팁 끝이 모재에 닿아 순간적으로 막히거나 팁의 과열 또는 사용 가스의 압력이 부적당할 때, 팁 속에서 폭발음을 내면서 불꽃이 꺼졌다가 다시 나타나는 현상이다. 불꽃이 꺼지면 산소밸브를 차단하고, 이어 아세틸렌밸브를 닫는다. 팁이 가열됐을 때는 물속에 담가 산소를 약간 누출시키면서 냉각한다.
인화	팁 끝이 순간적으로 막히면 가스의 분출이 나빠지고 가스혼합실까지 불꽃이 도달하면서 토치를 빨갛게 달구는 현상이다.

35. 와이어 컷 방전가공

① 와이어 컷 방전가공 : 기계가공이 어려운 합금 재료나 담금질한 강을 가공할 때 사용되는 방법으로, 공작물을 (+)극으로, 가는 와이어 전극을 (−)극으로 하고 가공액 속에서 이 와이어와 공작물 사이에서 스파크 방전을 일으키면서 공작물을 절단하는 가공법

② 와이어 컷 방전가공용 전극 재료 : 열전도가 좋은 구리나 황동, 흑연을 사용하므로 성형성이 용이하나 스파크 방전에 의해 전극이 소모되므로 재사용이 불가능

36. 야금적 접합법과 기계적 접합법의 비교

구분	종류	장단점
야금적 접합법	용접이음 (융접, 압접, 납땜)	• 금속을 맞대어 용접 • 결합부에 틈새가 발생하지 않아서 이음 효율이 좋음 • 영구적인 결합법으로 한 번 결합 시 분리가 불가능함
기계적 접합법	리벳이음, 볼트이음, 나사이음, 핀, 키, 접어잇기 등	• 두 금속을 맞대어 구멍을 뚫어 볼트, 리벳으로 고정 • 결합부에 틈새가 발생해 이음 효율이 좋지 않음 • 일시적인 결합법으로 잘못 결합 시 수정이 가능함

37. 저항용접

① 저항용접 : 용접하고자 하는 2개의 금속면을 서로 맞대어 놓고 적당한 기계적 압력을 주며 전류를 흐르게 하면 접촉면에 저항열이 발생해 금속이 용융되고, 이때 가해진 압력 때문에 접촉면은 완전히 밀착하게 된다.

㉠ 작업 속도가 빠르고 대량생산에 적합하다.
㉡ 용융점이 다른 금속 간의 접합은 다소 어렵다.
㉢ 대전류를 필요로 하며, 설비가 복잡하고 값이 비싸다.
㉣ 산화 및 변질 부분이 적고, 접합 강도가 비교적 크다.
㉤ 용접공의 기능에 대한 영향이 적다(숙련을 요하지 않음).
㉥ 가압 효과로 조직이 치밀하며, 용접봉압축 응력용제 등이 불필요하다.
㉦ 서로 다른 금속과의 접합이 곤란하며, 비파괴 검사에 제한이 있다.
㉧ 열손실이 적고, 용접부에 집중열을 가할 수 있어서 용접 변형 및 잔류응력이 적다.
㉨ 급랭 경화로 용접 후 열처리가 필요하며, 용접부의 위치·형상 등의 영향을 받는다.

② 저항용접의 3요소 : 가압력, 용접 전류, 통전 시간

38. 서브머지드 아크용접(SAW)

① 용접 부위에 용제 호퍼를 통해 미세한 입상의 플럭스를 다량으로 공급하면서 도포하고, 용접선과 나란히 설치된 레일 위를 주행대차가 지나가면서 와이어 릴에 감겨 있는 와이어를 이송 롤러를 통해 용접부에 공급하면 플럭스 내부에서 아크가 발생하는 자동 용접법이다.

② 용접봉인 와이어의 공급과 이송이 자동이며, 용접부를 플럭스가 덮고 있으므로 복사열과 연기가 많이 발생하지 않는다.

③ 잠호용접, 불가시용접, 케네디 용접, 유니언 멜트 용접이라고도 부른다.

39. 피복 아크용접봉

① **피복 아크용접봉** : 용접할 재료와 같은 소재로 만들어진 심선과, 심선을 피복제로 도포해 둘러싼 구조로 이루어졌다. 심선은 아크열에 의해 용융되어 용접할 재료들 사이의 빈 공간을 채운다. 피복제는 아크 분위기를 형성해 산화를 방지하고 불순물을 응집시켜 슬래그로 만드는 등 품질을 향상시키는 역할을 한다.

② **용접봉의 표시기호 및 종류**

기호	종류	기호	종류
E4301	일미나이트계	E4316	저수소계
E4303	라임타이타늄계	E4324	철분 산화타이타늄계
E4311	고셀룰로스계	E4326	철분 저수소계
E4313	고산화타이타늄계	E4327	철분 산화철계

40. 슈퍼 피니싱(Super Finishing)

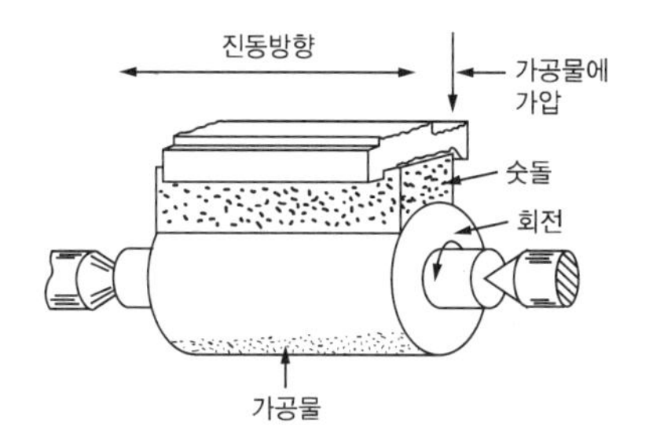

슈퍼 피니싱은 초정밀 다듬질이라고도 하며, 입도와 결합도가 작은 숫돌을 공작물에 대고 누르면서 분당 수백 ~ 수천 번의 미세 진동과 수 밀리미터의 진폭을 주면서 동시에 왕복운동 및 공작물을 회전시켜 가공면을 단시간에 매우 평활한 면(곱게)으로 다듬는 가공법이다.

41. 드릴가공의 종류

드릴링	드릴로 구멍을 뚫음
리밍	드릴로 뚫은 구멍의 정밀도 향상을 위해 리머로 구멍의 내면을 다듬음
보링	보링바이트로 이미 뚫린 구멍을 필요한 치수로 정밀하게 넓힘
태핑	탭 공구로 구멍에 암나사를 만듦
카운터 싱킹	접시머리나사의 머리가 완전히 묻힐 수 있도록 원뿔 자리를 만듦
스폿 페이싱	볼트나 너트의 머리가 체결되는 바닥 표면을 편평하게 만듦
카운터 보링	고정 볼트의 머리 부분이 완전히 묻히도록 원형으로 구멍을 뚫음

42. 드릴 구멍 가공 시간(T)

① **드릴링 가공** : 드릴링 머신의 테이블 위에 고정된 바이스에 공작물을 고정한 후 척(Chuck)에 드릴을 장착한 다음 회전시키면서 이송 레버로 드릴을 상하로 이송하며 공작물에 구멍을 가공하는 방법이다. 드릴링 머신에 장착하는 공구를 드릴 대신 리머나 보링 바, 탭 등을 장착하면 리밍이나 보링, 태핑 등 구멍을 응용한 다양한 가공이 가능해서 활용도가 높다.

② **드릴 구멍 가공 시간** : $T=\dfrac{l\times i}{n\times s}$[min] ($l$=구멍 가공 길이[mm], i=구멍 수, n=주축 회전속도[rpm], s=1회전당 이송량[mm])

43. 용접 예열

① **용접 예열** : 용접하기 전후에 용접할 재료의 급격한 열변화로 인한 급열과 급랭 방지를 위해 용접할 재료에 열을 가하는 작업

② **용접 전과 후에 모재에 예열을 가하는 목적**

㉠ 수소 방출을 용이하게 하여 저온 균열을 방지한다.

㉡ 금속 내부의 가스를 방출시켜 기공이나 균열을 방지한다.

㉢ 열영향부(HAZ)와 용착금속의 경화, 열영향부의 균열 등을 방지한다.

㉣ 수축변형 및 균열을 감소시키고, 용접금속에 연성이나 인성을 부여한다.

㉤ 급열 및 급랭 방지로 잔류응력을 줄이고, 용접금속의 팽창·수축 정도를 낮춘다.

44. 버핑가공

① **버핑가공** : 모, 면직물, 펠트 등을 여러 장 겹쳐서 적당한 두께의 원판을 만든 다음 이것을 회전시키면서 이 사이에 미세한 연삭입자가 혼합된 윤활제를 공급해 공작물의 표면을 매끈하게 만드는 가공방법

② **버핑가공의 목적**

㉠ 공작물의 표면을 매끈하고 광택이 나도록 하기 위해

㉡ 정밀도를 요하는 가공보다 외관을 더 좋게 하기 위해

㉢ 폴리싱 작업이 끝난 재료의 표면을 더 다듬질하기 위해

45. CNC 프로그램

① **CNC가공** : 범용선반을 자동화시킨 선반을 이용한 가공으로, 수치제어가공이라고도 한다. 수치제어선반에 장착된 컴퓨터를 이용해 가공부인 절삭공구와 이송장치를 정밀제어하기 때문에 범용선반보다 정밀도가 높은 가공품의 제작이 가능하다.

② CNC 프로그램의 5대 코드 및 기능

종류	코드	기능
준비 기능	G코드	공구의 이동, 실제 가공, 주축의 회전, 기계의 동작, 공구의 보정번호 등의 제어 기능을 준비하는 중요 기능이다. 어드레스로 G를 쓰므로 'G코드'이다. 예 G00 : 급속이송, G01 : 직선보간, G02 : 시계방향 공구 회전
보조 기능	M코드	CNC 공작기계에 장착된 공구 이외의 부수 장치의 동작을 실행하기 위한 보조 기능 코드이며, 주로 ON/OFF 기능을 한다. 예 M02 : 주축 정지, M08 : 절삭유 ON, M09 : 절삭유 OFF
이송 기능	F코드	절삭을 위한 공구의 이송 속도를 지령한다. 예 F0.02 : 0.02mm/rev
주축 기능	S코드	주축의 회전수 및 절삭속도를 지령한다. 예 S1800 : 1,800rpm으로 주축 회전
공구 기능	T코드	공구 준비 및 공구 교체, 보정 및 오프셋 양을 지령한다. 예 T0100 : 1번 공구로 교체한 후, 공구에 00번으로 설정한 보정값 적용

46. 다이얼게이지

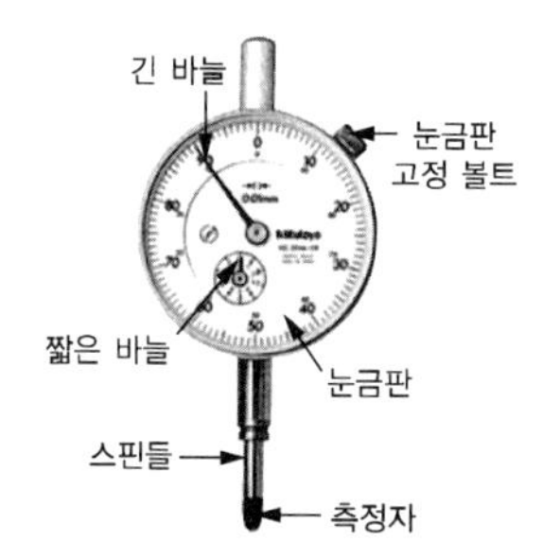

① 다이얼게이지 : 측정자의 직선이나 원호운동을 기계적으로 확대해 그 움직임을 지침의 회전운동으로 변환시켜 눈금을 읽을 수 있는 측정기이다.

② 다이얼게이지의 특징

㉠ 다원측정의 검출기로서 이용할 수 있다.

㉡ 눈금과 지침에 의해서 읽기 때문에 오차가 작다.

㉢ 비교측정기에 속하므로 직접치수를 읽을 수는 없다.

㉣ 측정 범위가 넓고, 연속된 변위량의 측정이 가능하다.

47. 사인바

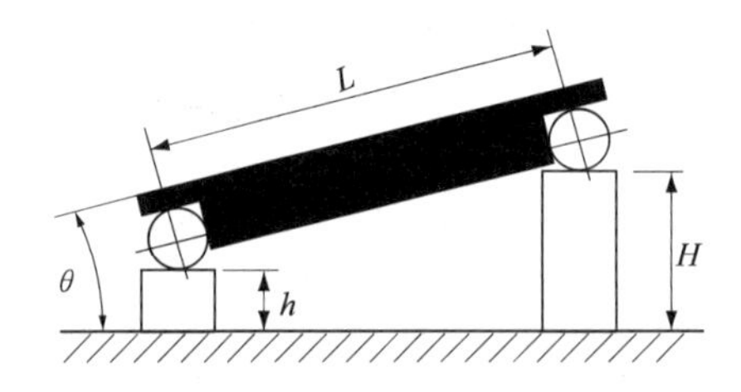

① 사인바 : 삼각함수를 이용해 각도를 측정하거나 임의의 각을 만드는 대표적인 각도측정기로, 정반 위에서 블록게이지와 조합해 사용한다. 이 사인바는 측정하려는 각도가 45° 이내여야 하며, 측정각이 더 커지면 오차가 발생한다.

② 사인바의 특징

㉠ 정밀한 각도 측정을 위해서는 평면도가 높은 평면을 사용해야 한다.

㉡ 사인바는 롤러의 중심거리가 보통 100mm 또는 200mm로 제작한다.

㉢ 게이지블록 등을 병용하고, 삼각함수인 사인(sin)을 이용해 각도를 측정한다.

48. 신속조형기술(RP기술)

① 신속조형기술(Rapid Prototyping, 쾌속조형법) : 3차원 형상 모델링으로 그린 제품의 설계 데이터를 사용해 제품 제작 전에 실물 크기 모양(Mock-up)의 입체 형상을 신속하고 경제적인 방법으로 제작하는 기술

② 신속조형기술의 종류

㉠ 광조형법(SLA) : 액체 상태의 광경화성 수지에 레이저 광선을 부분적으로 쏘아서 적층하는 방법으로, 큰 부품의 처리가 가능하며 정밀도가 높아 널리 사용되고 있으나, 액체 재료이므로 후처리가 필요하다.

㉡ 용융수지압출법(FDM) : 3μm 직경의 필라멘트 선으로 된 열가소성 소재를 노즐 안에서 가열해 용해한 후 이를 짜내어 조형되는 면에 쌓아 올려 제품을 만드는 방법으로, 광조형법 다음으로 널리 사용된다.

㉢ 박판적층법(LOM) : 원하는 단면에 레이저 광선을 부분적으로 쏘아서 절단한 후 종이의 뒷면에 부착된 접착제를 사용해서 아래층과 압착시켜 한 층씩 쌓아가며 형상을 만드는 방법으로, 사무실에서도 사용할 만큼 크기와 가격이 적당하지만, 재료에 제한이 있고 정밀도가 떨어진다.

㉣ 선택적 레이저 소결법(SLS) : 레이저는 에너지의 미세한 조정으로 재료의 가공이 가능한데, 먼저 고분자 재료나 금속 분말 가루를 한 층씩 도포한 후 여기에 레이저 광선을 쏘아서 소결시킨 후 다시 한 층씩 쌓아 올려서 형상을 만드는 방법으로, 분말로 만들어지거나 용융되어 분말로 소결되는 모든 재료의 사용이 가능하다.

㉤ 3차원 인쇄(3DP) : 분말 가루와 접착제를 뿌려가며 형상을 만드는 방법으로, 3D 프린터의 보급으로 많이 사용되는 방법이다. 속도가 빠르고 크기와 가격이 적당해서 사무실에서도 사용이 가능하고 컬러 재료의 사용이 가능하지만, 재료에 제한이 있고 강도가 약하며 표면 처리가 필요하다.

기계설계

1. 나사의 리드와 피치

① 리드(L) : 나사를 1회전시켰을 때 축방향으로 이동한 거리

② 피치(p) : 나사산과 바로 인접한 나사산 사이의 거리

㉠ $L=n\times p$

㉡ 예 1줄 나사와 3줄 나사의 리드(L)

- 1줄 나사 : $L=n\times p=1\times 1=1\text{mm}$
- 3줄 나사 : $L=n\times p=3\times 1=3\text{mm}$

※ 특별한 언급이 없다면 피치(p)는 1을 적용한다.

2. 나사의 효율과 풀림 방지법

① 나사의 효율

㉠ 사각나사의 효율

$$\eta=\frac{(\text{마찰이 없는 경우의 회전력})}{(\text{마찰이 있는 경우의 회전력})}=\frac{pQ}{2\pi T}=\frac{\tan\lambda}{\tan(\lambda+\rho)}$$

(T= 토크, p= 나사의 피치, Q= 축방향 하중, λ= 나사의 리드각, ρ= 나사의 마찰각)

㉡ 삼각나사의 효율

$$\eta=\frac{(\text{마찰이 없는 경우의 회전력})}{(\text{마찰이 있는 경우의 회전력})}=\frac{pQ}{2\pi T}=\frac{\tan\lambda}{\tan(\lambda+\rho')}$$

② 나사의 풀림 방지법

㉠ 철사를 사용하는 방법

㉡ 와셔를 사용하는 방법

㉢ 분할 핀을 사용하는 방법

㉣ 로크너트를 사용하는 방법

㉤ 멈춤나사를 사용하는 방법

㉥ 자동 죔 너트를 사용하는 방법

㉦ 플라스틱 플러그를 사용하는 방법

3. 나사를 죄는 힘(P)과 푸는 힘(P')

① 나사를 죄는 힘(시계방향으로 조임) : $P = Q\tan(\lambda + \rho)$

② 나사산을 확대한 형상

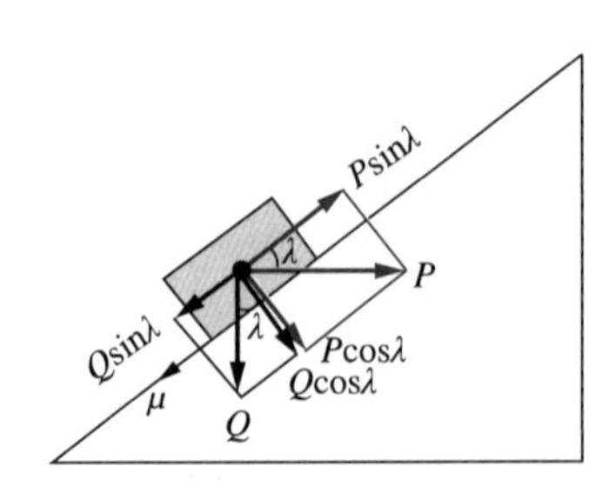

[P= 접선방향으로 가하는 회전력, λ= 나사의 리드각, Q= 축방향으로 작용하는 하중, ρ= 나사의 마찰각, $\tan\rho$= 마찰계수(μ)]

③ 나사를 죌 경우

㉠ 나사면에 수직한 힘 $= P\sin\lambda + Q\cos\lambda$

㉡ 나사면에 수평한 힘 $= P\cos\lambda + Q\sin\lambda$

㉢ 마찰력(F) $= \mu P$, 마찰계수 $\mu = \tan\rho$

㉣ (수평방향의 힘) = (마찰력) × (수직방향의 힘)

$P\cos\lambda + Q\sin\lambda = \mu(P\sin\lambda + Q\cos\lambda)$

㉤ 위 식을 회전력(P)으로 정리하면 $P = Q\dfrac{\mu + \tan\lambda}{1 - \mu\tan\lambda} = Q\tan(\lambda + \rho)$

여기에 $\tan\lambda = \dfrac{p}{\pi d_e}$를 적용하면 $P = Q\dfrac{\mu\pi d_e + p}{\pi d_e - \mu p}$

④ 나사를 푸는 힘(반시계방향으로 돌림) : $P' = Q\tan(\rho - \lambda)$

4. 사각나사의 자립 조건

① 나사의 자립 조건 : 나사를 죄는 힘을 제거해도 체결된 나사가 스스로 풀리지 않을 조건

② 나사가 자립할 조건은 나사를 푸는 힘(P')을 기준으로 구할 수 있다. 나사를 푸는 힘 $P' = Q\tan(\rho - \lambda)$에서

㉠ P'가 0보다 크면 $\rho - \lambda > 0$이므로 나사를 풀 때 힘이 든다. 따라서 나사는 풀리지 않는다.

㉡ P'가 0이면 $\rho - \lambda = 0$이므로 나사가 풀리다가 정지한다. 따라서 나사는 풀리지 않는다.

㉢ P'가 0보다 작으면 $\rho - \lambda < 0$이므로 나사를 풀 때 힘이 들지 않는다. 따라서 나사는 풀린다.

㉣ 따라서 나사의 자립 조건은 '나사의 마찰각(ρ) ≥ 나사의 리드각(λ)'이다.

5. 축 하중 작용 시 볼트의 지름(d)

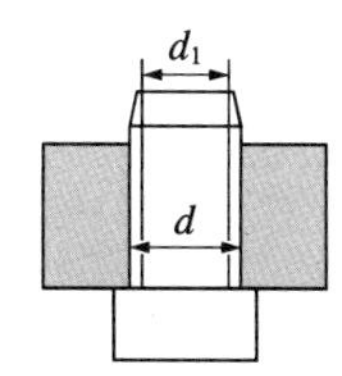

골지름(안지름)	바깥지름(호칭지름)
$d_1 = \sqrt{\dfrac{4Q}{\pi\sigma_a}}$	$d = \sqrt{\dfrac{2Q}{\sigma_a}}$

※ Q=축 하중, σ_a=허용 인장응력

안전율(S)을 고려하려면 S를 분자에 곱하면 된다.

$$d_1 = \sqrt{\frac{4QS}{\pi\sigma_a}} \quad \left(S = \frac{\sigma_u(\text{극한강도})}{\sigma_a(\text{허용응력})} = \frac{(\text{인장강도})}{(\text{허용응력})}\right)$$

6. 기어의 지름

① 기어의 지름(피치원 지름, $PCD = D$)

$D = m(\text{모듈}) \times Z(\text{잇수})$

$\left[\text{모듈}(m)\text{은 이의 크기를 나타내는 기준으로, } m = \dfrac{PCD(=D)}{Z} \right]$

② 기어의 바깥지름(이끝원 지름)$= PCD + 2m$[mm]

③ 기어 각부의 명칭

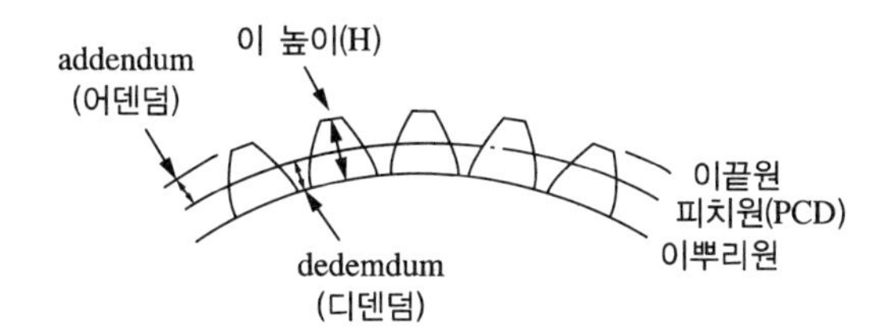

7. 원주피치와 지름피치

① **원주피치** : 피치원(PCD)의 둘레를 잇수(Z)로 나눈 것

원주피치 $p = \dfrac{\pi D}{Z} = \pi m \ (m = \text{모듈})$

② **지름피치** : 잇수(Z)를 인치(inch) 단위인 피치원(PCD) 지름으로 나눈 것

지름피치 $p_d = \dfrac{Z}{D[\text{inch}]} = \dfrac{1}{m[\text{mm}]} \times 25.4$

8. 기어열

① 기어열 : 여러 개의 기어가 하나의 열로 연결되어 운동하는 장치

② 기어열의 속도비(i)

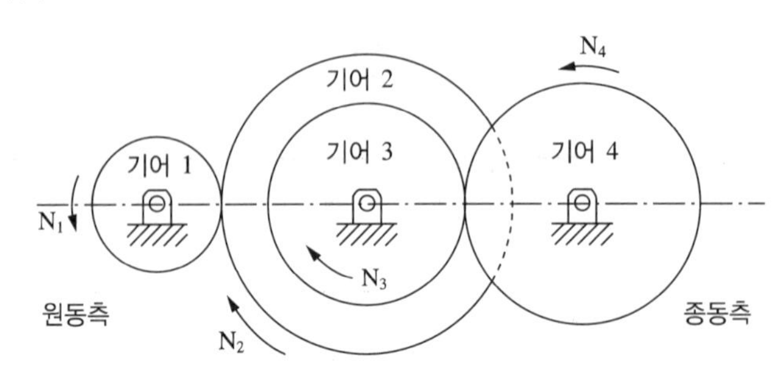

$$i=\frac{w_{출력}}{w_{입력}}=\frac{z_{출력,\ 기어\ 1}}{z_{출력,\ 기어\ 2}}\times\frac{z_{입력,\ 기어\ 3}}{z_{입력,\ 기어\ 4}}=\frac{z_1\times z_3}{z_2\times z_4}\quad(z=\text{잇수})$$

③ 속도비(i) 일반식 : $i=\dfrac{n_2}{n_1}=\dfrac{w_2}{w_1}=\dfrac{D_1}{D_2}=\dfrac{z_1}{z_2}$

9. 치형곡선

① **사이클로이드 치형곡선** : 평면 위의 일직선상에서 원을 회전시킨다고 가정했을 때, 원의 둘레 중 임의의 한 점이 회전하면서 그리는 곡선을 기어의 치형으로 사용한 곡선이다. 피치원이 일치하지 않거나 중심거리가 다를 때는 기어가 바르게 물리지 않으며, 이뿌리가 약하지만, 효율성이 좋고 소음과 마모가 적다.

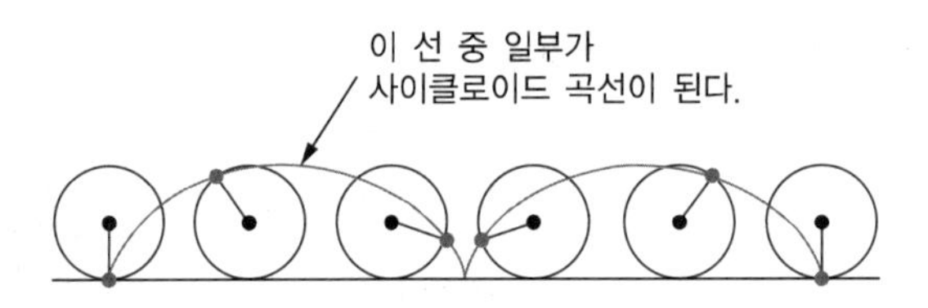

② **인벌류트 치형곡선** : 원기둥을 세운 후 여기에 감은 실을 풀 때, 실의 끝부분이 그리는 곡선 중 일부를 기어의 치형으로 사용한 곡선이다.

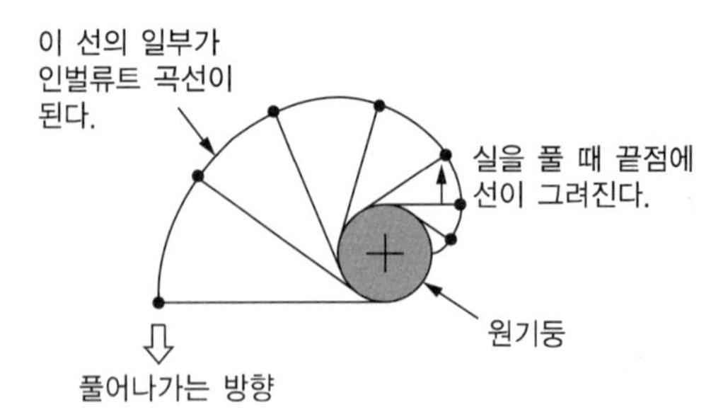

㉠ 마모가 잘 된다.
㉡ 변형시킨 전위기어를 사용할 수 있다.
㉢ 맞물림이 원활하며, 이뿌리가 튼튼하다.
㉣ 압력각이 일정할 때 맞물리는 두 기어의 중심거리가 다소 어긋나도 속도비에 영향이 작다.

10. 이의 간섭

① 이의 간섭 : 한 쌍의 기어가 맞물려 회전할 때, 한쪽 기어의 이 끝이 상대쪽 기어의 이뿌리에 부딪쳐서 회전할 수 없게 되는 간섭 현상이다.

② 이의 간섭의 발생 원인과 방지 대책

발생 원인	방지 대책
• 압력각이 작을 때 • 피니언의 잇수가 극히 적을 때 • 기어와 피니언의 잇수비가 매우 클 때	• 압력각(α)을 크게 한다. • 피니언의 잇수를 최소 잇수 이상으로 한다. • 기어의 잇수를 한계 잇수 이하로 한다. • 치형을 수정한다. • 기어의 이 높이를 줄인다.

11. 리벳(Rivet)

① 리벳 : 판재나 형강을 영구적으로 이음을 할 때 사용되는 결합용 기계 요소로, 구조가 간단하고 잔류변형이 없어서 기밀을 요하는 압력용기나 보일러·항공기·교량 등의 이음에 주로 사용된다. 간단한 리벳 작업은 망치로도 가능하나, 큰 강도를 요하는 곳을 리벳이음하기 위해서는 리베팅 장비가 필요하다.

㉠ 열응력에 의한 잔류응력이 생기지 않는다.
㉡ 경합금과 같이 용접이 곤란한 재료의 결합에 적합하다.
㉢ 리벳이음의 구조물은 영구 결합으로 분해가 되지 않는다.
㉣ 구조물 등에 사용할 때 현장 조립의 경우 용접 작업보다 용이하다.

② 리벳의 지름(d)

$$\tau \times \frac{\pi d^2{}_{\text{리벳}}}{4} \times n = \sigma_c \times d_{\text{강판 구멍의 지름}} \times t_{\text{강판 두께}} \times n_{\text{강판 수}}$$

$$d_{\text{리벳}} = \frac{4\sigma_c t}{\pi\tau}\,[\text{mm}]\ (\sigma_c = \text{압축응력},\ \tau = \text{전단응력})$$

③ 리벳의 피치(p)

$$\tau \times \frac{\pi d^2{}_{\text{리벳}}}{4} \times n = \sigma_t \times (p - d_{\text{강판 구멍}})t$$

$$p = d_{\text{강판 구멍}} + \frac{\tau\pi d^2 n}{4\sigma_t t}\ \ (\sigma_t = \text{인장응력})$$

④ 리벳에 작용하는 인장응력(σ) : 한 줄 겹치기 이음에서 리벳 구멍 사이가 절단된다는 것은 이 구멍 사이의 단면 부분이 외력에 견디지 못해 파손됨을 뜻하므로 응력을 계산할 때는 이 부분이 외력에 대응하는 단면적이 되어야 한다. 따라서 이 부분의 단면적은 $(p-d)t$로 계산이 가능하다.

$$\sigma=\frac{P}{(p-d)t}$$

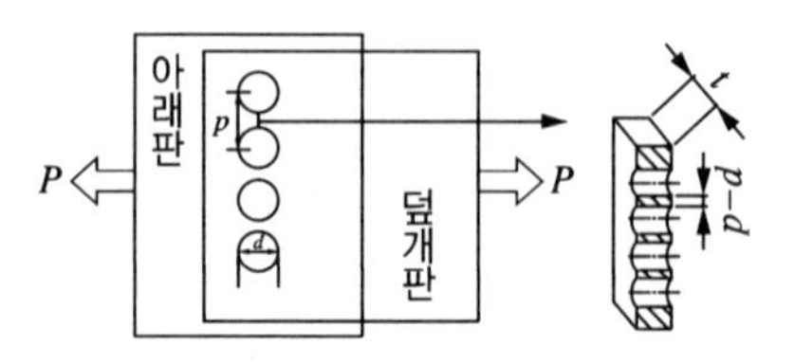

⑤ 리벳에 작용하는 압축응력 : $\sigma_c=\dfrac{P}{dt}$

⑥ 리벳이음의 효율(η)

㉠ 리벳 강판의 효율 : $\eta_t=\dfrac{\text{(1피치 내 구멍이 있을 때의 인장력)}}{\text{(1피치 내 구멍이 없을 때의 인장력)}}=\dfrac{\sigma_t(p-d)t}{\sigma_t pt}=1-\dfrac{d}{p}$

($d=$리벳의 지름, $p=$리벳의 피치)

㉡ 리벳의 효율 : $\eta_s=\dfrac{\text{(1피치 내 리벳이 있을 때의 전단강도)}}{\text{(1피치 내 리벳이 있을 때의 인장강도)}}=\dfrac{\tau\dfrac{\pi d^2}{4}n}{\sigma_t pt}=\dfrac{\pi d^2\tau n}{4pt\sigma_t}$

12. 코킹과 풀러링

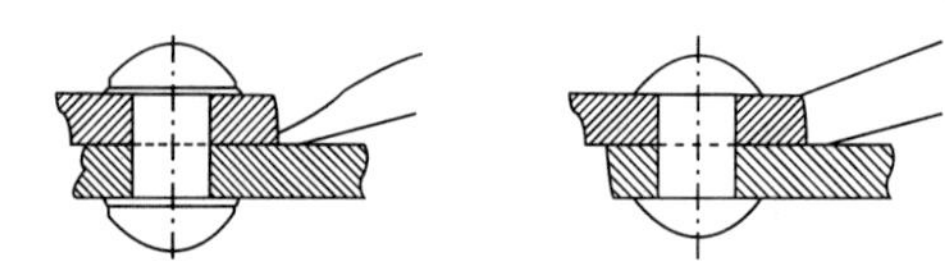

① 코킹(Caulking) : 물이나 가스 저장용 탱크를 리베팅한 후 기밀(기체 밀폐)과 수밀(물 밀폐)을 유지하기 위해 날 끝이 뭉뚝한 정(코킹용 정)을 사용해 리벳 머리와 판 이음부의 가장자리를 때려 박음으로써 틈새를 없애는 작업

② 풀러링(Fullering) : 기밀을 더 좋게 하기 위해 강판과 같은 두께의 풀러링 공구로 재료의 옆 부분을 때려 붙이는 작업

13. 스플라인과 세레이션

① 스플라인(Spline Key) : 축의 둘레에 원주방향으로 여러 개의 키 홈을 깎아 만든 것으로, 세레이션 키 다음으로 큰 동력(토크)을 전달할 수 있다. 내구성이 크고 축과 보스(축에 끼워지는 본체)와의 중심축을 정확히 맞출 수 있어서 축방향으로 자유로운 미끄럼 운동이 가능해 자동차 변속기의 축용 재료로 사용된다.

② 세레이션(Serration Key) : 축과 보스에 작은 삼각형의 이를 만들어서 동력을 전달하는 키(Key)로, 키 중에서 가장 큰 힘을 전달한다.

14. 묻힘키

① 묻힘키(Sunk Key) : 가장 널리 쓰이는 키로, 축과 보스 양쪽에 모두 키 홈을 파서 동력을 전달한다. 종류에는 평행키와 기울기가 $\frac{1}{100}$ 인 경사키가 있다.

② 키에 작용하는 전단응력 : $\tau=\frac{F \text{ 또는 } W}{A}=\frac{F \text{ 또는 } W}{b(\text{키의 폭})\times l(\text{키의 길이})}$

③ 묻힘키의 길이(l)

㉠ 전단응력 고려 시 : $\tau=\frac{W}{bl}=\frac{2T}{bdl}$, $l=\frac{2T}{bd\tau}$

㉡ 압축응력 고려 시 : $\sigma_c=\frac{2W}{hl}=\frac{4T}{hdl}$, $l=\frac{4T}{hd\sigma_c}$

④ 묻힘키가 파손되지 않는 길이 : $l=\frac{\pi d^2}{8b}$

⑤ 묻힘키가 전단하중만 받을 때 파손되지 않는 키의 길이 : $L=1.5d$

⑥ 키의 전달토크 : $T=974{,}000\times\frac{H_{\text{kW}}}{N}$ [kg_f · mm]

15. 구름베어링과 미끄럼베어링

① 베어링 : 회전하고 있는 축을 본체(하우징) 내부의 일정한 위치에 고정시키고, 축의 자중과 축에 걸리는 하중을 지지하면서 동력을 전달할 때 사용하는 기계 요소

② 구름베어링 : 베어링과 저널 사이에 볼이나 롤러에 의해서 구름접촉을 하는 베어링

③ 미끄럼베어링 : 베어링과 저널부가 서로 미끄럼접촉을 하는 베어링

④ 구름베어링과 미끄럼베어링의 비교

구름베어링(볼 또는 롤러베어링)	미끄럼베어링
• 가격이 비싸며, 마찰저항이 작다. • 동력 손실이 적고, 윤활성이 좋다. • 소음이 있고, 충격에 약하다. • 비교적 작은 하중에 적용한다. • 수명이 비교적 짧고, 조립이 어렵다. • 너비를 작게 해서 소형화가 가능하다. • 특수강을 사용하며, 정밀가공이 필요하다. • 표준화된 규격품이 많아 교환하기 쉽다.	• 가격이 싸며, 마찰저항이 크다. • 동력 손실이 크고, 윤활성이 좋지 않다. • 진동과 소음이 작다. • 비교적 큰 하중에 적용한다. • 구조가 간단하며, 수리가 쉽다. • 충격값이 구름베어링보다 크다. • 구름베어링보다 정밀도가 더 커야 한다. • 시동할 때뿐만 아니라 구동 중에도 구름베어링에 비해 마찰저항이 크다.

16. 테이퍼 롤러 베어링

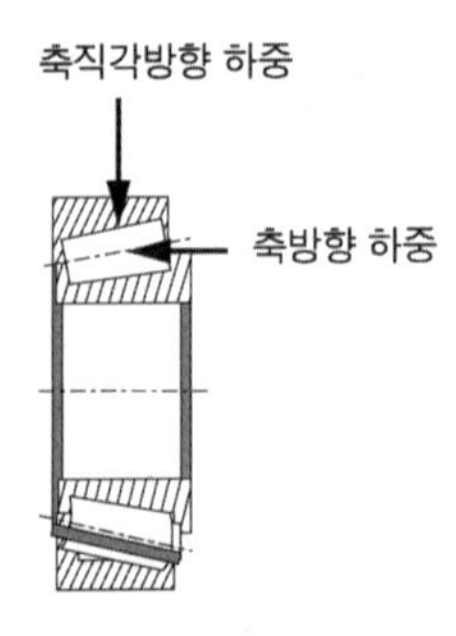

① 테이퍼(Taper) : 중심축을 기준으로 원뿔과 같이 양측면의 경사진 형상을 뜻한다.

② 테이퍼 롤러 베어링은 테이퍼 형상의 롤러가 적용된 베어링으로, 축방향과 축에 직각인 하중을 동시에 지지할 수 있어서 자동차나 공작기계용 베어링으로 널리 사용된다.

17. 베어링 예압(Preload)

① 베어링 예압 : 일반적으로 베어링은 운전 상태에서 약간의 내부 틈새를 주어 사용하는데, 용도에 따라서 미리 하중을 가하는 예압을 설정해 미끄러짐을 방지한다. 그러나 예압을 최대로 설정하면 수명 저하와 이상 발열, 회전 토크 증대 등의 원인이 되므로 목적을 잘 고려해 예압을 설정해야 한다. 또한 운전속도는 보통 제한속도의 20% 이하로 사용하며, 기본 정격하중의 $\frac{1}{1,000}$ 배로 예압한다.

② 스러스트 볼 베어링에 예압을 가하는 목적

㉠ 진동과 소음을 억제하기 위해

㉡ 고속 회전 시 미끄러짐을 방지하기 위해

㉢ 하중을 받을 때 내부 틈새를 방지하기 위해

㉣ 축의 고유 진동수를 높여 고속 회전에도 적용하기 위해

㉤ 축의 흔들림을 억제해 회전 정밀도와 위치 결정의 정밀도 향상을 위해

18. 스프링

① 스프링의 역할 : 충격 완화, 진동 흡수, 힘의 축적, 운동과 압력의 억제, 에너지를 저장해 동력원으로 사용

② 스프링의 최대 전단응력(τ)식 유도하기

$T = P \times \frac{D}{2}$, $T = \tau \times Z_p$를 대입하면 $\tau \times Z_p = \frac{PD}{2}$

$Z_p = \frac{\pi d^3}{16}$을 대입하면 $\tau \times \frac{\pi d^3}{16} = \frac{PD}{2}$, $\tau = \frac{PD}{2} \times \frac{16}{\pi d^3}$

$\therefore \tau = \frac{8PD}{\pi d^3}$ (P=축 하중, D=스프링 평균 지름, d=소선의 지름)

③ 스프링에 작용하는 하중 : $P = k \times \delta$[N]

19. 스프링 상수

① 스프링 상수(k) : 탄성계수라고도 하며, 스프링의 강성을 나타내는 척도이다. 스프링에 작용하는 힘을 이 힘에 의해 변화된 길이로 나누어 그 수치를 표시한다.

② 원통 코일 스프링의 스프링 상수 : $k=\dfrac{P}{\delta}=\dfrac{P}{\dfrac{8nPD^3}{Gd^4}}=\dfrac{Gd^4\times P}{8nPD^3}=\dfrac{Gd^4}{8nD^3}$ [N/mm] ($\delta=$스프링 처짐량, $D=$스프링 평균 지름, $d=$소선의 지름, $n=$유효감김수, $G=$소선의 가로탄성계수)

③ 여러 개의 스프링 조합 시 스프링 상수(k)

병렬연결 시	$k=k_1+k_2$	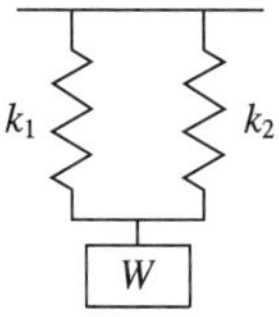 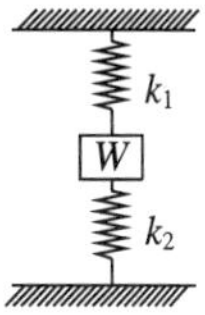
직렬연결 시	$\dfrac{1}{k}=\dfrac{1}{k_1}+\dfrac{1}{k_2}$, k로 정리하면 $k=\dfrac{1}{\dfrac{1}{k_1}+\dfrac{1}{k_2}}$	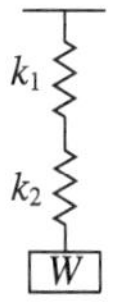

20. 아이텔바인 식

① 아이텔바인 식(장력비) : 벨트전동장치에서 벨트와 벨트풀리 사이에서 발생하는 미끄럼에 대한 해석을 위해 고안된 식으로, '긴장측 장력과 이완측 장력 간 차는 최대 전달 가능한 회전력'으로 해석한다.

② 아이텔바인 식 : $e^{\mu\theta}=\dfrac{T_t(\text{긴장측 장력})-mv^2(\text{부가장력})}{T_s(\text{이완측 장력})-mv^2(\text{부가장력})}$ ($e=2.718$, 문제에서 장력비를 고려하지 않으면 무시함)

21. 내압을 받는 용기의 강판 두께

① 내압을 받는 용기 : 가스봄베나 공기탱크와 같이 하나로 된 유체의 입구·출구 외에 다른 출입구 없이 전부 밀폐된 용기

② 내압을 받는 용기의 강판 두께(t) 구하는 식 유도하기

$\sigma_{\max}=\dfrac{PD}{2t}\le\sigma_a$, $t\ge\dfrac{PD}{2\sigma_a\eta}+C$ ($C=$부식 여유, $D=$원통 안지름, $P=$사용압력, $\eta=$리벳이음의 효율)

③ 안전율 고려 시 리벳이음용 내압용기의 두께(t) : $t=\dfrac{PDS}{2\sigma_a\eta}+C$

22. 압력용기 절단응력

① 압력용기에 작용하는 하중(힘) : 가스용 봄베나 보일러용 탱크로 사용되는 압력용기(내압용기)는 내압과 외압이 항상 동시에 작용하며, 절단될 때 응력이 작용하는 방향에 따라 원주방향 절단과 축방향 절단으로 나뉜다.

② 내압용기가 절단될 때 작용 하중에 따른 응력과 적용 단면적

구분	축방향 절단 시 응력(축방향 응력)	원주방향 절단 시 응력(원주방향 응력)
단면적(A)	$A=\pi dt$	$A=2tL$, 길이 L, 두께 t
응력	$\sigma=\dfrac{PD}{4t}$	$\sigma=\dfrac{PD}{2t}$

23. 축의 위험속도

① 축의 위험속도(N_c) : 축의 고유 진동수와 축의 회전속도가 일치했을 때 진폭이 점차 커져서 축이 위험 상태에 놓이게 되어 결국 파괴에 이르게 되는 축의 회전수

② 위험속도의 발생 원인 : 축의 중심이 그 단면의 중심선 위에 오도록 정확히 가공한다는 것은 매우 어려우므로 보통 약간의 편심이 발생한다. 또한 축의 자중이나 하중에 의해서도 편심이 생기는데, 편심이 된 상태에서 축이 고속으로 회전을 하면 원심력에 의해 축에 진동이 생긴다. 이때 생긴 진동이 이 축이 가진 고유 진동수와 축의 속도가 같아졌을 때 축의 원심력이 축의 저항력을 이겨 결국 축이 파괴에 이르게 되며, 이 경우의 속도가 위험속도가 된다. 따라서 물체의 고유 진동은 고속으로 회전하는 기계에는 매우 중요한 문제이다.

③ 위험속도를 방지하는 방법 : 축의 일상적인 사용 회전속도(상용 회전수)는 위험속도로부터 25% 이상 떨어진 상태에서 사용하도록 설계 시 고려해야 한다.

④ 중앙에 1개의 회전질량을 가진 축의 위험속도 : $N_c=\dfrac{30}{\pi}\omega_c=\dfrac{30}{\pi}\sqrt{\dfrac{g}{\delta}}=300\sqrt{\dfrac{1}{\delta}}$

24. 던커레이 공식

① 던커레이 공식 : 각 회전체들을 각각의 축에 부착했을 때의 고유 진동수로부터 축 전체의 1차 고유 진동수를 근사적으로 계산하는 방식으로, 축의 1차 고유 진동수는 정확한 고유 진동수보다 작고 고차의 고유 진동수는 1차 고유 진동수보다 상당히 크다. 던커레이 공식은 1차 고유 진동수보다 낮은 진동수로 회전하는 기계에서 주로 사용된다.

② 던커레이 공식에 따른 여러 회전체를 가진 축의 위험속도(N_C)

$$\frac{1}{N_c^2}=\frac{1}{N_{c1}^2}+\frac{1}{N_{c2}^2}+\frac{1}{N_{c3}^2}+\cdots$$

25. V벨트

① **벨트전동** : 원동축과 종동축에 장착된 벨트풀리에 평벨트나 V벨트를 감아서 이 벨트를 동력 매체로 하여 원동축에서 동력을 전달받아 종동축으로 힘을 전달하는 감아걸기 전동장치이다.

② V벨트의 특징

㉠ 운전이 정숙하고, 고속운전이 가능하다.

㉡ 벨트의 벗겨짐 없이 동력 전달이 가능하다.

㉢ 바로걸기 방식으로만 동력 전달이 가능하다.

㉣ 이음매가 없으므로 전체의 강도가 균일하다.

㉤ 비교적 작은 장력으로 큰 동력의 전달이 가능하다.

㉥ 미끄럼이 적고 속도비가 크며, 베어링에 작용하는 하중이 비교적 적다.

PART 2

26. 벨트의 전체 길이, 접촉각 및 유효장력

① **벨트의 전체 길이(L)**

㉠ 바로걸기(Open) : $L=2C+\dfrac{\pi(D_1+D_2)}{2}+\dfrac{(D_2-D_1)^2}{4C}$

㉡ 엇걸기(Cross) : $L=2C+\dfrac{\pi(D_1+D_2)}{2}+\dfrac{(D_2+D_1)^2}{4C}$

② **벨트의 접촉각(θ)**

㉠ 바로걸기 : $\theta_1=180-2\sin^{-1}\left(\dfrac{D_2-D_1}{2C}\right)$, $\theta_2=180+2\sin^{-1}\left(\dfrac{D_2-D_1}{2C}\right)$

㉡ 엇걸기 : $\theta=180+2\sin^{-1}\left(\dfrac{D_2+D_1}{2C}\right)$

③ **벨트의 유효장력** : $P_e=T_t$(긴장측 장력)$-T_s$(이완측 장력)

㉠ 긴장측 장력 : $T_t=\dfrac{P_e e^{\mu\theta}}{e^{\mu\theta}-1}$ $(P_e=T_e)$

㉡ 이완측 장력 : $T_s=\dfrac{P_e}{e^{\mu\theta}-1}$

27. 체인전동장치

① **체인전동장치** : 체인을 원동축과 종동축의 스프로킷에 걸어 동력을 전달하는 기계장치

② **체인의 속도(v)**

㉠ $v=\dfrac{pzN}{1,000\times 60}$[m/s] ($p$=체인의 피치, z=스프로킷 잇수, N=스프로킷 휠의 회전수)

㉡ 체인의 피치와 스프로킷의 피치는 서로 같다.

③ 체인전동장치의 특징

㉠ 여러 개의 축을 동시에 작동시킬 수 있다.
㉡ 마멸이 일어나도 전동 효율의 저하가 작다.
㉢ 유지·보수가 쉬우나, 진동·소음이 일어나기 쉽다.
㉣ 체인의 탄성으로 어느 정도의 충격을 흡수할 수 있다.
㉤ 큰 동력 전달이 가능하며, 전동 효율이 90% 이상이다.
㉥ 체인의 길이를 조절하기 쉽고, 내열성·내유성·내습성 등이 크다.
㉦ 고속회전에 부적당하며 저속회전으로 큰 힘을 전달하는 데 적당하다.
㉧ 전달 효율이 크고, 미끄럼(슬립)이 없이 일정한 속도비를 얻을 수 있다.
㉨ 사일런트 체인은 정숙하고 원활한 운전과 고속의 회전이 필요할 때 사용된다.
㉩ 초기 장력이 필요 없어서 베어링 마멸이 적고, 정지 시 장력이 작용하지 않는다.

28. 드럼 브레이크의 제동토크

① 드럼 브레이크 : 바퀴와 함께 회전하는 브레이크 드럼의 안쪽에 마찰재인 초승달 모양의 브레이크 패드(슈)를 밀착시켜 제동시키는 장치

② 드럼 브레이크의 제동토크 : $T=P\times\dfrac{D}{2}=\mu Q\times\dfrac{D}{2}$ [T=토크, P=제동력(=uQ), D=드럼의 지름, Q=브레이크 드럼과 블록 사이의 수직력, μ=마찰계수]

29. 밴드 브레이크

① 밴드 브레이크 : 브레이크 드럼의 바깥 둘레에 강철 밴드를 감고 밴드의 끝이 연결된 레버를 잡아당겨 밴드와 브레이크 드럼 사이에 마찰력을 발생시켜 제동력을 얻는 장치

② 밴드 브레이크의 조작력(F)

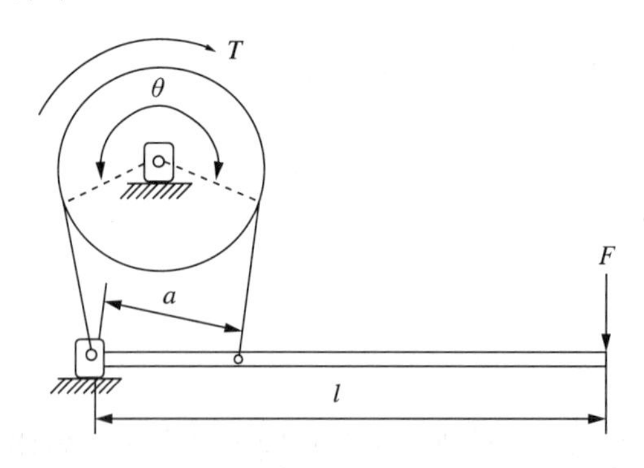

우회전 시 조작력	좌회전 시 조작력
$F=f\dfrac{a}{l}\times\dfrac{1}{e^{\mu\theta}-1}$[N]	$F=f\dfrac{a}{l}\times\dfrac{e^{\mu\theta}}{e^{\mu\theta}-1}$[N]

㉠ 밴드 브레이크의 제동력 : $f=T_t-T_s=\frac{2T}{D}$

㉡ 밴드 브레이크의 장력비 : $e^{\mu\theta}=\frac{T_t}{T_s}$

㉢ 밴드 브레이크의 동력 : $H=\frac{fv}{1,000}=\frac{\mu Pv}{1,000}=\frac{\mu pAv}{1,000}$[kW] ($A$=밴드와 드럼 사이의 접촉 면적, p=압력, P=마찰되는 힘)

30. 맞대기 용접부의 인장하중과 허용응력

① 용접부 안전설계 : 예를 들어 두께가 다른 모재를 맞대기 용접할 경우 응력 계산 시에는 두 모재 중 작은 두께를 계산식에 적용해야 더 안전한 설계가 가능하다. 따라서 옆의 그림의 용접물의 경우 t_1을 적용한다.

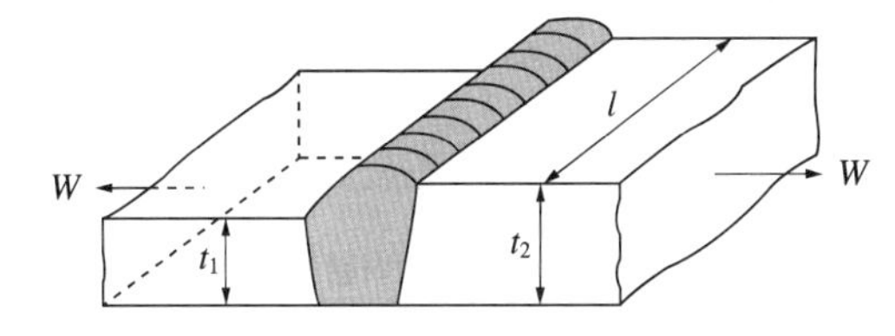

② 용접부의 허용응력 : $\sigma_a=\frac{P(W)}{A}=\frac{P(W)}{a\times L}$ (a=목 두께, L=용접길이)

③ 용접부의 인장하중(W) 구하는 식 유도

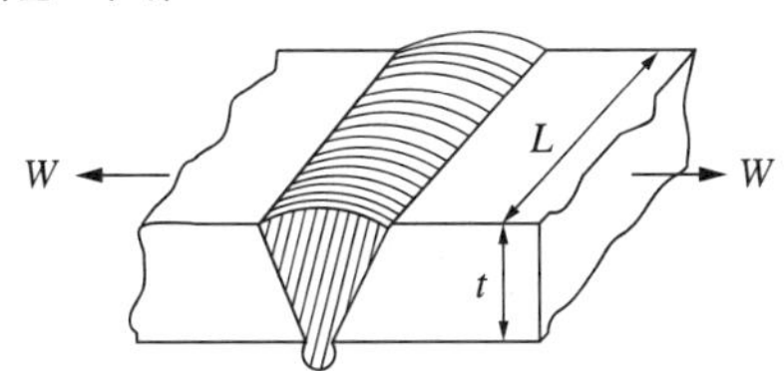

인장응력 $\sigma=\frac{F}{A}=\frac{F}{t\times L}$ 식을 응용하면 $\sigma[\text{N/mm}^2]=\frac{W}{t[\text{mm}]\times L[\text{mm}]}$

$W=\sigma\times t\times L[\text{N}]$

31. 유니버설 조인트(유니버설 커플링)

① 유니버설 조인트 : 두 축이 같은 평면 내에 있으면서 그 중심선이 서로 30° 이내의 각도를 이루고 교차하는 경우에 사용되며, 훅 조인트라고도 한다. 공작기계나 자동차의 동력전달기구, 압연 롤러의 전동축 등에 널리 쓰인다.

② 유니버설 조인의 특징

㉠ 유니버설 조인트의 교차 각도는 일반적으로 30° 이하로 한다.

㉡ 유니버설 조인트의 속도비 $i(=\frac{\omega_b}{\omega_a})$는 $\cos\alpha \Leftrightarrow \frac{1}{\cos\alpha}$을 90° 회전 시마다 반복해서 변화한다.

PART 2

32. 클램프 커플링과 플랜지 커플링 전달토크

① 커플링 : 서로 떨어져 있는 원동축과 종동축을 연결시키는 기계 요소로서, 작동 중 분리가 불가능한 축이음 기계 요소

② 클램프 커플링의 전달토크

$$T = F \times \frac{d}{2} = \mu q \pi dl \times \frac{d}{2} = \mu \frac{W}{dl} \pi dl \times \frac{d}{2} = \frac{\mu \pi d W}{2}$$

$$= \tau_a \times Z_P = \tau_a \times \frac{\pi d^3}{16} = 716,200 \frac{H_{PS}}{N}$$

$$= 974,000 \frac{H_{kW}}{N} [kg_f \cdot mm]$$

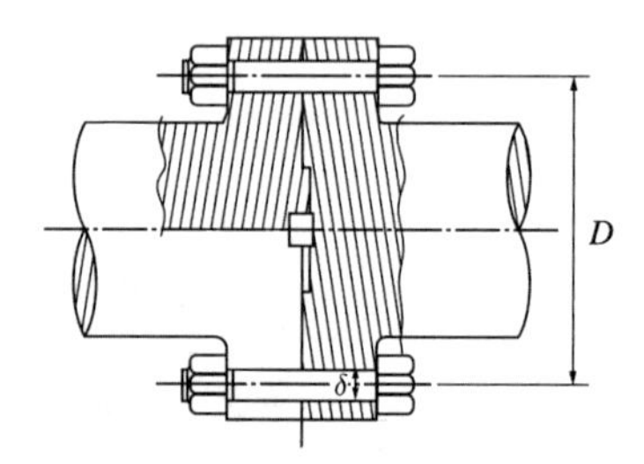

[클램프 커플링(분할 원통 커플링)]

③ 플랜지 커플링의 전달토크

$$T = F \times \frac{d}{2} = PA \times \frac{d}{2}$$

$$= \tau_B(\text{볼트의 전단응력}) \times \frac{\pi \delta_B^2}{4} \times \frac{D(\text{볼트 간 거리})}{2} \times Z$$

$$= 716,200 \frac{H_{PS}}{N} = 974,000 \frac{H_{kW}}{N} [kg_f \cdot mm]$$

33. 원추 클러치

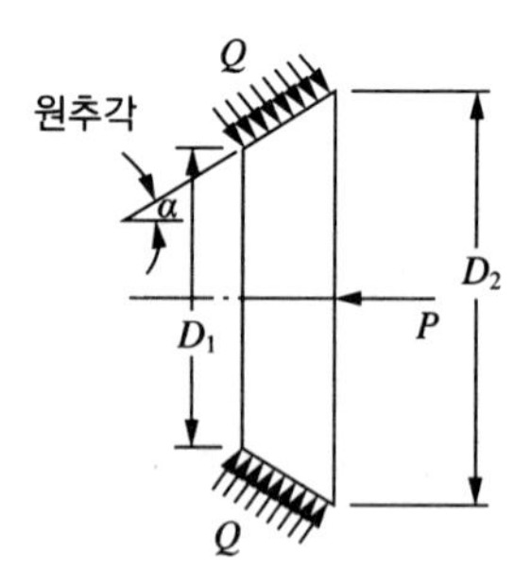

① **원추 클러치(Cone Clutch)** : 원추의 상부와 하부 지름의 차이를 이용해 회전속도를 조절하는 축이음 요소이다. 접촉면이 원추 형태로 되어 원판 클러치에 비해 마찰 면적이 크므로 축방향 힘에 대해 더 큰 마찰력을 발생시킬 수 있다. 구동축과 종동축을 동시에 사용하는 경우 회전속도비를 더욱 크게 할 수 있다.

② 원추 클러치의 접촉면에 수직으로 작용하는 힘 : $Q=\dfrac{P}{\sin\alpha+\mu\cos\alpha}$ (P=축방향으로 미는 힘[N], α=원추각)

③ 원추 클러치의 전달토크 : $T=F\times\dfrac{D_m}{2}=\mu Q\dfrac{D_m}{2}$

④ 원추 클러치의 축방향으로 미는 힘[P] 유도하기

클러치 전달토크 $T=\mu Q\dfrac{D_m}{2}$의 식에 $Q=\dfrac{P}{\sin\alpha+\mu\cos\alpha}$를 대입하면

$T=\mu\times\dfrac{P}{\sin\alpha+\mu\cos\alpha}\times\dfrac{D_m}{2}$, $P=\dfrac{2T}{\mu PD_m}(\sin\alpha+\mu\cos\alpha)$

34. 원통 마찰차

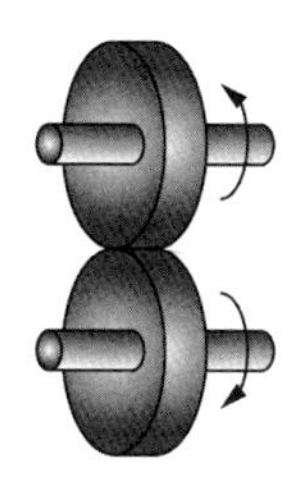

① 원통 마찰차 : 평행한 두 축 사이에 외접 또는 내접하면서 동력을 전달하는 원통형의 바퀴

② 마찰차의 중심거리 : $C=\dfrac{D_1+D_2}{2}$

③ 마찰차의 각속도비 : $i=\dfrac{n_2}{n_1}=\dfrac{D_1}{D_2}$

④ 마찰차의 최대 전달력 : $F=\mu P$ (μ=마찰계수, P=밀어붙이는 힘=접촉력)

⑤ 마찰차의 전달 동력 : $H=\dfrac{F\times v}{75}$[PS]

⑥ 마찰차의 회전속도 : $v=\dfrac{\pi dn}{1{,}000\times 60}$[m/s]

CHAPTER 06

기계제도

1. 제도용지의 크기

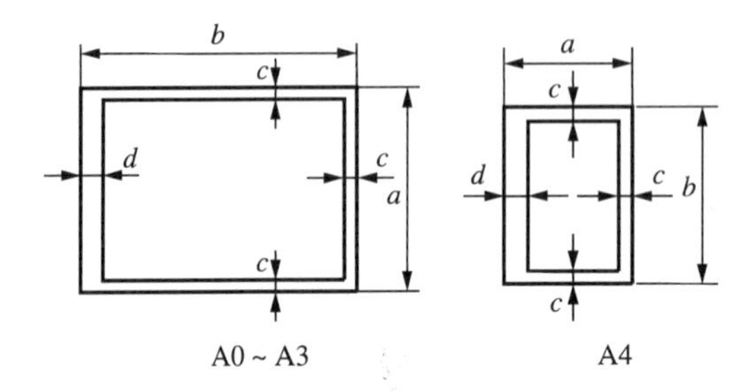

① 도면을 철할 때 윤곽선은 왼쪽과 오른쪽이 용지 가장자리에서 띄는 간격이 다르다.

② 제도용지의 세로와 가로의 비는 1 : $\sqrt{2}$ 이며, 복사한 도면은 A4 용지로 접어서 보관한다.

③ **윤곽치수** : 제도용지에서 도면영역을 표시하기 위한 구역을 나타내는 사각의 테두리선으로 그 치수는 도면의 크기에 따라 다르다.

용지의 크기			A0	A1	A2	A3	A4
a×b(가로×세로)			841×1,189	594×841	420×594	297×420	210×297
도면 윤곽	c(최소)		20	20	10	10	10
	d(최소)	철하지 않을 때	20	20	10	10	10
		철할 때	25	25	25	25	25

※ A0의 넓이=$1m^2$

2. 국가별 산업표준기호

한 국가는 자국의 산업 현장에서 준수해야 할 기술 표준을 정하고 있다. 한 국가에서 다른 나라로 물건을 수출할 경우, 해당 나라의 표준 규격인 산업표준에 맞추어야 한다.

국가	기호	
한국	KS	Korea Industrial Standards
미국	ANSI	American National Standards Institutes
영국	BS	British Standards
독일	DIN	Deutsche Industrie Normen
일본	JIS	Japanese Industrial Standards
프랑스	NF	Norme Francaise
스위스	SNV	Schweitzerish Norman Vereinigung

3. 한국산업규격(KS)

① **한국산업표준** : 산업표준화법에 근거해 산업표준심의회의를 거쳐서 국가기술표준원장 및 소관부처의 장이 고시한다. 1962년 대략 3,000종의 국가표준을 시작으로 현재까지 운용되며, WTO/TBT 협정과 APEC/SCSC에서의 권고에 따라 국제표준과 대응되는 표준의 경우에는 이를 준용해 운영하고 있다.

② KS의 부문별 분류기호

분류기호	KS A	KS B	KS C	KS D	KS E	KS F
분야	기본	기계	전기	금속	광산	건설

분류기호	KS I	KS Q	KS R	KS V	KS W	KS X
분야	환경	품질경영	수송기계	조선	항공우주	정보

PART 2

4. KS 재료기호

① **재료기호** : 상용 제품으로 사용되는 금속 재료들은 고유의 재료기호가 있다. 재료기호에는 합금되는 성분과 종류에 따라 그 표기 방법도 달라진다.

② 일반 구조용 압연강재(SS275의 경우)

㉠ S : Steel

㉡ S : 일반 구조용 압연재(General Structural Purposes)

㉢ 275 : 항복강도 275N/mm^2

③ 기계 구조용 압연강재(SM45C의 경우)

㉠ S : Steel

㉡ M : 기계 구조용(Machine Structural Use)

㉢ 45C : 평균 탄소 함유량

④ 탄소강 단강품(SF490A의 경우)

㉠ SF : Carbon Steel Forging for General Use

㉡ 490 : 최저 인장 강도 490N/mm^2

㉢ A : 어닐링, 노멀라이징 또는 노멀라이징 템퍼링을 한 단강품

⑤ 기타 KS 재료기호

명칭	기호	명칭	기호
다이캐스팅용 알루미늄합금	ALDC1	리벳용 원형강	SV
회주철품	GC	탄화텅스텐	WC
열간 압연 연강판 및 강대(드로잉용)	SPHD	냉간 압연 강판 및 강대(일반용)	SPCC
배관용 탄소 강판	SPP	드로잉용 냉간압연 강판 및 강대	SPCD
스프링용 강	SPS	고속도 공구강재	SKH
탄소강 단조품	SF	일반구조용 압연강재	SS
피아노선재	PWR	탄소공구강	STC
보일러 및 압력용기용 탄소강	SB	합금공구강(냉간금형)	STD
보일러용 압연강재	SBB	합금공구강(열간금형)	STF
보일러 및 압력용기용 강재	SBV	일반구조용 탄소강관	STK

명칭	기호	명칭	기호
탄소강 주강품	SC	기계구조용 탄소강관	STKM
기계구조용 탄소강재	SM	합금공구강(절삭공구)	STS
용접구조용 압연강재	SM 표시 후 A, B, C 순서로 용접성이 좋아짐		

5. 가공 방법의 기호

기호	가공 방법	기호	가공 방법	기호	가공 방법	기호	가공 방법
L	선반	B	보링	BR	브로칭	C	주조
CD	다이캐스팅	D	드릴	FB	브러싱	FF	줄 다듬질
FL	래핑	FR	리머다듬질	FS	스크레이핑	G	연삭
GH	호닝	GL	래핑	GS	평면 연삭	M	밀링
P	플레이닝	PS	절단(전단)	SH	기계적 강화		

6. 척도의 종류

① 척도 : 도면상의 길이와 실제 길이와의 비율을 뜻한다.

② 척도의 종류

종류	의미
축척	실물보다 작게 축소해서 그리는 것으로, 1 : 2, 1 : 20의 형태로 표시
배척	실물보다 크게 확대해서 그리는 것으로, 2 : 1, 20 : 1의 형태로 표시
현척	실물과 동일한 크기로, 1 : 1의 형태로 표시

㉠ A : B = 도면에서의 크기 : 물체의 실제 크기

예 축적 − 1 : 2, 현척 − 1 : 1, 배척 − 2 : 1

7. 베어링의 안지름번호

① 볼 베어링의 안지름번호 : 베어링 호칭번호의 앞 2자리를 제외한 뒤의 숫자를 통해 확인할 수 있다.

예 베어링 호칭번호가 6205인 경우

㉠ 6 : 단열홈 베어링

㉡ 2 : 경하중형

㉢ 05 : 베어링 안지름번호 : 05×5=25mm

② 베어링의 호칭번호 순서

구분	내용	
형식번호	• 1 : 복렬 자동조심형 • 6 : 단열홈형 • N : 원통 롤러형	• 2, 3 : 상동(큰 너비) • 7 : 단열앵귤러 콘택트형
치수기호	• 0, 1 : 특별경하중 • 2 : 경하중형 • 3 : 중간형	
안지름번호	• 1～9 : 1～9mm • 01 : 12mm • 03 : 17mm ※ 04부터 5를 곱한다.	• 00 : 10mm • 02 : 15mm • 04 : 20mm
접촉각기호	• C	
실드기호	• Z : 한쪽 실드 • ZZ : 안팎 실드	
내부 틈새기호	• C2	
등급기호	• 무기호 : 보통급 • P : 정밀등급	• H : 상급 • SP : 초정밀급

8. 치수 보조기호

치수 보조기호는 치수 앞에 추가해 치수를 명확히 나타내는 역할을 한다. 예를 들어 반지름 30을 'R30'으로 간략히 표현할 수 있다.

기호	구분	기호	구분	기호	구분
ϕ	지름	Sϕ	구의 지름	R	반지름
SR	구의 반지름	□	정사각형	C	45° 모따기
t	두께	p	피치	$\overset{\frown}{50}$	호의 길이
$\underline{50}$	비례척도가 아닌 치수	$\boxed{50}$	이론적으로 정확한 치수	(50)	참고 치수
~~50~~	치수의 취소(수정 시 사용)				

9. 선의 종류

① 가공면이 평면임을 표시할 때는 가는 실선을 이용해 ⊠과 같이 표현한다.

② 두 종류 이상의 선이 중복되는 경우의 선의 우선순위 : 숫자나 문자> 외형선> 숨은선> 절단선> 중심선> 무게중심선> 치수 보조선

③ 굵은 1점쇄선(—·—·—) : 특수한 가공이나 특수 열처리가 필요한 부분 등 특별한 요구 사항을 적용할 범위를 표시할 때 사용한다.

④ 선의 굵기 : 도면상에는 선의 굵기를 달리 나타내어 그 종류를 표시한다. 가는 선, 굵은 선, 아주 굵은 선의 비율을 1 : 2 : 4로 규정해 같은 도면 내에서는 같은 굵기의 선을 사용하도록 한다.

10. 제1각법과 제3각법

① 제1각법 : 투상면을 물체의 뒤에 놓는 투상법으로, 위치는 '눈 → 물체 → 투상면' 순서이다.

② 제3각법 : 투상면을 물체의 앞에 놓는 투상법으로, 위치는 '눈 → 투상면 → 물체' 순서이다.

③ 투상도 배치

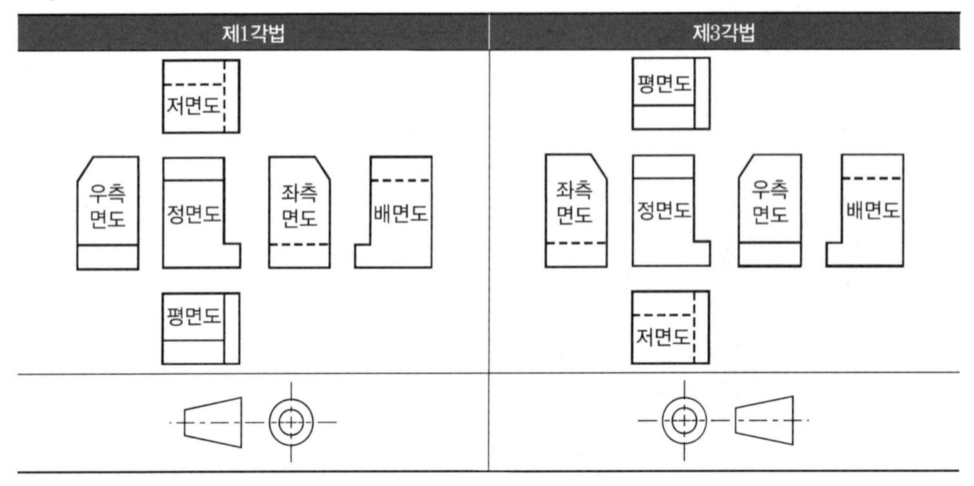

④ 제1각법과 제3각법에서 서로 위치가 바뀌지 않는 투상도 : 정면도, 배면도

공유압

1. 공압(空壓)의 장단점

공압의 장점	공압의 단점
• 배관이 간단하다. • 인화의 위험이 없다. • 무단변속이 가능하다. • 공기의 무한 공급이 가능한 에너지원이다. • 저장탱크에 공기를 압축 저장할 수 있다. • 작업속도가 빠르다(단, 응답속도는 유압에 비해 느림).	• 소음이 크다. • 구동에 비용이 많이 든다. • 응답속도가 유압에 비해 느리다. • 유압보다 큰 힘의 전달이 어렵다. • 공기는 압축성 유체이므로 효율이 유압에 비해 떨어진다. • 저속에서 스틱 슬립이 발생해 일정한 속도를 얻기 힘들다.

2. 유압(油壓)의 장단점

유압의 장점	유압의 단점
• 응답성이 우수하다. • 균일한 힘과 토크를 낼 수 있다. • 소형장치로 큰 힘을 발생시킨다. • 무단변속이 가능하며 원격제어할 수 있다.	• 고압이므로 위험하다. • 기름이 누설될 우려가 있다. • 작은 이물질에도 영향을 크게 받는다. • 유체의 온도에 따라 속도·성능이 변한다.

3. 유량측정기기와 유속측정기기

① **유량측정기기** : 유량은 1초 동안 관로를 따라 흐른 유체의 총량으로 단위는 1초당 세제곱미터(m^3/s)를 사용한다. 유량측정기기에는 노즐, 오리피스, 벤투리미터, 위어(개수로의 유량측정) 등이 있다.

② **유속측정기기** : 피토관, 피토 정압관, 시차액주계, 열선속도계, 초음파 유속계, 입자영상 유속계, 레이저 도플러 유속계 등이 있다.

4. 비중량 측정법

① **비중량(γ)** : 단위체적당 무게, 즉 $\gamma = \dfrac{W(\text{중량})}{V(\text{부피})} = \dfrac{mg}{V} = \rho g$ 이다.

② **비중량 측정법**

㉠ 비중병을 이용한 측정 : $\gamma = \dfrac{(\text{액체와 비중병 무게}) - (\text{비중병 무게})}{(\text{액체의 부피})}$

㉡ 비중계를 이용한 측정 : 수은을 가는 유리관의 하단부에 채운 후 물속에 뒤집어서 수면과 만나는 높이의 눈금을 측정

㉢ U자관을 이용한 측정 : U자 형태의 튜브 내부에 채워진 유체의 높이를 통해 측정

㉣ 아르키메데스 이론을 이용한 비중량 측정 : $\gamma=\frac{(\text{대기 중 무게})-(\text{액체 속에서의 무게})}{(\text{물체의 체적})}$

5. 점성계수

① 점성계수 : 유체 유동에 대한 저항력의 척도이다. 흐르는 유체 내부를 어떤 물체가 유동한다고 했을 때, 유동 물체의 주변에는 유동을 방해하는 유체의 마찰력인 점성이 존재하는데, 이 마찰 점성이 곧 점성계수(μ)이다.

② 점성계수 유도하기

유체의 유동에 큰 영향을 끼치는 뉴턴의 점성 법칙 $\tau=\mu\frac{du}{dy}$에서 유도를 시작한다.

$\tau=\mu\frac{du(\text{속도})}{dy(\text{거리})}$, 점성계수 $\mu=\frac{\tau\times dy}{du}=\frac{\tau\times h(\text{깊이})}{v(\text{속도})}$

③ 점성의 단위

㉠ poise(푸아즈), cPs(센티푸아즈) 등을 사용

㉡ 1poise=0.1Pa · s−100cPs

6. 맥동 현상

① 맥동 현상(Surging) : 펌프가 운전할 때 압력계의 눈금이 요동치면서 토출량이 변해 흡입과 토출 배관에서 진동과 소음이 주기적으로 발생하는 현상

② 맥동 현상의 발생 원인 : 토출 관로가 길 때, 배관이나 유체 내부에 기포가 존재할 때

③ 맥동 현상의 방지 대책

㉠ 배관의 중간에 기체 부분이 존재하지 않도록 설계한다.

㉡ 회전차나 안내깃의 형상 치수를 바꾸어 유동 특성을 변화시킨다.

㉢ 유량조절밸브를 펌프의 토출구 직후에 위치시켜 유량을 조절한다.

㉣ 불필요한 공기탱크나 잔류공기를 제어하고, 관로의 단면적이나 유속 · 저항을 바꾼다.

7. 캐비테이션(Cavitation)

① 캐비테이션(공동 현상) : 유체가 관 속을 유동할 때 유체의 압력이 포화증기압(기포가 발생하는 압력) 이하로 내려가면 유체에 녹아 있던 기체가 기포로 빠져나오면서 유체 내부에 공동(액체 중 존재하는 기체 공간)이 생기는 현상이다. 유체의 증기압보다 낮은 압력이 발생하는 펌프 주위에서 주로 발생한다. 이때 발생한 기포가 관 벽을 때리면서 소음이나 진동, 깃의 손상 등이 발생하고 펌프의 성능과 효율을 저하시킨다.

② 캐비테이션에 따른 영향

㉠ 가동 날개의 부식을 일으키며, 펌프의 유량·양정·효율이 저하된다.

㉡ 심한 충격, 소음 및 진동을 일으킨다. 또한 수명 단축과 고장의 원인이 된다.

③ 캐비테이션 방지 대책

㉠ 펌프의 회전수를 낮추며, 양흡입 펌프를 사용한다.

㉡ 펌프의 설치 높이를 낮추어 흡입 양정을 짧게 한다.

㉢ 2대 이상의 펌프를 사용하고, 펌프 흡입관의 직경을 크게 한다.

㉣ 스트레이너의 면적이 큰 것을 사용하며, 회전차를 수중에 완전히 잠기도록 한다.

8. 수격 현상

① **수격 현상** : 관내를 흐르는 유체의 유속이 급격하게 바뀌면, 유체의 운동에너지가 압력에너지로 변하면서 관내 압력이 비정상적으로 상승해 배관·펌프에 손상을 주는 현상

② **수격 현상의 발생 원인** : 밸브를 급하게 개폐할 경우, 정전 등으로 갑자기 펌프가 정지할 경우, 펌프의 정상 운전 시 유체의 압력 변동이 있는 경우 등

③ 수격 현상의 방지 대책

㉠ 관의 직경을 크게 해 유속을 낮춘다.

㉡ 펌프 토출구에 서지탱크나 수격방지기를 설치한다.

㉢ 유량조절밸브를 펌프의 토출구 직후에 설치해 유량을 적당히 제어한다.

㉣ 펌프의 회전축에 플라이휠을 설치해 펌프의 급격한 속도 변화를 방지한다.

9. 축압기

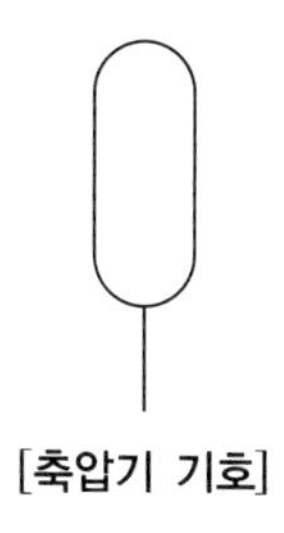

[축압기 기호]

① **축압기** : 관로 내에서 유체를 저장해서 충격 흡수와 에너지 축적, 맥동 완화 등의 역할을 하는 유압장치의 구성 요소이다. 다만 축압기는 유속을 증가시키지는 않는다. 관의 직경을 변경함으로써 유속을 조정할 수 있다.

② **축압기의 특징** : 충격의 흡수와 압력의 보상, 유압회로 내 맥동의 제거 및 완화, 유압에너지의 축적으로 보조 에너지원으로 사용

10. 유압 작동유

① 유압 작동유의 점도가 높을 때 발생하는 현상
 ㉠ 효율의 저하, 캐비테이션 등이 발생한다.
 ㉡ 유압기기의 작동이 불안정하게 움직인다.
 ㉢ 유압유의 내부 마찰이 커지고 온도가 상승한다.
 ㉣ 유동저항이 커져서 에너지(압력) 손실이 커진다.

② 유압 작동유의 점도가 낮을 때 발생하는 현상 : 압력 유지가 잘 되지 않는다.

③ 점도와 점도지수
 ㉠ 점도 : 유체의 흐름에 대한 저항력의 척도로서, 유체의 끈끈한 정도를 뜻한다. 점도지수가 높으면 그만큼 분자 간 결합력이 큰 것이므로 온도 변화에 대한 점도 변화는 낮을 때보다 더 작다. 또한 점도가 높아지면 마찰계수도 증가한다.
 ㉡ 점도지수 : $VI=\frac{L-U}{L-H}\times 100$
  • L : $VI=0$인 오일의 100°F에서 SUS 점도(세이볼트 점도계의 점도)
  • U : VI를 측정하려는 오일의 100°F에서 SUS 점도
  • H : $VI=100$인 오일의 100°F에서 SUS 점도

11. 카운터밸런스밸브, 감압밸브, 릴리프밸브, 교축밸브

[카운터밸런스밸브] [감압밸브] [릴리프밸브] [가변 교축밸브]

① 카운터밸런스밸브 : 유압회로에서 한쪽 흐름에는 배압을 만들고, 다른 방향은 자유 흐름이 되도록 하는 밸브이다. 또한 이 밸브의 내부에는 체크밸브를 반드시 설치한다. 수직형 실린더의 자중낙하를 방지할 때, 부하가 급격히 제거되어 관성 제어가 불가능할 때 등에 사용된다.

② 감압밸브 : 유체의 압력을 감소시켜 동력을 절감하기 위해 사용하는 밸브이다. 압력을 감소시키고자 할 때, 급속귀환장치가 부착된 공작기계에서 고압펌프와 귀환 시 사용하는 저압의 대용량 펌프를 동시에 사용하고자 할 때 등에 사용된다.

③ 릴리프밸브 : 유압회로에서 회로 내의 압력이 설정값 이상이 되면 그 압력에 의해 밸브가 열리면서 압력을 일정하게 유지하는 밸브로서, 안전밸브의 일종이다.

④ 교축밸브 : 유체를 좁은 통로를 지나게 함으로써 속도를 빠르게 만들어서 압력이 떨어지는 현상을 이용해 유량을 조절하는 밸브이다. 이 밸브의 주요 특징은 감압이며, 등엔탈피 장치라고도 한다. 또한 미세량의 유량 조정이 가능하며, 조정 범위가 크고, 작동유의 점성과 상관없이 유량 조절이 가능하다. 교축 과정 동안에 엔탈피, $h=\text{Const}$(일정)이므로 이상기체의 온도(T)는 일정하다.

12. 유량제어밸브에 적용되는 회로

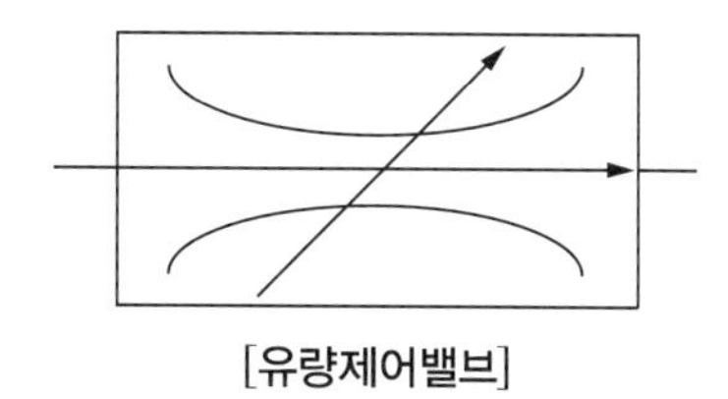

[유량제어밸브]

① 미터인 회로 : 액추에이터(실린더)의 공급 측 관로에 유량제어밸브를 설치해 릴리프밸브의 설정 압력으로 유량을 제어함으로써 속도를 제어하는 회로이다. 유량제어밸브를 통해 제어되는 압력은 7 ~ 10Pa 정도이다.

② 미터아웃 회로 : 액추에이터의 출구 측 관로에 유량제어밸브를 설치해 릴리프밸브의 설정 압력으로 유량을 제어함으로써 속도를 제어하는 회로이다. 회로 내부의 전체 압력이 높은 편이어서 효율은 낮은 편이다.

③ 블리드오프 회로 : 액추에이터의 공급 측 관로에 설치된 바이패스 관로의 흐름을 제어함으로써 속도를 제어하는 회로이다. 효율이 좋고 열손실이 작지만, 정밀 제어가 어렵다.

13. 밸브의 작동 방식

① 방향전환밸브 : 밸브의 스위치를 수동이나 자동으로 작동시켜 유체의 흐름을 차단하거나 방향을 전환시켜 모터나 실린더의 작동을 제어하는 밸브

② 방향전환밸브를 작동시키는 방식에 따라 사용하는 기호

수동작동	누름버튼	레버	페달
스프링	**롤러레버**	**플런저**	**솔레노이드(전기적 작동)**

14. 펌프의 동력

① 펌프의 이론동력(L) : $L=pQ$, $p=rH$ 대입 → $L=rHQ$, $r=\rho g$ 대입 → $L=\rho gHQ$ (p=유체의 압력, Q=유량)

② 일반 펌프동력 : $L_P=\dfrac{pQ}{102\eta}$[kW], $L_P=\dfrac{pQ}{75\eta}$[PS] (Q=토출량)

※ 미터 단위의 마력 1PS=75kg_f·m/s=0.735kW

15. 기어펌프, 원심펌프, 베인펌프

① **기어펌프** : 2개의 맞물리는 기어를 케이싱 안에서 회전시켜 유압을 발생시키는 기어로서, 구조가 간단해 산업 현장에서 많이 사용된다.

㉠ 기어펌프의 특징

- 흡입 능력이 크고, 역회전이 불가능하다.
- 유체의 오염에도 강하며, 송출량을 변화시킬 수 없다.
- 맥동이 적고, 소음과 진동도 작으며, 구조가 간단하며, 가격이 저렴하다.
- 1회 토출량이 일정한 정용량형 펌프에 속하며, 신뢰도가 높으며. 보수작업이 비교적 용이하다.

㉡ 기어펌프의 배제유량 : 기어가 회전하면서 유체를 이동시킬 때 기어의 이골 사이에 유체가 들어갔다가 다시 입구로 되돌아나가는 현상으로, 기어펌프 1회전 시 유체가 전달되지 않는 유체의 양이다.

② **원심펌프** : 날개(임펠러)를 회전시켜 유체에 원심력을 줌으로써 유체를 낮은 곳에서 높은 곳으로 끌어올릴 수 있는 펌프이다. 원통을 중심으로 축을 회전시킬 때, 유체가 원심력을 받아서 중심 부분의 압력이 낮아지고 중심에서 먼 곳의 압력은 높아지는 원리를 이용해 유체를 송출한다. 종류에는 속도에너지를 압력에너지로 변환시키는 방식에 따라 볼류트펌프와 터빈펌프가 있다.

㉠ 원심펌프의 특징

- 가격이 저렴하고, 맥동이 없으며, 효율이 좋다.
- 평형공으로 축추력을 방지하며, 작고 가볍고, 구조가 간단하다.
- 고장률이 작아서 취급이 용이하며, 용량이 작고 양정이 높은 곳에 적합하다.
- 고속 회전이 가능해서 많이 사용하며, 비속도를 통해 성능이나 적정 회전수를 결정한다.

㉡ 원심펌프의 주요 구성 요소

- 본체(케이싱) : 펌프의 외관으로 유체가 흐르는 통로이다. 임펠러가 내부에 장착된다.
- 임펠러 : 케이싱 내부에 장착되며, 회전을 통해 유체에 에너지를 준다.
- 실링장치(밀봉장치) : 축과 케이싱의 연결 부위에 유체가 흐르지 않도록 밀봉한다.
- 축(Shaft) : 베어링이 끼워져서 임펠러가 케이싱 안에서 잘 회전하도록 만든다.

㉢ 원심펌프의 분해 순서 : 펌프 연결 부위 커플링 분해 → 베어링 분해 → 실링장치 분해 → 케이싱 분해 → 임펠러 탈거

③ **베인펌프** : 회전자인 로터에 방사형으로 설치된 베인(Vane, 깃)이 캠링의 내부를 회전하면서 베인과 캠링 사이에 폐입된 유체를 흡입구에서 출구로 송출하는 펌프이다. 유량이 일정하므로 용적형 펌프에 속한다.

㉠ 베인펌프의 특징

- 호환성이 우수하며, 압력 저하량이 적다.
- 단위무게당 용량이 커서 형상치수가 작다.
- 소음이 적고, 보수가 용이하며, 기동토크가 작다.
- 베인(깃)의 수명이 짧고, 토출 압력의 맥동이 작다.

㉡ 베인펌프의 기본 구조 : 깃, 로터, 캠링, 케이싱

16. 유압펌프

① 유압펌프 : 작동유체인 기름에 힘을 주어 유체를 이송하는 기계장치

② 유압펌프의 종류

종류	분류
용적형 펌프	• 토출량이 일정한 펌프로, 중 · 고압용으로 사용된다. • 회전펌프(기어펌프 · 나사펌프 · 베인펌프), 피스톤펌프(회전피스톤펌프 · 왕복동펌프)
비용적형 펌프 (터보형 펌프)	• 토출량이 가변적인 펌프로, 저압에서 대량의 유체를 유동시킬 때 주로 사용된다. • 원심펌프(벌류트펌프 · 터빈펌프), 축류펌프, 혼유형 펌프

③ 유압펌프의 전효율 : $\eta = \eta_v$(체적효율)$\times \eta_m$(기계효율)

17. 스트레이너와 버플

① 스트레이너 : 탱크 내 펌프의 흡입구 부분에 설치하며, 펌프나 회로 내부로 불순물이 들어오는 것을 막기 위한 장치

② 버플 : 탱크 내에서 오일탱크로 되돌아오는 오일과 펌프로 가는 오일을 분리하는 장치

18. 유압모터

① 유압모터 : 유압에너지를 기계적 에너지로 변화시켜서 회전운동을 발생시키는 유압기기로, 구동 방식에 따라 기어모터 · 베인모터 · 피스톤모터로 분류한다.

② 유압모터의 특징

㉠ 토크 관성비가 커서 응답성이 좋다.

㉡ 소형 · 경량이지만 큰 토크와 동력을 발생시킨다.

㉢ 공급유량을 제어해 회전속도를 제어할 수 있다.

㉣ 유압펌프의 흡입구에 유체를 공급하면 유압모터가 된다.

㉤ 공급유체의 압력을 제어함으로써 출력토크의 조절이 가능하다.

㉥ 공급유체의 입구 및 출력 포트 외에 드레인 포트가 존재해 배출된 작동유체가 다시 탱크로 되돌아간다.

③ 유압모터의 토크 : $T_{\text{kw}} = 974 \times \dfrac{H_{\text{kw}}}{N}\,[\text{kg}_f \cdot \text{m}]$

19. 채터링과 압력 오버라이드

① **채터링** : 밸브가 진동을 일으켜서 밸브 자리인 시트면을 심하게 두드리며 소음을 내는 현상을 뜻한다.

② **압력 오버라이드** : 스프링의 휨량은 밸브가 전개해 최대로 흐를 때의 압력인 전량압력일 때 최대가 된다. 따라서 스프링의 휨량이 최대일 때 스프링의 가압력은 크랭킹 압력보다 높아지는데, 이 두 압력차를 압력 오버라이드라고 한다. 압력 오버라이드가 크면 릴리프밸브의 성능이 저하되고 밸브에 진동이 발생한다. 여기서 크랭킹 압력은 체크밸브나 릴리프밸브가 관로 내에서 압력이 상승해 밸브를 밀어 올려 작동유체가 흐르기 시작할 때의 압력을 뜻한다.

20. 소포제

① **소포성** : 작동유에는 용적 비율로 5 ~ 10%의 공기가 용해되어 있으며, 압력이 높아지면 공기의 용해량도 증가된다. 이러한 작동유를 고속 분출하든가, 압력을 낮추면 용해된 공기가 분리되어 기포가 일어난다. 이 기포는 작동유의 손실을 일으키고, 펌프의 작동을 심각하게 방해한다. 작동유 중에 공기가 혼입되면 윤활 작용의 저하나 산화의 촉진을 일으키며, 압축성이 증대되어 유압기기가 불규칙하게 작동되고 펌프의 공동 현상이 발생할 수 있다. 따라서 작동유는 소포성이 좋아야 하고, 기포가 생기더라도 유조 내에서 빠르게 소멸되어야 한다. 이때 작동유의 소포제로서 실리콘유가 사용된다.

② **소포제** : 유체 내부에 존재하는 기포를 유면으로 빠르게 부상시켜서 제거할 수 있도록 하는 물질이다. 소포제로는 주로 휘발성이 작고 확산력이 다소 큰 성분들이 사용된다.

③ **주요 소포제** : 실리콘, 파라핀, 유기화합물, 계면활성제

재료역학

1. 라미(Lami)의 정리(세 힘의 합성)

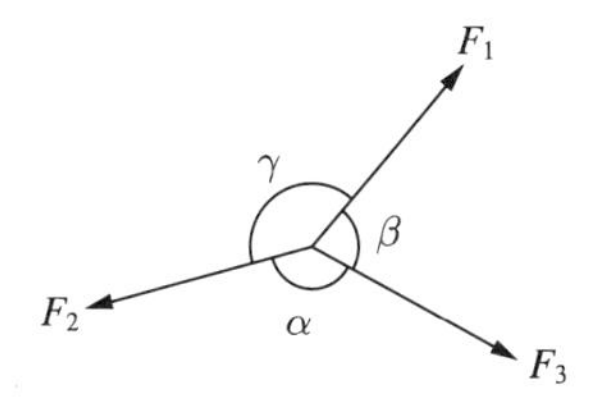

① 세 방향의 힘이 평형을 이루는 경우 두 벡터가 이루는 각도와 나머지 한 벡터의 크기와 관련된 식이다.

② 한 점에 F_1, F_2, F_3의 세 힘이 작용할 때, 이 힘들 사이에는 $\dfrac{F_1}{\sin\alpha}=\dfrac{F_2}{\sin\beta}=\dfrac{F_3}{\sin\gamma}$의 관계가 성립한다.

③ 라미의 정리가 성립하기 위한 2개의 조건

㉠ 힘의 평형을 이루고 있는 상태 : 힘의 평형은 외력이 존재하지만 합력이 0이 되어 움직이지 않는 상태를 뜻한다. 이때 물체의 내부에는 힘이 작용해 응력이 발생한다.

㉡ 1개의 점에 작용하는 3개의 힘 : 라미의 정리는 외력이 3개인 경우에만 성립하며, 3개의 힘이 1개의 점에 작용해 균형을 이루어야 한다.

2. 훅(Hooke)의 법칙

① 훅의 법칙 : 탄성한도 내에서 외력이 가해졌을 때 응력과 변형률은 비례한다는 것이다.

② 수직응력(σ)인 경우 : $\sigma=E\times\varepsilon$, $\lambda=\dfrac{Pl}{AE}\leftarrow\sigma=\dfrac{P}{A}=E\dfrac{\lambda}{l}$ [E= 세로탄성계수(종탄성계수, 영계수), ε= 변형률, λ= 길이방향 변형량]

③ 전단응력(τ)인 경우 : $\tau=G\times\nu=\dfrac{P_S l}{AG}\leftarrow\tau=\dfrac{P_S}{A}=G\dfrac{\lambda_S}{l}$ [G= 가로탄성계수(횡탄성계수), ν= 전단변형률]

3. 푸아송 비

① **푸아송 비(ν)** : 봉 재료가 축방향의 인장하중을 받으면 길이가 늘어나지만 직경은 줄어들게 되는데, 이처럼 축방향의 변형률에 대한 직경방향 변형률의 비율로 나타낸 것

② $\nu = \dfrac{1}{m(\text{푸아송 수})} = \dfrac{\varepsilon'(\text{가로 변형률})}{\varepsilon(\text{세로 변형률})} = \dfrac{\frac{\delta}{d}}{\frac{\lambda}{l}}$ (예 고무의 푸아송 비 : $\frac{1}{2}$)

4. 응력(Stress)

① **응력** : 재료나 구조물에 외력이 작용했을 때 그 외력에 대한 재료 내부의 저항력이다. 일반적으로 응력이라고 하면 공칭응력을 말한다.

② **응력의 종류**

㉠ $(\text{진응력}) = \dfrac{(\text{외력})}{(\text{외력에 따라 감소되는 수직 단면적})} = \dfrac{F}{A}$

㉡ $(\text{공칭응력}) = \dfrac{(\text{외력})}{(\text{최초의 단면적})} = \dfrac{F}{A}$

㉢ 열응력 : 금속으로 만들어진 관의 신축량은 열팽창계수나 길이, 온도 변화에 비례한다.
$\sigma = E\alpha(T_2 - T_1) = E\alpha\Delta T$ (E= 세로탄성계수, α= 선팽창계수, T_1= 처음 온도, T_2= 나중 온도)

③ **하중의 방향에 따른 응력의 분류**

인장응력	압축응력	전단응력	굽힘응력	비틀림응력
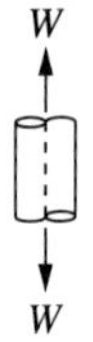 W W	 W W	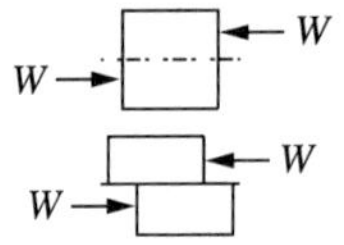 W W W W	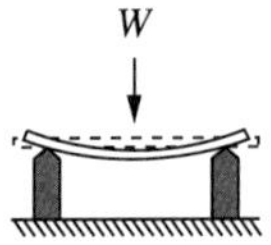 W	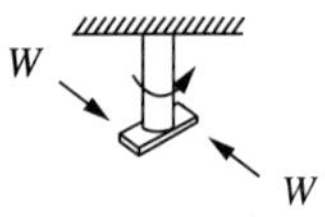 W W

5. 주요 응력설

① **최대 주응력설** : 최대 인장응력이나 최대 압축응력의 크기가 항복강도보다 클 경우에 재료의 파손이 일어난다는 이론이다. 취성 재료의 분리파손과 가장 일치한다.

$$\sigma_{\max} = \frac{1}{2}(\sigma_x + \sigma_y) + \frac{1}{2}\sqrt{(\sigma_x + \sigma_y)^2 + 4\tau_{xy}^2}$$

② **최대 전단 응력설** : 최대 전단응력이 그 재료의 항복전단응력에 도달하면 재료의 파손이 일어난다는 이론이다. 연성 재료의 미끄럼파손과 일치한다.

$$\tau_{\max} = \frac{1}{2}\sigma_Y = \frac{1}{2}\sqrt{\sigma_x^2 + 4\tau^2} \quad (\sigma_Y = \text{항복응력})$$

③ **전단변형 에너지설** : 변형에너지는 전단변형에너지와 체적변형에너지로 구분되는데, 전단변형에너지가 인장 시 항복점에서의 변형에너지에 도달했을 때 파손된다는 이론이다. 연성 재료의 파손을 예측할 때 사용된다.

$$\tau_{max} = \frac{1}{\sqrt{3}}\sigma_Y \fallingdotseq 0.577\sigma_Y$$

6. 전단탄성계수(G)

① **전단탄성계수** : 탄성한도 내에서 전단응력과 전단변형률 사이의 관계를 수치로 나타낸 것(=가로탄성계수, 횡탄성계수, 강성계수)

전단탄성계수 $G = \frac{\tau(\text{전단응력})}{\gamma[\text{전단변형률(각)}]}$

② **전단탄성계수, 종탄성계수(E), 체적탄성계수(K), 푸아송 수(m) 사이의 관계**

$$mE = 2G(m+1) = 3K(m-2),\ G = \frac{mE}{2(m+1)} = \frac{E}{2(1+\nu)}$$

7. 축의 비틀림각

① **축의 비틀림각** : $\theta = \frac{T \times L}{G \times I_P} = \frac{T \times L}{G \times \frac{\pi d^4}{32}} = \frac{32\,T \times L}{G \times \pi d^4}$ (I_P= 원형 축의 극관성모멘트= $\frac{\pi d^4}{32}$,

T= 토크, L= 축의 길이, G= 전단탄성계수)

② **극관성모멘트(I_P)** : 물체의 원점에 대한 단면 2차 모멘트를 말한다. $I_P = I_x + I_y$이며, I는 단면 2차 모멘트(관성모멘트)이다.

8. 바흐(Bach)의 축 공식

① **바흐의 축 공식** : 축을 설계할 때 연강 축의 길이 1m당 비틀림각(θ)이 $0.25°$ 이내가 되도록 설계하는 조건에서 축의 지름을 구하는 공식으로, 마력(PS)과 동력(kW) 단위로 구분한다. 이때 축의 재질은 연강이어야 한다.

② **바흐의 축 공식을 활용해 축의 지름을 구하는 식**

중실축일 경우	중공축일 경우
• $d = 120\sqrt[4]{\frac{H_{PS}}{N}}$ [mm] • $d = 130\sqrt[4]{\frac{H_{kW}}{N}}$ [mm]	• $d = 120\sqrt[4]{\frac{H_{PS}}{N(1-x^4)}}$ [mm] • $d = 130\sqrt[4]{\frac{H_{kW}}{N(1-x^4)}}$ [mm]

※ x = 내외경비, $\left(\frac{d_1}{d_2}\right)$

9. 응력집중계수(σ_k)

① 응력집중계수(σ_k) : 균일한 단면에 축 하중이 작용하면 응력의 분포 상태는 모든 단면에서 일정하다. 그러나 노치부나 구멍이 있으면 응력의 분포 상태는 불균일하게 되며 국부적으로 집중될 수 있다. 응렵집중계수는 이렇게 집중되는 것을 수치로 나타낸 것으로, 최대응력과 평균응력 사이의 비율로서 형상계수라고도 한다.

$$\sigma_k = \frac{\sigma_{\max}}{\sigma_n} \quad (\sigma_n = \text{평균응력})$$

② 단면의 형상별 응력의 분포 상태

정상 단면	구멍이 있는 단면	노치가 있는 단면
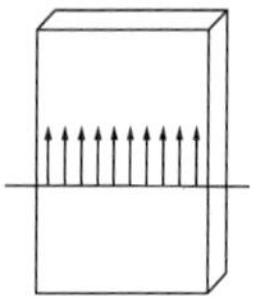	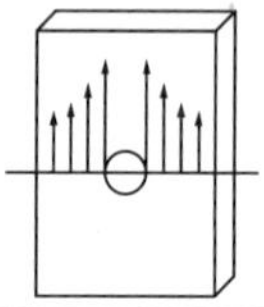	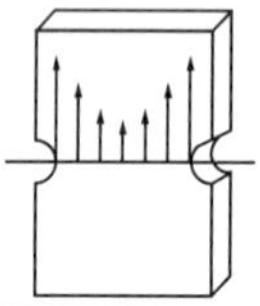

10. 모멘트

① 모멘트 : $M = F$(작용 힘)$\times L$(작용점과의 직선거리)

② 비틀림모멘트(T) : 회전을 일으키려는 힘으로, 토크라고도 한다.

③ 모멘트 관련식

㉠ 최대 굽힘 모멘트 : $M_{\max} = \sigma_{\max} \times Z$ ($\sigma_{\max}$= 최대 굽힘응력, Z= 단면계수)

㉡ 비틀림 모멘트 : $T = \tau \times Z_P$, $\tau = \dfrac{T}{Z_P} = \dfrac{T}{\frac{\pi d^3}{16}} = \dfrac{16T}{\pi d^3}$ (τ= 전단응력, Z_P= 극단면계수)

㉢ 상당굽힘 모멘트 : $M_e = \dfrac{1}{2}\left(M + \sqrt{M^2 + T^2}\right)$

㉣ 상당비틀림 모멘트 : $T_e = \sqrt{M^2 + T^2}$

11. 물체의 형상에 따른 도심과 관성모멘트

구분	원형		삼각형	사각형
	중실축	중공축		
도심	$\bar{y}=\frac{d}{2}=r$	–	$\bar{x}=\frac{b}{3}$ $\bar{y}=\frac{h}{3}$	$\bar{x}=\frac{b}{2}$ $\bar{y}=\frac{h}{2}$
단면계수$(Z=\frac{I}{e})$	$Z=\frac{\pi d^3}{32}$	$Z=\frac{\pi d_2^3}{32}(1-x^4)$ ※ $x=\frac{d_1}{d_2}$	$Z=\frac{bh^3}{36}$	$Z=\frac{bh^2}{6}$
극단면계수$(Z_P=\frac{I_P}{e})$	$Z_P=\frac{\pi d^3}{16}$	$Z_P=\frac{\pi d_2^3}{16}(1-x^4)$	–	–
단면 1차 모멘트 (G=면적×거리)	$G_x=\int_A ydA=\bar{y}A$ $=\frac{d}{2}\times\frac{\pi d^2}{4}$ $=\frac{\pi d^3}{8}$	$G_y=\int_A xdA=\bar{x}A$ $=\frac{d}{2}\times\frac{\pi d^2}{4}$ $=\frac{\pi d^3}{8}$	$G_x=\bar{y}A=\frac{1}{3}h\times\frac{bh}{2}$ $=\frac{bh^2}{6}$	$G_x=\bar{y}A=bh\times\frac{h}{2}$ $=\frac{bh^2}{2}$
단면 2차 모멘트(I) (관성모멘트)	$I=\frac{\pi d^4}{64}$	$I=\frac{\pi(d_2^4-d_1^4)}{64}$	$I_x=\frac{bh^3}{36}$ $I_y=\frac{hb^3}{36}$	$I_x=\frac{bh^3}{12}$ $I_y=\frac{hb^3}{12}$
극관성모멘트(I_P)	$I_P=I_x+I_y=\frac{\pi d^4}{32}$	$I_P=\frac{\pi(d_2^4-d_1^4)}{32}$	–	–

※ 도심 = 단면 1차 모멘트가 0인 도형 단면의 중심, b=너비, h=높이, $\bar{x}=y$축에서 도심점까지의 거리, $\bar{y}=x$축에서 도심점까지의 거리

12. 보(Beam)

① 보의 종류

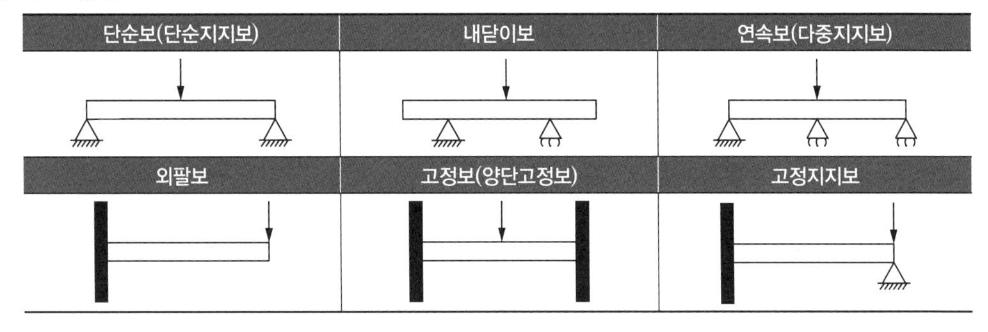

② 보의 최대 처짐량(δ) 및 최대 처짐각(θ)

보에 작용하는 힘의 종류	외팔보 집중하중	외팔보 분포하중	단순보 집중하중
$M_{max}=x$	Pl	$\frac{wl^2}{2}$	$\frac{Pl}{4}$
$\delta_{max}=\frac{(P \text{ 또는 } w)l^3}{xEI}$	3	$\frac{8}{l}$	48
$\theta_{max}=\frac{(P \text{ 또는 } w)l^2}{xEI}$	2	$\frac{6}{l}$	16

보에 작용하는 힘의 종류	단순보 분포하중	고정보 집중하중	고정보 분포하중
$M_{max}=x$	$\frac{wl^2}{8}$	$\frac{Pl}{8}$	$\frac{wl^2}{12}$
$\delta_{max}=\frac{(P \text{ 또는 } w)l^3}{xEI}$	$\frac{384}{5l}$	192	$\frac{384}{l}$
$\theta_{max}=\frac{(P \text{ 또는 } w)l^2}{xEI}$	$\frac{24}{l}$	64	$\frac{125}{l}$

13. 세장비

① **세장비(λ)** : 기둥의 길이 L과 최소 회전 반지름 R과의 비율로서, 좌굴을 알아보기 위해 사용되며, 세장비가 크면 좌굴이 잘 일어난다. 세장비의 크기에 따라 단주와 장주로 구분된다.

$$\lambda=\frac{l(\text{기둥의 길이})}{k(\text{최소 회전})}=\frac{l}{\sqrt{\frac{I}{A}}}$$ ($A=$기둥의 단면적, $I=$관성모멘트)

② 단주는 세장비가 30 이하인 것을, 장주는 세장비가 100 이상인 것을 뜻한다.

14. 좌굴(Buckling)

① **좌굴** : 단면적에 비해 길이가 긴 물체가 축방향으로 압축력을 받을 때 이 압축력에 의해 가로방향으로 처짐이 발생하는 현상

② **좌굴의 유효길이** : $l_e=\frac{l}{\sqrt{n}}$

③ **좌굴하중** : $P_B=n\pi\frac{EI}{l}$ ($n=$단말계수, $l=$기둥의 길이, $E=$종탄성계수, $I=$단면 2차 모멘트)

④ 단말계수(기둥의 지지 방법에 따른 상수값) n

	1단 고정, 타단 자유 (고정 – 자유)	양단 회전 (핀 – 핀)	1단 고정, 타단 회전 (고정 – 핀)	양단 고정 (고정 – 고정)
기둥 지지 방법				
상수값(n)	$\frac{1}{4}$	1	2	4

15. 양단 고정보에 작용하는 응력과 모멘트

① 사각형 단면의 양단 고정보에 힘이 중앙점에 작용할 경우

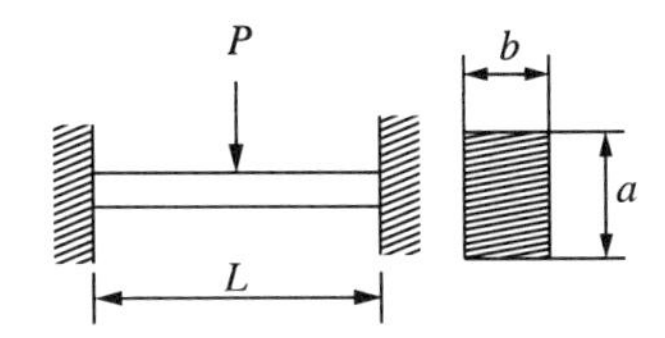

② 최대 굽힘응력 : $\sigma_{\max} = \frac{PL}{8} \times \frac{6}{bh^2} = \frac{6PL}{8bh^2}$

③ 최대 굽힘모멘트 : $M_{\max} = \frac{PL}{8}$

16. 보에 작용하는 반력

① 반력 : 뉴턴의 작용 – 반작용 법칙에 따라 주어진 힘의 반대 방향에서 작용하는 힘

② 보에 작용하는 반력(R_A, R_B)]

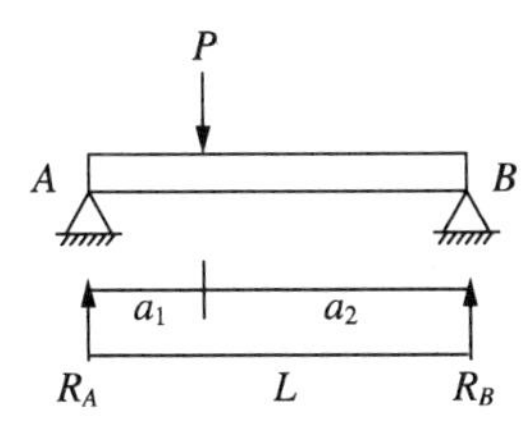

$P - R_A - R_B = 0$

B점을 모멘트(회전력)의 기준점으로 하면,

$R_A \times L - P \times a_2 + R_B \times 0 = 0$

$R_A = \frac{P \times a_2}{L}$, $R_B = \frac{P \times a_1}{L}$

17. 생베낭(Saint Venant)의 원리

① 막대의 한쪽 끝이 고정되고 다른 끝에 집중 하중이 작용할 때, 막대의 양단에서 국부변형이 발생하고 양단에서 멀어질수록 그 효과가 감소된다는 원리

② 구조물에 외력이 작용할 경우에 외력이 가해진 곳에서 충분히 떨어진 지점에 발생하는 내력과 변형은 외력의 총합이 동일하면 외력의 작용 형식에 영향을 받지 않으며, 단면에서는 균일한 하중 분포를 갖는다는 원리

18. 변형량(δ)

$$\delta = \frac{PL}{AE}$$

(P=작용한 하중[N], L=재료의 길이[mm], A=단면적[mm^2], E=세로탄성계수[N/mm^2])

19. 변형률

① **변형률(인장변형률, 연신율)** : 재료가 축방향의 인장하중을 받으면 길이가 늘어나는데, 처음 길이에 비해 늘어난 길이의 비율이다.

$$\varepsilon = \frac{(\text{변형된 길이})}{(\text{처음의 길이})} = \frac{\Delta l}{l}$$

② **전단변형률(γ)** : 미소의 직사각형 단면이 전단응력을 받아 변형된 각도를 라디안(rad)으로 나타낸 것이다.

$$\gamma = \frac{\Delta\lambda}{l} = \tan\theta \ \ (\theta = \text{전단변형각})$$

③ **가로변형률(ε', 단면수축률)** : $\varepsilon' = \dfrac{\Delta A}{A} = \dfrac{A_1 - A_2}{A_1} = \dfrac{\dfrac{\pi d_1^2}{4} - \dfrac{\pi d_2^2}{4}}{\dfrac{\pi d_1^2}{4}} = \dfrac{d_1^2 - d_2^2}{d_1^2}$

20. 스프링에 저장된 탄성변형에너지

① **탄성변형에너지(탄성에너지)** : 탄성한도 내에서 균일한 봉에 하중이 작용하면 변형되는데, 변형된 상태에서 갖고 있는 에너지이다. 이러한 이유로 변형에너지라고도 한다.

$$U = \frac{1}{2}P\delta = \frac{1}{2}k\delta^2[\text{N}\cdot\text{m}] = \frac{1}{2}P\frac{PL}{AE}$$

분자와 분모에 A를 곱해 주면, $U = \dfrac{P^2AL}{2A^2E} = \dfrac{\sigma^2AL}{2E}$ (P=작용하중, δ=변형량, k=스프링 상수, E=세로탄성계수)

② **탄성에너지의 레질리언스 계수** : 탄성한도 내에서 에너지의 흡수 능력을 수치로 표현한 것 $\left(u = \dfrac{\sigma^2}{2E}\right)$

소성가공

1. 가공경화

① 소성 : 물체에 변형을 준 뒤 외력을 제거해도 원래의 상태로 되돌아오지 않고 영구적으로 변형되는 성질로, 가소성이라고도 한다.

② 가공경화(Work Hardening) : 금속을 가공하거나 소성변형시켜 경도를 증가시키는 방법이다. 소성변형을 많이 하면 경도는 증가하지만, 연신율과 수축성이 저하되어 외부 충격에 약해진다. 예를 들어 철사를 손으로 잡고 구부렸다 폈다를 반복하면 결국에는 끊어진다.

2. 스프링백(탄성복원)

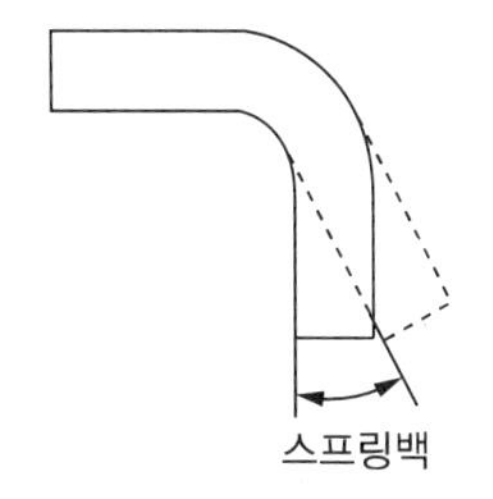

재료를 굽힘가공한 후 외력을 제거했을 때 초기 상태로 복원되려는 성질이다. 물체를 변형시킨 후 물체 내부에 탄성이 어느 정도 남아있느냐에 따라 그 크기가 결정되는데, 이는 물체의 복원력에 비례한다. 예를 들어 탄성 영역에서는 모든 재료의 복원력은 100%이나 찰흙 반죽은 표면을 누른 후 힘을 제거해도 복원되지 않으므로 스프링백은 거의 발생하지 않는다.

3. 냉간압연과 열간압연

① 냉간압연 : 큰 동력이 필요하나 치수가 정밀하고 표면이 매끄러운 제품을 만들 수 있으며, 특히 가공경화가 되어 기계적 강도를 증가시킬 수 있다.

② 열간압연 : 재료의 소성되는 정도가 커서 작은 동력으로 변형을 크게 할 수 있다.

③ 압연가공의 공통점

㉠ 절삭가공에 비해 재료를 경제적으로 사용한다.

㉡ 전체적으로 품질이 균일한 제품을 얻을 수 있다.

④ 냉간압연과 열간압연의 차이점

냉간압연	열간압연
얇은 판(박판)이나 마무리 작업에 이용된다	치수가 큰 제품이나 주조 조직 개선 시 이용된다
동력 소모, 변형저항 등이 크다	동력 소모, 변형저항 등이 작다
열간에 비해 가공 시간이 길다	냉간에 비해 가공 시간이 짧다
가공 표면이 깨끗하다	가공 표면이 산화되어 매끈하지 않다
치수가 비교적 정확하다	냉각 시 수축 때문에 정밀도가 떨어진다
가공경화 현상으로 강도·경도가 증가한다	가공경화 현상이 발생하지 않는다
조직의 방향성이 생겨 2차 가공 시 주의가 필요하다	조직의 방향성이 생기지 않는다

4. 전조가공

① **전조가공(Form Rolling)** : 2개 또는 그 이상의 다이나 롤러 사이에 재료나 공구, 또는 재료와 공구를 함께 회전시켜 재료 내·외부에 공구의 표면 형상을 새기는 특수 압연법이다.

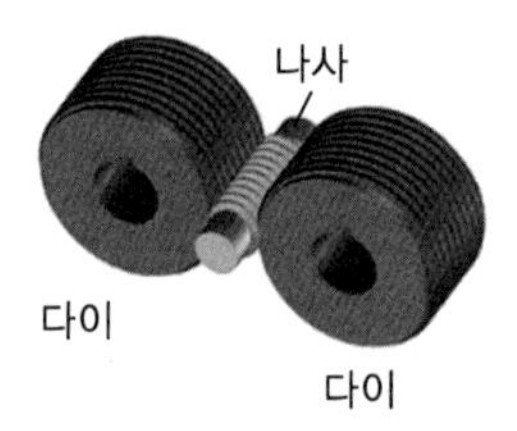

② **전조가공의 특징**

㉠ 나사 가공이나 기어 제작에도 사용이 가능하다.

㉡ 절삭 칩이 발생하지 않아 표면이 깨끗하고, 재료의 소실이 거의 없다.

㉢ 강인한 조직을 얻을 수 있고, 가공속도가 빨라서 대량생산에 적합하다.

5. 연속주조법

① **연속주조법** : 제선공정과 제강공정을 거쳐 만들어진 용강(Molten Steel)을 주형에 넣고 강괴를 만든 다음, 연속하는 롤러장치인 연속 주조기를 통과시켜 슬래브나 블룸, 빌릿을 만드는 제조법이다. 순차적으로 생산하므로 제품의 외관이 좋으며 대량생산이 가능하다.

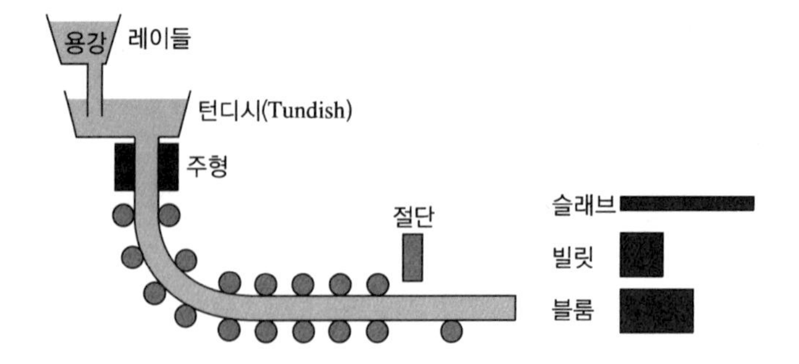

② 연속주조법의 특징

㉠ 공정 자동화가 가능해 생산성이 높다.

㉡ 냉각속도가 빨라서 결함 및 편석이 미세하다.

㉢ 열의 이용률이 높고, 균일한 결정조직을 얻을 수 있다.

㉣ 주형 안으로 용탕이 연속으로 공급되므로 수축공의 발생이 적다.

6. 자유단조와 형단조

① **단조가공** : 기계나 다이를 이용해 재료에 충격을 가해 제품을 만드는 가공법이다. 주조 시 강괴에 발생한 편석이나 기공, 과대 조직과 내부 결함 등을 압착시켜 결정입자를 미세화해 강도와 경도·충격값을 상승시킨다.

② **자유단조와 형단조의 차이점**

자유단조	형단조
• 에너지가 적게 든다. • 정밀도가 떨어진다. • 작업속도가 느리다. • 간단한 제품 제작에 적합하다. • 정밀하지 않은 제품의 소량생산에 적합하다.	• 에너지가 많이 든다. • 정밀도가 우수하다. • 작업속도가 빠르다. • 자유단조보다 복잡한 제품 제작이 가능하다. • 다이 제작비가 많이 든다. • 정밀 제품의 대량생산에 적합하다. • 강인한 섬유상 조직을 얻을 수 있다. • 주물보다 강도가 크고 표면이 매끄럽다.

③ **단조가공의 공통적인 특징**

㉠ 비행기 착륙기어나 크랭크축 등 응력을 크게 받는 제품 제작에 사용된다.

㉡ 단조 횟수가 많을수록 결정입자가 압착된 섬유상 조직이 되어 인성과 강도가 우수하다.

7. 프레스가공

① **프레스가공** : 프레스 기계를 이용해 펀치나 다이(금형)로 판재에 인장이나 압축·전단·굽힘응력을 가해서 소성변형시켜 원하는 형상의 제품을 만드는 가공법이다. 기계화된 판금가공으로 치수가 정밀하고 제품의 대량생산에 적합하지만, 다이 제작비가 비싼 단점이 있다.

② **프레스가공의 특징**

㉠ 자동화가 가능하고, 가공속도가 빠르다.

㉡ 가공 시간과 노력이 상대적으로 적게 든다.

㉢ 재료의 사용률이 높아서 버려지는 양이 적다.

㉣ 품질이 비교적 균일하며, 고도의 숙련을 요하지 않는다.

㉤ 치수가 정확해서 정밀도가 높고, 대형 제품의 대량생산에 적합하다.

③ **프레스가공의 종류** : 전단가공, 굽힘가공, 드로잉가공, 스탬핑가공(각인가공), 고무성형

8. 금형가공의 불량 현상

① **플로마크 현상** : 딥 드로잉가공에서 성형품의 측면에 나타나는 외관 결함으로, 성형 재료의 표면에 유동 궤적을 나타내는 줄무늬가 생기는 불량이다.

② **플래시 현상** : 금형에서 주입부 외의 부분인 파팅 라인, 이젝터 핀 등의 틈새에서 용융된 플라스틱이 흘러 나와 고화되거나 얇은 조각의 수지가 생기는 불량으로, 금형의 접합부에서 발생하는 성형 불량이다. 이를 방지하기 위해서는 금형 자체의 밀착성을 좋게 하도록 체결력을 높여야 한다.

③ **제팅 현상** : 게이트(금형 안으로 용탕을 주입하는 부분)에서 공동부(Cavity)에 분사된 수지가 끈 모양의 형태로 고화되어 성형품의 표면에 꾸불거리는 모양으로 나타나는 불량이다.

④ **싱크마크 현상** : 냉각속도가 큰 부분의 표면에 오목한 형상이 발생하는 불량이다. 이 결함을 제거하려면 성형품의 두께를 균일하게 하고, 러너와 게이트를 크게 하여 금형 내의 압력이 균일하게 한다. 또한 성형 온도를 낮게 하며, 두께가 두꺼운 위치에 게이트를 설치해 성형 온도를 낮춘다.

⑤ **웰드마크 현상** : 플라스틱 성형 시 흐르는 재료들의 합류점에서 재료의 융착이 불완전해 나타나는 줄무늬 모양의 얼룩이며, 웰드라인이라고도 한다.

9. 펀칭과 블랭킹

① **펀칭(Punching)** : 판재를 펀칭으로 절단하고 남은 부분이 제품이 되는 가공 방법이다. 잘린 부분은 스크랩(버리는 부분)이다.

② **블랭킹(Blanking)** : 프레스 가공의 일종으로 펀치와 다이를 이용해서 판금할 재료로부터 제품의 외형을 따내는 작업이다. 따낸(잘린) 부분이 제품이므로 재료 손실이 커서 비효율적이다.

10. 인발가공

① **인발가공** : 다이 구멍 안에 있는 금속 재료를 구멍 밖으로 잡아당겨 단면적을 줄이면서 선이나 봉, 관 등의 제품을 뽑아내는 가공법이다. 재료의 인장력을 이용하는데, 주로 상온에서 점진적으로 제품의 단면을 줄이는 방법으로 사용된다.

② 인발가공의 특징

㉠ 압연과 압출가공에 비해 비경제적이다.

㉡ 큰 소재보다 중간 가공된 소재를 사용한다.

㉢ 가공 공정이 많고, 가공하는 속도가 느리다.

㉣ 다이 형상에 따라 다양한 제품을 제작할 수 있다.

㉤ 압출이나 압연으로 힘든 가는 선재가공에 필수적인 가공법이다.

㉥ 상온에서 가공하는 냉간인발은 가는 굵기의 선재를 가공할 때 큰 동력이 소요되지 않는다.

③ **솔기결함(＝심결함)** : 재료의 길이방향으로 발생되는 흠집이나 자국으로, 인발가공에서 발생되는 결함이다.

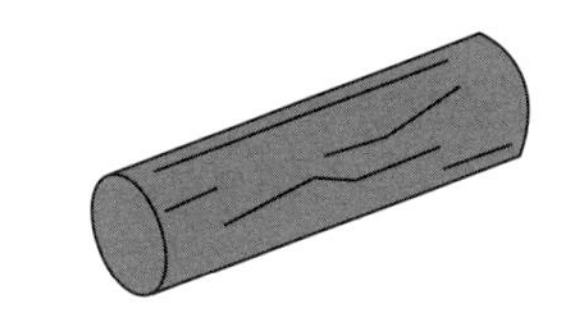

11. 압연가공

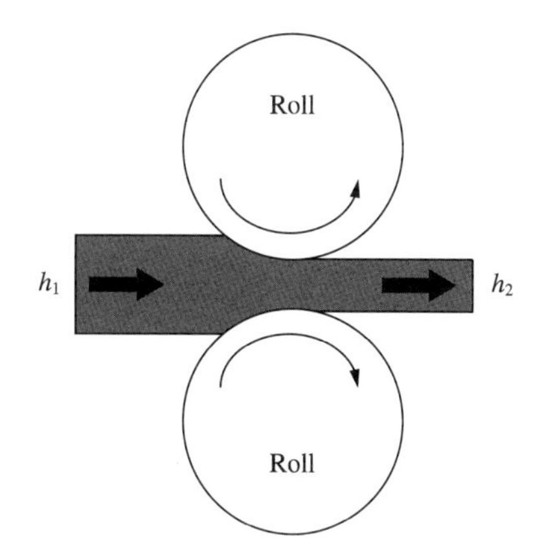

① **압연가공(Rolling)** : 소성변형이 비교적 잘 되는 금속 재료를 2개 또는 그 이상의 롤러 사이로 통과시켜 판재나 형재, 관재 등의 제품을 만드는 가공법이다. 강괴(잉곳)나 연속 주조로 만들어진 재료가 롤러로 압착됨으로써 불안정했던 내부 조직이 파괴되고 내부 기공도 압착되어 균일하고 미세한 조직으로 바뀜으로 인해 치수 정밀도가 좋은 제품을 대량생산할 수 있다.

② **압연가공의 가공도** : 압하량이나 압하율로 표시한다.

㉠ 압하량$=h_2-h_1$ (h_1＝처음의 두께, h_2＝나중의 두께)

㉡ 압하율 : $r=\dfrac{h_1-h_2}{h_1}\times 100$

12. 압연가공 제품의 결함

① **두께결함** : 압연가공의 대표적인 결함으로, 롤의 휨으로 인해 판재의 중앙 부분과 가장자리의 두께가 다르게 만들어지는 것이다. 롤의 열처리를 확실하게 한 것을 사용해야 한다.

② **넓이결함** : 압연가공 후 너비가 넓어지는 불량으로, 옆면에 수직 롤을 세우면 방지할 수 있다.

③ **표면결함**

㉠ 웨이브에지 : 롤 휨에 의한 불량으로 가장자리가 물결 모양이다. 롤의 강도를 조절하거나 열처리된 롤을 사용한다.

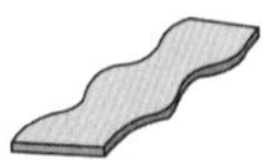

㉡ 지퍼크랙 : 재료의 연성이 좋지 않을 경우 중앙부가 일정 간격으로 패이는 형상으로, 롤의 속도를 조절하면 된다.

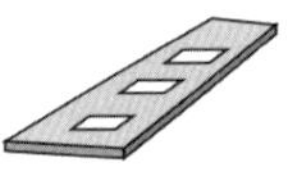

㉢ 에지크랙 : 재료의 연성이 좋지 않을 경우 가장자리에 균열이 생기거나 파이는 불량이다.

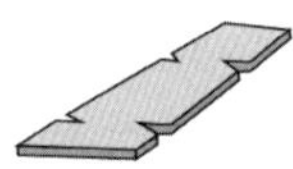

④ **엘리게이터링(Alligatoring)** : 판재의 끝부분에서 갈라지는 불량으로, 슬래브를 압연하거나 합금 재료를 압연할 때 발생한다.

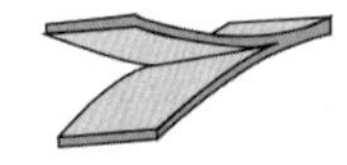

13. 굽힘가공

① **굽힘가공** : 길이가 길고 너비가 좁은 판재나 관·봉 재료를 굽혀서 원하는 형상으로 굽혀서 변형시키는 가공 방법이다.

② **굽힘가공의 종류**

㉠ 컬링(Curling) : 얇은 판재나 드로잉가공한 용기의 테두리를 프레스 기계나 선반으로 둥글게 마는 가공법으로, 가장자리의 강도를 높이는 동시에 미관을 좋게 한다.

㉡ 플랜징(Flanging) : 금속 판재의 모서리를 굽히는 가공법으로 2단 펀치를 사용해 판재에 작은 구멍을 낸 후 구멍을 넓히면서 모서리를 굽혀 마무리하는 가공 방법이다.

㉢ 비딩(Beading) : 판재의 끝 부분에 다이를 이용해서 일정 길이의 돌기부를 만드는 가공 방법이다.

㉣ 헤밍(Hemming) : 판재의 끝부분을 접어서 포개는 가공 방법이다.

㉤ 롤 성형(Roll Forming) : 길이가 긴 판재를 대량으로 굽힐 때 사용하는 가공 방법으로, 약 1.5m/s의 속도로 금속 판재를 통과시켜 점차적으로 굽힌다. 열간 및 냉간가공이 모두 가능하며, 자동차 빔이나 범퍼 등의 가공에 사용된다.

14. 로터리 스웨이징(Rotary Swaging)

① **로터리 스웨이징** : 다이를 회전시키면서 봉이나 관, 선재의 지름을 감소시키면서 원통형의 제품을 제작하는 단조가공 방법이다. 스웨이징은 생산속도가 비교적 높고, 소재의 기계적 성질이 개선된다.

② **스웨이징의 원리**

㉠ 롤러의 회전으로 해머의 캠곡선에 의한 상하운동이 금형에 전달되고, 소재의 소성변형가공이 일어난다.

㉡ 마주 보는 여러 쌍의 다이가 작업물 표면에 수직분력의 충격을 반복적으로 가해 모양이 변형・축소된다.

15. 엠보싱과 코이닝

① **엠보싱** : 얇은 판재를 서로 반대 형상으로 맞물리게 만들어진 펀치와 다이 사이에 넣고 가압해 성형시키는 가공법으로, 주로 올록볼록한 형상의 제품 제작에 사용된다.

② **코이닝** : 펀치와 다이 표면에 새겨진 모양을 판재에 각인하는 프레스가공 방법으로, 압인가공이라고도 한다. 주로 주화나 메탈 장식품을 만들 때 사용된다.

16. 배럴링과 업세팅

① **배럴링과 업세팅의 차이점**

소재의 옆면이 볼록한 모양의 명칭=배럴링		정상(Upsetting)
배럴링 현상을 없애는 방법 • 다이를 예열한다. • 윤활제를 사용한다.	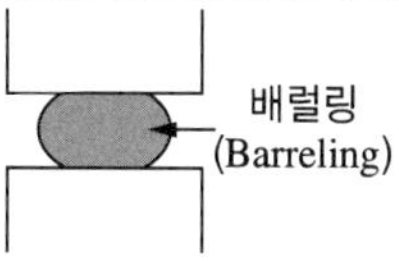 배럴링 (Barreling)	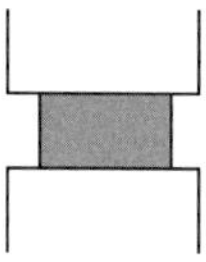

② **업세팅(Upsetting, 눌러붙이기)** : 단조의 가장 기본이 되는 작업으로, 원기둥 형상의 재료를 상하로 위치한 다이 사이에 놓고 압축시켜 소재의 길이를 줄이고 지름을 크게 만드는 가공 방법이다. 업세팅은 재료의 조직을 미세화하고 강인한 섬유상 조직을 얻을 수 있어서 큰 강도가 필요한 기계부품 제작에 주로 사용된다.

17. 압출가공

① **압출가공(Extrusion)** : 선재나 관재, 여러 형상의 단면재를 제조할 때 가열된 재료를 용기 안에 넣고 램이나 플런저로 재료를 높은 압력으로 다이 구멍 쪽으로 밀어내면 재료가 다이를 통과하면서 제품이 만들어지는 소성가공 방법

② **압출가공의 특징**

㉠ 압연가공이 어려운 관재나 이형의 단면재 가공에 사용된다.

㉡ 작업 공정을 단순화할 수 있고, 중간 소재를 다량으로 생산할 수 있다.

③ **압출가공에 영향을 미치는 요소** : 압출비, 압출 방법, 압출 온도, 변형속도, 마찰력

18. 드로잉가공

① 드로잉가공 : 비교적 편평한 철판을 다이 위에 올린 후 펀치로 눌러 다이 내부로 철판이 들어가게 함으로써 밥그릇이나 컵처럼 이음매 없는 중공의 용기를 만드는 가공법으로, 제품 표면에 균열이나 주름이 없는 성형가공 방법이다.

② 드로잉가공의 종류

㉠ 아이어닝(Ironing) : 딥 드로잉된 컵 형상의 판재 두께를 균일하게 감소시키는 프레스가공 방법으로, 아이어닝 효과라고도 한다. 제품 용기의 길이를 보다 길게 하는 장점이 있으나, 지나친 아이어닝가공은 제품을 파단시킬 수 있다.

㉡ 스피닝가공(Spinning) : 선반의 주축에 제품과 같은 형상의 다이를 장착한 후 심압대로 소재를 다이와 밀착시킨 후 함께 회전시키면서 강체 공구나 롤러로 소재의 외부를 강하게 눌러서 축에 대칭하는 원형의 제품을 만드는 박판 성형가공 방법이다. 탄소강 판재로 이음매 없는 국그릇이나 알루미늄 주방용품을 소량생산할 때 사용하는 가공 방법으로, 보통 선반과 작업 방법이 비슷하다.

㉢ 하이드로포밍(Hydro-forming) : 강관이나 알루미늄 압축 튜브를 소재로 사용하며, 내부에 액체를 넣고 강한 압력을 가해 복잡한 형상의 제품을 성형하는 제조 방법이다.

㉣ 딥 드로잉가공(Deep Drawing Work, 오므리기 가공) : 평판에서 이음부 없이 중공 용기를 만드는 대표적인 굽힘성형 방법이다.

19. 만네스만 강관 제조법

① 속이 찬 빌릿이나 봉재에 1,200℃의 열을 가한 후 2개의 롤러에 재료를 물려 넣으면 재료 내부에 인장력이 작용해 중심부에 구멍(공극)이 생기는데, 이 구멍에 맨드릴(심봉)을 내밀어서 원하는 크기와 두께의 강관을 제조하는 방법이다.

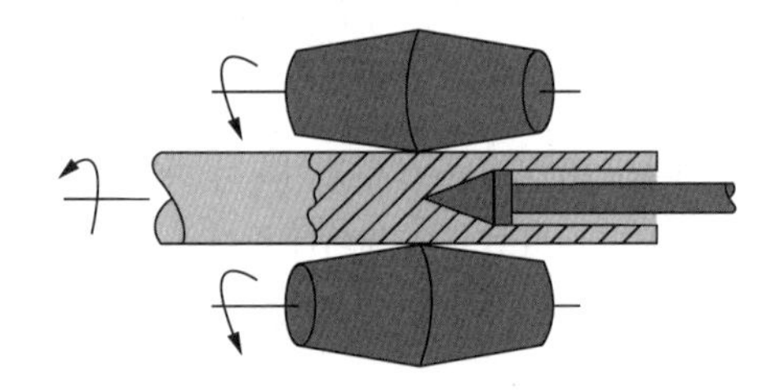

② 강관을 제조하는 방법은 주조나 단조・압연・인발 및 압출가공 등 다양하며, 이 방법 중 압연에 의한 이음매 없는 강관을 제조하는 것이 만네스만 강관 제조법이다.

안전(산업안전 · 전기) 기타

1. 안전율(S)

① **안전율** : 외부의 하중에 견딜 수 있는 정도를 수치로 표현한 것으로, 알파벳 S로 나타낸다.

$$S=\frac{\sigma_u(\text{인장강도})}{\sigma_a(\text{허용응력})}=\frac{(\text{인장강도})}{(\text{허용응력})}$$

② **연강재의 안전하중값** : 정하중은 3, 동하중(일반)은 5, 동하중(주기적)은 8, 충격하중은 12이다.

2. 응급처치

① 응급처치의 구명 4단계
- ㉠ 1단계(기도 유지) : 질식을 막기 위해 기도 개방 후 이물질 제거하고, 호흡이 끊어지면 인공호흡을 한다.
- ㉡ 2단계(지혈) : 상처 부위의 피를 멈추게 하여 혈액 부족으로 인한 혼수상태를 막는다.
- ㉢ 3단계(쇼크 방지) : 호흡 곤란이나 혈액 부족을 제외한 심리적 충격에 의한 쇼크를 예방한다.
- ㉣ 4단계(상처의 치료) : 환자의 의식이 있는 상태에서 치료를 시작하며, 충격을 해소해야 한다.

② 응급처치 시 유의사항
- ㉠ 쇼크 방지를 위해 환자의 체온 유지에 노력해야 한다.
- ㉡ 의식불명 환자에게 물 등 기타 음료수를 먹이지 말아야 한다.
- ㉢ 응급 의료진과 가족에게 연락하고, 주위 사람에게 도움을 청해야 한다.
- ㉣ 긴급을 요하는 환자가 2인 이상 발생 시 대출혈, 중독 환자부터 처치해야 한다.

3. 화상과 상처

① 화상의 등급

등급	상태
1도 화상	뜨거운 물이나 불에 의해 표피만 가볍게 데인 화상으로, 붉게 변하고 따가운 상태
2도 화상	표피 안의 진피까지 화상을 입은 경우로, 물집이 생긴 상태
3도 화상	표피나 진피, 피하지방까지 화상을 입어 표피가 벗겨지면서 매우 심한 상태

② 상처의 종류
- ㉠ 찰과상 : 마찰에 의해 피부의 표면에 입는 외상이며, 긁힌 상처라고도 한다. 넘어지거나 물체에 긁힐 경우에 주로 발생한다. 피부의 진피까지 상처를 입으면 출혈이 크다.
- ㉡ 타박상 : 외부의 충격이나 부딪침에 의해 피부 조직과 근육 등이 손상을 입어 통증이 발생되며, 피부에 출혈과 부종이 보이는 경우

㉢ 화상 : 뜨거운 물이나 불, 화학물질에 의해 피부나 피부의 내부 조직이 손상된 현상
㉣ 출혈 : 혈관의 손상에 의해 혈액이 혈관 밖으로 나오는 현상

4. 화재의 종류 및 소화기

① **무상강화액소화기** : 화재 진압 시 무상(안개 모양)으로 뿌리기 때문에 전기화재에 사용이 가능하다.
② **포소화기(포말소화기)의 소화재인 "포"** : 액체이므로 감전의 위험이 있어서 전기화재에는 사용이 불가능하다.
③ 화재의 종류 및 사용 소화기

분류	A급 화재	B급 화재	C급 화재	D급 화재
명칭	일반(보통)화재	유류 및 가스화재	전기화재	금속화재
가연 물질	나무, 종이, 섬유 등의 고체	기름, 윤활유, 페인트 등의 액체	전기설비, 기계, 전선 등의 물질	가연성 금속(Al 분말, Mg 분말)
소화 효과	냉각 효과	질식 효과	질식·냉각 효과	질식 효과
표현 색상	백색	황색	청색	–
소화기	물, 분말소화기 포(포말)소화기 이산화탄소소화기 강화액소화기 산·알칼리소화기	분말소화기 포(포말)소화기 이산화탄소소화기	분말소화기 유기성소화기 이산화탄소소화기 무상강화액소화기 할로겐화합물소화기	건조된 모래 (건조사)
사용 불가능 소화기	–	–	포(포말)소화기	물(금속 가루는 물과 반응해 폭발할 수 있음)

5. 산업안전보건법

① **산업안전보건법** : 산업 안전 및 보건에 관한 기준을 확립하고 그 책임의 소재를 명확하게 하여 산업재해를 예방하고 쾌적한 작업 환경을 조성함으로써 노무를 제공하는 사람의 안전 및 보건을 유지·증진함을 목적으로 한다(산업안전보건법 제1조).
② **안전보건표지** : 유해하거나 위험한 장소·시설·물질에 대한 경고, 비상시에 대처하기 위한 지시·안내 또는 그 밖에 근로자의 안전 및 보건 의식을 고취하기 위한 사항 등을 그림, 기호 및 글자 등으로 나타낸 표지(산업안전보건법 제37조 제1항)
③ 안전보건표지의 색도기준 및 용도(산업안전보건법 시행규칙 [별표 8])

색상	용도	사용례
빨간색	금지	정지신호, 소화설비 및 그 장소, 유해행위의 금지
	경고	화학물질 취급장소에서의 유해·위험경고
노란색	경고	화학물질 취급장소에서의 유해·위험경고 이외의 위험경고, 주의표지 또는 기계방호물
파란색	지시	특정 행위의 지시 및 사실의 고지
녹색	안내	비상구 및 피난소, 사람 또는 차량의 통행표지
흰색	–	파란색 또는 녹색에 대한 보조색
검은색	–	문자 및 빨간색 또는 노란색에 대한 보조색

※ 허용 오차 범위 색상=±2, 명도=±0.3, 채도=±1

6. 일산화탄소 가스가 인체에 미치는 영향

CO 농도	인체에 미치는 증상
0.01% 이상	건강에 유해
0.02 ~ 0.05%	중독 작용
0.1% 이상	수 시간 호흡하면 위험
0.2% 이상	30분 이상 호흡하면 극히 위험, 사망

7. 이산화탄소 가스가 인체에 미치는 영향

CO_2 농도	인체에 미치는 증상	대책
1%	호흡속도 다소 증가	무해
2%	호흡속도 증가, 지속 시 피로를 느낌	
3 ~ 4%	호흡속도 약 4배 증가, 두통, 뇌빈혈, 혈압 상승	환기
6%	피부혈관의 확장, 구토	
7 ~ 8%	호흡곤란, 정신장애, 수분 내 의식불명	
10% 이상	시력장애, 2 ~ 3분 내 의식을 잃으며 방치 시 사망	30분 이내 인공호흡, 의사의 조치 필요
15% 이상	위험 상태	즉시 인공호흡, 의사의 조치 필요
30% 이상	극히 위험, 사망	-

8. 전류량이 인체에 미치는 영향

전류량	인체에 미치는 영향
1mA	전기를 조금 느낌
5mA	상당한 고통을 느낌
10mA	근육운동은 자유로우나 고통을 수반한 쇼크를 느낌
20mA	근육 수축, 스스로 현장을 탈피하기 힘듦
20 ~ 50mA	고통과 강한 근육 수축, 호흡이 곤란함
50mA	심장마비 발생으로 사망의 위험이 있음
100mA	사망에 이르는 치명적인 결과 초래

9. 산업보건기준에 따른 조도

구분	조도 기준
초정밀작업	750lx 이상
정밀작업	300lx 이상
보통작업	150lx 이상
그 밖의 작업	75lx 이상

※ 다만, 갱내 작업장과 감광 재료를 취급하는 작업장은 예외

10. 적외선과 자외선

① 적외선 : 태양과 같은 발광체에서 방출되는 빛을 스펙트럼으로 분산시켰을 때 적색 스펙트럼의 끝보다 더 바깥쪽에 있어서 적외선이라고 하며, 파장은 가시광선보다 길다. 적외선은 작업자의 눈에 백내장을 일으키고 맨살에 화상을 입힌다.

② 자외선 : 가시광선보다는 파장이 짧고 X선보다는 파장이 긴 전자기파의 일종이다.

③ 아크광선 : 아크용접과 절단 작업 시 발생되는 빛이다.

㉠ 아크광선은 전광성 안염을 발생시킨다.

㉡ 아크광선은 적외선과 가시광선, 자외선을 발생시킨다.

11. SI 기본단위(국제단위계)

길이	질량	시간	온도	전류	물질량	광도
m(미터)	kg(킬로그램)	sec(세컨드)	K(켈빈)	A(암페어)	mol(몰)	cd(칸델라)

12. 단위

• 1PS] 75kgf · m/s=0.735kW	• 1inch=2.54cm
• 1kW=102kgf · m/s	• 1ft=12inch
• 1N=1kg · m/s^2	• 1배럴=42갤런=약 160L
• 1kcal=3.72btu=4.2KJ	• 1갤런=3.7L
• 1mi/h=1.6km/h	• 1erg=10^{-7}J
• 1lb(파운드)=0.4536kg	• 1dyne=1g · cm/s^2

13. ISO 9000과 ISO 14000

① ISO(국제표준화기구) : 스위스 제네바에 중앙사무국을 둔 국제기구로, 전 세계의 표준화를 위해 국제적인 표준을 개발하고 관리하는 업무를 담당한다.

② ISO 9000 : 이 규격을 바탕으로 각 기업의 체질에 맞는 품질시스템을 수립해 제3의 인증기관으로부터 자사 품질시스템의 적합성과 실행 상태를 평가받아, 고객에게 신뢰할 수 있는 제품과 서비스를 공급하는 체제를 갖추어 운영하고 있음을 대외적으로 인증하는 것으로, 품질경영시스템(QMS) 인증 또는 제3자 인증이라고도 한다.

③ ISO 14000 : 전 세계적으로 관심을 갖고 있는 환경문제에 대해 노력하는 기업에 대해 국제표준화기구가 이를 평가하며, ISO 14000 마크를 획득한 기업은 기업 활동 전반에 걸쳐 환경적인 제조 환경을 갖추고 있다는 것을 객관적으로 인증해 주는 시스템이다.

14. Six Sigma(6 시그마)

① 시그마(σ) : 통계학에서 데이터의 산포를 나타낼 때 표준편차를 의미하는 기호이다. 기준과 표준편차의 크기가 6배와 크기가 같을 경우 6 시그마의 공정능력을 갖고 있다고 판단한다.

② Six Sigma : 모토로라에 근무하던 마이클 해리에 의해 창안된 품질 향상 기법으로, 통계 지식을 활용한 것이 특징이다. '6 시그마'란 통계학적으로 제품이 1백만 개 생산될 때 3.4개(3.4ppm)의 불량품이 발생한다는 품질 수준을 나타내는 용어이다.

15. TQM(Total Quality Management)

① TQM(총체적 품질 관리, 전사적 품질 관리) : 품질을 높여 고객을 만족시키자는 품질 향상의 관점에서 전 사원의 역량을 집중시키도록 기업 차원에서 관리하는 시스템

② TQM의 구성 요소(Walton)

㉠ Total(총체적) : 고객의 수요 파악에서 만족도를 확인하는 과정까지 모든 측면에서 보다 적극적으로 품질을 관리함

㉡ Quality(품질) : 고객의 기대에 부응하는 것에 그치지 않고 그 기대를 뛰어넘는 수준의 품질을 의미함

㉢ Management(관리) : 품질의 개선을 지속적으로 추진해 조직의 역량을 유지 및 개선하는 활동을 의미함

③ TQM의 원칙과 전통적인 관리 원칙의 비교(Martin)

TQM의 원칙	전통적인 관리 원칙
서비스나 상품의 질이 조직의 1차적인 목적임	조직은 서로 경쟁하는 다양한 목적을 가짐
고객 만족이 조직을 주도함	재정에 대한 관심이 조직을 주도함
고객이 품질을 결정함	조직관리와 전문가가 품질을 결정함
지속적인 개선에 초점을 맞춤	현상의 유지에 초점을 맞춤
변화는 지속적이며, 팀워크에 의해 수행됨	변화는 뜻밖의 일이며, 관료적 체계에 도전하는 우승자에 의해 수행됨
조직 구성원들과 각 부서는 서로 협동함	조직 구성원들과 각 부서는 서로 경쟁함
자료 분석에 기반해 의사를 결정함	감각에 기반해 의사를 결정함
조직 구성원의 훈련은 필수적인 투자라고 인식함	조직 구성원의 훈련은 사치스러운 것이며 비용이 든다고 인식함
상향, 하향, 양방향 등 다양한 방향으로 조직 내 의사소통이 이루어짐	기본적으로 상의하달식으로 조직 내 의사소통이 이루어짐
질이 높은 삼품과 서비스를 제공하는 계약자들과 장기적인 관계를 발전시킴	계약자들은 가격에 기초해 서로 경쟁하도록 장려됨

16. 노킹의 원인 및 방지법

① 가솔린 기관의 노킹 현상

㉠ 연소 후반부에 미연소 가스의 급격한 자기연소에 의한 충격파가 실린더 내부의 금속을 타격하면서 충격음이 발생하는 현상이다. 노킹이 발생하면 실린더 내의 압력이 급상승함으로써 스파크 플러그나 피스톤, 실린더헤드, 크랭크축의 손상을 일으킨다. 또한 출력 저하를 일으키므로 옥탄가 높은 연료를 사용한다.

㉡ 옥탄가 : 가솔린 연료의 안티노크성을 수치로 나타낸 값이다. 안티노크성이란 가솔린 기관에서 미연소 가스의 조기 점화로 인해 엔진의 출력 감소 및 실린더 과열과 같은 이상 연소 현상인 노킹을 일으키기 어려운 성질로, 수치가 높은 것이 좋다. 내폭성이 높은 연료인 아이소옥탄(C_8H_{18})과 내폭성이 낮은 연료인 정헵탄(C_7H_{16})을 100과 0으로 하고, 이 두 연료를 혼합해서 만든 연료의 가치로, '옥탄가 90＝내폭성이 높은 연료인 아이소옥탄의 체적이 90%'임을 의미한다.

$$[\text{옥탄가(ON)}] = \frac{(\text{아이소옥탄})}{(\text{아이소옥탄}) + (\text{정헵탄})} \times 100$$

② **디젤 기관의 노킹 현상** : 연소 초기에 발생하는 것으로, 가솔린 기관의 노킹 현상과 같다.

③ **디젤 노크의 방지 대책**

㉠ 실린더 체적을 크게 하고, 압축비와 세탄가를 높게 한다.

㉡ 엔진의 회전속도와 착화 온도를 낮게 하며, 흡기 온도와 실린더 외벽의 온도를 높게 한다.

㉢ 세탄가 : 디젤 엔진의 착화성을 수치적으로 표시한 것으로, 착화성이 가장 좋은 세탄의 착화성을 100, 착화성이 가장 나쁜 α-메틸나프탈렌의 착화성을 0으로 설정한 후 이들을 표준 연료로 하여 착화가 지연될 때 이 표준 연료 속의 세탄의 함유량을 체적 비율로 표시한 것이다.

$$[\text{세탄가(CN)}] = \frac{[\text{세탄}(C_{16}H_{34})]}{[\text{세탄}(C_{16}H_{34})] + \alpha - [\text{메틸나프탈렌}(C_{11}H_{10})]} \times 100$$

④ **노킹 방지제** : 벤젠, 톨루엔, 아닐린, 에탄올

17. 앵글라이히(Angleichen) 장치

저속이나 고속 회전 시 공기와 연료의 최대 분사량을 변화시키지 않으면 출력이 저하된다. 이 문제를 해결하기 위해 앵글라이히 장치는 모든 속도 범위에서 연료와 공기의 혼합 비율을 알맞게 유지시킨다.

18. 쇼크업소버

① **쇼크업소버(Shock Absorber)** : 축방향의 하중 작용 시 피스톤이 이동하면서 작은 구멍의 오리피스로 기름이 빠져나가면서 진동을 감소시키는 완충장치

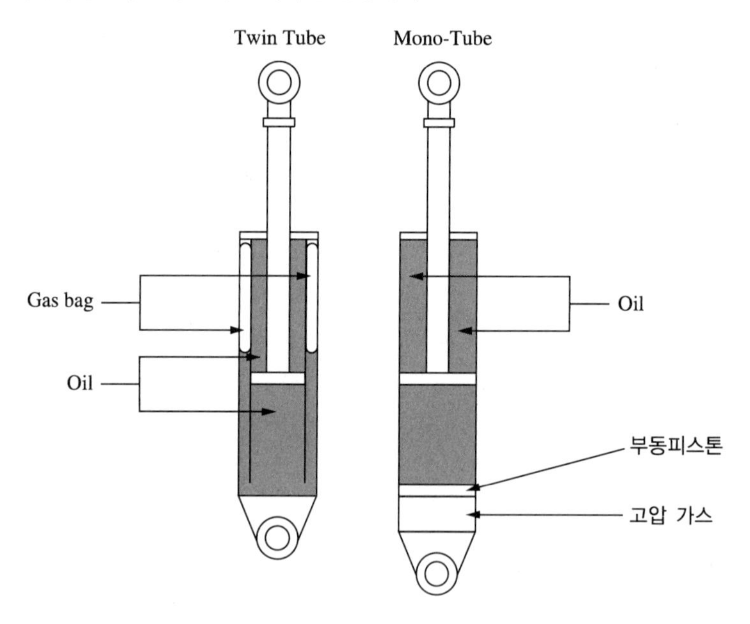

② 오리피스(Orifice) : 유체가 흐르는 관 내부를 작은 구멍이 뚫린 판으로 가로막아 유체가 좁은 구멍을 통과하게 하여 압력과 유속을 변화시킨다.

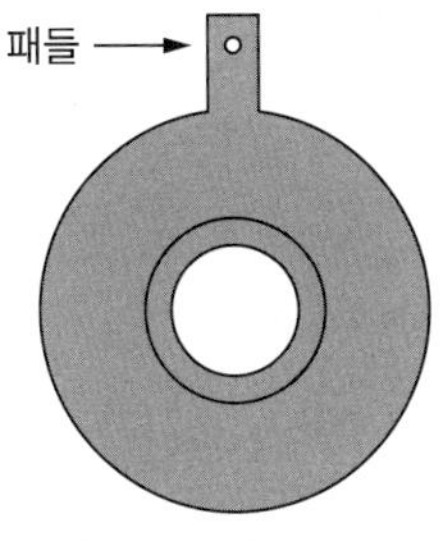

[사분원 오리피스 판]

PART 2

19. 전자기계 관련 시험에 종종 등장하는 이론

① 위상각(Phase Angle) : 전류와 전압의 위상차

② 변압기 철심용 재료 : 규소(Si)

③ 고유 진동수(f) : 단위시간당 진동하는 횟수로, 구조물의 동적 특성을 표현하는 가장 대표적인 개념

$$f=\frac{1}{2\pi}\sqrt{\frac{k}{m}}\quad (m=\text{질량},\ k=\text{강성})$$

④ 고유 진동 주기 : $T=\frac{1}{f}$

20. AI(인공지능)와 인간의 대결

① 인공지능과 인간의 첫 대결 : 1967년 체스 프로그램인 '맥핵'과 철학자 드레퓌스와의 대결에서 인공지능 승리

② IBM 딥소트(Deep Thought) : 1989년 가리 카스파로프와의 체스 대결에서 참패해 인공지능의 한계라는 비판적 평가

③ IBM 딥블루(Deep Blue) : 1996년 가리 카스파로프와의 체스 재대결에서 승리

④ IBM 슈퍼컴 왓슨(Watson) : 2011년 미국의 인기 퀴즈쇼에 출전해 우승

⑤ 구글의 알파고(AlphaGo) : 2016년 이세돌과의 바둑 대결에서 승리

기출예상문제

정답 및 해설 p.020

01 체적 $1.2m^3$인 탱크 속에 50kg의 습포화 증기가 있다면, 온도 350° C인 증기의 건도(x)는 얼마인가?(단, 온도 350℃에서 $v' = 0.0017468m^3/kg$, $v'' = 0.008811m^3/kg$이다)

① 0.89
② 1.17
③ 2.43
④ 3.15

02 다음 중 〈보기〉의 설명과 일치하는 나사는?

> **보기**
> - 애크미(Acme)나사라고도 하며, 정밀가공이 용이하다.
> - 공작기계의 리드스크류와 같이 정밀한 운동의 전달용으로 사용한다.

① 사각나사
② 톱니나사
③ 사다리꼴나사
④ 둥근나사

03 다음 중 벤투리미터(Venturi-Meter)에 대한 설명으로 옳은 것은?

① 관수로 도중에 단면이 좁은 관을 설치하고 유속을 증가시켜 수축부에서 압력이 저하할 때, 이 압력차에 의하여 유량을 구하는 장치
② 압력에 의해 밀려 올라간 액체 기둥의 높이를 측정하여 그에 상응하는 압력을 측정하는 장치
③ 나사의 이동과 회전을 이용하여 철사의 지름, 정밀기계 등의 미소(微小)한 치수를 측정하는 기구
④ 하부가 뾰족하고 상부가 넓은 유리관 속에 부표가 장치되어 액체의 유량의 대소에 따라 액체통 속에서 부표가 정지하는 위치가 달라지는 성질을 이용하여 유량을 측정하는 유량계

04 다음 중 유압회로에서 사용하는 축압기(Accumulator)의 기능에 해당되지 않는 것은?

① 유압회로 내의 압력맥동 완화
② 유속의 증가
③ 충격압력의 흡수
④ 유압에너지의 축적

05 길이 15m, 지름 10mm의 강봉에 8kN의 인장하중을 걸었더니 탄성변형이 생겼다. 이때 늘어난 길이는?(단, 이 강재의 탄성계수 $E=210$GPa)

① 0.73mm ② 0.28mm
③ 7.3mm ④ 2.8mm

06 저열원이 90℃, 고열원이 700℃인 범위로 작동하는 카르노 사이클에 있어서 1사이클 당 공급되는 열량이 230kJ이라고 하면, 한 사이클 당 일량(kJ)과 열효율(%)은 얼마인가?

① 144.21kJ, 62.7% ② 144.21kJ, 87.1%
③ 200.43kJ, 62.7% ④ 200.43kJ, 87.1%

07 어떤 이상기체의 압력이 300kPa, 비체적 1.4 m^3/kg인 상태에서 등온변화하여 압력 900kPa인 상태로 변화하였다. 변화 후의 비체적은 몇 m^3/kg인가?

① 0.25m^3/kg ② 0.36m^3/kg
③ 0.47m^3/kg ④ 1.27m^3/kg

08 점성계수(μ)가 0.002$Pa \cdot s$인 유체가 수평으로 놓인 안지름 3cm의 곧은 관에서 15cm/s의 평균 속도로 흘러가고 있다. 흐름 상태가 층류일 때 수평 길이 500cm 사이에서의 압력강하는?

① 25.2Pa ② 45.3Pa
③ 53.3Pa ④ 75.1Pa

09 밑면이 4m×4m인 탱크에 비중이 0.8인 기름과 물이 다음 그림과 같이 들어 있다. AB면에 작용하는 압력은 몇 kPa인가?

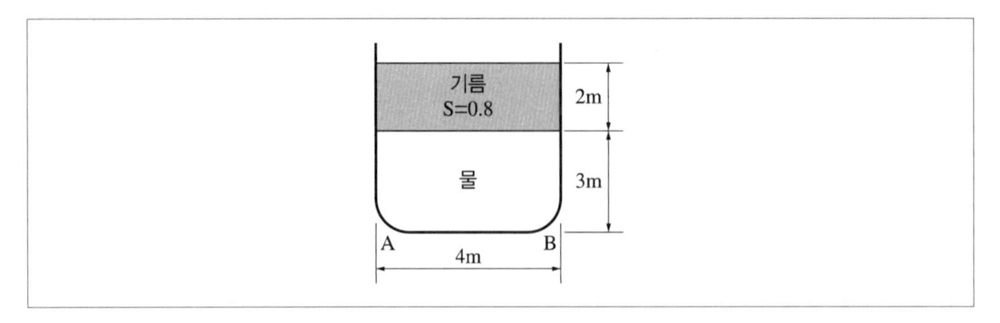

① 20.82kPa
② 32.24kPa
③ 45.08kPa
④ 61.15kPa

10 압력용기 내의 게이지 압력이 70kPa로 측정되었고 대기압력이 110kPa일 때, 압력용기 내의 절대압력은?

① 225kPa
② 180kPa
③ 90kPa
④ 65kPa

11 3줄 나사에서 수나사를 고정하고 암나사를 1회전시켰을 때, 암나사가 이동한 거리는?

① 나사피치의 1/3배
② 나사리드의 1/3배
③ 나사피치의 3배
④ 나사리드의 3배

12 외경 선삭에서 가공 전과 후의 평균 지름이 100mm인 황동봉을 절삭깊이 1mm, 이송속도 0.3mm/rev, 주축 회전속도 1,000rpm으로 가공하였을 때, 재료제거율은?(단, π는 3.14로 하고 가공 전과 후의 평균 지름, 평균 절삭속도를 이용하여 재료 제거율을 계산한다)

① $30cm^3/min$
② $300cm^3/min$
③ $9.42cm^3/min$
④ $94.2cm^3/min$

13 변형이 일어나지 않는 튼튼한 벽 사이에 길이 L은 50mm이고 지름 d는 20mm인 강철봉이 고정되어 있다. 온도를 10℃에서 60℃로 가열하는 경우 봉에 발생하는 열응력은?(단, 선팽창계수는 12×10^{-6}℃, 봉재료의 항복응력은 500MPa이고, 탄성계수 E는 200GPa이다)

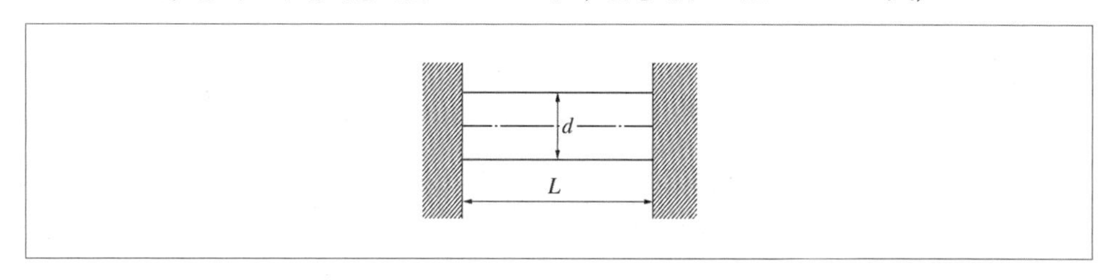

① −60MPa　② −120MPa
③ −240MPa　④ −480MPa

14 탁상 스탠드의 구조를 단순화하여 다음과 같은 평면기구를 얻었다. 이 기구의 자유도는?(단, 그림에서 ○는 핀절점이다)

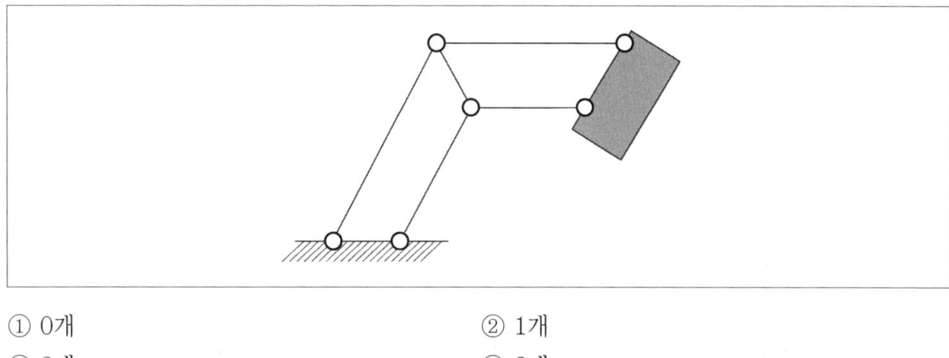

① 0개　② 1개
③ 2개　④ 3개

15 다음 중 전단가공에 의해 판재를 소정의 모양으로 뽑아 낸 제품을 만들 때, 필요한 작업은?

① 엠보싱　② 트리밍
③ 브로칭　④ 블랭킹

PART 2

16 다음과 같이 지름이 D_1인 A피스톤에 F_1의 힘이 작용하였을 때, 지름이 D_2인 B실린더에 작용하는 유압은?(단, $D_2 = 4D_1$이다)

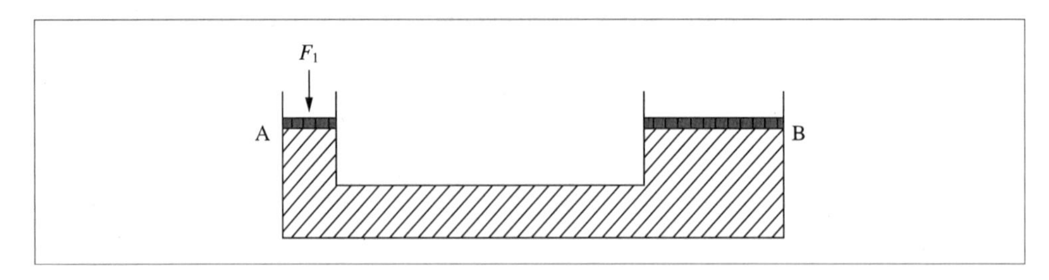

① $\frac{4F_1}{\pi {D_1}^2}$ ② $\frac{F_1}{\pi {D_1}^2}$

③ $\frac{F_1}{2\pi {D_1}^2}$ ④ $\frac{F_1}{3\pi {D_1}^2}$

17 얇은 판재로 된 목형은 변형되기 쉽고 주물의 두께가 균일하지 않으면 용융금속이 냉각 응고 시에 내부 응력에 의해 변형 균열이 발생할 수 있으므로 이를 방지하기 위한 목적으로 쓰이고 후에 제거하는 것은?

① 구배 ② 수축여유

③ 코어프린트 ④ 덧붙임

18 강구를 압축 공기가 원심력을 이용하여 가공물의 표면에 분사시켜 가공물의 표면을 다듬질하고 동시에 피로 강도 및 기계적인 성질을 개선하는 것은?

① 버핑 ② 숏 피닝

③ 버니싱 ④ 나사 전조

19 다음 중 기계재료의 구비조건이 아닌 것은?

① 고온 경도가 높을 것 ② 내마모성이 작을 것

③ 재료 공급이 용이할 것 ④ 열처리가 쉬울 것

20 유압프레스의 작동원리는 다음 중 어느 이론에 바탕을 둔 것인가?

① 파스칼의 원리 ② 보일의 법칙
③ 토리첼리 원리 ④ 아르키메데스의 원리

21 유압회로 내 이물질을 제거하는 것과 작동유 교환 시 오래된 오일과 슬러지를 용해하여 오염물의 전량을 회로 밖으로 배출시켜서 회로를 깨끗하게 하는 것은?

① 플래싱 ② 압력 오버라이드
③ 패킹 ④ 매니폴드

22 압력이 101kPa이고, 온도가 27℃일 때, 크기가 5m×5m×5m인 방에 있는 공기의 질량을 계산하면?(단, 공기의 기체상수는 0.287kJ/kg·K이다)

① 118.6kg ② 128.6kg
③ 136.6kg ④ 146.6kg

23 250K에서 열을 흡수하여 320K에서 방출하는 이상적인 냉동기의 성능계수는?

① 0.28 ② 1.28
③ 3.57 ④ 4.57

24 1kg의 기체로 구성되는 밀폐계가 50kJ/kg의 열을 받아 15kJ/kg의 일을 했을 때, 내부에너지 변화는?(단, 운동에너지의 변화는 무시한다)

① 15kJ ② 20kJ
③ 25kJ ④ 35kJ

25 다음 중 절대압력을 정하는 데 기준(영점)이 되는 것은?

① 게이지압력 ② 표준대기압
③ 국소대기압 ④ 완전진공상태

26 지름이 70mm인 소방노즐에서 물제트가 50m/s의 속도로 건물 벽에 수직으로 충돌하고 있다. 벽이 받는 힘은 약 몇 N인가?(단, 물의 밀도는 1,000kg/m^3이다)

① 155N
② 174N
③ 192N
④ 210N

27 스토크스의 법칙에 의거 비압축성 점성유체 중에 구가 낙하될 때 레이놀즈수가 1보다 아주 작은 범위에서 구에 작용하는 저항력은?(단, r : 구 반지름, μ : 액체 점성률, v : 속도)

① $F=-6\pi r\mu v$
② $F=-4\pi r\mu v$
③ $F=-3\pi r\mu v$
④ $F=-2\pi r\mu v$

28 다음 중 탄성계수 E, 전단탄성계수 G, 푸아송 비 μ, 사이의 관계식으로 옳은 것은?

① $G=\dfrac{E}{(1+2\mu)}$
② $G=\dfrac{3E}{2(1+\mu)}$
③ $G=\dfrac{2E}{(1+\mu)}$
④ $G=\dfrac{E}{2(1+\mu)}$

29 길이 1m, 지름 50mm, 전단탄성계수 $G=80$GPa인 환봉축에 800N · m의 토크가 작용될 때 비틀림 각은 약 몇 도인가?

① 0.9°
② 1.2°
③ 1.5°
④ 2.0°

30 다음 중 탄성한도, 허용응력, 사용응력의 강도 크기를 나타낸 것으로 옳은 것은?

① 탄성한도 > 허용응력 ≥ 사용응력
② 탄성한도 > 사용응력 ≥ 허용응력
③ 허용응력 ≥ 사용응력 > 탄성한도
④ 사용응력 ≥ 허용응력 > 탄성한도

PART 3

토목직 핵심이론

응용역학

1. 모멘트 분배법

① 모멘트 분배법의 정의

㉠ 절점의 회전을 구속·고정한 채 주어진 하중에 대한 변형력을 구한 다음 구속을 절점에 따라 순차로 해제하는 조작을 반복해 푸는 부정정 구조물의 해법을 뜻한다. 즉, 부재의 고정단 모멘트에서 시작해 순차적으로 구조물 전체의 평형이 이루어질 때까지 반복해서 불균형 모멘트를 분배하고 인접 부재로 배분하는 방법이다.

㉡ 처짐각법(Slope Deflection Method)에서 발전된 것으로, 모멘트 분배법은 처짐각과 부재의 상대적 강도로부터 구한 부재단 모멘트를 미지수로 삼아 해석한다.

② 분배율(DF; Distributed Factor) : 부재들이 강접합된 하나의 절점에 해제모멘트(M)가 작용할 때 이 해제모멘트는 각 부재의 강비에 비례해 재단에 분배된다. 분배율은 이러한 해제모멘트가 분배되는 비율을 뜻한다. 분배율은 그 부재의 강도계수를 그 절점에 강접합된 모든 부재의 강도계수의 합으로 나누어 산출한다.

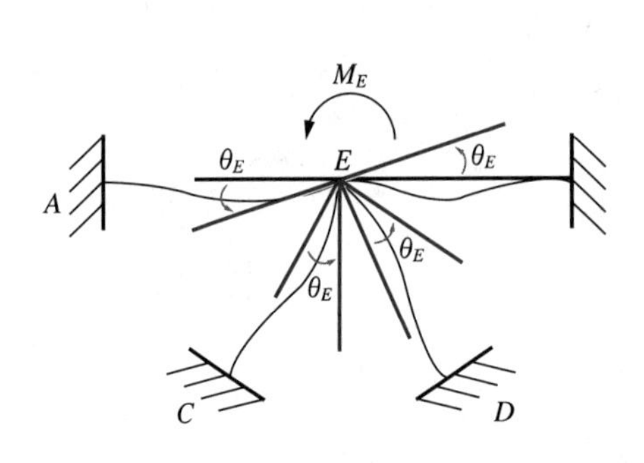

- $M_{EA}=K_{EA}\theta_E=\left(\dfrac{4EI}{L}\right)_{EA}\theta_E=\dfrac{K_{EA}}{\sum K_E}M_E$
- $M_{EB}=K_{EB}\theta_E=\left(\dfrac{4EI}{L}\right)_{EB}\theta_E=\dfrac{K_{EB}}{\sum K_E}M_E$
- $M_{EC}=K_{EC}\theta_E=\left(\dfrac{4EI}{L}\right)_{EC}\theta_E=\dfrac{K_{EC}}{\sum K_E}M_E$
- $M_{ED}=K_{ED}\theta_E=\left(\dfrac{4EI}{L}\right)_{ED}\theta_E=\dfrac{K_{ED}}{\sum K_E}M_E$

$$M_E=M_{EA}+M_{EB}+M_{EC}+M_{ED}=(K_{EA}+K_{EB}+K_{EC}+K_{ED})\theta_E=\theta_E\sum K_E$$

$$\therefore\ \theta_E=\frac{M_E}{\sum K_E}$$

③ 전달모멘트(COM)와 전달률(COF)

㉠ 타단이 고정된 부재의 고정단에는 분배모멘트의 2분의 1이 도달되는데, 이것을 전달모멘트라 한다. 이때의 '2분의 1'을 전달률이라 한다.

㉡ 타단이 자유단이거나 힌지이면 모멘트는 도달되지 않는다.

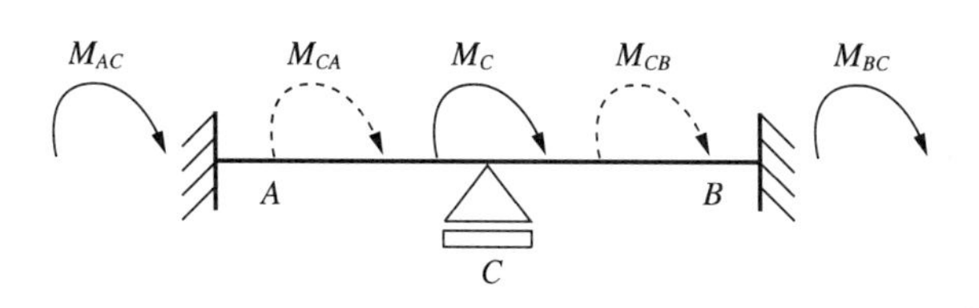

- $M_{AC} = M_{CA} \times \dfrac{1}{2}$
- $M_{BC} = M_{CB} \times \dfrac{1}{2}$

④ 분배모멘트(DM; Distributed Moment)

㉠ 절점(C)에 작용하는 모멘트는 분배율에 따라 분배되고, 이를 분배모멘트라 부른다. 분배모멘트는 분배율의 아래첨자를 따라간다.

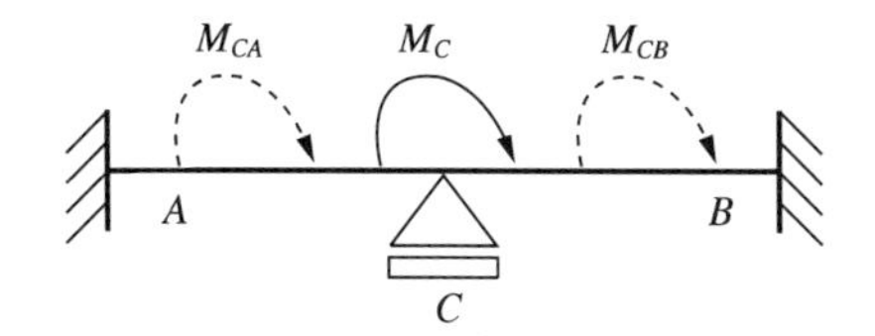

- $M_{CA} = M_C \times DF_{CA}$
- $M_{CB} = M_C \times DF_{CB}$

㉡ 여러 개의 부재가 강접합된 하나의 절점(C)에 모멘트(M_O)가 작용할 경우에 이 모멘트는 절점에 모인 각 부재의 등가강비에 비례해 분배된다. 즉, $M_{OA} = f_{OA} \times M_O = \dfrac{k_{OA}}{\sum K} M_O$가 성립한다. 이때 각 부재의 유효강비를 적용해 분배율(f_{OA})을 계산한다.

⑤ 고정단모멘트(FEM; Fixed End Moment) : 건축 구조물의 모든 자유도를 제한한 상태에서 뼈대를 이루는 단위재를 자를 때 외부 하중으로 인해 생기는 힘으로서, 절점과 절점을 고정단으로 가정할 경우의 재단모멘트를 뜻한다. 아래 그림처럼 하중 P가 작용하면 절점 A는 회전하려고 하며, 이러한 회전을 막기 위해 고정시키는 데 필요한 모멘트(C_{AB})가 고정단모멘트이다.

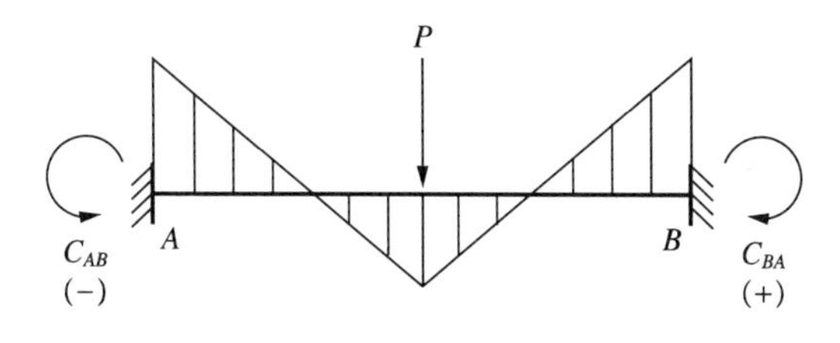

- 집중하중(중앙) 방정식 : $\dfrac{PL}{8}$
- 등분포하중 방정식 : $\dfrac{WL^2}{12}$

⑥ 강도계수와 강비

㉠ 강도계수(K)는 양단이 고정단일 때를 기준으로 정한다. 부재의 단면 2차 모멘트를 그 부재의 길이로 나누어 강도계수를 구한다. 강도가 같더라도 타단부의 지지 상태에 따라 휨에 대한 저항 성능이 달라진다.

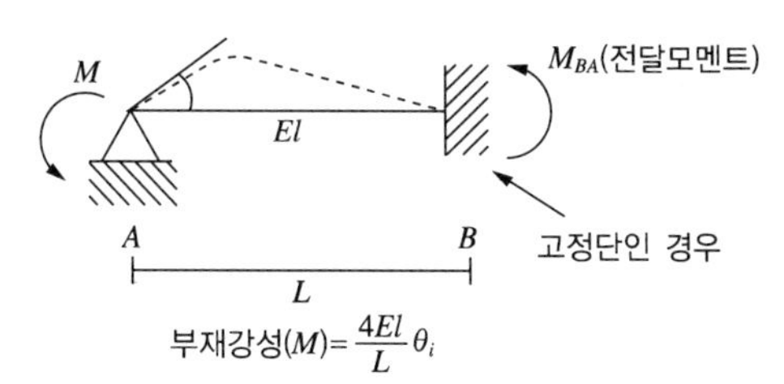

처짐각 방정식

- $M_i = FEM_i + \dfrac{2EI}{L} + \left(2\theta_i + \theta_j - 3\dfrac{\Delta}{L}\right)$
- $M_j = FEM_j + \dfrac{2EI}{L} + \left(\theta_i + 2\theta_j - 3\dfrac{\Delta}{L}\right)$

• 휨강성 : $\overline{K}=\dfrac{4EI}{L}$

• 상대 휨강성 : $K=\dfrac{\overline{K}}{4E}=\dfrac{I}{L}$

• 전달모멘트 : $M_{BA}=\dfrac{2EI}{L}=\dfrac{M}{2}$

• 전달계수 : $C=\dfrac{1}{2}$

ⓛ 부재의 타단이 힌지일 경우에는 4분의 3을 곱하고($0.75K$) 강비를 수정해서 양단이 고정인 때와 등가로 취급하며, 이것을 수정강도계수(K^R)라고 한다.

$$K^R=\frac{I}{L}\times\frac{3}{4}\text{(이동, 회전단)}$$

수정처짐각 방정식

• $M_i=FEM_i+\dfrac{3EI}{L}\left(\theta_i-\dfrac{\triangle}{L}\right)$

• $M_j=0$

2. 캔틸레버(Cantilever)의 처짐

① 한쪽 끝은 고정되고 다른 끝은 받쳐지지 않은 상태로 있는 캔틸레버는 최대 처짐 및 처짐각이 자유단에서 일어난다.

② 분포하중을 받는 캔틸레버

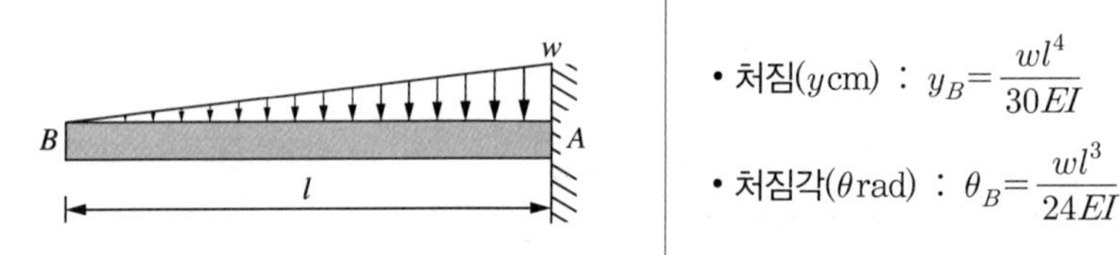
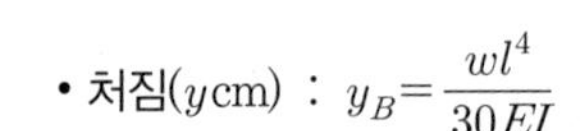

• 처짐($y$cm) : $y_B=\dfrac{wl^4}{30EI}$

• 처짐각(θrad) : $\theta_B=\dfrac{wl^3}{24EI}$

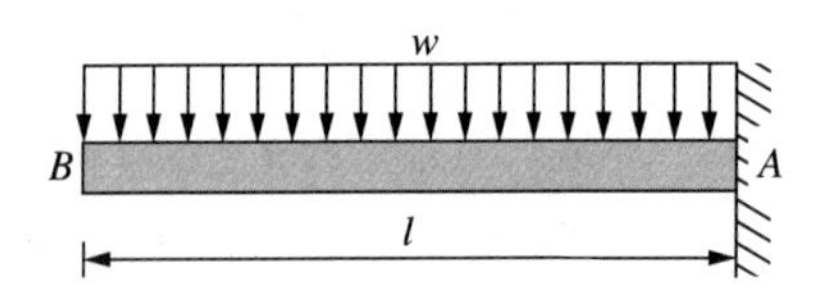

• 처짐($y$cm) : $y_B=\dfrac{wl^4}{8EI}$

• 처짐각(θrad) : $\theta_B=\dfrac{wl^3}{6EI}$

③ 모멘트하중을 받는 캔틸레버

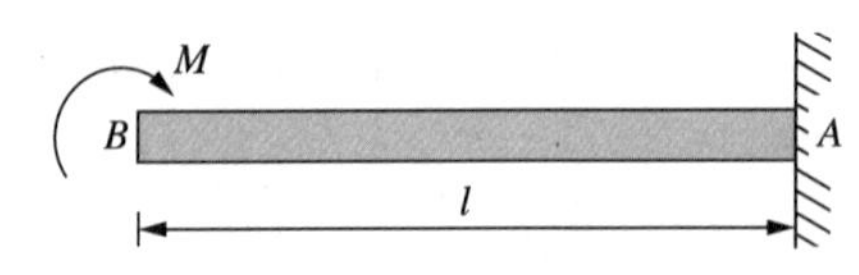

• 처짐($y$cm) : $y_B=\dfrac{Ml^2}{2EI}$

• 처짐각(θrad) : $\theta_B=\dfrac{Ml}{EI}$

④ 집중하중을 받는 캔틸레버

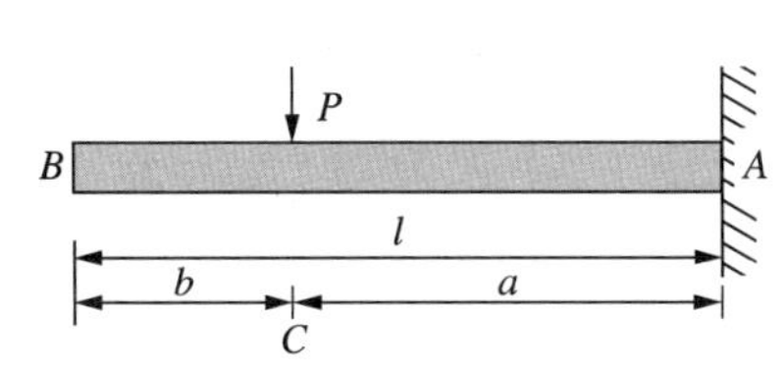

• 처짐($y$cm)

: $y_B=\dfrac{Pa^2}{6EI}(3l-a)$, $y_C=\dfrac{Pa^3}{3EI}$

•처짐각(θrad)

: $\theta_B=\dfrac{Pa^2}{2EI}$, $\theta_C=\dfrac{Pa^2}{2EI}$

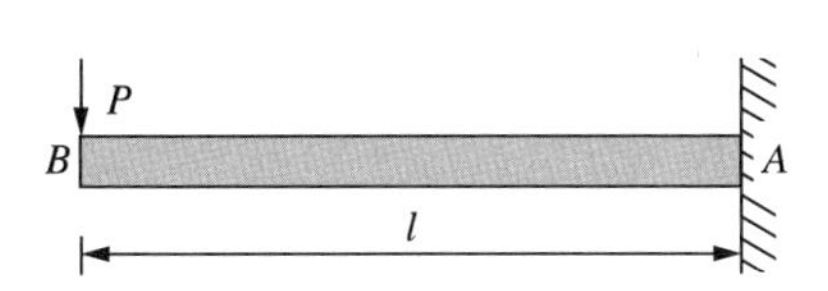

• 처짐($y$cm) : $y_B=\dfrac{Pl^3}{3EI}$

• 처짐각(θrad) : $\theta_B=\dfrac{Pl^2}{2EI}$

3. 단순보의 처짐

① 단순보는 하나의 부재가 2개의 지지점으로 지지되는데, 한쪽은 힌지 지지점(핀)이고, 다른 쪽은 가동 지지점(롤러)이다. 일반적으로 단순보의 최대 처짐각은 지점에서, 최대 처짐은 중앙에서 일어난다.

② 분포하중을 받는 단순보

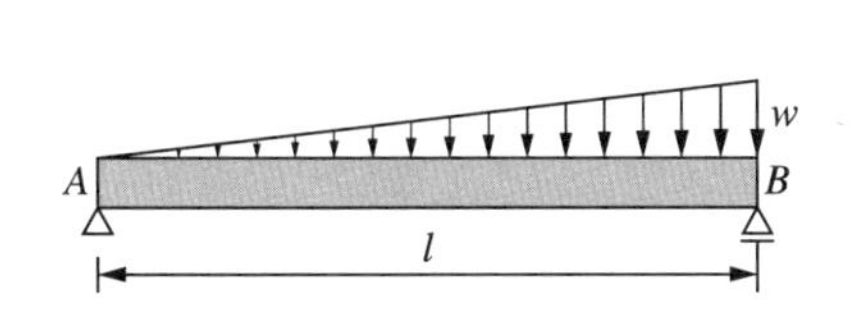

• 처짐($y$cm) : $y_{\max}=\dfrac{wl^4}{153EI}$

• 처짐각(θrad) : $\theta_A=\dfrac{7wl^3}{360EI}$, $\theta_B=-\dfrac{8wl^3}{360EI}$

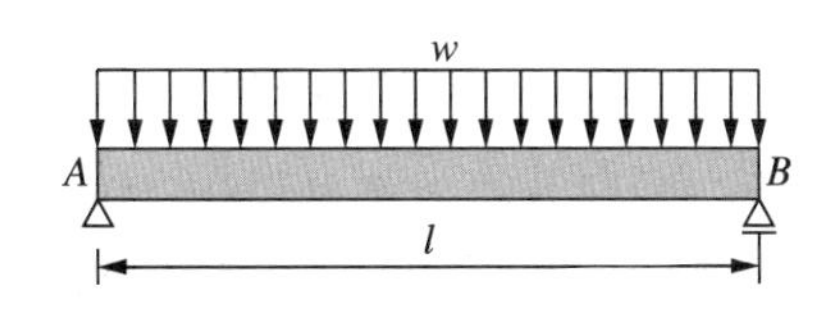

• 처짐($y$cm) : $y_{\max}=\dfrac{5wl^4}{384EI}$

• 처짐각(θrad) : $\theta_A=-\theta_B=\dfrac{wl^3}{24EI}$

③ 모멘트하중을 받는 단순보

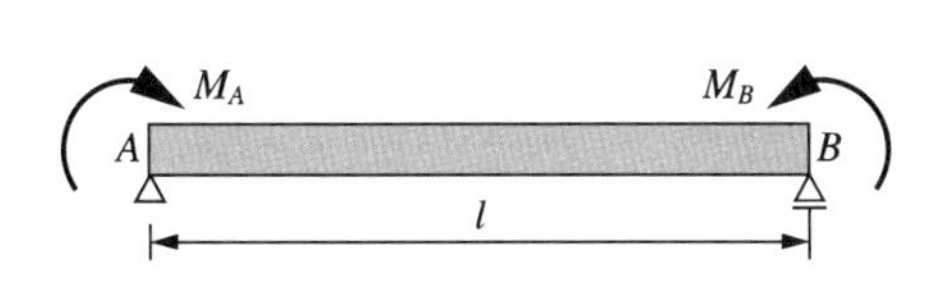

• 처짐($y$cm) : $y_{\max}=\dfrac{Ml^2}{8EI}$

($M=M_A=M_B$일 때)

• 처짐각(θrad) : $\theta_A=\dfrac{l}{6EI}(2M_A+M_B)$,

$\theta_B=-\dfrac{l}{6EI}(M_A+2M_B)$

④ 집중하중을 받는 단순보

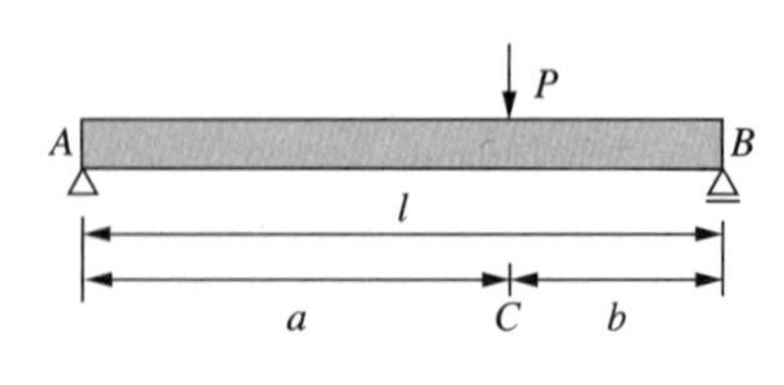

- 처짐($y$cm) : $y_C = \dfrac{Pa^2b^2}{3EIl}$

$y_{\max} = \dfrac{Pb}{9\sqrt{3}\,EIl}\sqrt{(l^2-b^2)^3}$

- 처짐각(θrad) : $\theta_A = \dfrac{Pab}{6EIl}(a+2b)$

$\theta_B = -\dfrac{Pab}{6EIl}(2a+b)$

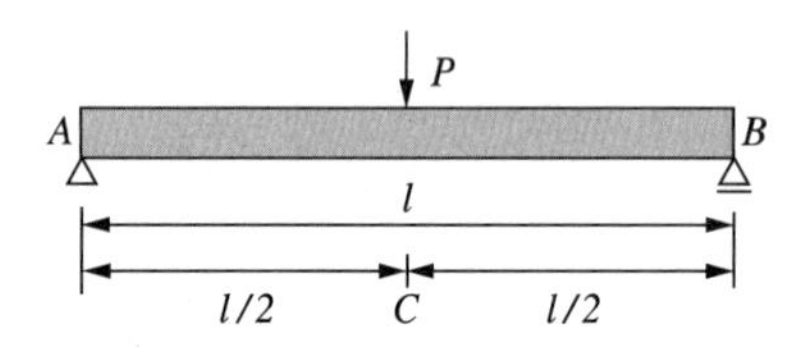

- 처짐($y$cm) : $y_{\max} = y_C = \dfrac{Pl^3}{48EI}$
- 처짐각(θrad) : $\theta_A = -\theta_B = \dfrac{Pl^2}{16EI}$

4. 장주의 좌굴

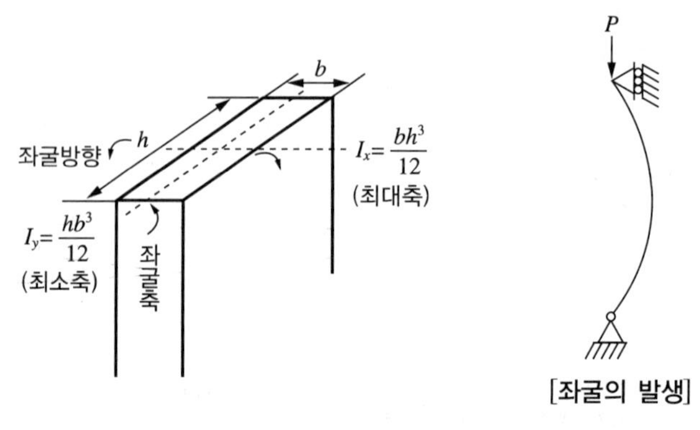

[좌굴의 발생]

① **좌굴**(Buckling) : 축방향 압축력 P에 의해 기둥이 안정을 잃고 크게 휘어지는 변형이 생기는 현상으로, 기둥의 길이가 그 횡단면의 치수에 비해 클 때 부재의 불균일성 때문에 하중이 집중되는 부분에서 편심 모멘트가 일어남으로써 압축응력이 허용된 강도 이하에서도 휘어질 수 있다. 이러한 좌굴은 단면 2차 반지름이 최소인 축을 중심으로 발생한다.

② 강도와 좌굴길이

㉠ 1단 힌지, 1단 고정

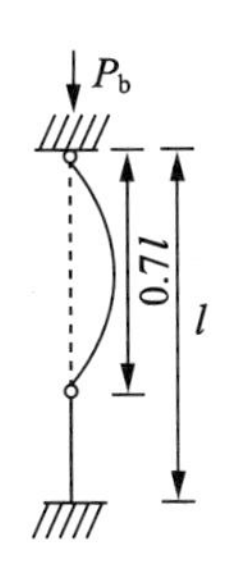

- 강도 : $n=2$
- 좌굴길이 : $l_k=0.7l$

㉡ 1단 자유, 1단 고정

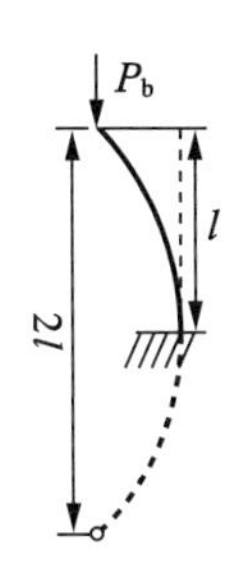

- 강도 : $n=\frac{1}{4}$
- 좌굴길이 : $l_k=2l$

㉢ 양단 고정

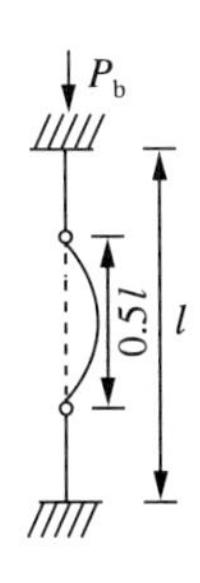

- 강도 : $n=4$
- 좌굴길이 : $l_k=0.5l$

㉣ 양단 힌지

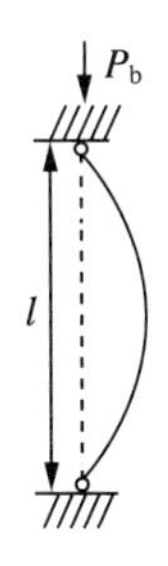

- 강도 : $n=1$
- 좌굴길이 : $l_k=l$

5. 오일러(Euler)의 장주 공식

① 좌굴의 지배를 받는 장주(長柱)는 오일러의 좌굴하중 공식과 단부의 지지 조건에 의한 유효좌굴길이, 세장비 계산을 알아야 한다.

② **좌굴하중(P) 공식** : 중심 압축 하중을 받는 장주의 탄성 좌굴 하중을 이론적으로 구하는 공식이다. 단, 좌굴에 대한 안전을 고려해 2차 단면 모멘트에 따른 최소 단면 2차 반지름이 되도록 한다.

$$P=\frac{\pi^2 EI}{l_k^2}=\frac{n\pi^2 EI}{l^2}=\frac{\pi^2 EA}{\lambda^2}$$

③ **세장비(λ)** : 기둥이 하중을 견디는 정도를 나타낸 값으로, 기둥의 유효길이를 최소 단면 2차 반지름으로 나누어 구하는데, 이 값이 작을수록 큰 하중을 견딘다.

$$\lambda=\frac{l_k(\text{기둥의 유효길이})}{r_{\min}(\text{최소 단면 2차 반지름})}$$

④ **좌굴응력도(σ)** : 좌굴응력은 재료의 탄성계수에 비례하고, 세장비의 제곱에 반비례한다.

$$\sigma=\frac{P}{A}=\frac{\pi^2 EI}{l_k^2 A}=\frac{\pi^2 Er^2}{l_k^2}=\frac{\pi^2 E}{\lambda^2}\leq f_k$$

6. 사재(斜材)와 현재(弦材) 부재력

① 사재의 부재력

㉠ 사재(D), 수직재(V) 등 복재의 부재력을 계산할 때는 전단력법(Culmann)을 사용한다. 이때는 $\sum V=0$의 전단조건식을 활용한다.

㉡ 사재의 수직분력을 계산하려면 직각삼각형의 비례식을 적용해 부재력을 구한다.

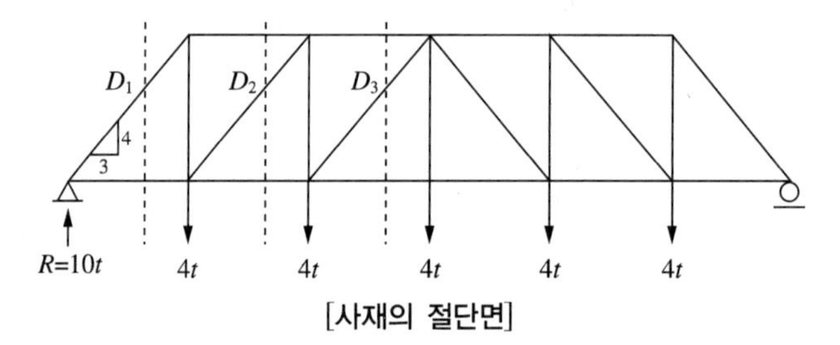

[사재의 절단면]

$$(\text{사재의 부재력})=(\text{절단면 좌측 또는 우측의 수직력의 대수합})\times\frac{(\text{사재의 부재길이})}{(\text{트러스의 높이})}$$

② 현재의 부재력

㉠ 하현재(L), 상현재(U) 등 현재의 부재력을 계산할 때는 모멘트법(Ritter)을 사용한다. 이때는 $\sum M=0$의 모멘트조건식을 활용한다.

㉡ 하현재는 상현재의 절점에, 상현재는 하현재의 절점에 모멘트를 취해 부재력을 계산한다.

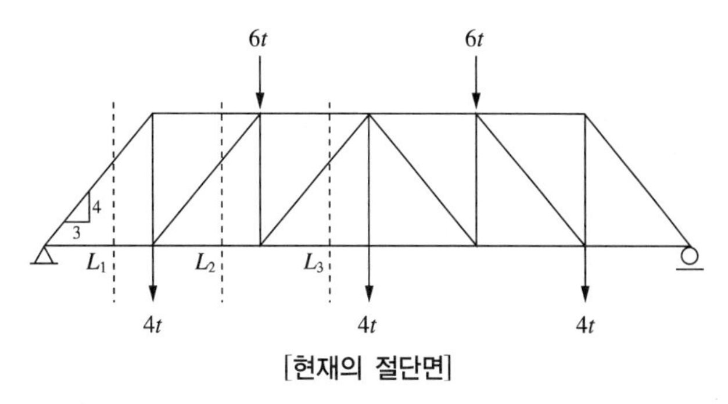

[현재의 절단면]

$$(\text{현재의 부재력})=\frac{1}{(\text{트러스의 높이})}\times(\text{모멘트 중심점에 대한 절단면 좌측 또는 우측의 모멘트의 대수합})$$

③ **부호 규약** : 절점에서 가까워지면 압축부재, 절점에서 멀어지면 인장부재

㉠ 압축력(−)

[단면에서 절점방향]

㉡ 인장력(+)

[절점에서 단면방향]

7. 휨모멘트의 계산

① **휨모멘트(Bending Moment)의 정의** : 외력에 의해 부재를 휘어지게 하는 힘으로서, 부재에 정(+)의 휨모멘트가 작용하면 오목하게 변형되어 위쪽은 압축되고 아래쪽은 인장된다.

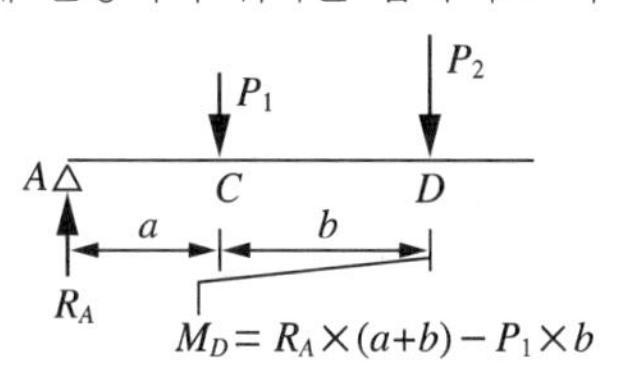

② **휨모멘트의 부호 규약** : 단면의 도심에 대한 모멘트의 합으로서, 단면의 왼쪽에서 시계방향이 정(+), 그 반대가 부(−) 또는 단면의 오른쪽에서 시계방향이 부(−), 그 반대가 정(+) → 휨모멘트의 부호는 인장측이 아래면 +, 위쪽이면 −가 된다.

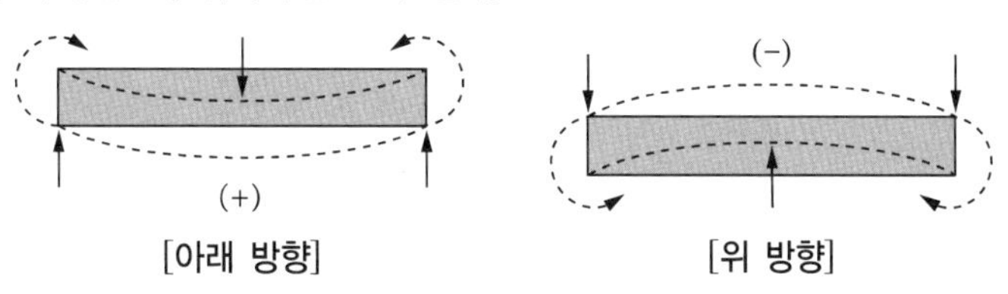

[아래 방향] [위 방향]

③ 전단력이 '0'인 곳에서 최대 휨모멘트가 발생한다.

8. 힘의 평형조건식

① 작용점의 조건에 따른 평형상태의 구분

㉠ 작용점이 같을 경우

- 도해적 조건(도해법) : 시력도가 폐합될 것
- 해석적 조건(해석법) : $\sum H$(수평력의 합)$=0$, $\sum V$(수직력의 합)$=0$

㉡ 작용점이 다를 경우

- 도해적 조건(도해법) : 시력도가 폐합될 것, 연력도가 폐합될 것
- 해석적 조건(해석법) : $\sum H=0$, $\sum V=0$, $\sum M$(모멘트의 합)$=0$

② 도해법

㉠ 연력도(Funicular Polygon)

- 여러 힘이 평행하거나 평행에 가까울 때 그 합력(R)의 작용점을 구할 수 있다(모멘트가 0이다).
- 작용점이 다른 여러 힘의 합력을 구할 경우에 합력의 작용점을 찾기 위한 그림으로, 우력이 발생하지 않게 연력도가 폐합돼야 평형을 이룬다.

㉡ 시력도(Force Diagram)

- 여러 힘의 합력을 도해적으로 구하는 방법으로, 힘의 상태에 관계없이 그 합력의 크기와 방향을 구할 수 있다(합력이 0이다).
- 힘의 합력을 구할 경우에 힘을 순서대로 이동시켜 힘의 삼각형에 따라 합력을 구한다. 이때 힘의 합력이 생긴다는 것은 평형 상태가 아니므로 평형을 이루려면 합력이 발생하지 않는 폐합 상태가 돼야 한다.

③ 해석법

㉠ 여러 힘들이 한 점에 작용할 때(작용점이 같을 때)는 모멘트가 발생하지 않는다.

㉡ 두 벡터의 합은 사인과 코사인의 삼각법칙을 활용해 해석적으로 계산할 수 있다. 아래 그림처럼 두 벡터 A, B를 가정할 경우에 힘의 합력(R)을 구하면 다음과 같다.

$$|R|=\sqrt{|A|^2+|B|^2+2|A||B|\cos\theta_C}$$

이때 각 $\phi=\tan^{-1}\left(\dfrac{|B|\sin\theta_C}{|A|+|B|\cos\theta_C}\right)$

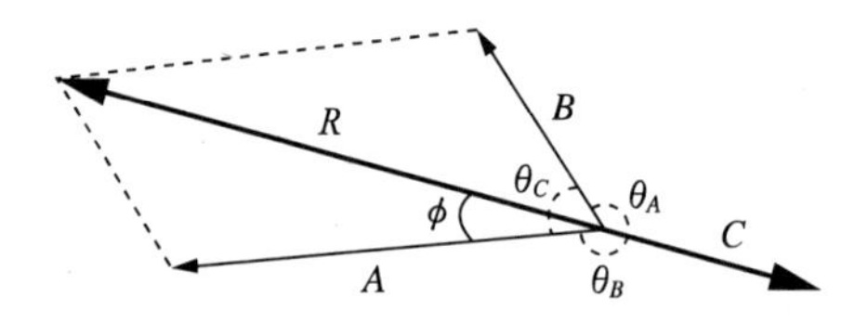

9. 단면 1차 모멘트(G)

① **단면 1차 모멘트의 정의 :** 임의의 직각 좌표계에서 '미소단면 d_x, d_y에 대해 미소면적 $dA(d_x, d_y)$에 X축까지 떨어진 거리 y를 곱한 후 전단면에 대해 누적한 것'을 X축에 대한 단면 1차 모멘트라 한다. 단면 1차 모멘트는 구조물의 단면의 도심을 계산하거나 전단응력을 산정할 때 사용된다.

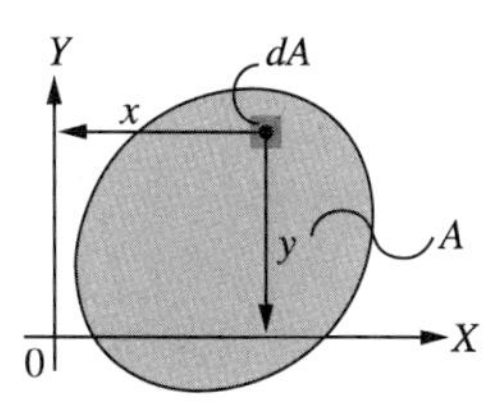

② **단면 1차 모멘트 공식 :** $G_x = \int_A y dA = A \times y_o$, $G_y = \int_A x dA = A \times x_o$

③ 단면 1차 모멘트는 기준이 되는 축으로부터 물체의 도심까지의 거리에 면적을 곱한 값이며, 물체 전체의 도심은 X축 기준 단면 1차 모멘트의 값을 전체 단면적으로 나누어 구할 수 있다.

④ 한 단면이 대칭축을 가지고 있을 경우에 그 대칭축에 대한 단면 1차 모멘트는 '0'이다. 단위는 세제곱센티미터(cm^3)이며, 부호는 정(+)과 부(−)의 값을 갖는다.

PART 3

10. 단면 2차 모멘트(I)

① **단면 2차 모멘트의 정의 :** 임의의 직각 좌표계에서 미소단면 d_x, d_y에 대해 미소면적 $dA(d_x, d_y)$에 X축까지 떨어진 거리 y의 제곱을 곱한 후 전단면에 대해 누적(적분)한 것을 X축에 대한 단면 2차 모멘트라 한다. 단면 2차 모멘트는 부재의 휨응력이나 강도를 계산하고, 단면계수와 단면 2차 반지름 등을 산정할 때 사용된다.

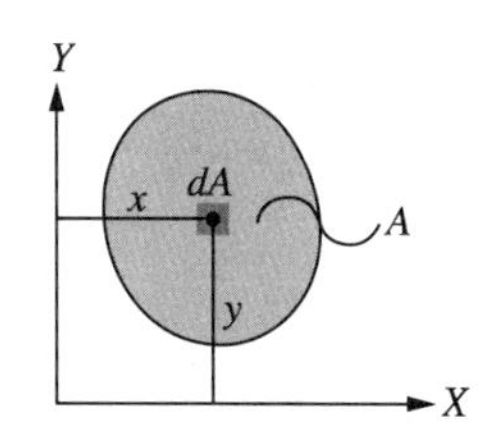

② **단면 2차 모멘트 공식 :** $I_x = \int_A y^2 dA$, $I_y = \int_A x^2 dA$

③ 전체 단면적을 여러 개의 미소면적으로 분할하고, 각 미소 부분에 대해 미소 부분의 면적과 미소 부분의 단면 2차 모멘트를 구하려고 하는 축까지 거리의 자승을 곱한 것이 그 미소면적의 단면 2차 모멘트로, 각 미소면적의 단면 2차 모멘트의 합이 전체 면적의 단면 2차 모멘트이다.

④ 단면 2차 모멘트는 기준이 되는 축(X)으로부터 물체의 도심까지의 거리의 제곱에 면적을 곱한 값(Ad^2)을 도심축 기준 단면 2차 모멘트(I_{X-X})와 합한 값이다. 즉, $I_X = I_{X-X} + Ad^2$으로 정리된다. 여기서 단면 2차 모멘트는 기준이 되는 축을 어디로 잡는가에 따라 아래첨자의 표기가 달라지는데, X축이 기준이면 'I_X'로 나타내고, 도심축이 기준이면 'I_{X-X}'로 나타낸다.

⑤ X축에서 e만큼 떨어진 x축으로 축이동했을 경우의 단면 2차 모멘트 $I_x = I_X + Ae^2$이다.

⑥ 기본단면의 단면 2차 모멘트

㉠ 원

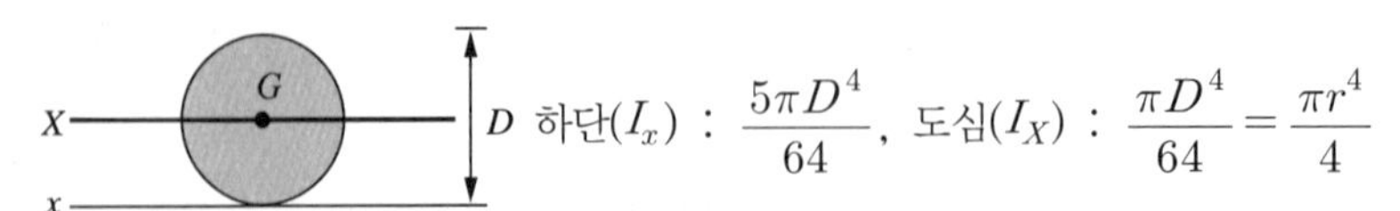

㉡ 삼각형

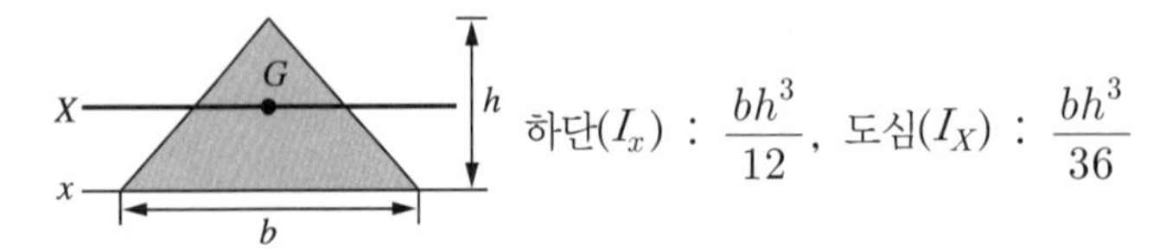

㉢ 사각형

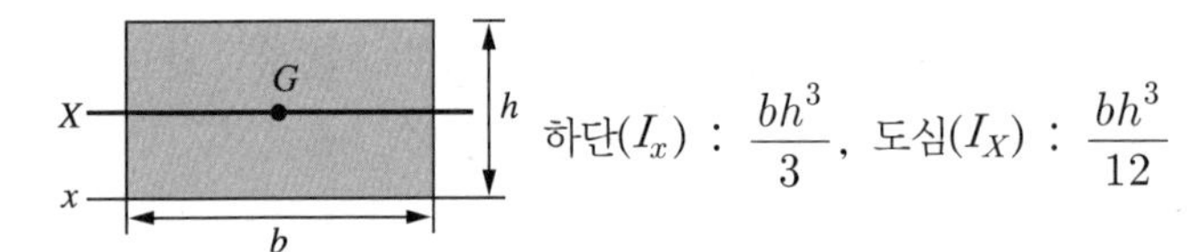

11. 우력모멘트

① 우력(偶力, Couple of Forces)

㉠ 물체에 작용하는 크기가 같고, 방향이 반대이며, 그 작용선이 평행한 두 힘(=짝힘)

㉡ 크기가 같고 일직선 위에 있지 않은 방향이 다른 두 힘의 벡터에 의해 생기는 모멘트 합

② **우력모멘트** : 우력에 의해 발생하는 모멘트로서, 우력모멘트의 크기는 하나의 힘과 두 힘 사이의 거리의 곱으로 구하며, 작용 위치와 관계없이 항상 일정함

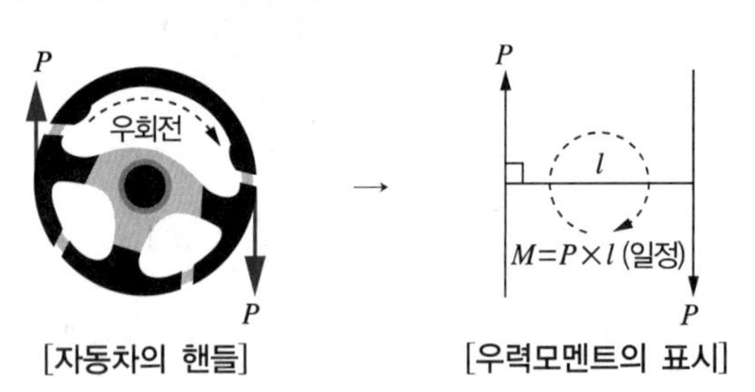

[자동차의 핸들] [우력모멘트의 표시]

12. 라미의 정리(사인법칙)

① 한 평면에서 세 힘이 한 점에 동시에 작용할 경우에 그 점의 위치가 변하지 않으면 세 힘은 평행을 이룬다. 이때 이 세 힘을 평행이동하면 삼각형을 이루는데, 이것을 라미의 정리(Lami's Theory)라고 한다.

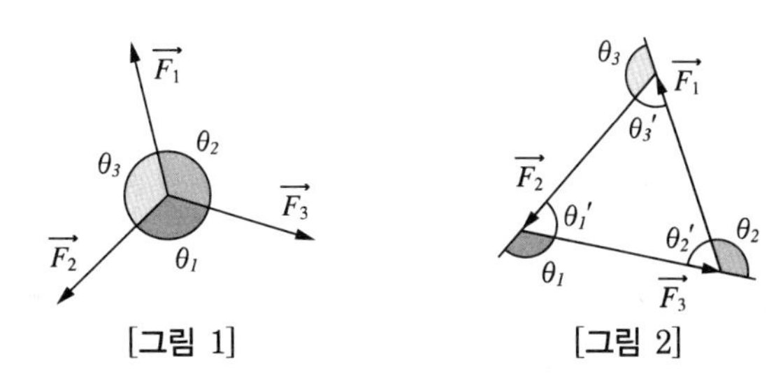

[그림 1] [그림 2]

② 위의 [그림 1]과 같이 한 점에 작용하는 $\overrightarrow{F_1}$, $\overrightarrow{F_2}$, $\overrightarrow{F_3}$이 평행하고 세 힘 사이의 크기를 θ_1, θ_2, θ_3라고 하면, 세 벡터가 평형을 이루므로 [그림 2]와 같은 삼각형을 그릴 수 있다. [그림 2]의 삼각형에서 사인 법칙에 따라

$$\frac{|\overrightarrow{F_1}|}{\sin\theta_1'}=\frac{|\overrightarrow{F_2}|}{\sin\theta_2'}=\frac{|\overrightarrow{F_3}|}{\sin\theta_3'}\ \cdots\cdots\ ⓐ$$

이때 $\theta_1'=\pi-\theta_1$, $\theta_2'=\pi-\theta_2$, $\theta_3'=\pi-\theta_3$이므로

$$\sin\theta_1'=\sin(\pi-\theta_1)=\sin\theta_1$$

$$\sin\theta_2'=\sin(\pi-\theta_2)=\sin\theta_2$$

$$\sin\theta_3'=\sin(\pi-\theta_3)=\sin\theta_3$$

∴ ⓐ에서 $\frac{|\overrightarrow{F_1}|}{\sin\theta_1}=\frac{|\overrightarrow{F_2}|}{\sin\theta_2}=\frac{|\overrightarrow{F_3}|}{\sin\theta_3}$이다.

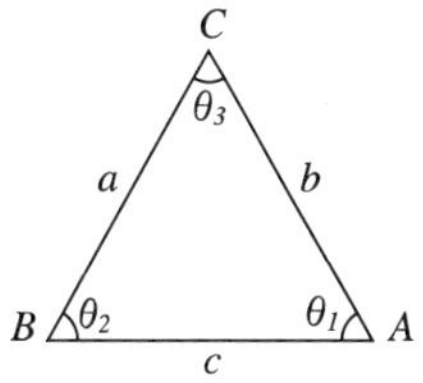

[그림 3]

이를 [그림 3]에 대입해 정리하면 $\frac{a}{\sin\theta_1}=\frac{b}{\sin\theta_2}=\frac{c}{\sin\theta_3}$의 관계가 성립됨을 알 수 있다.

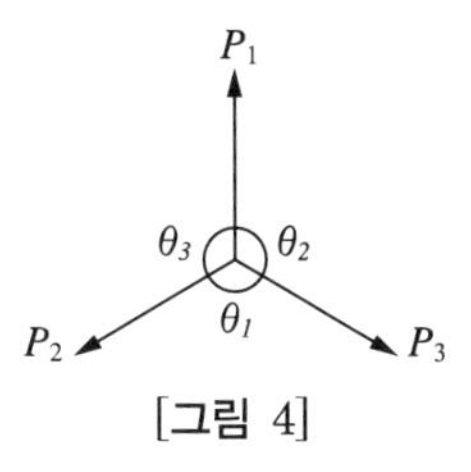

[그림 4]

③ 이를 [그림 4]에 적용해 보자. 세 각 θ_1, θ_2, θ_3와 한 힘 P_1을 알고 P_2와 P_3을 모를 때 P_2와 P_3을 구하면 $\frac{P_1}{\sin\theta_1}=\frac{P_2}{\sin\theta_2}=\frac{P_3}{\sin\theta_3}$에서 $P_2=\frac{\sin\theta_2}{\sin\theta_1}\times P_1$이고, $P_3=\frac{\sin\theta_3}{\sin\theta_1}\times P_1$이다.

13. 바리뇽(Varignnon)의 정리

① 같은 평면 위에 있는 한 점에 작용하는 나란한 여러 힘에 대해, 평면의 임의의 점에서의 모멘트 대수합은 동일점에 대한 이들 힘의 합력 모멘트와 같다[(분력의 모멘트의 합)=(합력 모멘트)].

㉠ 여러 힘들의 합력(R)$=P_1+P_2+P_3$

㉡ O점에 대한 모멘트(M_O)$=P_1x_1+P_2x_2+P_3x_3$ ⋯ ⓐ

㉢ R의 O점에 대한 모멘트(M)$=Rx$ ⋯ ⓑ

∴ ⓐ=ⓑ이므로 $M_O=Rx=P_1x_1+P_2x_2+P_3x_3$

∴ 합력의 작용 위치(x)$=\dfrac{P_1x_1+P_2x_2+P_3x_3}{R}$

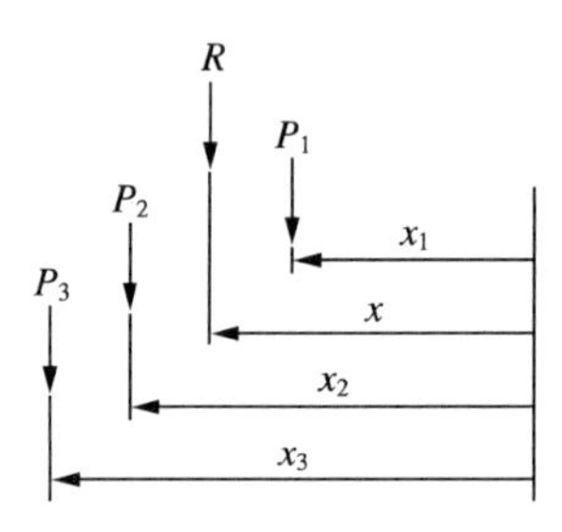

② P_1, P_2, P_3 등 나란한 여러 힘의 작용점은 서로 다르며, 바리뇽의 정리는 이러한 나란한 힘들의 합력의 작용 위치(x)를 구할 때 사용된다.

14. 푸아송비(Poisson's Ratio)

① **푸아송비의 사전적 정의** : 탄성체의 양 끝에 힘을 가해 신장시키거나 수축시켰을 때 축에 수직인 방향의 일그러짐 크기를 축 방향의 일그러짐 크기로 나눈 값

② 푸아송비는 부재 내부에 생기는 수직 응력에 의한 가로 변형과 세로 변형과의 비율을 뜻하며, 그 역수를 푸아송역비 또는 푸아송수라고 한다.

㉠ $\nu(\text{푸아송비})=\dfrac{\beta(\text{지름방향 변형률})}{\varepsilon(\text{길이방향 변형률})}=\dfrac{\dfrac{\Delta d}{d}}{\dfrac{\Delta l}{l}}=\dfrac{l\times\Delta d}{d\times\Delta l}$

㉡ $m(\text{푸아송수})=\dfrac{1}{\nu}=\dfrac{\varepsilon}{\beta}=\dfrac{d\times\Delta l}{l\times\Delta d}$

③ **변형률**

㉠ 구조물이 외력을 받으면 부재가 변형되는데, 인장력이나 압축력에 대한 부재의 변형된 정도를 변형률이라 한다. 즉, 늘어난 길이를 원래의 길이로 나눈 값을 뜻한다.

㉡ 오른쪽 그림처럼 길이방향으로 인장력을 받으면 지름방향으로는 Δd만큼 변형되고, 길이방향으로는 Δl만큼 변형된다.

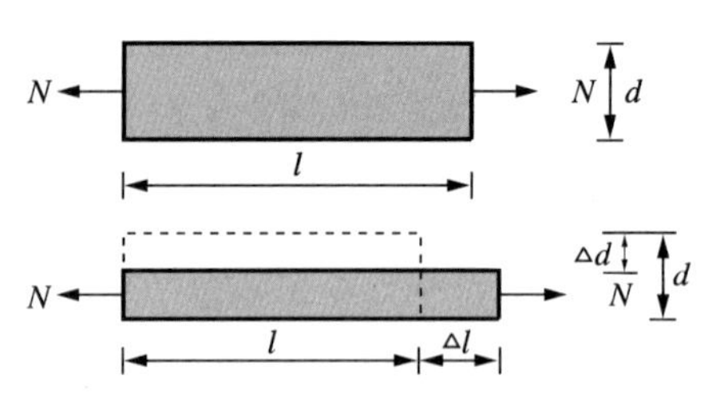

- β(지름방향 변형률)$= \dfrac{\Delta d}{d}$
- ε(길이방향 변형률)$= \dfrac{\Delta l}{l}$

15. 단면계수(Z)

① **단면계수의 정의 :** '도심축에 대한 단면 2차 모멘트(I_X)를 압축측거리(y_c) 또는 인장측거리(y_t)로 나눈 값'이다. 단면계수가 클수록 휨에 대한 저항력이 크다.

② **단면계수 및 단면 2차 모멘트**

도형	단면계수	단면 2차 모멘트		
		연단축	도심축	도심과 떨어진 축
X, G, D, x	$Z=\dfrac{I_X}{y}=\dfrac{\pi D^3}{32}$	$I_x=\dfrac{5\pi D^4}{64}$	$I_X=\dfrac{\pi D^4}{64}=\dfrac{\pi r^4}{4}$	
X, G, h, x, b	$Z_c=\dfrac{I_X}{y_c}=\dfrac{bh^2}{24}$ $Z_t=\dfrac{I_X}{y_t}=\dfrac{bh^2}{12}$	$I_x=\dfrac{bh^3}{12}$	$I_X=\dfrac{bh^3}{36}$	$I_x=I_X+A\times y^2$
X, G, h, x, b	$Z=\dfrac{I_X}{y}=\dfrac{bh^2}{6}$	$I_x=\dfrac{bh^3}{3}$	$I_X=\dfrac{bh^3}{12}$	

③ 최대 단면계수를 갖기 위한 조건

㉠ $b : h = 1 : \sqrt{2}$

㉡ $b : d = 1 : \sqrt{3}$

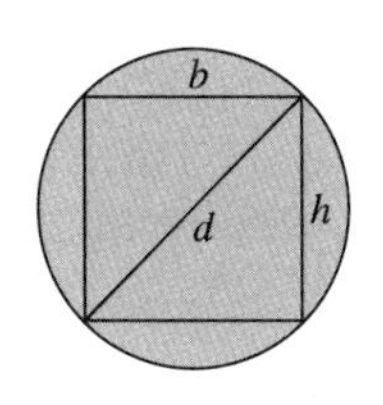

CHAPTER 02

측량학

1. 지구물리측량

① 중력측량

㉠ 중력측량의 사전적 정의 : 지구의 모양, 지하 구조, 자원, 태양계의 역학적 관계 등을 밝히기 위해, 지구를 완전한 타원체라고 전제한 이론적인 값과 실제 측량값과의 차이를 계산하는 일

㉡ 중력측량에 대한 지구물리측량 작업규정의 정의 : 지구상 특정 지점의 중력값을 측정하고 중력이상을 구하는 작업

㉢ 중력(F)

- 중력 공식 : $F = G \times \dfrac{M \times m}{R^2}$ 이며, 여기서 G는 만유인력 상수, M과 m은 두 물체의 질량, R은 지구의 반지름이다. 따라서 R이 클수록, 즉 표고가 높을수록 중력은 감소한다.
- 지구는 회전하는 타원체이며, 적도에 가까울수록 중력은 감소한다.
- 중력의 단위는 $g \cdot cm/sec^2$ 이며, 이를 갈릴레이의 이름을 따서 gal이라 한다.

㉣ 중력이상(Gravity Anomaly)

- 중력이상의 사전적 정의 : 지구를 타원체로 보아 이론적으로 계산한 중력의 값과 여러 곳을 실측해 얻은 중력의 값과의 차이(여기서 얻은 정보를 이용해 지구 내부 물질의 밀도 분포를 알 수 있음)
- 지구 내부는 지질 밀도가 균일하지 않기 때문에 중력이상이 발생한다.
- 지하에 금속 등의 무거운 물질이 있으면 중력이상이 (+)이고, 지하에 물 등의 가벼운 물질이 있으면 중력이상은 (−)가 된다.

② 지자기측량

㉠ 지자기측량에 대한 지구물리측량 작업규정의 정의 : 지구자기의 분포 상황과 그 경년 변화를 파악하기 위해 지자기 3요소인 편각, 복각, 전자력을 측정하는 작업

㉡ 지자기측량의 3요소 : 편각, 복각, 수평분력

- 편각 : 자침이 가리키는 지자기의 방향과 그 점을 지나는 지리학적 자오선과의 사이에 이루어지는 각으로서, 자침이 가리키는 북쪽과 진북(眞北)이 일치하지 않기 때문에 생긴다.
- 복각 : 지구기의 방향이 수평면과 이루는 각, 즉 지구상의 임의의 지점에 놓은 자침의 방향이 수평면과 이루는 각을 뜻한다.
- 수평분력 : 수평면 내에서 지구 자기장의 크기를 뜻한다.

③ 탄성파측량

㉠ 탄성파측량의 사전적 정의 : 인위적으로 땅속에 탄성 파동을 보내 진동을 일으킨 다음, 종파・횡파・표면파 등을 관찰해 땅속 구조 등을 조사하는 작업

㉡ 탄성파측량의 방법

- 굴절법 : 화약을 터뜨리거나 큰 망치로 때려서 생긴 탄성파가 지각 내에서 굴절해 전파되는 속도를 측정해 지하의 구조를 조사하는 방법으로, 지표면으로부터 낮은 곳을 조사할 때 사용한다.
- 반사법 : 파동의 저항이 서로 다른 지층의 경계면에서 반사 파동의 특성을 조사해 지질 구조와 유용 광물을 탐사하는 방법으로, 지표면으로부터 깊은 곳을 조사할 때 사용한다.

2. 측량하는 지역의 대소에 따른 분류

① **평면측량** : 지표면을 평면으로 취급해 지구의 곡률을 고려하지 않는 측량으로서, 측량 지역이 좁은 국지적 측량

② **대지측량** : 지표면을 곡면으로 취급해 지구의 곡률을 고려하는 측량으로서, 측량 지역이 넓은 측지학적 정밀측량

㉠ 물리학적 측지학 : 중력의 측정, 지자기의 측정, 지구의 형상 해석, 지구 내부의 특징 등 물리적 요소를 결정

㉡ 기하학적 측지학 : 지표면 위에 있는 모든 점들 사이의 상호 위치 관계를 결정

③ 물리학적 측지학과 기하하적 측지학의 비교

물리학적 측지학	기하하적 측지학
• 지구의 형상 해석 • 중력측량 • 지자기측량 • 탄성파측량 • 지구의 극운동과 자전운동 • 지각의 변동 및 균열 • 지구의 조석 • 해양의 조류	• 측지학적 3차원 위치 결정 • 길이 및 시의 결정 • 수평위치 결정 • 높이의 결정 • 천문, 위성, 해양 등의 측량 • 면적·체적의 결정 • 지도 제작 • 사진 측정

④ 측량의 3요소는 '거리, 방향, 높이'이며, 여기에 '시간'을 더해 측량의 4요소로 본다.

⑤ 허용정밀도에 따른 평면측량과 대지측량의 구분

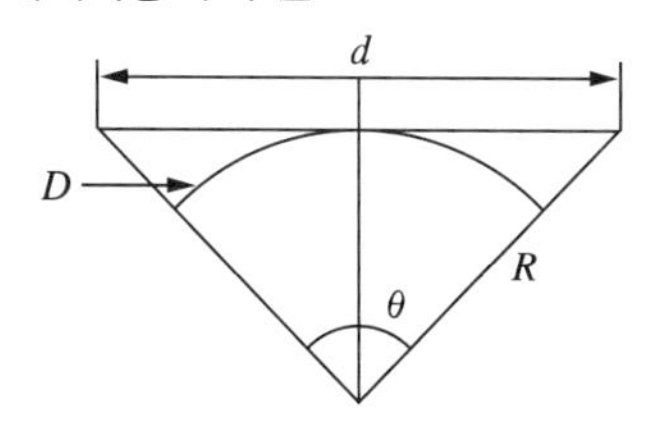

㉠ 거리오차 : $d-D=\dfrac{D^3}{12R^2}$ [d=평면거리, D=곡면거리(실제 거리), R=지구 반지름]

㉡ 허용정밀도 : $\dfrac{d-D}{D}=\dfrac{D^2}{12R^2}=\dfrac{1}{m}$

㉢ 평면으로 간주하는 범위 : $D=\sqrt{\dfrac{12\times R^2}{m}}$

→ 거리측정의 허용오차를 $\dfrac{1}{100만}$로 할 경우에는 $\dfrac{1}{100만}=\dfrac{1}{12}\times\left(\dfrac{D}{R}\right)^2$이므로 D는 22km가 된다. 따라서 반경 11km(400km² 면적) 이내를 평면으로 간주한다.

PART 3

3. 거리 측정값에 대한 보정

① 정오차(定誤差) : 원인이 비교적 분명해 쉽게 보정할 수 있는 오차

㉠ 누차(누적오차) : 관측 수효가 늘어나도 그 크기가 0에 가까워지지 않는 오차로, 온도의 변화에 의한 경우, 장력의 변화에 의한 경우, 테이프의 길이가 표준길이와 다른 경우, 테이프의 처짐에 의한 경우, 테이프가 경사진 경우, 테이프가 똑바로 수평이 되지 않은 경우, 테이프를 직선으로 인장하지 않은 경우 등에 발생함

㉡ 착오 : 관측자의 미숙과 부주의에 의해 일어나는 오차로서, 눈금의 오독과 오기에 의한 경우, 측표를 잘못 설치한 경우 등에 발생함

② 경사에 대한 보정

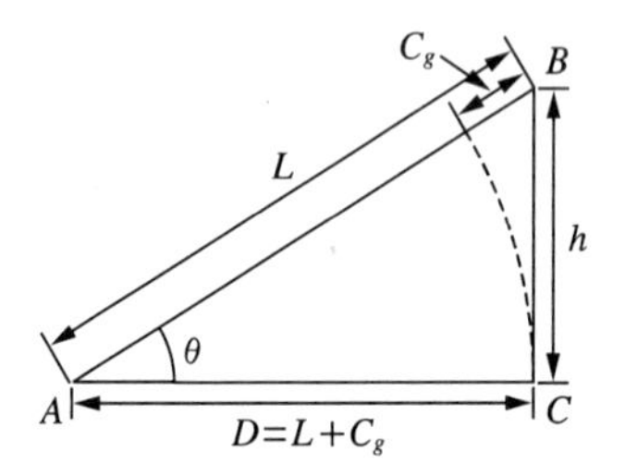

㉠ 경사거리를 측정하면 수평거리로 측정한 결과보다 길므로, 고저의 차이를 측정해 경사에 대한 보정을 해야 한다.

㉡ 수평거리를 측정하지 않은 상태에서 옆의 그림처럼 경사거리(L)를 측정한 경우에는 $C_g = -\frac{h^2}{2L}$을 적용해 보정하며 여기서 h는 기선 양끝의 고저의 차이를 의미한다.

③ 표고에 대한 보정(C_h) : 기선은 평균해수면(혹은 중등조위면)에 평행한 곡선을 따라서 측정하므로 이것을 평균해수면상에서 측정한 경우의 길이로 보정한다.

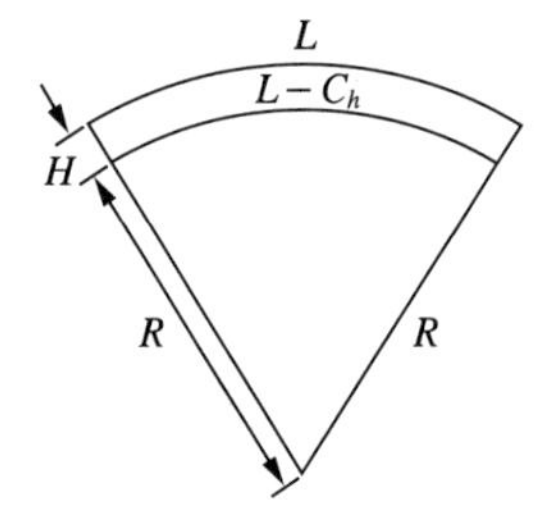

$L_0 = L - \frac{LH}{R}$, $C_h = -\frac{LH}{R}$

(L_0 = 보정한 길이, L = 실측한 길이, H = 측정 지점의 평균표고, R = 지구의 반지름)

④ 표준테이프에 대한 보정(C_0)

㉠ 기선 측정에 사용한 테이프의 부정확에 의한 오차는 측정할 때마다 항상 감소하거나 증가하는 것으로서, 중요한 오차의 하나이다.

㉡ 테이프가 표준줄자와 비교해 차이가 얼마인지를 검사해 보정해야 한다. 이때 보정한 값을 테이프의 특성값이라 한다.

$C_0 = \pm \frac{\Delta l}{l} L$, $L_0 = L + C_0$

(l = 사용한 테이프의 길이, Δl = 테이프의 특성값, L = 측정한 길이, L_0 = 보정한 길이)

⑤ 온도변화에 대한 보정

㉠ 테이프는 온도의 증감에 따라 팽창 또는 수축하므로 오차가 발생할 수 있다.

㉡ 표준온도가 15℃일 때 강철테이프의 팽창계수 α는 $(115 \sim 117) \times 10^{-7}$/℃이다.

㉢ 온도변화에 대한 보정식

- $C_t = \alpha(t - t_0)L$
- $D = L + C_t = L + \alpha(t - t_0)L = [1 + \alpha(t - t_0)]$

[C_t = 온도에 대한 보정량, α = 강철테이프의 팽창계수, t = 측정된 온도, t_0 = 표준온도(15℃), L = 측정된 길이, D = 실제 길이]

⑥ 장력에 대한 보정

㉠ 강철테이프는 표준장력보다 큰 장력을 가하면 탄성한계 내에서 늘어나며, 이때 생기는 오차는 탄성법칙에 따라 보정식을 구해 보정한다.

㉡ 탄성계수 E는 단위응력과 단위늘음량 간의 비율을 뜻한다.

- $E = \dfrac{P/A}{e/L} = \dfrac{P \times L}{A \times e}$ kg/cm²
- $C_P = e = \dfrac{(P - P_0)L}{AE}$
- $D = L + C_P$

[E = 탄성계수(2.1×10^6 kg/cm²), P = 테이프에 가한 장력, P_0 = 표준장력(10kg), A = 테이프의 단면적, $C_P(=e)$ = 장력에 대한 보정량, L = 측정된 길이]

㉢ 장력에 의한 오차의 소거 방법

- 장력계(Spring Balance)로 표준장력에 맞춰 장력을 가함
- 처짐(Sag)은 장력이 커질수록 감소함
- 보정량을 계산해 보정을 실시함

따라서 서로 상관관계가 있으므로 상호 상쇄가 가능하며, 이것은 다음의 두 공식을 이용해 계산한다.

$$P = \frac{0.2W\sqrt{A \times E}}{\sqrt{P - P_0}}, \quad P^2 = \frac{K}{P - P_0}$$

$$C_W = \frac{PL}{AE}\left(\frac{g - g_0}{g_0}\right)$$

(P = 테이프에 가해진 전장력, P_0 = 표준장력, W = 테이프의 무게, A = 테이프의 단면적, E = 탄성계수, $K = 0.04W^2AE$, C_W = 중력의 변화에 대한 보정량, g = 관측 때의 중력, g_0 = 검척지의 중력)

⑦ 처짐에 대한 보정

㉠ 강철테이프를 2개의 지점(Supporting Point) 사이에 놓더라도 완전한 수평으로 지지시킬 수 없으므로 테이프가 수곡선 형태를 이루며 처짐이 발생한다.

㉡ 처짐은 장력을 주어 어느 정도 감소시킬 수 있지만 완전하게 지지시킬 수는 없기 때문에 테이프 중앙에서 작은 처짐이 발생한다. 실제 거리는 테이프의 길이보다 짧게 되고, 실제 거리와 테이프의 길이와의 차는 보정량이 된다.

㉢ 처짐 보정 공식

- 테이프의 전장 L에 있어 경간이 n개 있을 경우 $C_S = -\frac{nl}{24}\left(\frac{wl}{P}\right)^2 = -\frac{L}{24}\left(\frac{wl}{P}\right)^2$
- 장력을 P_0라고 하고, 경간을 l_0라 할 때에 참길이를 나타내는 테이프를 사용해 측정할 때의 장력을 P, 경간을 l이라 할 경우의 $C_S = \frac{Lw^2}{24}\left(\frac{l_0}{P_0^2} - \frac{l^2}{P^2}\right) = \frac{Lw^2}{24P_0^2P^2}(l_0^2P^2 - l^2P_0^2)$

㉣ 처짐에 의한 오차의 소거 방법

- 테이프를 짧은 간격으로 철저하게 지지시킴
- 테이프를 처짐량과 같은 양만큼 더 잡아당기기 위해서 장력을 증가시킴
- 각 측정 때마다 처짐보정을 계산해 전체 측정치에 적용함

4. 트래버스(Traverse)의 계산

① 트래버스는 측점을 순차적으로 연결해 만들어지는 다각형을 뜻하며, 거리와 각을 측정해 기하학적인 관계로부터 소요되는 거리를 산출하는 트래버스측량은 트래버스의 각과 측선을 측정해 다각형의 형상을 결정하는 것이다.

② 경거와 위거의 계산

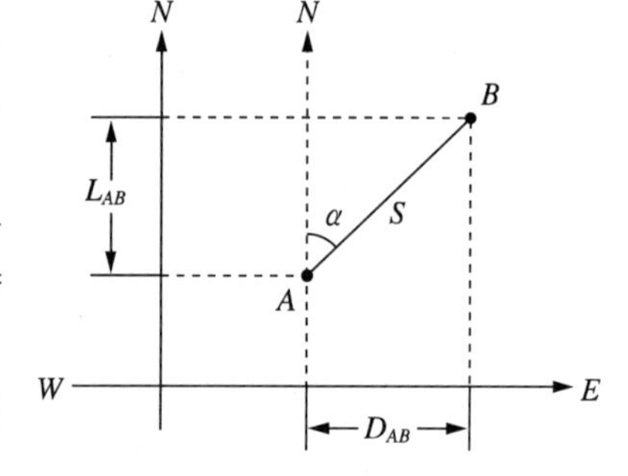

㉠ 경거 : 어느 측선의 동서 방향의 성분(D_{AB})으로서, 동서축에 정사투영된 투영거리이며, 동쪽 방향은 (+), 서쪽 방향은 (−)

㉡ 위거 : 어느 측선의 남북자오선 방향의 성분(L_{AB})으로서, 동서축에 정사투영된 투영거리이며, 북쪽 방향은 (+), 남쪽 방향은 (−)

㉢ 측선 $\overline{AB}$의 방위각을 α, $\overline{AB}$의 길이를 S라 할 때

- 경거의 계산 : $D_{AB} = S\cos\alpha$
- 위거의 계산 : $L_{AB} = S\sin\alpha$

㉣ 경거와 위거는 트래버스의 정밀도를 계산하고 오차를 조정할 때 이용되며, 측점의 제도와 면적의 계산에도 사용됨

③ 합경거와 합위거

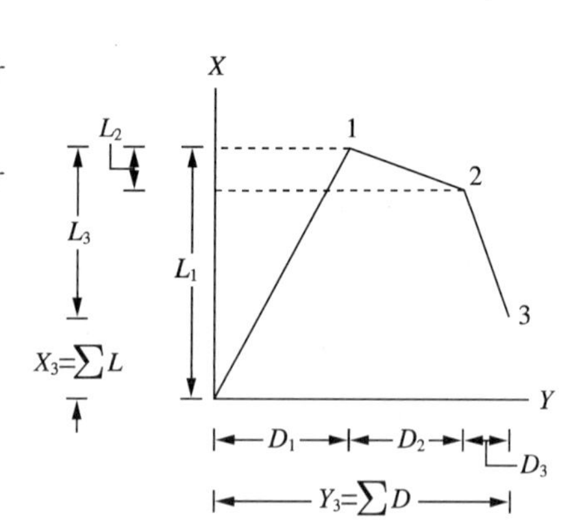

㉠ 합경거 : 한 측점의 좌표로 원점에서 그 점까지의 각 측선의 경거의 합계로 Y좌표를 나타낸다.

㉡ 합위거 : 한 측점의 좌표로 원점에서 그 점까지의 각 측선의 위거의 합계로 X좌표를 나타낸다.

④ 방위와 방위각

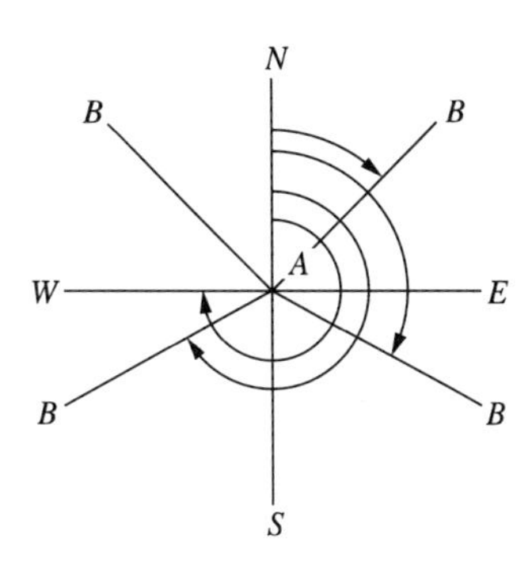

㉠ 방위

- NS축을 기준으로 90° 이하로 나타내고 N, S, E, W 등의 부호를 표시하며, 역방위는 각도는 그대로이되 부호는 반대가 된다.

㉡ 방위각

- 자오선의 북쪽 끝으로부터 그 측선에 이르는 각을 시계방향으로 잰 각으로서,

  방위각$(\theta)=\tan^{-1}\dfrac{D(\text{경거})}{L(\text{위거})}$이다.

- 남북 자오선을 기준으로 할 때의 방향각으로서, 진북 또는 자북을 기준으로 하여 시계방향으로 그 측선에 이르는 각도를 뜻한다.

구분	측선 AB의 방위	측선 AB의 방위각
제1상한	$N(AB)E$	$0°<(AB)<90°$
제2상한	$S180°-(AB)E$	$90°<(AB)<180°$
제3상한	$S(AB)-180°\,W$	$180°<(AB)<270°$
제4상한	$N360°-(AB)\,W$	$270°<(AB)<360°$

⑤ 방위각의 계산

㉠ 교각법을 사용할 경우 : 한 측선과 그 앞의 측선이 이루는 각(교각)을 관측

- (임의의 측선 방위각 계산)=(전측선의 방위각)+[180°±교각(우−, 좌+)]
- 폐합 트래버스의 경우에는 내각의 합은 $180°(n-2)$이며, 외각의 합은 $180°(n+2)$이다.
- 계산(측선) 진행방향에 따라 좌측각과 우측각(각이 우측에 존재)으로 분류한다.

㉡ 편각법을 사용할 경우

- 편각은 각 측선이 앞 측선의 연장선과 이루는 각도이다.
- 연장선에 대해 회전방향에 따라 (+), (−) 부호를 붙인다. 시계방향으로 관측할 때는 '(+)편각, 우편각(−)', 반시계방향으로 관측할 때는 '(−)편각, 우편각(+)'이다.
- 폐합인 경우 편각의 총합은 ±360°이다.
- (임의의 측선 방위각 계산)=(전측선의 방위각)±[편각(우+, 좌−)]
- (역방위각)=(방위각)+180°

㉢ 방위각의 계산에서 360°가 넘으면 −360° 하고, −방위각이면 +360° 한다.

PART 3

5. 트랜싯 측량 및 오차와 처리 방법

① 방향각법

㉠ 어떤 시준 방향을 기준으로 해 각시준 방향에 이르는 각을 관측하는 방법으로, 1점에서 많은 각을 관측할 때 사용하며, 반복법에 비해 시간이 절약된다. 주로 3등 이하의 삼각측량에 이용된다.

㉡ 방향각법의 오차 : n회 관측한 평균값의 오차(M)$=\pm\sqrt{\frac{2}{n}(\alpha^2+\beta^2)}$ ($\alpha=1$회 시준 시의 오차, $\beta=1$회 읽을 때의 오차)

② 배각법(반복법)

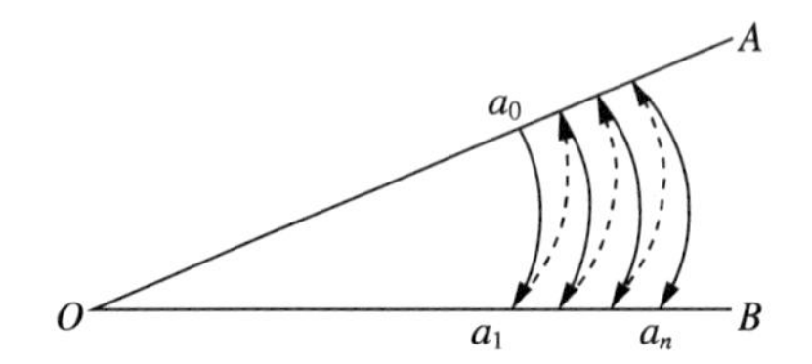

㉠ 배각법은 방향수가 적은 경우에는 편리하지만, 삼각측량처럼 많은 방향이 있는 경우는 부적합하다.

㉡ $\angle AOB=\frac{(\alpha_n-\alpha_0)}{n}$ ($\alpha_0=$최초의 읽음값, $\alpha_n=$최후의 읽음값, $n=$측정 횟수)

㉢ 배각법의 오차(M)$=\pm\sqrt{\frac{2}{n}\left(\alpha^2+\frac{\beta_2}{n}\right)}$

③ 각관측법

㉠ 수평각 각관측 방법 중 가장 정확한 값을 얻을 수 있는 방법으로 1등 삼각측량에 이용된다.

㉡ 여러 개의 방향선의 각을 차례로 방향각법으로 관측해 얻은 여러 개의 각을 최소제곱법에 의해 최확값을 구한다.

④ 오차의 처리

㉠ 측각오차와 측거오차의 관계 : 각과 거리의 관측 정도가 비슷할 경우에는

$$\frac{(\text{측각오차})}{\rho''}=\frac{(\text{거리오차})}{l(\text{측선거리})},\ \frac{\varepsilon''}{\rho''}=\frac{\Delta l}{l}$$

㉡ 총합에 대한 허용 오차 : 삼각형, 다각형 또는 여러 개의 각이 있을 경우에 각 오차의 총합은 다음과 같다.

$E_S=\pm E_a\sqrt{n}$ ($E_S=n$개의 각의 총합에 대한 각 오차, $E_a=$한 각에 대한 오차, $n=$각의 수)

트랜싯 측량의 오차와 처리 방법			
오차의 종류		오차 발생 원인	처리 방법
조정의 불완전에 의한 오차	연직축 오차	연직축이 정확히 연직선에 있지 않음	연직축과 수평 기포축과의 직교를 조정(정위와 반위 관측법으로 소거 불가)
	시준축 오차	시준축과 수평축이 직교하지 않음	정위와 반위 관측법으로 산술평균
	수평축 오차	수평축이 연직축에 직교하지 않음	
구조상의 결함에 의한 오차	분도원의 눈금오차	눈금의 부정확	읽은 분도원의 위치를 변화시키며 관측 횟수를 많이 하여 평균(= n 대회 관측)
	회전축의 편심오차(내심오차)	시준기의 회전축(수평축, 연직축)과 분도원(수평분도원, 연직분도원)의 중심이 불일치	정위와 반위 관측법으로 산술평균
	시준선의 편심오차(외심오차)	시준선이 수평분도원의 중심을 통과하지 않음	

6. 정밀도(Precision)

① 정밀도 $\left(\dfrac{1}{M}\right)$

㉠ 관측값의 근접성에 대한 척도로서, 관측값의 편차에 의해 좌우됨(반비례 관계)

㉡ 측량 과정, 측량 장비, 측량 방법 등과 관련 → 우연오차와 관련

㉢ $\dfrac{1}{M}=\dfrac{(\text{오차})}{(\text{최확값})}=\dfrac{m_o}{L_o}$ 또는 $\dfrac{r_o}{L_o}$

㉣ 위의 식에서 분자는 항상 '1'이며, 분모가 크면 정밀도가 높은 것이고, 분모가 작으면 정밀도가 낮은 것임

② 정확도(L)

㉠ 관측값과 참값의 근접성에 대한 척도로서, 관측값에서 착오와 정오차를 제거 → 참값에 근사

㉡ 최확값(L_o)은 수학적 처리 과정을 통해 참값에 가까울 확률의 값을 뜻하며, 경중률(P)은 관측값의 상대적 신뢰성을 표현하는 척도임

- 경중률이 다른 경우의 최확값 : $L_o=\dfrac{P_1l_1+P_2l_2+P_3l_3+\cdots+P_nl_n}{P_1+P_2+P_3+\cdots+P_n}=\dfrac{Pl}{P}$

- 경중률이 일정한 경우의 최확값 : $L_o=\dfrac{l_1+l_2+l_3+\cdots+l_n}{n}=\dfrac{l}{n}$

㉢ 중등오차(m_o)

- 경중률이 다른 경우의 중등오차 : $m_o=\pm\sqrt{\dfrac{Pv^2}{P(n-1)}}$ (최확값이 n개일 때)

- 경중률이 일정한 경우의 중등오차 : $m_o=\pm\sqrt{\dfrac{v^2}{n(n-1)}}$ (최확값이 n개일 때)

㉣ 확률오차(r_o)

- 특정 오차보다 절댓값이 큰 오차가 발생할 확률과 작은 오차가 발생할 확률이 같은 오차(관측값이 전체 관측값의 50%에 있을 확률)이며, 따라서 50%의 불확실성을 나타냄
- $r_o = \pm 0.6745 m_o$

7. 경중률(Weight)

① 경중률(P)

㉠ 경중률은 한 측정값과 이와 관련된 다른 측정값에 대한 상대적인 신뢰성을 나타내는 척도이다.

㉡ 분산이 크면 오차도 크므로 경중률은 분산의 크기에 반비례한다.

㉢ 경중률은 관측 횟수에 비례하고, 관측 거리에 반비례한다.

② 최확값(L_0)

㉠ 최확값은 확률론적으로 가장 정확하다고 생각할 수 있는 값으로서, 측정값들로부터 얻을 수 있는 참값에 가장 가까운 추정값이라 할 수 있다.

㉡ 측정된 경중률들이 다른 경우 : $L_0 = \dfrac{P_1 l_1 + P_2 l_2 + P_3 l_3 + \cdots + P_n l_n}{P_1 + P_2 + P_3 + \cdots + P_n} = \dfrac{Pl}{P}$

(P_1, P_2, P_3, $\cdots$, P_n = 경중률)

㉢ 측정된 경중률들이 일정한 경우 : $L_0 = \dfrac{l_1 + l_2 + l_3 + \cdots + l_n}{n} = \dfrac{l}{n}$

(l_1, l_2, l_3, $\cdots$, l_n = 관측값, n = 관측 횟수)

③ 경중률과 오차 사이의 관계

㉠ 경중률은 정밀도의 제곱에 비례하고, 중등오차의 제곱에 반비례한다.

㉡ 직접수준측량의 경우에 경중률은 노선거리에 반비례하고, 오차는 노선거리의 제곱근에 비례한다.

㉢ 간접수준측량의 경우에 경중률은 노선거리의 제곱에 반비례하고, 오차는 노선거리에 비례한다.

8. 평판을 이용한 응용측량

① 간접수준측량 : 레벨 이외의 기구를 이용, 높이가 아닌 다른 요소를 관측해 수학식으로 표고를 결정

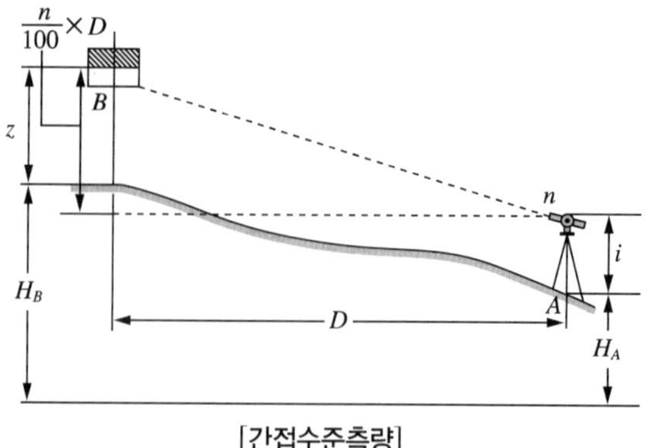

[간접수준측량]

㉠ 수평거리(D)를 측정할 때

$100 : n = D : h$

$\therefore\ h = \dfrac{n}{100} \times D$ …… ⓐ

$H_B = H_A + i + \dfrac{n}{100} \times D - z$

㉡ B의 경사거리(L)를 측정할 때

$D : L = 100 : \sqrt{100^2 + n^2}$

$\therefore\ D = \dfrac{100}{\sqrt{100^2 + n^2}} \times L$ …… ⓑ

위의 ⓑ를 ⓐ에 대입하면 $h = \dfrac{n}{\sqrt{100^2 + n^2}} \times 100$

$H_B = H_A + \dfrac{n}{\sqrt{100^2 + n^2}} \times L + i - z$

② **간접거리측량** : 각도, 거리 등을 이용해 기하학적 관계로 미지의 거리를 계산

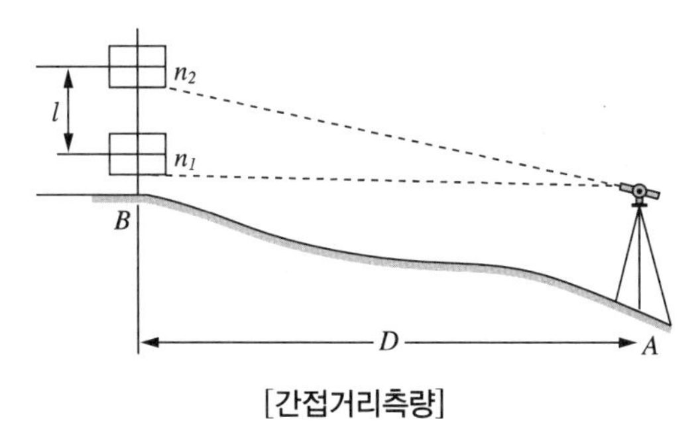

[간접거리측량]

㉠ $D : l = 100 : (n_2 - n_1)$

$\therefore\ D = \dfrac{100}{n} \times l$

$(\because\ n = n_2 - n_1)$

㉡ $\overline{AB}$의 경사거리(L)를 측정할 때

$D : l = 100 : \sqrt{100^2 + n^2}$

$\therefore\ D = \dfrac{100}{\sqrt{100^2 + n^2}} \times L$

9. 평판측량의 오차

① 기계오차

㉠ 외심오차(e_1)

- 앨리데이드(Alidade)의 시준선과 잣눈선이 동일 연직면 안에 있지 않아서 평판 위 점에서 발생하는 편심오차(단위 : mm)
- $e_1 = \dfrac{e}{M} \leq q$ [e = 시준기의 편심거리(25 ~ 30mm), M = 축척 분모수, q = 제도할 때의 허용오차(0.1 ~ 0.2mm)]

㉡ 시준오차(e_2)

- 앨리데이드의 시준공의 크기와 시준사의 굵기에 의해 발생하는 오차(단위 : mm)
- $e_2 = \dfrac{\sqrt{d^2 + f^2}}{2c} \times l$ (d = 시준공의 직경, f = 시준사의 굵기, c = 전후 시준판의 간격, l = 방향선의 길이)

㉢ 자침오차(e_3)

- 자침의 바늘이 일치하지 않아서 발생하는 오차(단위 : mm)
- $e_3 = \dfrac{0.2}{k} \times l$ ($2k$ = 자침 전체의 길이, l : 방향선의 길이)

② 정치오차

㉠ 평판이 수평이 아닐 때 생기는 경사(고저차)로 인해 발생하는 오차(e_4, 단위 : mm)

- $e_4 = \dfrac{b}{r} \times \dfrac{n}{100} \times l$ (b = 기포변위량, r = 기포관의 곡률반경, $\dfrac{n}{100}$ = 평판의 경사)

㉡ 구심오차(e_5) : 도상의 점과 지상의 측점이 동일한 연직선에 있지 않아서 발생하는 오차(단위 : mm)

- $e_5 = \dfrac{2e}{M}$ (e = 도상측점과 지상측점의 편이량, M = 축척 분모수)
- 구심의 허용오차 : 도상측점과 지상측점의 편심거리의 허용량= $\dfrac{q \times M}{2}$

③ 측량오차

㉠ 방사법에 의한 오차(s_1)

- 시준오차(m_1)와 거리오차 및 축척에 의한 오차(m_2)를 종합한 오차(단위 : mm)
- $s_1 = \pm\sqrt{m_1^2 + m_2^2} = \pm 0.3$mm(우연오차전파 $M_1^2 = m_1^2 + m_2^2$,)

㉡ 전진법에 의한 오차(s_2, 단위 : mm)

- $s_2 = \pm\sqrt{n(m_1^2 + m_2^2)} = \pm 0.3\sqrt{n}$ mm (m_1 = 0.25mm, m_2 = 0.25mm)

㉢ 교회법에 의한 오차(s_3, 단위 : mm)

• $s_3 = \pm \sqrt{2}\dfrac{a}{\sin\theta} = \pm \sqrt{2}\dfrac{0.2}{\sin\theta}$ mm [a = 방향선의 오차(0.2mm), θ = 두 방향선의 교각]

10. 삼각수준측량

① 기차(굴절오차)

㉠ 빛이 대기를 통과하며 밀도가 다른 공기를 지나는 과정에서 굴절되어 물체의 실제 위치보다 높게 보이는 오차

㉡ 기차 : $-\dfrac{K}{2R} \times D^2$ (K = 굴절률)

② 구차(곡률오차)

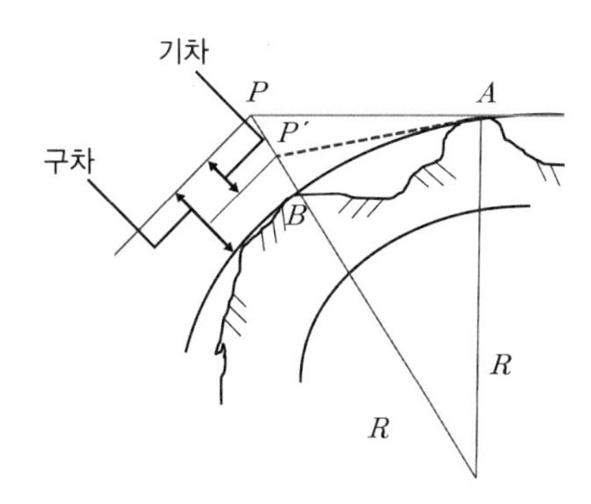

㉠ 넓은 지역을 측량할 때 지구의 표면이 구면이기 때문에 발생하는 고저상의 오차, 즉 지구곡률 때문에 지평선(시준선)의 높이와 수평선에 대한 높이에 차이가 발생함

㉡ 곡률오차 : $+\dfrac{D^2}{2R}$

③ 양차

㉠ 기차(굴절오차)와 구차(곡률오차)를 더한 값

㉡ A와 B 두 지점의 높이를 측정해 그 평균을 더하면 양차가 소거됨

㉢ 양차 : $\dfrac{1-K}{2R} \times D^2$

④ 삼각수준측량

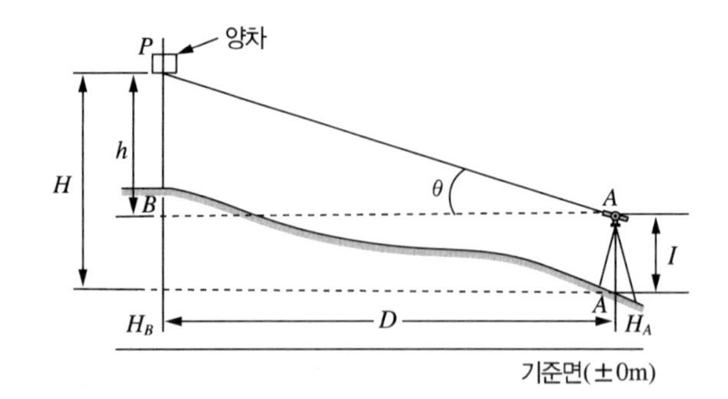

㉠ 각 관측기에 의한 고저각과 거리 관측값을 삼각법으로 처리해 고저의 차를 구하며, 삼각측량의 보조 수단으로 이용되나 정확도가 비교적 낮음

㉡ $H_P = H_A + H + (\text{양차}) = H_A + I + D\tan\theta + (\text{양차}) = H_A + I + D\tan\theta + \dfrac{D^2}{2R} \times (1 - K)$

11. 수준측량의 오차와 정밀도

① 직접수준측량의 오차

㉠ 직접수준측량의 오차는 노선거리의 제곱근과 측정 횟수에 비례한다.

㉡ $E = \pm K\sqrt{L} = C\sqrt{n}$, $K = \pm \dfrac{E}{\sqrt{L}}$ (K=1km를 수준측량한 때의 오차, L=수준측량한 거리[km], C=1회 관측 오차)

㉢ 허용오차로 수준측량의 정밀도를 대신하며, K가 클수록 정밀도가 높은 것이다.

㉣ 시준거리가 일정할 때 : $n = \dfrac{L}{2S}$, $E = \pm C \times \sqrt{\dfrac{L}{2S}} = \pm K\sqrt{L}$, $K = \pm \dfrac{E}{\sqrt{L}}$ (n=관측 횟수, S=시준거리, E=수준측량의 오차)

② 오차의 조정 : 각 기지점으로부터 미지점을 측량했을 때의 오차의 조정

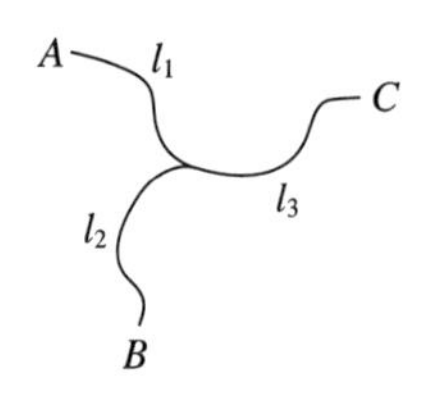

㉠ 경중률은 노선의 길이에 반비례하는 것으로 하여 P 지점의 표고를 구한다.

㉡ $H_P = \dfrac{P_1 \times H_1 + P_2 \times H_2 + P_3 \times H_3}{P_1 + P_2 + P_3} = \dfrac{PH}{P}$

- 오차조정량 : $E_i = \dfrac{L_i}{L} \times E$

③ 경중률(P)과 최확값 사이의 관계

㉠ 수준측량 : $H_P = \dfrac{P \times H}{P}$

㉡ 거리측량 : $L_P = \dfrac{P \times L}{P}$

㉢ 각측량 : $\alpha_P = \dfrac{P \times \alpha}{P}$

12. 체적과 면적측정의 정확도 및 토지분할법

① 체적측정의 정확도 : $\dfrac{dV}{V} = 3 \times \dfrac{dl}{d}$, $\dfrac{dl}{d} = \dfrac{1}{3} \times \dfrac{dV}{V}$

② 면적측정의 정확도

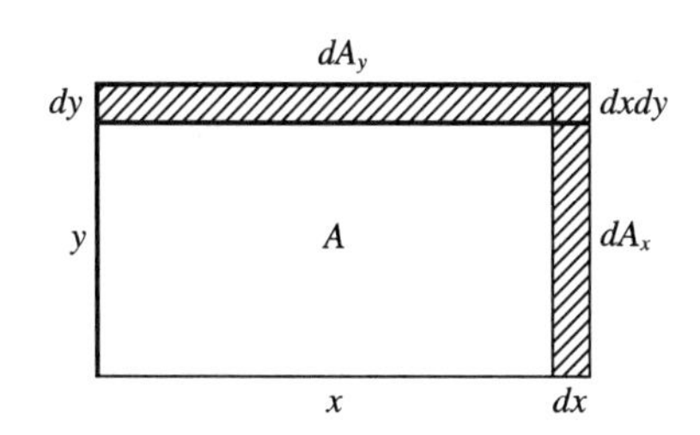

㉠ 면적 : $A = x \times y$

㉡ 면적의 오차 : $dA = yd_x + xd_y$

㉢ 면적의 정도(거리 정도의 합) : $\dfrac{dA}{A} = \dfrac{yd_x}{xy} + \dfrac{xd_y}{xy} = \dfrac{d_x}{x} + \dfrac{d_y}{y}$

㉣ 거리 관측의 정확도 : $K = \dfrac{dx}{d} = \dfrac{dy}{y}$

㉤ 면적 관측의 정확도 : $\dfrac{dA}{A} = 2K$

③ 면적의 분할

㉠ 사다리꼴의 분할

• 밑변에 평행한 직선에 의해 $\dfrac{\square APQD}{\square BCQP} = \dfrac{m}{n}$ 으로 분할할 때 $AP = AB \times \dfrac{(PQ - AD)}{(BC - AD)}$, $DQ = CD \times \dfrac{(PQ - AD)}{(BC - AD)}$, $PQ = \sqrt{\dfrac{mBC^2 + nAD^2}{m+n}}$	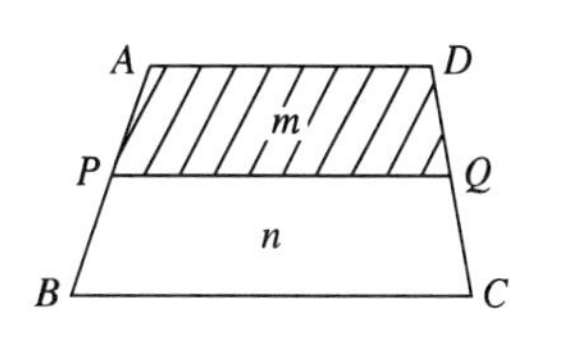
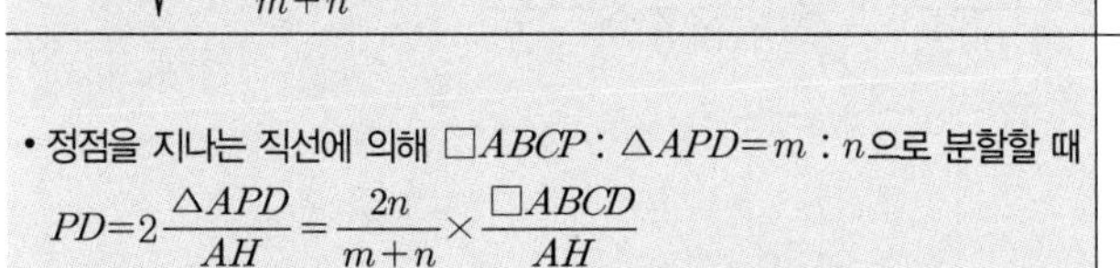 • 정점을 지나는 직선에 의해 $\square ABCP : \triangle APD = m : n$으로 분할할 때 $PD = 2\dfrac{\triangle APD}{AH} = \dfrac{2n}{m+n} \times \dfrac{\square ABCD}{AH}$	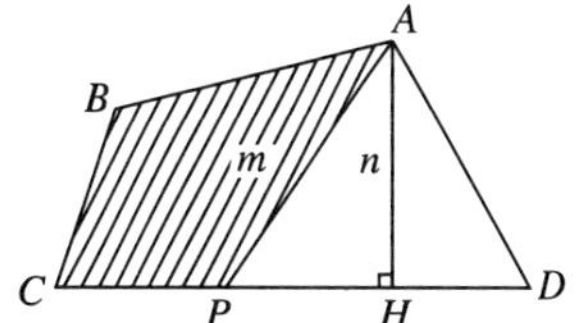

㉡ 삼각형의 분할

• 한 변에 평행한 직선에 의해 $\frac{\triangle ADE}{\square BCED}=\frac{m}{n}$으로 분할할 때 $AD=AB\sqrt{\frac{m}{m+n}}$ $AE=AC\sqrt{\frac{m}{m+n}}$	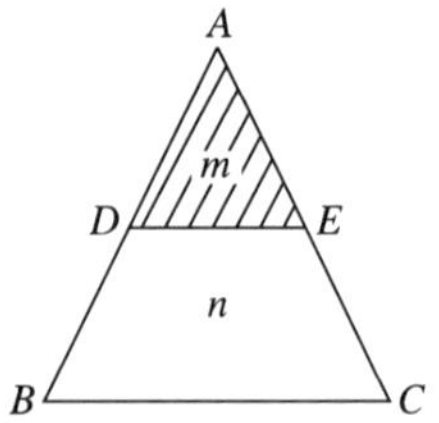
• 한 변 위의 고정점 P를 지나는 직선에 의해 $\frac{\triangle BPQ}{\square AQPC}=\frac{m}{n}$으로 분할할 때 $BQ=\frac{AB\times BC}{BP}=\frac{m}{m+n}$	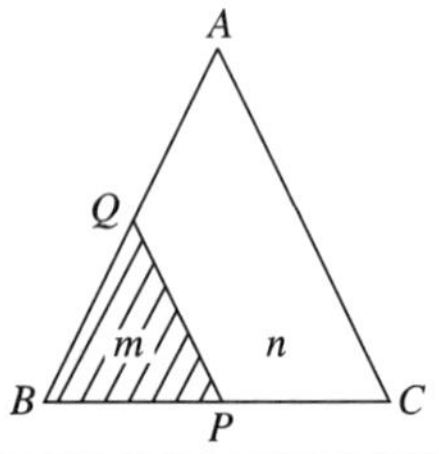
• 정점을 통과하는 직선에 의해 $\triangle ABC$를 $m:n$으로 분할할 때 $BD=\frac{m}{m+n}\times BC$	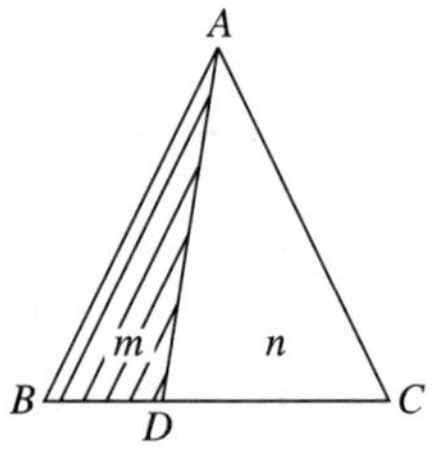

13. 완화곡선

① 완화곡선의 정의와 종류

㉠ 정의 : 열차 등 고속으로 움직이는 물체를 곡선부에서 원활하게 통과시키기 위해(원심력 감소를 위해) 직선부와 원곡선 사이, 또는 대원과 소원구간의 곡률반경을 점차로 변환해 설치하는 특수 곡선

㉡ 종류 : 3차 포물선, 클로소이드(Clothoid), 렘니스케이트(Lemniscate), 편물매 및 확폭

② 완화곡선의 성질

㉠ 완화곡선의 곡률$\left(\frac{1}{R}\right)$은 곡선의 길이에 비례한다.

㉡ 시점(BTC)에서 도로직선에 접하고, 종점(ETC)은 원곡선에 접한다.

㉢ 시점에서 반지름 $R=\infty$에서 점차 증가해 종점에서는 원곡선의 반지름과 같다.

㉣ 캔트의 증가율과 반지름의 감소율은 동률이다(부호는 반대).

㉤ 완화곡선의 길이 : $L=\frac{N}{1,000}\times C=\frac{N}{1,000}\times\frac{SV^2}{gR}$

③ 슬랙과 확폭

㉠ 차량의 뒷바퀴의 궤적이 앞바퀴의 궤적보다 안쪽으로 주행하므로 곡선의 안쪽을 조금 늘려야 한다. 이처럼 차량의 뒷바퀴가 탈선하는 것을 막기 위해 곡선부의 안쪽을 넓게 하는 것을 확폭이라 하며, 철도에서는 슬랙이라 부른다.

㉡ 확폭량(ε)$=\dfrac{L^2}{2R}$ (R=차량 전륜의 회전반경, L=차량의 앞바퀴에서 뒷바퀴까지의 거리)

④ 편물매와 캔트

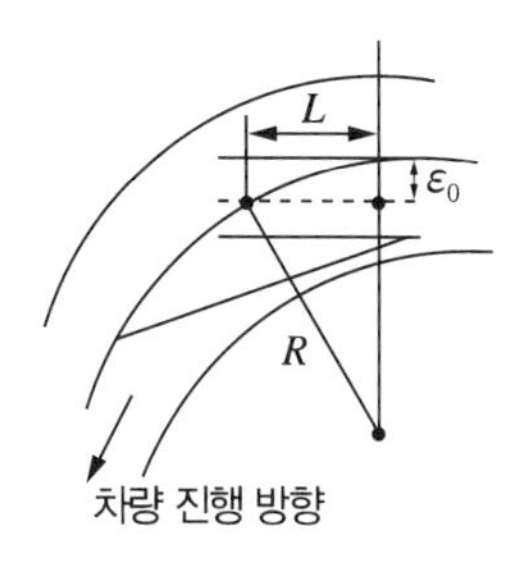

㉠ 곡선을 주행하는 차량이 원심력에 의해 탈선하는 것을 막기 위해 도로 외측을 높여 경사지게 하는 것을 편물매라 하며, 철도에서는 캔트라 부른다.

㉡ 캔트(C)$=\dfrac{SV^2}{gR}=\dfrac{S\left(\dfrac{V}{3.6}\right)^2}{gR}=\dfrac{SV^2}{127R}$ (S=레일간 거리, V=차량의 속도, R=곡률반경, g=중력가속도)

⑤ 3차포물선

㉠ 주로 철도에서 사용하는 완화곡선으로서, 곡률반경이 완화곡선의 시점에서의 횡거에 반비례한다.

㉡ 이정량 : $f=\dfrac{1}{4}d=\dfrac{L^2}{24R}$ (완화곡선은 이정의 중앙을 통과)

⑥ 클로소이드

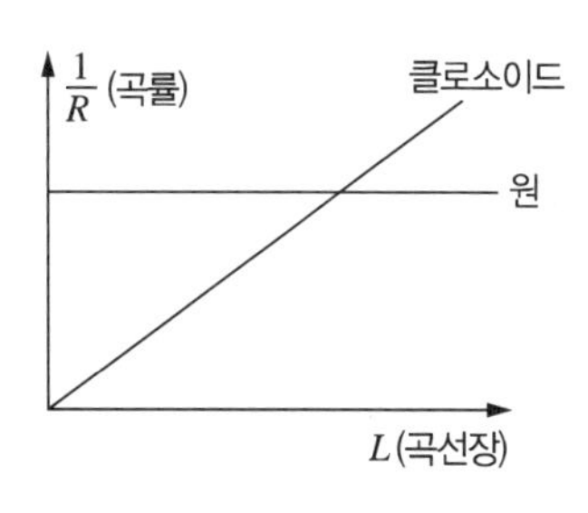

㉠ 주로 도로에서 사용하는 완화곡선으로서, 곡률반경이 곡선길이에 반비례하는 나선이며, 자동차의 핸들을 등각속도로 돌렸을 때 자동차의 주행궤적에 일치하는 곡선이다.

㉡ $R\times L=A^2$, $R=\dfrac{A^2}{L}$, $L=\dfrac{A^2}{R}$, $\dfrac{1}{R}=C\times L$, $R\times L=\dfrac{1}{C}$

[R=곡선반경, L=완화곡선의 길이, A=클로소이드 파라미터(매개변수), C=상수]

⑦ 렘니스케이트

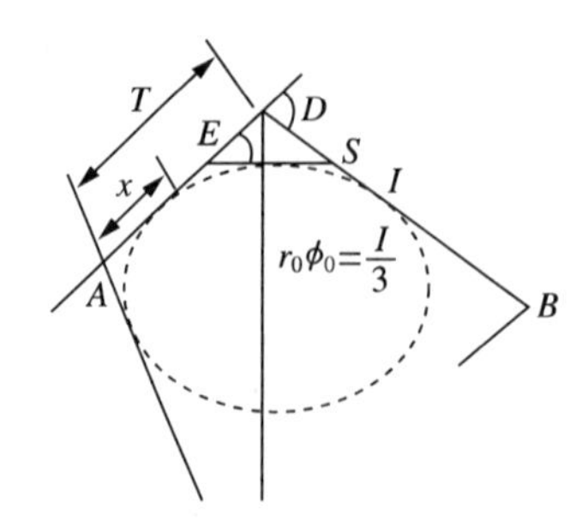

㉠ 곡률반경이 시점에서 현의 길이에 비례하는 곡선으로서, 곡률반경의 변화량이 클로소이드보다는 완만하지만 3차 포물선보다는 급하며, 지하철처럼 급한 각도의 곡선에 유리함

㉡ $\Phi_0=2\alpha_0,\ \alpha_0+\Phi_0=\frac{I}{2}\ \therefore\ \alpha_0=\frac{I}{6}$

S에서의 곡률반경 $R_0=\frac{C}{3\sqrt{\sin 2\alpha_0}}=\frac{C}{3\sqrt{\sin\frac{I}{3}}}$

$\therefore\ C=3R_0\sqrt{\sin\frac{I}{3}},\ r_0=3R_0\sin\frac{I}{3}$

렘니스케이트의 곡선길이 $L=\frac{C}{\sqrt{2}}2\sqrt{\tan\alpha}-\frac{1}{5}\sqrt{\tan^5\alpha}+\frac{1}{12}\sqrt{\tan^9\alpha}\cdots\cdots$

14. 유속의 측정

① **부자(Float)를 이용한 유속측정** : 홍수 시에 유속이 매우 빨라 회전식 유속계로 정확한 유속을 측정하기 거의 불가능한 때와 강의 폭이 넓어 유속을 측정하기 어려운 때에 부자를 사용한다. 이때 부자를 투하해 일정 구간을 이동하는 시간을 재서 평균유속을 측정한다.

㉠ 부자의 종류

- 표면부자 : 표면의 유속을 측정하기 위해 사용하며, 평균유속(V_m)은 표면부자에 의한 표면유속을 V_s라 할 때 얕은 하천은 $V_s0.8$, 큰 하천은 $V_s0.9$로 한다.
- 이중부자 : 표면부자와 수중부자를 줄로 연결해 결합한 것으로 수심이 깊은 곳에 적합하며, 수면과 수면 아래의 일정한 수심에서의 유속의 평균치를 구하기 위해 사용한다.
- 봉부자 : 단면적이 균일하고 하상이 흐름의 방향이 어느 정도 일정한 곳이 적합하며, 수면 아래 일정한 깊이의 유속을 측정하기 위해 일정한 중량을 두어 일정한 수심에서 유하되도록 사용한다.

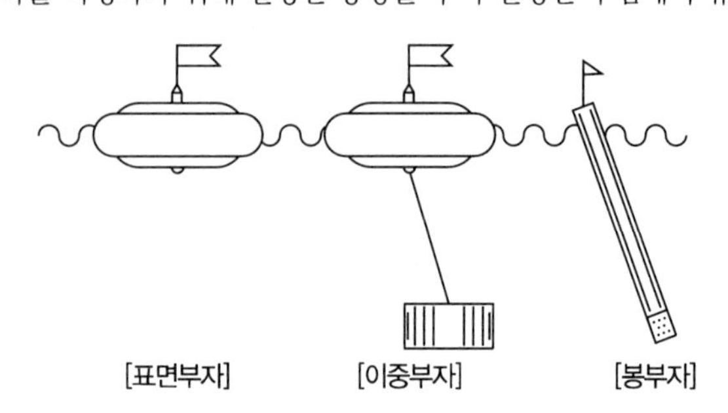

[표면부자] [이중부자] [봉부자]

㉡ 부자에 의한 유속측정

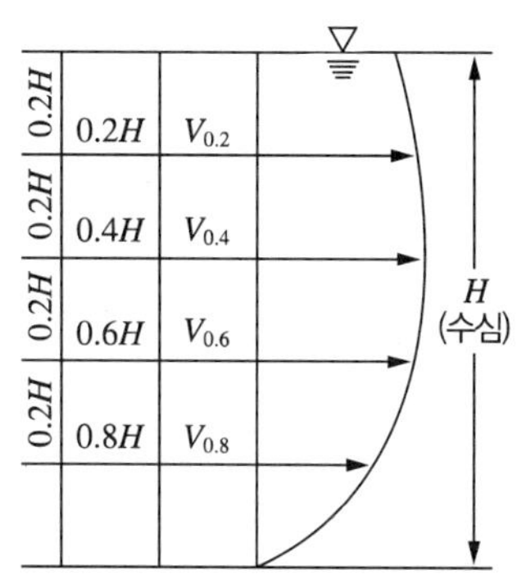

[수심에 따른 유속분포도]

- 하천의 직류부로서 물의 흐름이 부자가 안정적으로 유하할 수 있는 곳
- 직류부의 길이는 하천의 폭의 2~3배, 30~200m로 함
- 부자를 투하한 지점으로부터 제1관측점까지 부자가 이동하는 데 20~30초 정도 걸리는 위치로 한다.
- 부자는 부자투하장치 또는 교량을 이용해 투하하며, 교량을 이용할 때는 교각에 의한 와류 등의 영향이 없도록 한다.

[홍수 시의 수면폭에 따른 유속측선수]

수면폭(m)	50 미만	50~100	100~200	200~400	400~800	800 초과
부자 유속측선수	3	4	5	6	7	8

[부자와 수심 및 보정계수]

부자 번호	1	2	3	4	5
수심(m)	0.7 이하	0.7~1.3	1.3~2.6	2.6~5.2	5.2 이상
흘수(m)	표면부력	0.5	1.0	2.0	4.0
보정계수	0.85	0.88	0.91	0.94	0.96

② 평균유속을 구하는 방법

㉠ 1점법 : $V_m = V_{0.6}$

㉡ 2점법 : $V_m = \frac{1}{2} \times (V_{0.2} + V_{0.8})$

㉢ 3점법 : $V_m = \frac{1}{4} \times (V_{0.2} + V_{0.6} + V_{0.8})$

㉣ 4점법 : $V_m = \frac{1}{5} \times \left[(V_{0.2} + V_{0.4} + V_{0.6} + V_{0.8}) + \frac{1}{2} \times \left(V_{0.2} + \frac{V_{0.8}}{2} \right) \right]$

(V_m = 평균유속, V_n = 수면에서 $0.2H$, $0.4H$, $0.6H$, $0.8H$인 깊이의 유속)

15. 단곡선 공식

① 단곡선 명칭의 정리

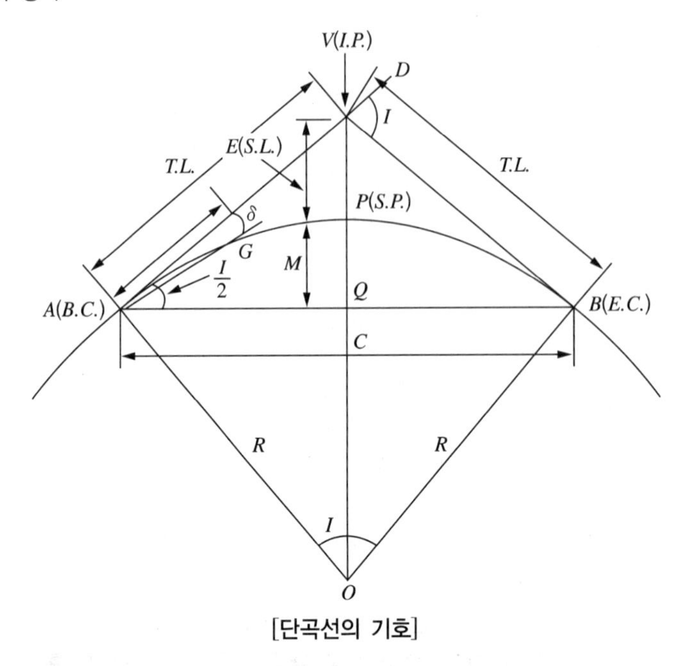

[단곡선의 기호]

㉠ A : 곡선시점

㉡ B : 곡선종점

㉢ C : 장현

㉣ D : 교점

㉤ E : 외할(외거)

㉥ I : 교각

㉦ M : 중앙종거

㉧ R : 반지름

㉨ $T.L.$: 접선길이

㉩ V : 교점

㉪ δ : 편각

㉫ P : 곡선중점

② 단곡선의 기본 공식

㉠ $\angle AOV = \angle BOV = \dfrac{I°}{2} \rightarrow \angle VAQ = \angle VBQ = = \dfrac{I°}{2}$

㉡ $\widehat{APB}$=곡선의 길이= $C.L.$(Curve Length)= $R \times I[\text{rad}]$

$\dfrac{\pi RI°}{180} = 0.0174533RI°$ (I는 라디안, $I°$는 도를 나타내는 단위)

㉢ $E = S.L.$(External Secant)= $R\left(\sec\dfrac{I}{2} - 1\right)$

㉣ $T.L.$(Tangent Length)$= \overline{VA} = \overline{VB} = R\frac{I}{2}tan$

㉤ C(Chord Length)=(현의 길이)$= \overline{AB} = 2Rsin\frac{I}{2}$

㉥ M(Middle Ordinate)$= \overline{PQ} = R\left(1 - \cos\frac{I}{2}\right)$

㉦ [총편각(Total Deflection Angle)]$= \angle VAB = \angle VBA = \frac{I}{2}$

㉧ δ(Deflection Angle)$= \angle VAG = \frac{l}{2R}$(Radian)$= 1,718.87 \times \frac{l}{R}$(분)

③ 각 측점 사이의 거리

㉠ $\sim B.C.$의 거리$= \sim I.P.$의 거리$- T.L.$

㉡ $\sim E.C.$의 거리$= \sim B.C.$의 거리$+ C.L.$

16. 사진측량

① 사진측량이란?

㉠ 반사 또는 방사된 전자기파에 의한 사진 및 영상을 이용해 접촉하지 않은 대상물에 대한 정량적 위치 및 정성적인 특성을 해석하며, 지상사진(전방교회법)과 항공사진(후방교회법) 등이 있다.

㉡ '정량적(定量的)'이라 함은 위치・형상・크기 등의 결정을 뜻하고, '정성적(定性的)'이라 함은 자원과 환경 현상의 특성 조사・분석을 의미한다.

② 사진측량의 구분

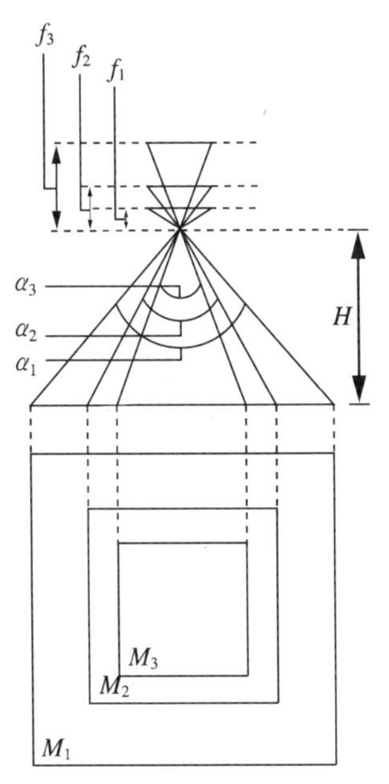

[화각에 따른 촬영 범위]

㉠ 항공촬영 축적에 따른 구분
- 소축척도화 : 고도 3,000m 이상의 고공에서 촬영한 사진을 도화
- 중축척도화 : 고도 800 ~ 3,000m의 중공에서 촬영한 사진을 도화
- 대축척도화 : 고도 800m 이내의 저공에서 촬영한 사진을 도화

㉡ 촬영 위치에 따른 구분
- 지상사진 : 카메라 축이 수평면에 평행하고 화면이 연직되게 촬영된 사진으로, 주로 비지형적 조사에 이용됨(문화재, 교통사고 조사 등)
- 항공사진 : 지표면에 대한 항공측량카메라의 각도에 따라 수직사진(경사각 3° 이내)과 경사사진(3° 이상)으로 구분
- 다중파장대사진 : 다중분광카메라(MSC) 및 다중분광스캐너(MSS)를 항공기나 인공위성에 탑재해 촬영한 사진

㉢ 촬영 방향에 따른 구분
- 수평사진(지상사진) : 광축이 수평선과 거의 일치되도록 공중에서 촬영한 사진
- 수직사진(항공사진) : 광축이 연직선과 일치하도록(경사각 3° 이내) 공중에서 촬영한 사진
- 경사사진(항공사진) : 광축이 연직선과 경사지도록(경사각 3° 이상) 공중에서 촬영한 사진

㉣ 카메라의 각에 따른 구분

구분	화각	화면의 크기	초점거리	용도
보통각	약 60°	18cm×18cm	210mm	산림 조사
광각	약 90°	23cm×23cm	153mm	일반 도화, 판독용
초광각	약 120°	23cm×23cm	88mm	소축척도화

17. 사진 매수

① 촬영 기선의 길이

㉠ 횡중복(Sidelap)
- 인접한 촬영 경로(Course) 내의 중복 정도
- 30%를 기준으로 함(최소 5% 이상)

㉡ 종중복(Endlap)
- 동일한 촬영 경로 내의 중복 정도
- 60%를 기준으로 함(최소 50% 이상)
- 고저의 차이가 촬영 고도의 10% 이상인 곳은 종중복의 정도를 10 ~ 20% 증가

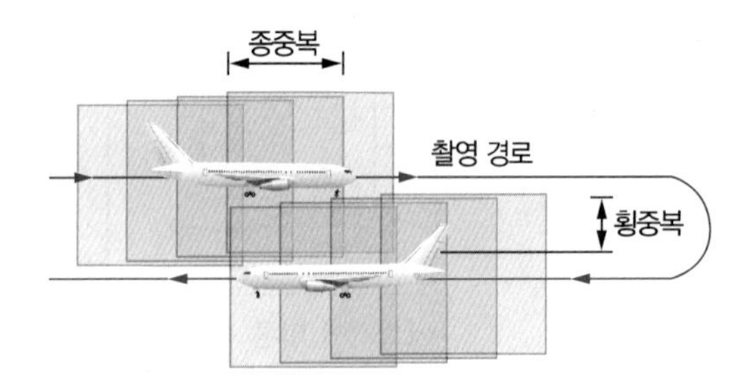

㉢ 촬영기선길이

• 사진에서 임의의 촬영점에서 다음 촬영점까지의 실제 거리

• $B=$ 화면 크기의 실제 거리$\times\left(1-\dfrac{p}{100}\right)=m\times a\left(1-\dfrac{p}{100}\right)$ ($p=$종중복도, $a=$화면의 크기)

㉣ 촬영횡기선길이

• 경로와 경로 사이의 촬영 지점 간의 실제 거리

• $C_o=$ 화면 크기의 실제 거리$\times\left(1-\dfrac{q}{100}\right)=m\times a\left(1-\dfrac{q}{100}\right)$ ($q=$횡중복도)

㉤ 주점기선길이(b)

• 임의의 사진의 주점과 다음 사진의 주점 사이의 사진상의 거리

• $b=\dfrac{B}{m}=a\left(1-\dfrac{p}{100}\right)$

② 사진 매수(모델의 수)

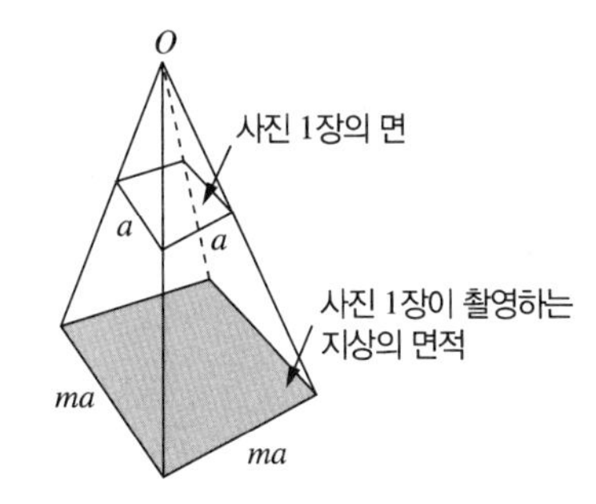

㉠ 사진 1장에 촬영되는 지상의 실제 면적

• $A_0=(a\times m)(a\times m)=a^2m^2=a^2\left(\dfrac{H}{f}\right)^2=a^2\dfrac{H^2}{f^2}$ ($a=$사진의 한 변의 길이, $f=$화면거리, $m=$축척분모수)

㉡ 횡중복도(q)와 종중복도(p)를 고려할 경우의 유효면적

• $A_2=A_0\left(1-\dfrac{p}{100}\right)\left(1-\dfrac{q}{100}\right)=a^2m^2\left(1-\dfrac{p}{100}\right)\left(1-\dfrac{q}{100}\right)$

㉢ 안전율을 고려할 경우의 사진 매수

• $N=\dfrac{F}{A}$[1+(안전율)] ($F=$촬영 대상지역의 면적, $A=$사진 1장의 면적, 중복도가 있을 때는 유효면적)

18. 사진의 위치 결정

① 기복변위(Relief Displacement)

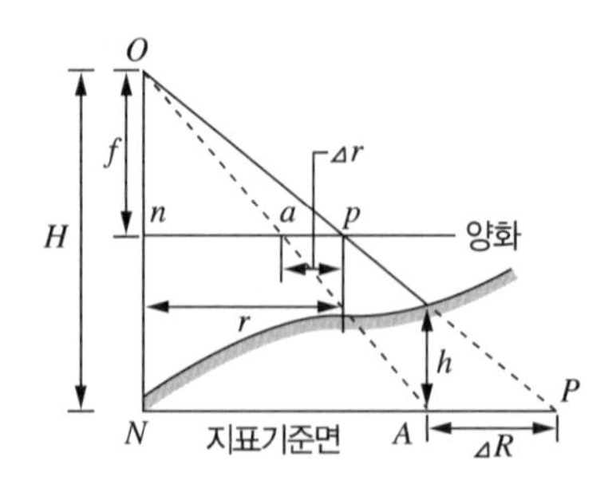

㉠ 대상물에 기복이 있을 경우에는 연직으로 촬영해도 사진의 축척이 동일하지 않으며, 사진면에서 연직점을 중심으로 방사상의 변위인 기복변위($\triangle r$)가 발생한다.

㉡ $\triangle r = \dfrac{h}{H} \times r$ (h = 비고, H = 촬영고도, r = 연직점으로부터 사진상까지의 거리)

② 최대변위

㉠ $r_{\max} = \dfrac{\sqrt{2}}{2} a$

㉡ 최대기복변위 $\triangle r_{\max} = \dfrac{h}{H} r_{\max}$

③ 시차 차에 따른 고저측량

㉠ 시차(P) : 한 쌍의 사진상에서는 동일점에 대한 상이 연직하의 한 점에서 만나야 되는데, 만나지 않고 생기는 종횡의 시각적인 오차를 시차라 하며, 비행 방향(x 방향)의 시차는 횡시차, 비행 방향에 직각인 방향(y 방향)의 성분은 종시차이다.

㉡ 비고와 시차 차의 관계

- 시차 차(dp)는 높이가 같지 않은 두 지점의 시차의 차이이다(원근감의 원인).
- $dp = \dfrac{f \times \overline{B} \times h}{H^2} \rightarrow h = \dfrac{H^2}{f \times \overline{B}} \times dp$, $\dfrac{f \times \overline{B}}{H} = \dfrac{\overline{B}}{m} = b$이므로 $h = \dfrac{H}{b} \times dp$

19. 표정(Orientation)

① **표정의 의미** : '촬영 시 사진의 기하학적 상태를 그대로 재현하려면 대응하는 광선에 대한 교점의 집합은 피사체의 표면과 전부 합동인 모형을 만든다'는 도화기 재현의 원리 활용한 것으로, 촬영 당시의 사진기와 지상의 좌표계의 관계를 재현하는 것이다.

② **표정의 분류** : 상호표정 · 접합표정 · 절대표정 등의 외부표정(2장 이상의 사진, 3차원)과 내부표정(1장의 사진, 2차원)으로 구분

③ **내부표정**

㉠ 촬영 당시와 동일한 광학 조건에서 도화기의 투영기에 양화건판이 정착되도록 조작하는 작업

㉡ 주점 위치의 결정, 초점거리(f)의 결정

㉢ 대기굴절 및 지구곡률의 보정, 렌즈의 왜곡 등의 정오차 보정

④ 상호표정

㉠ 좌우 사진의 양쪽 투영기에서 나오는 광속이 이루는 종시차(P_y)를 소거해 입체모형 전체가 완전히 입체시되는 과정

㉡ ω, ϕ, κ, b_y, b_z 등 5개의 표정 인자로 종시차를 소거해 목표로 하는 지형물의 상대적 위치를 맞추며, 이 과정을 마치면 3차원의 가상좌표(모델좌표)가 생성된다.

㉢ 상호표정의 인자

- 평행 인자 : ω(x축), ϕ(y축), κ(z축)
- 회전 인자 : b_y, b_z

㉣ 과잉수정계수$(k) = \frac{1}{2}\left(\frac{h^2}{d^2} - 1\right)$

⑤ 접합표정

㉠ 모델과 모델간, 스트립(Strip)과 스트립 간의 접합으로 좌표계를 통일함

㉡ ω, ϕ, κ, λ, S_x, S_y, S_z 등 7개의 표정 인자를 사용

㉢ 접합의 요소 : 축척, 미소변위, 위치 및 방위

⑥ 절대표정(대지표정)

㉠ 모델, 스트립 등의 입체모형에 대해 지상의 기준점을 이용해 대상물의 좌표로 변환함

㉡ ω, ϕ, κ, λ, C_x, C_y, C_z 등 7개의 표정 인자를 사용

㉢ 축적 및 경사(수준면)의 조정, 위치의 결정

CHAPTER 03

수리학 및 수문학

1. 표면장력과 모관고

① 유체의 분류

구분		특징
점성의 유무	실제유체(점성유체)	점성 때문에 유체가 흐를 때 유체 분자간 혹은 유체와 경계면 사이에 전단응력이 발생함($\mu \neq 0$)
	비점성 유체	점성이 전혀 없어서 유체가 흐를 때 전단응력이 발생하지 않음($\mu = 0$)
압축의 유무	압축성 유체	일정한 온도에서 압력을 변화시킴에 따라 체적이 쉽게 변하는 유체(=기체)
	비압축성 유체	압력의 변화에 따른 체적의 변화가 극히 적은 유체(=액체)
	완전유체(이상유체)	비점성・비압축성의 가상적인 유체로서, 전단응력이나 압축이 전혀 일어나지 않는 유체

② 표면장력

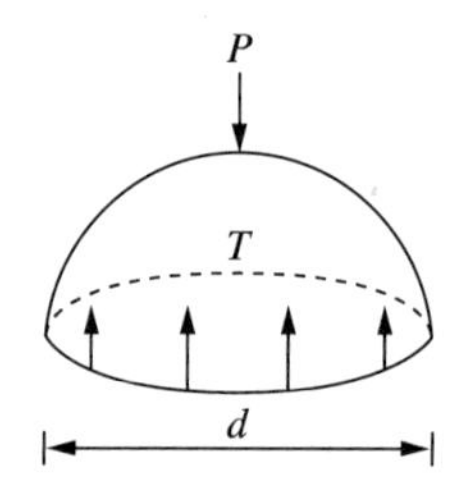

㉠ 액체 상태의 분자들이 서로 끌어당겨 표면적을 최소화하려는 힘

㉡ 액체의 표면 막의 강도를 나타내는 척도로서, 표면에 접선인 방향으로 끌어당긴다.

㉢ 모든 방향으로 같은 크기의 힘이 작용하므로 합력은 '0'이다.

㉣ 표면장력(T)의 단위 : dyne/cm, g/cm, g/sec^2

㉤ 물방울의 표면장력

- 물방울이 이루는 반원에 작용하는 압력은 구 둘레에 작용하는 표면장력과 같다.
- $T = \dfrac{P}{4} \times d \leftarrow \pi r^2 P = 2\pi r T$

③ 모관상승고

㉠ 표면장력, 응집력, 부착력 사이의 상호작용에 의해 모세관 현상이 일어난다(응집력이 부착력보다 작을 때 액체는 위로 향함).

㉡ 부착력이 수표면 막을 위로 끌어당김에 따라 수표면 막은 중력에 저항하며 유리관 내의 물을 끌어올린다.

㉢ 모관상승고(h)는 관의 지름에 반비례하고 표면장력에 비례한다.

- 유리관 : $h = \dfrac{4T\cos\theta}{wd}$

• 연직평판 : $T\cos\theta \times 2b = wbdh \quad \therefore\ h = \dfrac{2T\cos\theta}{wd}$

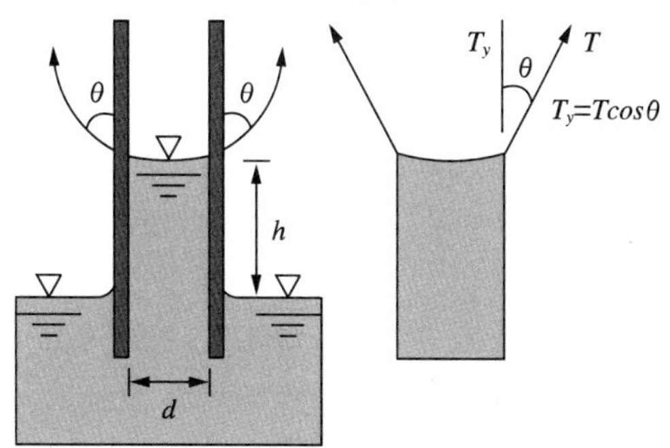

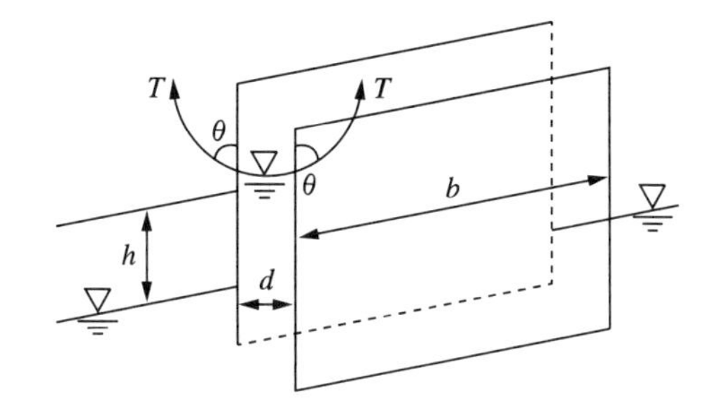

④ **평균 압축률**(C; Compressibility)

㉠ 물 등 실제유체는 외부로부터 압력을 받으면 압축되고, 압력이 사라지면 원래의 상태로 돌아간다.

㉡ 물은 10℃에서 1기압의 압력을 받으면 약 $\dfrac{5}{100,000}$ 압축된다.

㉢ 단위 : cm^2/kg, cm^2/g

㉣ $(\text{평균 압축률}) = \dfrac{(\text{부피의 변화율})}{(\text{압력의 변화량})}$

㉤ 체적탄성계수 : $E = \dfrac{dP}{dV/V} = \dfrac{1}{C}$

2. 마찰손실

① 마찰손실계수

㉠ 마찰손실 : 실제유체(점성유체)와 관벽의 마찰로 인한 손실

㉡ 마찰손실계수 : 손실수두와 속도수두, 관의 길이 및 직경 사이의 관계를 나타내는 비례상수

㉢ Moody 도표 마찰계수는 Reynolds 수(R_e)와 상대조도(e/D)의 함수이다.

• 층류 : $R_e < 2{,}000$($R_e = 2{,}000$을 층류 한계로 봄)

• 불안전 층류 : $2{,}000 < R_e < 4{,}000$

• 난류 : $4{,}000 < R_e$

㉣ $R_e < 2{,}000$(층류)인 경우의 마찰손실계수 : $f = \dfrac{64}{R_e}$(Nikuradse 공식)

② 마찰손실수두

㉠ 관로상의 두 단면 간에 생기는 마찰손실수두(h_L)는 관의 길이(L)에 비례하고 관경(D)에 반비례

㉡ 층류($R_e < 2,000$)에 있어서 마찰손실수두는 평균유속에 비례

㉢ 마찰손실수두 : $h_L = f \times \frac{L}{D} \times \frac{V^2}{2g}$ (Darcy－Weisbach 공식)

(h_L = 마찰손실수두, f = 마찰손실계수, D = 관경, L = 관의 길이, V = 유속, g = 중력가속도)

③ 미소손실수두

㉠ 미소손실 : 유입부・유출부 및 부속물, 만곡부, 엘보, 밸브 등 단면의 급변화로 인해 이동하는 물의 에너지가 손실(미소손실은 속도수두에 비례)

㉡ 미소손실수두 : $h_m = K_L \times \frac{V^2}{2g}$ (K_L = 미소손실계수, $\frac{V^2}{2g}$ = 속도수두)

㉢ 일반적인 미소손실계수(f) : 유입손실계수는 0.5, 유출손실계수는 1.0으로 한다.

④ 병렬 관수로의 손실수두

㉠ 각 방향 관로의 손실수두는 동일하다.

㉡ 관이 충분히 길어 부차적 손실은 무시 가능하다고 보고 마찰손실만을 고려한다.

㉢ 속도수두항이 미소해 무시 가능하므로, 이 경우에는 에너지경사선과 동수경사선은 일치한다고 가정한다.

㉣ 그림의 병렬관에서 $h_{Le} = h_{L1} = h_{L2} = \cdots = h_{Li}$이고, 이 구간을 흐르는 유량은 각각의 병렬관을 흐르는 유량의 합과 같다. 즉, $Q_e = Q_1 + Q_2 = \cdots = \sum Q_i$

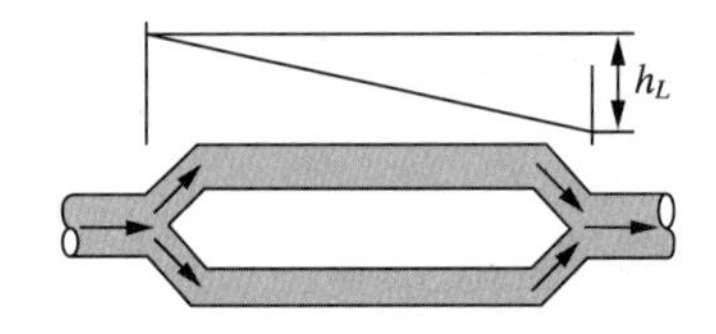

3. 물의 흐름

① 흐름의 분류

㉠ 정류(정상류) : 유체 내의 임의의 한 점에서 관찰할 때 유체의 속도, 압력, 밀도, 온도 등 흐름 특성이 시간에 따라 변하지 않는 흐름($\partial t = 0$), 즉 평상시 하천의 흐름

㉡ 부정류(비정상류) : 흐름 특성 등 어느 한 가지라도 이 시간에 따라 변하는 흐름($\partial t \neq 0$), 즉 홍수 시의 하천의 흐름

㉢ 등류 : 수심, 유속 등의 흐름 특성이 어느 단면에서나 같은 흐름

㉣ 부등류 : 수심, 유속 등의 흐름 특성이 단면에 따라 변하는 흐름

② 유선방정식

㉠ 유선 : 흐름의 상태를 쉽게 보기 위해 흐름 중에 가상의 선을 생각할 때 그 선 위의 각 점에서 그은 접선이 속도벡터의 방향과 일치되는 선

㉡ 유적선 : 유체 입자가 시간의 경과에 따라 이동한 경로로서, 정류의 경우 유선과 유적선이 일치함

㉢ 유선방정식 : $\frac{dx}{u} = \frac{dy}{v} = \frac{dz}{w}$

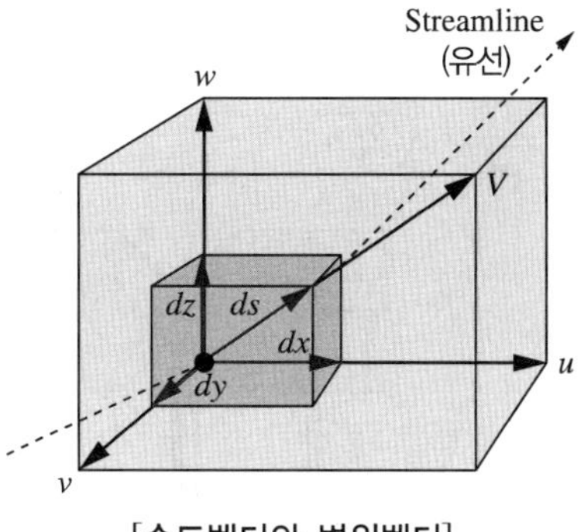

[속도벡터와 변위벡터]

③ 상류, 한계류, 사류

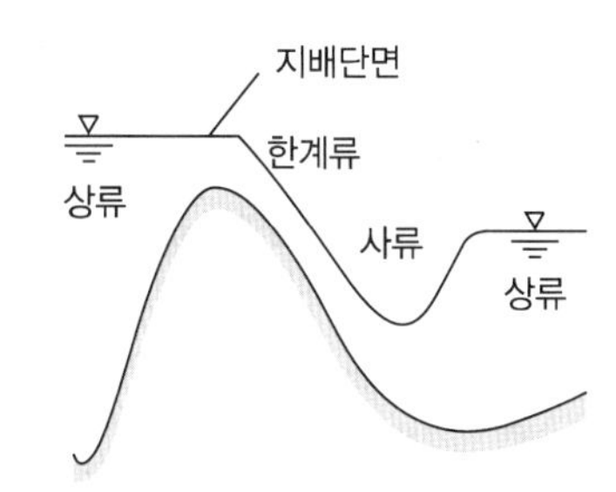

㉠ 관성력과 중력의 비에 따라 흐름 상태를 상류(Subcritical Flow), 한계류(Critical Flow), 사류(Supercritical Flow)로 구분

㉡ F_r(Froude의 수)$=\frac{(관성력)}{(중력)}=\frac{V}{\sqrt{gh}}$

㉢ $F_r < 1$이면 상류, $F_r = 1$이면 한계류, $F_r > 1$이면 사류

㉣ 장파의 전달속도 : $C=\sqrt{gh}$

- 상류 : 유속이 장파의 전달속도보다 작은 흐름, 하류부의 교란이 상류측으로 전달
- 사류 : 유속이 장파의 전달속도보다 큰 흐름, 하류부의 교란이 상류 흐름에 영향 없음

4. 흐름의 방정식

① 베르누이(Bernoulli)의 정리

㉠ 유체에 적용되는 에너지 방정식(에너지 보존의 법칙)

㉡ $\frac{P_1}{w}+\frac{V_1^2}{2g}+z_1=\frac{P_2}{w}+\frac{V_2^2}{2g}+z_2=$Const(일정)

($\frac{P}{w}=$압력수두, $\frac{V^2}{2g}=$속도수두, $z=$위치수두)

PART 3

㉢ 벤투리 유량계(Venturi Meter) : 축소관과 확대관을 연결해 유량을 측정

- 관 단면적이 축소되면 유체의 정압이 감소해 유동에너지(압력에너지)가 운동에너지로 전환되므로 벤투리관의 입구와 단면적이 좁아진 목에서의 압력 차를 측정해 유량을 계산
- $Q = C \times \dfrac{A_1 \times A_2}{\sqrt{A_1^2 - A_2^2}} \times \sqrt{2gh}$

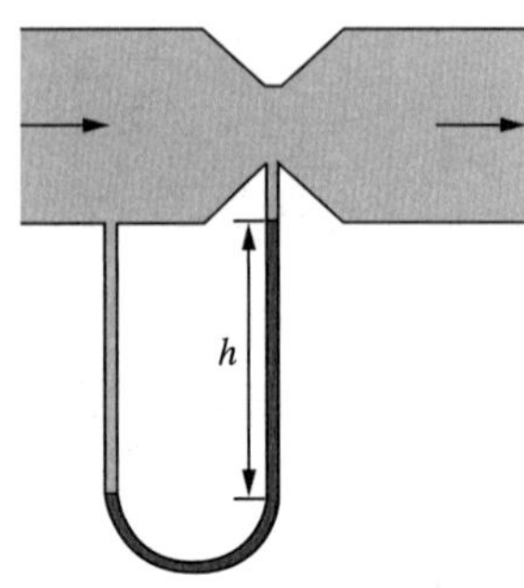

② 연속방정식

㉠ 시스템에 적용되는 질량 방정식(질량 보존의 법칙)

㉡ 정상류 흐름에서 한 단면에서 다른 단면을 지나는 질량·유량은 같다는 것으로, 이는 유체 흐름의 연속성을 나타낸다.

㉢ $Q_1 = A_1 V_1 = A_2 V_2 = Q_2$ (Q= 유량, A= 관의 단면적, V= 평균유속)

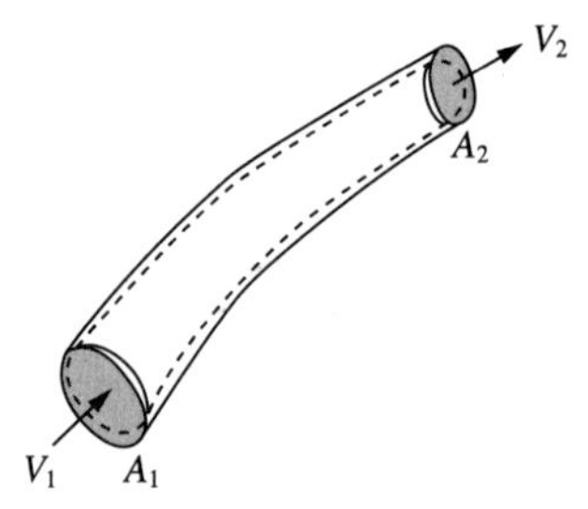

③ [총압력(정체압력)] = (동압력과 정압력의 합) $= wh + \dfrac{\rho V^2}{2}$

④ 보정계수

㉠ 운동량 보정계수

- $\eta = \displaystyle\int_A \left(\frac{V}{V_m}\right)^2 \times \frac{dA}{A}$
- 원관 내 층류 : $\eta = \dfrac{4}{3}$
- 원관 내 난류 : $\eta = 1.0 \sim 1.05$

㉡ 에너지 보정계수

- $\alpha = \displaystyle\int_A \left(\frac{V}{V_m}\right)^3 \times \frac{dA}{A}$
- 원관 내 층류 : $\alpha = 2$
- 원관 내 난류 : $\alpha = 1.0 \sim 1.1$

5. 한계수심과 흐름의 판별

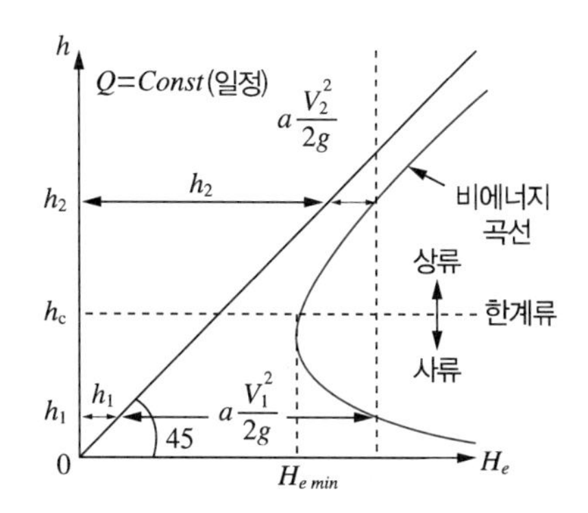

① 한계수심

㉠ Q(유량)가 일정할 때 H_e(비에너지)가 최소가 되는 수심

㉡ H_e가 일정할 때 Q가 최대가 되는 수심

㉢ 한계수심 : $h_c = \frac{2}{3} \times H_e$

㉣ 사각형 단면 : $h_c \left(\frac{aQ^2}{gb^2} \right)^{\frac{1}{3}}$

② 비에너지

㉠ 비에너지(Specific Energy) : 수로 바닥을 기준으로 한 단위중량의 흐르는 물이 갖는 에너지, 즉 위치수두와 속도수두를 더한 것

㉡ $H_e = h + \left(\alpha \times \frac{V^2}{2g} \right)$

③ 흐름의 판별

㉠ 레이놀즈(Reynolds) 수

- $R_e = \frac{V \times R}{\nu}$
- R_e가 500 미만이면 난류, 500 이상이면 층류 상태이다.

㉡ 경사

- 경사(I)가 한계경사$\left(I_c = \frac{g}{\alpha C^2} \right)$ 미만이면 상류, 한계경사와 같으면 한계류, 한계경사 초과이면 사류 상태이다.

㉢ 프루드(Froude) 수

- $F_r = \frac{V}{\sqrt{gh}}$
- F_r가 1 미만이면 상류, 1이면 한계류, 1 초과이면 사류 상태이다.

6. 전수압

① 수평한 평면이 받는 전수압

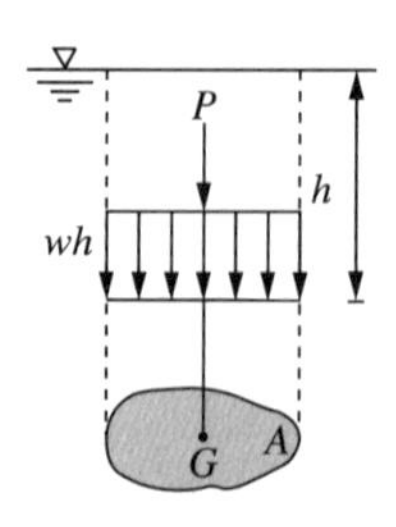

㉠ 평면이 물속에 수평으로 놓여 있을 경우에 평면의 면적을 A라 하면 전수압(P)$=wh_GA$가 되며, 전수압의 작용점은 평면의 도심(G)이 된다.

㉡ 전수압은 평면을 바닥으로 하는 수면까지의 연직 물기둥의 무게와 같다.

㉢ 전수압(P)의 작용점은 평면의 도심(G)에 작용하고, 이 작용점을 수압의 중심이라 한다.

㉣ 작용점의 위치

- 작용점 : 전체의 면에 작용하는 힘을 하나로 대표할 수 있는 점(수평인 경우는 도심점)
- $h_C=h_G+\dfrac{I_G}{h_GA}\sin^2\theta$ (h_C=수면에서 작용점까지의 깊이, I_G=물체 단면의 중립축에 대한 단면 2차 모멘트, θ=수평면과 물체평면과의 사잇각)

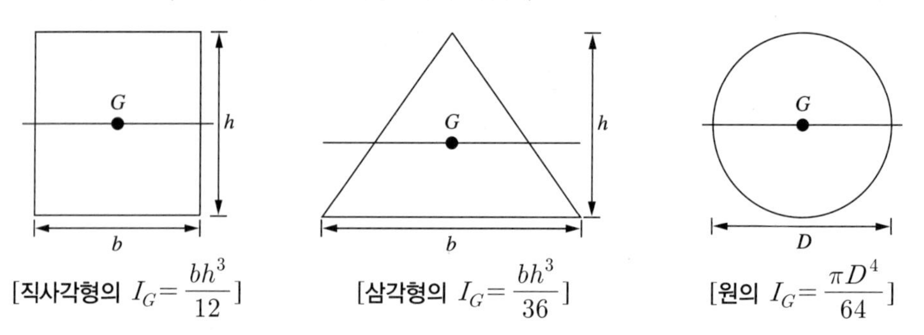

[직사각형의 $I_G=\dfrac{bh^3}{12}$] [삼각형의 $I_G=\dfrac{bh^3}{36}$] [원의 $I_G=\dfrac{\pi D^4}{64}$]

② 곡면이 받는 전수압

㉠ 곡면에 작용하는 수평분력(P_x)

- 곡면의 수평투영면에 작용하는 수압과 동일
- $P_x=w\times h_G{}'\times A'$ (w=물의 단위중량, h_G=수면에서 연직 투영면 도심까지의 거리, A'=연직면에 투영된 면적)

㉡ 곡면에 작용하는 연직분력(P_y)

- 곡면을 바닥으로 하는 물기둥의 무게와 동일
- $P_y=w\times V$ (V=물기둥의 체적)

㉢ 곡면에 작용하는 전수압은 수평방향에 작용하는 분력과 연직방향에 작용하는 분력의 합력과 같으므로

$P=\sqrt{P_x^2+P_y^2}$

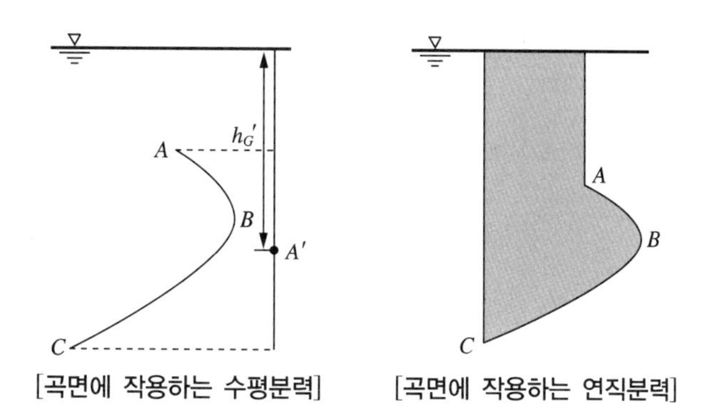

[곡면에 작용하는 수평분력] [곡면에 작용하는 연직분력]

③ 수압에 따른 원관의 두께(t)

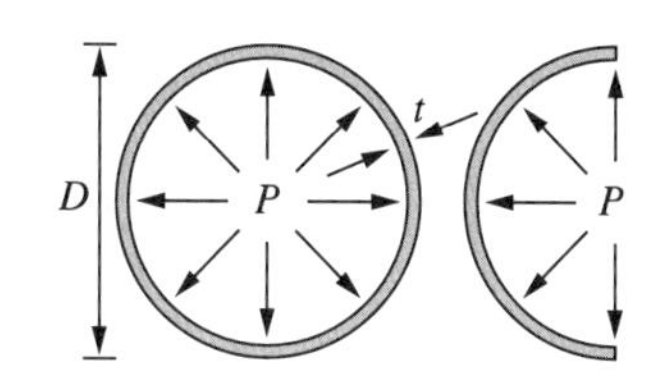

㉠ 원관 내에 작용하는 압력은 모든 방향에 대해 동일한 조건을 이룸

㉡ $t=\dfrac{PD}{2\sigma_{ta}}$ (P=원관이 받는 내부압력, D=원관의 지름, σ_{ta}=관의 허용인장응력)

7. 위어와 유량

① 위어(Weir)

㉠ 하천을 가로막아 그 위로 물을 흐르게 하는 대표적인 흐름 조절 구조물로서, 물의 흐름과 유출량을 측정함

㉡ (전수두)=(측정수두)+(접근유속수두)

$H=h+\dfrac{\alpha V^2}{2g}$ (α=속도수두 보정계수)

② 위어를 이용한 유량의 측정

㉠ 사각형 위어

• $Q=\dfrac{2}{3}C_b\sqrt{2g}\,h^{\frac{3}{2}}$ (큰 오리피스식과 동일)

• 프란시스식 $Q=1.84b_oh^{\frac{3}{2}}$ ($b_o=b-0.1nh$, n=단수축)

n=0이면 단수축 없음, n=1이면 일단수축, n=2이면 양단수축

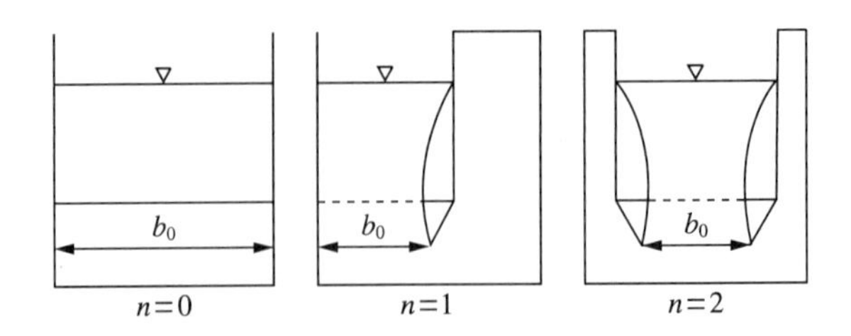

- 사각형 위어의 오차 계산 : $\dfrac{dQ}{Q}=\dfrac{3}{2}\times\dfrac{dH}{H}$

㉡ 삼각형 위어

- $Q=\dfrac{8}{15}C\sqrt{2g}\times\tan\dfrac{\theta}{2}h^{\frac{5}{2}}$ (θ = 위어의 사잇각)
- 삼각형 위어의 오차 계산 : $\dfrac{dQ}{Q}=\dfrac{5}{2}\times\dfrac{dH}{H}$

㉢ 광정위어

- 수심에 비해 폭이 매우 넓은 위어로서, 위어 위의 흐름 방향의 길이가 수두(H)의 0.46배 이상인 경우
- $Q=1.7CbH^{\frac{3}{2}}$ (C = 유량계수), $H=h+\alpha\dfrac{\nu^2}{2g}$

8. 오리피스의 유량

① 오리피스

㉠ 오리피스의 종류 : $H<5d$이면 큰(대형) 오리피스, $H>5d$이면 작은(소형) 오리피스(H = 수심, d = 오리피스의 직경)

㉡ 유량계수 : 이론유속은 실제유속보다 크게 나타나는데, 이러한 차이를 보정하기 위한 계수로서, 일반적으로 약 0.60 ~ 0.64의 범위를 나타낸다.

$C=\dfrac{(\text{실제 유량})}{(\text{이론 유량})}=(\text{수축계수})\times(\text{유속계수})=C_a\times C_v$

㉢ 수축계수 : 최대수축 단면적과 오리피스 단면적의 차이를 보정하는 계수

$C_a=\dfrac{(\text{수축단면적})}{(\text{오리피스 단면적})}=\dfrac{a}{A}$ (표준단관 $C_a=1.0$)

② 오리피스를 이용한 유량의 측정

㉠ 작은 오리피스 : $Q=CAV=CA\sqrt{2gH}$

㉡ 큰 오리피스(사각형) : $Q=\dfrac{2}{3}Cb\sqrt{2g}\,(H_2^{\frac{3}{2}}-H_1^{\frac{3}{2}})$

③ 배수시간 : $T=\dfrac{2A_1A_2}{Ca\sqrt{2g}\,(A_1+A_2)}\times(H_1^{\frac{1}{2}}-H_2^{\frac{1}{2}})$ (A = 수조의 단면적, C = 유량계수, a = 오리피스 단면적, g = 중력가속도, H_1 = 최초의 수위차, H_2 = 나중의 수위차)

9. 정수압과 수압기

① 정수압

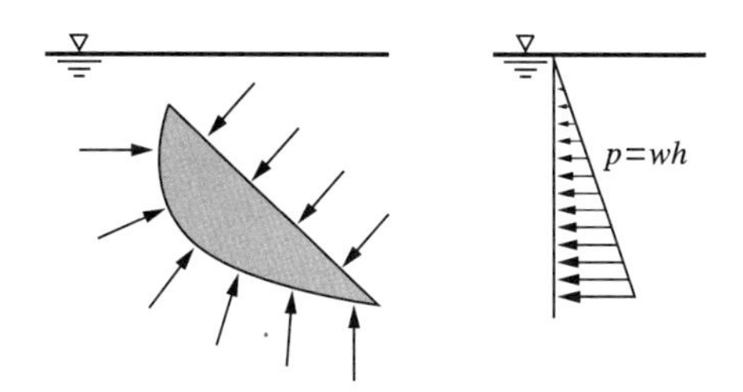

㉠ 정수압의 사전적 정의 : 흐름이 멈춘 물속에서 생기는 압력을 뜻한다. 물속의 한 점에 작용하는 압력은 방향에 관계없이 크기가 같으며, 그 크기는 물의 밀도·중력가속도·깊이의 곱과 같다.

㉡ 정수압의 표현 : 기호는 p, 단위는 kg/cm^2, t/m^2

㉢ 정수압의 성질 : 한 점에 작용하는 정수압은 모든 방향에서 같은 크기로 작용한다.

- 정수압은 항상 면에 직각으로 작용한다.
- 정수압 강도 $p=\frac{[\text{전압력(힘)}]}{(\text{단면적})}=\frac{P}{A}$ 이다.
- 정수압은 수심에 비례한다($p=wh$).

② 수압기

㉠ 파스칼의 원리 : 정지 상태에 있는 물에서 한 점에 작용하는 정수압은 모든 방향에서 동일하다($P_B=P_A+wh$).

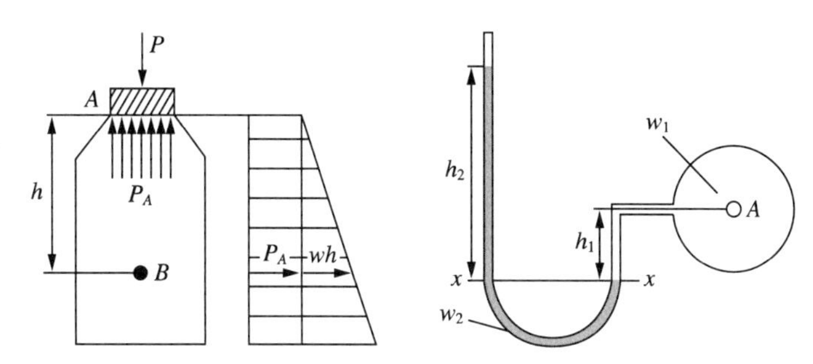

㉡ 액주계

- 수압의 강도는 수두에 비례하므로 밀폐된 용기 또는 관내의 수압은 여기에 수두계를 세웠을 때 수면이 올라간 높이를 측정해 구한다.
- $P_A+w_1h_1-w_2h_2=0$

  $\therefore\ P_A=w_2h_2-w_1h_1$

10. 부체와 상대정지

① 부체

㉠ 부력(B, Buoyancy Force)

- 아르키메데스의 원리 : 액체 속에 잠긴 물체의 무게는 공기 중에서의 무게에 비해 그것의 체적에 해당하는 액체의 무게만큼 가벼워진다는 원리로, 수중에 잠겨 있거나 떠 있는 물체가 부력을 받게 됨을 뜻한다.
- 부력 : 물체가 수중에서 배제한(밀어낸) 물의 무게만큼 가벼워지는 힘으로, 부력의 크기는 물체의 체적과 동일한 물의 무게와 같고, 방향은 연직 위 방향이다.
- $B = w' \times V'$, $(w \times V) + M = (w' \times V) + M'$($w$=물체의 단위중량, V=물체의 전체적, M=물체에 추가되는 중량, w'=유체의 단위중량, V'=물에 잠긴 부분의 물체의 체적, M'=가라앉았을 때 바닥에서의 물체의 중량)

㉡ 안정, 중립, 불안정

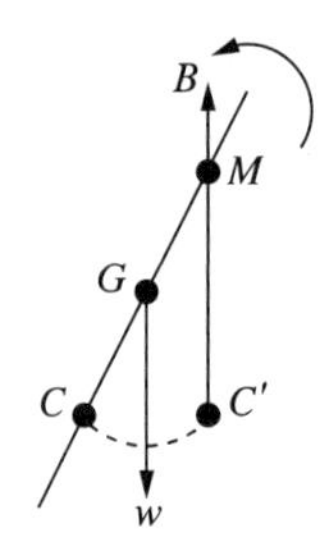

- 안정 : 부력의 작용선과 부체의 중심선의 교점을 경심(M)이라 하며, 경심이 무게중심(G)보다 위에 있을 때($\frac{I}{V'} - \overline{GC} > 0$) 안정을 이룬다.
- 중립 : 경심과 무게중심이 일치할 때($\frac{I}{V'} - \overline{GC} = 0$) 중립을 이루며, 부체가 정지 상태에 있다.
- 불안정 : 경심이 부체의 경사를 증대시켜 불안정하게 된다. 경심이 무게중심보다 아래에 있을 때($\frac{I}{V'} - \overline{GC} < 0$) 불안정하다($V'$=물체의 수중 부분의 체적, I=물체 부양면에서의 도심축에 대한 최소 2차 단면 모멘트, $\overline{GC}$=무게중심과 부심 사이의 거리).

② 상대정지

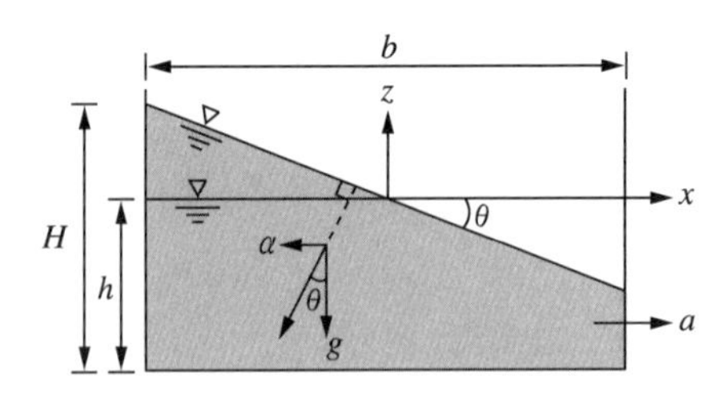

㉠ 수평가속도(α)를 받는 액체

- 물을 담긴 용기를 수평방향으로 α의 가속도로 움직이는 경우 물통 속의 물은 중력가속도(g)를 받는 동시에 관성 때문에 α와 크기가 같고 방향이 반대인 힘을 받으며, 이때 수면은 g와 α의 합성가속도로 직각을 이룬다.

• $\tan\theta = \dfrac{H-h}{\dfrac{b}{2}} = \dfrac{\alpha}{g} \rightarrow \alpha = \dfrac{H-h}{\dfrac{b}{2}} \times g$

(θ = 수면이 경사진 각도, H = 수조의 높이, h = 수심, b = 수조의 길이)

㉡ 연직가속도(α)를 받는 액체의 압력

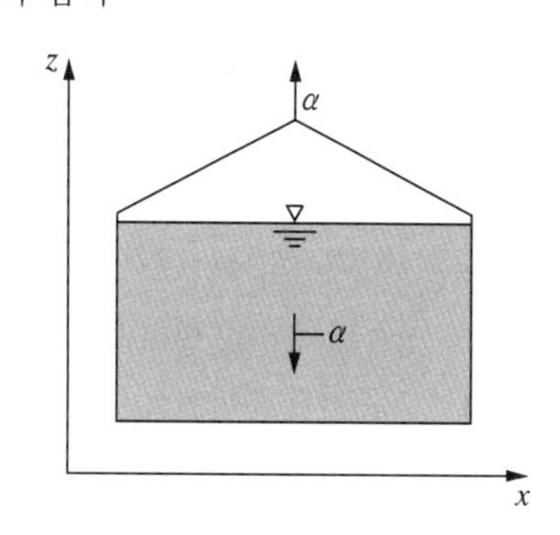

• 연직 상향의 가속도로 운동할 경우 : $P = wh\left(1 + \dfrac{\alpha}{g}\right)$

• 연직 하향의 가속도로 운동할 경우 : $P = wh\left(1 - \dfrac{\alpha}{g}\right)$

11. 수문학의 기초

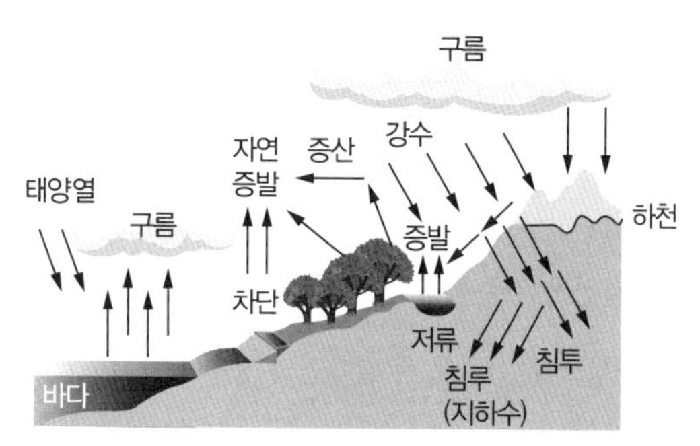

[물의 순환]

① **물의 순환** : 물이 바다에서 증발한 수증기는 구름이 되어 강수로 지상에 낙하한다. 강수의 많은 양은 토양으로 침투하거나 증발·증산되어 대기 중으로 흡수된다. 토양으로 침투한 물은 지하수가 되어 하천을 따라 바다로 흐른다(증발 → 응축 → 이송 → 강수 → 유출·침투 → 증발).

② **물의 순환 인자** : 강수, 증산, 증발, 차단, 저류, 침투, 침루, 유출

③ **물수지 방정식** : 강수량 ⇄ R(유출량) + E(증발산량) + C(침투량) + S(저유량)

④ **습도**

㉠ 절대습도

- 일반적으로 주어진 기온에서 공기의 단위부피당 수증기의 질량
- $\rho_w = \dfrac{(\text{수증기의 질량})}{(\text{공기의 부피})} = \dfrac{m_w}{V}$ [g/m³]

㉡ 상대습도 : 어떤 온도(t℃)에서의 포화증기압(e_s)에 대한 실제증기압(e)의 비

- $h(\text{상대습도}) = \dfrac{(\text{실제증기압})}{(\text{포화증기압})} = \dfrac{e}{e_s} \times 100$
- $e = e_w - r(t - t_w)$ ($e = t$℃에서의 실제증기압, $e_w = t_w$에서의 포화증기압, t_w = 습구온도계의 온도, r = 습도계의 상수로서 e를 밀리바로 표시하면 0.66, mmHg로 표시하면 0.485)

㉢ 비습도(Specific Humidity) : 주어진 부피에서 수증기의 질량 m_w[g]을 습한 공기의 질량(kg)으로 나눈 값(g/kg)

- $q = \dfrac{m_w}{m} = \dfrac{m_w}{m_w + m_d}$ 또는 $q = \dfrac{622e}{P - 0.378e} \simeq \dfrac{622e}{P}$ (q = 비습도, m = 습윤한 공기의 질량(kg), m_w = 수증기의 질량, m_d : 건조한 공기의 질량, e = 수증기압, P = 대기압)

⑤ **잠재열** : 상태의 변화를 일으키는 데 필요한 열(온도의 변화를 일으키지는 않음)

㉠ 잠재기화열 : $H_v = 597.3 - 0.564t$ (t = 대기의 온도)

㉡ 잠재융화열 : 80cal/g

12. 강수량의 측정

① **강수 기록의 측정** : 한국은 국지성 집중호우가 잦기 때문에 일반적으로 정상 연강수량 비율법을 사용하는 것이 적절하다.

㉠ 산술평균법

- 3개의 각각의 관측점과 결측점의 연평균강수량의 차이가 10% 이내인 경우에 사용
- $P_x = \dfrac{1}{3}(P_A + P_B + P_C)$ (P_x = 결측점의 강수량, P_A, P_B, P_C = 관측점 A, B, C의 강수량)

㉡ 정상 연강수량 비율법

- 3개의 관측점 중 1개라도 결측점의 정상 연평균강수량과의 차이가 10% 이상일 때 사용
- $P_x = \dfrac{N_x}{3}\left(\dfrac{P_A}{N_A} + \dfrac{P_B}{N_B} + \dfrac{P_C}{N_C}\right)$ (N_x = 결측점의 정상 연평균강수량, N_A, N_B, N_C = 관측점 A, B, C의 정상 연평균강수량)

㉢ 단순비례법

- 결측치를 가진 관측점 부근에 1개의 다른 관측점만이 존재하는 경우에 사용
- $P_x = \dfrac{P_A}{N_A} \times N_x$

㉣ 누가우량곡선 : 각종 우량계에 의해 측정된 우량을 기록지에 누가우량의 시간적 변화 상태를 기록한 것이다. 누가우량곡선의 경사가 급할수록 강우강도가 큰 것이고, 누가우량곡선이 수평이면 무강우를 의미한다.

② 강우강도의 측정(I=강우강도, a, b, c, d, e, n=지역에 따라 다른 값을 갖는 상수)

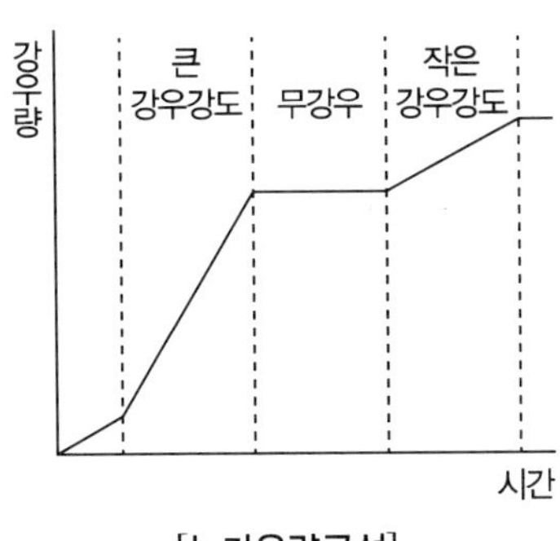

[누가우량곡선]

㉠ Talbot형 : $I=\dfrac{a}{t+b}$ [mm/hr]

㉡ Sherman형 : $I=\dfrac{c}{t^n}$

㉢ Japanese형 : $I=\dfrac{d}{\sqrt{t}+e}$ (t=min)

㉣ 강우강도, 지속시간, 생기빈도의 관계 : $I=\dfrac{kT^x}{t^n}$, $T=\dfrac{1}{F}$

[T=강우의 생기빈도를 나타내는 연수(재현기간), k, x, n=지역에 따라 결정되는 상수]

13. 평균우량

① 산지가 많은 한국은 일반적으로 Thiessen의 가중법을 사용한다.

㉠ Thiessen의 가중법

- 우량계가 유역 내에 불균등하게 분포되어 있거나 산악의 영향이 비교적 작은 경우에 사용
- $P_m=\dfrac{A_1P_1+A_2P_2+A_3P_3+\ ...\ +A_NP_N}{A_1+A_2+A_3+\ ...\ +A_N}=\dfrac{\sum AP}{\sum A}$

㉡ 등우선법

- 우량계가 조밀하게 설치되어 산악의 영향을 고려하는 경우에 사용
- $P_m=\dfrac{A_1P_{1m}+A_2P_{2m}+A_3P_{3m}+\cdots+A_NP_{Nm}}{A_1+A_2+A_3+\cdots+A_N}=\dfrac{\sum AP_m}{\sum A}$

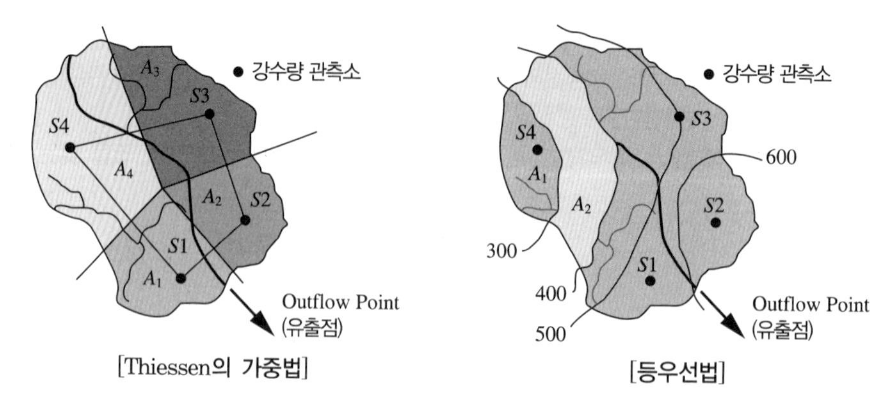

[Thiessen의 가중법] [등우선법]

㉢ 산술평균법

- 개활지역에서 강우분포가 비교적 균일하거나 우량계가 비교적 등분포되어 있는 경우에 사용
- $P_m = \dfrac{P_1 + P_2 + P_3 + ... + P_N}{N} = \dfrac{\sum P}{N}$ (P_m = 평균강우량, P_1, P_2, P_3, ⋯, P_N = 유역 내 각 관측점의 강우량, N = 관측점의 수)

14. 유출

① 유출의 구분

㉠ 유출에 관여하는 요소

- 기후 특성 : 강수, 증발, 증산, 차단, 기온, 대기압, 바람
- 유역 특성 : 유역의 면적 · 고도 · 방향성 · 경사 · 형상, 수계조작의 구성 양상, 저류지

㉡ $C(\text{유출계수}) = \dfrac{(\text{하천유량})}{(\text{강수량})} = \dfrac{(\text{평균유출고})}{(\text{강우량 깊이})}$

② 합리식

㉠ 합리식은 유역이 불투수성이며 면적인 작은 경우에 적합하다($A < 0.4\text{km}^2$).

㉡ 합리식의 가정

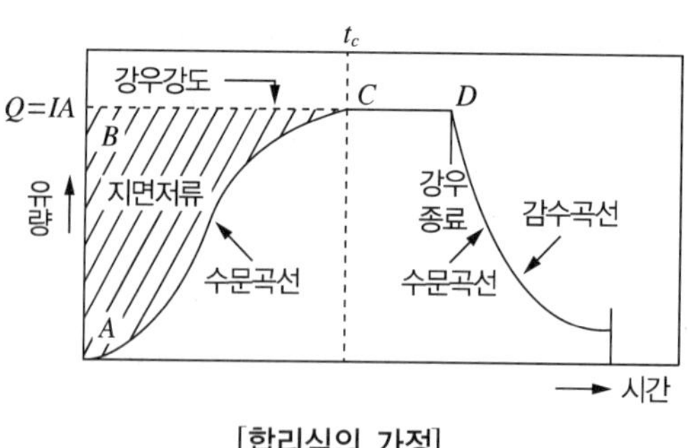

[합리식의 가정]

• 강우강도(I)는 강우지속기간 동안 일정하다.
• 강우강도는 공간적으로 일정하게 분포한다.
• 유출계수는 여러 강우 지속기간, 강우빈도에 대해 일정하다.
• 강우지속기간은 도달시간과 일치한다.
• 첨두유량은 평균 강우강도의 함수이며, 강우강도에 비례한다.
• 첨두유량은 강우가 유역의 도달시간 동안 지속되는 경우에 발생한다.
• 첨두유량의 발생빈도는 강우의 발생빈도와 일치한다.

ⓒ 합리식의 공식 : $Q=0.2778CIA$ ($Q=$첨두유량, $C=$유출계수, $I=$강우강도, $A=$유역의 면적)

③ 수위 – 유량곡선

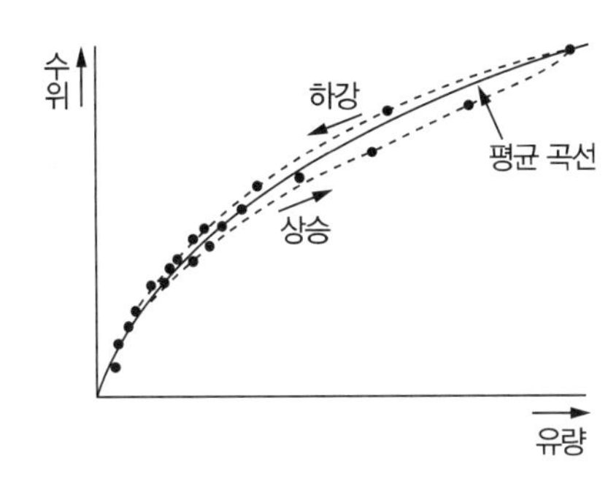

㉠ 하천의 유량을 측정할 때 연속적인 수위 자료와 연속적인 유량 자료를 산정할 경우에는 관측된 수위와 그에 대응되는 유량 사이의 관계를 수립하는 것이 필수적이다. 모든 유량 측정값(Q)은 이에 대응되는 평균수위(H)에 대해 산술좌표상에 도시할 수 있는데, 도시된 점들의 배열은 근사적으로 포물선을 나타내는 곡선 위에 있으며, 이 점들을 통과하는 가장 적합한 곡선이 그려지고, 이 곡선을 수위 – 유량곡선이라 한다.

㉡ 하천의 임의 단면을 흐르고 있는 유량을 직접 연속적으로 측정한다는 것은 매우 어려우므로 비교적 측정이 용이한 하천수위를 연속적으로 측정해 이를 수위 – 유량 관계곡선 의해 유량으로 환산해 사용한다.

㉢ 수위 – 유량곡선의 연장

• 전대수지법 : $Q=a(g-z)^b$ [$Q=$수위(g)에 해당하는 유량, a, $b=$상수, $z=$수위계의 영점표고와 유량이 0이 되는 점표고 사이의 차이]
• Stevens법(Chezy의 평균유속공식 이용) : $Q=CA\sqrt{RS}$ ($C=$평균유속계수, $D=$평균수심)

15. 수문곡선

① 직접유출과 기저유출의 분리

㉠ 직접유출과 기저유출

- 직접유출 : 강수나 눈이 녹은 후 하천으로 비교적 단시간에 흘러 들어가는 유출의 한 부분으로서, 지표면 유출, 조기지표하 유출, 수로상 강수 등으로 구성
- 기저유출 : 맑은 날씨의 유출로, 비가 오지 않을 때 이전에 내린 비의 영향으로 하천을 통해 빠져나오는 유출의 일부분으로서, 지하수 유출과 지표하 유출로 구성

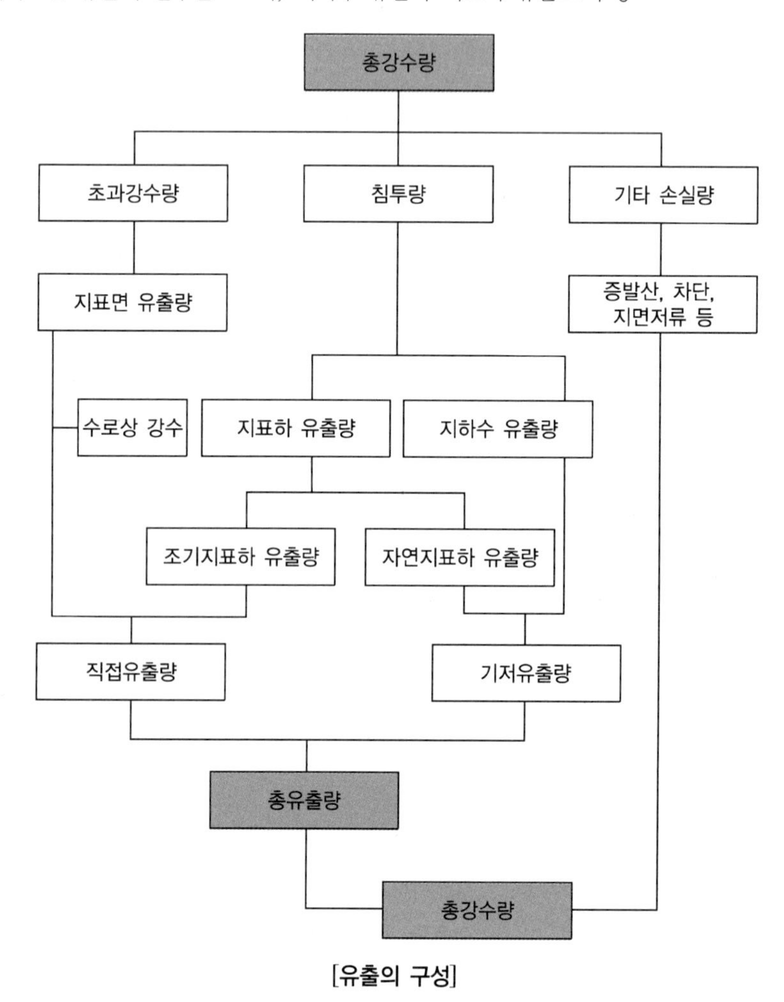

[유출의 구성]

㉡ 수평직선분리법(AB_1) : 수문곡선의 상승부 기점 A로부터 수평선을 그어서 감수곡선과의 교점을 B_2라 하고, 직선 AB_2에 의해 직접유출과 기저유출을 분리

㉢ N-day법(AB_3)

- 수문곡선의 상승부 기점 A에서 첨두유량이 발생하는 시간으로부터 N일 후의 유량을 표시하는 점 B_3에 의해 직접유출과 기저유출을 분리

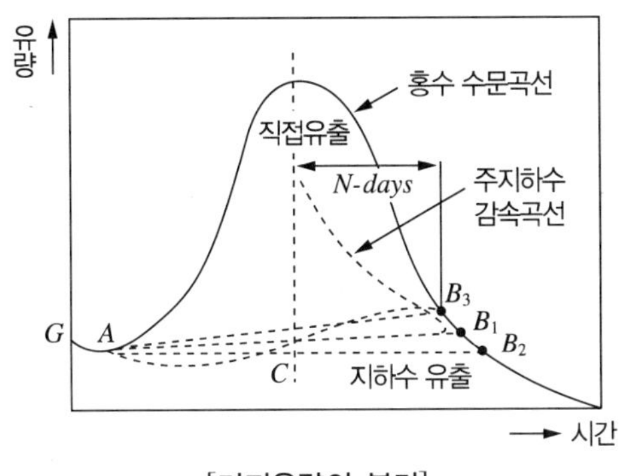

[기저유량의 분리]

- $N=0.8267A^{0.2}$ (N=Day, A=유역의 면적)

㉣ 수정 N-day법(ACB_3) : 수문곡선의 상승부 기점 A까지의 수문곡선을 반대수지상에서 직선으로 연장해 상승부 감수곡선을 첨두유량의 발생시간 C점까지 연장한 후, C점으로부터 N-day법의 B_3점을 연결해 직접유출과 기저유출을 분리

㉤ 지하수 감수곡선법

- 주지하수 감수곡선을 과거 수문곡선으로부터 작성해 사용하는 방법
- 주지하수 감수곡선은 지하수의 장기 감소 특성을 나타내기 때문에 이를 실제 관측된 수문곡선의 지하수 감수곡선에 겹쳐서 두 곡선이 분리되는 점 B_1을 결정하고, 이 점과 수문곡선의 상승부 기점 A를 직선으로 연결해 직접유출과 기저유출을 분리

② 단위도

㉠ 단위도 : 단위유량도 또는 단위도는 '특정 단위시간 동안 균일한 강도로 유역 전반에 걸쳐 균등하게 내리는 단위유효우량으로 인해 발생하는 직접유출수문곡선'으로 정의된다.

㉡ 단위유효우량 : 유역 전체면적상의 등가우량 깊이(1cm 또는 1inch)로 측정되는 특정의 우량을 의미한다.

㉢ 단위도의 가정

- 일정 기저시간 가정 : 동일한 유역에 균일한 강도로 비가 내릴 경우 강우지속시간은 같으나 강도가 다른 각종 강우로 인한 유출량은 그 크기는 다르더라도 유하기간인 기저시간(T)은 동일하다.
- 비례 가정 : 동일한 유역에 균일한 강도로 비가 내릴 경우 지속시간은 같으나 강도가 다른 각종 강우로 인한 직접유출수문곡선의 종거는 임의 시간에 있어서 강우강도에 직접 비례한다.
- 중첩 가정 : 일정 기간 동안 강도가 균일한 일련의 유효우량에 의한 총유량은 각 기간의 유효우량에 의한 개개의 유출량을 산술적으로 합한 것과 같다.

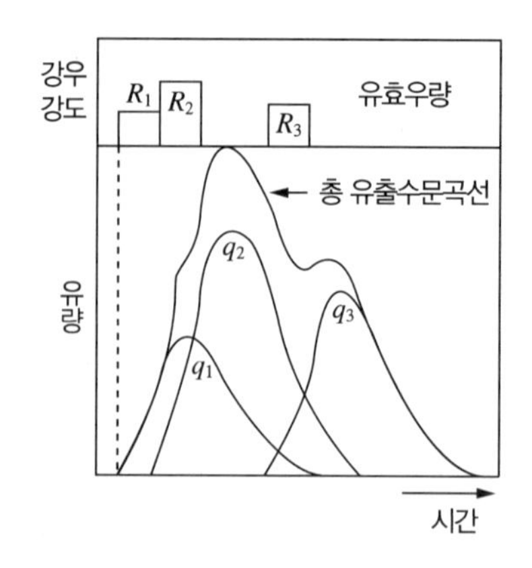

㉣ 합성단위유량도

- Snyder의 합성단위도법 : $t_p = C_t(L \times L_{ca})^{0.3}$ (t_p = 지체시간, C_t = 유역 특성에 관계되는 계수, L = 유역출구에서부터 본류를 따라 유역경계선까지의 거리, L_{ca} = 유역의 중심에 가장 가까운 본류상의 점에서 유역출구까지의 거리)
- SCS의 합성단위도법(무차원 수문곡선) : 단위도의 첨두유량 Q_p와 그것의 발생시간 t_p를 결정한 후 무차원 단위도를 사용해 합성. $t_p = \frac{t_R}{2} + t_L$ (t_R = 강우 지속시간, t_L = 우량 질량중심으로부터 첨두유량점까지 시간)
- Nakayasu(中安)의 종합단위도법 : 매개변수를 추정한 후 상승부와 하강부로 나누어 단위도 작성. $t_p = 0.8D + t_g$(하천연장 $L < 15$km일 때 $t_g = 0.21L^{0.7}$, $L > 15$km일 때 $t_g = 0.4 + 0.058L$)

③ 강우와 토양수분 미흡량 조건에 따른 유출(I= 강우강도, f_i = 침투율, F_i = 총침투량, M_d = 토양이 포화되는 데 추가적으로 필요한 물의 양, 즉 토양수분 미흡량)

㉠ 모든 유출이 발생하는 경우 : $I > f_i$, $F_i > M_d$

㉡ 중간유출과 지하수유출이 발생하는 경우 : $I < f_i$, $F_i > M_d$

㉢ 지표면유출만 발생하는 경우 : $I > f_i$, $F_i < M_d$

㉣ 유출이 전혀 발생하지 않는 경우 : $I < f_i$, $F_i < M_d$

철근콘크리트 및 강구조

1. 철근콘크리트의 개요

① 철근콘크리트의 개념 : 콘크리트는 압축에 강하지만 인장에는 매우 약하다. 따라서 보의 인장측에 철근을 넣어서 콘크리트는 압축력을, 철근은 인장력을 받게 함으로써 외력에 효율적으로 저항하는 일체식 구조(합성체)를 철근콘크리트라 한다.

② 철근콘크리트의 성립 이유

㉠ 철근과 콘크리트 사이의 부착강도가 크다.

㉡ 철근과 콘크리트의 열팽창 계수는 거의 같다.

㉢ 콘크리트 속의 철근은 부식되지 않는다.

㉣ 철근은 인장에 강하고, 콘크리트는 압축에 강하다.

③ 철근콘크리트의 장단점

㉠ 장점

- 진동이나 충격에 강하다.
- 내구성과 내화성이 우수하다.
- 유지·관리비가 비교적 저렴하다.
- 구조물을 경제적으로 만들 수 있다.
- 복잡한 여러 조각의 구조물을 하나로 만들 수 있다.
- 구조물의 형상과 치수의 제약을 받지 않고 자유롭게 만들 수 있다.

㉡ 단점

- 중량이 비교적 크다.
- 균열이 발생하기 쉽다.
- 검사, 보강, 개조 및 해체 등이 어렵다.
- 부분적인 파손이 발생하기 쉽다(아랫부분).
- 크리프, 건조수축 등의 시간 의존적인 장기 변형이 발생한다.
- 시공 기간이 길며, 시공 과정 전반에 걸쳐 품질 관리가 어렵고, 시공이 조잡해질 수 있다.

④ 콘크리트의 강도

㉠ 콘크리트의 강도는 물－시멘트의 비율(W/C)의 영향을 가장 크게 받으며, 이것이 증가하면 강도는 낮아진다.

㉡ 압축강도(f_{cu})

- 단순압축력을 받았을 때 최대응력도를 뜻하며, 일반적으로 콘크리트의 강도는 압축강도를 가리키며, 재령 28일의 압축강도를 기준으로 한다.
- $f_{cu} = \dfrac{(\text{파괴 시의 최대하중})}{(\text{공시체의 단면적})} = \dfrac{P}{A}$

PART 3

㉢ 휨강도(f_r)

• 일반적으로 압축강도의 $\frac{1}{8} \sim \frac{1}{5}$ 정도, 인장강도의 1.6～2.0배 정도이다.

• 이론식 : $f_r = \frac{M_{cr}}{I_g} \times y_t = \frac{M_{cr}}{Z}$, 시험식 : $f_r = 0.63\lambda\sqrt{f_{ck}}$

㉣ 경량콘트리트계수(λ)

• 전경량콘크리트 : 0.75

• 모래경량콘크리트 : 0.85

• 보통중량콘크리트 : 1.0

㉤ 전단강도(V_c)

• 일반적으로 압축강도의 $\frac{1}{6} \sim \frac{1}{4}$ 정도, 인장강도의 1.5～2.3배 정도이다.

• $V_c = \frac{1}{6}\lambda\sqrt{f_{ck}}\,b_w d$

㉥ 인장강도(f_{sp})

• 일반적으로 압축강도의 $\frac{1}{10}$ 정도이므로 설계할 때 인장강도는 거의 무시된다.

• 이론식 : $f_{sp} = \frac{2P}{\pi dl}$, 시험식 : $f_{sp} = 0.56\sqrt{f_{ck}}$

⑤ 배합강도와 설계기준강도

㉠ 배합강도(f_{cr}) : 시공 시 재령 28일을 목표로 하는 압축강도

㉡ 설계기준강도(f_{ck}) : 콘크리트 부재를 설계할 때 기준으로 정한 재령 28일의 압축강도

구분	허용 조건	관계식
$f_{ck} > 35$MPa	• $f_c \le 0.9f_{ck}$일 확률 : 1% 이하 • $f_c \le f_{ck}$일 확률 : 1% 이하	• $f_{cr} \ge 0.9f_{ck} + 2.33s$ • $f_{cr} \ge f_{ck} + 1.34s$
$f_{ck} \le 35$MPa	• $f_c \le (f_{ck} - 3.5)$일 확률 : 1% 이하 • $f_c \le f_{ck}$일 확률 : 1% 이하	• $f_{cr} \ge (f_{ck} - 3.5) + 2.33s$ • $f_{cr} \ge f_{ck} + 1.34s$

※ s = 압축강도의 표준편차(MPa)

[시험 횟수가 14회 이하이거나 기록이 없는 경우]

배합강도 f_{cr} [MPa]	설계기준강도 f_{ck} [MPa]
$f_{ck} + 7$	21 미만
$f_{ck} + 8.5$	21 이상 35 이하
$1.1f_{ck} + 5.0$	35 초과

2. 강도설계의 가정사항

① 휨강도 계산에서 콘크리트의 인장강도는 무시한다.

② 콘크리트의 최대 압축변형률(ε_{cu})은 0.003으로 한다.

③ 철근과 콘크리트의 변형률은 중립축으로부터의 거리에 비례한다.

④ 철근의 응력

㉠ $\varepsilon_s \geq \varepsilon_y$일 때 $f_s = f_y = E_s \varepsilon_y$

㉡ $\varepsilon_s < \varepsilon_y$일 때 $f_s = E_s \varepsilon_s$

⑤ 콘크리트의 압축응력은 등가의 직사각형 응력 분포로 가정하며, 이때 콘크리트의 등가 압축응력 크기는 $0.85 f_{ck}$로 간주하고, 그 깊이(a)는 중립축 깊이(c)에 계수 β_1을 곱해 구한다($a = \beta_1 \times c$). 여기서 β_1은 다음과 같이 정의한다.

㉠ $f_{ck} > 28\text{MPa}$일 때 $\beta_1 = 0.85 - 0.007(f_{ck} - 28) \geq 0.65$

㉡ $f_{ck} \leq 28\text{MPa}$일 때 $\beta_1 = 0.85$

3. 휨부재의 해석과 설계(강도설계법)

① 강도설계법

㉠ 안전성의 확보를 최우선으로 하며, 극한하중 단계에서의 계수하중으로 계산된 소요강도가 단면이 발휘할 수 있는 설계강도를 초과하지 않도록 단면을 설계하는 방법이다.

㉡ $\phi M_n \geq M_u$ (ϕ = 강도감소계수, ϕM_n = 설계휨강도, M_n = 공칭휨강도, M_u = 계수휨강도)

② 강도감소계수(ϕ)는 다음의 규정을 따른다.

㉠ 인장지배단면 : 0.85

- $f_y > 400\text{MPa}$: $\varepsilon_c = 0.003$일 때 $\varepsilon_t \geq 2.5\varepsilon_y$인 단면
- $f_y \leq 400\text{MPa}$: $\varepsilon_c = 0.003$일 때 $\varepsilon_t \geq 0.005$인 단면

㉡ 압축지배단면($\varepsilon_c = 0.003$일 때 $\varepsilon_t \leq \varepsilon_y$인 단면)

- 나선철근으로 보강된 철근콘크리트 부재 : 0.70
- 그 외의 철근콘크리트 부재 : 0.65
- 공칭강도에서 최외단 인장철근의 순인장변형률 ε_t가 압축지배와 인장지배단면 사이일 경우에는 ε_t가 압축지배 변형률 한계에서 0.005로 증가함에 따라 ϕ값을 압축지배단면에 대한 값에서 0.85까지 증가시킨다.

㉢ 전단력과 비틀림모멘트 : 0.75

㉣ 콘크리트의 지압력(포스트텐션 정착부나 스트럿 – 타이 모델은 제외) : 0.65

㉤ 포스트텐션 정착구역 : 0.85

㉥ 스트럿 – 타이 모델

- 스트럿, 절점부 및 지압부 : 0.75
- 타이 : 0.85

ⓢ 긴장재 묻힘길이가 정착길이보다 작은 프리텐션 부재의 휨 단면

- 부재의 단부에서 전달길이 단부까지 : 0.75
- 전달길이 단부에서 정착길이 단부 사이의 ϕ값은 0.75에서 0.85까지 선형적으로 증가시킨다. 다만, 긴장재가 부재 단부까지 부착되지 않은 경우에는 부착력 저하 길이의 끝에서부터 긴장재가 매입된다고 가정해야 한다.

ⓞ 무근콘크리트의 휨모멘트, 압축력, 전단력, 지압력 : 0.55

③ 하중계수

㉠ 하중의 크기를 예측할 때 확실성에 기초해 정해지는 것으로, 고정하중의 하중계수는 1.2, 활하중의 하중계수는 1.6으로 정한다.

㉡ $U = 1.2D + 1.6L \geq 1.4D$ (D= 고정하중, L= 활하중)

4. 단철근 직사각형보

① **균형보** : 인장철근이 항복강도(f_y)에 도달함과 동시에 콘크리트도 극한변형률(0.003)에 도달하는 보이며, 이러한 균형보의 파괴 형태를 균형파괴 또는 평형파괴라 부른다. 그러나 이러한 파괴는 이론으로만 가능하며 실제로 발생하지 않는다.

㉠ 균형보의 중립축 위치(C_b)$= \dfrac{0.003}{0.003 + \varepsilon_y} \times d = \dfrac{600}{600 + f_y} \times d$

㉡ 균형철근비(ρ_b)$= \dfrac{0.085 f_{ck} \beta_1}{f_y} \times \dfrac{600}{600 + f_y}$

② 철근콘크리트보의 파괴

㉠ 균형보에 의한 균형파괴($\rho = \rho_b$)

- 가장 이상적인 파괴 형태로서, 실제 파괴에서는 생길 수 없다.
- 인장철근이 항복강도(f_y)에 도달할 때, 콘크리트도 최대변형률 0.003에 동시에 도달해 철근의 연성을 활용하지 못한 평형파괴이다.

㉡ 과다철근보에 의한 취성파괴($\rho > \rho_b$)

- 절대 방지해야 할 파괴 형태로서, 콘크리트가 먼저 항복된다.
- 철근을 과다하게 사용해 콘크리트는 최대변형률인 0.003에 도달됐지만, 인장철근의 응력은 아직 항복강도(f_y)에 도달하지 못한 비경제적인 보이다.
- 파괴 시 변형이 크게 생기지 않고, 압축부 콘크리트 파쇄로 붕괴되므로 위험을 예측할 수 없는 취성파괴를 일으킨다.

㉢ 과소철근보에 의한 연성파괴($\rho < \rho_b$)

- 가장 바람직한 파괴 형태로서, 철근이 먼저 항복된다.
- 철근비를 균형철근비보다 작게 사용해 인장철근의 응력이 항복강도(f_y)에 도달됐지만, 콘크리트는 최대변형률인 0.003에 도달하지 못한 보이다.
- 1차적으로 파괴 시 변형이 크게 생겨 파괴를 예측할 수 있으며, 2차적으로 중립축의 위치가 압축측 콘크리트 쪽으로 상승해 콘크리트의 파괴를 일으킨다.

③ 취성파괴를 예방하고 연성파괴를 유도하기 위한 철근비의 제한

㉠ 최대철근비(ρ_{max})

- 사용철근비가 균형철근비보다 작으면 과소철근으로 연성파괴를 유도할 수 있다.
- $\left(\dfrac{0.003+\varepsilon_y}{0.003+0.004}\right)\times\rho_b$ 이하

㉡ 최소철근비(ρ_{min})

- 철근을 적게 사용하면 콘크리트에 균열이 생기는 순간 철근이 끊어져 갑작스런 파괴가 발생하는데, 이러한 취성파괴를 방지하기 위해 최소철근비를 적용한다.
- $\dfrac{0.25\sqrt{f_{ck}}}{f_y}$ 또는 $\dfrac{1.4}{f_y}$ 중에 값이 큰 것을 적용

④ 단순보와 캔틸레버의 계수휨강도(M_u)

㉠ 단순보 : $M_u=\dfrac{w_u l^2}{8}$

㉡ 캔틸레버 : $M_u=\dfrac{w_u l^2}{2}$

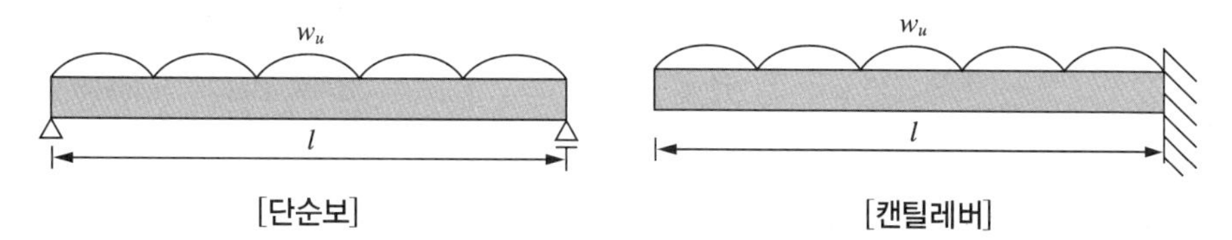

[단순보] [캔틸레버]

⑤ 보의 해석

㉠ 등가응력 사각형의 깊이(a)

- $C=T \rightarrow 0.85f_{ck}\times a\times b=A_s\times f_y \rightarrow a=\dfrac{A_s\times f_y}{0.85\times f_{ck}\times b}$

㉡ 공칭휨강도(M_n)

- $M_n=C\times Z=0.85\times f_{ck}\times a\times b\times\left(d-\dfrac{a}{2}\right)$
- $M_n=T\times Z=A_s\times f_y\times\left(d-\dfrac{a}{2}\right)$

㉢ 설계휨강도($M_d=\phi M_n$)

- $\phi(=0.85)$에 공칭휨강도(M_n)를 곱한 값
- $M_d=A_sf_y\left(d-\dfrac{a}{2}\right)=\phi[f_{ck}qbd^2(1-0.59q)](\leftarrow q=\dfrac{\rho f_y}{f_{ck}})$

PART 3

⑥ 유효철근량과 유효높이의 결정

㉠ 유효철근량$(A_{\max}) = \rho_{\max} \times (b_w d) = \left(\dfrac{0.003 + \varepsilon_y}{0.007}\right) \times \rho_b$

㉡ 유효높이(d)

- $M_u = \phi M_n = \phi[f_{ck} q b d^2 (1 - 0.59q)]$
- $d = \sqrt{\dfrac{M_u}{\phi f_{ck} q b (1 - 0.59q)}}$ $(\leftarrow q = \dfrac{\rho f_y}{f_{ck}})$

5. 전단보강 실시의 판단

① 강도의 범위와 전단보강 여부

실시 여부	강도의 범위	전단보강의 여부
실시함	$V_u > \phi V_c$	전단보강을 실시함
	$\frac{1}{2}\phi V_c < V_u \le \phi V_c$	최소한의 전단보강을 실시함
실시하지 않음	$V_u \le \phi V_c$	이론상 전단보강이 필요하지 않음
	$V_u \le \frac{1}{2}\phi V_c$	실제로 전단보강이 필요하지 않음

※ V_u=소요전단강도, V_c=콘크리트에 의한 공칭전단강도

② 최소전단보강을 실시하지 않을 수 있는 경우

㉠ 콘크리트 장선구조

㉡ 슬래브와 기초판(또는 확대기초)

㉢ 전체 높이가 250mm 이하인 보

㉣ I형보, T형보에서 전체 높이가 플랜지 두께(t_f)의 2.5배와 복부 폭(b_w)의 $\dfrac{1}{2}$ 중 큰 값 이하인 보

㉤ 교대 벽체 및 흉벽, 옹벽의 벽체, 암거 등과 같이 휨이 주거동인 판부재

③ 전단보강 방법

㉠ 전단철근의 간격(s)과 전단철근량(A_v)

- 한 곳에 굽힌 굽힘철근의 전단철근의 간격은 없으며, 전단철근량은 $\dfrac{V_s}{f_{yt}\sin\alpha}$이다.
- 수직스터럽의 전단철근의 간격은 $\dfrac{A_v f_{yt} d}{V_s}$, 전단철근량은 $\dfrac{V_s s}{f_{yt} d}$이다.
- 여러 곳에 굽힌 굽힘철근과 경사스터럽의 전단철근의 간격은 $\dfrac{A_v f_{yt} d(\sin\alpha + \cos\alpha)}{V_s}$, 전단철근량은 $\dfrac{V_s s}{f_{yt} d(\sin\alpha + \cos\alpha)}$이다.

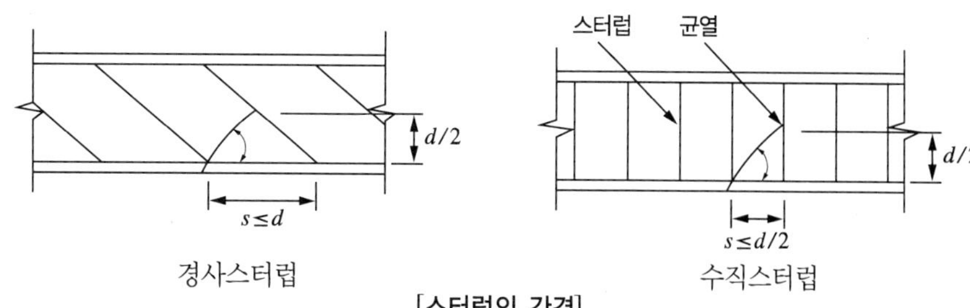

[스터럽의 간격]

㉡ 전단철근의 간격 계산

- 전단철근이 받는 전단강도 : $V_s = \dfrac{V_u - \phi V_c}{\phi}$
- $\dfrac{1}{3}\sqrt{f_{ck}}\, b_w d$와의 비교

전단철근의 강도	경사스터럽	수직스터럽
$V_s > \dfrac{1}{3}\sqrt{f_{ck}}\, b_w d$	$s = \dfrac{A_v f_{yt} d(\sin\alpha + \cos\alpha)}{V_s}$ 이하	$s = \dfrac{A_v f_{yt} d}{V_s}$ 이하, 300mm 이하
$V_s \le \dfrac{1}{3}\sqrt{f_{ck}}\, b_w d$	$s = \dfrac{A_v f_{yt} d(\sin\alpha + \cos\alpha)}{V_s}$ 이하	$s = \dfrac{A_v f_{yt} d}{V_s}$ 이하, 600mm 이하

㉢ 전단철근의 간격 제한

구분	굽힘철근, 경사스터럽	수직스터럽	
		철근콘크리트	프리스트레스트 콘크리트
$\dfrac{1}{3}\sqrt{f_{ck}}\, b_w d < V_s \le \dfrac{2}{3}\sqrt{f_{ck}}\, b_w d$	간격을 $\dfrac{1}{2}$로 감소		
$V_s \le \dfrac{1}{3}\sqrt{f_{ck}}\, b_w d$	$\dfrac{3}{4}d$ 이하	$\dfrac{1}{2}d$ 이하, 600mm 이하	$0.75h$ 이하, 600mm 이하

6. 철근의 정착길이

① 정착길이는 콘크리트에 묻힌 철근이 뽑히거나 미끄러지지 않고 철근의 인장항복에 이르기까지의 응력을 발휘할 수 있는 최소의 묻힘길이를 뜻하며, 기본정착길이(l_{db})에 모든 보정계수를 곱해서 구한다.

㉠ 압축이형철근의 기본정착길이 : $l_{db} = \dfrac{0.25 d_b f_y}{\lambda\sqrt{f_{ck}}} \ge 0.043 d_b f_y$

㉡ 인장이형철근의 기본정착길이 : $l_{db} = \dfrac{0.6 d_b f_y}{\lambda\sqrt{f_{ck}}}$

㉢ 표준갈고리가 있는 인장이형철근의 기본정착길이 : $l_{db} = \dfrac{0.24\beta d_b f_y}{\lambda\sqrt{f_{ck}}}$

※ λ=경량콘크리트계수, $\sqrt{f_{ck}}$는 8.4MPa를 초과할 수 없음

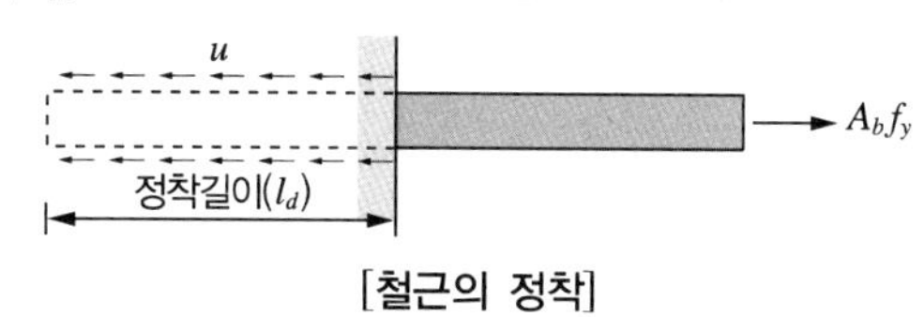

[철근의 정착]

② 보정계수

㉠ 압축이형철근의 보정계수 : 0.75

㉡ 인장이형철근의 보정계수

- 상부철근 : 1.3
- 피복두께 $3d_b$ 미만 또는 순간격이 $6d_b$ 미만인 에폭시 도막철근 또는 철선 : 1.5
- 기타 에폭시 도막철근 또는 철선 : 1.2
- 아연도금 철근, 도막되지 않은 철근 : 1.0
- 경량콘크리트 : 경량콘크리트계수(λ)로 통합

구분	f_{sp}(평균쪼갬인장강도)가 없는 경우	f_{sp}가 주어진 경우
보통중량콘트리트	1.0	$\lambda = \dfrac{f_{sp}}{0.56\sqrt{f_{ck}}} \le 1.0$
모래경량콘트리트	0.85	
전경량콘크리트	0.75	

㉢ 표준갈고리가 있는 인장이형철근의 보정계수 : 경량콘크리트계수(λ) 및 에폭시도막계수(β)는 인장이형철근의 경우와 같다.

㉣ 공통으로 적용하는 보정계수 : 소요량보다 많은 철근을 설치한 경우의 보정계수 $\left(\dfrac{\text{소요 } A_s}{\text{배근 } A_s}\right)$는 1.0 미만 ($A_s$ = 인장철근의 단면적으로 단위는 mm^2)

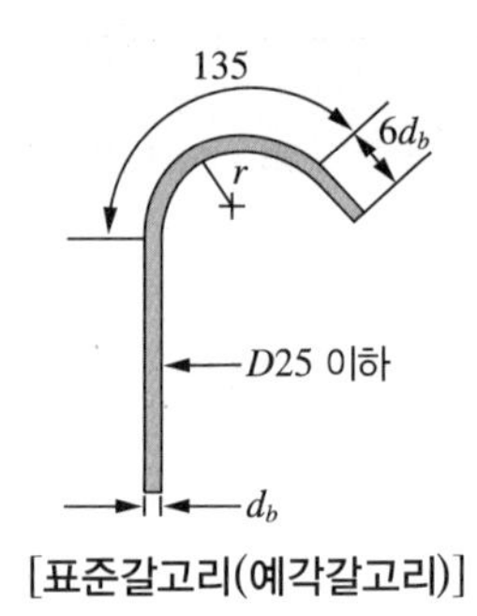

[표준갈고리(예각갈고리)]

③ 정착길이의 제한

㉠ 압축이형철근 : 200mm 이상

㉡ 인장이형철근 : 300mm 이상

㉢ 표준갈고리가 있는 인장이형철근 : 150mm 이상, $8d_b$ 이상

④ 다발철근의 정착

㉠ 인장 또는 압축을 받는 하나의 다발철근 내에 있는 개개 철근의 정착길이(l_d)는 다발철근이 아닌 경우의 각 철근의 정착길이보다 3개의 철근으로 구성된 다발철근에 대해서는 20%, 4개의 철근으로 구성된 다발철근에 대해서는 33%를 증가시킨다.

㉡ 다발철근의 정착길이(l_d)를 계산할 때 순간격, 피복두께 및 도막계수, 구속효과 등을 계산할 경우에는 다발철근 전체와 동등한 단면적과 도심을 가지는 하나의 철근으로 취급한다.

7. 기둥

① 기둥의 정의 : 높이가 최소 단면치수의 3배 이상이고, 주로 축방향의 압축하중을 지지하는 데 쓰이는 부재

② 주각의 정의 : 축방향 압축력을 받는 부재 중에서 높이가 최소 단면치수의 3배 미만인 것

③ 기둥의 구조세목

구분		띠철근 기둥	나선철근 기둥
단면	용도	주로 사각형 단면	주로 원형 단면
	치수	$A_g \geq 60,000\text{mm}^2$	$D_c \geq 200\text{mm}$
축방향 철근	지름	16mm 이상	16mm 이상
	개수	• 삼각형 띠철근 : 3개 이상 • 사각형·원형 띠철근 : 4개 이상	6개 이상
	간격	• 40mm 이상 150mm 이하 • 철근 공칭지름의 1.5배 이상 • 굵은 골재 최대치수 $\frac{4}{3}$배 이상	
	철근비	$(1 \sim 8\%)\left\{\begin{array}{l} A_{st,\,\min}=0.01A_g \\ A_{st,\,\max}=0.08A_g \end{array}\right\}$ 단, 겹침이음부는 1% 이상 ~ 4% 미만	
띠철근, 나선철근 (보조철근)	지름	• 축방향 철근이 $D32$ 이하 : $D10$ 이상 • 축방향 철근이 $D35$ 이상 및 다발철근 : $D13$ 이상	10mm 이상
	간격	• 축방향 철근 지름의 16배 이하 • 띠철근 지름의 48배 이하 • 기둥 단면의 최소치수 이하	25mm 이상 75mm 이하
	철근비	–	$0.45\left(\frac{A_g}{A_{ck}}-1\right)\frac{f_{ck}}{f_{yt}}$ 이상
	기타	–	• 콘크리트의 강도 : 21MPa 이상 • 정착 : 나선철근의 끝에서 추가로 1.5회전 만큼 더 연장 • 겹침이음 : 이형철근 또는 철선 지름의 48배 이상, 300mm 이상 • 나선철근의 설계기준항복강도(f_{yt})가 400 MPa를 초과하면 겹침이음 불가

㉠ 띠철근 및 나선철근 등의 횡방향 철근을 배치하는 이유

- 콘크리트를 타설할 때 거푸집 안에서 축방향 주철근의 위치를 확보
- 축방향 주철근이 바깥 방향으로 휘어서 좌굴되는 것을 방지

㉡ 1% 최소철근비 제한 이유

- 철근을 너무 적게 배치하면 배치 효과가 없음
- 예상하지 못한 휨에 대처
- 철근 때문에 콘크리트가 잘 타설되지 못해서 저하되기 쉬운 콘크리트 강도를 일정량 이상의 철근을 사용해 보강
- 콘크리트의 크리프 및 건조수축의 영향을 감소

㉢ 8% 최대철근비 제한 이유 : 비경제적이며 작업에 지장을 초래

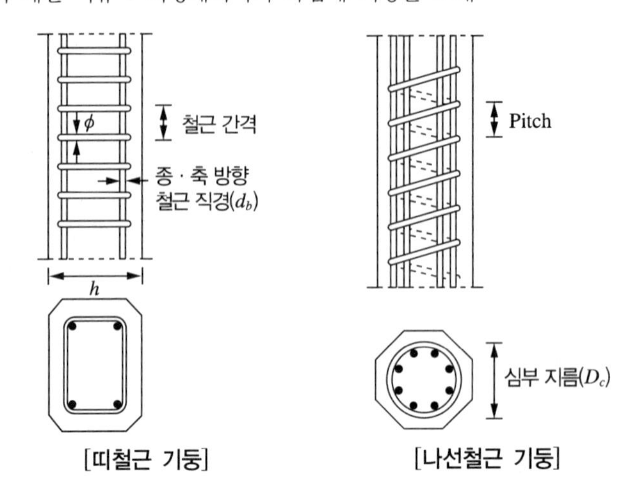

[띠철근 기둥] [나선철근 기둥]

8. 기둥의 해석

① 중심 축하중을 받는 단주

㉠ 단주는 단면의 크기와 재료의 특성에 따라 강도가 결정되는 기둥이며, 나선철근은 0.05t, 띠철근은 0.10t 등의 최소편심에 따른 강도의 감소를 고려한다.

㉡ 나선철근 기둥($\phi=0.70$) : $P_u=0.85\phi P_n=0.85\phi[0.85f_{ck}(A_g-A_{st})+f_yA_{st}]$

㉢ 띠철근 기둥($\phi=0.65$) : $P_u=0.80\phi P_n=0.80\phi[0.85f_{ck}(A_g-A_{st})+f_yA_{st}]$

(ϕ=강도감소계수, P_u=축방향 계수하중, ϕP_n=기둥의 설계강도, A_g=전체 단면적, A_{st}=축방향 철근의 전체 단면적)

② 기둥의 균형 상태(평형) : 콘크리트의 변형률이 0.003(극한변형률)에 도달함과 동시에 모든 철근의 응력이 f_y에 이른 상태

③ 기둥의 파괴

㉠ 균형파괴($e=e_b$ 또는 $P_b=P_u$인 구역)

- 콘크리트가 0.003(극한변형률)에 도달함과 동시에 인장철근도 항복변형률$\left(\varepsilon_y=\dfrac{f_y}{E_s}\right)$에 도달해 균형(평형)파괴가 발생한다.

㉡ 압축파괴($e<e_b$ 또는 $P_b<P_u$인 구역)

- 기둥의 강도는 콘크리트의 압축강도에 의해 지배된다.
- 편심이 작아서 모멘트의 영향이 크지 않고, 압축하중이 크므로 압축에 의한 파괴가 발생한다.
- 편심거리(e)가 균형편심(e_b)보다 작아서 기둥 단면 내의 대부분에 압축응력이 발생하며, 인장철근이 항복하기 전에 콘크리트의 압축변형도가 0.003(극한변형률)에 도달한다.

㉢ 인장파괴($e > e_b$ 또는 $P_b > P_u$인 구역)

- 기둥의 강도는 철근의 인장강도에 의해 지배된다.
- 압축하중이 작아서 압축에 따른 파괴는 발생하지 않지만, 편심이 크므로 모멘트로 인한 영향이 커져서 인장에 의한 파괴가 발생한다.
- 편심거리(e)가 균형편심(e_b)보다 커서 콘크리트의 압축변형도가 0.003(극한변형률)에 도달하기 전에 인장변형도가 먼저 항복변형률(ε_y)에 도달한다.

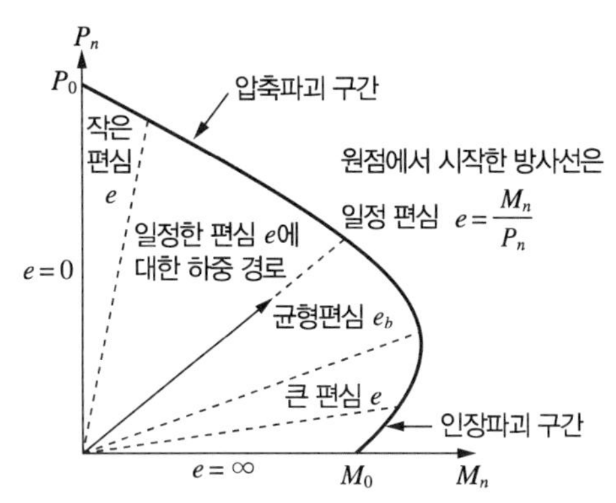

[기둥 공칭강도의 축력과 휨모멘트의 상관도]

④ 축방향 하중과 휨을 동시에 받는 기둥의 설계강도

㉠ 공칭축하중(P_n)을 $\Sigma V = 0$에서 구하면

$$-P_n - T + C_c + C_s = 0$$

$$P_n = C_c + C_s - T$$

㉡ 여기서 $C_c = 0.85 f_{ck} \times ab$, $C_s = A_s' f_s'$, $T = A_s f_s$

$$\therefore \ P_u = \phi P_n = \phi(0.85 f_{ck} \times ab + A_s' f_s' - A_s f_s)$$

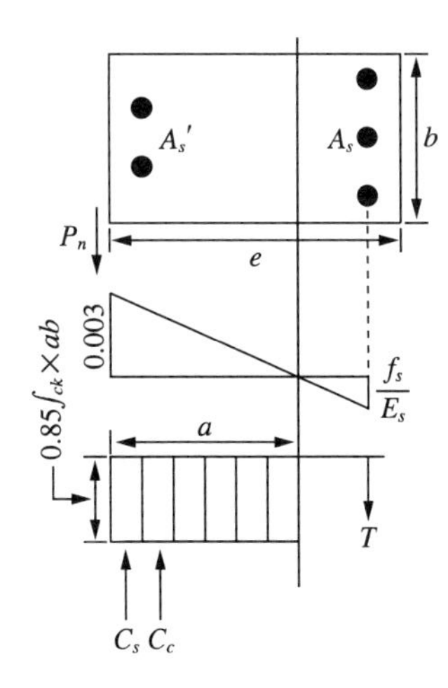

⑤ 장주의 해석

㉠ 오일러(Euler)의 이론공식을 적용(기둥의 좌굴하중은 단부의 경계 조건과 횡구속의 영향을 받는다)

㉡ 좌굴하중(P_c)= $\dfrac{\pi^2 EI}{(kl_u)^2}$ (k=좌굴계수, l_u=기둥의 비지지길이, EI=압축부재의 휨강성)

㉢ 좌굴응력(f_{cr})은 좌굴하중을 기둥의 단면적(A)으로 나누어 구할 수 있다.

$$f_{cr} = \frac{P_{cr}}{A} = \frac{\pi^2 E}{(kl_u)^2} \times \frac{I}{A} = \frac{\pi^2 E}{(kl_u/r)^2} = \frac{\pi^2 E}{\lambda^2}$$

구분	양단 힌지	양단 고정	일단 고정 타단 자유	일단 고정 타단 힌지
좌굴 형태	l	l	l	l
k(좌굴계수)	1	0.5	2	0.7
$k \times l_u$ (유효길이)	l	$0.5l$	$2l$	$0.7l$
P_{cr} (좌굴하중)	P_{cr}	$4P_{cr}$	$0.5P_{cr}$	$1.4P_{cr}$
n(고정계수)	1	4	$\frac{1}{4}$	2

9. 프리스트레스트 콘크리트(PSC; PreStressed Concrete)

① **프리스트레스트 콘크리트** : 외력에 의해 발생하는 인장응력을 상쇄하기 위해 미리 압축응력을 가한 콘크리트 부재

② PS 강재

㉠ 하중의 작용에 의해 단면에 생기는 응력을 소정의 한도로 상쇄할 수 있도록 미리 계획적으로 콘크리트에 주는 응력을 프리스트레스라 하며, PS 강재는 프리스트레스를 가하기 위한 고강도 강재를 뜻한다.

㉡ PS 강재의 종류 : 강선(Wire), 강연선(Strand), 강봉(Bar)

㉢ PS 강재에 요구되는 성질

- 부착강도가 커야 함
- 릴랙세이션이 작아야 함
- 응력부식에 대한 저항성이 커야 함
- 직선성(곧게 잘 펴지는 성질)이 좋아야 함

- 항복비[＝(항복강도)÷(인장강도)×100]가 커야 함
- 인장강도가 커야 함(강도가 클수록 긴장력의 손실률이 낮음)
- 구조물의 파괴를 예측할 수 있도록 강재에 어느 정도의 연신율이 있어야 함

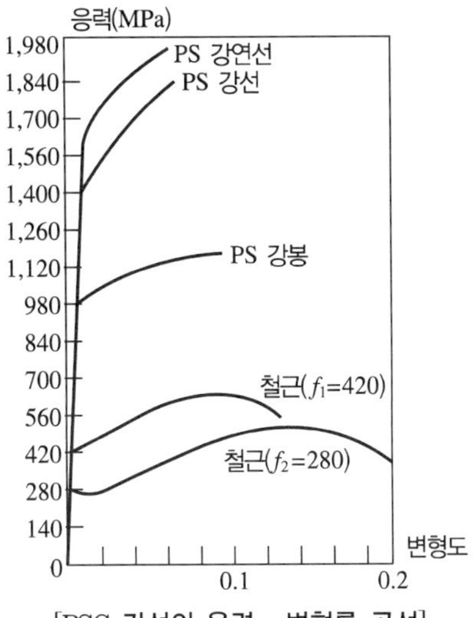

[PSC 강선의 응력－변형률 곡선]

㉣ PS 강재의 긴장 방법

- 기계적 방법 : 가장 일반적인 방법으로, 유압식 또는 수압식 잭(Jack)을 사용
- 화학적 방법 : 팽창성 시멘트를 이용해 강재를 긴장시키고 콘크리트를 압축
- 전기적 방법 : 강재에 전류를 흐르게 하면 저항으로 인해 가열되어 늘어난 강재를 콘크리트에 정착시킨 후 전류를 끊어서 강재가 수축함으로써 프리스트레스가 발생
- 프리플렉스 방법 : 고강도 강재의 보에 실제로 작용될 하중보다 작은 하중을 가해 휘게 한 상태에서 인장 측에 고강도 콘크리트를 타설한 후, 콘크리트가 충분한 강도에 도달했을 때 하중을 제거하면 콘크리트에 프리스트레스가 발생

③ PSC의 장단점

㉠ 장점

- 콘크리트의 전단면을 유효하게 이용할 수 있음
- PSC 구조물은 취성파괴의 위험이 적어 안전성이 높음
- 하중이 과다해 일시적인 균열이 생겨도 하중을 제거하면 복원됨(탄력성과 복원성이 우수함)
- 인장응력을 상쇄해 균열이 생기지 않게 설계하므로 강재가 부식될 위험이 낮고, 내구성은 높음
- 강재를 곡선배치하면 전단력이 감소되어 복부를 얇게 할 수 있으며, 고강도 재료를 사용함으로써 단면을 감소시킬 수 있어 일반적인 철근콘크리트 부재보다 경간을 길게 할 수 있음

㉡ 단점

- 내화성이 약하고, 강성이 낮아 변형이 크며, 진동하기 쉬움
- 일반적인 철근콘크리트보다 단가가 비싸고, 보조 재료가 추가되므로 공사비가 상승함

④ PCS의 기본 3개념

㉠ 제1개념(응력 개념, 균등질 보의 개념) : 탄성 이론에 의한 해석(압축 +, 인장 −)

- 프리스트레스가 도입되면 콘크리트 부재를 탄성체로 해석할 수 있다는 개념
- 강재가 직선으로 도심에 배치된 경우

$$f=\frac{P}{A}\pm\frac{M}{I}y \quad \therefore f_{\substack{상연 \\ 하연}}=\frac{P}{A}\pm\frac{M}{Z} \quad (P=\text{축방향력},\ M=\text{하중에 의한 모멘트})$$

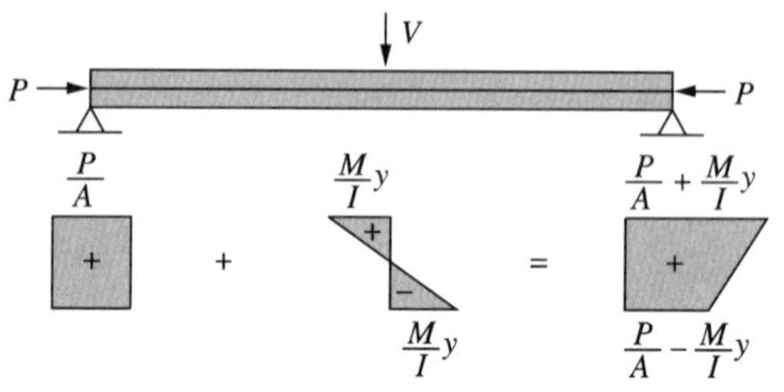

[강재가 도심에 직선으로 배치]

- 강재가 직선으로 편심에 배치된 경우

$$f=\frac{P}{A}\mp\frac{Pe}{I}y\pm\frac{M}{I}y \quad \therefore f_{\substack{상연 \\ 하연}}=\frac{P}{A}\mp\frac{Pe}{Z}\pm\frac{M}{Z} \quad (Pe=\text{편심모멘트})$$

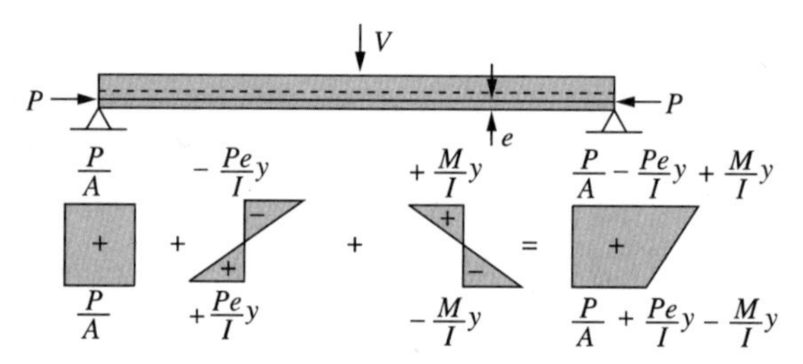

[강재가 도심에 직선으로 배치]

㉡ 제2개념(강도 개념, 내력모멘트 개념) : 극한강도 이론에 의한 해석

- 철근콘크리트와 같이 압축력은 콘크리트가 받고 인장력은 PS 강재가 받는 것으로 하여 두 힘에 의한 내력모멘트가 외력 모멘트에 저항한다는 개념
- $M=Cz=Tz$ → 강재에 작용하는 인장력을 P라 하면 $f_c=\frac{C}{A}\pm\frac{Ce'}{I}y=\frac{P}{A}\pm\frac{Pe'}{I}y$

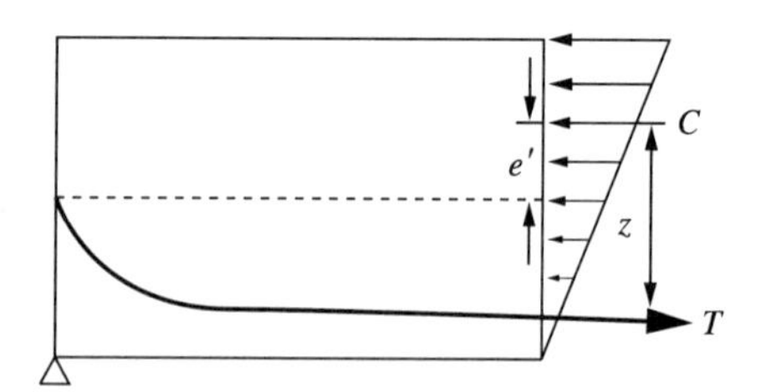

[내력모멘트 개념(강도 개념)]

㉢ 제3개념(하중평형 개념, 등가하중 개념)

• 프리스트레싱에 의한 작용과 부재에 작용하는 하중을 평형이 되도록 하자는 개념

• PS 강재가 포물선으로 지간 중앙에 새그(Sag) s로 배치되어 있다면 프리스트레스 P에 의한 등분포상향력은 $\frac{ul^2}{8}=Ps$(단, $P\cos\theta \fallingdotseq P$) $\therefore\ u=\frac{8Ps}{l^2}$

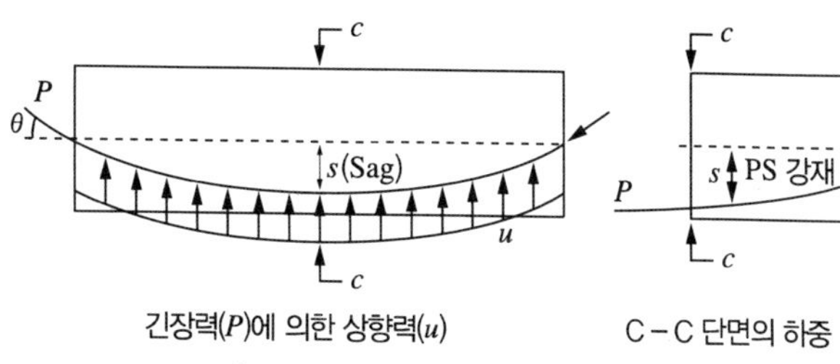

[하중평형 개념(포물선 배치)]

• PS 강재가 절곡 배치된 경우에는 하중평형 조건 $\sum V=0$에서 $U-2P\times\sin\theta=0$, $U=2\sin\theta$ → 집중상향력 $U=\sum P\sin\theta$

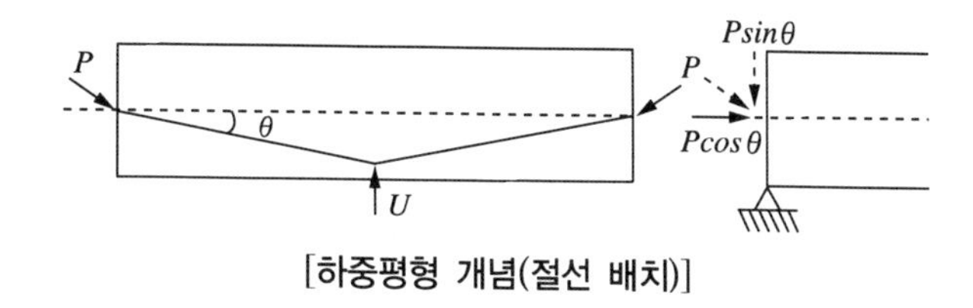

[하중평형 개념(절선 배치)]

10. PSC의 손실

① 손실률(감소율)과 유효율

㉠ 손실률(감소율) : $\frac{P_i-P_e}{P_i}=1-R$, $\frac{\Delta P}{P_i}=\frac{\Delta f_p}{f_{pi}}$

㉡ 유효율(R) : $R=\frac{P_e}{P_i}=\frac{\Delta f_p}{f_{pi}}$(프리텐션 방식의 $R=0.80$, 포스트텐션 방식의 $R=0.85$)

㉢ $P_e=\alpha P_j$(프리텐션 방식의 $\alpha=0.65$, 포스트텐션 방식의 $\alpha=0.80$)

(α=재킹력에 대한 유효프리스트레스 힘, P_j=재킹에 의한 힘, P_i=초기 프리스트레스 힘, P_e=유효프리스트레스 힘)

② 프리스트레스의 손실 원인

㉠ 프리스트레스 도입 시 일어나는 손실(즉시 손실)

• 콘크리트의 탄성변형(탄성수축)

• PS 강재의 활동

• PS 강재와 쉬스의 마찰

㉡ 프리스트레스 도입 후의 손실(시간적 손실)

• 콘크리트의 건조수축

• 콘크리트의 크리프

• PS 강재의 릴랙세이션(Relaxation)

③ 즉시 손실의 계산

㉠ 탄성변형에 따른 손실

- 프리텐션 방식 : 콘크리트의 탄성변형률(ε_e)만큼의 PS 강재의 응력이 감소. $\Delta f_p = nf_c$ (Δf_p=PS 강재의 인장응력 감소량, n=탄성계수비, f_c=프리스트레스 도입 후 강재 둘레 콘크리트의 응력)
- 포스트텐션 방식
  - 여러 개의 강재를 한꺼번에 긴장할 때는 콘크리트 부재에 직접 지지해 강재를 긴장하므로 손실이 없다.
  - 순차적으로 긴장할 때는 가장 먼저 긴장해 정착한 강재가 가장 많이 감소하고, 마지막으로 긴장해 정착한 긴장재는 감소가 없다. 따라서 프리스트레스의 감소량을 계산하려면 가장 먼저 긴장한 긴장재의 감소량을 계산한 값의 $\frac{1}{2}$을 모든 긴장재의 평균손실량으로 한다.
  - $\Delta f_p = \frac{1}{2} nf_c \frac{N-1}{N}$ (f_c=프리스트레싱에 의한 긴장재의 도심 위치에서의 콘크리트의 압축응력, N=긴장재수)

㉡ PS 강재의 활동에 따른 손실

- 프리텐션 방식은 고정 지주의 정착 장치에서 손실이 발생한다.
- 포스트텐션 방식

1단 정착일 경우	양단 정착일 경우
$\Delta f_p = E_p\left(\frac{\Delta l}{l}\right)$	$\Delta f_p = E_p\left(\frac{2\Delta l}{l}\right)$

※ E_p=강재의 탄성계수, l=긴장재의 길이, Δl=정착장치에서 긴장재의 활동량

※ 쐐기식은 3~6mm 정도, 지압식은 1mm 정도 활동

㉢ 마찰에 의한 손실

- 강재의 인장력은 쉬스와의 마찰로 인해 긴장재의 끝에서 중심으로 갈수록 작아지며, 포스트텐션 방식에만 해당되고, 보통의 경우 근사식을 사용함
- 근사식의 적용
  - l이 40m 이내이고, 긴장재의 각변화(α)가 30° 이하인 경우이거나 $\mu\alpha + kl$의 값이 0.3 이하인 경우에 근사식으로 계산 → $P_x = P_0(1 - kx - \mu\alpha)$
  - 긴장력의 손실량 $\Delta P = P_0 - P_x$, (손실률)$= \frac{\Delta P}{P_0} = \mu\alpha + kl$

④ 시간적 손실의 계산

㉠ 콘크리트의 건조수축에 따른 손실(영향이 가장 큼) : $\Delta f_p = E_p \times \varepsilon_{sh}$ (ε_{sh}=강재가 있는 곳의 콘크리트의 건조수축 변형률)

㉡ 콘크리트의 크리프에 따른 손실 : $\Delta f_p = n\phi f_c$, ϕ는 크리프계수(프리텐션부재 : 2.0, 포스트텐션부재 : 1.6)

㉢ 강재의 릴랙세이션에 따른 손실

- 포스트텐션 부재의 경우 : $\Delta f_p = f_{pi}\dfrac{\log t}{10}\left(\dfrac{f_{pi}}{f_{py}} - 0.55\right)$ (f_{pi} = 프리스트레스 도입 직후 긴장재의 인장응력, t = 프리스트레싱 후 크리프로 인한 손실 계산까지의 시간, f_{py} = 긴장재의 항복강도)
- 프리텐션 부재의 경우 : $\Delta f_p = f_{pi}\left(\dfrac{\log t_n - \log t_r}{10}\right)\left(\dfrac{f_{pi}}{f_{py}} - 0.55\right)$
- 근사식 : $\Delta f_p = r f_{pi}$(강선·강연선의 릴랙세이션 감소율 r=5%, 강봉의 r=3%)

11. 강구조

① 형강의 종류와 표시

㉠ 형강의 종류 : H형강, I형강, T형강, ㄷ형강(Channel, 구형강), L형강(Angle, 산형강)

㉡ 형강의 표시 : 'A(총높이)×B(총폭)×t(W－F의 두께)×l(길이)'로 표기

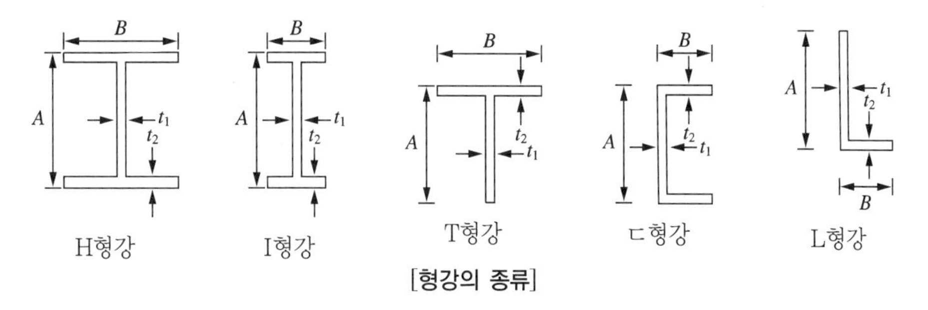

[형강의 종류]

② 리벳 이음

㉠ 리벳의 종류

- 사용 목적에 따른 분류 : 보일러용 리벳, 저압용(용기용) 리벳, 구조용 리벳
- 제조 방법에 따른 분류 : 열간 성형 리벳, 냉간 성형 리벳
- 머리 모양에 따른 분류 : 둥근머리리벳, 접시머리리벳, 납작머리리벳, 얇은납작머리리벳, 냄비머리리벳, 둥근접시머리리벳

㉡ 리벳의 강도 : 하나의 리벳이 견딜 수 있는 최대하중으로, 전단강도(ρ_s)와 지압강도(ρ_b) 중에 값이 작은 것을 리벳의 강도(ρ_a)로 한다.

- 단전단(절단면이 1개)의 경우의 전단강도 : $\rho_s = v_a \times \dfrac{\pi d^2}{4}$ (v_a = 리벳의 전단응력, d = 리벳의 지름)
- 복전단(절단면이 2개)의 경우의 전단강도 : $\rho_s = v_a \times \dfrac{\pi d^2}{4} \times 2$
- 지압강도 : $\rho_b = f_{ba}(dt_{\min})$ (f_{ba} = 리벳의 지압응력, t = 얇은 판의 두께로 지압 방향을 고려해 작은 두께를 사용)

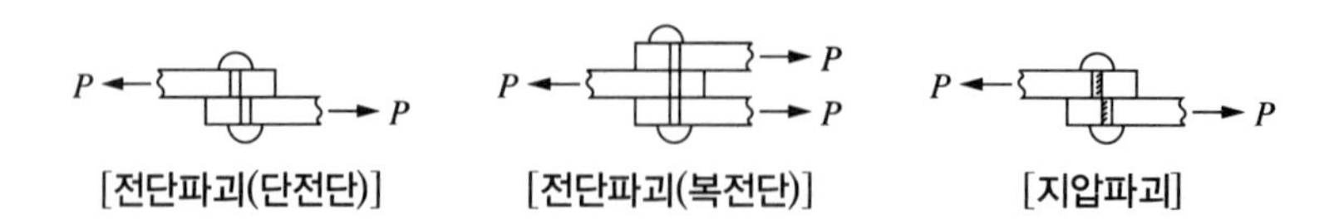

[전단파괴(단전단)] [전단파괴(복전단)] [지압파괴]

㉢ 리벳의 소요 개수 : $n=\dfrac{P}{\rho_a}$ [P=부재에 작용하는 힘(전하중), ρ_a=리벳의 허용강도]

12. 부재의 강도

① 인장부재 : 부재에 인장력이 전달되는 때에는 리벳 구멍의 크기를 공제한 순단면적(A_n)으로 계산한다.

→ $P_a=f_aA_n=f_a(b_n\times t)$ (f_a=부재의 허용인장응력, A_n=순단면적, b_n=순폭, t=부재의 두께)

㉠ 순단면적 : $A_n=b_n\times t$

㉡ 순폭(b_n)

- 리벳이 판형에 일직선으로 배치된 경우 : 총폭(b_g)에서 리벳 구멍의 지름(d)을 공제함
  → $b_n=b_g-n\times d$ (n=리벳 구멍의 수)
- 리벳이 판형에 지그재그로 배치된 경우 : 총폭에서 최초 구멍은 리벳 구멍의 지름을 빼고, 그 후는 순차적으로 $\left(d-\dfrac{p^2}{4g}\right)$을 빼서 계산함 → $b_n=b_g-d-\left(d-\dfrac{p^2}{4g}\right)-\left(d-\dfrac{p^2}{4g}\right)\cdots$

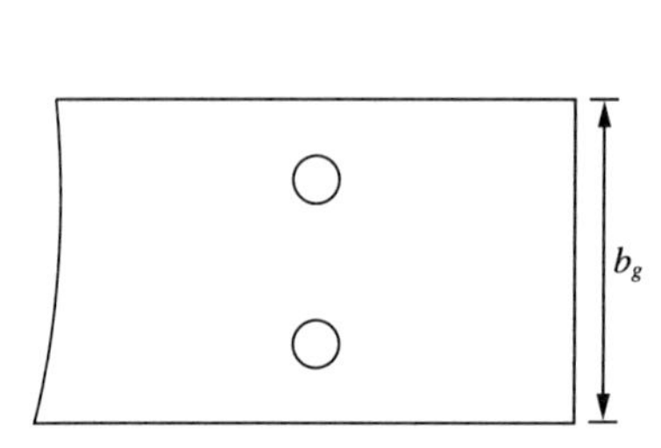

[리벳이 판형에 일직선으로 배치]

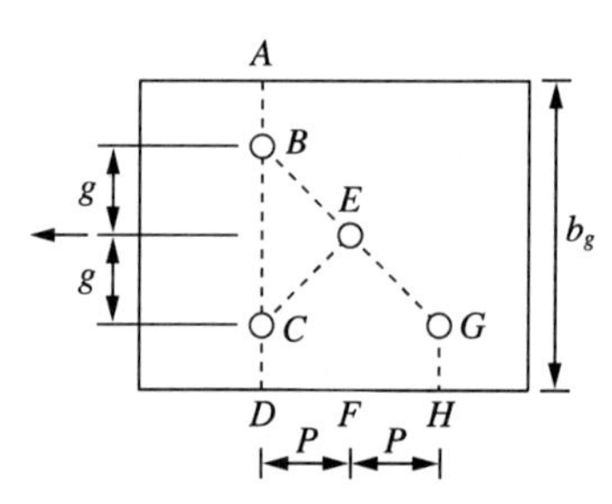

[리벳이 판형에 지그재그로 배치]

- L형강(산형강)의 경우 : L형강을 전개한 후에 판형과 같은 방법으로 순폭을 계산함
  - $\dfrac{p^2}{4g}$이 d 미만인 경우 : $b_n=b_g-d-\left(d-\dfrac{p^2}{4g}\right)=b_g-2d+\dfrac{p^2}{4g}$
  - $\dfrac{p^2}{4g}$이 d 이상인 경우 : $b_n=b_g-d$

  ∴ g(리벳 선간거리)$=g_1-t$(g_1=리벳 중심의 배면간 길이)이고, $b_g=b_1+b_2-t$ (b_1+b_2=L형강 전체의 배면간 길이)이며, $t=\dfrac{t_1+t_2}{2}$ 임

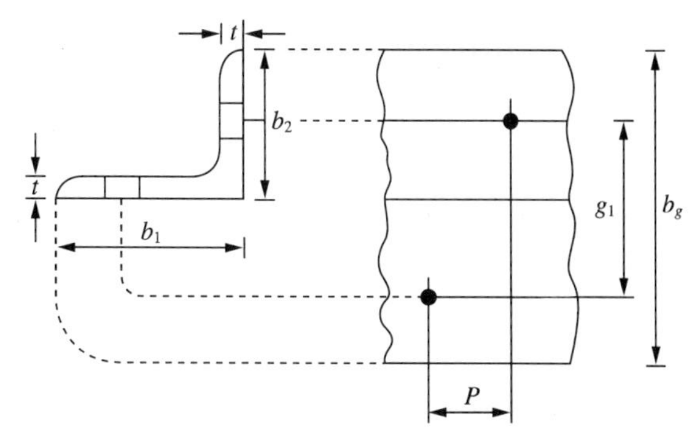

[L형강의 순폭 계산]

② **압축부재** : 부재에 압축력이 작용하는 때에는 총단면적(A_g)이 유효한 것으로 본다.

→ $P_a = f_a A_g$ (P_a = 축방향 압축강도, f_a = 부재의 허용압축응력)

③ **휨부재** : 휨부재의 휨응력은 공식 '$f = \frac{M}{I}y = \frac{M}{Z}$ (Z = 단면계수)'을 사용해 계산한다.

PART 3

13. 용접 이음

① 용접부의 단면($\sum al$)

㉠ 목두께(a) : 용접부의 유효두께

- 홈용접 : $a = t$ (t = 모재의 두께) ← 두께가 다른 경우에는 얇은 부재의 두께
- 필렛(Fillet)용접 : $a = \frac{s}{\sqrt{2}} = 0.707s$ (s = 용접치수) → 겹대기 이음을 하거나 T형으로 부재를 연결할 때 접합부의 구석에 하는 용접

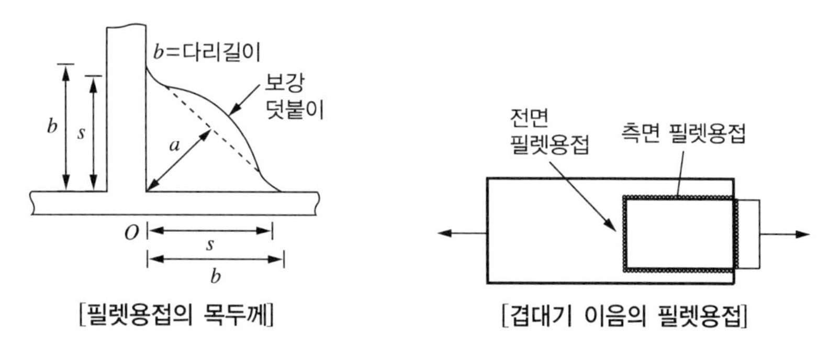

[필렛용접의 목두께] [겹대기 이음의 필렛용접]

㉡ 유효길이(l) : 이론상의 목두께를 가지는 용접부의 길이로 한다. 용접 개시점의 불완전한 부분과 용접 끝부분의 크레이터를 제거한 길이이다.

- 홈용접 : 용접선이 응력방향에 경사진 경우에는 반드시 응력방향에 투영시킨 길이를 사용 → $l = l_1 \sin\theta$
- 필렛용접 : 용접 길이의 합을 사용 → $l = \sum l = 2l_1 + l_2$

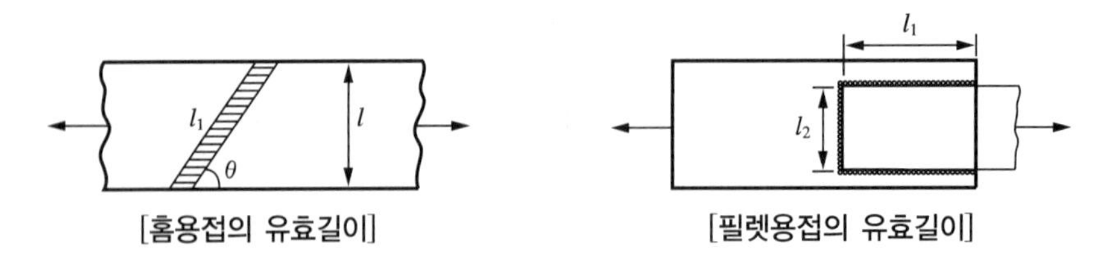

[홈용접의 유효길이] [필렛용접의 유효길이]

② 용접치수(s)

㉠ 치수는 등치수로 하는 것이 원칙이며, 중요한 부재에서는 6mm 이상으로 한다.

㉡ $t_1 > s \geq \sqrt{2t_2}$ (t_1=얇은 모재의 두께, t_2=두꺼운 모재의 두께)

③ (용접부의 강도)=(용접면적)×(허용응력)[여기서 용접면적=(목두께)×(유효길이)]

④ 용접부의 응력

㉠ 휨응력

• 일반식 : $f = \dfrac{12M}{\sum al^3} y$

• 최대응력식 : $f_{\max} = \dfrac{6M}{\sum al^2}$

㉡ 수직응력 : $f = \dfrac{P}{\sum al}$

㉢ 전단응력 : $v = \dfrac{V}{\sum al}$

토질 및 기초

1. 흙의 연경도와 단위중량

① 흙의 연경도

㉠ 함수비의 증감에 따라 점성토가 고체 ↔ 반(半)고체 ↔ 소성 ↔ 액성 등으로 상태가 변하는 성질을 뜻한다.

㉡ 소성 : 흙이 하중을 받아 변형이 생긴 후에 하중을 제거해도 원래의 상태로 회복되지 않는 성질

② 아터버그 한계(Atterberg Limit) : 각 상태에서 함수비가 변화되는 경계

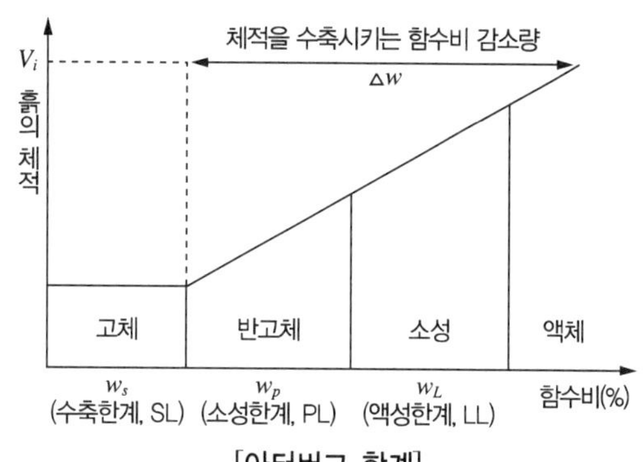

[아터버그 한계]

㉠ w_s(수축한계)

- 흙이 고체 상태에서 반고체 상태로 변화하는 경계의 함수비
- 고체 상태의 최대 함수비인 동시에 반고체 상태의 최소 함수비
- 함수비가 커지면 부피(체적)가 커지지만, 함수비가 낮아져도 부피가 줄어들지 않는다.

㉡ w_p(소성한계)

- 흙이 반고체 상태에서 소성 상태로 변화하는 경계의 함수비
- 반고체 상태의 최대 함수비인 동시에 소성 상태의 최소 함수비

㉢ w_L(액성한계)

- 흙이 소성 상태에서 액체 상태로 변화하는 경계의 함수비
- 소성 상태의 최대 함수비인 동시에 액체 상태의 최소 함수비
- 점토 성분이 많을수록 액성한계의 값과 소성지수가 증가
- 함수비의 증감에 따른 팽창 또는 수축이 커지므로 노반의 점토 성분이 많으면 노반의 재료로 부적당

③ 흙의 단위중량 공식

㉠ 흙의 단위중량

- (흙의 입자)+(물)+(공기)
- 흙의 중량을 이에 대응하는 부피로 나눈 값

㉡ 흙의 각 성분별 단위중량($\gamma_{sub} < \gamma_d < \gamma_t < \gamma_{sat}$)

- 습윤단위(=전체단위)중량 공식 : $\gamma_t = \frac{(\text{흙 전체의 무게})}{(\text{흙 전체의 부피})} = \frac{W}{V}$

$$= \frac{G_s \times \left(1 + \frac{w}{100}\right)}{1+e}\gamma_w = \frac{G_s + \frac{(S \times e)}{100}}{1+e}\gamma_w$$

(e = 간극비, γ_w = 물의 단위중량, G_s = 흙 입자의 비중)

- 건조단위중량($S=0$) 공식 : $\gamma_d = \frac{(\text{흙 전체의 무게})}{(\text{흙 전체의 부피})} = \frac{W_s}{V} = \frac{G_s}{1+e}\gamma_w$
- 포화단위중량($S=1$) 공식 : $\gamma_{sat} = \frac{G_s + e}{1+e}\gamma_w$
- 수중(유효)단위중량 공식 : $\gamma_{sub} = \gamma_{sat} - \gamma_w = \frac{G_s - 1}{1+e}\gamma_w$

㉢ 건조단위무게와 습윤단위무게 사이의 관계 : $\gamma_d = \frac{\gamma_t}{1 + \frac{w}{100}}$

④ 간극비(e)와 간극률(n)

㉠ 간극비(Void Ratio)

- 흙에서 흙의 입자를 제외한 공기와 물이 차지하는 부피, 즉 흙 입자의 부피에 대한 간극 부피의 비율
- $e = \frac{(\text{간극의 부피})}{(\text{흙 입자의 부피})} = \frac{V_v}{V_s}$, 이를 건조단위중량으로 표현하면 $e = \frac{G_s \times \gamma_w}{\gamma_d} - 1$

㉡ 간극률(Porosity)

- 흙 전체의 부피에 대한 간극 부피의 비율
- $n = \frac{(\text{간극의 부피})}{(\text{흙 전체의 부피})} = \frac{V_v}{V}$

㉢ 간극비와 간극률 사이의 관계 : $e = \frac{n}{1-n}$, $n = \frac{e}{1+e}$

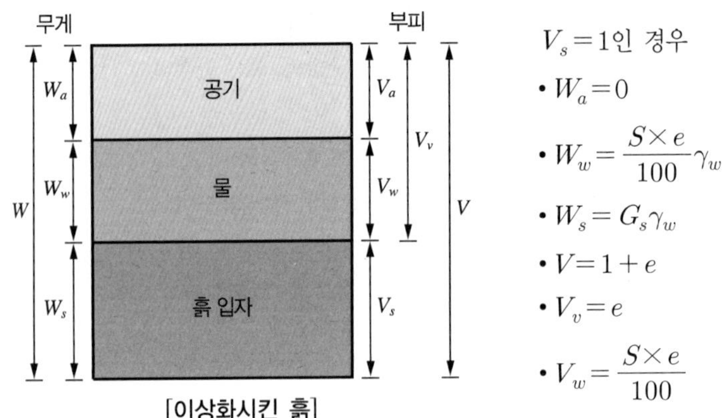

[이상화시킨 흙]

$V_s = 1$인 경우

- $W_a = 0$
- $W_w = \frac{S \times e}{100}\gamma_w$
- $W_s = G_s\gamma_w$
- $V = 1 + e$
- $V_v = e$
- $V_w = \frac{S \times e}{100}$

⑤ 상대밀도(D_r)

㉠ 사질토의 조밀하거나 느슨한 정도를 백분율로 나타냄, 즉 $\frac{e_{max}-e}{e_{max}-e_{min}}\times 100$

(e_{max}=가장 느슨한 상태의 간극비, e_{min}=가장 조밀한 상태의 간극비)

㉡ $D_r=\frac{\gamma_{d\,max}}{\gamma_d}\times\frac{(\gamma_d-\gamma_{d\,min})}{(\gamma_{d\,max}-\gamma_{d\,min})}\times 100$

상대밀도에 따른 흙의 상태(KS F 2345)	
상대밀도(%)	흙의 상태
0 ~ 15	매우 느슨(Very Loose)
15 ~ 50	느슨(Loose)
50 ~ 70	중간(Medium)
70 ~ 85	조밀(Dense)
85 ~ 100	매우 조밀(Very Dense)

2. 연경도에서 구하는 여러 지수들

① 소성지수(PI, I_P)

㉠ 흙의 액성한계와 소성한계의 차이로서, 흙이 소성 상태에서 존재할 수 있는 함수비의 범위를 뜻한다($PI=w_L-w_p$).

㉡ 소성지수가 클수록 소성 상태의 함수량의 범위가 크다는 뜻으로, 소성지수가 크면 연약한 지반이기 때문에 기초에 부적합하다.

② 액성지수(LI, I_L)

㉠ 자연 상태의 함수비와 소성한계의 차이를 소성지수로 나눈 값$\left(LI=\frac{w_n-w_p}{I_P}=\frac{w_n-w_p}{w_L-w_p}\right)$을 뜻한다.

㉡ $LI\geq 1$이면 액체 상태이며, 예민한 구조가 된다.

㉢ $LI<0$이면 소성 상태이며, 0에 가까울수록 안정된 구조가 된다.

③ 유동지수(FI, I_f)

㉠ 유동곡선의 경사(기울기)를 뜻한다$\left(FI=\frac{w_1-w_2}{\log N_2-\log N_1}=\frac{w_1-w_2}{\log\frac{N_2}{N_1}}\right)$.

㉡ 점토의 함유율이 높을수록 유동지수는 증가하며, 이때 유동곡선의 기울기는 급해진다.

④ 연경지수(CI, I_c)

㉠ 액성한계와 자연 상태의 함수비의 차이를 소성지수로 나눈 값$\left(CI=\frac{w_L-w_n}{I_P}=\frac{w_L-w_n}{w_L-w_p}\right)$을 뜻한다.

㉡ CI가 1에 가까울수록 안정(비예민성)하다.

㉢ CI가 0에 가까울수록 예민(액체 상태가 되어 불안정)하다.

PART 3

⑤ 터프니스지수(강도지수)(TI, I_t)

㉠ 소성지수를 유동지수로 나눈 값($TI = \dfrac{I_P}{I_f}$)을 뜻한다.

㉡ 콜로이드(Colloid)가 많은 흙일수록 터프니스지수가 크고 활성도도 높다.

⑥ 수축지수(SI, I_S)

㉠ 소성한계와 수축한계의 차이를 뜻한다($SI = w_p - w_s$).

㉡ 흙이 반고체 상태로 존재할 수 있는 함수비의 범위를 표시한다.

3. 통일분류법(USCS)

① 입도와 아터버그 한계를 기준으로 흙을 분류하는 방법으로 가장 일반적으로 사용

② 흙의 분류 요소 : No.200체(직경 0.075mm) 통과율, No.4체(직경 4.75mm) 통과율, 액성한계(w_L), 소성한계(w_p), 소성지수(I_P)

③ 두 개의 영문자로 표시

㉠ 제1문자(첫 번째 문자) : 흙 입자의 크기를 조립토(G, S), 세립토(M, C, O), 유기질토(Pt) 등으로 표시

㉡ 제2문자(두 번째 문자) : 입도분포를 W(양호), P(불량), L(액성한계 50% 이하의 압축성), H(액성한계 50% 이상의 압축성), M(실트가 섞인 흙), C(점토가 섞인 흙) 등으로 표시

④ 분류 방법

㉠ 제1문자

- 조립토 : No.200체 통과율 50% 이하
- 세립토 : No.200체 통과율 50% 이상
- 자갈 : No.4체 통과율 50% 이하
- 모래 : No.4체 통과율 50% 이상

㉡ 제2문자

- 조립토의 표시
  - No.200체 통과율 5% 이하이면 C_u, C_g에 따라 W, P로 표시
  - No.200체 통과율 12% 이상이면 I_P(소성지수)에 따라 M, C로 표시
- 세립토의 표시
  - w_L이 50% 이하이면 L로 표시
  - w_L이 50% 이상이면 H로 표시

⑤ 분류 기호

구분	제1문자	흙의 종류	제2문자	흙의 특성
조립토	G S	자갈 모래	W P M C	입도분포 양호 입도분포 불량 실트가 섞임 점토가 섞임
세립토	M C O	실토 점토 유기질토	L H	압축성 낮음 압축성 높음
고유기질토	Pt	이탄	–	–

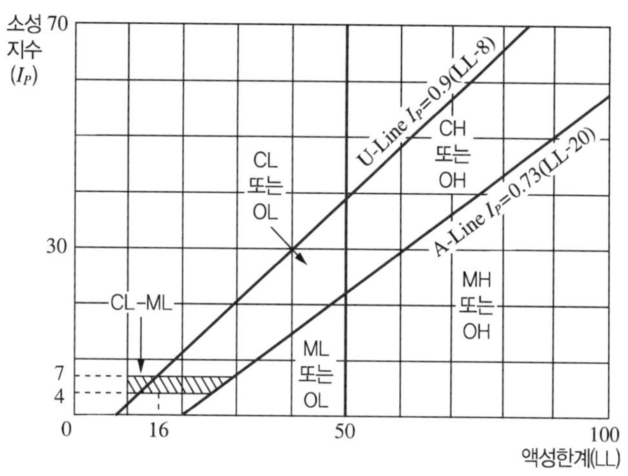

[통일분류법에서 사용하는 소성도표]

4. 침투수량과 간극수압

① 침투수량 : $q = K \times H \times \dfrac{N_f}{N_d}$ (K= 등가투수계수, H= 전수두차, N_d= 등수두면의 수, N_f= 유로의 수)

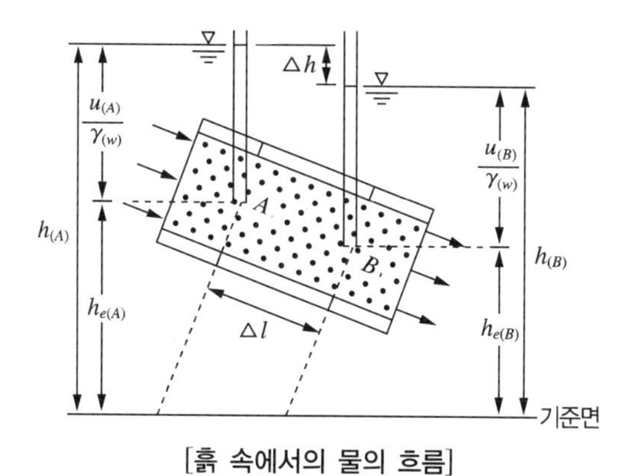

[흙 속에서의 물의 흐름]

② 간극수압(u_p) : 간극수를 통해 전달되는 압력($u_p = \gamma_w \times h_p$)

㉠ 베르누이의 정리 : (전수두)$= \dfrac{(수압)}{\gamma_w} + \dfrac{(유속)^2}{2g}$ + (위치수두)$= h_p$(압력수두)$+ h_v$(속도수두)$+$ h_e(위치수두)

㉡ 임의의 지점에서의 전수두 : $h_t = \dfrac{n_d}{N_d} \times H$ (n_d= 하류에서 구하는 지점까지의 등수두면의 수)

㉢ 위치수두(h_e)

- 임의의 수평기준면에서 어느 지점까지의 높이
- 위치수두는 하류의 수면을 기준으로 높이를 측정하며, 기준선 아래에 있는 경우에는 (−)의 값을, 위에 있는 경우에는 (+)의 값을 가짐

㉣ 압력수두(h_p)

- 어느 지점에 가는 관을 꽂았을 때 울이 올라가는 높이
- 전수두와 위치수두의 차이로 계산함, 즉 $h_p = h_t - h_e$

5. 모관 상승 영역의 유효응력

① 모관포텐셜은 흙 속에서 모관수를 지지하는 힘으로서 (−)간극수압과 동일하며, 단위중량의 흙에서 단위질량의 모관수를 빼내는 데 필요한 일량을 의미한다.

② 모관포텐셜의 크기

㉠ 부분적으로 포화된 흙의 모관포텐셜 : $\phi = -\dfrac{S}{100} \times \gamma_w \times h$(여기서 S= 포화도, h= 지하수면에서 구하려는 임의의 지점까지의 높이)

㉡ 완전히 포화된 흙의 모관포텐셜 : $\phi = -\gamma_w \times h$

③ 해석 방법

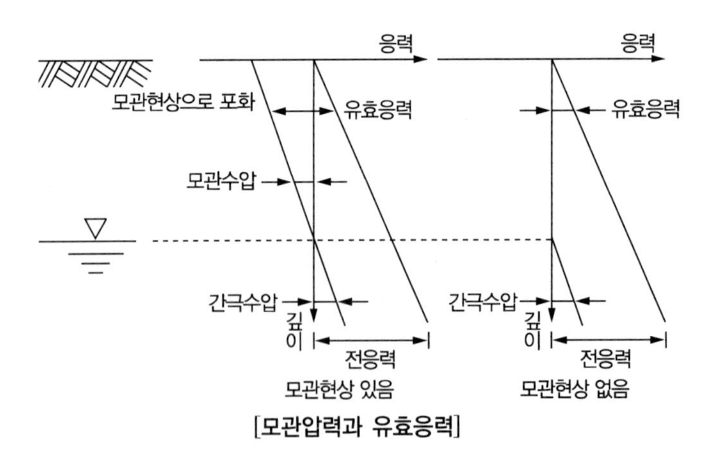

[모관압력과 유효응력]

㉠ 지하수면의 간극수압은 0이다(지하수면은 모관현상과 무관).
㉡ 모관현상에 따라 지표면이 포화되면 지표면의 전응력은 0이지만, 유효응력은 0이 아니다.
㉢ 모관현상이 있는 부분은 (−)간극수압이 발생해 유효응력이 커지면 전단강도도 커진다.
→ $\sigma' = \sigma - u = \sigma - (-\gamma_w \times h) = \sigma + \gamma_w \times h$ (σ' = 유효응력, σ = 전응력)

6. 침투가 발생했을 때의 유효응력

① **단위면적당 침투수압 :** $F = i \times \gamma_w \times z$ (z = 임의의 지점까지의 깊이)

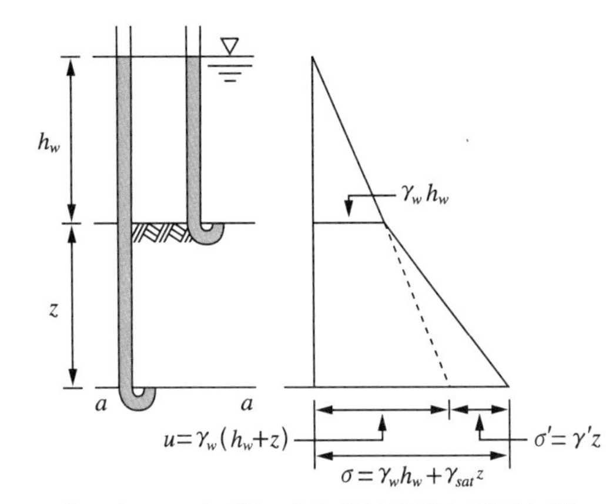

[물이 흐르지 않을 때의 유효응력과 간극수압]

② 물이 위로 흐르는 상향침투의 경우에는 간극수압은 침투수압만큼 커지며, 유효응력은 침투수압만큼 감소해 불안정해짐

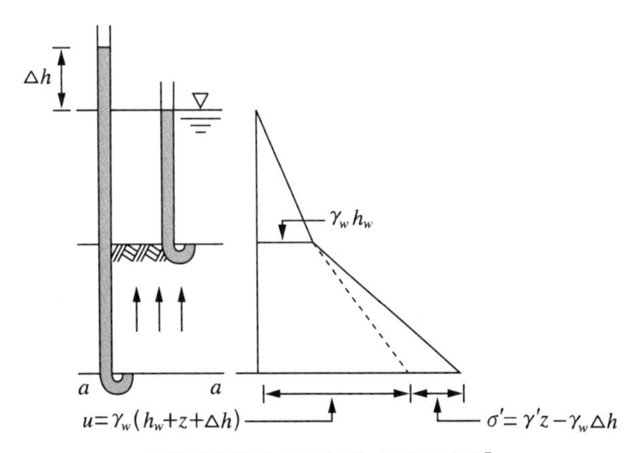

[상향침투의 유효응력과 간극수압]

③ 물이 아래로 흐르는 하향침투의 경우에는 유효응력이 증가함

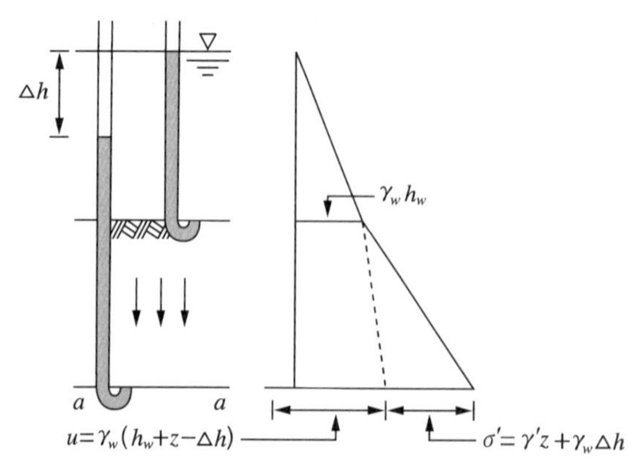

[하향침투의 유효응력과 간극수압]

7. 압밀도

① 압밀도(U)의 의미 : 과잉간극수압이 감소한 비율 또는 그 결과로 압밀침하가 일어난 비율

② Terzaghi의 1차원 압밀의 기본방정식

$$\frac{\partial(\Delta u)}{\partial t}=c_v\times\frac{\partial^2(\Delta u)}{\partial z^2},\ c_v(\text{압밀계수})=\frac{k}{m_v\times\gamma_w}[\text{cm}^2/\text{s}]$$

③ 압밀도 : $U=\frac{(\text{현재의 압밀량})}{(\text{최종 압밀침하량})}\times 100=\frac{\Delta H_t}{H}\times 100$ ($\Delta H_t=$임의의 시간 t에서의 침하량)

④ 과잉간극수압의 소산 정도 : $U=\frac{(t\text{시간 동안 소산된 과잉간극수압})}{(\text{초기 과잉간극수압})}\times 100=\frac{u_i-u_e}{u_i}\times 100$

$$=\left(1-\frac{u_e}{u_i}\right)\times 100$$

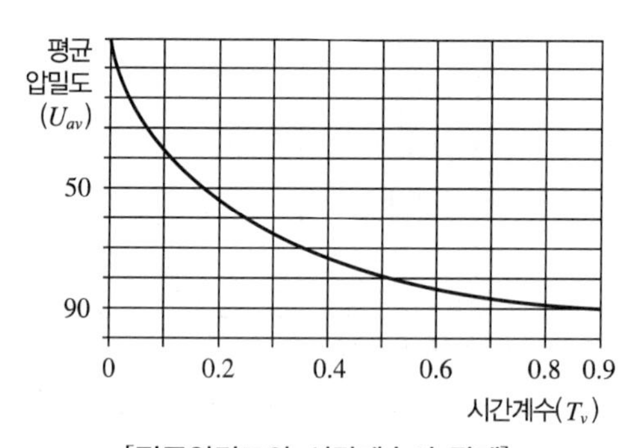

[평균압밀도와 시간계수의 관계]

⑤ 시간계수 : $U=f(T_v) \propto \frac{C_v \times t}{d^2}$

㉠ 압밀도는 시간계수의 함수이다.

㉡ 압밀도는 압밀계수(C_v), 압밀시간(t) 등에 비례한다.

㉢ 압밀도는 배수거리의 제곱(d^2)에 반비례한다.

8. 압밀계수 및 압밀침하량의 산정

① 압밀계수(C_v)

㉠ 압밀이 진행되는 속도를 나타내는 정수로서, 압밀도와 압밀소요시간을 계산하기 위한 것이며, 액성한계가 클수록 압밀계수가 감소한다$\left(C_v = \frac{k}{\gamma_w m_v}\right)$.

㉡ $\log t$ 방법 : $C_v = \frac{T_{50} \times d^2}{t_{50}} = \frac{0.197 \times d^2}{t_{50}}$ (T_{50} = 평균압밀도 U_{av} = 50%에 대한 시간계수, t_{50} = 평균압밀도 U_{av} 50%에 소요되는 압밀시간)

㉢ $\sqrt{t}$ 방법 : $C_v = \frac{T_{90} \times d^2}{t_{90}} = \frac{0.848 \times d^2}{t_{90}}$ (T_{90} = 평균압밀도 U_{av} = 90%에 대한 시간계수, t_{90} = 평균압밀도 U_{av} 90%에 소요되는 압밀시간)

② 압밀시간 : $t = \frac{T \times d^2}{C_v}$ (d = 배수거리)

③ 압밀침하량(ΔH)의 산정 : $\Delta H = m_v \times \Delta\sigma \times H = \frac{C_c}{1+e_1} \times \log\left(\frac{\sigma_2}{\sigma_1}\right) \times H$ (C_c = 압축지수)

9. 전단강도정수를 결정하기 위한 시험

① 일축압축 강도시험

㉠ 주로 점성토의 강도와 압축성을 추정하는 데 쓰인다.

㉡ 비압밀비배수(UU－Test) 시험에서 $\sigma_3 = 0$인 상태의 삼축압축시험의 일종으로 볼 수 있다. 즉, 삼축압축시험에서 1단계인 구속압력 단계를 생략하고, 제2단계인 일축하중만 가하는 시험이다.

㉢ $\sigma_1 = q_u = \frac{P}{A_0} = \frac{P}{A/(1-\varepsilon)} = \frac{P \times (1-\varepsilon)}{A}$

(P = 환산하중, A_0 = 환산단면적, A = 시료의 처음 단면적, ε = 변형률)

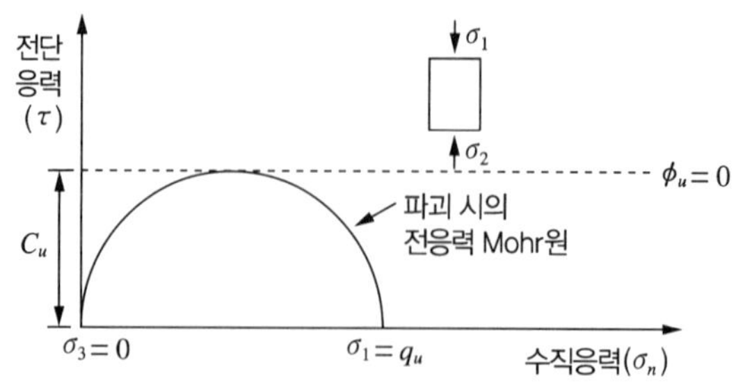

[일축압축시험에 대한 Mohr의 원]

② 삼축압축 강도시험

㉠ 배수 조건별 특징

배수 조건	특징
압밀배수 (CD – Test)	• 구속압력과 축차응력 모두 완전배수를 허용하는 시험 • 사질토 지반에 구조물을 축조할 때 파괴는 배수 조건하에서 일어나며, 점토 지반에서도 오랜 시간이 지나 초기 과잉간극수압이 완전 소산되면 파괴 발생 → 시료에 구속압을 가해 충분히 압밀시킨 후 과잉간극수압이 발생하지 않을 정도의 축차응력을 서서히 가해 배수 조건으로 전단파괴시키는 압밀배수시험 모델 적용으로 가능
압밀비배수 (CU – Test)	• 구속압력을 가할 때는 배수해 압밀시키고, 축차응력을 가할 때는 배수를 하지 않고 전단파괴시키는 시험 • 오랜 시간에 걸쳐 압밀이 일어날 경우 배수가 일어나지 않은 상태에서 전단응력이 파괴를 유발함 → 시료에 구속압으로 충분히 압밀시킨 후 축차응력을 급격히 가해 비배수 조건으로 전단파괴시키는 압밀비배수시험 모델 적용 가능(삼축압축시험과 동일)
비압밀비배수 (UU – Test)	• 구속압력와 축차응력 단계 모두 배수하지 않은 채로 실시하는 삼축압축시험 • 점토 지반에 구조물을 설치할 경우 시공 완료 시까지 과잉간극수압 소산 시간이 충분하지 못하므로 구조물의 단기적 안정해석에 필요한 점토의 비배수 강도는 구속압이나 축차응력을 가할 때 배수를 허용하지 않는(비배수) 조건 실험으로 가능

㉡ 배수 조건별 적용

배수 조건	적용
압밀배수 (CD – Test)	• 점토 지반의 단기적 안정해석의 경우 • 압밀이나 함수비의 변화가 없이 급속한 파괴가 예상될 경우 • 점토 지반이 시공 중 또는 성토한 후 급속한 파괴가 예상될 경우
압밀비배수 (CU – Test)	• 사전압밀(Pre-loading) 후 급격한 재하 시의 안정해석의 경우 • 기존의 제방, 흙댐에서 수위가 급강하할 때의 안정해석 • 성토 하중으로 어느 정도 압밀된 후 급속한 파괴가 예상될 경우
비압밀비배수 (UU – Test)	• 간극수압의 측정이 곤란할 경우 • 점토 지반의 장기적 안정해석의 경우 • 흙댐의 정상류에 의한 장기적인 간극수압을 산정할 경우 • 성토 하중에 의해 압밀이 서서히 진행되고 파괴도 매우 완만하게 진행될 경우

10. 응력경로 및 간극수압계수

① 응력경로

㉠ 응력이 변하는 동안 각각의 응력 상태에 따른 Mohr원의 $(p,\ q)$ 점들을 연결한 선으로서, 지반 내의 임의의 요소에 작용되는 하중의 변화 과정을 응력평면 위에 나타낸 것, 즉 응력의 궤적을 나타내는 선

㉡ 종류

- 전응력경로(TSP) : $p=\dfrac{\sigma_v+\sigma_h}{2}$, $q=\dfrac{\sigma_v-\sigma_h}{2}$
- 유효응력경로(ESP) : $p'=\dfrac{\sigma_v{}'+\sigma_h{}'}{2}$, $q'=\dfrac{\sigma_v{}'-\sigma_h{}'}{2}$

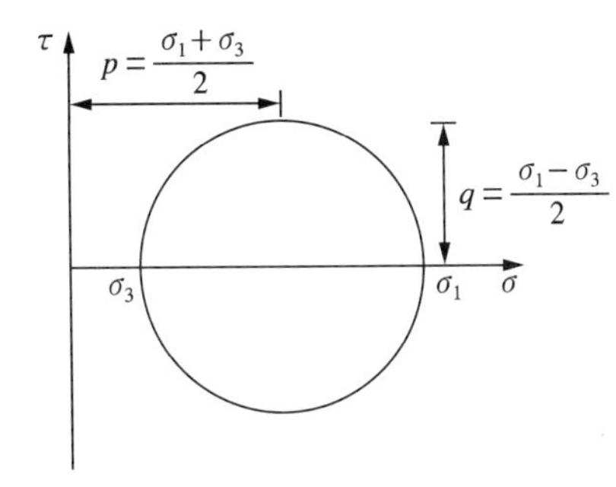

[응력경로]

② K_f선(응력경로)과 Mohr − Coulomb의 파괴포락선(ϕ선)의 상관관계

㉠ K_f : 파괴 시 Mohr원의 $(p,\ q)$ 점들을 연결한 선

㉡ $\phi=\sin^{-1}(\tan\alpha)$, $c=\dfrac{m}{\cos\phi}$

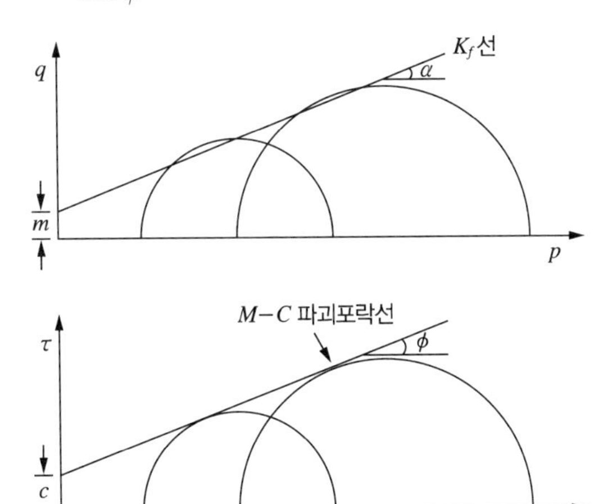

[K_f선과 Mohr − Coulomb의 ϕ선의 관계]

③ 간극수압계수

㉠ (간극수압)$=\dfrac{(\text{간극수압의 증가량})}{(\text{전응력의 증가량})}=\dfrac{\Delta u}{\Delta \sigma}$

㉡ 등방압축 시의 간극수압계수(B)

- 완전포화(S=100%)의 경우 : $B=1$
- 완전건조(S=0%)의 경우 : $B=0$
- 불포화된 흙의 경우 : $0<B<1$

㉢ 삼축압축 시의 간극수압계수(A)

- 정규압밀 점토(OCR=1)의 A값 : 0.5 ~ 1
- 과압밀된 점토(OCR> 1)의 A값 : −0.5 ~ 0

11. 지하수가 있는 경우의 토압

① 수평토압의 종류

㉠ 정지토압(P_0) : 횡방향 변위가 없는 상태에서 수평 방향으로 작용하는 토압

㉡ 주동토압(P_a) : 뒤채움 흙의 압력에 의해 옹벽이 뒤채움 흙으로부터 멀어지는 경우에 뒤채움 흙이 팽창해 파괴될 때의 수평 방향의 토압

㉢ 수동토압(P_p) : 어떤 힘에 의해 옹벽이 뒤채움 흙 쪽으로 움직인 경우에 뒤채움 흙이 압축해 파괴될 때의 수평 방향의 토압

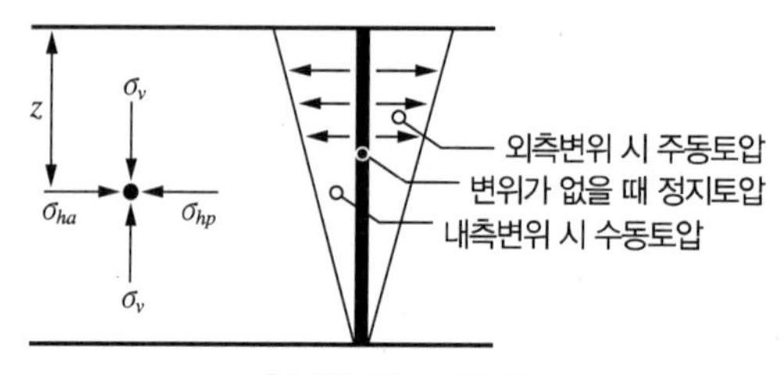

[수평토압의 종류]

② 토압의 작용점 : $\bar{y}=\dfrac{\left(\dfrac{H_1}{3}+H_2\right)\times P_{A1}+\left(\dfrac{H_2}{2}\right)\times P_{A2}+\left(\dfrac{H_2}{3}\right)\times P_{A3}+\left(\dfrac{H_2}{3}\right)\times P_{A4}}{P_A}$

$\rightarrow \bar{y}\times P_A=\left(\dfrac{H_1}{3}+H_2\right)\times P_{A1}+\left(\dfrac{H_2}{2}\right)\times P_{A2}+\left(\dfrac{H_2}{3}\right)\times P_{A3}+\left(\dfrac{H_2}{3}\right)\times P_{A4}$

③ 전주동토압 : $P_A = \dfrac{K_A \times \gamma_t \times H_1^2}{2} + K_A \times \gamma_t \times H_1 \times H_2 + \dfrac{K_A \times \gamma_{sub} \times H_2^2}{2} + \dfrac{\gamma_w \times H_2^2}{2}$

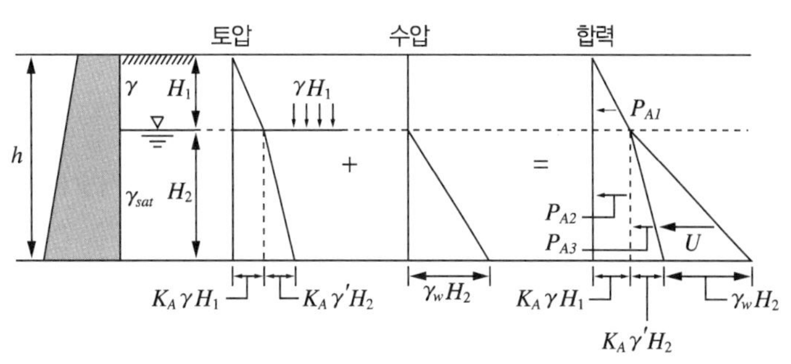

[지하수위가 존재할 때의 토압 및 수압의 분포]

12. 뒤채움 흙이 다른 지층으로 이루어진 경우의 토압

① 토압의 작용점 : $\bar{y} = \dfrac{\left(\dfrac{H_1}{3} + H_2\right) \times P_{A1} + \left(\dfrac{H_2}{2}\right) \times P_{A2} + \left(\dfrac{H_2}{3}\right) \times P_{A3}}{P_A}$

$\rightarrow \bar{y} \times P_A = \left(\dfrac{H_1}{3} + H_2\right) \times P_{A1} + \left(\dfrac{H_2}{2}\right) \times P_{A2} + \left(\dfrac{H_2}{3}\right) \times P_{A3}$

② 전주동토압 : $P_A = \dfrac{K_{A1} \times \gamma_1 \times H_1^2}{2} + K_{A2} \times \gamma_1 \times H_1 \times H_2 + \dfrac{K_{A2} \times \gamma_2 \times H_2^2}{2}$

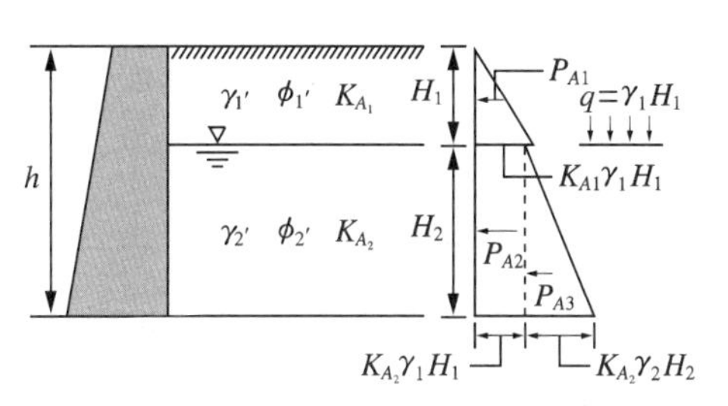

[뒤채움 흙이 여러 층으로 된 때의 토압의 분포]

13. 다짐의 효과

① 다짐에너지 : $E=\dfrac{W_R \times H \times N_B \times N_L}{V}$ (W_R= 래머의 중량, H= 래머의 낙하 높이, N_B= 각 층당 다짐횟수, N_L= 다짐층수, V= 몰드의 부피)

② 다짐곡선 : 다짐시험에서 구한 건조단위중량과 함수비의 관계를 나타낸 곡선

㉠ 최대건조중량($\gamma_{d\max}$) : 건조단위중량과 함수비의 관계 곡선의 최대점을 나타내는 건조단위중량

㉡ 최적함수비(OMC, w_{opt}) : 최대건조단위중량을 얻을 때의 함수비, 즉 함수비에 따라 변하는 건조밀도가 가장 클 때의 함수비

③ 토질에 따른 다짐곡선의 변화

㉠ 최적함수비와 최대건조중량 : 조립토일수록 최적함수비는 감소하고 최대건조중량은 증가하며, 세립토일수록 최적함수비는 증가하고 최대건조중량은 감소한다.

㉡ 곡선의 형태 : 조립토일수록 급경사이며, 세립토일수록 완경사이다.

㉢ 입도의 영향 : 양입도인 경우 최대건조중량이 빈입도보다 크다.

④ 다짐에너지의 변화에 따른 다짐곡선의 성질

㉠ 다짐에너지의 변화에 따른 최적함수비 상태의 공기함률, 포화도의 변화는 거의 없다.

㉡ 최적함수비곡선은 영공기 간극곡선과 거의 나란하다.

㉢ 일반적으로 다짐횟수가 증가하면 다짐의 효과도 증대되지만, 큰 에너지로 다지거나 너무 많이 다지면 흙 속에 결함이 발생해 다짐의 효과가 감소할 수 있다(과도전압).

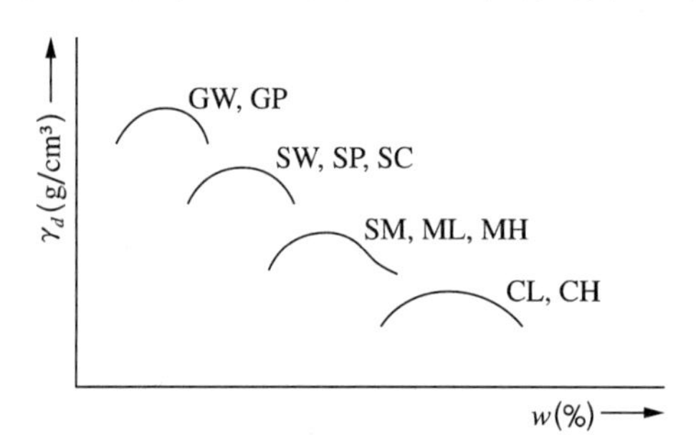

[통일분류에 따른 건조밀도와 최적함수비의 관계]

⑤ 흙의 종류에 따른 다짐곡선의 성질

함수비가 많아질수록	건조단위중량 쪽으로 갈수록
• 세립토	• 조립토
• 빈입도	• 양입도
• 다짐에너지 감소	• 다짐에너지 증가
• 최대건조단위중량 감소	• 최대건조단위중량 증가
• 최적함수비 증가	• 최적함수비 감소
• 완만한 다짐곡선	• 날카로운 다짐곡선

14. 유한사면과 무한사면의 안정

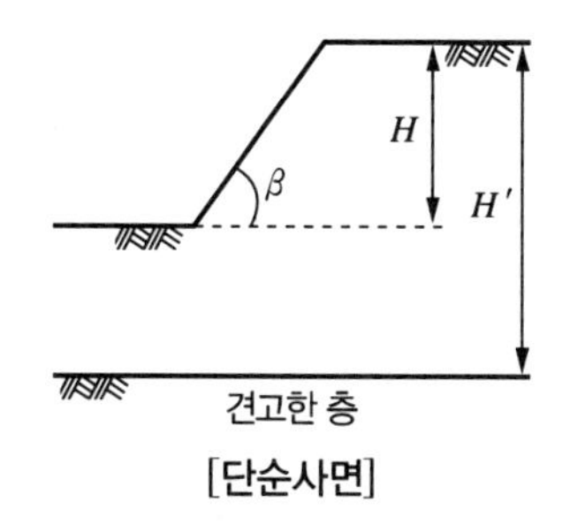

[단순사면]

① 유한사면의 안정

㉠ 유한사면의 개념

- 사면활동파괴의 깊이가 높이에 비해 깊은 사면
- 사면의 길이에 비해 암반층 위의 토층의 깊이가 큰 사면

㉡ 한계고(H_c)의 위치

- 한계고 : 토압의 압력이 0이 되는 위치(구조물을 설치하지 않고도 사면을 유지하는 높이)
- $H_c = 2Z_0 = \frac{4c}{\gamma_t} tan(45° + \frac{\phi}{2}) = \frac{2q_u}{\gamma_t}$ (Z_0 = 인장균열의 깊이), $H_c = \frac{c}{\gamma_t} N_s$ (N_s = 안정계수)

㉢ 안전율 : $F_s = \frac{H_c}{H}$ (H = 사면의 높이)

㉣ 심도계수 : $N_d = \frac{H'}{H}$ (H' = 사면의 상부에서 견고한 지반까지의 높이)

② 무한사면의 안정

㉠ 무한사면

- 활동파괴면의 깊이가 사면의 길이에 비해 얕은 사면
- 사면의 길이가 암반층 위의 토층의 깊이에 비해 긴 사면

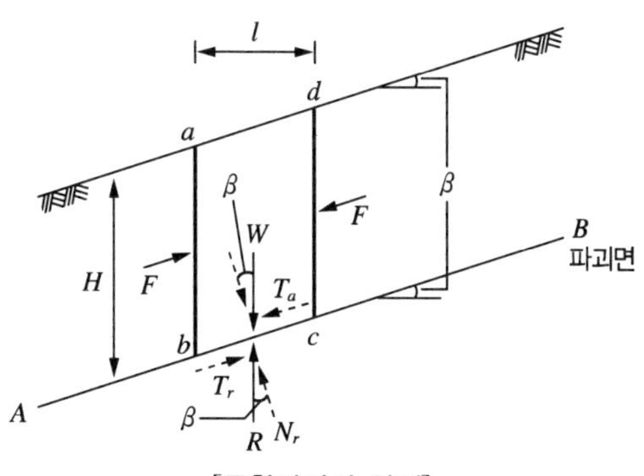

[무한사면의 안정]

㉡ 지하수위가 파괴면보다 아래에 있을 때(침투류 없음)

- 일반적인 흙

$$F_s = \frac{\tau_f}{\tau_d} = \frac{c' + \gamma_t \times H \times \cos^2\beta \times \tan\phi}{\gamma_t \times H \times \cos\beta \times \sin\beta} = \frac{c'}{\gamma_t \times H \times \cos\beta \times \sin\beta} + \frac{\tan\phi}{\tan\beta}$$

- 모래 지반(점착력 $c=0$) : $F_s = \frac{\tan\phi}{\tan\beta}$

㉢ 지하수위가 지표면과 일치할 때

- 일반적인 흙

$$F_s = \frac{\tau_f}{\tau_d} = \frac{c' + \gamma_{sub} \times H \times \cos^2\beta \times \tan\phi}{\gamma_{sat} \times H \times \cos\beta \times \sin\beta} =$$

$$\frac{c'}{\gamma_{sat} \times H \times \cos\beta \times \sin\beta} + \frac{\gamma_{sub}}{\gamma_{sat}} \times \frac{\tan\phi}{\tan\beta}$$

- 모래 지반(점착력 $c=0$) : $F_s = \frac{\gamma_{sub}}{\gamma_{sat}} \times \frac{\tan\phi}{\tan\beta}$ ← $\frac{\gamma_{sub}}{\gamma_{sat}} \simeq \frac{1}{2}$ 이므로 지하수위가 파괴면에 비해 아래에 있을 때보다 안전율이 반감된다.

15. 얕은 기초의 지지력

① 극한지지력 : 소성파괴가 일어날 때의 기초하중을 말하므로 완전소성평형 상태를 이룬 경우로서, 지반이 최대로 지지할(버틸) 수 있는 저항력을 의미함

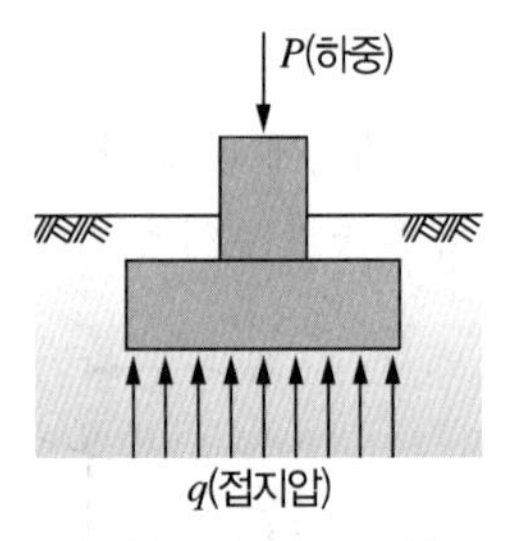

[얕은 기초의 개념]

㉠ 얕은 기초 : 확대기초, 전면기초 등 지표면 가까운 깊이에 양질의 지지층이 있는 경우에 사용되는 기초

㉡ 극한지지력 : $q_u = \alpha \times c \times N_c + \beta \times \gamma_1 \times B \times N_r + \gamma_2 \times D_f \times N_q$

- α, β = 기초 모양에 따른 형상계수
- c = 기초바닥 아래 흙의 점착력(t/m^2)
- N_c, N_r, N_q = 지지력계수
- γ_1 = 기초바닥 아래 흙의 단위중량(t/m^3)
- γ_2 = 근입깊이 흙의 단위중량(t/m^3)
- B = 기초의 최소폭(m)
- D_f = 근입깊이(m)

㉢ 기초형상에 따른 형상계수(α, β)의 결정(Terzaghi)

형상계수 \ 기초형상	연속형	정사각형	원형	직사각형
α	1.0	1.3	1.3	$1.0+0.3\frac{B}{L}$
β	0.5	0.4	0.3	$0.5-0.1\frac{B}{L}$

※ L=기초바닥의 긴 변의 길이, B=기초바닥의 짧은 변의 길이

㉣ 흙의 단위중량 : 수중 상태에서는 지하수위가 지표면과 일치하면 얕은 기초 지지력은 지하수위가 없는 경우에 비해 반감됨

㉤ 지지력계수(N_c, N_r, N_q) : 지반의 내부마찰각의 함수로 정리됨

② 허용지지력

㉠ 항복하중강도와 극한지지력에 안전율을 고려해 결정된 지지력

㉡ 허용지지력 : $q_a=\dfrac{q_u}{F_s}$ (q_u=극한지지력, F_s=안전율)

PART 3

16. 말뚝기초의 지지력

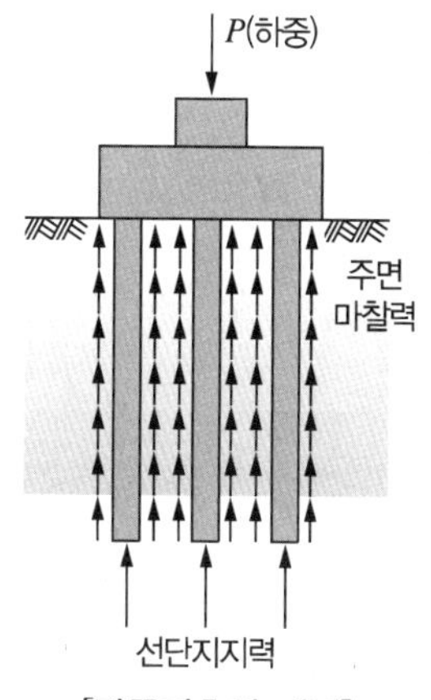

[말뚝기초의 개념]

① 동역학적 지지력 공식

㉠ Sander의 공식

- 안전율 : $F_s=8$
- $Q_a=\dfrac{W_h \times H}{8S}$
  - Q_a=말뚝의 허용지지력
  - W_t=해머의 중량
  - H=해머의 낙하높이
  - S=말뚝의 타격당 평균관입량

㉡ Hiley의 공식

- 안전율 : $F_s = 3$

- $Q_u = \dfrac{W_h \times h \times e}{S + \dfrac{C_1 + C_2 + C_3}{2}} \times \dfrac{W_h + n^2 \times W_P}{W_h + W_P}$

㉢ Engineering News 공식

- 안전율 : $F_s = 6$

- 단동식 증기해머
  - 극한지지력 : $Q_u = \dfrac{W_h \times H}{S + 0.25}$
  - 허용지지력 : $Q_a = \dfrac{W_h \times H}{6(S + 0.25)}$

- 복동식 증기해머
  - 극한지지력 : $Q_u = \dfrac{(W_h + A_P \times P) \times H}{S + 0.25}$
  - 허용지지력 : $Q_a = \dfrac{(W_h + A_P \times P) \times H}{6 \times (S + 0.25)}$

- 낙하해머
  - 극한지지력 : $Q_u = \dfrac{W_h \times H}{S + 2.5}$
  - 허용지지력 : $Q_a = \dfrac{W_h \times H}{6 \times (S + 2.5)}$

② 정역학적 지지력 공식

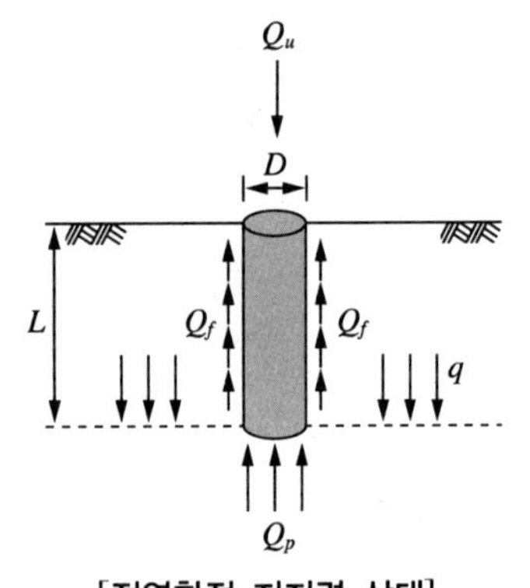

[정역학적 지지력 상태]

㉠ Terzaghi의 공식

- 안전율 : $F_s = 3$
- 극한지지력 : $Q_u = Q_p + Q_f = q_p A_p + f_s A_s$
  - Q_p = 말뚝의 선단지지력(t)
  - Q_f = 말뚝의 주면마찰력(t)
  - q_p = 말뚝 선단의 극한지지력(t/m^2)
  - A_p = 말뚝의 선단지지 단면적(m^2)
  - f_s = 말뚝 주면의 평균마찰력(t/m^2)
  - A_s = 말뚝의 주면적(m^2)
- 허용지지력 : $Q_a = \dfrac{Q_u}{F_s} = \dfrac{Q_u}{3}$

㉡ Meyerhof의 공식

- 안전율 : $F_s = 3$
- 극한지지력 : $Q_u = Q_p + Q_f = 40 \times N \times A_p + \dfrac{1}{5} \times \overline{N_s} \times A_s$
  - N = 말뚝 선단 지반의 N치
  - $\overline{N_s}$ = 말뚝 둘레의 모래층의 평균 N치 $= \dfrac{N_1 \times H_1 + N_2 \times H_2 + N_3 \times H_3}{H_1 + H_2 + H_3}$
  - A_s = 모래층 내의 말뚝의 주면적($= U \times l_s$)

17. 점성토 지반 개량공법

① 샌드 매트(Sand Mat)

㉠ 모래말뚝을 설치하기 전에 지표면에 0.5 ~ 1.0m 정도의 모래를 미리 까는 것이다.

㉡ 샌드 매트의 역할

- 상부 배수층의 기능을 한다.
- 성토 내의 지하 배수층을 형성한다.
- 시공기계의 주행성(Trafficability)을 확보한다.

② 샌드 드레인(Sand Drain) 공법

㉠ 개량 대상인 연약한 점토 지반에 모래말뚝을 설치해 배수거리를 줄이고 압밀을 촉진함으로써 압밀시간을 단축하는 공법이다.

㉡ 주로 수평방향으로 간극수를 배수한다.

㉢ 투수성이 있는 모래층으로부터 모래말뚝을 타설해 하중을 받게 하고, 그 하중으로 점토층 내의 물을 모래말뚝을 통해서 서서히 짜내서 지반의 강도를 높인다.

㉣ 모래말뚝의 간격이 길이의 절반 이하인 때는 연직방향의 배수는 무시한다.

㉤ 평균압밀도 : $U_{age} = 1 - (1 - U_v) \times (1 - U_h)$ (U_v = 연직방향의 평균압밀도, U_h = 수직방향의 평균압밀도)

PART 3

㉥ 샌드 드레인 공법의 단점

- 샌드 드레인 설치 시 주변이 교란된다.
- 시공속도가 느리고, 양질의 모래가 다량 필요해 공사비가 비싸다.
- 샌드 드레인이 시공 도중에 가늘어지거나 끊어질 수 있으며, 타설 후에도 지반의 변형에 의해 절단되는 경우가 있다. 절단되면 배수효과가 사라진다.

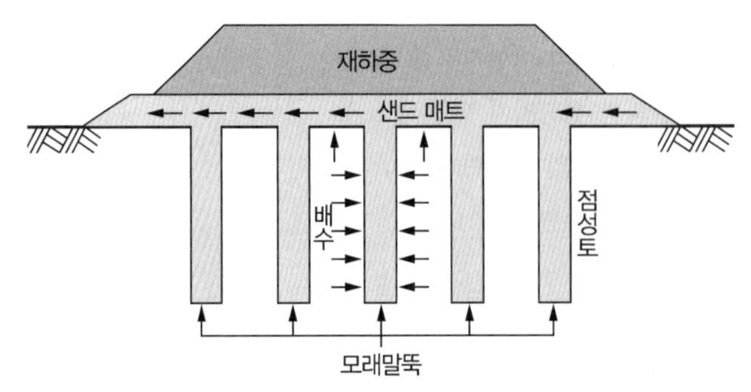

[샌드 드레인 공법의 개념]

③ 페이퍼 드레인(Paper Drain) 공법

㉠ 샌드 드레인 공법과 같은 원리이며, 모래말뚝 대신에 합성수지로 된 배수용 페이퍼를 땅 속에 설치해 압밀을 촉진하고 지반의 강도를 높이는 공법이다.

㉡ 페이퍼 드레인 공법의 특징

- 시공속도가 빠르다.
- 단기 배수효과가 좋다
- 배수단면이 깊이에 대해 일정하다.
- 장기간 사용할 경우에는 열화현상에 따라 배수효과가 감소한다.
- 시공장비 및 작업공정이 단순해 시공성이 우수하고 공사비가 저렴하다.
- 주변 지반의 교란이 없으므로 수평방향의 압밀계수 $C_h \fallingdotseq (2 \sim 4) C_v$로 한다.

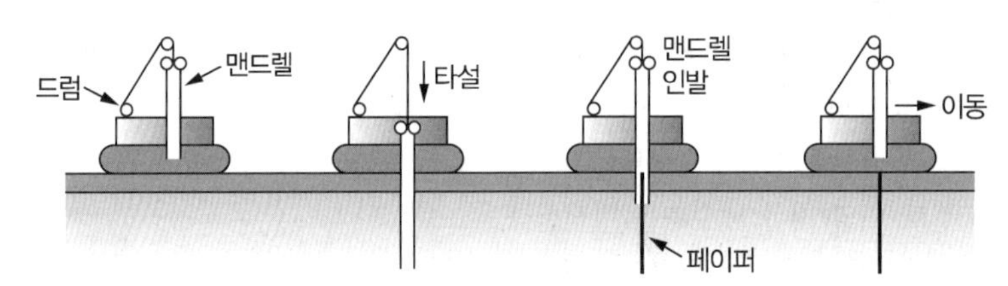

[페이퍼 드레인의 설치]

상하수도공학

1. 상수도의 구성 및 계통

① 상수도의 구성

㉠ 수원(Water Source) : 지표수, 지하수 등 수돗물의 원료가 되는 물, 즉 원수의 공급원

㉡ 취수(Water Intake) : 수원으로부터 필요한 수량을 취입하는 것

㉢ 도수(Water Conveyance) : 수원에서 취수한 원수를 정수 처리를 위해 정수장으로 이송하는 것

㉣ 정수(Water Treatment) : 원수의 수질을 사용 목적에 맞게 조절·개선하는 것(침사 → 침전 → 모래여과 → 소독)

㉤ 송수(Water Transmission) : 정수처리시설로부터 정수된 물을 배수시설(배수지)까지 보내는 것(외부로부터의 오염을 막기 위해 개수로로 할 수 없음)

㉥ 배수(Water Distribution) : 정수장에서 정화 처리된 청정수를 소요수압으로 소요수량을 배수관을 통해 급수지역으로 보내는 것

㉦ 급수(Water Supply) : 배수관에서 분산해 온 물을 급수관을 통해 사용자에게 공급하는 것

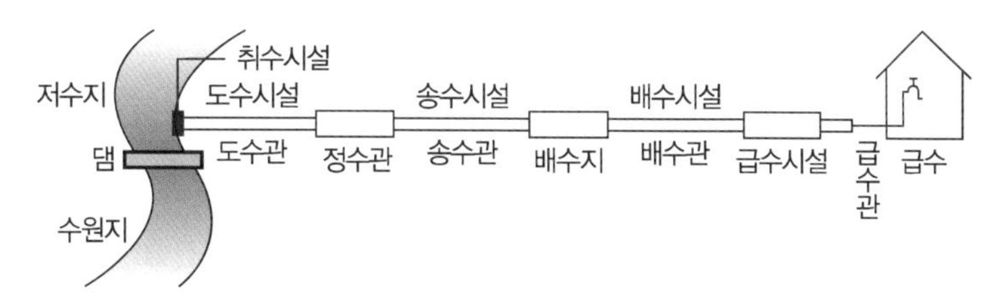

[상수도의 구성]

② 상수도 목적 달성을 위한 기술적 3요소

㉠ 안전한 수질 : 식생활에 적합한 정도의 깨끗함

㉡ 적절한 수압 : 사용하기에 알맞은 압력

㉢ 풍부한 수량 : 소비자에게 공급하기에 충분한 양

③ 수도법에 따른 수도의 분류

㉠ 일반수도

- 광역상수도 : 국가·지방자치단체·한국수자원공사 또는 환경부장관이 인정하는 자가 둘 이상의 지방자치단체에 원수나 정수를 공급하는 일반수도
- 지방상수도 : 지방자치단체가 관할 지역주민, 인근 지방자치단체 또는 그 주민에게 원수나 정수를 공급하는 일반수도로서, 광역상수도 및 마을상수도 외의 수도

• 마을상수도 : 지방자치단체가 100 ~ 2,500명 이내의 급수인구에게 정수를 공급하는 일반수도로서, 1일 공급량이 $20m^3$ 이상 $500m^3$ 미만인 수도 또는 이와 비슷한 규모의 수도로서 특별시장・광역시장・특별자치시장・특별자치도지사・시장・군수(광역시의 군수는 제외)가 지정하는 수도

㉡ 공업용수도 : 공업용수도사업자가 원수 또는 정수를 공업용에 맞게 처리해 공급하는 수도

㉢ 전용수도

• 전용상수도 : 100명 이상을 수용하는 기숙사・사택・요양소, 그 밖의 시설에서 사용되는 자가용의 수도와 수도사업에 제공되는 수도 외의 수도로서, 100 ~ 5,000명 이내의 급수인구(학교・교회 등의 유동인구를 포함)에 대해 원수나 정수를 공급하는 수도

• 전용공업용수도 : 수도사업에 제공되는 수도 외의 수도로서, 원수 또는 정수를 공업용에 맞게 처리해 사용하는 수도

2. 장래인구의 추정

① 과거 20년 동안의 인구의 증감과 도시의 발전 가능성, 특수성 등을 고려함

② 인구 증가율이 높을수록, 인구가 감소되는 경우가 많을수록, 추정 연도가 클수록 인구 추정의 신뢰도는 감소함

③ 장래인구 추정 방법

㉠ 등비급수법

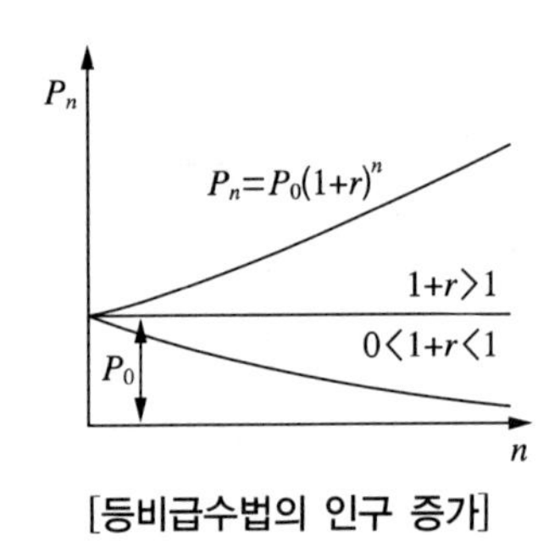

[등비급수법의 인구 증가]

• 매년의 인구 증가율이 일정하다고 보고 연평균 인구 증가율을 기준으로 추정

• 상당히 긴 기간 동안 같은 인구 증가율이 같은 발전적인 도시에 적용

• 발전이 둔화해 인구 증가율이 감소되는 도시에는 과대한 추정이 되는 단점이 있음

• $P_n = P_0(1+r)^n$, $r = \left(\dfrac{P_0}{P_t}\right)^{\frac{1}{t}} - 1$

- P_n = n년 후의 추정 인구
- P_0 = 현재의 인구
- r = 연평균 인구 증가율
- n = 현재로부터 계획 연차까지의 경과 연수
- P_t = 현재로부터 t년 전의 인구

ⓛ 등차급수법

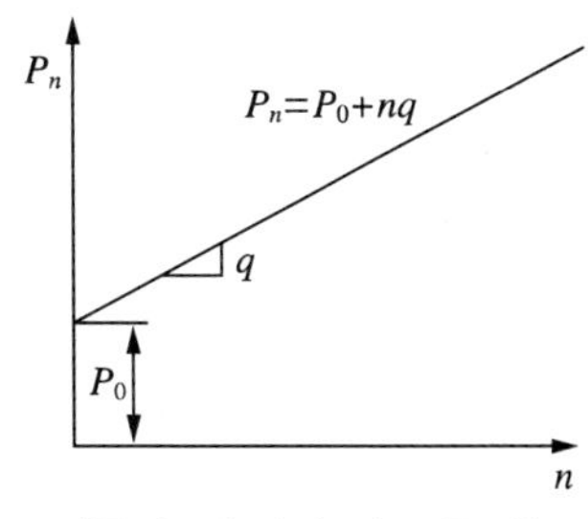

[등차급수법의 인구 증가]

- 연평균 인구 증가수가 일정하다고 가정
- 추정 인구가 과소평가될 우려가 있음
- 발전성이 작은 읍, 면 등에 적합한 방법
- $P_n = P_0 + nq$, $a = \dfrac{P_0 - P_t}{t}$
  - q = 연평균 인구 증가수
  - t = 경과 연수

ⓒ 최소자승법

- 연평균 증가 인구수를 기본으로 하고 몇 개의 자료에서 최소자승법을 이용해 주로 단기간의 인구를 추정
- $y = ax + b$, $a = \dfrac{n\sum xy - \sum x \sum y}{n\sum x^2 - \sum x \sum x}$, $b = \dfrac{\sum x^2 \sum y - \sum x \sum xy}{n\sum x^2 - \sum x \sum x}$
  - y = 기준 연도로부터 x년 후의 인구
  - x = 기준 연도로부터 경과된 연수
  - n = 과거의 인구 자료 수

ⓔ Logistic Curve법(이론곡선법)

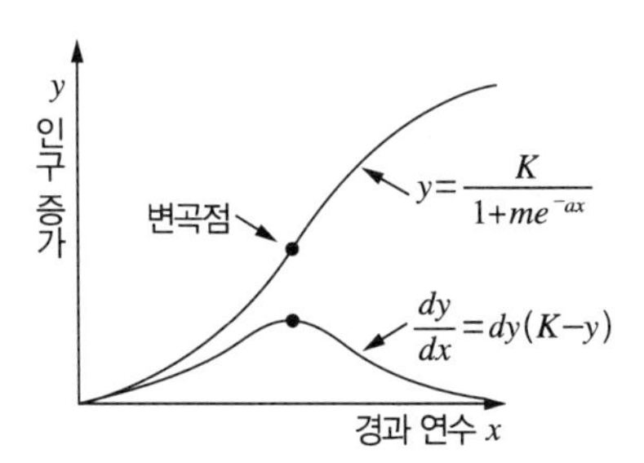

[로지스틱스 곡선의 인구 증가]

- 인구가 무한년 전에 0이었고 시간에 따라 인구증가율이 증가하다가 감소한다고 가정
- 인구 증가율이 포화인구와 현재 인구의 차에 비례한다고 전제
- 포화인구 추정에 어려움이 있으나, 도시인구 통태와 잘 일치
- 목표연도가 긴 경우에 사용하며, 장래인구 추정 방법 중에 가장 정확함

- $y = \frac{K}{1+e^{a-bx}} = \frac{K}{1+me^{-ax}}$
  - e = 자연상수(Exponential)
  - m, a, b = 상수(최소자승법으로 구함)
  - K = 포화인구(인구의 극한치)

3. 수질검사

① 정수장에서 하는 수질검사(먹는물 수질기준 및 검사 등에 관한 규칙)

검사 주기	검사 항목
매일 1회 이상	냄새, 맛, 색도, 탁도, 수소이온 농도 및 잔류염소에 관한 검사
매주 1회 이상	일반세균, 총 대장균군, 대장균 또는 분원성 대장균군, 암모니아성 질소, 질산성 질소, 과망간산칼륨 소비량 및 증발잔류물에 관한 검사
매월 1회 이상	미생물에 관한 기준, 건강상 유해영향 무기물질에 관한 기준, 건강상 유해영향 유기물질에 관한 기준, 심미적 영향물질에 관한 기준
매분기 1회 이상	소독제 및 소독부산물질에 관한 기준

② 생물화학적 산소 요구량(BOD; Biochemical Oxygen Demand)

㉠ 물 속의 호기성 미생물이 20℃에서 5일 동안 유기물질을 분해해 안정화시키는 데 필요한 용존산소의 양

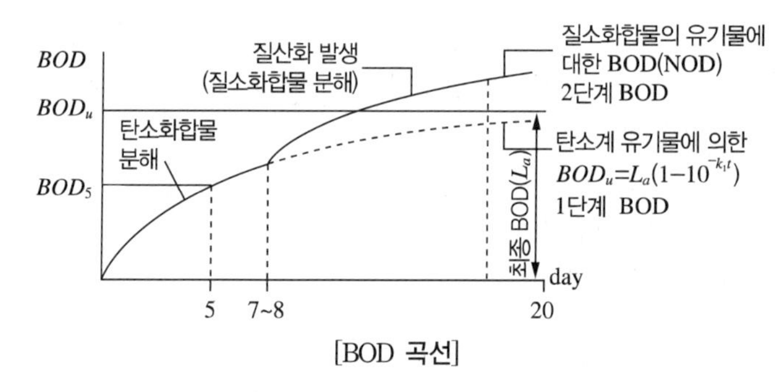

[BOD 곡선]

㉡ BOD 잔존량 공식 : $L_t = L_a \times e^{-k_1 t}$ 또는 $L_t = L_a \times 10^{-k_1 t}$

- L_t = t일 후 잔존 BOD(mg/L)
- L_a = 최초 BODmg/L 혹은 최종 BOD(BOD_u)
- e = 자연로그의 밑(0.718…)
- k_1 = 탈산소계수(day^{-1})
- t = 시간(day)

㉢ BOD 소모량(y) 공식 : $y = L_a(1-10^{-k_1 t})$ 또는 $y = L_a(1-e^{-k_1 t})$

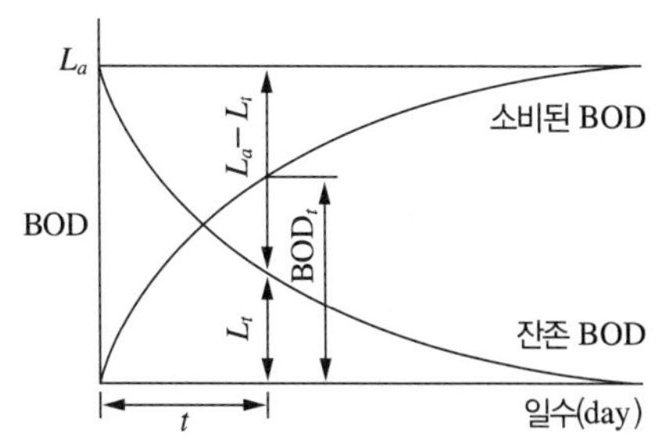

[소비된 BOD와 잔존 BOD의 관계]

③ 화학적 산소 요구량(COD; Chemical Oxygen Demand)

㉠ 수중에 존재하는 유기물을 화학적으로 산화시키는 데 필요한 산소의 양

㉡ 유기물이 산화제에 의해 물과 이산화탄소로 분해(산화)되는 데 필요한 산소의 양

㉢ 과망간산칼륨, 중크롬산칼륨 등의 산화제를 이용해 시료 내의 산화 가능한 유기물을 화학적으로 산화시킨 후 잔류량을 측정해 소모된 산소 요구량을 산정함

㉣ COD와 BOD의 비교

- COD는 BOD보다 단시간에 측정 가능함
- BOD와 함께 수질오염을 나타내는 중요한 지표로 주로 해역, 호수 등의 수질오염 지표로 활용됨
- 도시하수의 오염도 판단에 COD를 측정하는 이유는 도시하수에 무기물이 많아 BOD 측정이 거의 불가능하기 때문임
- 호수, 해수 등의 오염도를 주로 BOD가 아니라 COD로 나타내는 이유는 BOD의 경우 조류가 다량으로 존재하기 쉬워 탄소동화 작용의 영향이 크기 때문임

㉤ COD와 BOD의 관계

- BOD와 COD 측정값의 관계 파악을 통해 생물학적 분해 불가능 물질 및 독성정도 파악이 가능함
- 대부분 동일 폐수의 COD값이 BOD값보다 높은 이유는 미생물에 의해 산화되지 않는 성분까지 화학적으로 산화되기 때문임
- COD는 BOD의 경우(5일)보다 빠른 1 ~ 3시간 내에 결과를 알 수 있고, 독성 조건에서도 시험이 가능하므로 BOD 측정과 상호보완적임
- COD의 경우 자연적인 조건에서 생물학적으로 물질이 안정화되는 속도에 관해서는 아무런 정보를 얻을 수 없으며, 생물학적 자정 작용 파악이 불가능함

④ 용존산소(DO; Dissolved Oxygen)

㉠ 물 속에 녹아 있는, 즉 수중에 유리된 산소의 양

㉡ 산소 용해도에 관여하는 요소 : 온도(반비례), 압력(비례), 불순물의 농도(반비례)

㉢ 용존산소는 수온, 물의 순도(염분 등 불순물의 농도), 기체의 용해도, 기체의 대기압 중에서의 분압 등의 영향을 받음

㉣ 용존산소는 수중 생물의 생존에 결정적인 영향을 끼치며, 어류가 생존 가능한 용존산소의 최소치는 약 5mg/L 정도임

㉤ 20℃의 1기압 조건에서 산소의 용해도는 약 9.075mg/L 정도임

㉥ 오염된 물, BOD값이 큰 물은 용존산소량이 낮음

㉦ 용존산소량이 적은 물일수록 혐기성 분해가 발생하기 쉬움

용존산소의 증감 요인	
증가 요인	• DO가 높은 물의 유입 • 광합성 : 수중 조류의 산소 생산 및 공급(야간에는 산소 소모) • 대기 중의 산소 유입 : 물 분자 사이의 공간에 용존하며, 용존 물질이 많거나 온도가 상승하면 유입이 줄어듦
감소 요인	• 수중생물의 호흡 작용 • 무기화합물의 산화 작용 • 호기성 미생물의 물질대사

⑤ 수소이온 농도(Hydrogen Ion Concentration, pH)

㉠ 용액 내의 수소 이온(H^+) 농도의 역수에 대한 상용로그값

㉡ $pH = \log\frac{1}{[H^+]} = -\log[H^+] = \log\frac{10^{-14}}{OH^-}$

㉢ 자연수와 같은 알칼리성의 물의 pH는 수중에 용해된 이산화탄소의 양에 의해 결정됨 → 이산화탄소의 양이 많을수록 pH는 감소(산성화)

㉣ pH의 범위는 모두 14단계이며, pH가 7보다 낮으면 산성, 7이면 중성, 7보다 높으면 염기성임

4. 저수지에서의 취수

① 유효저수량 : 기준 갈수년에 있어서도 계획취수량을 확보할 수 있는 저수량

㉠ 과거의 기록 중에서 최대 갈수년을 기준으로 삼는 것이 이상적이지만, 이럴 경우에는 저수지 용량이 너무 비대해져 비경제적이므로 10년 빈도 정도의 갈수년을 기준으로 유효저수량을 산정한다.

㉡ 유효저수량은 계획저수량 이외에도 누수, 증발, 침투에 의한 손실 등을 고려해 결정한다.

㉢ 일반적으로 다우지역에서는 계획취수량의 120일분을, 소우지역에서는 200일분을 유효저수량으로 결정한다.

② 저수지 용량 결정 방법

㉠ 가정법

- 연평균 강우량에 대응하는 계획취수량의 취수일을 산정함
- $C = \frac{5,000}{\sqrt{0.8R}}$ (C= 1일 계획급수량의 배수, R= 연평균 강우량)

㉡ 유량누가곡선법(Ripple's Method) : 유효저수량을 도해법으로 구하는 방법이며, 다음 그림에서 저수용량은 C와 F에서 직선 OA와 평행한 선을 그었을 때의 최대종거(S2)의 크기와 같다.

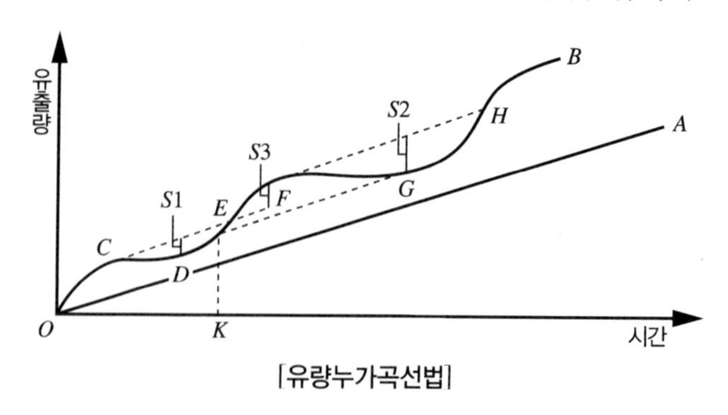

[유량누가곡선법]

- OA= 계획취수량 누가곡선
- OB= 유입량 누가곡선
- DE 구간, GH 구간= 수위 상승 구간
- CD 구간, FG 구간= 수위 하강 구간
- K= 저수시작일
- S3= 월류량
- C, E, F, H= 만수점

③ 수원별 취수지점의 선정

㉠ 하천수 취수지점

- 장래의 하천개수계획을 고려해서 지장이 생기지 않는 곳
- 하수에 의한 오염이 없고, 바닷물의 역류에 의한 영향이 없는 곳
- 장래에 일어날 수 있는 유심의 변화, 하상의 상승 또는 저하에 대비해 유속이 완만한 지점
- 취수지점과 주변 지역은 지질의 상태가 견고해야 하며, 홍수나 산사태에 의해 취수가 방해를 받거나 취수시설이 피해를 입지 않는 곳

㉡ 지하수 취수지점

- 바닷물의 영향을 받지 않는 곳
- 부근의 우물이나 집수매거에 끼치는 영향이 적은 곳
- 천층수나 복류수의 경우 오염원으로부터 최소 15m 이상 떨어져서 장래에도 오염의 영향을 받지 않는 곳
- 복류수의 경우 장래의 유로 변화 또는 하상 저하 등을 고려해 하천개수계획에 지장이 없는 곳

㉢ 호소 및 저수지 취수지점

- 하수가 유입되는 곳을 피함
- 항로에 가까이 위치하는 곳을 피함
- 취수시설의 축조를 위해 기초지반이 양호한 곳을 선정
- 바람이나 물의 흐름에 의해 호소 바닥의 침전물이 교란될 가능성이 적은 곳을 선정
- 저수지나 얕은 호수는 수면으로부터 3 ~ 4m 깊이, 큰 호수는 10m 이상의 깊이에서 취수(외기의 온도 변화, 결빙, 파도의 방해 배제)

5. 상수관로의 설계 공식

① 수로 내의 평균유속

㉠ Hazen – Williams 공식(관수로) : $v = 0.84935\, C R^{0.63} I^{0.54}$

- v = 평균유속(m/sec)
- C = 평균유속계수(주철관 · 강관 = 110, 콘크리트관 = 130)
- R = 경심(m) : $R = \dfrac{(\text{유수단면적})}{(\text{윤변})} = \dfrac{A}{P}$
- I = 수면경사(구배) : $I = \dfrac{(\text{마찰손실두수})}{(\text{관거의 길이})}$

㉡ Manning 공식(개수로) : $v = \frac{1}{n} \times R^{\frac{2}{3}} \times I^{\frac{1}{2}}$ (n = 조도계수 = 0.013 ~ 0.015)

㉢ Chezy 공식(관수로 및 개수로 공통)

- $v = C\sqrt{RI}$
- $C = \frac{1}{n} \times R^{\frac{1}{6}} = \sqrt{\frac{8g}{f}}$ (g = 중력가속도, f = 마찰손실계수)

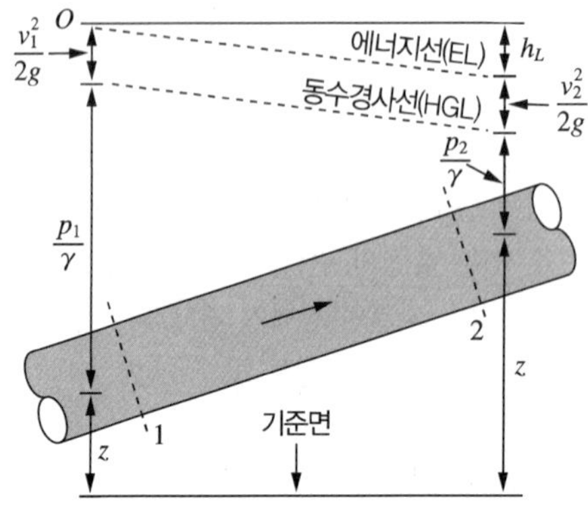

[관로 내의 흐름과 에너지의 관계]

② 마찰손실수두

㉠ 관로상의 두 단면 사이에서 발생하는 손실수두(h_L)는 속도수두와 관수로의 길이(l)에 비례하고, 관의 직경(D)에 반비례함

㉡ Darcy – Weisbach 공식 : $h_L = f \times \frac{l}{D} \times \frac{v^2}{2g}$

- h_L = 마찰손실수두(m)
- f = 마찰손실계수 = $\frac{124.6n^2}{D^{\frac{1}{3}}}$
- D = 관의 직경(m)
- g = 중력가속도(m/sec)

③ 미소손실수두 : $h_L = k \times \frac{v^2}{2g}$ (여기서 k = 미소손실계수)

④ 관의 두께

㉠ 관내의 수압에 따른 파손을 막기 위해 수압을 견딜 수 있는 관의 두께를 결정

㉡ $t = \frac{pD}{2\sigma_{ta}} = \frac{whD}{2\sigma_{ta}}$

- t = 관의 두께(mm)
- $p = wh$ = 관의 내압(정수압, kg/cm^2)
- D = 관의 내경(mm)
- σ_{ta} = 관의 허용인장응력(kg/cm^2)
- w = 물의 단위중량(0.001kg/cm^3)
- h = 연직 물기둥의 높이(수두)

6. 배수계획

① 계획배수량과 배수 방식

㉠ 계획배수량 : 원칙적으로 해당 배수구역의 계획시간 최대배수량으로 한다.

- 평상시 : 계획시간 최대급수량을 기준으로 한다.
- 화재시 : 계획1일 최대급수량의 1시간당 수량에 소화용수량을 더한다.
- 계획시간 최대배수량 : $q = K \times \dfrac{Q}{24}$

  - q = 계획시간 최대배수량(m^3/h)
  - Q = 계획1일 최대수량(m^3/d)
  - $\dfrac{Q}{24}$ = 시간당 평균배수량(m^3/h)
  - K = 시간계수(시간당 평균배수량에 대한 계획시간 최대배수량의 비율)

㉡ 배수 방식

- 해당 배수구역과 배수지의 고저차를 고려해 자연유하식, 펌프가압식(펌프압송식), 병용식[(자연유하식)+(펌프가압식)] 중에서 선택한다.
- 급수구역 내에 가깝고 적당한 높이에 있으면 자연유하식을, 그렇지 않으면 펌프가압식(펌프압송식)을 선택한다.

② 배수시설

㉠ 배수지 : 정수를 저장했다가 배수량의 시간적 변화를 조절한다.

- 위치 : 부득이한 경우를 제외하고는 급수지역 중앙 가까이에 설치해야 하며, 붕괴할 위험이 있는 비탈 상부나 하부 가까이에 축조할 수 없다.
- 높이 : 관말에서 최소동수압(P=1.5kg/cm^2) 이상의 수압을 확보할 수 있는 높이(15m)로 해야 한다.
- 구조 : 물을 저장하므로 철근콘크리트의 수밀성 구조로 하고 복토한다.
- 유효용량(C) : 계획1일 최대급수량의 8~12시간분을 표준으로 하며, 최소 6시간 이상 확보해야 한다.

  C = (계획1일 최대급수량) $\times \dfrac{t}{24}$

  - C = 배수지 유효용량(m^3)
  - t = 배수지 내의 저수시간(hr)
- 유효수심 : 고수위와 저수위의 차이가 3~6m를 표준으로 한다.

㉡ 배수탑과 고가탱크

- 배수구역 내에 배수지를 설치할 적당한 높은 장소를 구할 수 없는 때에 배수량의 조절이나 펌프가압구역의 수압 조절 등을 목적으로 지표면 상부에 설치한다.
- 용량 : 배수지에 준하나, 건설비용이 높아 계획1일 최대급수량의 1~3시간분 정도로 한다.
- 수심은 20m를 기준(고가탱크는 3~6m)으로 한다.

㉢ 배수관

- 관말에서의 수압 : 최소동수압은 $1.53kg/cm^2$ 또는 150kPa(수두 15m)로 하며, 최대동수압은 $5.1kg/cm^2$ 또는 500kPa(수두 50m)로 한다.
- 배수관 매설 시 고려해야 할 사항 : 지하수위, 차량에 의한 윤하중, 동결깊이, 도로하중의 크기
  - 도로의 중앙에 매설을 원칙으로 하되, 도로의 편측에 설치 가능하다.
  - 다른 지하 매설물과 30cm 이상 간격을 둔다.
  - 오수관과 인접할 경우 수도관이 오수관의 위에 있어야 한다.

7. 침전제거율과 표면적부하

① 침전제거율

㉠ v_o(표면적부하)와 독립입자의 침전속도(v_s)의 비율

㉡ 공식 : $E=\dfrac{v_s}{v_o}=\dfrac{v_s}{Q/A}=\dfrac{h}{h_o}$

- v_s = 독립입자의 침전속도
- v_o = 최소 직경 입자의 침전속도
- Q = 유량
- A = 침전지의 표면적
- h_o = 침전지의 높이

㉢ 침전지의 제거 효율을 높이는 방법 : Q를 적게, A를 넓게, v_s를 높게 설계한다.

② 침전지에서의 표면적(수면적)부하($\dfrac{Q}{A}$)

㉠ 침전지에서 입자가 100% 제거되기 위한 침전속도(v_o)

㉡ 공식 : $\dfrac{Q}{A}=\dfrac{h_o}{t}=v_o$

- t = 침전시간(침전지 체류시간)
- v_o = 최소 직경 입자의 침전속도
  - $v_o \le v_s$ 일 경우에는 모든 퇴적부에 침전
  - $v_o > v_s$ 일 경우에는 유출부로 유출됨

㉢ 침전지 설계지는 $v_s \ge \dfrac{Q}{A}$가 되도록 설계함

8. 여과지

① 급속여과지

㉠ 원수 중의 현탁물질을 약품으로 응집시킨 후에 입상여과층에서 비교적 빠른 속도로 물을 통과시켜 여재에 부착시키거나 여과층에서 체거름 작용으로 탁질을 제거

㉡ 생물학적 분해가 이루어지지 않으므로 용해성 물질을 제거하지 못함

② 완속여과지

㉠ 모래층과 모래층 표면에 증식하는 미생물군에 의해 수중의 부유물질이나 용해성 물질 등의 불순물을 포착해 산화하고 분해

㉡ 모래층의 표면이나 모래층 내에 번식한 조류, 생물의 활동으로 만들어진 점질의 여과막에 의해 물리적·화학적·생물학적으로 탁질, 세균 등의 부유물과 암모니아·망간 등 용해성 물질을 분해

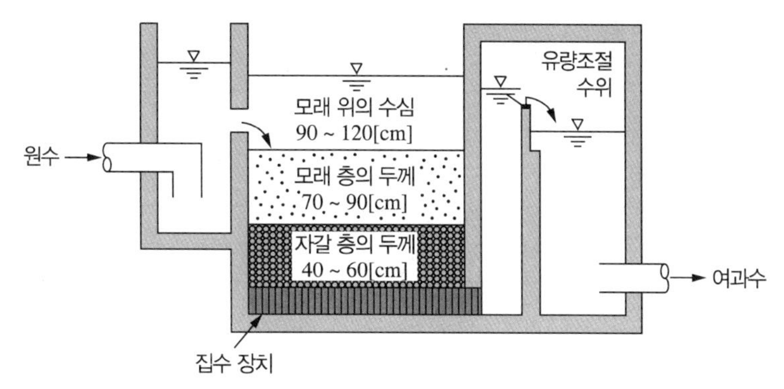

[완속여과법의 원리]

③ 급속여과와 완속여과의 비교

구분	급속여과	완속여과
여과속도	120 ~ 150m/day	4 ~ 5m/day
모래층의 두께	60 ~ 120cm	70 ~ 90cm (자갈층은 40 ~ 60cm)
1지당 여과면적	150m^2 이하	큰 것은 4,000 ~ 5,000m^2 작은 것은 50 ~ 100m^2 정도
균등계수	1.7 이하	2.0 이하
모래의 최소경	0.3mm 이상	0.18mm 이상
모래의 최대경	2.0mm 이하	2.0mm 이하
모래층의 유효경	0.45 ~ 1.0mm	0.3 ~ 0.45mm
여유고	30cm	30cm
수심	100 ~ 150cm	90 ~ 120cm

㉠ 건설비는 완속여과가 더 높다.

㉡ 세균 제거는 완속여과만 신뢰할 수 있다.

㉢ 여과속도가 다르므로 용지 면적도 크게 다르다.

㉣ 완속여과가 급속여과보다 여과 지속시간이 길다.

㉤ 약품 처리의 유무는 급속여과법에서는 필수적이다.

㉥ 전반적으로 급속여과보다 완속여과의 수질이 좋다.

㉦ 완속여과는 급속여과보다 청소 작업에 시간과 인력이 많이 필요하다.

㉧ 급속여과가 약품을 사용하므로 완속여과보다 유지·관리비가 많이 필요하다.

㉨ 원수의 수질면에 있어서 완속여과는 저탁도에 적합하고, 급속여과는 고탁도·고색도와 철 및 조류가 많을 때 적합하다.

④ 여과지 손실수두 : $h_L \doteq \frac{KH\mu V}{d^2} \times \left(\frac{1-n}{n^3}\right)^2$ (K= 정수, H= 모래층의 두께, μ= 물의 점성계수, V= 여과속도, d= 모래의 평균 입경, n= 공극률)

영향 요소	조건	손실수두
모래층의 두께	두꺼울수록	큼
	얇을수록	작음
물의 점성계수	클수록	큼
	작을수록	작음
여과 속도	빠를수록	큼
	느릴수록	작음
모래의 평균 입경	클수록	작음
	작을수록	큼
공극률	좋을수록	작음
	나쁠수록	큼

9. 하수도 시설계획

① 하수도의 개념 : 오수와 우수를 배제 또는 처리하기 위해 설치되는 도관과 기타의 공작물과 시설의 총체를 말하며, 여기서 도관이란 하수관거를 가리킴

② 하수도의 효과

㉠ 강우로 인한 시가지의 침수·범람의 방지 및 공중위생상의 효과

㉡ 공공수역의 수질 보전 및 토지 이용의 증대

㉢ 도로·하천 유지비의 절약

㉣ 분뇨 처분의 해결 및 도시 미관의 개선

③ 하수도의 설치 목적

㉠ 도시의 하수를 배제해 쾌적한 생활 환경을 조성하며 도시 미관을 개선하고, 지하수위의 저하로 토지 개량 및 보건 위생 증진

㉡ 오수와 탁수를 신속하고 적절하게 처리함

㉢ 하천의 오염을 예방하고, 공공수역의 수자원을 오염으로부터 보호함

㉣ 우수를 신속히 배제해 침수로 인한 재해를 예방함

④ 하수도 계획

㉠ 하수도 계획의 목표연도는 원칙적으로 20년으로 한다. 하수도 시설의 내용연수 및 건설기간이 길고, 특히 관거의 경우는 하수량의 증가에 따라 단계적으로 단면을 증가시키기 어려우므로 장기적인 관거계획을 수립할 필요가 있기 때문이다.

㉡ 오수관거 및 우수관거 계획

- 오수관거에서는 계획시간 최대오수량으로 한다.
- 우수관거에서는 계획우수량으로 한다.
- 합류식 관거에서는 계획시간 최대오수량에 계획우수량을 합한 것으로 한다.
- 차집관거는 우천 시 계획오수량(계획시간 최대오수량의 3배 이상)으로 한다.
- 계획하수량과 실제 발생하수량 간에는 큰 차이가 발생할 수 있으므로 지역의 실정에 따라 계획하수량에 여유율을 둘 수 있다.
- 관거는 악취 발생 등 환경 위생상의 관점 및 주로 도로 밑에 매설되는 점 등을 고려해 우수관거 및 방류관거를 제외하고는 원칙적으로 암거로 하며, 수밀한 구조로 하여야 한다.
- 관거의 단면, 형상 및 경사는 관거 내에 침전물이 퇴적하지 않도록 적당한 유속을 확보할 수 있도록 정한다.
- 관거의 역사이펀은 관거의 폐쇄, 가스 및 악취 발생 등을 일으킬 수 있으므로 가능한 한 피하도록 계획한다.
- 분류식의 구역에서 오수관거와 우수관거가 교차해 역사이펀을 피할 수 없는 경우에는 오수관거를 역사이펀으로 하는 것이 바람직하다. 왜냐하면 우수관거는 시가지의 침수 방지시설로서의 중요한 역할을 하므로 유수의 유하 상황을 고려해 우수 배제를 우선적으로 다루는 것을 기본으로 하기 때문이다.
- 우수관거의 능력을 결정하는 경우에는 우수관거에 합류하는 계획우수량을 합리식을 기반으로 산정한다. 즉, 합류식 관거에 있어서는 계획우수량과 계획시간최대오수량을 더한 값으로 한다.
- 우수관거는 자연유하를 원칙으로 하므로 지형에 따라 배치계획을 해야 한다. 이때 지형, 지질, 도로폭원 및 지하매설물 등의 상황을 충분히 고려해 수두손실을 최소로 하도록 한다.
- 우수관거의 단면형상 및 경사는 관거 내에 침전물이 퇴적하지 않도록 적정한 유속이 확보될 수 있게 한다.
- 우수관거의 수리계산 시에는 방류수역의 계획외수위를 고려한다.
- 우수관거 계획 시에는 기존 배수로의 이용을 고려한다.

㉢ 하수처리장 계획

- 하수처리시설의 계획오수량은 공공수역의 수질오염 방지를 최우선으로 고려하므로 1년을 통해 처리시설의 과부하 현상이 일어날 염려가 적은 계획1일 최대오수량으로 하는 것을 원칙으로 한다.
- 하수처리장은 건설비 및 유지·관리비 등의 경제성, 유지·관리의 난이도 및 확실성 등을 고려해 결정한다.
- 하수처리장의 위치는 방류수역의 물 이용 상황 및 주변의 환경 조건을 고려해 정한다.
- 하수처리장의 부지면적은 장래 확장 및 향후의 고도처리계획 등을 예상해 계획한다.
- 하수처리시설은 이상수위에서도 침수되지 않는 지반고에 설치하거나 또는 방호시설을 설치한다.

10. 하수의 배제 방식

① **합류식** : 오수와 우수를 하나의 관거로 배제하는 방식으로 경제적인 점에서 유리하다.

㉠ 합류식의 장점

- 분류식에 비해 건설비가 적게 소모되고 시공이 용이함
- 지면의 오염물질을 하수처리장으로 운반해 처리할 수 있음
- 경사가 완만하고 매설 깊이가 얕아도 됨
- 점검 및 청소, 관리가 용이하고 환기가 잘 이루어짐
- 우천 시에 대량의 우수로 관내의 세정이 자연적으로 이루어짐
- 관로의 단면적이 커서 유지·관리에 유리하고, 환기가 잘 되어 유독가스가 폭발할 위험이 적음

㉡ 합류식의 단점

- 오수와 우수를 동시에 처리하기 위해 대구경 관로가 필요함
- 경사가 완만해 청천 시에는 유속이 느려 부유물이 침전·부패되어 처리장에서의 효율을 저하시킴
- 우천 시에 다량의 토사가 처리장으로 유입되어 침전지 및 슬러지 소화조 등에 퇴적됨
- 계획하수량 이상 유입되면 하천으로 월류할 수 있음
- 우천 시에 유량이 많아져 처리 비용이 증가함
- 오수 부하량이 커서 처리 비용이 많이 필요함
- 강우 초기에는 하수의 수질이 악화되며, 이때 계호기 오수량의 일정 배율 이상의 것은 우수토실 또는 펌프장을 통해 공공수역으로 방류되어 수질오염의 원인이 됨
- 우수토실에 모래 등이 퇴적되어 하수의 흐름을 방해하는 경우에는 우수토실에서 오수가 수역으로 방류되어 수질오염의 원인이 됨

② **분류식** : 오수관거와 우수관거를 별도로 설치하는 방식으로 위생적인 점에서 유리하다.

㉠ 분류식의 장점

- 하수에 우수가 포함되지 않으므로 하수처리장의 규모를 작게 할 수 있고, 처리 비용을 절감할 수 있음
- 합류식에 비해 유량 변동이 적고, 유속이 빨라 관내 침전물이 적게 발생함
- 하수처리장에 유입되는 하수의 수질 변동이 비교적 적음
- 방류 장소 선정의 폭이 넓음

㉡ 분류식의 단점

- 오수관과 우수관을 별도로 매설하므로 공사비가 많이 투입됨
- 강우 초기에 오염도가 비교적 큰 노면배수와 우수관거에 부착된 오염물질 등이 씻겨 공공수역으로 방류됨
- 소구경이므로 합류식에 비해 경사가 급하고, 평탄한 지형에서는 관거의 매설 깊이가 깊어짐
- 관거 퇴적물을 인위적으로 청소해야 함

11. 하수관거의 배치 방식

① 직각식(수직식)

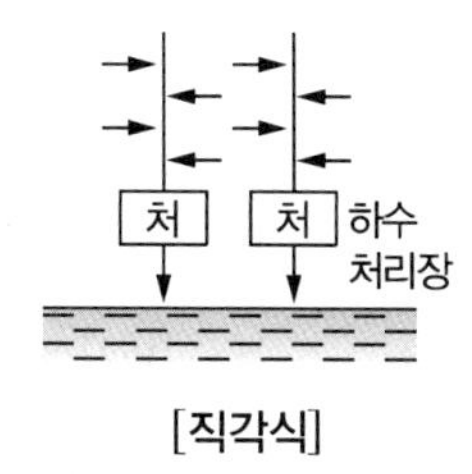

[직각식]

㉠ 도시 중심에 큰 하천이 흐르거나 해안을 따라 발달한 도시에 적합한 방식
㉡ 하천이나 바다에 직각으로 연결한 하수관거로 하수를 배출
㉢ 하수를 신속히 배제할 수 있으며 경제적
㉣ 하구관거의 연장은 짧아지나 토구수가 많아짐

② 차집식

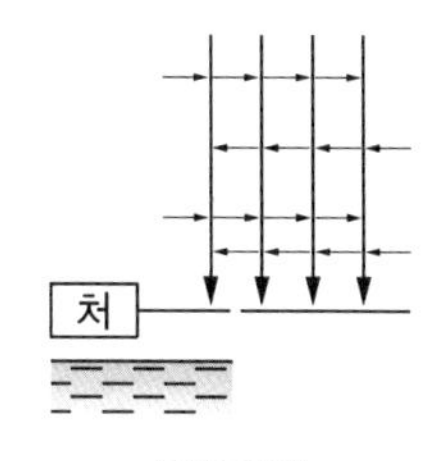

[차집식]

㉠ 토구수가 많은 직각식을 개량한 것으로, 하수처리장 부지를 확보하기 어려운 경우에 적합한 방식
㉡ 오수를 직접 하천이나 바다에 방류하지 않고 간선하수거로 유하한 하수거를 하천이나 해안에 나란하게 설치된 차집관거로 차집해 하수처리장으로 유도

③ 선형식(선상식)

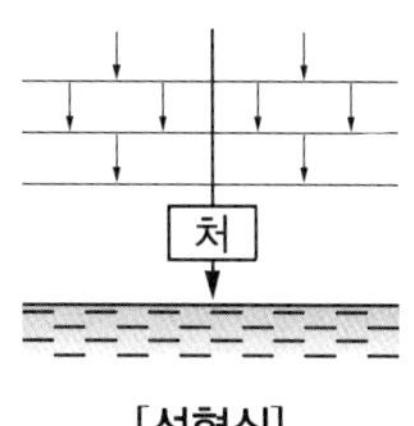

[선형식]

㉠ 지형이 한 방향으로 경사가 져서 하수를 한곳으로 모으기 쉬운 지역에 적합한 방식(경사에 의해 한 방향으로 배수)
㉡ 배수계통을 수지상(나뭇가지형)으로 배치해 1개의 간선으로 모음

④ 방사식

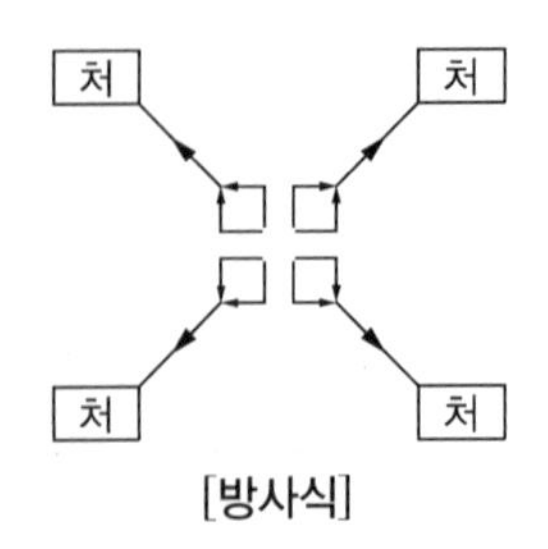

[방사식]

㉠ 도시의 중앙이 높고 주변에 방류수역이 낮게 있을 경우에 적합한 방식

㉡ 지역이 넓어서 하수를 한곳으로 배수하기 곤란할 때 배수구역을 여러 개로 나누어 중앙으로부터 방사형으로 배관하고 각 구역별로 배수와 하수처리를 함

㉢ 관거의 연장이 짧고 소관경으로 유리하지만, 하수처리장의 수가 많아짐

⑤ 평행식(고저단식)

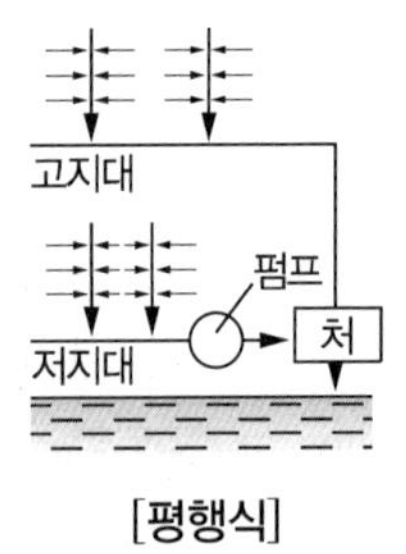

[평행식]

㉠ 계획구역 내의 고저차가 심할 때 고저에 따라 고지대와 저지대로 구분해 고지대는 자연유하식, 저지대는 펌프를 이용해 하수를 하수처리장으로 압송하는 방식

㉡ 대규모 도시에 적합한 방식으로 경제적

⑥ 집중식

㉠ 한 지역이 하수가 방류될 수면과의 높이의 차이가 충분하지 못할 때 또는 주위 지대보다 저지대일 때 그 지역의 가장 낮은 곳으로 향해 집중적으로 흐르게 한 후 하수를 중계펌프를 이용해 하수처리장으로 압송

㉡ 도시 중앙에 펌프장을 설치하기 곤란한 경우에는 부적합하며, 펌프시설이 고장이 날 경우에는 하수가 범람할 위험이 있음

12. 하수관거의 접합

① 관거를 접합할 때 유의할 사항

㉠ 관거의 방향, 경사, 단면의 형태, 크기 등이 변화하는 지점 및 합류되는 장소에는 맨홀을 설치해 관을 접합한다.

㉡ 관경이 변화하는 경우 또는 2개 관거가 합류하는 경우에는 원칙적으로 수면접합(수위접합) 및 관정접합으로 시공한다.

㉢ 경사의 지표의 경우 관경 변화의 유무에 관계없이 원칙적으로 지표의 경사에 따라 단차접합 또는 계단접합으로 시공한다.

㉣ 2개 관거나 합류하는 경우 중심교각은 30° ~ 45°가 이상적이며, 최소 60° 이하로 시공하고, 곡선을 이루며 합류하는 경우 곡률반경은 내경의 5배 이상으로 한다.

② 관거접합 방식의 종류

㉠ 수면접합 : 계획유량이 흐를 경우 연결되는 상류와 하류의 관이 수위가 일치하도록 접합하는 방식으로, 수리학적으로 가장 좋다.

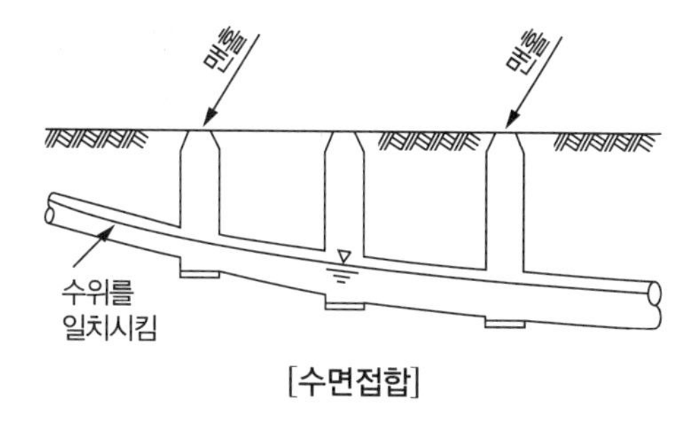

[수면접합]

㉡ 관정접합 : 접속하는 관의 내면 상부를 일치시키는 방식으로, 단면을 유효하게 이용할 수 있으나, 굴착할 깊이가 깊어져 공사비가 많이 소요되고 펌프배수 시 양정이 커진다.

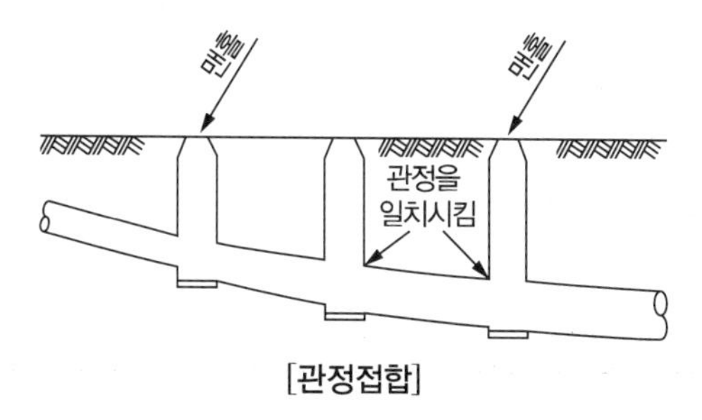

[관정접합]

㉢ 관중심접합 : 관거의 중심을 일치시키는 방식(수면접합과 관저접합의 중간 형태)으로, 계획하수량에 대응하는 수위를 산출할 필요가 없으므로 수면접합에 준용되는 경우가 있다.

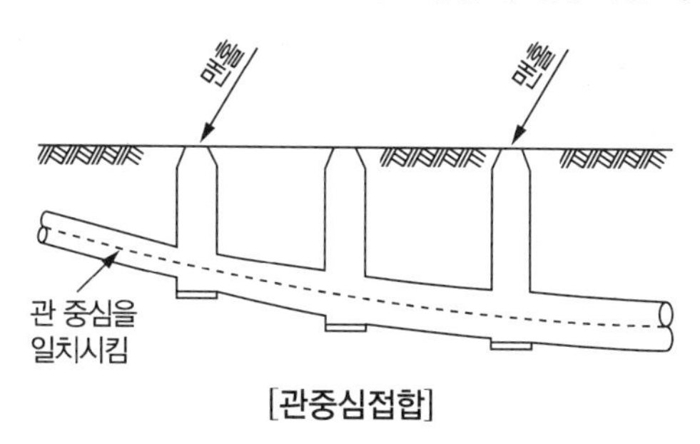

[관중심접합]

㉣ 관저접합 : 관거의 내면 바닥이 일치하도록 접합하는 방식으로, 평탄한 지형에서는 토공량이 감소해 공사비를 절감할 수 있으며, 펌프배수 지역에 적절하다. 그러나 수리학적으로 좋지 않고, 하수관거의 접합 방식 중에 가장 부적절하다.

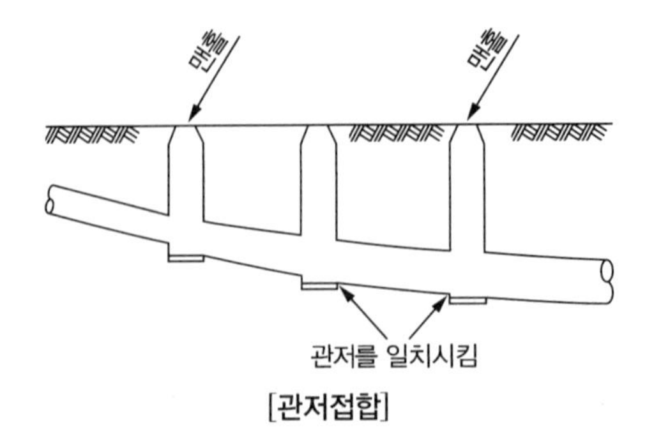

[관저접합]

㉤ 단차접합
- 지표의 경사가 급한 경우에 관거의 경사와 토공량을 줄이기 위해 사용한다.
- 지표의 경사에 따라 적당한 간격으로 맨홀을 설치하며, 1개소당 단차는 1.5m 이내로 하는 것이 바람직하다. 단차가 0.6m 이상일 경우 합류관 및 오수관에는 부관을 사용하는 것이 원칙이다.

㉥ 계단접합
- 지표의 경사가 급한 경우에 대구경 관거 또는 현장 타설 관거를 설치할 때 관거의 경사와 토공량을 줄이기 위해 사용한다.
- 계단의 높이는 1단당 0.3m 이내 정도로 하는 것이 바람직하다.

13. 펌프의 관련식

① 펌프의 실양정과 전양정

㉠ 실양정 : 양정은 물을 낮은 곳(흡수면)으로부터 높은 곳(토출수면)으로 토출할 때의 높이를 뜻하며, 실양정은 흡입양정과 토출양정의 합으로, 펌프가 실제로 물을 양수한 높이를 의미한다.

㉡ 전양정 : 실양정, 총손실수두, 토출관 말단에서의 잔류 속도수두 등의 합을 뜻한다. 즉, H= 실양정(h_a, 단위 : m)+총손실수두($\sum h_f$, 단위 : m)+토출 말단 잔류 수두(h_o)

전양정에 대한 하수펌프의 형식		
형식	전양정(m)	펌프의 구경(mm)
축류펌프	5 이하	400 이상
사류펌프	3 ~ 12	400 이상
원심 사류펌프	5 ~ 20	300 이상
원심펌프	4 이상	80 이상

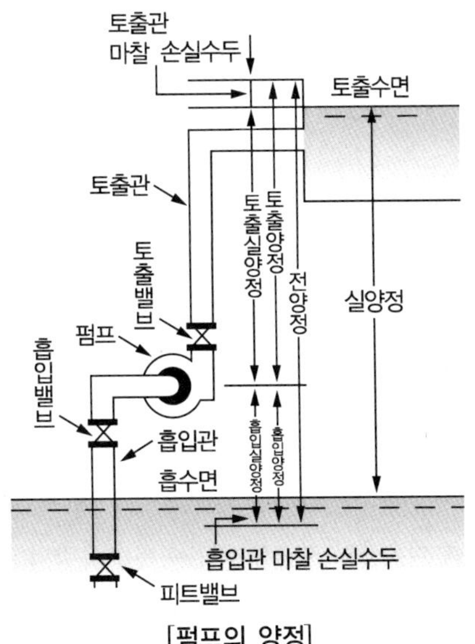

[펌프의 양정]

② 펌프의 흡입구경

㉠ 펌프의 흡입구경은 토출량과 펌프흡입구의 유속에 따라 정하며, 흡입구의 유속은 펌프의 회전수 및 흡입실양정을 고려해 1.5 ~ 3.0m/s를 표준으로 한다. 다만 펌프의 회전수가 큰 경우에는 유속을 크게, 회전수가 작은 경우에는 유속을 작게 한다.

㉡ $D=146\sqrt{\dfrac{Q}{V}}$

- D= 펌프의 흡입구경(mm)
- V= 흡입구의 유속(m/s)
- Q= 펌프의 토출량(m^3/min)

③ 펌프의 축동력

㉠ 펌프의 동력은 토출량, 전양정 및 펌프의 효율에 의해 결정된다.

㉡ $P_s=\dfrac{\gamma QH}{75\eta}=\dfrac{1{,}000\,QH}{75\eta}=\dfrac{13.33\,QH}{\eta}$ [HP]

$P_s=\dfrac{\gamma QH}{102\eta}=\dfrac{1{,}000\,QH}{102\eta}=\dfrac{9.8\,QH}{\eta}$ [kW]

- P_s= 펌프의 축동력
- H= 펌프의 전양정(m)
- η= 펌프의 효율(0 ~ 1)
- 1HP(마력)= 75kg · m/sec
- 1kW= 102kg · m/sec= 1.36HP

④ 펌프의 비교회전도(비속도)

㉠ 비교회전도는 유량 $1m^3/min$을 1m 양수하는 데 필요한 회전수로, 펌프의 특성 및 형식을 나타내는 지표이다.

㉡ $N_s = N\dfrac{Q^{\frac{1}{2}}}{H^{\frac{3}{4}}}$

- N_s = 비교회전도
- N = 펌프의 규정회전수(rpm)
- Q = 펌프의 규정토출량(m^3/min), 양흡입의 경우는 양수량의 $\dfrac{1}{2}$
- H = 펌프의 규정양정(m), 다단펌프의 경우는 1단에 해당하는 양정

㉢ N_s의 값이 클수록 대유량의 저양정, 작을수록 소유량의 고양정 펌프이다. → N_s가 클수록 소형이 되므로 펌프의 가격도 낮아진다.

㉣ N_s는 펌프의 공동현상 및 성능을 검토하는 주요 지표이며, N_s가 커지면 흡입구의 흡입력이 저하되어 공동현상이 쉽게 발생한다.

㉤ 수량 및 전양정이 같다면 회전수가 많을수록 N_s가 커지게 된다.

㉥ N_s가 동일하면 펌프의 크기에 관계없이 같은 형식의 펌프로 하고, 특성도 대체로 같게 된다.

14. 계획우수량의 산정

① 합리식(우수유출량의 산정식)

㉠ $Q = \dfrac{1}{360} C \times I \times A$

- Q = 최대계획 우수유출량(m^3/sec)
- C = 유출계수$\left[= \dfrac{(\text{실제 우수유출량})}{(\text{총 강우량})} \right]$
- I = 유달시간 내의 강우강도(mm/hr)
- A = 배수면적(ha)

㉡ $Q = \dfrac{1}{3.6} C \times I \times A$ [A = 배수면적(km^2)]

② 강우강도 공식

I = 강우강도(mm/hr), t = 강우지속시간(min), a, b, m = 상수일 때

㉠ Talbot형 : $I = \dfrac{a}{t+b}$

㉡ Sherman형 : $I = \dfrac{a}{t^m}$

㉢ Japanese형 : $I = \dfrac{a}{\sqrt{t} \pm b}$

㉣ Cleveland형 : $I = \dfrac{a}{t^m + b}$

③ 유달시간

㉠ 유달시간은 유입시간과 유하시간의 합으로 계산하며, 단위는 min으로 한다.

• 유입시간(t_1) : 배수구역의 가장 먼 지점에서 하수관거의 입구까지 유입되는 데 걸린 시간으로, $t_1 = 1.44\left(\frac{L \times n}{S^{1/2}}\right)^{0.467}$ (=Kerby식)으로 계산한다. 여기서 L= 지표면거리(m), S= 지표면의 평균경사, n= 조도계수와 유사한 지체계수이다.

표면의 형태	Kerby식의 n값
매끄러운 불투수표면	0.02
매끄러운 나대지	0.10
경작지나 기복이 있는 나대지	0.20
활엽수	0.50
초지 또는 잔디	0.40
침엽수, 깊은 표토층을 가진 활엽수림 지대	0.80

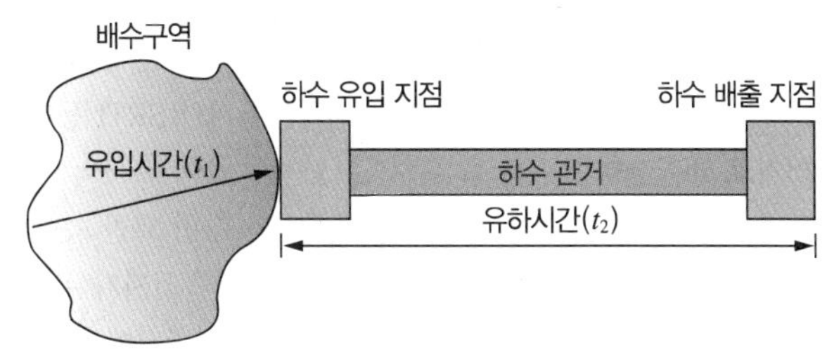

[유달시간의 산정]

• 유하시간(t_2) : 하수관거로 유입된 하수가 배출되는 지점까지 이동하는 데 걸린 시간, 즉 하수관거를 흘러가는 데 소요된 시간으로, $t_2 = \frac{L}{\alpha \times V}$으로 계산한다($L$= 관거연장(m), V= Manning 공식에 의한 관거 내의 평균유속(m/s), α= 홍수의 이동속도에 대한 보정계수이다).

단면의 형상	수심(%)	보정계수(α)
원형	80	1.03
	50	1.33
	20	1.42
정사각형	80	1.25
	50	1.33
	20	1.48

㉡ 유역의 면적이 작을수록, 형상계수가 작을수록, 경사가 급할수록, 비투수성 지표일수록 유달시간은 짧다.

㉢ 도달시간이 강우지속시간보다 길 경우에는 전 배수구역에서 강우가 최하류 지점에 동시에 모이지 않는 지체현상이 발생한다.

15. 활성슬러지법

하수처리 방법의 비교					
구분	물리적 처리	화학적 처리	생물학적 처리		
제거되는 부분	부유물질 콜로이드 물질	용해성 유기물질 용해성 무기물질	용해성 유기물질 부유성 유기물질		
처리 방법	침전법 부상법 여과법 폭기법 흡착법	중화법 산화 환원법 응집법 소독법 이온 교환법	호기성	혐기성	임의성
			활성슬러지법 살수여상법 산화지법 회전원판법	소화법 부패조 임호프조 혐기성 소화지	살수여상법 산화지법

① 활성슬러지법의 기본 원리

㉠ 하수에 공기를 불어넣고 교반시키면 각종 미생물이 하수 중의 유기물을 이용해 증식하고 응집성의 플록을 형성한다. 이것을 활성슬러지라고 하며, 세균류, 원생동물, 후생동물 등의 미생물 및 비생물성의 무기물과 유기물 등으로 구성된다.

㉡ 활성슬러지를 산소와 함께 혼합하면 하수 중의 유기물은 활성슬러지에 흡착되어 활성슬러지를 형성하는 미생물군의 대사기능에 따라 슬러지체류시간(SRT) 동안 산화 또는 동화되며 그 일부는 활성슬러지로 전환된다.

㉢ 활성슬러지법에서는 공기를 불어넣거나 기계적인 수면 교반 등에 의해 반응조 내에 산소를 공급하며, 이때 발생하는 반응조 내의 수류에 의해 활성슬러지가 부유 상태로 유지된다. 반응조로부터 유출된 활성슬러지 혼합액은 2차 침전지에서 중력침전에 의해 고액 분리되고 상징수(上澄水)는 처리수로서 방류된다.

㉣ 침전 및 농축된 활성슬러지는 반응조에 반송되고 하수와 혼합되어 다시 하수처리에 이용됨과 동시에 일부는 잉여슬러지로 처리된다.

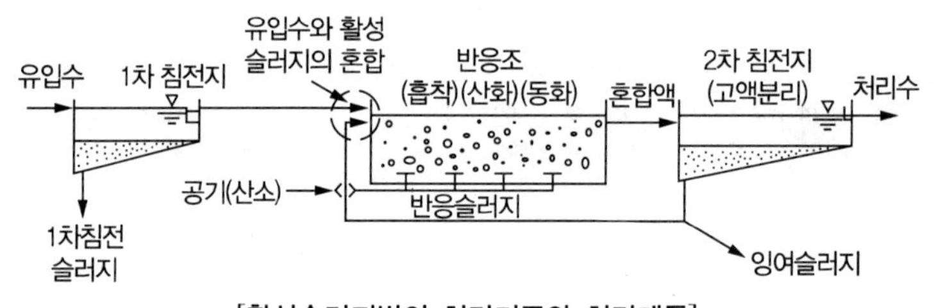

[활성슬러지법의 처리기구와 처리계통]

② 활성슬러지법의 장단점

㉠ 장점

- 설치면적이 적게 들고, 처리수의 수질이 우수하다.
- BOD, SS 등의 제거율이 높다. 또한 악취가 거의 없고, 2차 공해 우려가 없다.

㉡ 단점

- 운전비가 많이 소요되며, 슬러지가 많이 생성된다.
- 슬러지의 팽화가 발생할 위험이 있다. 또한 유지 및 관리에 상당한 기술이 필요하다.

③ 생물학적 처리를 위한 운영 조건

㉠ 영양물질 : 미생물 번식을 위한 영양물질을 공급하며, BOD, N(질소), P(인)의 비율은 BOD : N : P=100 : 5 : 1이다.

㉡ 용존산소 : 미생물들이 수중에 있는 산소를 산화제로 사용하기 위해 DO의 농도를 최소 1리터당 0.5 ~ 2mg으로 유지한다.

㉢ pH : 생물학적 처리에 사용되는 미생물은 pH 6.5 ~ 8.5 정도에서 활동한다.

㉣ 수온 : 호기성 반응조에 활동하는 미생물은 20 ~ 35℃ 정도의 온도를 요구한다.

16. 활성슬러지법 설계 공식

① BOD 용적부하(kgBOD/m^3 · day)

㉠ 포기조 용적 $1m^3$당 1일 동안 기해지는 BOD의 무게

㉡ BOD 용적부하

$$\frac{(\text{1일 BOD 유입량})}{(\text{포기조의 부피})} = \frac{(\text{BOD의 농도}) \times (\text{유입수량})}{(\text{포기조의 부피})} = \frac{\text{BOD} \times Q}{V} = \frac{\text{BOD} \times Q}{Q \times t} = \frac{\text{BOD}}{t}$$

- Q=유입수량(m^3/day)
- V=포기조의 부피(m^3)
- t=포기시간(hr)

② BOD 슬러지부하[MLSS 부하, (kgBOD/kgMLSS · day)]

㉠ 포기조 혼합액 부유고형물(MLSS, Mixed Liquor Suspended Solids)의 단위무게당 1일 동안 가해지는 BOD의 무게

㉡ BOD 슬러지부하

$$= \frac{(\text{1일 BOD 유입량})}{\text{MLSS의 양}}$$

$$= \frac{(\text{BOD의 농도}) \times (\text{유입수량})}{(\text{MLSS의 농도}) \times (\text{포기조의 부피})}$$

$$= \frac{\text{BOD} \times Q}{\text{MLSS} \times V} = \frac{\text{BOD}}{\text{MLSS} \times t}$$

③ 포기시간(hr)과 체류시간(day)

㉠ 포기시간 : 원폐수가 포기조 내에 머무르는 시간

- 반송수가 없을 경우의 포기시간$= \frac{(\text{포기조의 부피})}{(\text{유입수량})} = \frac{V}{Q} \times 24\text{hr}$
- 반송수가 있을 경우의 포기시간$= \frac{V}{Q + Q_r} \times 24\text{hr}$ [Q_r=반송수량, (m^3/day)]

㉡ 체류시간(day)과 반송비

- 체류시간$= \frac{V}{Q(1+r)}$ (r=반송비)
- 반송비 $r = \frac{(\text{반송수량})}{(\text{유입수량})}$

PART 3

④ 고형물 체류시간(SRT)

㉠ 최종 침전지에서 분리된 고형물의 일부는 폐기되고 일부는 반송되어 슬러지는 포기시간보다 긴 시간 동안 포기 내에 체류하는 시간으로, 포기조 내 MLSS의 양을 유입수 내의 부유고형물(SS)의 양으로 나눈 값이다. 슬러지 일령(SA)이라고도 부른다.

㉡ SA$=\dfrac{V\times X}{S_0\times Q}=\dfrac{X}{S_0}\times t$ [X= 포기조 내의 MLSS의 농도, (mg/L)]

㉢ SRT$=\dfrac{V\times X}{\text{SS}\times Q}=\dfrac{V\times X}{X_r\times Q_w+(Q-Q_w)X_e}\fallingdotseq\dfrac{V\times X}{X_r\times Q_w}$

- X_r = 반송슬러지의 SS의 농도(mg/L)
- X_e = 유출수 내의 SS의 농도[거의 0에 가까워 무시할 수 있음, (mg/L)]
- Q_w = 잉여슬러지량(m^3/day)

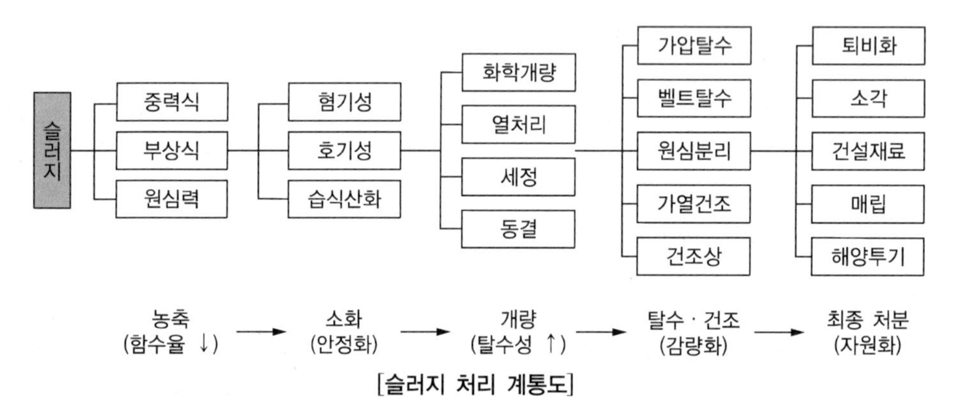

[슬러지 처리 계통도]

⑤ 슬러지 용적지수(SVI)

㉠ 포기조 혼합액(MLSS) 1L를 30분 동안 침전시켰을 때 1g의 MLSS가 차지하는 침전슬러지의 용적(mL)을 뜻하며, 슬러지 밀도지수(SDI)와 함께 포기조를 나온 활성슬러지의 침강농축성과 팽화(Bulking) 여부를 확인하고 포기조의 운전 상태를 파악할 수 있는 지표이다.

㉡ SVI$=\dfrac{(\text{30분 동안 침전시킨 슬러지의 부피})}{(\text{MLSS의 농도})}\times 1{,}000$

㉢ SVI가 50 ~ 150이면 슬러지의 침강성이 양호함을, 200 이상이면 슬러지 팽화 유발을 의미한다.

㉣ SVI와 반송슬러지의 관계 : $X_r=\dfrac{1{,}000{,}000}{\text{SVI}}$

⑥ 슬러지 밀도지수(SDI)

㉠ 슬러지의 침전 시 압축의 정도를 나타내는 값으로, 슬러지 반송률을 결정하는 지표이다.

㉡ SDI$=\dfrac{\text{MLSS}}{(\text{슬러지의 용적})}\times 100=\dfrac{100}{\text{SVI}}$

17. 기타 생물학적 처리법

① 살수여상법

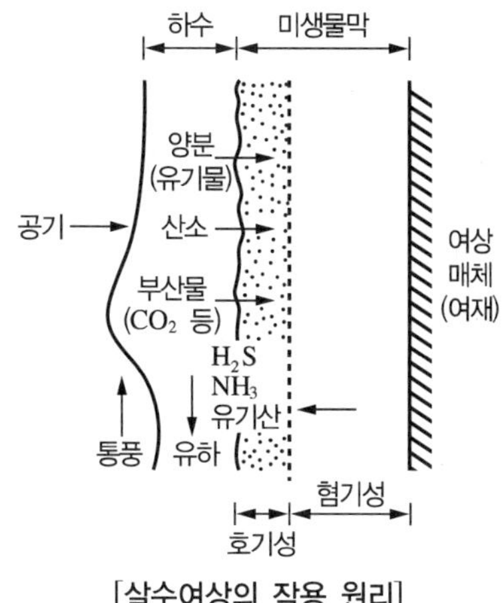

[살수여상의 작용 원리]

㉠ 살수여상법은 2차 처리의 일종으로, 반응조 내의 여재 등과 같은 접촉제의 표면에 주로 미생물로 구성된 생물막을 만들어 오수를 접촉시키는 방법이다. 그 목적은 오수 중의 유기물을 생물학적으로 분해해 처리하는 것이다.

㉡ 살수여상법에서는 고정된 쇄석과 플라스틱 등의 여재 표면에 부착한 생물막의 표면을 하수가 박막의 형태로 흘러내린다. 하수가 여재 사이의 적당한 공간을 통과할 때에 공기 중으로부터 하수에 산소가 공급되며, 하수로부터 생물막으로 산소와 기질이 공급된다.

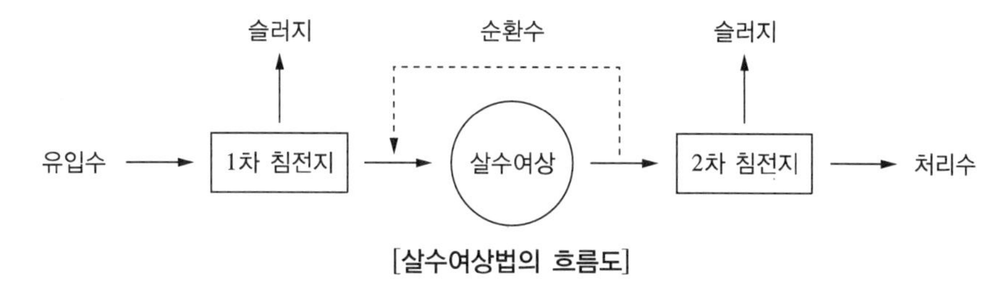

[살수여상법의 흐름도]

㉢ 살수여상법의 장단점

장점	단점
• 폐수의 수질이나 수량 변동에 덜 민감하다. • 온도에 의한 영향이 적고, 특히 저온에 잘 견딘다 • 슬러지 팽화 현상이 없고, 슬러지 반송이 필요하지 않다. • 포기에 동력이 필요 없고 운전이 간편해 유리 및 관리가 쉽고, 건설비가 저렴하다.	• 시설 간의 수위차가 크고, 처리 시설의 면적이 넓다. • 생물막의 탈락현상 때문에 처리효과가 악화될 수 있다. • 악취를 유발할 수 있으며, 여상의 폐색이 일어나기 쉽다. • 처리효과가 계절에 따라 차이가 크며, 활성슬러지법과 비교해 효율이 낮다.

㉣ 여재의 구비조건

- 입도가 비교적 균일해야 한다.
- 단가가 싸고 입수가 쉬워야 한다.
- 견고하고 내수성 및 내화학성이어야 한다.
- 생물막의 부착이 잘 되도록 표면이 거칠어야 한다.
- 단위 용적당의 표면적이 크고, 공극률이 적절하며, 통기성이 좋아야 한다.

㉤ 살수여상법의 설계공식

- BOD 용적부하(kgBOD/m^3 · day)

$$=\frac{(1일\ BOD\ 유입량)}{(여재상\ 유효용적)}=\frac{(BOD\ 농도)\times(유입수량)}{(여재상\ 유효용적)}=\frac{BOD\times Q}{V}=\frac{BOD\times Q}{A\times H}$$

- BOD 면적부하(kgBOD/m^2 · day)

$$=\frac{(1일\ BOD\ 유입량)}{(여재상\ 면적)}=\frac{(BOD\ 농도)\times(유입수량)}{(여재상\ 면적)}=\frac{BOD\times Q}{A}$$

- 수리학적 부하(m^3/m^2 · day)$=\frac{(유입수량)}{(여재상\ 면적)}=\frac{Q}{A}$

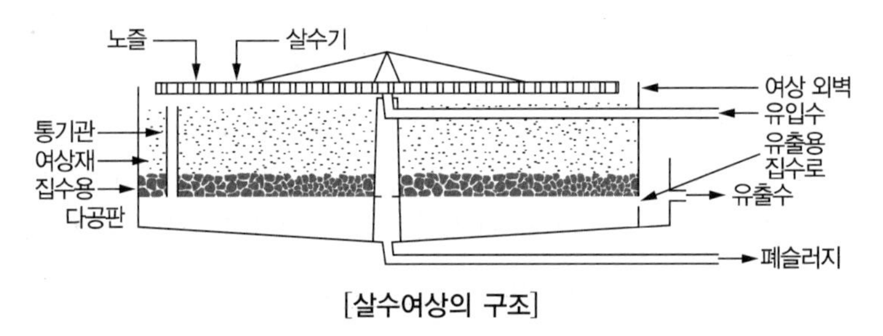

[살수여상의 구조]

② 회전원판법

㉠ 회전원판법은 2차 처리의 일종으로, 원판의 일부가 수면에 잠기도록 원판을 설치해 천천히 회전시켜 원판에 자연적으로 발생하는 호기성 부착생물을 이용해 하수를 처리하는 방법이다.

㉡ 회전원판법에서는 반응조의 상태가 살수여상법과 접촉산화법의 중간에 위치해 있다. 이 방법에서는 플라스틱 등으로 만들어진 접촉체가 구동축을 중심으로 회전한다. 접촉체는 일반적으로 그 표면의 40 ~ 45% 정도가 하수 중에 침적되어 있으며, 접촉체의 회전에 동반해 그 표면에 부착된 미생물막은 하수 중과 대기 중을 상호로 왕복한다. 그러나 대기, 하수 및 생물막의 접촉 양식은 접촉체가 대기 중에 있는 시간은 살수여상법과, 또한 접촉체가 하수 중에 있는 시간은 접촉산화법과 유사하게 된다.

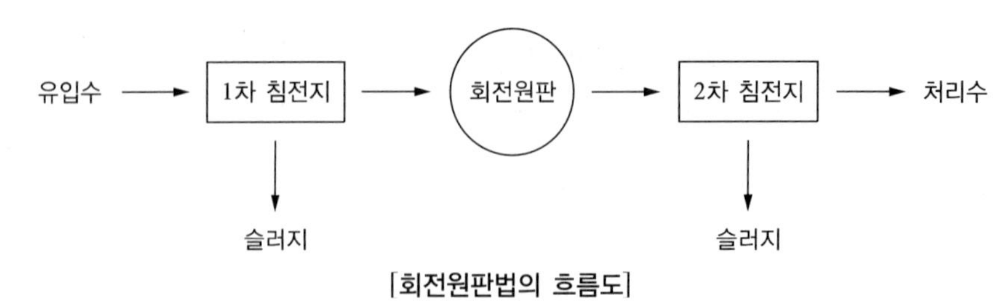

[회전원판법의 흐름도]

㉢ 회전원판법의 장단점

장점	단점
• 영양염류의 제거가 가능하다. • 다단식을 취하므로 BOD 부하 변동에 강하다. • 유지비가 적게 들고, 운전 관리상 조작이 쉽다. • 소비전력량은 소규모 처리시설에서는 표준활성슬러지법에 비하여 적다. • 활성슬러지법에서와 같이 벌킹으로 인해 2차 침전지에서 일시적으로 다량의 슬러지가 유출되는 현상은 없다.	• 온도의 영향을 받으므로 온도 보전이 필요하다. • 질산화가 일어나기 쉬우며, pH가 저하되는 경우가 있다. • 살수여상법과 같이 여상에 파리는 발생하지 않으나, 하루살이가 발생할 수 있다. • 활성슬러지법에 비해 2차 침전지에서 미세한 SS가 유출되기 쉽고, 처리수의 투명도가 나쁘다.

㉣ 회전원판의 구비조건

- 재질 : 일반적으로 가볍고 부식에 강한 합성수지가 쓰인다.
- 직경 및 두께 : 회전원판의 직경은 보통 3.0 ~ 4.0m이며 지름을 크게 할수록 단위 축길이당 회전원판의 면적을 증가시킬 수 있지만 조립, 운반, 조의 크기 등 때문에 한계가 있다. 회전원판의 두께는 폴리에틸렌이나 염화비닐의 경우에 0.7 ~ 2.0mm, 폴리스틸렌인 경우는 7mm 정도이다.
- 간격 : 보통 15mm 이상으로 한다. 회전원판의 간격이 너무 좁으면 부착생물에 의해 폐쇄되어 처리의 효율이 악화될 수 있다. 부착생물의 두께는 부하, 회전속도 등의 변수의 영향을 받는다. 특히 전단일수록 생물막이 두꺼워지므로 원판의 간격을 크게 하는 것이 바람직하다.
- 회전원판의 축은 충분한 강도를 유지하도록 한다. 축은 통상 강제의 용접구조로 하며, 원판부착생물의 중량을 고려하여 장기간의 사용에 내구성을 갖는 축지름을 갖도록 하는 것이 바람직하다.
- 침적률(W)은 총회전원판면적(m^2)에 대한 수중 부분의 회전원판면적(m^2)의 비율, 즉 $\frac{A_W}{A} \times 100$이며, 축이 수몰되지 않도록 35 ~ 45% 정도로 한다
- 회전속도는 교반효과, 산소 공급 능력 및 소비전력 등을 고려하되 원주속도 0.3m/s를 표준으로 한다.

㉤ 회전원판법의 설계공식

- BOD 부하($gBOD/m^2 \cdot day$)

$$= \frac{(\text{BOD 유입량 부하})}{(\text{원판표면적})} = \frac{(\text{BOD 농도}) \times (\text{유입수량})}{(\text{원판표면적})}$$

- 수리학적 부하($L/m^2 \cdot day$) $= \frac{(\text{유입수량})}{(\text{원판표면적})}$

- (원판표면적) $= \frac{\pi D^2}{4} \times 2(\text{양면}) \times (\text{매수})$

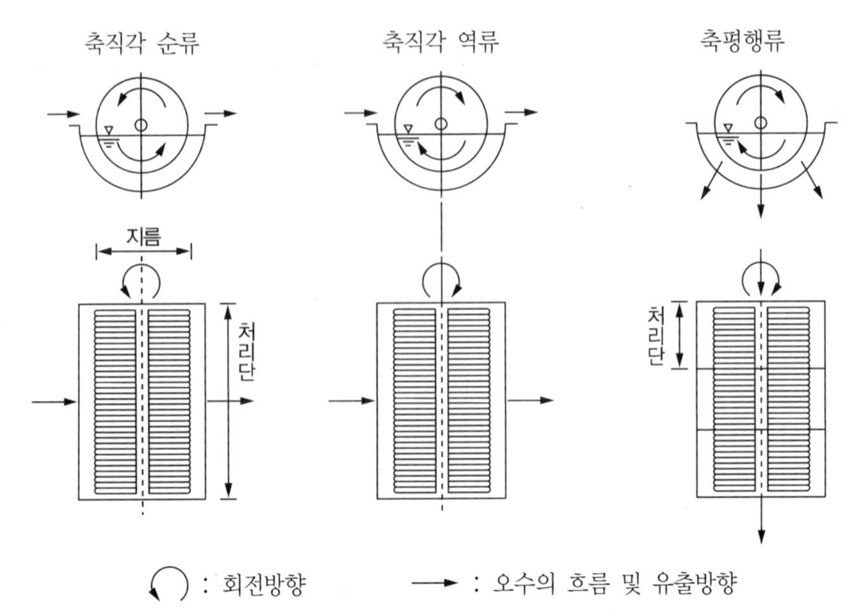

[하수의 유입방향과 원판의 회전방향]

③ 살수여상법, 회전원판법 등 생물막법의 공통점

㉠ 반응조 내의 생물량을 조절할 필요가 없으며 슬러지 반송을 필요로 하지 않기 때문에 운전 조작이 비교적 간단하다.

㉡ 활성슬러지법에서의 벌킹현상처럼 2차 침전지 등으로부터 일시적 또는 다량의 슬러지 유출에 따른 처리수 수질 악화가 발생하지 않는다.

㉢ 반응조를 다단화함으로써 반응의 효율, 처리의 안전성의 향상이 도모된다.

④ 살수여상법, 회전원판법 등 생물막법의 공통적 문제점

㉠ 활성슬러지법과 비교하면 2차 침전지로부터 미세한 SS가 유출되기 쉽고, 그것에 따라 처리수의 투시도의 저하와 수질 악화를 일으킬 수 있다.

㉡ 처리 과정에서 질산화 반응이 진행되기 쉽고 그에 따라 처리수의 pH가 낮아지게 되거나 BOD가 높게 유출될 수 있다.

㉢ 생물막법은 운전 관리 조작이 간단하지만 한편으로는 운전 조작의 유연성에 결점이 있으며, 문제가 발생할 경우에 운전 방법의 변경 등 적절한 대처가 곤란하다.

기출예상문제

정답 및 해설 p.028

01 폭 b, 높이 h인 구형 단면에서 중립축의 단면 2차 모멘트를 I_A, 밑면의 단면 2차 모멘트를 I_B라 할 때 $\frac{I_A}{I_B}$는?

① 1
② $\frac{1}{2}$
③ $\frac{1}{3}$
④ $\frac{1}{4}$

02 다음 그림과 같은 단면적 $1cm^2$, 길이 1m인 철근 AB부재가 있다. 이 철근이 최대 $\delta = 1.0cm$ 늘어날 때 이 철금의 허용하중 P[kN]는?[단, 철근의 탄성계수(E)는 $2.1 \times 10^4 kN/cm^2$로 한다]

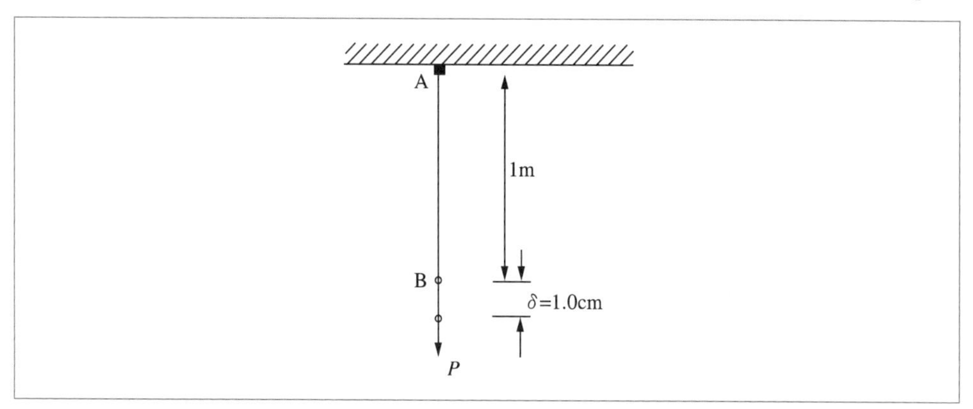

① 160kN
② 180kN
③ 210kN
④ 240kN

03 다음 그림에서 휨모멘트가 최대가 되는 단면의 위치는 B점에서 얼마만큼 떨어져 있는가?

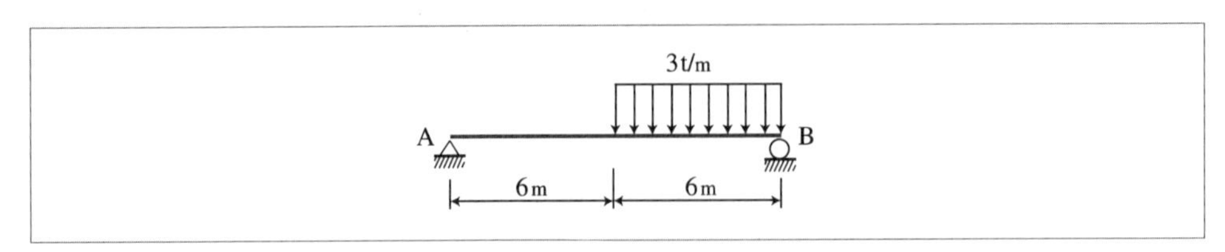

① 4.2m
② 4.5m
③ 4.8m
④ 5.2m

04 다음 중 비틀림철근에 대한 설명으로 옳지 않은 것은?(단, A_{oh}는 가장 바깥의 비틀림 보강철근의 중심으로 닫혀진 단면적이고, P_h는 가장 바깥의 횡방향 폐쇄스터럽 중심선의 둘레이다)

① 횡방향 비틀림철근은 종방향 철근 주위로 135° 표준갈고리에 의해 정착하여야 한다.
② 비틀림모멘트를 받는 속빈 단면에서 횡방향 비틀림철근의 중심선으로부터 내부 벽면까지의 거리는 $0.5A_{oh}/P_h$ 이상이 되도록 설계하여야 한다.
③ 횡방향 비틀림철근의 간격은 $P_h/6$ 및 400mm보다 작아야 한다.
④ 종방향 비틀림철근은 양단에 정착하여야 한다.

05 양단이 고정된 기둥에 축방향력에 의한 좌굴하중 P_{cr}을 구하면?(단, E는 탄성계수, I는 단면 2차모멘트, L은 기둥의 길이이다)

① $P_{cr}=\dfrac{\pi^2 EI}{L^2}$
② $P_{cr}=\dfrac{\pi^2 EI}{2L^2}$
③ $P_{cr}=\dfrac{\pi^2 EI}{4L^2}$
④ $P_{cr}=\dfrac{4\pi^2 EI}{L^2}$

06 다음 단순보에 하중 $P=10t$이 보의 중앙에 작용한다. 이때 보 중앙에 생기는 처짐은?(단, 보의 길이 $l=8.0m$, 휨 강성계수 $EI=1,205\times10^4 t\cdot cm^2$이다)

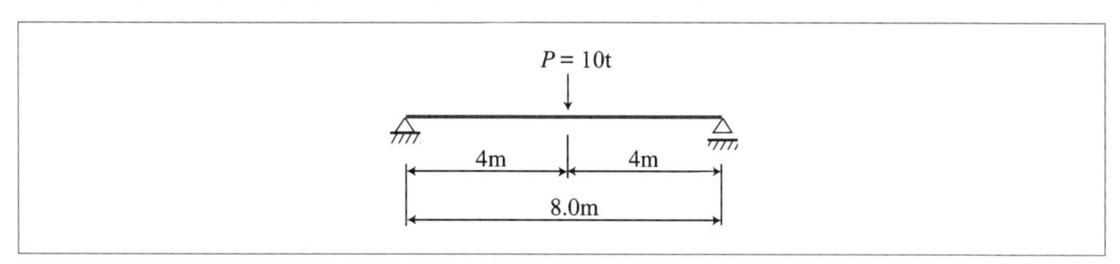

① 약 5.459cm
② 약 8.852cm
③ 약 11.542cm
④ 약 15.472cm

07 축척 1 : 2,000 도면상의 면적을 축척 1 : 1,000으로 잘못 알고 면적을 관측하여 24,000m^{2}을 얻었을 때, 다음 중 실제 면적은 얼마인가?

① 6,000m^2
② 12,000m^2
③ 24,000m^2
④ 96,000m^2

08 다음 트래버스 측량의 각 관측 방법 중 방위각법에 대한 설명으로 옳지 않은 것은?

① 진북을 기준으로 어느 측선까지 시계 방향으로 측정하는 방법이다.
② 험준하고 복잡한 지역에서는 적합하지 않다.
③ 각이 독립적으로 관측되므로 오차 발생 시 개별각의 오차는 이후의 측량에 영향이 없다.
④ 각 관측값의 계산과 제도가 편리하고 신속히 관측할 수 있다.

09 다음 중 지형측량의 과정을 순서대로 바르게 나열한 것은?

① 측량계획 – 골조측량 – 측량원도작성 – 세부측량
② 측량계획 – 세부측량 – 측량원도작성 – 골조측량
③ 측량계획 – 측량원도작성 – 골조측량 – 세부측량
④ 측량계획 – 골조측량 – 세부측량 – 측량원도작성

10 직사각형의 가로, 세로의 거리가 다음과 같을 때, 면적 A의 표현으로 가장 적절한 것은?

75m±0.003m
A
100m±0.008m

① $7,500m^2 \pm 0.67m^2$
② $7,500m^2 \pm 0.41m^2$
③ $7,500.9m^2 \pm 0.67m^2$
④ $7,500.9m^2 \pm 0.41m^2$

11 다음 중 비에너지(Specific Energy)와 한계수심에 대한 설명으로 옳지 않은 것은?

① 비에너지는 수로의 바닥을 기준으로 한 단위무게의 유수가 가진 에너지이다.
② 유량이 일정할 때, 비에너지가 최소가 되는 수심이 한계수심이다.
③ 비에너지가 일정할 때, 한계수심으로 흐르면 유량은 최소가 된다.
④ 직사각형 단면에서 한계수심은 비에너지의 $\frac{2}{3}$이 된다.

12 빙산의 부피가 V, 비중이 0.92이고, 바닷물의 비중은 1.025라 할 때, 바닷물 속에 잠겨있는 빙산의 부피는?

① 약 $1.1V$
② 약 $0.9V$
③ 약 $0.7V$
④ 약 $0.5V$

13 지름이 4cm인 원형관 속에 물이 흐르고 있다. 관로 길이 1.0m 구간에서 압력강하가 $0.1N/m^2$일 때, 관 벽의 마찰응력 τ는?

① $0.001N/m^2$
② $0.002N/m^2$
③ $0.01N/m^2$
④ $0.02N/m^2$

14 두 수조가 관길이 $L=50\text{m}$, 지름 $D=0.8\text{m}$, Manning의 조도계수 $n=0.013$인 원형관으로 연결되어 있다. 이 관을 통하여 유량 $Q=1.2\text{m}^3/\text{s}$의 난류가 흐를 때, 두 수조의 수위차는?(단, 마찰, 단면 급확대 및 급축소 손실만을 고려한다)

① 약 0.98m
② 약 0.85m
③ 약 0.54m
④ 약 0.36m

15 컨테이너 부두 안벽에 입사하는 파랑의 입사파고가 0.8m이고, 안벽에서 반사된 파랑의 반사파고가 0.3m일 때 반사율은?

① 0.325
② 0.375
③ 0.425
④ 0.475

PART 3

16 PSC 부재에서 프리스트레스 감소의 원인 중 도입 후에 발생하는 시간적 손실의 원인으로 옳은 것은?

① 콘크리트의 크리프
② 정착장치의 활동
③ 콘크리트의 탄성수축
④ PS 강재와 쉬스의 마찰

17 다음 중 철근의 부착응력에 영향을 주는 요소에 대한 설명으로 옳지 않은 것은?

① 경사인장균열이 발생하게 되면, 철근이 균열에 저항하게 되고, 따라서 균열면 양쪽의 부착응력을 증가시키기 때문에 결국 인장철근의 응력을 감소시킨다.
② 거푸집 내 타설된 콘크리트의 상부로 상승하는 물과 공기는 수평으로 놓인 철근에 의해 가로막히게 되며, 이로 인해 철근과 철근 하단에 형성될 수 있는 수막 등에 의해 부착력이 감소될 수 있다.
③ 전단에 의한 인장철근의 장부력(Dowel Force)은 부착에 의한 쪼갬 응력을 증가시킨다.
④ 인장부 철근이 필요에 의해 절단되는 불연속 지점에서는 철근의 인장력 변화정도가 매우 크며, 부착응력 역시 증가한다.

18 다음 중 적합비틀림에 대한 설명으로 옳은 것은?

① 균열의 발생 후 비틀림모멘트의 재분배가 일어날 수 없는 비틀림
② 균열의 발생 후 비틀림모멘트의 재분배가 일어날 수 있는 비틀림
③ 균열의 발생 전 비틀림모멘트의 재분배가 일어날 수 없는 비틀림
④ 균열의 발생 전 비틀림모멘트의 재분배가 일어날 수 있는 비틀림

19 $b_w=250$mm, $d=500$mm, $f_{ck}=21$MPa, $f_y=400$MPa인 직사각형 보가 있다. 다음 중 콘크리트가 부담하는 설계전단강도(ϕV_c)는?

① 약 71.6kN
② 약 76.4kN
③ 약 82.2kN
④ 약 91.5kN

20 폭(b_w) 300mm, 유효깊이(d) 450mm, 전체 높이(h) 550mm, 철근량(A_s) 4,800mm^{2}인 보가 있다. 다음 중 균열 모멘트 M_{cr}의 값은?(단, f_{ck}가 21MPa인 보통중량 콘크리트를 사용한다)

① 약 28.9kN·m
② 약 35.6kN·m
③ 약 37.2kN·m
④ 약 43.7kN·m

21 입경이 균일한 포화된 사질지반에 지진이나 진동 등 동적하중이 작용하면 지반에서는 일시적으로 전단강도를 상실하게 되는데, 이러한 현상을 무엇이라고 하는가?

① 분사(Quick Sand)현상
② 틱소트로피(Thixotropy)현상
③ 히빙(Heaving)현상
④ 액상화(Liquefaction)현상

22 노건조한 흙 시료의 부피가 1,000cm^3, 무게가 1,700g, 비중이 2.65일 때, 간극비는 얼마인가?

① 0.71
② 0.65
③ 0.56
④ 0.43

23 포화된 지반의 간극비를 e, 함수비를 w, 간극률을 n, 비중을 G_s라 할 때, 다음 중 한계동수경사를 나타내는 식으로 가장 적절한 것은?

① $\dfrac{G_s+1}{1+e}$
② $\dfrac{e-w}{w(1+e)}$
③ $(1+n)(G_s-1)$
④ $\dfrac{G_S(1-w+e)}{(1+G_s)(1+e)}$

24 다음 중 성토나 기초지반에 있어 특히 점성토의 압밀 완료 후 추가 성토 시 단기 안정문제를 검토하고자 하는 경우에 적용되는 시험법은?

① 비압밀 비배수시험
② 압밀 비배수시험
③ 압밀 배수시험
④ 일축압축시험

PART 3

25 다음과 같은 〈조건〉에서 군지수는?

조건	
• 흙의 액성한계 : 49%	• 흙의 소성지수 : 25%
• 10번체 통과율 : 96%	• 40번체 통과율 : 89%
• 200번체 통과율 : 70%	

① 약 9
② 약 12
③ 약 15
④ 약 18

26 80%의 전달효율을 가진 전동기에 의해서 가동되는 85% 효율의 펌프가 300L/s의 물을 25.0m 양수할 때, 요구되는 전동기의 출력은?(단, 여유율 $\alpha=0$으로 가정한다)

① 약 73.3kW
② 약 86.3kW
③ 약 95.7kW
④ 약 108.1kW

27 **다음 중 콘크리트 하수관의 내부 천정이 부식되는 현상에 대한 대응책으로 옳지 않은 것은?**

① 방식재료를 사용하여 관을 방호한다.
② 하수 중의 유황함유량을 낮춘다.
③ 관내의 유속을 감소시킨다.
④ 하수에 염소를 주입하여 박테리아 번식을 억제한다.

28 **다음 중 하수 배제방식의 특징에 대한 설명으로 옳지 않은 것은?**

① 분류식은 합류식에 비해 우천 시 월류의 위험이 크다.
② 합류식은 분류식(2계통 건설)에 비해 건설비가 저렴하고, 시공이 용이하다.
③ 합류식은 단면적이 크기 때문에 검사, 수리 등에 유리하다.
④ 분류식은 강우초기에 노면의 오염물질이 포함된 세정수가 직접 하천 등으로 유입된다.

29 **다음 수질오염 지표항목 중 COD에 대한 설명으로 옳지 않은 것은?**

① COD는 해양오염이나 공장폐수의 오염지표로 사용된다.
② 생물분해 가능한 유기물도 COD로 측정할 수 있다.
③ $NaNO_2$, SO_2^-는 COD값에 영향을 미친다.
④ 유기물 농도값은 일반적으로 COD> TOD> TOC> BOD이다.

30 **다음 중 완속여과와 급속여과의 비교에 대한 설명으로 옳지 않은 것은?**

① 원수가 고농도의 현탁물일 때는 급속여과가 유리하다.
② 여과속도가 다르므로 용지 면적의 차이가 크다.
③ 여과의 손실수두는 급속여과보다 완속여과가 크다.
④ 완속여과는 약품처리 등이 필요하지 않으나, 급속여과는 필요하다.

PART

4

최종점검 모의고사

전기직 모의고사

모바일 OMR
답안채점 / 성적분석
서비스

응시시간 : 50분 문항 수 : 50문항 정답 및 해설 p.032

01 다음 중 가공전선로의 경간이 150m, 인장하중이 3,000kg, 안전율이 2이고, 전선 1m당 무게가 1.6kg일 때, 전선의 이도는?

① 1m ② 2m
③ 3m ④ 4m

02 비투자율이 100인 철심을 코어로 하고 단위길이당 권선수가 100회인 이상적인 솔레노이드의 자속밀도가 0.2Wb/m^2일 때, 솔레노이드에 흐르는 전류는?

① $\frac{20}{\pi}$A ② $\frac{30}{\pi}$A
③ $\frac{40}{\pi}$A ④ $\frac{50}{\pi}$A

03 다음 중 송전선 계통에서 안정도를 향상하는 방법으로 옳지 않은 것은?

① 복도체방식 사용 ② 고속도 재폐로 방식 사용
③ 중간조상방식 사용 ④ 제동권선 사용

04 다음 중 절연 강도의 크기에 따라 바르게 나열한 것은?

① 변압기 > 선로애자 > 부싱 > 결합콘덴서 > 피뢰기
② 부싱 > 변압기 > 선로애자 > 결합콘덴서 > 피뢰기
③ 선로애자 > 결합콘덴서 > 부싱 > 변압기 > 피뢰기
④ 결합콘덴서 > 선로애자 > 변압기 > 부싱 > 피뢰기

05 다음 중 3상 차단기의 정격차단용량(P_s)을 나타낸 것으로 옳은 것은?(단, 정격전압은 V, 정격차단전류는 I_s이다)

① $P_s = \sqrt{3} \times V \times I_s$
② $P_s = \sqrt{3} \times V \times I_s^2$
③ $P_s = \sqrt{2} \times V \times I_s$
④ $P_s = \sqrt{2} \times V^2 \times I_s$

06 중성점 접지방식에서 1선 지락 시 건전상 전압 상승이 1.3배인 방식을 〈보기〉에서 모두 고르면?

보기
ㄱ. 직접 접지방식
ㄴ. 비접지방식
ㄷ. 소호리액터 접지방식
ㄹ. 저항 접지방식

① ㄱ
② ㄷ
③ ㄴ, ㄹ
④ ㄷ, ㄹ

PART 4

07 동기 각속도 ω_0, 회전자 각속도 ω인 유도 전동기의 2차 효율은?

① $\dfrac{\omega_0 - \omega}{\omega}$
② $\dfrac{\omega_0 - \omega}{\omega_0}$
③ $\dfrac{\omega_0}{\omega}$
④ $\dfrac{\omega}{\omega_0}$

08 다음 중 극수 10, 동기속도 600rpm인 동기 발전기에서 나오는 전압의 주파수는 몇 Hz인가?

① 50Hz
② 60Hz
③ 80Hz
④ 100Hz

09 정격전압 6,000V, 용량 5,000kVA의 Y결선 3상 동기 발전기가 있다. 여자 전류 200A에서 무부하 단자 전압이 6,000V, 단락전류가 600A일 때, 이 발전기의 단락비는?

① 약 0.25
② 약 1
③ 약 1.25
④ 약 1.5

10 단상 50kVA 1차 3,300V, 2차 210V 60Hz, 1차 권회수 550, 철심의 유효 단면적이 150cm^{2}인 변압기 철심의 자속 밀도는?

① 약 2.03Wb/m^2
② 약 1.53Wb/m^2
③ 약 1.23Wb/m^2
④ 약 1.03Wb/m^2

11 1차 Y, 2차 △로 결선한 권수비가 20 : 1인 서로 같은 단상 변압기 3대가 있다. 이 변압기군에 2차 단자 전압 200V, 30kVA의 평형 부하를 걸었을 때, 각 변압기의 1차 전류는?

① 50A
② 25A
③ 5A
④ 2.5A

12 3상 변압기의 임피던스가 $Z[\Omega]$이고, 선간전압이 V[kV], 정격용량이 P[kVA]일 때, %임피던스는?

① $\dfrac{PZ}{V}$
② $\dfrac{10PZ}{V}$
③ $\dfrac{PZ}{10V^2}$
④ $\dfrac{PZ}{100V^2}$

13 변압기의 철심에서 실제 철의 단면적과 철심의 유효면적과의 비를 무엇이라고 하는가?

① 권수비 ② 변류비
③ 변동률 ④ 점적률

14 다음 중 3상 유도 전동기의 회전방향을 바꾸기 위한 방법으로 옳은 것은?

① 3상의 3선 접속을 모두 바꾼다.
② 3상의 3선 중 2선의 접속을 바꾼다.
③ 3상의 3선 중 1선에 리액턴스를 연결한다.
④ 3상의 3선 중 2선에 같은 값의 리액턴스를 연결한다.

15 8극과 4극 2개의 유도전동기를 종속법에 의한 직렬 종속법으로 속도 제어를 할 때, 전원 주파수가 60Hz인 경우 무부하 속도는?

① 600rpm ② 900rpm
③ 1,200rpm ④ 1,500rpm
⑤ 1,800rpm

16 인덕턴스가 100mH인 코일에 전류가 0.5초 사이에 10A에서 20A로 변할 때, 이 코일에 유도되는 평균 기전력과 자속의 변화량은?

	평균 기전력[V]	자속의 변화량[Wb]
①	1	0.5
②	1	1
③	2	0.5
④	2	1

17 $R-L$ 직렬회로에서 10V의 직류 전압을 가했더니 250mA의 전류가 측정되었고, 주파수 $\omega=$ 1,000rad/sec, 10V의 교류 전압을 가했더니 200mA의 전류가 측정되었다. 이 코일의 인덕턴스는? (단, 전류는 정상상태에서 측정한다)

① 18mH
② 20mH
③ 25mH
④ 30mH

18 전위 함수가 $V=3x+2y^2$[V]로 주어질 때, 점(2, -1, 3)에서 전계의 세기는?

① 5V/m
② 6V/m
③ 8V/m
④ 12V/m

19 공기 중에서 무한히 긴 두 도선 A, B가 평행하게 $d=1$m의 간격을 두고 있다. 이 두 도선 모두 1A의 전류가 같은 방향으로 흐를 때, 도선 B에 작용하는 단위길이당 힘의 크기 및 형태를 바르게 연결한 것은?

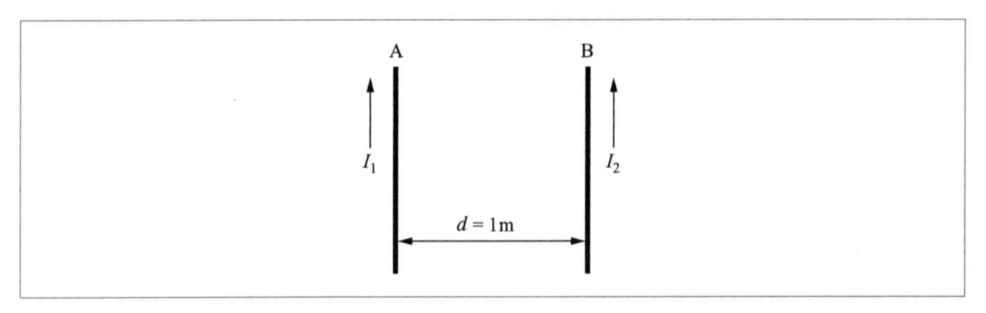

	힘의 크기[N/m]	힘의 형태
①	4×10^{-7}	흡인력
②	2×10^{-7}	반발력
③	2×10^{-7}	흡인력
④	4×10^{-7}	반발력

20 다음 중 부하의 역률이 규정 값 이하인 경우, 역률 개선을 위하여 설치하는 것은?

① 저항
② 리액터
③ 컨덕턴스
④ 진상용 콘덴서

21 역률 90%, 300kW의 전동기를 95%로 개선하는 데 필요한 콘덴서의 용량은?

① 약 32.4kVA
② 약 38.6kVA
③ 약 41.5kVA
④ 약 46.7kVA

22 다음 중 피뢰기의 약호로 옳은 것은?

① LA
② PF
③ SA
④ COS

23 다음 중 문자 기호 'OCB'의 해당하는 차단기는?

① 진공차단기
② 기중차단기
③ 자기차단기
④ 유입차단기

24 다음 중 직류 발전기의 철심을 규소 강판으로 성층하여 사용하는 주된 이유로 옳은 것은?

① 브러시에서의 불꽃방지 및 정류개선
② 맴돌이전류손과 히스테리시스손의 감소
③ 전기자 반작용의 감소
④ 기계적 강도 개선

25 **다음 중 직류기에 있어서 불꽃 없는 정류를 얻는 데 가장 유효한 방법은?**

① 보극과 탄소브러시
② 탄소브러시와 보상권선
③ 보극과 보상권선
④ 자기포화와 브러시 이동

26 **다음 중 동기 발전기의 병렬운전 조건이 아닌 것은?**

① 유도 기전력의 크기가 같을 것
② 동기 발전기의 용량이 같을 것
③ 유도 기전력의 위상이 같을 것
④ 유도 기전력의 주파수가 같을 것

27 **다음 중 동기기를 병렬운전할 때, 순환 전류가 흐르는 원인은?**

① 기전력의 저항이 다른 경우
② 기전력의 위상이 다른 경우
③ 기전력의 전류가 다른 경우
④ 기전력의 역률이 다른 경우

28 **다음 중 변압기의 부하와 전압이 일정하고, 주파수만 높아질 때 일어나는 현상으로 옳은 것은?**

① 철손 감소
② 철손 증가
③ 동손 증가
④ 동손 감소

29 용량 1kVA, 3,000/200V의 단상 변압기를 단권 변압기로 결선해서 3,000/3,200V의 승압기로 사용할 때, 그 부하 용량은?

① 16kVA　　② 15kVA
③ 1kVA　　④ $\frac{1}{16}$kVA

30 유도 전동기의 1차 접속을 △ 결선에서 Y 결선으로 바꾸면 기동 시의 1차 전류는?

① $\frac{1}{3}$로 감소　　② $\frac{1}{\sqrt{3}}$로 감소
③ $\sqrt{3}$ 배로 증가　　④ 3배로 증가

31 회전자가 슬립 s로 회전하고 있을 때 고정자, 회전자의 실효 권수비를 α라 하면, 고정자 기전력 E_1과 회전자 기전력 E_2의 비는?

① $\frac{\alpha}{s}$　　② $s\alpha$
③ $(1-s)\alpha$　　④ $\frac{\alpha}{1-s}$

32 8,000kVA, 6,000V, 동기 임피던스 6Ω인 2대의 교류 발전기를 병렬 운전 중 A기의 유기 기전력의 위상이 20° 앞서는 경우의 동기화 전류를 구하면?(단, cos5°=0.996, sin10°=0.174이다)

① 49.5A　　② 49.8A
③ 50.2A　　④ 100.5A

33 도체수 Z, 내부 회로 대수 a인 교류 정류자 전동기 1 내부 회로의 유효 권수 w_a는?(단, 분포권계수는 $2/\pi$라고 한다)

① $w_a = \frac{Z}{2a\pi}$
② $w_a = \frac{Z}{4a\pi}$
③ $w_a = \frac{Z}{2a}$
④ $w_a = \frac{aZ}{2}$

34 다음 중 전압을 일정하게 유지하기 위해서 이용되는 다이오드는?

① 발광 다이오드
② 포토 다이오드
③ 제너 다이오드
④ 바리스터 다이오드

35 다음 중 대전류 · 고전압의 전기량을 제어할 수 있는 자기소호형 소자는?

① FET
② Diode
③ Triac
④ IGBT

36 3상 유도전동기의 속도 제어 방법 중 인버터(Inverter)를 이용하는 속도 제어법은?

① 극수 변환법
② 전압 제어법
③ 초퍼 제어법
④ 주파수 제어법

37 다음 중 직류 전압을 직접 제어하는 인버터는?

① 브리지형 인버터
② 단상 인버터
③ 3상 인버터
④ 초퍼형 인버터

38 다음 중 '회로의 접속점에서 볼 때, 접속점에 흘러 들어오는 전류의 합은 흘러 나가는 전류의 합과 같다.'라고 정의되는 법칙은?

① 키르히호프 제1법칙
② 키르히호프 제2법칙
③ 플레밍 오른손 법칙
④ 앙페르 오른나사 법칙

39 다음 중 파고율, 파형률이 모두 1인 파형은?

① 사인파
② 고조파
③ 구형파
④ 삼각파

PART 4

40 다음 중 1차 전지로 가장 많이 사용되는 것은?

① 니켈카드뮴전지
② 연료전지
③ 망간전지
④ 납축전지

41 다음 중 전동기에 접지공사를 하는 주된 이유는?

① 보안상
② 미관상
③ 역률 증가
④ 감전사고 방지

42 다음 중 분전반 및 배전반은 어떤 장소에 설치하는 것이 바람직한가?

① 전기회로를 쉽게 조작할 수 있는 장소
② 개폐기를 쉽게 개폐할 수 없는 장소
③ 은폐된 장소
④ 이동이 심한 장소

43 다음 중 부식성 가스 등이 있는 장소에 시설할 수 없는 배선은?

① 금속관 배선
② 1종 금속제 가요 전선관 배선
③ 케이블 배선
④ 캡타이어 케이블 배선

44 다음 중 애자사용 공사에서 애자가 갖추어야 할 성질과 가장 거리가 먼 것은?

① 절연성
② 난연성
③ 내수성
④ 내유성

45 다음 중 가로등, 경기장, 공장, 아파트 단지 등의 일반 조명을 위하여 시설하는 고압 방전등의 효율은 몇 lm/W 이상의 것이어야 하는가?

① 3lm/W
② 5lm/W
③ 70lm/W
④ 90lm/W

46 저압 가공인입선 시설 시 도로를 횡단하여 시설하는 경우 노면상 높이는 몇 m 이상으로 시설해야 하는가?

① 4.5m
② 5m
③ 5.5m
④ 6m

47 일반적으로 분기회로의 개폐기 및 과전류 차단기는 저압 옥내 간선과의 분기점에서 전선의 길이가 몇 m 이하의 곳에 시설하여야 하는가?

① 3m
② 4m
③ 5m
④ 8m

48 다음 중 발전소 · 변전소 · 개폐소, 이에 준하는 곳, 전기사용장소 상호 간의 전선 및 이를 지지하거나 수용하는 시설물로 옳은 것은?

① 급전소
② 송전선로
③ 전선로
④ 개폐소

PART 4

49 다음 중 지중전선로에 사용하는 지중함의 시설기준으로 적절하지 않은 것은?

① 견고하고 차량 기타 중량물의 압력에 견디는 구조일 것
② 안에 고인 물을 제거할 수 있는 구조로 되어 있을 것
③ 뚜껑은 시설자 이외의 자가 쉽게 열 수 없도록 시설할 것
④ 저압지중함의 경우 고무판을 뚜껑 위에 설치할 것

50 고장 시의 불평형 차전류가 평형전류의 어떤 비율 이상으로 되었을 때 동작하는 계전기는?

① 과전압 계전기
② 과전류 계전기
③ 전압 차동 계전기
④ 비율 차동 계전기

기계직 모의고사

모바일 OMR
답안채점 / 성적분석
서비스

응시시간 : 50분　문항 수 : 50문항　정답 및 해설 p.041

01 **다음 중 절삭가공에서 공구수명을 판정하는 방법으로 옳지 않은 것은?**

① 공구날의 마모가 일정량에 달했을 때
② 절삭저항이 절삭개시 때와 비교해 급격히 증가하였을 때
③ 절삭가공 직후 가공표면에 반점이 나타날 때
④ 가공물의 온도가 일정하게 유지될 때

02 **다음 중 감기 전동기구에 대한 설명으로 옳지 않은 것은?**

① 벨트 전동기구는 벨트와 풀리 사이의 마찰력에 의해 동력을 전달한다.
② 타이밍 벨트 전동기구는 동기(Synchronous)전동을 한다.
③ 체인 전동기구를 사용하면 진동과 소음이 작게 발생하므로 고속회전에 적합하다.
④ 구동축과 종동축 사이의 거리가 멀리 떨어져 있는 경우에도 동력을 전달할 수 있다.

03 **허용인장강도 600MPa의 연강봉에 50kN의 축방향 인장하중이 가해질 경우 안전율을 7이라 하면 강봉의 최소 지름은 몇 cm까지 가능한가?**

① 1.8cm　② 2.7cm
③ 5.4cm　④ 7.2cm

04 **다음 중 재결정 온도에 대한 설명으로 옳은 것은?**

① 1시간 안에 완전하게 재결정이 이루어지는 온도
② 재결정이 시작되는 온도
③ 시간에 상관없이 재결정이 완결되는 온도
④ 재결정이 완료되어 결정립성장이 시작되는 온도

05 다음 중 크리프(Creep) 변형에 대한 설명으로 적절한 것은?

① 응력이 증가하여 재료의 항복점을 지났을 때 일어나는 파괴현상이다.
② 반복응력이 장시간 가해졌을 때 일어나는 파괴현상이다.
③ 응력과 온도가 일정한 상태에서 시간이 지남에 따라 변형이 연속적으로 진행되는 현상이다.
④ 균열이 진전되어 소성변형 없이 빠르게 파괴되는 현상이다.

06 다음 중 소성가공법에 대한 설명으로 옳지 않은 것은?

① 압출 : 상온 또는 가열된 금속을 용기 내의 다이를 통해 밀어내어 봉이나 관 등을 만드는 가공법
② 인발 : 금속봉이나 관 등을 다이를 통해 축방향으로 잡아당겨 지름을 줄이는 가공법
③ 압연 : 열간 혹은 냉간에서 금속을 회전하는 두 개의 롤러 사이를 통과시켜 두께나 지름을 줄이는 가공법
④ 전조 : 형을 사용하여 판상의 금속재료를 굽혀 원하는 형상으로 변형시키는 가공법

PART 4

07 다음 중 펌프에 대한 설명으로 가장 옳지 않은 것은?

① 원심 펌프(Centrifugal Pump)는 임펠러를 고속으로 회전시켜 양수 또는 송수한다.
② 터빈 펌프(Turbine Pump)는 효율이 높아 비교적 높은 양정일 때 사용한다.
③ 버킷 펌프(Bucket Pump)는 피스톤에 배수 밸브를 장치한 원심 펌프의 일종이다.
④ 벌류트 펌프(Volute Pump)는 날개차의 외주에 맴돌이형 실을 갖고 있는 펌프이다.

08 다음 중 유압장치에 대한 설명으로 옳지 않은 것은?

① 유량의 조절을 통해 무단변속운전을 할 수 있다.
② 파스칼의 원리에 따라 작은 힘으로 큰 힘을 얻을 수 있는 장치제작이 가능하다.
③ 유압유의 온도 변화에 따라 액추에이터의 출력과 속도가 변화되기 쉽다.
④ 공압에 비해 입력에 대한 출력의 응답속도가 떨어진다.

09 **다음은 도면상에서 나사가공을 지시한 예이다. 각 기호에 대한 설명으로 옳지 않은 것은?**

4-M8×1.25

① 4는 나사의 등급을 나타낸 것이다.
② M은 나사의 종류를 나타낸 것이다.
③ 8은 나사의 호칭지름을 나타낸 것이다.
④ 1.25는 나사의 피치를 나타낸 것이다.

10 **다음 중 파스칼의 원리에 대한 설명으로 옳은 것은?**

① 밀폐된 용기 내부의 압력은 용기의 체적에 비례한다.
② 밀폐된 이상유체에 가한 압력은 용기의 벽에 수평 방향으로 작용한다.
③ 밀폐된 이상유체에 가한 압력은 밀도에 따라 다른 크기로 전달된다.
④ 밀폐된 이상유체에 가한 압력은 유체의 모든 부분과 용기의 모든 벽에 같은 크기로 작용한다.

11 **다음 중 레이놀즈수에 대한 설명으로 옳지 않은 것은?**

① 층류와 난류를 구별하여 주는 척도가 된다.
② 층류에서 난류로 변하는 레이놀즈수를 하임계 레이놀즈수라고 한다.
③ 관성력과 점성력의 비를 나타낸다.
④ 유동단면의 형상이 변하면 임계레이놀즈수도 변한다.

12 **다음 중 정상유동이 일어나는 경우는 무엇인가?**

① 유동상태가 모든 점에서 시간에 따라 변화하지 않을 때
② 모든 순간에 유동상태가 이웃하는 점들과 같을 때
③ $\partial V/\partial t$가 일정할 때
④ $\partial V/\partial s = 0$일 때

13 다음 중 냉매의 구비 조건에 대한 설명으로 옳지 않은 것은?

① 응축 압력과 응고 온도가 높아야 한다.
② 임계 온도가 높고, 상온에서 액화가 가능해야 한다.
③ 증기의 비체적이 작아야 하고, 부식성이 없어야 한다.
④ 증발 잠열이 크고, 저온에서도 증발 압력이 대기압 이상이어야 한다.

14 다음 중 가솔린기관과 디젤기관에 대한 비교 설명으로 옳지 않은 것은?

① 디젤기관은 혼합기형성에서 공기만 압축한 후 연료를 분사한다.
② 가솔린기관은 압축비가 디젤기관보다 일반적으로 크다.
③ 열효율은 디젤기관이 가솔린기관보다 상대적으로 크다.
④ 디젤기관이 저속성능이 좋고 회전력도 우수하다.

PART 4

15 다음 중 열역학 제2법칙에 대한 설명으로 옳은 것은?

① 에너지의 종류를 판단할 수 있다.
② 에너지의 양을 결정한다.
③ 물질 변화과정의 방향성을 제시한다.
④ 에너지 보존 법칙을 알 수 있다.

16 다음 중 회로의 압력이 설정치 이상이 되면 밸브가 열려 설정압력 이상으로 증가하는 것을 방지하는 데 사용되는 유압밸브의 기호는?

①
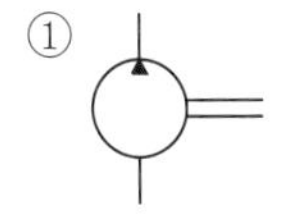

②
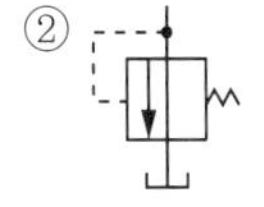

③
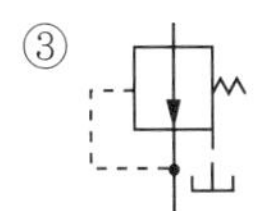

④
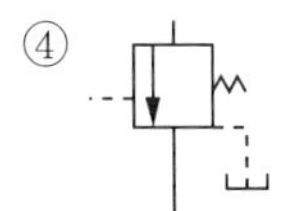

17 길이 2m의 강체 OE는 그림에서 보여지는 순간에 시계방향의 각속도 $\omega = 10\text{rad/sec}$와 반시계방향 각가속도 $\alpha = 1{,}000\text{rad/sec}^2$으로 점 O에 대하여 평면 회전운동한다. 이 순간 점 E의 가속도에 대한 설명으로 옳은 것은?

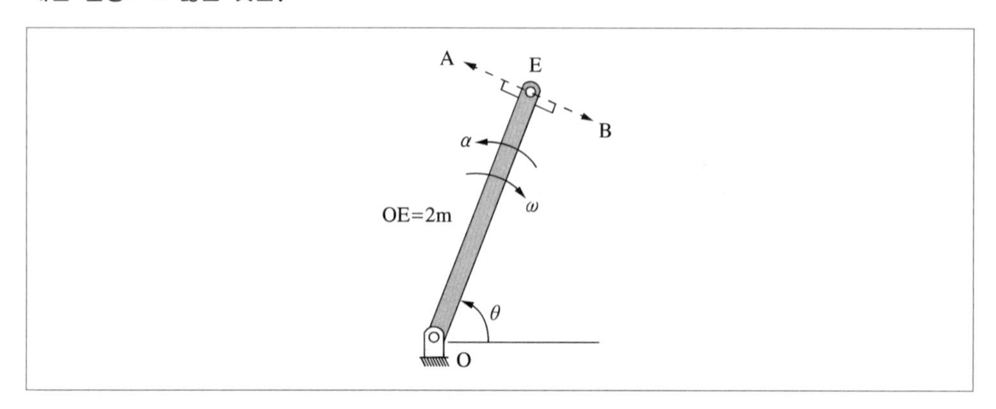

	접선가속도		법선가속도	
	방향	크기[m/sec²]	방향	크기[m/sec²]
①	$\overrightarrow{EA}$	200	$\overrightarrow{OE}$	2,000
②	$\overrightarrow{EA}$	2,000	$\overrightarrow{EO}$	200
③	$\overrightarrow{EA}$	2,000	$\overrightarrow{OE}$	200
④	$\overrightarrow{EB}$	2,000	$\overrightarrow{EO}$	200

18 다음 마이크로미터의 측정값은?

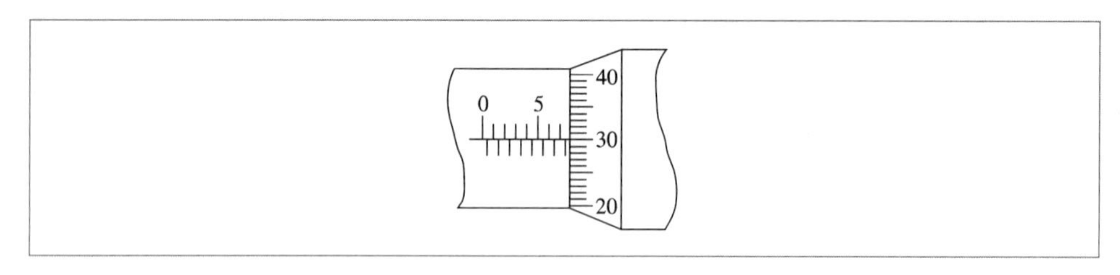

① 1.35mm ② 1.85mm

③ 7.35mm ④ 7.80mm

19 그림은 지름이 $d_1 = 50$mm와 $d_2 = 100$mm인 실린더 피스톤에 유압이 작용하는 시스템을 나타낸 것이다. 작은 피스톤을 누르는 힘이 $F_1 = 25$kN일 때, 큰 피스톤을 밀어 올리는 힘(F_2)은?

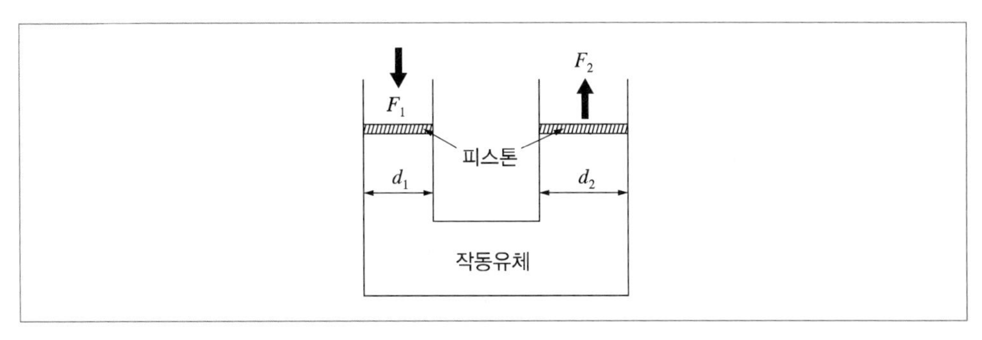

① 100kN
② 200kN
③ 300kN
④ 400kN

20 다음 중 연성 재료의 응력(σ) – 변형률(ϵ) 선도에서 인장강도에 해당하는 위치는?

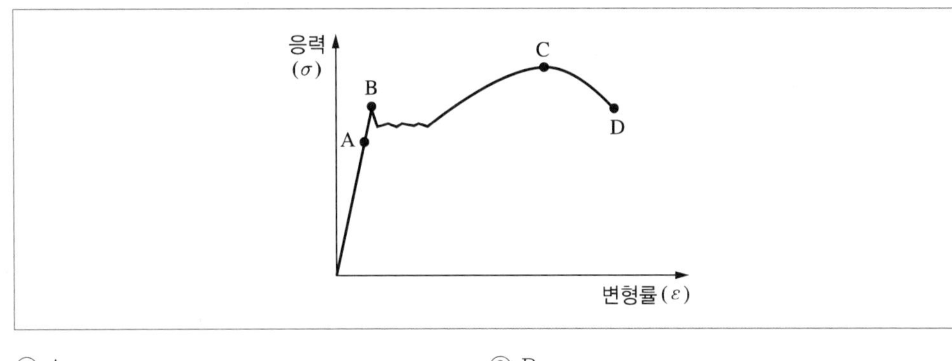

① A
② B
③ C
④ D

21 한쪽 방향의 흐름은 자유로우나 역방향의 흐름을 허용하지 않는 밸브는?

① 카운터 밸런스 밸브
② 언로드 밸브
③ 감압밸브
④ 체크밸브

22 유량제어 밸브를 실린더의 출구 쪽에 설치해서 유출되는 유량을 제어하여 피스톤 속도를 제어하는 회로는?

① 미터 아웃 회로 ② 블리드 오프 회로
③ 미터 인 회로 ④ 카운터 밸런스 회로

23 다음 중 주철의 일반적인 장점이 아닌 것은?

① 주조성이 우수하다.
② 고온에서 쉽게 소성변형 되지 않는다.
③ 값이 싸므로 널리 이용된다.
④ 복잡한 형상으로도 쉽게 주조된다.

24 철 64%, 니켈 36%의 합금으로 열팽창 계수가 작고, 내식성도 좋은 것으로 시계추, 바이메탈 등에 사용되는 것은?

① 인코넬 ② 인바
③ 콘스탄탄 ④ 플래티나이트

25 탄소강에 함유된 성분으로서 헤어크랙의 원인으로 내부 균열을 일으키는 원소는?

① 망간 ② 규소
③ 인 ④ 수소

26 밸브의 전환 도중에서 과도적으로 생긴 밸브 포트 간의 흐름을 의미하는 유압 용어는?

① 자유 흐름 ② 인터플로
③ 제어 흐름 ④ 아음속 흐름

27 **선재의 지름이나 판재의 두께를 측정하는 게이지는?**

① 와이어 게이지
② 나사 피치 게이지
③ 반지름 게이지
④ 센터 게이지

28 **주철용해에 사용되는 큐폴라의 크기는?**

① 1회에 용해하는 데 사용된 코크스의 양
② 1회에 용해할 수 있는 양
③ 1시간당 용해할 수 있는 양
④ 1시간당 송풍량

29 **나사측정법에서의 삼침법이란?**

① 나사의 외경을 측정하는 법
② 나사의 피치를 측정하는 법
③ 나사의 각도를 측정하는 법
④ 나사의 유효지름을 측정하는 법

30 **다음 중 자유 단조에서 업 세팅에 관한 설명으로 옳은 것은?**

① 굵은 재료를 늘리려는 방향과 직각이 되게, 램으로 타격하여 길이를 증가시킴과 동시에 단면적을 감소시키는 작업이다.
② 재료를 축 방향으로 압축하여 지름을 굵고 길이는 짧게 하는 작업이다.
③ 압력을 가하여 재료를 굽힘과 동시에 길이방향으로 늘어나게 하는 작업이다.
④ 단조 작업에서 재료에 구멍을 뚫기 위해 펀치를 사용하는 작업이다.

31 다음 중 프레스 작업에서 전단 가공이 아닌 것은?

① 코이닝
② 블랭킹
③ 피어싱
④ 트리밍

32 다음 중 내경 측정에만 이용되는 측정기는?

① 실린더 게이지
② 버니어캘리퍼스
③ 측장기
④ 블록 게이지

33 다음 중 이상적인 오토사이클의 효율을 증가시키는 방안이 바르게 연결된 것은?

	최고온도(T)	압축비(ϵ)	비열비(k)
①	증가	증가	증가
②	증가	감소	증가
③	증가	증가	감소
④	감소	증가	감소

34 실린더 내부에 기체가 채워져 있고 실린더에는 피스톤이 끼워져 있으며 피스톤 위에는 추가 놓여 있다. 처음의 압력 100kPa, 체적 $0.1m^3$인 기체를 압력을 일정하게 유지하며 가열한 결과 기체 체적이 $0.5m^3$이 되었을 때, 이 과정 동안 기체가 외부에 한 일은?

① 10kJ
② 20kJ
③ 30kJ
④ 40kJ

35 다음 중 경로함수로 나타나는 물리량은?

① 엔탈피
② 엔트로피
③ 내부에너지
④ 일

36 폴리트로픽 변화의 관계식 $Pv^n=$(일정)에서 $n=0$일 때, 다음 중 알맞은 변화는 무엇인가?

① 정적변화 ② 정압변화
③ 등온변화 ④ 단열변화

37 분자량이 30인 에탄의 기체상수는 몇 kJ/kg · K인가?

① 0.027kJ/kg · K ② 0.277kJ/kg · K
③ 2.771kJ/kg · K ④ 27.713kJ/kg · K

38 두 물체가 제3의 물체와 온도가 같을 때, 두 물체도 서로 온도가 같음을 말하는 법칙으로 온도측정의 기초가 되는 것은?

① 열역학 제0법칙 ② 열역학 제1법칙
③ 열역학 제2법칙 ④ 열역학 제3법칙

39 밑변이 1m인 정사각형이고, 높이가 0.5m인 나무토막을 올려놓고 물에 띄웠다. 나무의 비중을 0.5라 할 때 물속에 잠긴 부분의 부피는 몇 m^3인가?

① $0.5m^3$ ② $0.45m^3$
③ $0.25m^3$ ④ $0.55m^3$

40 공기를 이상기체라 가정할 때 2기압 20℃에서의 공기의 밀도는 약 몇 kg/m^3인가?(단, 1기압은 10^5Pa이고, 공기의 기체상수 R=287N · m/kg · K이다)

① $3.21kg/m^3$ ② $2.38kg/m^3$
③ $2.18kg/m^3$ ④ $1.61kg/m^3$

PART 4

41 자동차를 개발하여 풍동에서 모형실험을 하고자 한다. 원형 자동차가 50km/h 속력으로 설계되었을 때 모형의 길이를 $\frac{1}{6}$로 축소하면, 풍동의 유속은 몇 m/s로 유지해야 하는가?

① 10.8m/s
② 23.1m/s
③ 41.5m/s
④ 83.3m/s

42 바다에 비중이 0.88인 얼음이 떠 있는데 수면 위로 나와 있는 체적은 $30m^3$이다. 이 얼음의 전체 중량은 몇 kN인가?(단, 바닷물의 비중은 1.025이다)

① 1,828.3kN
② 2,077.6kN
③ 2,159.5kN
④ 3,957.8kN

43 어떤 물리적인 계에서 관성력, 점성력, 중력, 표면장력이 중요하다. 이 시스템과 관련된 무차원수가 아닌 것은?

① 웨버 수
② 레이놀즈 수
③ 프루드 수
④ 오일러 수

44 물체의 자유낙하 거리는 초기 속도, 중력가속도, 시간의 함수라고 알려져 있다. 이 문제를 버킹햄의 π정리를 사용하여 해석할 때, 무차원 수는 몇 개를 구성할 수 있는가?

① 1개
② 2개
③ 3개
④ 4개

45 탄성계수(E)가 200GPa인 강의 전단탄성계수(G)는 약 몇 GPa인가?(단, 푸아송 비는 0.3이다)

① 66.7GPa
② 76.9GPa
③ 100GPa
④ 267GPa

46 길이가 2m인 환봉에 인장하중을 가하였더니 길이 변화량이 0.14cm였을 때, 변형률은 얼마인가?

① 7%
② 0.7%
③ 0.07%
④ 0.007%

47 삼각형 단면의 밑변과 높이가 b×h=20cm×30cm일 때 밑변에 평행하고 도심을 지나는 축의 단면 2차 모멘트는?

① $22,500cm^4$
② $45,000cm^4$
③ $25,000cm^4$
④ $15,000cm^4$

48 단면의 폭 4cm, 높이 6cm, 길이가 2m인 단순보의 중앙에 집중하중이 작용할 때 최대 처짐이 0.5cm라면 집중하중은 몇 N인가?(단, 탄성계수 E=200GPa이다)

① 5,520N
② 3,300N
③ 2,530N
④ 4,320N

49 폭 30cm, 높이 10cm, 길이 1.5m의 외팔보의 자유단에 8kN의 집중하중을 작용시킬 때의 최대처짐은 몇 mm인가?(단, 탄성계수 E=200GPa이다)

① 2.5mm
② 2.0mm
③ 1.5mm
④ 1.8mm

50 전단 탄성계수가 80GPa인 강봉에 전단응력이 1kPa이 발생했다면 이 부재에 발생한 전단변형률 r는 얼마인가?

① 12.5×10^{-3}
② 12.5×10^{-6}
③ 12.5×10^{-9}
④ 12.5×10^{-12}

토목직 모의고사

모바일 OMR
답안채점 / 성적분석
서비스

응시시간 : 50분 문항 수 : 50문항

정답 및 해설 p.051

01 다음 중 DGPS(Differential GPS)에 대한 설명으로 옳지 않은 것은?

① DGPS는 기준국에서 추적 가능한 모든 위성의 의사거리 보정치를 계산한다.
② DGPS는 실시간 또는 후처리방식으로 가능하며, 코드측정법이라 한다.
③ 실시간 DGPS는 보정자료를 실시간으로 제공하고, 현장인력이 필요하지 않다.
④ 후처리 DGPS는 반송파를 이용함으로 정밀도가 낮은 편이다.

02 관수로에서 관의 마찰손실계수가 0.02, 관의 지름이 40cm일 때, 관내 물의 흐름이 100m를 흐르는 동안 2m의 마찰손실수두가 발생하였다면 관내의 유속은?

① 약 0.3m/s
② 약 1.3m/s
③ 약 2.8m/s
④ 약 3.8m/s

03 저수지의 측벽에 폭 20cm, 높이 5cm의 직사각형 오리피스를 설치하여 유량 200L/s를 유출시키려고 할 때, 수면으로부터의 오피리스 설치 위치는?(단, 유량계수 $C=0.62$이다)

① 약 33m
② 약 43m
③ 약 53m
④ 약 63m

04 수평으로 관 A와 B가 연결되어 있다. 관 A에서 유속은 2m/s, 관 B에서의 유속은 3m/s이며, 관 B에서의 유체압력이 9.8kN/m^{2}일 때, 다음 중 관 A에서의 유체압력은?(단, 에너지 손실은 무시한다)

① 2.5kN/m^2
② 12.3kN/m^2
③ 22.6kN/m^2
④ 29.4kN/m^2

05 안지름 2m의 관내를 20℃의 물이 흐를 때 동점성계수가 $0.0101cm^2/s$이고 속도가 50cm/s일 때, 레이놀즈수(Reynolds Number)는?

① 960,000
② 970,000
③ 980,000
④ 990,000

06 어느 소유역의 면적이 20ha이고, 유수의 도달시간이 5분이다. 강수자료의 해석으로부터 얻어진 이 지역의 강우강도식이 다음과 같을 때, 합리식에 의한 홍수량은?(단, 유역의 평균유출계수는 0.6이다)

(강우강도식) $I=\frac{6,000}{(t+35)}$ (단, t는 강우지속시간이다)

① $18.0m^3/s$
② $5.0m^3/s$
③ $1.8m^3/s$
④ $0.5m^3/s$

07 다음 중 DAD 해석에 관계되는 요소로 짝지어진 것을 모두 고르면?

① 강우깊이, 면적, 지속기간
② 적설량, 분포면적, 적설일수
③ 수심, 하천 단면적, 홍수기간
④ 강우량, 유수단면적, 최대수심

08 다음 중 일반적인 상수도 계통도를 순서대로 바르게 나열한 것은?

① 수원 및 저수시설 → 취수 → 배수 → 송수 → 정수 → 도수 → 급수
② 수원 및 저수시설 → 취수 → 도수 → 정수 → 급수 → 배수 → 송수
③ 수원 및 저수시설 → 취수 → 도수 → 정수 → 송수 → 배수 → 급수
④ 수원 및 저수시설 → 취수 → 배수 → 정수 → 급수 → 도수 → 송수

09 부유물 농도 200mg/L, 유량 3,000m^3/day인 하수가 침전지에서 70% 제거된다. 이때 슬러지의 함수율이 95%이고, 비중이 1.1일 때, 슬러지의 양은?

① 약 5.9m^3/day
② 약 6.1m^3/day
③ 약 7.6m^3/day
④ 약 8.5m^3/day

10 BOD 300mg/L의 폐수 25,000m^3/day를 활성슬러지법으로 처리하려고 한다. 반응조 내의 MLSS 농도가 2,000mg/L, F/M비가 1.0kg, BOD/kg MLSS · day로 처리하려고 할 때, BOD 용적부하는?

① 5kg BOD/m^3 · day
② 4kg BOD/m^3 · day
③ 3kg BOD/m^3 · day
④ 2kg BOD/m^3 · day

11 다음 중 하수슬러지 소화공정에서 혐기성 소화법에 비하여 호기성 소화법의 장점으로 옳지 않은 것은?

① 유효 부산물 생성
② 상징수 수질 양호
③ 악취발생 감소
④ 운전용이

12 다음 중 급수관의 배관에 대한 설비기준으로 옳지 않은 것은?

① 급수관을 부설하고 되메우기를 할 때에는 양질토 또는 모래를 사용하여 적절하게 다짐한다.
② 동결이나 결로의 우려가 있는 급수장치의 노출부에 대해서는 적절한 방한 장치가 필요하다.
③ 급수관의 부설은 가능한 한 배수관에서 분기하여 수도미터 보호통까지 직선으로 배관한다.
④ 급수관을 지하층에 배관할 경우에는 가급적 지수밸브와 역류방지장치를 설치하지 않는다.

13 다음 중 지표가 연직 수평인 옹벽에 있어 수동토압계수와 주동토압계수의 비는?(단, 흙의 내부마찰각은 30°이다)

① $\frac{1}{9}$ ② $\frac{1}{3}$

③ 1 ④ 9

14 다음 중 표준관입시험에 대한 설명으로 옳지 않은 것은?

① 질량(63.5±0.5)kg인 해머를 사용한다.

② 해머의 낙하높이는 (760±10)mm이다.

③ 고정 Piston 샘플러를 사용한다.

④ 샘플러를 지반에 300mm 박아 넣는 데 필요한 타격횟수를 N값이라고 한다.

PART 4

15 지름(D)이 10cm, 높이(h)가 20cm인 모래시료에 정수위 투수시험을 진행한 결과 정수두 40cm로 하여 5초간의 유출량이 86.3cm^{3}이 되었다. 이 시료의 투수계수(k)는?

① 12.683×10^{-2}cm/sec

② 11.800×10^{-2}cm/sec

③ 10.988×10^{-2}cm/sec

④ 9.029×10^{-2}cm/sec

16 다음 중 사진축척이 1 : 5,000이고, 종중복도가 60%일 때, 촬영기선의 길이는?(단, 사진크기는 23cm×23cm이다)

① 360m ② 375m

③ 435m ④ 460m

17 다음 중 항공사진의 특수 3점으로 옳지 않은 것은?

① 주점 ② 연직점
③ 등각점 ④ 표정점

18 축척 1 : 600인 지도상의 면적을 축척 1 : 500으로 계산하여 38.675m^2을 얻었다면, 실제 면적은?

① 26.858m^2 ② 32.229m^2
③ 46.410m^2 ④ 55.692m^2

19 다음 중 강우자료의 일관성을 분석하기 위해 사용하는 방법으로 옳은 것은?

① 합리식
② DAD 해석법
③ 누가우량 곡선법
④ SCS(Soil Conservation Service) 방법

20 다음 중 부체의 안정에 대한 설명으로 옳지 않은 것은?

① 경심이 무게중심보다 아래에 있을 경우 안정적이다.
② 무게중심이 부심보다 아래에 있을 경우 안정적이다.
③ 부심과 무게중심이 동일 연직선 상에 위치할 때, 안정을 유지한다.
④ 경심이 무게중심보다 높을 경우 복원 모멘트가 작용한다.

21 압력수두를 P, 속도수두를 V, 위치수두를 Z라고 할 때, 다음 중 정체압력수두 P_s는?

① $P_s = P - V - Z$ ② $P_s = P + V + Z$
③ $P_s = P - V$ ④ $P_s = P + V$

22 다음과 같은 집중호우가 자기기록지에 기록되었다. 지속기간 20분 동안의 최대강우강도는?

시간	5분	10분	15분	20분	25분	30분	35분	40분
누가우량[mm]	2	5	10	20	35	40	43	45

① 95mm/h
② 105mm/h
③ 115mm/h
④ 135mm/h

23 다음 중 단위유량도 이론의 가정에 대한 설명으로 옳지 않은 것은?

① 초과강우는 유효지속기간에 일정한 강도를 가진다.
② 초과강우는 전 유역에 걸쳐서 균등하게 분포된다.
③ 주어진 지속기간의 초과강우로부터 발생된 직접유출 수문곡선의 기저시간은 일정하다.
④ 동일한 기저시간을 가진 모든 직접유출 수문곡선의 종거들은 각 수문곡선에 의하여 주어진 총 직접유출 수문곡선에 반비례한다.

24 지름 d인 구(球)가 밀도 ρ의 유체 속을 유속 V로 침강할 때, 다음 중 구의 항력 D는?(단, 항력계수는 C_D라 한다)

① $\frac{1}{8}C_D\pi d^2\rho V^2$
② $\frac{1}{2}C_D\pi d^2\rho V^2$
③ $\frac{1}{4}C_D\pi d^2\rho V^2$
④ $C_D\pi d^2\rho V^2$

25 다음 중 직사각형 단면수로의 폭이 5m이고 한계수심이 1m일 때, 유량은?(단, 에너지 보정계수 $\alpha=1.0$이다)

① $15.65\text{m}^3/\text{s}$
② $10.75\text{m}^3/\text{s}$
③ $9.80\text{m}^3/\text{s}$
④ $6.52\text{m}^3/\text{s}$

PART 4

26 **유속이 3m/s인 유수 중에 유선형 물체가 흐름방향으로 향하여 3m 깊이에 놓여 있을 때, 정체압력(Stagnation Pressure)은?**

① $0.46kN/m^2$　② $12.21kN/m^2$
③ $33.90kN/m^2$　④ $52.65kN/m^2$

27 **다음 중 옹벽에서 T형보로 설계해야 하는 부분으로 옳은 것은?**

① 뒷부벽식 옹벽의 뒷부벽　② 뒷부벽식 옹벽의 전면벽
③ 앞부벽식 옹벽의 저판　④ 앞부벽식 옹벽의 앞부벽

28 **다음 중 콘크리트구조물을 설계할 때 사용하는 하중인 활하중(Live Load)에 포함되지 않는 것은?**

① 사람, 가구, 이동칸막이 등의 하중
② 적설하중
③ 교량 등에서 차량에 의한 하중
④ 풍하중

29 **다음 중 용접부의 결함으로 옳지 않은 것은?**

① 오버랩(Overlap)　② 언더컷(Undercut)
③ 스터드(Stud)　④ 균열(Crack)

30 **다음 중 용접 시 주의사항에 대한 설명으로 옳지 않은 것은?**

① 용접의 열을 될 수 있는 대로 균등하게 분포시킨다.
② 용접부의 구속을 될 수 있는 대로 적게 하여 수축변형을 일으키더라도 해로운 변형이 남지 않도록 한다.
③ 평행한 용접은 같은 방향으로 동시에 용접하는 것이 좋다.
④ 주변에서 중심으로 향하여 대칭으로 용접해 나간다.

31 **다음 중 강도설계법에서 사용하는 강도감소계수 ϕ의 값으로 옳지 않은 것은?**

① 무근콘크리트의 휨모멘트 : $\phi=0.55$

② 전단력과 비틀림모멘트 : $\phi=0.75$

③ 콘크리트의 지압력 : $\phi=0.70$

④ 인장지배단면 : $\phi=0.85$

32 **활하중 20kN/m, 고정하중 30kN/m를 지지하는 지간 8m의 단순보에서 계수모멘트 M_u는?(단, 하중계수와 하중조합을 고려한다)**

① 512kN · m ② 544kN · m

③ 576kN · m ④ 605kN · m

PART 4

33 **계수전단력 V_u가 콘크리트에 의한 설계전단강도 ϕV_c의 $\frac{1}{2}$을 초과하는 철근콘크리트 휨부재에는 최소 전단철근을 배치하도록 규정하고 있다. 다음 중 이 규정에서 제외되는 경우에 대한 설명으로 옳지 않은 것은?**

① 슬래브와 기초판

② 전체 깊이가 400mm 이하인 보

③ I형보, T형보에서 그 깊이가 플랜지 두께의 2.5배 또는 복부폭의 $\frac{1}{2}$ 중 큰 값 이하인 보

④ 교대 벽체 및 날개벽, 옹벽의 벽체, 암거 등과 같이 휨이 주거동인 판 부재

34 **다음 중 강도설계법에 대한 기본가정으로 옳지 않은 것은?**

① 철근 및 콘크리트의 변형률은 중립축으로부터의 거리에 비례한다.

② 콘크리트의 인장강도는 휨계산에서 무시한다.

③ 압축 측 연단에서 콘크리트의 극한변형률은 0.003으로 가정한다.

④ 항복강도 f_y 이하에서 철근의 응력은 그 변형률에 관계없이 f_y와 같다고 가정한다.

35 2.0kg/cm^2의 구속응력을 가하여 시료를 완전히 압밀시킨 다음 축차응력을 가하여 비배수 상태로 전단시켜 파괴 시 축변형률 $\epsilon_f = 10\%$, 축차응력 $\Delta\sigma_f = 2.8\text{kg/cm}^2$, 간극수압 $\Delta u_f = 2.1\text{kg/cm}^2$을 얻었다. 다음 중 파괴 시 간극수압계수 A의 값은?(단, 간극수압계수 B는 1.0으로 가정한다)

① 0.44　　② 0.75
③ 1.33　　④ 2.27

36 다음 중 임의형태 기초에 작용하는 등분포하중으로 인하여 발생하는 지중응력계산에 사용하는 가장 적합한 계산법은?

① Boussinesq법　　② Osterberg법
③ Newmark 영향원법　　④ 2 : 1 간편법

37 다음 중 유선망(Flow Net)의 성질에 대한 설명으로 옳지 않은 것은?

① 유선과 등수두선은 직교한다.
② 동수경사 i는 등수두선의 폭에 비례한다.
③ 유선망으로 되는 사각형은 이론상 정사각형이다.
④ 인접한 두 유선 사이, 즉 유로를 흐르는 침투수량은 동일하다.

38 다음 중 Terzaghi의 극한지지력 공식에 대한 설명으로 옳지 않은 것은?

① 기초의 형상에 따라 형상계수를 고려하고 있다.
② 지지력계수 N_c, N_q, N_γ는 내부마찰각에 의해 결정된다.
③ 점성토에서의 극한지지력은 기초의 근입깊이가 깊어지면 증가된다.
④ 극한지지력은 기초의 폭에 관계없이 기초 하부의 흙에 의해 결정된다.

39 **다음 중 깊은 기초의 지지력 평가에 대한 설명으로 옳지 않은 것은?**

① 현장 타설 콘크리트 말뚝 기초는 동역학적 방법으로 지지력을 추정한다.
② 말뚝 항타분석기(PDA)는 말뚝의 응력분포, 경시효과 및 해머 효율을 파악할 수 있다.
③ 동역학적 방법은 항타장비, 말뚝과 지반조건이 고려된 방법으로 해머 효율의 측정이 필요하다.
④ 정역학적 지지력 추정방법은 논리적으로 타당하나 강도정수를 추정하는 데 한계성을 내포하고 있다.

40 **다음 중 10m 두께의 점토층이 10년 만에 90% 압밀이 된다면, 40m 두께의 동일한 점토층이 90% 압밀에 도달하는 소요기간은?**

① 16년　　② 80년
③ 160년　　④ 240년

41 **다음 중 사면안정 해석방법에 대한 설명으로 옳지 않은 것은?**

① 일체법은 활동면 위에 있는 흙 덩어리를 하나의 물체로 보고 해석하는 방법이다.
② 절편법은 활동면 위에 있는 흙을 몇 개의 절편으로 분할하여 해석하는 방법이다.
③ 마찰원방법은 점착력과 마찰각을 동시에 갖고 있는 균질한 지반에 적용된다.
④ 절편법은 흙이 균질하지 않아도 적용이 가능하지만 흙 속에 간극수압이 있을 경우 적용이 불가능하다.

42 **샘플러(Sampler)의 외경이 6cm, 내경이 5.5cm일 때, 다음 중 면적비 A_r은?(단, 소수점 첫째 자리에서 버림한다)**

① 약 8.3%　　② 약 9%
③ 약 16%　　④ 약 19%

43 양수량이 $50m^3/min$, 전양정이 8m일 때, 펌프의 축동력은?(단, 펌프의 효율 $n = 0.8$이다)

① 65.26kW
② 73.62kW
③ 81.34kW
④ 92.41kW

44 다음 중 하수도시설의 1차 침전지에 대한 설명으로 옳지 않은 것은?

① 침전지의 형상은 원형, 직사각형 또는 정사각형으로 한다.
② 직사각형 침전지의 폭과 길이의 비는 1 : 3 이상으로 한다.
③ 유효수심은 2.5 ~ 4m를 표준으로 한다.
④ 침전시간은 일반적으로 계획 1일 최대오수량에 대하여 12시간 정도로 한다.

45 다음 중 하수처리시설의 펌프장시설에서 중력식 침사지에 대한 설명으로 옳지 않은 것은?

① 체류시간은 30 ~ 60초를 표준으로 하여야 한다.
② 모래퇴적부의 깊이는 최소 50cm 이상이어야 한다.
③ 침사지의 평균유속은 0.3m/s를 표준으로 한다.
④ 침사지 형상은 정방형 또는 장방형 등으로 하고, 지수는 2지 이상을 원칙으로 한다.

46 지름 15cm, 길이 50m인 주철관으로 유량 $0.03m^3/s$의 물을 50m 양수하려고 한다. 양수 시 발생되는 총손실수두가 5m이었을 때, 이 펌프의 소요 축동력은?(단, 여유율은 0이며, 펌프의 효율은 80%이고, 소수점 둘째 자리에서 반올림한다)

① 약 20.2kW
② 약 30.5kW
③ 약 33.5kW
④ 약 37.2kW

47 펌프의 회전수 $N = 3,000$rpm이고, 양수량 $Q = 1.7\text{m}^3/\text{min}$, 전양정 $H = 300$m인 6단 원심펌프의 비교회전도 N_s는?(단, 소수점 첫째 자리에서 반올림한다)

① 약 100회
② 약 150회
③ 약 170회
④ 약 210회

48 다음 상수시설 중 가장 일반적인 장방형 침사지의 표준 표면부하율로 옳은 것은?

① 50 ~ 150mm/min
② 200 ~ 500mm/min
③ 700 ~ 1,000mm/min
④ 1,000 ~ 1,250mm/min

49 다음 중 정수지에 대한 설명으로 옳지 않은 것은?

① 정수지란 정수를 저류하는 탱크로, 정수시설로는 최종단계의 시설이다.
② 정수지 상부는 반드시 복개해야 한다.
③ 정수지의 유효수심은 3 ~ 6m를 표준으로 한다.
④ 정수지의 바닥은 저수위보다 1m 이상 낮게 설치해야 한다.

50 지름 D인 원형단면보에 휨모멘트 M이 작용할 때, 다음 중 최대휨응력은?

① $\dfrac{64M}{\pi D^3}$
② $\dfrac{32M}{\pi D^3}$
③ $\dfrac{16M}{\pi D^3}$
④ $\dfrac{8M}{\pi D^3}$

PART 4

2023 최신판

합격의 공식 | SD에듀

공기업 통합전공

NCS직무능력연구소 편저

기술직

전기·기계·토목

정답 및 해설

Add+

특별부록

2022 ~ 2021년
주요 공기업
전공 기출복원문제
정답 및 해설

주요 공기업

전공 기출복원문제 정답 및 해설

01 전기

01	02	03	04	05	06	07	08	09	10
④	③	⑤	③	①	②	④	②	①	③
11	12	13	14	15	16	17	18	19	20
①	④	⑤	②	⑤	③	①	②	①	④
21	22	23	24	25	26	27	28	29	30
①	②	⑤	⑤	③	④	①	④	③	②

01
정답 ④

이상적인 연산증폭기의 특징

- 전압이득이 무한대이다.
- 대역폭이 무한대이다.
- 개방상태에서 입력 임피던스가 무한대이다.
- 출력 임피던스가 0이다.
- 두 입력 전압이 같을 때, 출력 전압이 0이다.

02
정답 ③

A⊥B가 되기 위한 조건은 A·B=0이다.

$A \cdot B = 1\times1+(-1)\times0+2\times x=0$

$1+2x=0$

$\therefore\ x=-\frac{1}{2}$

03
정답 ⑤

$$f(s)=\frac{2s+3}{s^2+3s+2}=\frac{2s+3}{(s+2)(s+1)}=\frac{A}{s+1}+\frac{B}{s+2}$$

$$A=f(s)(s+1)\mid_{s=-1}=\frac{2s+3}{s+2}\mid_{s=-1}=1$$

$$B=f(s)(s+2)\mid_{s=-2}=\frac{2s+3}{s+1}\mid_{s=-2}=1$$

$$\therefore\ f(t)=e^{-t}+e^{-2t}$$

04
정답 ③

전력용 콘덴서의 용량

$$Q_C=P(\tan\theta_1-\tan\theta_2)$$

$$=P_a\cos\theta_1\left(\frac{\sqrt{1-\cos\theta LSUP2_1}}{\cos\theta_1}-\frac{\sqrt{1-\cos\theta LSUP2_2}}{\cos\theta_2}\right)$$

$$=200\times0.8\left(\frac{\sqrt{1-0.8^2}}{0.8}-\frac{\sqrt{1-0.95^2}}{0.95}\right)\fallingdotseq 67\text{kVA}$$

05
정답 ①

물질(매질)의 종류와 관계없이 전하량 만큼만 발생한다.

> **Plus**
>
> **전속 및 전속밀도**
>
> 전기력선의 묶음을 말하며 전하의 존재를 흐르는 선속으로 표시한 가상적인 선으로 Q[C]에서는 Q개의 전속선이 발생하고 1C에서는 1개의 전속선이 발생하며 항상 전하와 같은 양의 전속이 발생한다.
>
> $\Psi=\int Dds=Q$

06
정답 ②

역률이 개선되면 변압기 및 배전선의 여유분이 증가한다.

> **Plus**
>
> **역률 개선 효과**
>
> - 선로 및 변압기의 부하손실을 줄일 수 있다.
> - 전압강하를 개선한다.
> - 전력요금 경감으로 전기요금을 낮추게 된다.
> - 계통 고조파 흡수효과가 높다.
> - 피상전류 감소로 변압기 및 선로의 여유분이 증가한다.
> - 설비용량에 여유가 생겨 투자비를 낮출 수 있다.
> - 전압이 안정되므로 생산성이 증가한다.

07

정답 ④

이상적인 상호인덕턴스는 결합계수 k가 1일 때이며, 이처럼 손실이 0일 경우의 변압기를 이상변압기라 한다.

상호인덕턴스 $M=k\sqrt{L_1L_2}$, 결합계수 $k=\frac{M}{\sqrt{L_1L_2}}$

08

정답 ②

누설자속이 없는 이상적인 상호인덕턴스의 조건을 만족하는 결합계수는 1이다.

조건	결합계수 k의 범위
누설자속이 없을 때	$k=1$
상호자속이 없을 때	$k=0$
결합계수의 범위	$0\leq k\leq 1$

Plus

결합계수의 범위

변압기의 상호인덕턴스 $M=\sqrt{L_1L_2}$ 이다. 하지만 실제로는 누설 자속의 손실분이 있기 때문에 상수 k를 곱하며, 이때 k를 결합계수라 한다.

09

정답 ①

평균값이 0인 비주기 신호이다.

Plus

AWGN(Additive White Gaussian Noise)의 특징

시스템의 가장 일반적인 잡음으로, 모든 주파수 대역에서 일정한 분포를 갖는 잡음이다.

- 평균값이 0이고 비주기 신호이다.
- 전 주파수 대역에 걸쳐 전력 스펙트럼 밀도가 일정하다.
- 통계적 성질이 시간에 따라 변하지 않는다.
- 가우시안 분포를 형성한다.
- 백색잡음에 가장 근접한 잡음으로 열잡음이 있다.

10

정답 ③

$g_{FM}(t)=A_c\cos(2\pi f_ct+\theta(t))$,

$s(t)=20\cos(800\pi t+10\pi\cos 7t)$

$\phi(t)=2\pi f_ct+\theta(t)=800\pi t+10\pi\cos 7t$

순시 주파수 $f_i(t)=\frac{1}{2\pi}\times\frac{d\phi(t)}{dt}=f_c+\frac{1}{2\pi}\times\frac{d\theta(t)}{dt}$

$f_i(t)=\frac{1}{2\pi}\times\frac{d\theta(t)}{dt}=400-\frac{70\pi}{2\pi}sin7t=400-35\sin 7t$

11

정답 ①

CPFSK(연속 위상 주파수 편이 방식)는 주파수 변환점에서 불연속하게 변조된 신호의 위상을 연속하도록 하는 주파수 편이 방식으로 변조지수 $h=0.5$일 때를 MSK(최소 편이 방식)라 한다.

Plus

반송대역 전송

디지털 신호에 따라 반송파의 진폭, 주파수 그리고 위상 중 어느 하나를 변조해서 전송하는 방식으로, 적은 비대역을 갖는 회선에 적합하다.

- PSK : 정현파의 위상에 정보를 싣는 방식으로 2, 4, 8 위상 편이 방식이 있다.
- FSKCF : 정현파의 주파수에 정보를 싣는 방식으로 2가지(고・저주파) 주파수를 이용한다.
- QAM : APK이라고도 하며, 반송파의 진폭과 위상을 동시에 변조하는 방식이다.
- ASK : 정현파의 진폭에 정보를 싣는 방식으로 반송파의 유 / 무로 표현된다.

12

정답 ④

동일한 비트율을 가지고 있기 때문에 BPSK 심벌 전송률은 QPSK 심벌 전송률의 2배이다.

13

정답 ⑤

$P_t[\text{dBm}]=10\log_{100}\left(\frac{100}{1mW}\right)=10\log_{10}10^5=50$

$G[\text{dB}]=P_r[\text{dBm}]-P_t[\text{dBm}]=36-50=-14\text{dBm}$

$G[\text{dB}]=10\log_{10}\left(\frac{P_r}{P_t}\right)=-14\text{dBm}$

$\frac{P_r}{P_t}=10^{-1.4}=\frac{1}{10LSUP1.4}=\frac{1}{25.118}$

$P_t:P_r=25:1$

14

정답 ②

전류 $I=\frac{V}{R}$이므로, 기존 저항 $R_1=\frac{V}{I}$이라 할 때,

전류 증가 후 저항 $R_2=\frac{V}{1.25\times I}=\frac{V}{I}\times\frac{1}{1.25}=0.8\times\frac{V}{I}$

$=0.8R$

15

정답 ⑤

전송 부호는 직류 성분이 포함되지 않아야 한다.

Plus

기저대역 전송(Baseband Transimission)

기저대역 신호가 존재하는 주파수 대역을 기저대역(Baseband)이라고 하며, 기저대역 신호는 아날로그 신호나 디지털 신호 모두에 대해 변조되지 않은 저주파 신호를 말한다.

기저대역 전송의 조건

변조되기 이전의 컴퓨터나 단말기의 출력 정보인 0과 1을 그대로 보내거나 전송로의 특성에 알맞은 부호로 변환시켜 전송하는 방식으로 전송에 필요한 조건은 다음과 같다.

- 전송에 필요로 하는 전송 대역폭이 작아야 한다.
- 타이밍 정보가 충분히 포함되어야 한다.
- 저주파 및 고주파 성분이 제한되어야 한다.
- 전송로 상에서 발생한 에러 검출 및 정정이 가능해야 한다.
- 전송 부호는 직류 성분이 포함되지 않아야 한다.

16

정답 ③

반지름이 r이고, 표면적이 r^2인 구의 입체각은 $1sr$이다. 구의 표면적 $S=4\pi r^2$이므로, 구 전체의 입체각은 4π이다. 따라서 반원구의 입체각은 2π이다.

17

정답 ①

얇은 판면에 무수한 자기 쌍극자의 집합을 이루고 있는 판상의 자석을 판자석(자기 2중층)이라 한다.

18

정답 ②

워드 레너드 제어방식은 MGM 제어방식으로서 정부하 시 사용하며 광범위한 속도 제어가 가능하다.

Plus

직류전동기의 속도 제어법

- 전압 제어법 : 전동기의 외부단자에서 공급전압을 조절하여 속도를 제어하기 때문에 효율이 좋고 광범위한 속도 제어가 가능하다.
  - 워드 레너드 제어방식 : MGM 제어방식으로서 정부하 시 사용하며 광범위한 속도제어가 가능한 방식이다.
  - 일그너 제어방식 : MGM 제어방식으로서 부하변동이 심할 경우 사용하며 플라이휠을 설치하여 속도를 제어하는 방식이다.
  - 직·병렬 제어방식 : 직·병렬 시 전압강하로 속도를 제어하며 직권전동기에만 사용하는 방식이다.
- 저항 제어법 : 전기자 회로에 삽입한 기동저항으로 속도를 제어하는 방법이며 부하전류에 의한 전압강하를 이용한 방법이다. 손실이 크기 때문에 거의 사용하지 않는다.
- 계자 제어법 : 계자저항 조절로 계자자속을 변화시켜 속도를 제어하는 방법이며 계자저항에 흐르는 전류가 적기 때문에 전력손실이 적고 간단하지만 속도 제어범위가 좁다. 출력을 변화시키지 않고도 속도 제어를 할 수 있기 때문에 정출력 제어법이라 부른다.

19

정답 ①

변전소의 위치는 변전소 앞 절연구간에서 전기철도차량의 타행운행이 가능한 곳이어야 한다.

Plus

KEC 421.2(변전소 등의 계획)

- 전기철도 노선, 전기철도차량의 특성, 차량운행계획 및 철도망건설계획 등 부하특성과 연장급전 등을 고려하여 변전소 등의 용량을 결정하고, 급전계통을 구성하여야 한다.
- 변전소의 위치는 가급적 수전선로의 길이가 최소화 되도록 하며, 전력수급이 용이하고, 변전소 앞 절연구간에서 전기철도차량의 타행운행이 가능한 곳을 선정하여야 한다. 또한 기기와 시설자재의 운반이 용이하고, 공해, 염해, 각종 재해의 영향이 적거나 없는 곳을 선정하여야 한다.
- 변전설비는 설비운영과 안전성 확보를 위하여 원격감시 및 제어방법과 유지보수 등을 고려하여야 한다.

20

정답 ④

소호리엑터 접지 방식의 공칭전압은 66kV이다. 송전선로인 154, 345, 765kV 선로는 중성점 직접 접지 방식을, 배전선로인 22.9kV은 중성점 다중 접지 방식을 채택하여 사용하고 있으며, 소호리엑터 접지 방식은 66kV의 선로에서 사용된다.

21

정답 ①

언측법은 직접유량 측정 방식 중 하나로, 유량이 적은 하천에서 차단벽과 수위를 이용하여 측정하는 방법이다.

> **Plus**
>
> **직접유량을 측정하는 방법**
>
> 유량의 측정에는 유속과 단면적의 양자를 측정하는 것이 일반적이지만, 직접유량을 측정할 수 있는 특수한 경우가 있다.
>
> - 염분법 : 식염수를 이용해 염분량을 측정하는 방법
> - 언측법 : 차단벽과 수위를 이용해 측정하는 방법
> - 수위 관측법 : 수위유량도와 양수표를 이용해 측정하는 방법

22

정답 ②

$N=\dfrac{AE}{FUM}=\dfrac{10\times30\times300}{3,800\times0.5\times0.8}\fallingdotseq59.2$

$\therefore$ 60개

23

정답 ⑤

$\mathcal{L}[af_1(t)\pm bf_2(t)]=aF_1(s)\pm bF_2(s)$에 의해서

$\mathcal{L}[\sin\omega t]=\dfrac{\omega}{s^2+\omega^2}$, $\mathcal{L}[\cos\omega t]=\dfrac{s}{s^2+\omega^2}$이므로

$F(s)=\mathcal{L}[f(t)]=\mathcal{L}[\sin t]+\mathcal{L}[2\cos t]$

$=\dfrac{1}{s^2+1^2}+2\times\dfrac{s}{s^2+1^2}=\dfrac{2s+1}{s^2+1}$

24

정답 ⑤

저항 증가 전 슬립 $s=\dfrac{N_s-N}{N_S}=\dfrac{1,000-950}{1,000}=0.05$

회전자속도 $N=950\text{rpm}$

동기속도 $N_s=\dfrac{120f}{p}=\dfrac{120\times50}{6}=1,000\text{rpm}$

$s_2\propto r_2$이므로 2차 저항을 3배로 하면 슬립도 3배로 증가한다.

변화된 회전속도 $N=(1-3s)N_s=(1-3\times0.05)\times1,000$
$=850\text{rpm}$

25

정답 ③

KEC 332.7**(고압 가공전선로의 지지물의 강도)**

고압 가공전선로의 지지물로서 사용하는 목주는 다음에 따라 시설하여야 한다.

- 풍압하중에 대한 안전율은 1.3 이상일 것
- 굵기는 말구(末口) 지름 0.12m 이상일 것

26

정답 ④

쿨롱의 법칙 $F=\dfrac{Q_1Q_2}{4\pi\varepsilon_0r^2}=9\times10^9\dfrac{Q_1Q_2}{r^2}$

$r=\sqrt{9\times10^9\times\dfrac{Q_1Q_2}{F}}$

$Q_1=1$, $Q_2=10$, $F=9$이므로,

$r=\sqrt{9\times10^9\times\dfrac{10}{9}}=10^5\text{m}$

27

정답 ①

원형 코일 중심의 자계의 세기는 $H_0=\dfrac{\ni}{2a}$이고, 코일수 $N=$2회이므로 $H_0=\dfrac{I}{a}$[AT/m]이다.

28

정답 ④

작용인덕턴스 $L=0.05+0.4605\log_{10}\dfrac{5,000}{25}$
$\fallingdotseq1.1\text{mH/km}$

29

정답 ③

Y결선과 △결선의 비교

구분	Y결선을 △결선으로 변환 시	△결선을 Y결선으로 변환 시
임피던스 (Z)	3배	$\frac{1}{3}$배
선전류 (I)	3배	$\frac{1}{3}$배
소비전력 (P)	3배	$\frac{1}{3}$배

따라서 $Z_Y=\dfrac{Z_\Delta}{3}=\dfrac{30}{3}=10\Omega$이다.

30

정답 ②

복합유전체의 경계면 조건은 전계가 수직입사이므로, 전속밀도가 같다. 경계면에는 $f=\dfrac{1}{2}\left(\dfrac{1}{\epsilon_2}-\dfrac{1}{\epsilon_1}\right)D^2$의 힘이 작용하고, 작용하는 힘은 유전율이 큰 쪽에서 작은 쪽으로 작용하므로, ϵ_1에서 ϵ_2로 작용한다.

02 기계

01	02	03	04	05	06	07	08	09	10
②	③	②	④	④	①	①	④	②	②
11	12	13	14	15	16	17	18	19	20
②	②	④	④	⑤	②	④	④	④	③
21	22	23	24	25					
②	④	④	⑤	③					

01

정답 ②

로켓 속도 $V_1 = \frac{1,560}{3.6} ≒ 433.33\text{m/s}$

$\rho_1 Q_1 = 95\text{kg/s}$

$\rho_2 Q_2 = 95 + 2.15 = 97.15\text{kg/s}$

$F = 4,500\text{kg}$이므로

$F = \rho_2 Q_2 V_2 - \rho_1 Q_1 V_1$

$4,500 = 97.15 \times V_2 - 95 \times 433.33$

$\therefore V_2 ≒ 470\text{m/s}$

02

정답 ③

- 공석점(A_1 변태점) : 723℃
- 공정점 : 1,145℃
- 포정점 : 1,470℃
- 순철 자기변태점(A_2 변태점) : 768℃

03

정답 ②

각속도$(w) = \frac{2\pi N}{60} = \frac{2\pi \times 80}{60} ≒ 8.38\text{rad/s}$

진동수$(f) = \frac{w}{2\pi} = \frac{8.38}{2\pi} ≒ 1.33\text{Hz(cps)}$

04

정답 ④

$$\text{소요동력(kW)} = \frac{k}{k-1} \frac{P_1 V_1}{\eta_{ad}} \left[\left(\frac{P_2}{P_1} \right)^{\frac{k-1}{k}} - 1 \right]$$

$$= \frac{1.4}{1.4-1} \times \frac{140 \times 0.03}{0.6} \left[\left(\frac{700}{140} \right)^{\frac{1.4-1}{1.4}} - 1 \right]$$

$≒ 14.3\text{kW}$

05

정답 ④

$S = C$ (단열과정)이므로,

$T^k P^{1-k} =$일정, $T_1^k P_1^{1-k} = T_2^k P_2^{1-k}$에서,

$$T_2 = T_1 \times \left(\frac{P_2}{P_1} \right)^{\frac{k-1}{k}} = (273 + 550) \times \left(\frac{200}{3,200} \right)^{\frac{1.25-1}{1.25}}$$

$≒ 472.69\text{K}$

$$\text{팽창일}(w_a) = \frac{1}{k-1}(P_1 v_1 - P_2 v_2)$$

$$= \frac{1}{k-1} R(T_1 - T_2)$$

$$= \frac{0.287}{1.25-1}(823 - 472.69)$$

$≒ 402.2\text{kJ/kg}$

$\therefore W_a = m w_a = 2 \times 402.2 ≒ 804\text{kJ}$

06

정답 ①

$$\mu = \frac{\epsilon'}{\epsilon} = \frac{\frac{\delta}{b}}{\frac{\sigma}{E}} = \frac{\delta E}{b\sigma}$$

$$\delta = \frac{\mu b \sigma}{E} = \frac{\mu b P}{E(bt)} = \frac{\mu P}{Et} = \frac{0.4 \times (13.5 \times 10^3)}{(230 \times 10^9) \times (30 \times 10^{-3})}$$

$≒ 0.000783 \times 10^{-3}\text{m} = 0.783 \times 10^{-3}\text{mm}$

07

정답 ①

집중 하중이 작용하는 외팔보의 처짐 $\delta = \frac{Pl^3}{3EI}$에서

$I = \frac{bh^3}{12}$이다.

$$\therefore \delta = \frac{Pl^3}{3E\frac{bh^3}{12}} = \frac{4Pl^3}{Ebh^3} = \frac{4 \times 5,000 \times 2^3}{300 \times 10^9 \times 0.05 \times 0.1^3}$$

$≒ 10.7\text{mm}$

08

정답 ④

면적 모멘트로 구하면, 아래 BMD 선도에서 빗금친 면적

$A_m = 6 \times 54,000 \times \frac{1}{2} = 162,000\text{N} \cdot \text{m}^2$이다.

$\theta_A = \theta_C$이므로,

$$\theta_A = \frac{A_m}{EI} = \frac{162,000}{(200 \times 10^9) \times (250 \times 10^{-8})} = 0.324\text{rad}$$

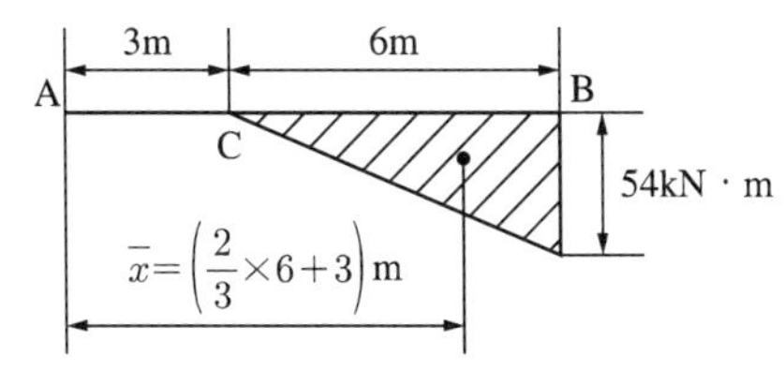

$$\delta_A=\frac{A_m}{EI}\times\bar{x}=\theta_A\times\bar{x}=0.324\times\left(\frac{2}{3}\times 6+3\right)$$
$$=2.268\text{m}\rightarrow 226.8\text{cm}$$

09

정답 ②

내압을 받는 얇은 원통에서 원주(후프)응력 $\sigma_r=\frac{Pd}{2t}$,

축방향의 응력 $\sigma_s=\frac{Pd}{4t}$ 이므로

- $\sigma_r=\sigma_y=\frac{Pd}{2t}=\frac{860,000\times 3}{2\times 0.03}=43,000,000N/m^2$
  $=43\text{MPa}$
- $\sigma_s=\sigma_x=\frac{Pd}{4t}=\frac{860,000\times 3}{4\times 0.03}=21,500,000N/m^2$
  $=21.5\text{MPa}$

2축 응력에서 최대 전단응력은 $\theta=45°$일 때,

$$\tau_{\max}=\frac{1}{2}(\sigma_x-\sigma_y)=\frac{1}{2}(21.5-43)=-10.75\text{MPa}$$

10

정답 ②

압축비 $\epsilon=\frac{\nu_1}{\nu_2}=\left(\frac{P_2}{P_1}\right)^{\frac{1}{k}}=\left(\frac{5,000}{200}\right)^{\frac{1}{1.5}}\fallingdotseq 8.55$

단절비 $\sigma=\frac{v_3}{v_2}=\frac{T_3}{T_2}=\frac{T_3}{T_1\cdot\epsilon^{k-1}}=\frac{7,000}{500\times(8.55)^{1.5-1}}$
$\fallingdotseq 4.79$

$$\eta_d=1-\left(\frac{1}{\epsilon}\right)^{k-1}\times\frac{\sigma^k-1}{k(\sigma-1)}$$
$$=1-\left(\frac{1}{8.55}\right)^{1.5-1}\times\frac{4.79^{1.5}-1}{1.5(4.79-1)}\fallingdotseq 0.430\rightarrow 43\%$$

11

정답 ②

CO_2의 기체상수

$$R=\frac{8.314}{M}=\frac{8.314}{44}\fallingdotseq 0.189\text{kJ/kg}\cdot\text{K}$$

$$\gamma=\frac{P}{RT}=\frac{800}{0.189\times(110+273)}\fallingdotseq 11.05\text{N/m}^3$$

12

정답 ②

$$[\text{압축률}(\beta)]=\frac{1}{[\text{체적탄성계수}(E)]}=\frac{1}{\text{N/m}^2}=\text{m}^2/\text{N}$$
$$\rightarrow L^2F^{-1}=L^2(MLT^{-2})^{-1}=L^2M^{-1}L^{-1}T^2$$
$$=M^{-1}LT^2$$

13

정답 ④

니켈 – 크롬강의 경우 550 ~ 580℃에서 뜨임메짐이 발생하는데, 이를 방지하기 위해 Mo, V, W을 첨가한다. 이 중에서 몰리브덴(Mo)이 가장 적합한 원소이다.

14

정답 ④

㉠ 오스템퍼링 : 오스테나이트에서 베이나이트로 완전한 항온변태가 일어날 때까지 특정 온도로 유지 후 공기 중에서 냉각, 베이나이트 조직을 얻는다. 뜨임이 필요 없고, 담금 균열과 변형이 없다.
㉡ 오스포밍 : 과랭 오스테나이트 상태에서 소성 가공을 한 후 냉각 중에 마텐자이트화하는 항온 열처리 방법이다.
㉢ 마템퍼링 : M_s점과 M_f점 사이에서 항온처리하는 열처리 방법으로 마텐자이트와 베이나이트의 혼합 조직을 얻는다.

15

정답 ⑤

쇼어 경도 시험은 낙하시킨 추의 반발 높이를 이용하는 충격 경도 시험이다.

오답분석

① 피로 시험 : 반복되어 작용하는 하중 상태의 성질을 알아낸다.
② 브리넬 경도 시험 : 지름 Dmm인 구형 누르개를 일정한 시험하중으로 시험편에 압입시켜 시험하며, 이때 생긴 압입 자국의 표면적을 시험편에 가한 하중으로 나눈 값이다.
③ 샤르피식 시험 : 금속의 인성과 메짐을 알아보는 충격시험의 일종으로, 시험편의 양단을 지탱하고 해머로 중앙에 충격을 가해 1회로 시험편을 판단한다.
④ 로크웰 경도 시험 : 원추각이 120°, 끝단 반지름이 0.2mm인 원뿔형 다이아몬드를 누르는 방법(HRC)과 지름이 1.588mm인 강구를 누르는 방법(HRB) 두 가지가 있다.

16

정답 ②

- 체심입방격자(BCC) : 강도, 경도가 크고 용융점이 높은 반면 연성, 전성이 낮다.
  V, Ta, W, Rb, K, Li, Mo, $\alpha-Fe$, $\delta-Fe$, Cs, Cr, Ba, Na
- 면심입방격자(FCC) : 강도, 경도가 작고 연성, 전성이 좋다(가공성 우수).
  Ag, Cu, Au, Al, Ni, Pb, Pt, $\gamma-Fe$, Pd, Rh, Sr, Ge, Ca
- 조밀육방격자(HCP) : 연성, 전성이 낮고 취성이 있다.
  Mg, Zn, Ce, Zr, Ti, La, Y, Ru, Gd, Co

17

정답 ④

핀의 종류

- 테이퍼 핀 : $\frac{1}{50}$ 의 테이퍼가 있는 핀으로 구멍에 박아 부품을 고정시키는 데 사용된다.
- 평행 핀 : 테이퍼가 붙어 있지 않은 핀으로 빠질 염려가 없는 곳에 사용된다.
- 조인트 핀 : 2개 부품을 연결할 때 사용되고 조인트 핀을 축으로 회전한다.
- 분할 핀 : 한쪽 끝이 2가닥으로 갈라진 핀으로 축에 끼워진 부품이 빠지는 것을 방지한다.
- 스프링 핀 : 스프링 강대를 원통형으로 성형, 종방향으로 틈새를 부여한 핀으로 외경보다 약간 작은 구멍경에 삽입함으로써 핀의 이탈을 방지한다.

18

정답 ④

아크 용접의 종류

- 피복 아크 용접 : 피복제를 칠한 용접봉과 피용접물과의 사이에 발생한 아크의 열을 이용하는 용접이다.
- 불활성가스 아크 용접(나) : 아르곤, 헬륨 등 불활성 가스 또는 여기에 소량의 활성 가스를 첨가한 가스 분위기 안에서 하는 아크 용접이다.
- 탄산가스 아크 용접 : 불활성 가스 아크 용접에서 사용되는 값비싼 아르곤이나 헬륨 대신에 탄산가스를 사용하는 용극식 용접 방법이다.
- 원자수소 아크 용접(다) : 수소가스 중에서 2개의 금속 전극 간에 발생시킨 아크의 열을 사용하는 용접이다.
- 서브머지드 아크 용접(마) : 두 모재의 접합부에 입상의 용제를 놓고 대기를 차단한 다음 그 속에서 용접봉과 모재 사이에 아크를 발생시켜 그 열로 용접하는 방법이다.

오답분석

- 산소 – 아세틸렌 용접(가) : 가스용접의 일종으로 토치 끝부분에서 아세틸렌과 산소의 혼합물을 연소시켜 접합에 필요한 열을 제공하는 용접이다.
- 프로젝션 용접(라) : 전기저항용접의 일종으로 금속 부재의 접합부에 만들어진 돌기부를 접촉시켜 압력을 가하고 여기에 전류를 통하여 저항열의 발생을 비교적 작은 특정 부분에 한정시켜 접합하는 용접이다.

19

정답 ④

$$\frac{dy}{dx}=\frac{-4y}{4x}=\frac{-4\times5}{4\times3}=-\frac{5}{3}$$

20

정답 ③

원통 커플링의 종류

- 슬리브 커플링(ㄱ) : 주철제 원통 속에 키로 고정, 축지름이 작은 경우 및 인장 하중이 없을 때 사용한다.
- 반중첩 커플링(ㄹ) : 원통 속에 전달축보다 약간 크게 한 축 단면에 기울기를 주어 중첩시킨 후 공동의 키로 고정, 인장 하중이 작용하는 축에 사용한다.
- 마찰원통 커플링 : 두 개로 분리된 원통의 바깥을 원추형으로 만들어 두 축을 끼우고, 그 바깥에 링을 끼워 고정한다. 축과 원통 사이의 마찰력에 의해 토크를 전달한다.
- 분할 원통 커플링 : 분할된 두 개의 반원통으로 두 축을 덮은 후 볼트와 너트로 고정, 토크가 작을 때 사용한다.
- 셀러 커플링(ㄷ) : 한 개의 외통과 두 개의 내통으로 외통 내부와 내통 외부에 테이퍼가 있어 내통 안에 축을 끼우고 3개의 볼트로 죄면 콜릿 역할을 한다.

오답분석

- 플랜지 커플링(ㄴ) : 키를 사용하여 두 축의 양 끝에 플랜지를 각각 고정하고 맞대어 두 개의 플랜지를 연결한다.
- 올덤 커플링(ㅁ) : 두 축이 평행하나 약간 어긋나는 경우에 사용하며 저속, 편심이 작을 때 사용한다.

21

정답 ②

프로판 가스는 석탄 가스와 달리 유독한 일산화탄소 성분이 없다.

오답분석

① 공기보다 1.5배 정도 무겁다.
③ 새어 나오는 가스가 인화되면 폭발할 위험이 있어 주의가 필요하다.
④ 메탄계의 액화 수소 가스이다.
⑤ 중독의 위험이 없어, 가정용 연료로 많이 사용된다.

22

정답 ④

Y합금(내열합금)은 Al 92.5% − Cu 4% − Ni 2% − Mg 1.5%로 구성되며 내연기관의 실린더 및 피스톤에 사용된다.

오답분석

① 실루민 : Al − Si계 합금으로 주조성은 좋으나 절삭성이 나쁘다.
② 하이드로날륨 : Al − Mg계 합금으로 내식성이 가장 우수하다.
③ 두랄루민 : Al − Cu − Mg − Mn계 합금으로 주로 항공기 재료로 사용된다.
⑤ 코비탈륨 : Y합금에 Ti, Cu 0.5%를 첨가한 내열합금이다.

23

정답 ④

$$W = P_1 V_1 \ln\frac{V_2}{V_1} = (120\text{kPa})\times(0.5\text{m}^3)\times\ln\left(\frac{0.1\text{m}^3}{0.5\text{m}^3}\right)$$

≒ −96.6kJ[기체가 압축되었다는 것은 일을 받은 것이므로 음수(−)이다]

24

정답 ⑤

단위 체적당 탄성에너지는 최대 탄성 에너지이므로

$$u = \frac{U}{V} = \frac{\sigma^2}{2E} = \frac{E\times\epsilon^2}{2}$$

$$u_1 = \frac{\sigma^2}{2E} \rightarrow u_2 = \frac{(4\sigma)^2}{2E} = \frac{16\sigma^2}{2E}$$

∴ $u_2 = 16u_1$이므로 16배가 된다.

25

정답 ③

$$I_p = \frac{\pi(d_1^{\,4} - d_2^{\,4})}{32} = \frac{\pi(5^4 - 3^4)}{32} ≒ 53.4\text{cm}^4$$

03 토목

01	02	03	04	05	06	07	08	09	10
③	①	②	②	①	③	②	①	④	④
11	**12**	**13**	**14**	**15**	**16**	**17**	**18**	**19**	**20**
④	⑤	①	③	④	④	②	①	④	③

01

정답 ③

- 전단력 $S = 8\text{t}$
- 휨 모멘트 $M = \frac{Pl}{4} = \frac{8\times 20}{4} = 40\text{t}\cdot\text{m}$

∴ 전단력과 휨 모멘트의 영향선을 이용하여 구한다.

02

정답 ①

$$lL = \left(8\times\frac{3}{4}\right) + \left(2\times\frac{3}{8}\right) = 6.75\text{t}$$

03

정답 ②

측량의 정밀도는 삼각측량이 가장 높고, 다음으로 다각측량, 세부측량 순서이다. 따라서 ②의 설명은 옳지 않다.

04

정답 ②

베르누이 정리를 통해 계산하도록 한다.
물의 단위중량(ω)의 경우,

$\omega = \frac{1{,}000kg}{m^3} = \frac{9{,}800N}{m^3} = \frac{9.8kN}{m^3}$이며,

베르누이 방정식을 보면

$Z_A + \frac{P_A}{\omega} + \frac{v_A^2}{2g} = Z_B + \frac{P_B}{\omega} + \frac{v_B^2}{2g}$이다.

여기서 관이 수평으로 설치되어 있으므로, $Z_A = Z_B = 0$

따라서 $\frac{P_A}{\omega} - \frac{P_B}{\omega} = \frac{v_B^2}{2g} - \frac{v_A^2}{2g}$이고,

$$P_A - P_B = \omega\left(\frac{v_B^2}{2g} - \frac{v_A^2}{2g}\right)$$

$$P_A - 9.8 = 9.8\left(\frac{3^2}{2\times 9.8} - \frac{2^2}{2\times 9.8}\right)$$

∴ $P_A ≒ 12.3\text{kN/m}^2$

따라서 관 A에서의 유체압력은 약 12.3kN/m^2이다.

05

정답 ①

$I_1 + I_2 = I_U + I_V =$ 일정

$I_V = I_1 + I_2 - I_U = 175 + 175 - 278 = 72\text{cm}^4$

06

정답 ③

토질조사에서 심도가 깊어지면 Rod의 변형에 의한 타격에너지의 손실과 마찰로 인해 N치가 크게 나오므로 로드(Rod) 길이에 대한 수정을 하게 된다.

07

정답 ②

직사각형의 단면이고 양단힌지이기 때문에 좌굴의 강성도는 $n = \frac{1}{K^2} = 1$, 좌굴길이 $KL = 1.0L$이다.

세장비 $\lambda = \dfrac{1.0 \times 8.0}{\sqrt{\dfrac{\left(\dfrac{0.25 \times 0.40^3}{12}\right)}{0.25 \times 0.40}}} ≒ 69.28$

08

정답 ①

탄성계수 $E = \dfrac{\sigma \times L}{\delta} = \dfrac{300 \times (10 \times 10^3)}{15} = 2.0 \times 10^5\text{MPa}$

09

정답 ④

일단고정 일단힌지인 경우의 좌굴하중

$P_{cr} = \dfrac{\pi^2 EI}{(KL)^2} = \dfrac{\pi^2 \times 20{,}000 \times \left(\dfrac{150 \times 350^3}{12}\right)}{(0.7 \times 5000)^2}$

$≒ 8{,}635{,}903.851\text{N} \rightarrow 863.590\text{kN}$

10

정답 ④

한계동수경사 $i_c = \dfrac{(1.88 - 1.0)}{1.0} = 0.88$

11

정답 ④

압밀 진행 중인 흙의 성질(압밀계수, 투수계수, 체적변화계수)은 변하지 않는다.

12

정답 ⑤

옹벽의 뒷면과 흙의 마찰각이 0인 경우는 '벽면마찰각을 무시한다.'라는 말과 동일하다. 벽면마찰각을 무시하는 경우 $P_{(Rankine)} = P_{(Coulomb)}$이다.

13

정답 ①

오답분석

②·④·⑤는 B급 이음에 대한 설명이다.

③은 압축이음에 대한 설명이다.

14

정답 ③

세장비 $\lambda = \dfrac{(\text{기둥의 길이 } l)}{(\text{최소 회전 반지름 } r_{\min})}$

$I_{\min} = \dfrac{bh^3}{12} = \dfrac{1}{12}(18 \times 24^3) - (14 \times 18^3) = 13932.00\text{cm}^2$

$A = (18 \times 24) - (14 \times 18) = 180.00\text{cm}^2$

$r_{\min} = \sqrt{\dfrac{I_{\min}}{A}} = \sqrt{\dfrac{13{,}932}{180}} = 8.798$

$\lambda = \dfrac{(\text{기둥의 길이 } l)}{(\text{최소 회전 반지름 } r_{\min})} = \dfrac{20}{8.798} ≒ 2.273$

15

정답 ④

- 합력의 위치 : $150x = 25 \times 4 \rightarrow x = 1.5\text{m}$
- A점으로부터의 거리 : $\dfrac{10}{2} - \dfrac{1.5}{2} = 4.25\text{m}$
- B점으로부터의 60kN 거리 : $10 - 4.25 = 5.75\text{m}$
- B점으로부터의 40kN 거리 : $5.75 - 4 = 1.75\text{m}$

$10 : 4.25 = 5.75 : y_6 \rightarrow y_6 = 2.444\text{m}$

$10 : 4.25 = 1.75 : y_4 \rightarrow y_4 = 0.744\text{m}$

$\therefore M_{\max} = (P_1 \times y_4) + (P_2 \times y_6)$

$= (70 \times 2.444) + (50 \times 0.744) = 208.28\text{kN}$

16

정답 ④

전수압(=수문에 작용하는 전압력)

1) 수평분력(P_H)

$P_H = 9.8 \times 6\sin 20° \times 6 = 120.665\text{kN/m}$

2) 연직분력(P_V)

$P_V = 9.8 \times (\dfrac{1}{6} \times \dfrac{\pi \times 12^2}{4} - \dfrac{1}{2} \times 6 \times 6\sin 20°)$

$= 124.393\text{kN/m}$

(전수압)$= \sqrt{P_H^2 + P_V^2} = \sqrt{120.665^2 + 124.393^2}$

$= 173.302\text{kN/m}$

17

정답 ②

단면의 핵 $E=\dfrac{Z}{A}=\dfrac{(\dfrac{\pi D^3}{32})}{(\dfrac{\pi D^2}{4})}=\dfrac{D}{8}$

$E=\dfrac{200\times2}{8}=50\text{mm}$

면적 $A=50^2\times\pi=7,853.982\text{mm}^2$

18

정답 ①

좌굴하중 $P_{cr}=\dfrac{\pi^2 EI}{(KL)^2}=\dfrac{\pi^2\times(200,000)\times\left(\dfrac{150\times300}{12}\right)}{(2.0\times5,000)^2}$
$=74.022\text{N}$

19

정답 ④

프리캐스트 사용 시 거푸집 및 동바리를 사용하지 않는다.

20

정답 ③

표준 갈고리를 갖는 인장 이형철근의 정착길이 공식은 다음과 같다.

$l_{hb}=\dfrac{0.24\beta d_b f_y}{\lambda\sqrt{f_{ck}}}$

PART 1

전기직 핵심이론

정답 및 해설

전기직 핵심이론

기출예상문제 정답 및 해설

01	02	03	04	05	06	07	08	09	10
①	④	④	③	④	①	④	④	①	④
11	12	13	14	15	16	17	18	19	20
①	④	③	③	①	①	③	④	②	②
21	22	23	24	25	26	27	28	29	30
④	④	③	②	③	①	③	③	②	④

01

정답 ①

$v' = L\frac{\Delta I}{\Delta t} = 0.5 \times \frac{4}{0.05} = 40\text{V}$

02

정답 ④

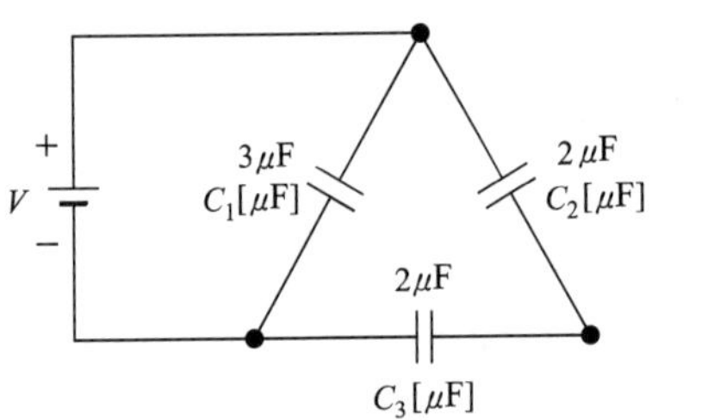

등가회로

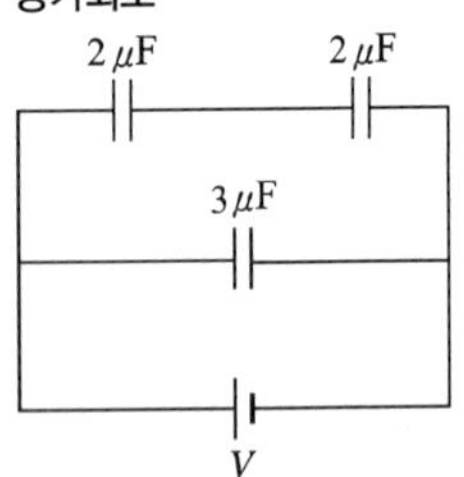

ㄱ. $2\mu\text{F}$과 $2\mu\text{F}$ 사이의 Q는 같다(직렬).

ㄴ. 총 합성 정전용량 $C_T = \left(\frac{2\times 2}{2+2}\right) + 3 = 1 + 3 = 4\mu F$

ㄷ. 전하량 $Q = CV\mu\text{C} \rightarrow V = \frac{Q}{C} = \frac{400}{4} = 100\text{V}$

ㄹ. C_1에 축적되는 전하 → $Q = C_1 V = 3 \times 100 = 300\mu C$

03

정답 ④

반자성체란 외부자기장이 없을 때 물질을 구성하는 원자들의 총 자기장은 0이고, 외부 자기장의 방향과 반대방향으로 자기화되는 물질이다. 이에 속하는 물질은 구리, 유리, 금 등이며, 비투자율은 $\mu\text{S} < 1$이다.

오답분석

①·② 강자성체 비투자율은 $\mu\text{S} \gg 1$이고, 상자성체 비투자율은 $\mu\text{S} > 1$이다.

04

정답 ③

병렬 합성 정전 용량 : $\text{C}_T = \text{C}_1 + \text{C}_2 + \text{C}_3 = 1 + 3 + 6 = 10\mu\text{F}$

05

정답 ④

점전하가 받는 힘 $F = -\frac{q^2}{16\pi\epsilon_0 d^2}$

$= -\frac{8^2}{16\pi \times \frac{1}{36\pi \times 10^9} \times 1^2} = -144 \times 10^9\text{N}$이므로,

전하가 받는 힘의 크기는 $144 \times 10^9\text{N}$이다.

Plus

평면 도체와 점전하 사이에서 작용하는 힘

$F = -\frac{q_1 q_2}{4\pi\epsilon_0 r^2} = -\frac{q^2}{4\pi\epsilon_0 (2d)^2} = -\frac{q^2}{16\pi\epsilon_0 d^2}$

(d : 평면도체와 점전하의 거리, q : 전하량, ϵ_0 : 비유전율)

06

정답 ①

도체 표면의 전기장은 표면에 수직하게 형성된다.

07

정답 ④

$$F=\frac{Q_1 Q_2}{\varepsilon_s r^2}=\frac{1\times 1}{1\times 100^2}=\frac{1}{10,000}\,\text{dyne}$$

08

정답 ④

• 저항값 계산

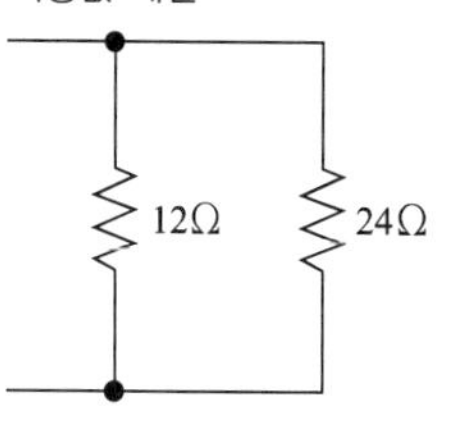

$$R=\frac{12\times 24}{12+24}=\frac{288}{36}=8\,\Omega$$

• 전류

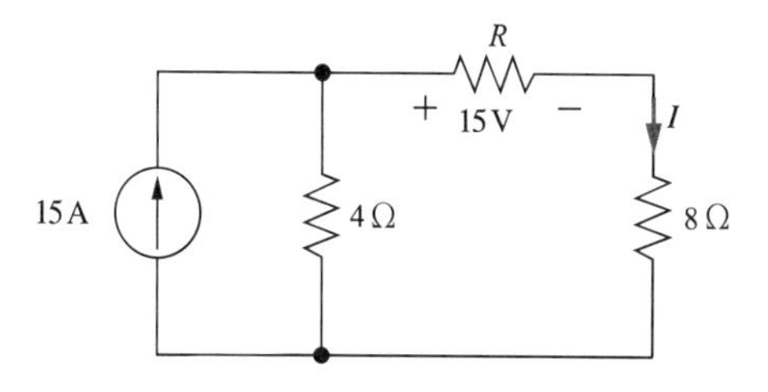

$$I=\frac{4}{(R+8)+4}\times I_0 \ (I_0=15 \text{ 대입})$$

$$=\frac{4}{R+12}\times 15=\frac{60}{R+12}\text{A}$$

• 저항 양단 전압

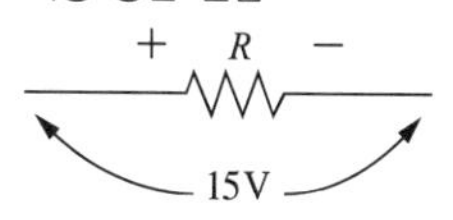

$$V_R=IR[\text{V}]=\left(\frac{60}{R+12}\right)\times R \ (V_R=15 \text{ 대입})$$

$$15=\frac{60R}{R+12}$$

$$60R=15(R+12)$$

$$45R=180$$

$$R=\frac{180}{45}=4\,\Omega$$

09

정답 ①

• 플레밍의 오른손 법칙 : 발전기에 대한 법칙
• 플레밍의 왼손 법칙 : 전동기에 대한 법칙

10

정답 ④

• a점에서의 자계의 세기

$$H=\frac{I}{2\pi r},\ I=1,\ r=a \text{ 대입}$$

$$=\frac{1}{2\pi a}$$

• b점에서의 자계의 세기

$$H'=\frac{I}{2\pi r},\ I=8,\ r=b \text{ 대입}$$

$$=\frac{8}{2\pi b}$$

$H=H'$라 두면 $\frac{1}{2\pi a}=\frac{8}{2\pi b}$, $\frac{1}{a}=\frac{8}{b}$

$$\therefore\ \frac{b}{a}=8$$

11

정답 ①

Y결선 ⇒ △결선으로 변형

• 상전압 $V_p=\frac{V_l}{\sqrt{3}}=\frac{20}{\sqrt{3}}\text{kV}$

• 선전류 $I_l=\sqrt{3}\,I_p=\sqrt{3}\times 6=6\sqrt{3}\text{ A}$

12

정답 ④

조상기 용량 $Q=P(\tan\theta_1-\tan\theta_2)$이고 $P=VI\cos\theta$이므로,
$Q=\sqrt{3}\times 3,300\times 1,000\times 0.8\{\tan(\cos^{-1}0.8)-\tan(\cos^{-1}1)\}\times 10^{-3}=3,429\text{kVA}$

13

정답 ③

역률개선의 효과에는 전력손실 감소, 전압강하 감소, 설비용량의 효율적 운용, 투자비 경감이 있다. 감전사고 감소는 접지의 효과에 해당한다.

14

정답 ③

동기 조상기를 운전할 때 부족여자로 운전하면 동기속도가 되려는 동기 전동기의 특성으로 인해 증자작용이 필요한 리액터처럼 작용한다. 과여자로 운전하면 콘덴서로 작용한다.

15

정답 ①

자동화재 탐지설비는 감지기, 중계기, 수신기, 음향장치, 표시램프, 전원 등으로 구성된다.

16

정답 ①

전압변동률은 $\varepsilon = \frac{V_0 - V_n}{V_n} \times 100 = \frac{242-220}{220} \times 100 =$ 10%이다. V_0는 무부하 전압이며, V_n은 정격 전압을 뜻한다.

17

정답 ③

- 전압계는 병렬로 연결한다. 전압계는 저항이 매우 커서 직렬로 연결하면 전기 회로 전체 저항이 매우 커져서 전류가 잘 흐르지 않기 때문이다.
- 전류계는 직렬로 연결한다. 전류계는 저항이 매우 작아서 병렬로 연결하면 전기 회로의 대부분의 전류가 저항이 작은 전류계로 흘러 정확한 전류 측정이 어렵기 때문이다.

18

정답 ④

부흐홀츠 계전기는 변압기의 주 탱크와 콘서베이터를 연결하는 배관에 설치하여 변압기 내부에서 발생하는 일정량 이상의 가스량과 기준 속도 이상의 유속에 의해 작동되는 계기이다.

19

정답 ②

$$\frac{(\text{자기 용량})}{[\text{부하 용량}(2\text{차 출력})]} = \frac{V_h - V_l}{V_h}$$

20

정답 ②

전원의 중성극에 접속된 전선은 '중성선'이라고 하며, 다상교류의 전원 중성점에서 꺼낸 전선이다.

21

정답 ④

효율 $\eta(\%) = \frac{(\text{출력})}{(\text{입력})} \times 100$이며, 이때 입력은 출력과 손실의 합이다. 발전기는 출력기준으로 효율을 계산한다. 따라서 출력기준으로 효율을 계산하면 $\eta_G = \frac{(\text{출력})}{(\text{출력})+(\text{손실})} \times 100 = \frac{Q}{Q+L} \times 100$이 기준이 된다.

22

정답 ④

전동기 전원에 접속된 상태에서 전기자의 접속을 반대로 하여 회전 방향과 반대 방향으로 토크를 발생시켜 급정지시키는 '역상제동'을 사용한다.

오답분석

① 단상제동 : 유도 전동기의 고정자에 단상 전압을 걸어주어 회전자 회로에 큰 저항을 연결할 때 일어나는 제동이다.
② 회생제동 : 전동기가 갖는 운동에너지를 전기에너지로 변화시키고, 이것을 전원으로 반환하여 제동한다.
③ 발전제동 : 운전 중인 전동기를 전원에서 분리하여 발전기로 작용시키고, 회전체의 운동에너지를 전기에너지로 변환하여 저항에서 열에너지로 소비시켜 제동한다.

23

정답 ③

변압기 유도 기전력 $E=4.44fN\phi m$[V]에서 변압기 자속과 비례하는 것은 유도 기전력(전압)이다.

24

정답 ②

$N=(1-s)N_s$에서

$$N_s = \frac{120f}{p} = \frac{120 \times 50}{4} = 1{,}500\text{rpm}$$

$$\therefore N=(1-0.04) \times 1{,}500 = 1{,}440\text{rpm}$$

25

정답 ③

다이오드는 전류를 한쪽 방향으로만 흐르게 하는 역할을 한다. 이를 이용하여 교류를 직류로 바꾸는 작용을 다이오드의 정류작용이라고 한다.

오답분석

① 증폭작용 : 전류 또는 전압의 진폭을 증가시키는 작용
② 발진작용 : 직류에너지를 교류에너지로 변환시키는 작용
④ 변조작용 : 파동 형태의 신호 정보의 주파수, 진폭, 위상 등을 변화시키는 작용

26

정답 ①

기전력이 3V가 되려면 1.5V 건전지 2개를 직렬 접속하고, 전류 용량이 3A가 되려면 1.5V 건전지 3개를 병렬 접속한다.

27

정답 ③

라이팅 덕트 공사 시 덕트의 끝부분은 막고, 개구부는 아래로 향하여 시설한다. 또한, 덕트는 조영재에 견고하게 붙이고 조영재를 관통하여 시설하지 않도록 한다.

28

정답 ③

특고압 가공전선로의 지지물로 사용하는 B종 철주, B종 철근 콘크리트주 또는 철탑의 종류는 다음과 같다.

- 직선형 – 전선로 중 3° 이하인 수평각도를 이루는 곳을 포함한 직선 부분에 사용하는 것
- 각도형 – 전선로 중 3°를 초과하는 수평각도를 이루는 곳에 사용하는 것
- 인류형 – 전가섭선을 인류하는 곳에 사용하는 것
- 내장형 – 전선로의 지지물 양쪽의 경간의 차가 큰 곳에 사용하는 것
- 보강형 – 전선로의 직선 부분에 그 보강을 위하여 사용하는 것

29

정답 ②

플로어 덕트 부속품 중 박스 플러그 구멍을 메우는 부속품은 아이언 플러그이다.

30

정답 ④

과전류 차단기로 저압 전로에 사용하는 배선용 차단기는 정격 전류 30A 이하일 때 정격 전류의 1.25배 전류를 통한 경우 60분 안에 자동으로 동작되어야 한다.

- 정격전류 30 이하 : 1.25배는 60분, 2배는 2분
- 정격전류 30 초과 50이하 : 1.25배는 60분, 2배는 4분
- 정격전류 50 초과 100이하 : 1.25배는 120분, 2배는 6분

PART 1

PART 2

기계직 핵심이론

정답 및 해설

기계직 핵심이론

기출예상문제 정답 및 해설

01	02	03	04	05	06	07	08	09	10	11	12	13	14	15	16	17	18	19	20
④	③	①	②	③	①	③	③	③	②	③	④	②	③	④	①	④	③	②	①
21	22	23	24	25	26	27	28	29	30										
①	④	③	④	④	③	①	④	①	①										

01

정답 ④

탱크의 체적이 $1.2m^3$이므로,

$v=v'+x(v''-v')$, $v=\frac{V}{m}$

$$x=\frac{v-v'}{v''-v'}=\frac{\frac{V}{m}-v'}{v''-v'}=\frac{\frac{1.2}{50}-0.0017468}{0.008811-0.0017468}=3.15$$

02

정답 ③

사다리꼴나사에 대한 설명이다.

나사의 종류 및 특징

명칭		그림	용도	특징
삼각나사	미터나사		기계조립 (체결용)	• 미터계 나사 • 나사산의 각도 60° • 나사의 지름과 피치를 [mm]로 표시한다.
	유니파이나사		정밀기계 조립 (체결용)	• 인치계 나사 • 나사산의 각도 60° • 미, 영, 캐나다 협정으로 만들어져 ABC나사라고도 한다.
	관용나사		유체기기 결합 (체결용)	• 인치계 나사 • 나사산의 각도 55° • 관용평행나사 : 유체기기 등의 결합에 사용한다. • 관용테이퍼나사 : 기밀 유지가 필요한 곳에 사용한다.
사각나사			동력전달용 (운동용)	• 프레스 등의 동력전달 용으로 사용한다. • 축방향의 큰 하중을 받는 곳에 사용한다.
사다리꼴 나사			공작기계의 이송용 (운동용)	• 애크미나사라고도 불린다. • 인치계 사다리꼴나사(TW) : 나사산 각도 29° • 미터계 사다리꼴나사(Tr) : 나사산 각도 30°
톱니나사			힘의 전달 (운동용)	• 힘을 한쪽 방향으로만 받는 곳에 사용한다. • 바이스, 압착기 등의 이송용 나사로 사용한다.

둥근나사		전구나 소켓 (운동용)(체결용)	• 나사산이 둥근모양이다. • 너클나사라고도 불린다. • 먼지나 모래가 많은 곳 에서 사용한다. • 나사산과 골이 같은 반지름의 원호로 이은 모양이다.
볼나사		정밀공작 기계의 이송장치 (운동용)	• 나사축과 너트 사이에 강재 볼을 넣어 힘을 전달한다. • 백래시를 작게 할 수 있고 높은 정밀도를 오래 유지할 수 있으며 효율이 가장 좋다.

03

정답 ①

벤투리미터는 관수로 내의 유량을 측정하기 위한 장치로, 관수로의 일부에 단면을 변화시킨 관을 부착하고, 여기를 통과하는 물의 수압 변화로부터 유량을 구한다.

오답분석

② 마노미터(Manometer)
③ 마이크로미터(Micrometer)
④ 로터미터(Rotameter)

04

정답 ②

축압기(Accumulator)는 유체를 저장해서 충격흡수, 에너지축적, 맥동완화 등의 역할을 하는 유압장치이나 유속을 증가시키지는 않는다. 유속은 주로 관의 직경을 변화시킴으로써 변화시킬 수 있다.

Plus

축압기의 기능
• 충격압력의 흡수
• 유압에너지의 축적
• 유압회로 내 맥동의 제거 및 완화

05

정답 ③

변형량 $\delta=\frac{PL}{AE}$, (P : 하중, L : 길이, A : 단면적, E : 탄성계수)

따라서 변형량 식에 대입하면 $\delta=\frac{PL}{AE}=\frac{8\times10^3\times15\times10^3}{\pi\times5^2\times210\times10^9\times10^{-6}}\fallingdotseq7.3\text{mm}$

06

정답 ①

$\eta_c=\frac{W_t}{Q_1}=\frac{Q_1-Q_2}{Q_1}=1-\frac{Q_2}{Q_1}=1-\frac{T_2}{T_1}$ 이므로, $\eta_c=1-\frac{T_2}{T_1}=1-\frac{273+90}{273+700}\fallingdotseq0.627=62.7\%$

$W_t=\eta_c Q_1=0.627\times230=144.21\text{kJ}$

07

정답 ③

$T=C$ 상태이므로, $P_1v_1=P_2v_2=$(일정)

$v_2=v_1\left(\frac{P_1}{P_2}\right)=1.4\times\left(\frac{300}{900}\right)=0.47\text{m}^3/\text{kg}$

08

정답 ③

$$\triangle P=\frac{128\mu QL}{\pi d^4}=\frac{32\mu VL}{d^2}=\frac{32\times 0.002\times 15\times 500}{3^2}\fallingdotseq 53.3\text{Pa}$$

09

정답 ③

$$\begin{aligned}P_{AB}&=\gamma_1 h_1+\gamma_2 h_2=9{,}800S_1h_1+9{,}800h_2\\&=9{,}800\times 0.8\times 2+9{,}800\times 3\\&=45{,}080\text{N/m}^2\\&=45.08\text{kPa}\end{aligned}$$

10

정답 ②

절대압력 $P_{abs}=P_{a(=atm)}+P_g=110+70=180\text{kPa}$

절대압력(P_{abs})

- 완전 진공상태를 기점인 0으로 하여 측정한 압력
- $P_{abs}=P_{a(=atm,\text{ 대기압력})}+P_{g(\text{게이지 압력})}$

11

정답 ③

리드란 나사가 축방향으로 이동한 거리로서 기호로는 $L=np$이다. $p=$피치이므로 암나사가 이동한 거리는 나사피치의 3배이다.

12

정답 ④

선반가공 시 재료 제거율

(재료 제거율)=(제거면적)×(회전수)×(이송속도)$=\pi\times 1{,}000\times 0.3=(3.14\times 10\times 0.1)\times 1{,}000\times 0.03=94.2\text{cm}^3/\text{min}$

13

정답 ②

$\sigma=E\varepsilon=E\alpha\Delta t=E\alpha(T_2-T_1)=(200\times 10^9)\times(12\times 10^{-6})\times(60-10)=120{,}000\times 10^3=120\times 10^6$
$=-120\text{MPa}$(∵ 양쪽 벽에 고정)

14

정답 ③

자유도란 자유롭게 이동할 수 있는 지점의 수이다. 다음 탁상 스탠드의 경우에는 4절 링크 2개가 모두 각각 좌우로 이동할 수 있으므로 총 자유도는 2개가 된다.

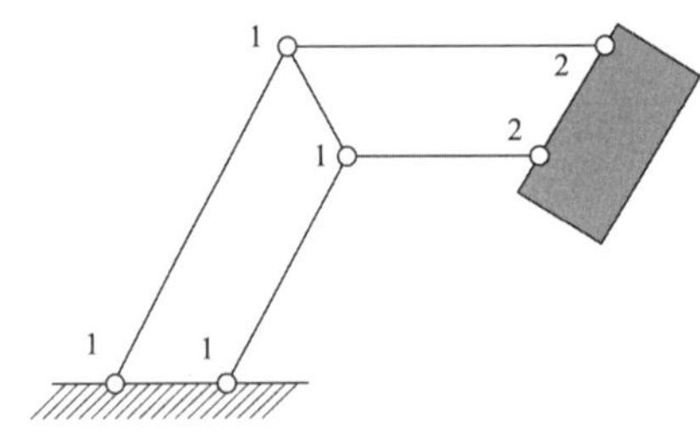

15

정답 ④

펀치와 다이를 이용하여 판재를 소정의 모양으로 판금 가공하는 것을 블랭킹이라 한다.

오답분석

① 엠보싱 : 판금을 넣고 압축력을 가하여 형의 요철을 판에 주는 가공법
② 트리밍 : 단조품의 지느러미 부분을 제거하는 작업
③ 브로칭 : 가공물에 내부 구멍을 만드는 작업

16

정답 ①

파스칼의 원리에 의해 A, B피스톤이 받는 압력은 동일하다.

따라서 $P_1 = P_2$이므로 $P_1 = \frac{F_1}{A_1} = \frac{F_1}{\pi\left(\frac{D_1}{2}\right)^2} = \frac{4F_1}{\pi {D_1}^2}$이 된다.

17

정답 ④

덧붙임은 얇은 두께가 일정하지 않은 목형 부분에 나무를 붙여 주물의 두께가 냉각 응고 시에 응력에 의해 변형 균열을 방지하는 것으로 주조 후에 잘라버린다.

오답분석

① 구배 : 주형이 파손 되지 않도록 목형의 측면에 구배를 부과
② 수축여유 : 용융금속이 식을 때 수축이 생기는 것을 방지하기 위해 여유를 두는 것
③ 코어프린트 : 코어를 주형 내에 보존하기 위하여 만든 돌출부

18

정답 ③

버니싱은 강구를 압축 공기가 원심력을 이용하여 가공물의 표면에 분사시켜 가공물의 표면의 다듬질 면을 파괴하지 않고 다듬질하는 작업이다.

오답분석

① 버핑 : 버프의 원둘레 또는 측면에 연마재를 바르고 금속표면을 연마하는 작업
② 숏 피닝 : 쇼트를 강재의 표면에 분사하여 표면층에 잔류 압축 응력을 발생시키는 작업
④ 나사 전조 : 평판형 다이를 롤형으로 가공하는 작업

19

정답 ②

기계재료의 구비조건

- 고온에서 경도가 감소되지 않을 것
- 내마모성, 인성강도, 내식성, 내열성이 클 것
- 가공재료보다 경도가 클 것
- 마찰계수가 작을 것
- 재료 공급이 원활하고, 경제적일 것

20

정답 ①

밀폐된 공간 속에서는 어느 지점에서든지 압력이 일정하다는 파스칼 원리를 바탕으로 유압프레스를 작동시킨다.

21

정답 ①

플래싱은 유압관로 내에 있는 이물질을 회로 밖으로 배출시킴으로써 오래된 오일과 슬러지를 용해하여 내부를 깨끗하게 만드는 작업이다.

오답분석

② 압력 오버라이드 : 스프링의 휨량이 최대일 때 스프링의 가압력이 크랭킹압력보다 높아질 때, 두 압력 차를 말한다.
③ 패킹 : 기밀성을 유지하기 위해 파이프의 이음새나 용기의 접합면에 끼우는 재료이다.
④ 매니폴드 : 내부 배관 역할의 통로가 형성되고, 외부에 다수의 기기 접속구를 갖춘 다기관이다.

22

정답 ④

이상기체 상태방정식 $PV=mRT$ (P : 압력, V : 부피, m : 질량, R : 기체상수, T : 절대온도)에서 m(질량)$=\frac{PV}{RT}$임을 알 수 있다. 따라서 공기의 질량은 $m=\frac{PV}{RT}=\frac{101\times 5^3}{0.287\times(273+27)}\fallingdotseq 146.6\text{kg}$이다.

23

정답 ③

냉동사이클의 성능계수는 $\epsilon_r=\frac{(\text{증발온도})}{(\text{응축온도})-(\text{증발온도})}$이므로 이상적인 냉동기의 성능계수는 $\frac{250}{320-250}\fallingdotseq 3.57$이 된다.

24

정답 ④

Q(열량)=U(내부에너지)+W(일) → U(내부에너지)=Q(열량)−W(일)이고, 열을 흡수한 열량과 외부에 일을 한 일의 양은 (+)값이므로 내부에너지의 변화는 $50-15=35\text{kJ}$이다.

25

정답 ④

절대압력은 완전진공상태를 영점(0)으로 정해놓고 측정하는 압력이다.

26

정답 ③

[벽이 받는 힘(F)]$=\rho Av^2$(ρ : 밀도, A : 면적, v : 속도)이므로 $\rho Av^2=1,000\times 0.035^2\times\pi\times 50\fallingdotseq 192\text{N}$이다.

27

정답 ①

스토크스의 법칙이란 물체가 점성이 있는 액체로부터 받는 점성저항인 항력에 대한 법칙으로 $F=-6\pi r\mu v$(r : 구 반지름, μ : 액체 점성률, v : 속도)이다.

28

정답 ④

- 탄성계수 : $E=2G(1+\mu)$
- 전단탄성계수 : $G=\frac{E}{2(1+\mu)}$

29

정답 ①

비틀림 각 $\theta = \frac{TL}{GI_p}$ (T : 토크, L : 길이, G : 탄성계수, I_p : 모멘트)

$I_p = \frac{\pi d^4}{32}$ 를 대입하면 비틀림 각은 $\theta = \frac{TL}{G} \times \frac{32}{\pi d^4} = \frac{800 \times 1}{80 \times 10^9} \times \frac{32}{\pi \times 5^4 \times 10^{-8}} \fallingdotseq 0.016\text{rad}$

따라서 비틀림 각은 $0.016\text{rad} \times 57°/\text{rad} \fallingdotseq 0.9°$이다.

30

정답 ①

강도의 크기는 '극한강도>항복응력>탄성한도>허용응력≥사용응력'이다.

PART 2

PART 3

토목직 핵심이론

정답 및 해설

토목직 핵심이론

기출예상문제 정답 및 해설

01	02	03	04	05	06	07	08	09	10
④	③	②	③	④	②	④	③	④	①
11	12	13	14	15	16	17	18	19	20
③	②	①	②	②	①	①	②	①	④
21	22	23	24	25	26	27	28	29	30
④	③	②	②	③	④	③	①	④	③

01

정답 ④

중립축에서 $I_A = \frac{bh^3}{12}$, 밑면에서 $I_B = \frac{bh^3}{3}$ 이므로,

$\frac{bh^3}{12} \times \frac{3}{bh^3} = \frac{3}{12} = \frac{1}{4}$

02

정답 ③

$P = \frac{AE}{l}\delta = \frac{1 \times 2.1 \times 10^4}{100} \times 1 = 210\text{kN}$

03

정답 ②

전단력이 0인 곳에 최대 휨모멘트가 일어난다.

$R_A + R_B = 3 \times 6 = 18\text{t}$

$M_A = 18 \times 9 - R_B \times 12 = 0$

$R_A = 13.5\text{t}, \ R_B = 4.5\text{t}$

B점에서 x인 곳이 전단력 0이라면

$\sum V = =4.5 - 3(6-x) = 0$

$x = 4.5\text{m}$

04

정답 ③

횡방향 비틀림 철근의 간격은 $P_h/8$ 이하, 300mm 이하여야 한다.

05

정답 ④

좌굴하중 $P_{cr} = \frac{\pi^2 EI}{(KL)^2}$ 에서 양단이 고정되어 있으므로

$K = 0.5$이다. 즉, $P_{cr} = \frac{\pi^2 EI}{(KL)^2} = \frac{\pi^2 EI}{(0.5L)^2} = \frac{4\pi^2 EI}{L^2}$ 이다.

06

정답 ②

단순보에 집중하중이 작용할 때 중앙 최대의 처짐공식

$\sigma = \frac{Pl^3}{48EI} = \frac{10 \times (8 \times 10^2)^3}{48 \times 1,205 \times 10^4} \fallingdotseq 8.852\text{cm}$

07

정답 ④

축척과 면적과의 관계를 살펴보면 $\left(\frac{1}{m}\right)^2 = \frac{a(\text{도상면적})}{A(\text{실제면적})}$ 으로 $A = am^2$ 임을 알 수 있다.

실제 면적은 축척분모수 제곱에 비례하므로

$1,000^2 : 24,000 = 2,000^2 : A \rightarrow A = 96,000\text{m}^2$

따라서 실제 면적은 $96,000\text{m}^2$ 이다.

08

정답 ③

방위각법은 오차가 이후의 측량에 계속 누적되는 단점이 있다.

> **Plus**
>
> **방위각법**
>
> 각 측선이 일정한 기준선(진북, 자오선) 방향과 이루는 각을 우회로 관측하는 다각측량에서의 각 관측의 한 방법으로서, 반전법과 고정법의 2가지 방법이 있다. 각 관측값의 계산과 제도에 편리하며 신속히 관측할 수 있어 노선측량 또는 지형측량에 널리 쓰인다.

09

정답 ④

지형측량의 순서는 '측량계획 – 골조측량 – 세부측량 – 측량원도작성'이다.

10

정답 ①

오차의 범위를 제외한 면적을 $A_0\text{m}^2$이라 하면,
$A_0=75\times100=7{,}500$이다.
이때, 면적 A의 오차의 범위
$dA=\pm\sqrt{(100\times0.003)^2+(75\times0.008)^2}=\pm0.67$이므로
$A=7{,}500\pm0.67$이다.

11

정답 ③

비에너지가 일정할 때, 한계수심으로 흐르면 유량은 최대가 되므로 ③은 옳지 않은 설명이다.

12

정답 ②

$wV+M=w'V'+M'$
$0.92\times V+0=1.025\times V'+0$
$V'=\dfrac{0.92}{1.025}\text{V}\fallingdotseq0.9\text{V}$

13

정답 ①

마찰응력 $\tau=wRI=wR(\Delta\frac{h}{\ell})$에서 $R=\dfrac{D}{4}=\dfrac{0.04}{4}$이고,

$\Delta h=\dfrac{\Delta P}{w}=\dfrac{0.1}{9{,}800}$이다.

따라서 $\tau=9{,}800\times\dfrac{0.04}{4}\times\dfrac{\frac{0.1}{9{,}800}}{1}=0.001\text{N/m}^2$이다.

14

정답 ②

$Q=AV=\dfrac{\pi D^2}{4}\times\sqrt{\dfrac{2gh}{f_i+f\frac{l}{D}+1}}$에서

$f=\dfrac{124.5n^2}{D^{1/3}}=\dfrac{124.5\times0.013^2}{0.8^{1/3}}\fallingdotseq0.023$이다.

따라서 $1.2=\dfrac{\pi\cdot0.8^2}{4}\times\sqrt{\dfrac{2\times9.8\times h}{0.5+\left(0.023\times\frac{50}{0.8}\right)+1}}$

이를 통해, $h\fallingdotseq0.854\text{m}$
그러므로 두 수조의 수위차는 약 0.85m이다.

15

정답 ②

파랑에 의한 반사율은 $\dfrac{(\text{반사에너지})}{(\text{입사에너지})}$이다.

$\therefore\ \dfrac{0.3}{0.8}=0.375$
따라서 반사율은 0.375이다.

16

정답 ①

프리스트레스 감소의 원인 중 도입 후에 발생하는 시간적 손실의 원인으로는 콘크리트의 크리프에 의한 손실, 콘크리트의 건조수축에 의한 손실, PS 강재의 릴랙세이션에 의한 손실이 있다.

17

정답 ①

콘크리트 내 경사인장균열이 발생하게 되면, 인장측 콘크리트가 힘을 받지 못하게 되므로 부착응력과 철근의 인장응력이 증가하게 된다. 따라서 ①은 옳지 않은 설명이다.

18

정답 ②

적합비틀림이란 균열의 발생 후 비틀림모멘트의 재분배가 일어날 수 있는 비틀림을 말하므로 ②가 옳은 설명이다.

19

정답 ①

설계전단강도를 구하는 식을 나타내면 아래와 같다.

$\phi V_c=\phi\left(\dfrac{\lambda\sqrt{f_{ck}}}{6}\right)b_wd=0.75\times\left(\dfrac{1.0\times\sqrt{21}}{6}\right)\times250\times500$
$\fallingdotseq71{,}602.7\text{N}\fallingdotseq71.6\text{kN}$
따라서 설계전단강도는 약 71.6kN이다.

20

정답 ④

균열 모멘트(M_{cr})를 구하는 식은 다음과 같다.

$M_{cr}=f_rZ=0.63\lambda\sqrt{f_{ck}}\times\left(\dfrac{bh^2}{6}\right)$
$=0.63\times1.0\sqrt{21}\times\left(\dfrac{300\times550^2}{6}\right)$
$\fallingdotseq43{,}666{,}218\text{N}\cdot\text{m}\fallingdotseq43.7\text{kN}\cdot\text{m}$
따라서 균열 모멘트(M_{cr})의 값은 약 43.7kN·m이다.

21

정답 ④

액상화현상이란 포화된 모래가 비배수(非排水) 상태로 변하여 전단 응력을 받으면, 모래 속의 간극수압이 차례로 높아지면서 최종적으로는 액상상태가 되는 현상이다. 액상화현상의 요인 중 외적 요인으로는 지진의 강도나 그 지속시간 등을 들 수가 있으며, 내적 요인으로는 모래의 밀도(간극비, 상대밀도 등), 지하수면의 깊이, 모래의 입도분포, 기반암의 지질구조 등이 있다.

22

정답 ③

현장의 건조단위중량 $\gamma_d = \dfrac{W_s}{V} = \dfrac{1,700}{1,000} = 1.70$이다.

따라서 간극비(공극비)는 $e = \dfrac{G_s \gamma_w}{\gamma_d} - 1 = \dfrac{2.65 \times 1}{1.70} - 1$

$= 0.56$이다.

23

정답 ②

한계동수경사 i_c는 다음과 같다.

$i_c = \dfrac{G_s - 1}{1+e}$ 에서 $G_s = \dfrac{S \times e}{w}$ 이므로

$$i_c = \frac{\dfrac{S \times e}{w} - 1}{1+e} = \frac{\dfrac{S \times e - w}{w}}{1+e} = \frac{S \times e - w}{w(1+e)}$$

$S = 100\% = 1$이므로 $\dfrac{e-w}{w(1+e)}$

$\therefore \ i_c = \dfrac{e-w}{w(1+e)}$

24

정답 ②

성토나 기초지반에 있어 특히 점성토의 압밀 완료 후 추가 성토 시 단기 안정문제를 검토하고자 하는 경우에 적용되는 시험법은 압밀 비배수시험으로, 성토 하중으로 어느 정도 압밀된 후에 급속한 파괴가 예상될 경우에 적용한다.

25

정답 ③

- a값
  a=No.200체 통과율$-35=70-35=35$
- b값
  b=No.200체 통과율$-15=70-15=55$
  (b : $0 \sim 40$의 상수)
  따라서, $b=40$
- c값
  c=액성한계$-40=49-40=9$
- d값
  d=소성지수$-10=25-10=15$
- 군지수(GI)
  $GI = 0.2a + 0.005ac + 0.01bd$
  $= (0.2 \times 35) + (0.005 \times 35 \times 9) + (0.01 \times 40 \times 15)$
  $\fallingdotseq 15$

26

정답 ④

합성효율(η)의 경우, $\eta = \eta_1 \times \eta_2 = 0.8 \times 0.85 = 0.68$이므로 전동기 출력은 다음과 같이 구할 수 있다.

$9.8 \times Q \times H / \eta = 9.8 \times 0.3 \times 25 / 0.68 \fallingdotseq 108.1\text{kW}$

27

정답 ③

콘크리트 하수관의 내부 천정이 부식되는 현상에 대응하기 위한 방법으로는 관내의 유속을 증가시켜 침전물을 감소시키는 방법이 있다.

28

정답 ①

하수 배제방식 중 우천 시 계획하수량 이상일 경우 하수의 월류현상이 발생할 수 있는 방식은 합류식이다.

> **Plus**
>
> **하수 배제방식**
> - 분류식 : 오수는 오수관으로, 우수는 우수관으로 처리하는 방식
> - 합류식 : 오수와 우수를 관 하나로 처리하는 방식

29

정답 ④

유기물 농도값은 일반적으로 TOD>COD>BOD>TOC이다.

30

정답 ③

여과의 손실수두는 여과속도와 비례하므로 급속여과가 완속여과보다 크다.

PART
4

최종점검 모의고사
정답 및 해설

CHAPTER 01 전기직 모의고사 정답 및 해설

01	02	03	04	05	06	07	08	09	10	11	12	13	14	15	16	17	18	19	20
③	④	④	③	①	①	④	①	③	②	④	③	④	②	①	④	④	①	③	④
21	22	23	24	25	26	27	28	29	30	31	32	33	34	35	36	37	38	39	40
④	①	④	②	①	②	②	①	①	①	①	④	①	③	④	④	④	①	③	③
41	42	43	44	45	46	47	48	49	50										
④	①	②	④	③	②	①	③	④	④										

01

정답 ③

이도$(D)=\dfrac{WS^2}{8T}$[m] (T : 허용최대장력, W : 1m당 전선의 중량, S : 경간)

허용최대장력 $T=\dfrac{(\text{인장하중})}{(\text{안전율})}=\dfrac{3,000}{2}=1,500\text{kg}$이므로, $D=\dfrac{WS^2}{8T}=\dfrac{1.6\times150^2}{8\times1,500}=3\text{m}$이다.

02

 ④

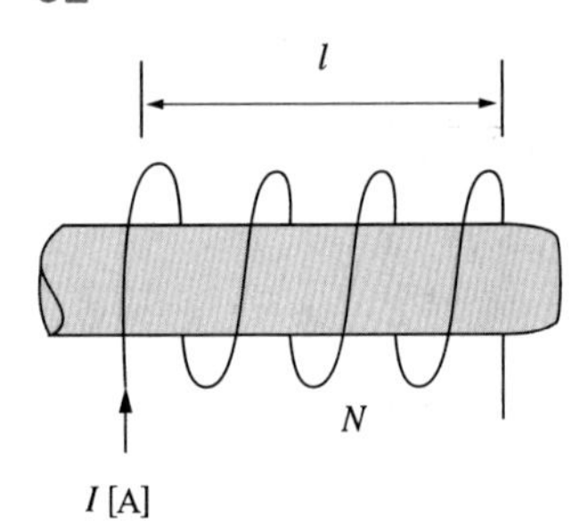

- 자기장의 세기 $H=n_0I$[AT/m]
- 자속밀도 $B=\mu H=\mu_0\mu_s H[\text{Wb/m}^2] \rightarrow H=\dfrac{B}{\mu_0\mu_s}$

  $\therefore\ n_0I=\dfrac{B}{\mu_0\mu_s}$

- 전류 $I=\dfrac{B}{n_0\mu_0\mu_s}=\dfrac{0.2}{100\times4\pi\times10^{-7}\times100}=\dfrac{0.2}{4\pi\times10^{-3}}=\dfrac{0.2\times10^3}{4\pi}=\dfrac{200}{4\pi}=\dfrac{50}{\pi}\text{A}$

03

정답 ④

제동권선은 발전기 계통에서 난조 방지를 위해 사용한다.

Plus

송전선계통 안정도 향상 조치

- 직렬 리액턴스 감소 : 복도체 방식, 병행 2회선 방식, 직렬 콘덴서 사용
- 전압변동률 감소 : 속응여자방식, 중간조상방식 사용

04

정답 ③

절연 보호장치를 이용하여 전기회로계에서 경제적으로 절연설계를 하는 것을 '절연협조'라 한다. 절연협조에서 절연 강도 크기는 '선로애자>결합콘덴서>부싱>변압기>피뢰기' 순서이다.

05

정답 ①

3상 차단기의 정격차단용량(P_s)

$P_s = \sqrt{3} \times V \times I_s$[MVA] ($V$: 정격전압, I_s : 정격차단전류)

06

정답 ①

중성점 접지방식별 전위 상승

구분	직접 접지	비접지	소호리액터 접지	저항 접지
전압 상승	1.3배	$\sqrt{3}$ 배	$\sqrt{3}$ 배 이상	$\sqrt{3}$ 배

07

정답 ④

$$\eta_2 = \frac{P}{P_2} = \frac{(1-s)P_2}{P_2} = \frac{w}{w_0}$$

08

정답 ①

발전기 속도 $N = \frac{120f}{P}$ 에서 주파수를 구하면, $f = \frac{N \times P}{120} = \frac{600 \times 10}{120} = 50\text{Hz}$이다.

09

정답 ③

- 단락 시의 유도기전력

$$E = \frac{V_{\text{정격전압}}}{\sqrt{3}} = I_{\text{단락전류}} Z_{\text{동기 임피던스}}$$

$$600 \times Z_{\text{동기 임피던스}} = \frac{6,000}{\sqrt{3}}$$

$$Z_{\text{동기 임피던스}} = \frac{6,000}{\sqrt{3} \times 600} \fallingdotseq 5.77$$

$$E_{\text{단락 시 유도기전력}} = 600 \times 5.77 = 3,462$$

- $I_{정격전류}=\frac{P}{\sqrt{3}\times V}=\frac{5,000\times10^3}{\sqrt{3}\times6,000}\fallingdotseq481.13$
- $Z_{\%동기\ 임피던스}=\left(\frac{Z_{동기\ 임피던스}\times I_{정격전류}}{E_{단락\ 시\ 유도기전력}}\right)\times100$

$Z_{\%동기\ 임피던스}=\left(\frac{5.77\times481.13}{3,462}\right)\times100\fallingdotseq80.19$
- 단락비

$K=\frac{100}{Z_{\%동기\ 임피던스}}=\frac{100}{80.19}\fallingdotseq1.25$

10

정답 ②

$B=\frac{\phi_m}{A}$에서 $\phi_m=\frac{E_1}{4.44fN_1}$이고, $E_1=3,300$, $f=60$, $N_1=550$이므로, $\frac{E_1}{4.44\times60\times550}=0.023$

$\therefore\ B=\frac{0.023}{150\times10^{-4}}\fallingdotseq1.53\text{Wb/m}^2$

11

정답 ④

30kVA인 변압기가 3대이므로 각각의 변압기에 $\frac{30}{3}=10\text{kVA}$ 부하가 걸리므로 2차 상전류는 $I_{2p}=\frac{10\times10^3}{200}=50\text{A}$이다. 따라서 1차 상전류는 변압비가 20이므로 $I_{1p}=\frac{I_{2p}}{a}=\frac{50}{20}=2.5\text{A}$가 된다.

12

정답 ③

$\%Z=\frac{I_nZ}{E_n}\times100=\frac{PZ}{10V^2}$ (I_n : 정격전류, Z : 내부임피던스, P : 변압기 용량, E_n : 상전압, 유기기전력, V : 선간전압 또는 단자전압)

13

정답 ④

철심에서 실제 철의 단면적과 철심의 유효면적과의 비를 '점적률'이라고 한다.

오답분석

① 권수비 : 변압기의 1차, 2차 권선수의 비
② 변류비 : 변압기의 1차, 2차 부하 전류의 비
③ 변동률 : 정격전압과 무부하 상태의 전압의 차와 정격전압의 비

14

정답 ②

3상 유도 전동기의 회전방향을 바꾸기 위해서는 전원을 공급하는 3선 중 2선을 서로 바꾸어 연결하면 된다.

15

정답 ①

$N=\dfrac{120f}{p}$ 에서 $p=p_1+p_2$

$\therefore\ N=\dfrac{120\times60}{8+4}=600\text{rpm}$

16

정답 ④

• 평균기전력

$e=-L\dfrac{di}{dt}[\text{V}]=100\times10^{-3}\times\dfrac{10}{0.5}=2\text{V}$

• 자속

$e=-N\dfrac{d\phi}{dt}[\text{V}]$

$2=1\times\dfrac{\phi}{0.5}$

$2=\dfrac{\phi}{0.5}$

$\therefore\ \phi=2\times0.5=1\text{Wb}$

17

정답 ④

$R-L$직렬회로

• 직류전압 인가 시

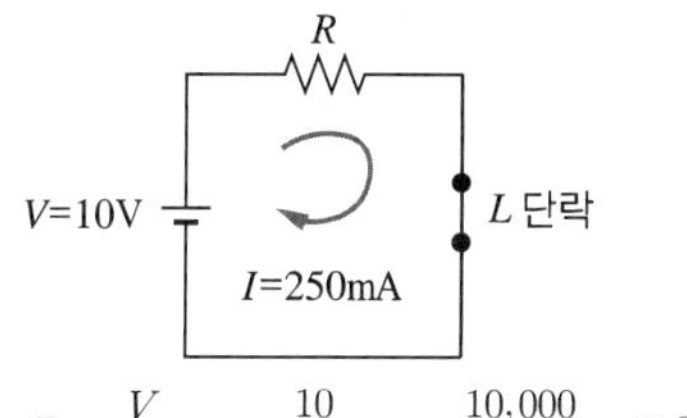

$R=\dfrac{V}{I}=\dfrac{10}{250\times10^{-3}}=\dfrac{10,000}{250}=40\Omega$

• 교류전압 인가 시

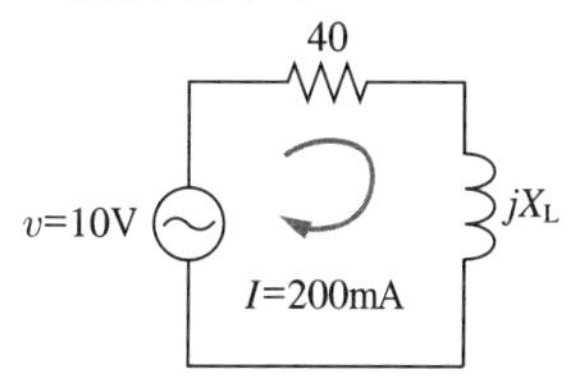

$Z=\dfrac{V}{I}=\dfrac{10}{200\times10^{-3}}=\dfrac{10,000}{200}=50\Omega$

$\therefore\ Z=R+jX_L$

$50=40+jX_L$

$X_L=\sqrt{(50)^2-(40)^2}=\sqrt{900}=30\Omega$

$X_L=\omega L\ (\omega=1,000)$

$\therefore\ L=\dfrac{X_L}{\omega}=\dfrac{30}{1,000}=3\times10^{-2}=30\text{mH}$

18

정답 ①

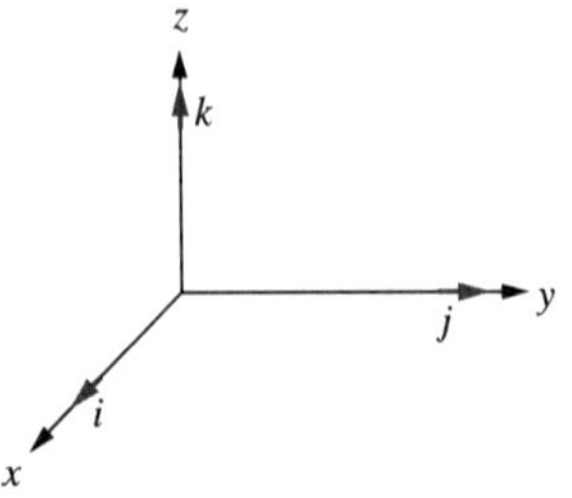

$E = -\nabla V$

$= -\left(\frac{\partial}{\partial x}i + \frac{\partial}{\partial y}j + \frac{\partial}{\partial z}k\right)(3x + 2y^2)$

$= -\left(\frac{\partial(3x+2y^2)}{\partial x}i + \frac{\partial(3x+2y^2)}{\partial y}j + \frac{\partial(3x+2y^2)}{\partial z}k\right)$

$= -(3i + 4yj + 0)$, 여기에 $(x=2,\ y=-1,\ z=3)$을 대입하면 $-(3i + (4\times -1)j) = -3i + 4j$

$\therefore\ |E| = \sqrt{(3)^2 + (4)^2} = 5\text{V/m}$

19

정답 ③

- 나란한 두 도체(단위 길이)에 작용하는 힘

  $F = \frac{2I_1I_2}{r}\times 10^{-7}\text{N/m} = \frac{2\times1\times1}{1}\times10^{-7} = 2\times10^{-7}\text{N/m}$

- 같은 방향 전류이므로 흡인력이 작용한다.

20

정답 ④

역률을 개선시키기 위해 일반적으로 콘덴서 등이 활용되는데 '진상용 콘덴서'는 수변전 설비에서 발생하게 되는 역률을 개선해 주어 에너지 사용의 효율성을 증가시켜 준다.

21

정답 ④

콘덴서 용량 $Q = P(\tan\theta_1 - \tan\theta_2)$에서 $\tan\theta_1 = \frac{\sqrt{1-\cos^2\theta_1}}{\cos\theta_1}$, $\tan\theta_2 = \frac{\sqrt{1-\cos^2\theta_2}}{\cos\theta_2}$

$\therefore\ Q = P\left(\frac{\sqrt{1-\cos^2\theta_1}}{\cos\theta_1} - \frac{\sqrt{1-\cos^2\theta_2}}{\cos\theta_2}\right) = 300\times\left(\frac{\sqrt{1-0.9^2}}{0.9} - \frac{\sqrt{1-0.95^2}}{0.95}\right) \fallingdotseq 46.7\text{kVA}$

22

정답 ①

피뢰기(LA; Lightning Arrester)는 전기시설에 침입하는 낙뢰에 의한 이상 전압에 대하여 그 파고값을 감소시켜 기기를 절연 파괴에서 보호하는 장치이다.

오답분석

② 전력 퓨즈(PF; Power Fuse) : 퓨즈에 일정 이상의 전류가 일정 시간 이상 흐를 때 퓨즈 요소가 줄 열에 의해 용단 되어 전기 회로를 개방하는 보호 조치이다.
③ 서지 보호기(SA; Surge Absorber) : 진공 차단기와 같은 큰 개폐서지로부터 기기를 보호한다.
④ 컷 아웃 스위치(COS; Cut Out Switch) : 고압 컷 아웃으로 변압기 보호와 개폐를 위한 것이다.

23

정답 ④

유입차단기(OCB; Oil Circuit Breaker)는 대전류를 차단할 때 생기는 아크가 절연유 속에서는 쉽게 사라지는 점을 이용한 차단 장치이며 오일차단기라고도 한다.

오답분석

① 진공차단기(VCB; Vacuum Circuit Breaker) : 차단기 내부의 절연을 진공으로 하여 아크를 소호시키는 차단 장치
② 기중차단기(ACB; Air Circuit Breaker) : 압축공기를 사용하여 아크를 소호시키는 차단 장치
③ 자기차단기(MBB; Magnetic Blow-out circuit Breaker) : 교류 고압 기중차단기로 소호에 자기 소호를 응용한 차단 장치

24

정답 ②

철심을 규소 강판으로 성층하는 주된 이유는 철손을 감소시키기 위함이며, 철손은 와류손(맴돌이전류손)과 히스테리시스손의 합을 말한다.

25

정답 ①

리액턴스 전압은 불꽃 발생의 원인이 되는데, 리액턴스 전압을 감소시키기 위한 방법에는 정류주기 증가, 인덕턴스 감소, 보극설치가 있다. 또한 브러시 접촉 저항 확대를 위해 접촉 저항이 큰 탄소브러시를 사용하는 것이 불꽃 없는 정류를 얻는 데 유효한 방법이다.

26

정답 ②

동기 발전기의 병렬운전 조건은 기전력의 크기, 위상, 주파수, 파형, 상회전 방향이 같아야 한다.

27

정답 ②

기전력의 위상이 다르면, 병렬 운전되고 있는 발전기 중 한 대의 출력이 변하여 회전자 속도에 변화가 발생하고 이로 인해 유효 순환 전류가 발생한다.

28

정답 ①

전압이 일정할 때 주파수(f)와 철손(P_h)의 관계는 $P_h \propto \frac{E^2}{f}$ 이므로 반비례함을 알 수 있다. 따라서 주파수가 높아지면 철손은 감소한다.

29

정답 ①

$$\frac{(\text{자기 용량})}{(\text{부하 용량})} = \frac{V_h - V_l}{V_h}$$

$$\therefore (\text{부하 용량}) = (\text{자기 용량}) \times \frac{V_h}{V_h - V_l} = 1 \times \frac{3,200}{3,200 - 3,000} = 16\text{kVA}$$

30

정답 ①

△ 결선의 $I = \frac{\sqrt{3}\,V}{Z}$, Y 결선의 $I = \frac{V}{\sqrt{3}\,Z}$

$$\frac{\text{Y 결선의 } I}{\triangle\text{ 결선의 } I} = \frac{\frac{V}{\sqrt{3}\,Z}}{\frac{\sqrt{3}\,V}{Z}} = \frac{1}{3}$$

31

정답 ①

$E_{2s} = sE$에서 정지해 있을 때 $\frac{E_1}{E} = \alpha$ $\quad \therefore E = \frac{E_1}{\alpha}$

$E_{2s} = s\frac{E_1}{\alpha}$

$\therefore \frac{E_1}{E_{2s}} = \frac{E_1}{s\frac{E_1}{\alpha}} = \frac{\alpha}{s}$

32

정답 ④

$E_c = 2E\sin\frac{20°}{2} = 2E\sin 10° = 2\times\frac{6,000}{\sqrt{3}}\times 0.174 \fallingdotseq 1,205.51$

$I_c = \frac{E_c}{2Z_s}$ 이므로 $I_c = \frac{1,205.51}{2\times 6} \fallingdotseq 100.5\text{A}$

33

정답 ①

내부 회로의 권수는 $\frac{Z}{4a}$ 이므로 유효 권수 $w_a = \frac{Z}{4a}\times\frac{2}{\pi} = \frac{Z}{2a\pi}$ 이다.

34

정답 ③

다이오드는 전류를 한쪽으로는 흐르게 하고 반대쪽으로는 흐르지 않게 하는 정류작용을 하는 전자 부품이다. 제너 다이오드는 정방향에서는 일반 다이오드와 동일한 특성을 보이지만 역방향으로 전압을 걸면 일반 다이오드보다 낮은 특정 전압(항복 전압 혹은 제너 전압)에서 역방향 전류가 흐르는 소자이다. 제너 다이오드는 정전압을 얻을 목적으로 항복 전압이 크게 낮아지도록 설계되어 있으며, 전기 회로에 공급되는 전압을 안정화하기 위한 정전압원을 구성하는 데 많이 사용된다.

오답분석

① 발광 다이오드 : LED라고도 하며, 화합물에 전류를 흘려 빛을 내는 반도체소자이다.
② 포토 다이오드 : 광다이오드라고도 하며, 빛에너지를 전기에너지로 변환한다.
④ 바리스터 다이오드 : 양 끝에 전압에 의해 저항이 변하는 비선형 반도체 저항소자이다.

35

정답 ④

전력용 반도체로 대전류, 고전압의 전기량을 제어할 수 있는 자기소호형 소자는 절연 게이트 양극성 트랜지스터인 'IGBT'이다.

오답분석

① 전계효과 트랜지스터로 다른 트랜지스터와 구조가 다르고 동작원리도 달라 전류가 아닌 전압을 증폭시킨다.
② 전류를 한 방향으로 흐르게 하는 정류작용하는 반도체 소자이다.
③ 양방향성의 전류 제어가 행해지는 반도체 제어 부품이다.

36

정답 ④

인버터를 이용하는 속도 제어법은 계통 주파수를 어느 허용 변동폭 범위 내에 일정하게 유지하기 위해 계통 내의 총 발생 전력과 총 소비전력 사이에 정해진 평형상태를 유지하도록 해주는 '주파수 제어법'이다.

오답분석

① 극수 변환법 : 고정자 권선의 접속 상태를 변경하여 극수를 조절하여 속도를 제어한다.
② 전압 제어법 : 토크와 전압의 관계를 이용하여 슬립을 변화시켜 속도를 제어한다.
③ 초퍼 제어법 : 반도체 사이리스터를 이용하여 직류 전압을 직접 제어한다.

37

정답 ④

직류 전압을 직접 제어하기 위해서는 '초퍼형 인버터'를 이용한다. 초퍼형 인버터는 직류 증폭을 위하여 전류를 단속하는 인버터이다.

38

정답 ①

회로의 접속점에서 볼 때, 접속점에 흘러 들어오는 전류의 합은 흘러 나가는 전류의 합과 같다는 법칙은 키르히호프 제1법칙의 전하량 보존법칙에 해당된다.

오답분석

② 키르히호프 제2법칙 : 임의의 폐회로를 따라 한 바퀴 돌 때 그 회로의 기전력의 총합은 각 저항에 의한 전압 강하의 총합과 같다는 법칙이다.

③ 플레밍의 오른손 법칙 : 발전기의 원리와 관련 있는 법칙으로 자기장 속에서 도선이 움직일 때 자기장의 방향과 도선이 움직이는 방향으로 유도 기전력의 방향을 결정하는 규칙이다.

④ 앙페르의 오른나사 법칙 : 일정한 전류가 흐를 때 그 둘레에 만들어지는 자기장의 방향과 크기를 나타내는 법칙이다. 자기장은 전류 둘레에 동심원형으로 생기고 전류의 방향을 오른나사의 진행 방향으로 하였을 때 자기장의 방향은 그 회전 방향과 같다는 법칙이다.

39

③

교류 파형에서 파고율은 최댓값을 실횻값으로 나눈 값이며, 파형률은 실횻값을 평균값으로 나눈 값이다. 파고율과 파형률이 모두 1인 파형은 구형파이다.

40

③

'망간전지'는 방전한 뒤 충전을 못하는 1차 전지로 주로 사용된다.

오답분석

①·④ 충전 가능한 2차 전지이다.

② 산화환원 반응인 화학변화로 인한 에너지 변화를 전기에너지로 바꾸는 장치이다.

41

정답 ④

접지공사를 하는 주된 이유는 방전효과를 이용하여 감전사고를 방지하는 것이다.

42

정답 ①

분전반 및 배전반은 전기회로를 쉽게 조작할 수 있는 장소에 설치해야 하며, 기구 및 전선을 점검할 수 있도록 시설해야 한다.

43

정답 ②

부식성 가스 등이 있는 장소에는 애자사용 배선, 합성 수지관 배선, 금속관 배선, 2종 가요전선관 배선, 케이블 배선, 캡타이어 케이블 배선 등을 사용하며 1종 금속제 가요 전선관 배선은 사용할 수 없다.

44

정답 ④

애자의 3가지 성질 : 절연성·난연성·내수성

45

정답 ③

가로등, 경기장, 공장, 아파트 단지 등의 일반조명을 위하여 시설하는 고압 방전등의 효율은 70lm/W 이상이어야 한다.

46

정답 ②

KEC 221.1.1(**저압 인입선의 시설**)

- 도로(차도와 보도의 구별이 있는 도로인 경우에는 차도)를 횡단하는 경우 : 노면상 5m(기술상 부득이한 경우에 교통지장이 없을 때에는 3m) 이상
- 철도 또는 궤도를 횡단하는 경우 : 레일면상 6.5m 이상
- 횡단보도교 위에 시설하는 경우 : 노면상 3m 이상
- 이외의 경우에는 지표상 4m(기술상 부득이한 경우에 교통이 지장이 없을 때에는 2.5m) 이상

47

정답 ①

저압 옥내 간선과의 분기점에서 전선의 길이가 3m 이하인 곳에 개폐기 및 과전류 차단기를 시설해야 한다.

48

정답 ③

발전소·변전소·개폐소, 이에 준하는 곳, 전기사용장소 상호 간의 전선 및 이를 지지하거나 수용하는 시설물을 '전선로'라 한다.

49

정답 ④

KEC 334.2(**지중함의 시설**)

지중전선로에 사용하는 지중함은 다음에 따라 시설하여야 한다.

- 지중함은 견고하고 차량 기타 중량물의 압력에 견디는 구조일 것
- 지중함은 그 안의 고인 물을 제거할 수 있는 구조로 되어 있을 것
- 폭발성 또는 연소성의 가스가 침입할 우려가 있는 것에 시설하는 지중함으로서 그 크기가 $1m^3$ 이상인 것에는 기타 가스를 방산시키기 위한 적당한 장치를 시설할 것
- 지중함의 뚜껑은 KS D 4040에 적합하여야 하며, 저압지중함의 경우에는 절연성능이 있는 고무판을 주철(강)재의 뚜껑 아래에 설치할 것
- 차도 이외의 장소에 설치하는 저압 지중함은 절연성능이 있는 재질의 뚜껑을 사용할 수 있다.

50

정답 ④

고장 시의 불평형 차전류가 평형전류의 어떤 비율 이상이 되었을 때 동작하는 계전기는 비율 차동 계전기이다.

오답분석

① 과전압 계전기 : 입력 전압이 규정치보다 클 때 동작하는 계전기
② 과전류 계전기 : 허용된 전류가 초과되어 과전류가 흐르게 되면 주회로를 차단함으로써 화재를 예방하는 계전기
③ 전압 차동 계전기 : 두 전압의 불평형으로 어떤 값에 이르렀을 때 동작하는 계전기

기계직 모의고사 정답 및 해설

01	02	03	04	05	06	07	08	09	10	11	12	13	14	15	16	17	18	19	20
④	③	②	①	③	④	③	④	①	④	②	①	①	②	③	②	②	④	①	③
21	22	23	24	25	26	27	28	29	30	31	32	33	34	35	36	37	38	39	40
④	①	②	②	④	②	①	③	④	②	①	①	①	④	④	②	②	①	③	②
41	42	43	44	45	46	47	48	49	50										
④	①	④	②	②	③	④	④	④	③										

01

정답 ④

공작물을 절삭할 때는 바이트와 공작물 사이에 마찰열이 발생하는데, 가공할수록 온도가 상승하므로 가공물의 온도를 일정하게 유지하는 것은 불가능하다. 따라서 이것으로 공구의 수명을 판정할 수 는 없다.

공구수명을 판정하는 기준
- 절삭저항이 급격히 증가했을 때
- 공구인선의 마모가 일정량에 달했을 때
- 가공물의 완성치수 변화가 일정량에 달했을 때
- 제품표면에 자국이나 반점 등의 무늬가 있을 때

02

정답 ③

체인 전동장치는 진동과 소음이 크며 고속회전에 부적합하다.

Plus

체인 전동장치의 특징
- 유지 및 보수가 쉽다.
- 접촉각은 90° 이상이 좋다.
- 체인의 길이를 조절하기 쉽다.
- 내열이나 내유, 내습성이 크다.
- 진동이나 소음이 일어나기 쉽다.
- 축간거리가 긴 경우 고속전동이 어렵다.
- 여러 개의 축을 동시에 작동시킬 수 있다.
- 마멸이 일어나도 전동 효율의 저하가 적다.
- 큰 동력 전달이 가능하며 전동 효율이 90% 이상이다.
- 체인의 탄성으로 어느 정도의 충격을 흡수할 수 있다.
- 고속회전에 부적합하며 저속회전으로 큰 힘을 전달하는 데 적당하다.
- 전달효율이 크고 미끄럼(슬립)이 없이 일정한 속도비를 얻을 수 있다.
- 초기 장력이 필요 없어서 베어링 마멸이 적고 정지 시 장력이 작용하지 않는다.
- 사일런트 체인은 정숙하고 원활한 운전과 고속회전이 필요할 때 사용되는 체인이다.

03

정답 ②

$$S = \frac{\sigma_{\max}}{\sigma_a},\ \sigma_a = \frac{\sigma_{\max}}{S} = \frac{600}{7} = 85.71\text{MPa}$$

$$\sigma_a = \frac{P}{A} = \frac{4P}{\pi d^2}$$

$$\therefore\ d = \sqrt{\frac{4P}{\pi \sigma_a}} = \sqrt{\frac{4 \times 50 \times 10^3}{\pi \times 85.71 \times 10^6}} = 0.027\text{m} = 2.7\text{cm}$$

04

재결정 온도는 1시간 안에 95% 이상 새로운 입자인 재결정이 완전히 형성되는 온도이다. 재결정을 하면 불순물이 제거되며 더 순수한 결정을 얻어낼 수 있는데, 이 재결정은 금속의 순도, 조성, 소성변형의 정도, 가열시간에 큰 영향을 받는다.

- 재결정
  - 특정한 온도영역에서 이전의 입자들을 대신하여 변형이 없는 새로운 입자가 형성되는 현상
- 재결정의 일반적인 특징
  - 가공도가 클수록 재결정온도는 낮아진다.
  - 재결정 온도는 가열시간이 길수록 낮아진다.
  - 재결정은 강도를 저하시키나 연성은 증가시킨다.
  - 냉간가공도가 커질수록 재결정온도는 낮아진다.
  - 결정입자의 크기가 작을수록 재결정온도는 낮아진다.
  - 재결정 온도는 일반적으로 1시간 안에 95% 이상의 재결정이 이루어지는 온도로 정의한다.
  - 금속의 용융온도를 절대온도 T_m이라 할 때 재결정온도는 대략 $0.3 \sim 0.5\,T_m$ 범위에 있다.
- 금속의 재결정 온도

금속	온도[℃]	금속	온도[℃]
주석(Sn)	상온 이하	은(Ag)	200
납(Pb)	상온 이하	금(Au)	200
카드뮴(Cd)	상온	백금(Pt)	450
아연(Zn)	상온	철(Fe)	450
마그네슘(Mg)	150	니켈(Ni)	600
알루미늄(Al)	150	몰리브덴(Mo)	900
구리(Cu)	200	텅스텐(W)	1,200

05

크리프(Creep) 변형은 재료에 일정 크기의 하중을 작용시키면 시간에 따라 변형이 발생하는 현상으로 온도, 시간, 하중에 영향을 받는다.

06

정답 ④

전조가공

재료와 공구를 각각이나 함께 회전시켜 재료 내부나 외부에 공구의 형상을 새기는 특수압연법이다. 대표적인 제품으로는 나사와 기어가 있으며 절삭칩이 발생하지 않아 표면이 깨끗하고 재료의 소실이 거의 없다. 또한 강인한 조직을 얻을 수 있고 가공속도가 빨라서 대량생산에 적합하다.

07

정답 ③

버킷 펌프는 피스톤 펌프의 일종이다

08

정답 ④

유압장치에 사용되는 유체는 비압축성인 특성을 갖는 액체(기름)이므로 이 기름을 체적만큼 밀어내면 그 즉시 밀어낸 체적만큼의 응답이 이루어진다. 그러나 기체가 사용되는 공압은 기체가 압축성 유체이므로 유체와 동일한 체적만큼 밀어내도 압축이 이루어진 후 응답이 이루어지므로 응답속도는 유압보다 떨어진다. 따라서 유압은 공압에 비해 응답속도가 빠른 것이다.

09

정답 ①

'4'는 나사의 개수를 나타낸다. 호칭지름이 8mm이고 피치(p)가 1.25mm인 미터나사(M)가 4개 있다는 기호이다.

4 − M8 × 1.25

- 나사 개수 : 4개
- 나사의 피치 : 1.25mm
- 나사의 호칭지름 : 8mm
- 나사의 종류 : 미터나사

10

정답 ④

파스칼의 원리

밀폐된 용기 속에 있는 액체에 가한 압력은 그 액체가 접하는 모든 방향으로 같은 크기의 압력을 전달한다. 이는 유압잭의 원리로도 사용된다.

11

정답 ②

레이놀즈수는 층류와 난류를 구분하는 척도로서 관성력과 점성력의 비이다. 즉, $Re = \frac{(\text{관성력})}{(\text{점성력})}$, 레이놀즈수가 작은 경우에는 점성력이 관성력에 비해 크게 영향을 미친다. 층류에서 난류로 변하는 레이놀즈수를 상임계 레이놀즈수라 하고, 난류에서 층류로 변하는 레이놀즈수를 하임계 레이놀즈수라고 한다. 유동단면의 형상이 변하면 임계 레이놀즈수도 변화한다.

12

정답 ①

정상유동

유체가 흐르고 있는 과정에서 임의의 한 점에서 유체의 모든 특성이 시간이 경과하여도 조금도 변화하지 않는 흐름의 상태를 말한다.

$\frac{\partial V}{\partial t}=0,\ \frac{\partial p}{\partial t}=0,\ \frac{\partial T}{\partial t}=0,\ \frac{\partial \rho}{\partial t}=0$

13

정답 ①

저온에서 냉매가 쉽게 응고되면 냉매로서의 기능을 상실하므로 응고 온도는 낮아야 하며 응축 압력 또한 낮아야 한다.

Plus

냉매의 구비조건

- 비열비가 작을 것
- 응고 온도가 낮을 것
- 임계 온도가 높고 상온에서 액화가 가능할 것
- 응축 압력이 낮을 것
- 점도가 적고 표면장력이 작을 것
- 증발 잠열이 크고 저온에서도 증발 압력이 대기압 이상일 것

14

정답 ②

가솔린기관과 디젤기관

구분	가솔린기관	디젤기관
점화방식	전기불꽃점화	압축착화
최대압력	$30 \sim 35\text{kg}_f/\text{cm}^2$	$65 \sim 70\text{kg}_f/\text{cm}^2$
열효율	작다.	크다.
압축비	6 ~ 11 : 1	15 ~ 22 : 1
연소실 형상	간단하다.	복잡하다.
연료공급	기화기 또는 인젝터	분사펌프, 분사노즐
진동 및 소음	작다.	크다.
출력당 중량	작다.	크다.

따라서 가솔린기관은 압축비가 디젤기관보다 일반적으로 작다.

15

정답 ③

열역학 제2법칙

엔트로피(최소 0, 무질서의 정도)가 항상 증가하는 방향으로 물질 시스템이 움직인다.

16

정답 ②

릴리프밸브

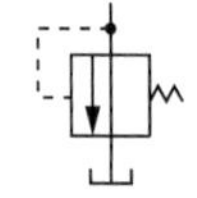

유압회로에서 회로 내 압력이 설정치 이상이 되면 그 압력에 의해 밸브가 열려 압력을 일정하게 유지시키는 역할을 하는 밸브로서 안전밸브의 역할을 한다.

KS B 0054에 따른 유압, 공기압 도면기호

종류	기호	역할
일정용량형 유압펌프		• 1회전당 토출량의 변동이 없는 펌프 • 종류 : 나사펌프, 기어펌프, 피 스톤펌프, 베인펌프 ※ 단, 피스톤펌프와 베인펌프는 정용량형이면서 가변용량형이다.
감압밸브		• 유체의 압력을 감소시키기 위한 밸브로 급속귀환장치가 부착된 공작기계에서 고압펌프와 귀환 시 사용할 저압의 대용량 펌프를 병행해서 사용할 경우 동력 절감을 위해 사용하는 밸브이다.
시퀀스밸브		• 정해진 순서에 따라 순차적으로 작동시키는 밸브로 기계의 조작 순서를 확실하게 조정한다.

17

정답 ②

• 접선가속도$= r \times \alpha$(각가속도)$= 2\text{m} \times 1{,}000\text{rad/sec}^2 = 2{,}000\text{m/sec}^2$, 방향 : $\overrightarrow{\text{EA}}$

• 법선가속도$= r \times \omega^2$(각속도)$= 2\text{m} \times (10\text{rad/sec})^2 = 200\text{m/sec}^2$, 방향 : $\overrightarrow{\text{EO}}$

18

정답 ④

마이크로미터의 측정값 계산

$7.5+0.30=7.80\text{mm}$

19

정답 ①

파스칼의 원리에 따르면 정지유체 내의 압력은 다음 식이 성립한다.

$$P_1=P_2,\ \frac{F_1}{A_1}=\frac{F_2}{A_2}$$

주어진 조건을 식에 대입해서 풀면

$$\frac{25}{\frac{\pi\times50^2}{4}}=\frac{F_2}{\frac{\pi\times100^2}{4}},\ \frac{100}{\pi\times50^2}=\frac{4F_2}{\pi\times100^2}$$

$\therefore\ F_2=100\text{kN}$

20

정답 ③

응력 – 변형률 곡선에서 일반적으로 극한강도로 표시된 지점이 인장강도에 해당한다.

Plus

응력 – 변형률 곡선($\sigma-\epsilon$선도)

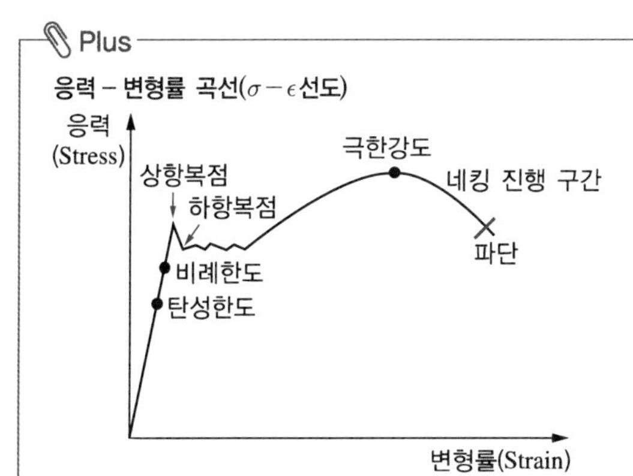

- 탄성한도(Elastic Limit) : 하중을 제거하면 원래의 치수로 돌아가는 구간. 후크의 법칙이 적용된다.
- 비례한도(Proportional Limit) : 응력과 변형률 사이에 비례관계가 성립하는 구간 중 응력이 최대인 점
- 항복점(Yield Point) : 인장 시험에서 하중이 증가하여 어느 한도에 도달하면, 하중을 제거해도 원위치로 돌아가지 않고 변형이 남게 되는 그 순간의 하중
- 극한강도(Ultimate Strength) : 재료가 파단되기 전에 외력에 버틸 수 있는 최대의 응력
- 네킹구간(Necking) : 극한강도를 지나면서 재료의 단면이 줄어들면서 길게 늘어나는 구간
- 파단점 : 재료가 파괴되는 점

21

정답 ④

한쪽 방향의 흐름은 자유로우나 역방향의 흐름을 허용하지 않는 밸브는 '체크밸브'이다.

오답분석

① 카운터 밸런스 밸브 : 한쪽 흐름에 배압을 만들고, 다른 방향은 자유 흐름이 되도록 만들어 주는 밸브
② 언로드 밸브 : 밸브 내에서 평형 피스톤을 움직여 펌프로부터 압유를 탱크로 빼올려 펌프를 무부하 운전 상태를 만들어 주는 밸브
③ 감압밸브 : 유체의 압력을 감소시켜 동력을 절감시키는 밸브

22

정답 ①

미터 아웃 회로는 유압 회로에서 속도제어를 하며, 실린더 출구 쪽에서 유출되는 유량을 제어한다.

오답분석

② 블리드 오프 회로 : 유압 회로에서 속도제어를 하며, 실린더로 유입되는 유량을 바이패스로 제어한다.
③ 미터 인 회로 : 유압 회로에서 속도제어를 하며, 실린더 입구 쪽에서 유입되는 유량을 제어한다.
④ 카운터 밸런스 회로 : 부하가 급격히 제거되었을 때 관성력에 의해 소정의 제어를 못할 경우 감입된다.

23

정답 ②

주철의 장점

- 주조성 및 마찰저항 우수
- 인장 및 굽힘 강도는 적으나 압축강도는 큼
- 금속 중 가격이 제일 저렴함
- 복잡한 물체 제작이 가능

24

정답 ②

인바는 철 64%, 니켈 36%의 합금으로 열팽창 계수가 작고, 내식성도 좋은 것으로 시계추, 바이메탈 등에 사용된다.

오답분석

① 인코넬 : 니켈 80%, 크롬 14%, 철 6%의 합금으로 내산성이 강하고, 전열기, 항공기의 배기밸브에 이용한다.
③ 콘스탄탄 : 니켈 45%, 구리 55%의 합금으로 전기저항이 높고 온도계수가 작아 온도 측정기에 이용한다.
④ 플래티나이트 : 니켈 46%를 함유한 합금으로 평행계수가 유리와 같으며, 금속의 봉착용에 이용한다.

25

정답 ④

탄소강에 함유된 원소는 탄소, 규소, 망간, 인, 황, 수소 등이 있으며, 수소는 백점과 헤어크랙의 원인이 된다.

오답분석

① 망간 : 강도, 경도, 인성증가, 고온에서 결정입자의 성장을 억제한다.
② 규소 : 인장강도, 탄성한계, 경도를 증가시킨다.
③ 인 : 상온취성의 원이이며, 결정입자를 조대화시킨다.

26

정답 ②

인터플로는 유압 장치의 밸브 위치를 전환하는 과정에서 발생하는 과도적인 오일 압력으로 인해 생기는 밸브 포트 간의 흐름을 말한다.

오답분석

① 자유 흐름 : 유압 장치의 작동에 상관없이 오일이 흐르는 것
③ 제어 흐름 : 유압 장치의 작동에 따라 일정한 양의 오일이 흐르는 것
④ 아음속 흐름 : 액체 속의 음파의 속도보다 유체가 느리게 흐르는 것

27

정답 ①

와이어 게이지는 가는 드릴 등의 지름을 재는 데 사용한다.

오답분석

② 나사 피치 게이지 : 피치 나사산의 형상을 한 홈을 만드는 게이지
③ 반지름 게이지 : 둥근 모양의 측정에 사용하는 게이지
④ 센터 게이지 : 선반으로 나사를 절삭할 때 바이트 날형의 각도를 검사하는 게이지

28

정답 ③

큐폴라는 주철용 용해로이며, 용량은 1시간에 용해할 수 있는 선철의 톤수로 나타낸다. 보통 3 ~ 10중량톤이 많이 사용된다.

29

정답 ④

삼침법은 지름이 같은 3개의 와이어를 이용하여 나사의 유효지름을 측정하는 방법을 말한다.

30

정답 ②

업 세팅은 재료를 축 방향으로 압축하여 지름을 굵고 길이를 짧게 하는 작업이다.

31

정답 ①

코이닝은 표면의 거친 면을 개선시키는 작업으로 다이와 펀치로 냉간에서 압착하여 다듬질을 한다.

오답분석

전단 가공은 전단하는 기계로 가공물을 전단하는 작업을 말하며, 그 종류에는 '블랭킹, 피어싱, 트리밍, 샤링, 세이밍, 노칭'이 있다.

② 블랭킹 : 금형을 이용하여 재료를 절단하고, 나머지 부분은 스크랩이 되는 작업
③ 피어싱 : 필요한 치수 형상의 구멍을 재료에 내는 작업
④ 트리밍 : 불규칙한 형상의 가장자리를 전단하는 작업

32

정답 ①

실린더 게이지는 측미계를 이용한 내경 측정기이다.

오답분석

② 버니어캘리퍼스 : 원형 물체의 외경, 내경, 깊이 등의 측정기
③ 측장기 : 고정도의 길이 측정기
④ 블록 게이지 : 길이 측정의 표준이 되는 게이지

33

정답 ①

오토사이클 열효율

- $\eta = 1 - \left(\frac{1}{\epsilon}\right)^{k-1}$ (ϵ : 압축비, k : 비열비)
- $\eta = 1 - \frac{T_4 - T_1}{T_3 - T_2}$ (온도변화 순서 : 1 → 2 → 3 → 4, T_3 : 최고온도)

따라서 효율을 증가시키기 위해 최고온도(T), 압축비(ϵ), 비열비(k) 모두 증가시켜야 한다.

34

정답 ④

압력이 일정할 때 기체가 한 일은 W(일)$=P\times dV=P\times(V_2-V_1)$이며, 부피 변화량은 $V_2-V_1=0.5-0.1=0.4\text{m}^3$이 된다. 따라서 기체가 외부에 한 일은 $P\times(V_2-V_1)=100\times0.4=40\text{kJ}$이다.

35

정답 ④

경로함수는 어느 한 상태에서 다른 상태로 변화할 때 경로에 따라 그 값이 달라지는 물리량을 말하며, 그 대표적으로 열과 일이 있다.

36

정답 ②

폴리트로픽 변화의 관계식 $Pv^n=$(일정)에서 $n=0$일 때, $P=$(일정)이 된다. 따라서 압력이 일정하므로 '정압변화'이다.

37

정답 ②

• 기체상수(R)$=\dfrac{8,314}{m}\text{J/kg}\cdot\text{K}$ (m : 분자량)

따라서 분자량이 30인 에탄의 기체상수는 $\dfrac{8,314}{m}=\dfrac{8,314}{30}\fallingdotseq277\text{J/kg}\cdot\text{K}=0.277\text{kJ/kg}\cdot\text{K}$이다.

38

정답 ①

열역학 제0법칙은 열평형의 법칙으로 A, B물체가 각각 C물체와 온도가 같을 때, A물체와 B물체의 온도도 같다는 온도계의 원리를 말한다.

오답분석

② 열역학 제1법칙 : 닫힌계에서 총 내부에너지는 일정하다는 에너지 보존의 법칙을 말한다.
③ 열역학 제2법칙 : 엔트로피(무질서정도)는 0 이상의 값을 가지도록 물질의 방향이 움직이며, 일 효율이 100%인 기관은 없다.
④ 열역학 제3법칙 : 시스템을 절대온도 0K에 이르게 하는 방법은 없다.

39

정답 ③

부력은 물체를 액체에 넣었을 때 중력의 반대방향으로 물체를 들어 올리는 힘이다.
$F=\gamma_a V=\gamma_b V_b$ (γ_a : 물의 비중량, V : 물체가 잠긴 부피, γ_b : 물체의 비중량, V_b : 물체의 전체부피)

따라서 물속에 잠긴 나무토막의 부피는 $V=\dfrac{\gamma_b V_b}{\gamma_a}=\dfrac{0.5\times(1\times1\times0.5)}{1}=0.25\text{m}^3$이다.

40

정답 ②

이상기체 상태방정식 : $P\nu=RT$ (P : 압력, ν : 비체적, R : 기체상수, T : 절대온도)

비체적은 밀도의 역수이므로 $\nu=\dfrac{RT}{P}$의 역수를 구한다.

따라서 $\dfrac{1}{\nu}=\dfrac{P}{RT}=\dfrac{2\times10^5}{287\times(273+20)}\fallingdotseq2.38\text{kg/m}^3$이다.

41

정답 ④

레이놀드 수(Re)를 무차원의 수로 층류와 난류를 구분하는 데 이용한다.

$\text{Re}=\dfrac{VD\rho}{\mu}$ (ρ : 밀도, μ : 점성계수, V : 속도, D : 길이)

$V_1D_1=V_2D_2 \rightarrow 50\times1=\text{V}_2\times\dfrac{1}{6} \rightarrow \text{V}_2=50\times1\times6=300\text{km/h}$

따라서 풍동의 유속은 $300\text{km/h}\times\dfrac{1{,}000m/km}{3{,}600s/h}\fallingdotseq 83.3\text{m/s}$이다.

42

정답 ①

$0.88\times(30+x)=1.025\times x \rightarrow 0.145x=26.4 \rightarrow x=\dfrac{26.4}{0.145}=182\text{m}^3$

따라서 얼음의 전체 체적은 $182+30=212\text{m}^3$이므로, 얼음의 전체 중량은 $0.88\times9.8\times212\fallingdotseq 1{,}828.3\text{kN}$이다.

43

정답 ④

$(\text{오일러 수})=\dfrac{(\text{압축력})}{(\text{관성력})}$

오답분석

무차원수는 관측단위와 독립된 값을 가진 수로 차원 분석에서 얻을 수 있다. 그 종류는 로스비 수, 레이놀즈 수, 리처드슨 수, 슈미트 수, 프루드 수, 페클렛 수, 스탠턴 수, 그라쇼프 수, 레일리 수 등이다.

① $(\text{웨버 수})=\dfrac{(\text{관성력})}{(\text{표면장력})}$

② $(\text{레이놀드 수})=\dfrac{(\text{관성력})}{(\text{점성력})}$

③ $(\text{프루드 수})=\dfrac{(\text{관성력})}{(\text{중력})}$

44

정답 ②

버킹엄의 π정리는 상사법칙에서 유체 현상들의 이해를 위해 변수를 줄이는 것이다.

- 물리량 수 : 거리(L), 속도(V), 중력가속도(g), 시간(t)
- 기본 차원 수 : 거리(L), 시간(t)

따라서 무차원의 수(π)는 $\pi=4-2=2$개이다.

45

정답 ②

- 전단탄성계수 $G=\dfrac{E}{2(1+\mu)}$, (E : 탄성계수, μ : 푸아송 비)

따라서 전단탄성계수는 $G=\dfrac{E}{2(1+\mu)}=\dfrac{200}{2(1+0.3)}\fallingdotseq 76.9\text{GPa}$이다.

PART 4

46

정답 ③

• 변형률 $\epsilon = \frac{(\text{길이 변화량})}{(\text{처음 길이})} \times 100$

따라서 변형률 $\epsilon = \frac{(\text{길이 변화량})}{(\text{처음 길이})} = \frac{0.14}{200} \times 100 = 0.07\%$이다.

47

정답 ④

• 삼각형 단면 2차 모멘트 : $I = \frac{bh^3}{36}$ (b : 밑변, h : 높이)

따라서 축의 단면 2차 모멘트는 $I = \frac{bh^3}{36} = \frac{20 \times 30^3}{36} = 15{,}000\text{cm}^4$이다.

48

정답 ④

• 단순보 최대 처짐 : $\delta = \frac{PL^3}{48EI}$ [P : 하중, L : 길이, E : 탄성계수, $I\left(=\frac{bh^3}{12}\right)$: 관성모멘트]

따라서 집중하중은 $P = \frac{48EI}{L^3} \times \delta$임을 유도할 수 있고, 하중은 4,320N이다.

$$P = \frac{48EI}{L^3} \times \delta = \frac{48 \times 200 \times 10^9 \times (10^{-2})^2}{(200)^3} \times \frac{4 \times 6^3}{12} \times 0.5 = 4{,}320\text{N}$$

49

정답 ④

$$\delta = \frac{PL^3}{3EI} = \frac{PL^3}{3E} \times \frac{12}{bh^3} = \frac{8 \times 10^3 \times 1.5^3}{3 \times 200 \times 10^9} \times \frac{12}{0.3 \times 0.1^3} = 0.18 \times 10^{-2}\text{m} = 1.8\text{mm}$$

50

정답 ③

• 전단응력 $\tau = r \times G$ (τ : 전단응력, G : 탄성계수, r : 전단변형률)

따라서 전단변형률은 $r = \frac{\tau}{G} = \frac{1 \times 10^3}{80 \times 10^9} = 0.0125 \times 10^{-6} = 12.5 \times 10^{-9}$이다.

토목직 모의고사 정답 및 해설

01	02	03	04	05	06	07	08	09	10	11	12	13	14	15	16	17	18	19	20
④	③	③	②	④	②	①	③	③	④	①	④	④	③	③	④	④	④	③	①
21	22	23	24	25	26	27	28	29	30	31	32	33	34	35	36	37	38	39	40
④	②	④	①	①	③	①	④	③	④	③	②	②	④	②	③	②	④	①	③
41	42	43	44	45	46	47	48	49	50										
④	④	③	④	②	①	④	②	④	②										

01

정답 ④

후처리 DGPS는 반송파를 이용함으로 정밀도가 높은 편이다.

02

정답 ③

$f=\frac{124.5n^2}{D^{\frac{1}{3}}} \rightarrow 0.02=\frac{124.5n^2}{0.4^{\frac{1}{3}}}$ 이므로 $n \fallingdotseq 0.011$

$V=\frac{1}{n}R^{\frac{2}{3}}I^{\frac{1}{2}}$ 식에 대입하면, $V=\frac{1}{0.011}\left(\frac{0.4}{4}\right)^{\frac{2}{3}}\left(\frac{2}{100}\right)^{\frac{1}{2}} \fallingdotseq 2.77\text{m/sec}$

따라서 관내의 유속은 약 2.8m/s이다.

03

정답 ③

$Q=CAV=c \cdot bd\sqrt{2gh}$

$200\times10^{-3}=0.62\times(0.2\times0.05)\times\sqrt{2\times9.8\times h} \rightarrow h \fallingdotseq 53\text{m}$

04

정답 ②

베르누이 정리를 통해 계산하도록 한다. 물의 단위중량(ω)의 경우, $\omega=\frac{1,000kg_f}{m^3}=\frac{9,800N}{m^3}=\frac{9.8kN}{m^3}$ 이며,

베르누이 방정식을 보면 $Z_A+\frac{P_A}{\omega}+\frac{v_A^2}{2g}=Z_B+\frac{P_B}{\omega}+\frac{v_B^2}{2g}$ 이다.

여기서 관이 수평으로 설치되어 있으므로, $Z_A=Z_B=0$

그러므로 $\frac{P_A}{\omega}-\frac{P_B}{\omega}=\frac{v_B^2}{2g}-\frac{v_A^2}{2g}$ 이고, $P_A-P_B=\omega\left(\frac{v_B^2}{2g}-\frac{v_A^2}{2g}\right) \rightarrow P_A-9.8=9.8\left(\frac{3^2}{2\times9.8}-\frac{2^2}{2\times9.8}\right)$

$\therefore P_A \fallingdotseq 12.3\text{kN/m}^2$

따라서 관 A에서의 유체압력은 12.3kN/m^2 이다.

05

정답 ④

D=2m=200cm이므로, 레이놀드수(R_e)$=\frac{VD}{v}$에 대입하면, $R_e=\frac{50\times200}{0.0101}$=990,000이다.

06

정답 ②

홍수량 $Q=\frac{1}{360}CIA$에서 $I=\frac{6,000}{(5+35)}$=150이므로 $Q=\frac{1}{360}\times0.6\times150\times20=5$이다.

07

정답 ①

DAD 해석 요소

- 강우깊이
- 유역면적
- 강우의 지속시간

08

정답 ③

일반적인 상수도 계통도는 '수원 및 저수시설 → 취수 → 도수 → 정수 → 송수 → 배수 → 급수' 순으로 이루어진다.

09

정답 ③

부유물농도는 $\frac{200\text{mg}}{L}\times\frac{1,000}{1,000}=\frac{200\text{g}}{\text{m}^3}=\frac{0.2\text{kg}}{\text{m}^3}$이다.

다음으로 슬러지의 비중이 1.1이므로 슬러지 단위중량은 $\frac{1,100\text{kg}}{\text{m}^3}$이다.

슬러지발생량은 (처리수량)×(제거된 부유물 농도)$\times\frac{100}{100-(\text{함수율})}\times\frac{1}{(\text{단위중량})}$으로 구한다.

$\frac{3,000\text{m}^3}{\text{day}}\times\frac{0.2\text{kg}}{\text{m}^3}\times\frac{70}{100}\times\frac{100}{100-95}\times\frac{\text{m}^3}{1,100\text{kg}}=\frac{7.64\text{m}^3}{\text{day}}$이므로 슬러지의 양은 약 7.6m^3/day이다.

10

정답 ④

F/M비(kg BOD/m³ · day)

$(\text{F/M비})=\frac{(\text{BOD 용적부하})}{(\text{MLSS농도})}$식을 사용하면

$1.0=\frac{(\text{BOD 용적부하})}{2,000\times10_3}$가 된다.

이를 통해 값을 구하면, (BOD 용적부하)=2kg BOD/m³ · day이다.

11

정답 ①

유효 부산물(메탄가스) 생성은 혐기성 소화법의 장점이다. 호기성 소화법의 장점으로는 상징수 수질 양호, 악취발생 감소, 운전용이, 저렴한 최초 시공비 등이 있다.

12

정답 ④

상수도 급수시설 설계기준(KDS 57 70 00)

급수관을 지하층 또는 2층 이상에 배관할 경우에는 각 층마다 지수밸브와 함께 진공파괴기 등의 역류방지밸브를 설치해서 보수나 개조공사 등에 대비해야 한다.

13

정답 ④

- 수동토압계수(K_p)

$$K_p=\frac{1+\sin\phi}{1-\sin\phi}=\frac{1+\sin30°}{1-\sin30°}=3$$

- 주동토압계수(K_a)

$$K_a=\frac{1-\sin\phi}{1+\sin\phi}=\frac{1-\sin30°}{1+\sin30°}=\frac{1}{3}$$

- 수동토압계수와 주동토압계수의 비

$$K_p : K_a \rightarrow \frac{K_p}{K_a}=\frac{3}{\left(\frac{1}{3}\right)}=9$$

14

정답 ③

N값은 보링을 한 구멍에 스플릿 스푼 샘플러를 넣고, 처음 흐트러진 시료를 15cm 관입한 후 63.5kg의 해머로 76cm 높이에서 자유 낙하시켜 샘플러를 30cm 관입시키는 데 필요한 타격횟수로, 표준관입시험 값이라고도 한다. 표준관입 시험(SPT)에서 샘플러는 스플릿 스푼 샘플러를 사용하며, 해머 무게는 64kg, 낙하높이는 76cm, 관입깊이는 30cm이다.

15

정답 ③

정수위 투수시험의 공식은 $k=\frac{QL}{hAt}$ 이다.

$$k=\frac{86.3(cm^3)\times20(cm)}{40(cm)\times\frac{\pi\times(10cm)^2}{4}\times5\text{sec}}=10.988\times10^{-2}\text{cm/sec}$$

16

정답 ④

$B=ma\times\left(1-\frac{P}{100}\right)=5,000\times0.23\times(1-0.6)=460\text{m}$이다.

17

정답 ④

항공사진의 특수 3점은 주점, 연직점, 등각점이다.

18

정답 ④

면적은 축척의 분모수의 제곱에 비례하므로

$500^2 : 38.675=600^2 : A \rightarrow 600^2\times38.675=500^2\times A$

$\therefore A=55.692\text{m}^2$

PART 4

19

정답 ③

강우자료의 일관성을 검증하거나 교정하는 방법으로 사용하는 것은 누가우량 곡선법이다.

20

정답 ①

경심이 무게중심보다 위에 있을 경우에 부체가 안정적이다.

21

정답 ④

(정체압력수두)=(압력수두)+(속도수두)이므로 $P_s = P + V$이다.

22

정답 ②

20분 동안의 최대강우강도는 다음과 같다.

- $I_{5\sim20}=20$
- $I_{10\sim25}=35-2=33$
- $I_{15\sim30}=40-5=35$
- $I_{20\sim35}=43-10=33$

$$\therefore\ I_{\max}=\frac{35}{20}\times\frac{60}{1}=105\text{mm/h}$$

23

정답 ④

단위유량도 이론의 가정에 따르면 동일한 기저시간을 가진 모든 직접유출 수문곡선의 종거들은 각 수문곡선에 의하여 주어진 총 직접유출 수문곡선에 비례한다.

24

정답 ①

$$D=C_DA\frac{\rho V^2}{2}=C_D\frac{\pi d^2}{4}\times\frac{\rho V^2}{2}=\frac{1}{8}C_D\pi d^2\rho V^2$$

25

정답 ①

$h_c=\left(\frac{\alpha Q^2}{gb^2}\right)^{\frac{1}{3}}$ 에 대입하면 다음과 같다.

$$1=\left(\frac{1\times Q^2}{9.8\times 5^2}\right)^{\frac{1}{3}}\ \rightarrow\ Q=15.65$$

따라서 유량은 $15.65\text{m}^3/\text{s}$이다.

26

정답 ③

물의 단위중량 $w=9.8\text{kN/m}^3$이며,

[정체압력(P)]=(정압력)+(동압력)이므로 $P=wh+\frac{wv^2}{2g}$이고, 이에 대입하면 다음과 같다.

$$P=(9.8\times3)+\left(\frac{9.8\times3^2}{2\times9.8}\right)=33.9$$

따라서 정체압력은 33.90kN/m^2이다.

27

정답 ①

옹벽에서 T형보로 설계해야 하는 부분은 T형보의 복부로 보고 설계하는 뒷부벽식 옹벽의 뒷부벽이다. 앞부벽식 옹벽의 앞부벽은 직사각형보의 복부로 보고 설계한다.

28

정답 ④

활하중이란 점용에 의해 발생하는 하중이다. 풍하중이란 바람으로 인하여 구조물의 외면에 작용하는 하중으로, 활하중에 속하지 않는다.

29

정답 ③

스터드(Stud)란 콘크리트와 강의 일체화를 위해 사용하는 전단 연결재로서 용접부의 결함으로는 옳지 않다.

30

정답 ④

용접 시 주변에서 중심으로 향하여 대칭으로 용접한다면, 열이 분산되지 않고 밀집된다. 따라서 열을 분산하기 위하여 용접은 중심부터 시작하여 주변으로 향해야 한다.

31

정답 ③

콘크리트 지압력의 강도감소계수 $\phi=0.65$이다.

32

정답 ②

$M_u=\frac{w_u l^2}{8}$에서 $w_u=1.2w_d+1.6w_l=(1.2\times30)+(1.6\times200=68$이다.

따라서 $M_u=\frac{w_u l^2}{8}=\frac{68\times8^2}{8}=544\text{kN}\cdot\text{m}$이다.

33

정답 ②

최소 전단철근은 전체 깊이가 250mm 이하인 보의 경우에 배치하지 않는다. 따라서 ②는 옳지 않은 설명이다.

34

정답 ④

항복강도 f_y 이하에서 철근의 응력은 그 변형률의 E_s를 취하므로 다음과 같다.

$f_s \leq f_y \rightarrow f_s = E_s \epsilon_s$

따라서 ④는 옳지 않은 설명이다.

35

정답 ②

$$A = \frac{\Delta u_f}{\Delta \sigma_f} = \frac{2.1}{2.8} = 0.75$$

36

정답 ③

Newmark 영향원법은 하중의 모양이 불규칙할 때 사용하는 방법으로, 지중응력을 계산하기 위하여 전 평면을 동심원군과 방사선군으로 200개의 소구역화되도록 분할한다. 등분포하중(q)이 작용한다고 할 때, 동심원 중심하부 점의 기준선 길이 AB와 같은 깊이에서 지중응력은 $0.005q$가 되도록 작성한다.

37

정답 ②

두 등수등선 사이의 동수경사 i는 두 등수두선의 간격에 반비례, 즉 $v = K \times i = K \times \frac{h}{L}$이므로 이동경로의 거리에 반비례한다.

38

정답 ④

Terzaghi의 극한지지력 $q_u = (\alpha \times c \times N_c) + \beta(\times \gamma_1 \times B \times N_r) + (\gamma_2 \times D_f \times N_q)$이므로 기초의 폭 B가 증가할수록 극한지지력도 증가한다. 따라서 ④는 옳지 않은 설명이다.

39

정답 ①

현장 타설 콘크리트 말뚝 기초는 정역학적 방법으로 지지력을 추정하므로 ①은 옳지 않은 설명이다.

40

정답 ③

압밀시간 t는 배수거리 d의 제곱에 비례하고, 양면배수이므로 $d_1 = 10$, $d_2 = 40$이다.

$$t_1 : t_2 = d_1^2 : d_2^2 \rightarrow t_2 = \frac{d_2^2}{d_1^2} \times t_1 = \frac{40^2}{10^2} \times 10 = 160$$

41

정답 ④

절편법은 흙이 균질하지 않거나 흙 속에 간극수압이 있을 경우에도 적용이 가능하므로 ④는 옳지 않은 설명이다.

42

정답 ④

$$A_r = \frac{D_w^2 - D_e^2}{D_e^2} \times 100 = \frac{6^2 - 5.5^2}{5.5^2} \times 100 \fallingdotseq 19\%$$ 이다.

43

정답 ③

펌프의 축동력 P[kW]는 다음과 같다.

$P=9.8\times\frac{Q\times H_t}{\eta}$에서 $Q=\frac{50}{1}\times\frac{1}{60}\fallingdotseq 0.83$이므로 $P=9.8\times\frac{0.83\times 8}{0.8}=81.34$kW이다.

44

정답 ④

계획 1일 최대오수량에 대한 침전시간은 일반적으로 $2\sim 4$시간 정도이므로 ④는 옳지 않은 설명이다.

45

정답 ②

하수처리시설의 펌프장시설에서 중력식 침사지의 모래퇴적부 깊이는 최소 30cm 이상이어야 한다. 따라서 ②는 옳지 않은 설명이다.

46

정답 ①

축동력 P를 계산하기 위해 전수두를 이용하면 다음과 같다.

(전수두)=(실 양정)+(손실수두)이므로 $P=9.8\times\frac{QH_t}{\eta}=9.8\times\frac{0.03\times(50+5)}{0.8}\fallingdotseq 20.2$kW이다.

47

정답 ④

$N_s=N\times\frac{Q^{\frac{1}{2}}}{H^{\frac{3}{4}}}=3{,}000\times\frac{1.7^{\frac{1}{2}}}{\left(\frac{300}{6}\right)^{\frac{3}{4}}}\fallingdotseq 210$회이다.

48

정답 ②

장방형 침사지의 표준 표면부하율은 $200\sim 500$mm/min이다.

49

정답 ④

정수지의 바닥은 저수위보다 15cm 이상 낮게 설치해야 하므로 ④는 옳지 않은 설명이다.

50

정답 ②

최대휨응력 $\sigma_{\max}=\frac{M}{Z}=\frac{M}{\frac{\pi D^3}{32}}=\frac{32M}{\pi D^3}$이다.

PART 4

학습플래너

Date 202 . . .	D-5	공부시간 3H50M

◎ 사람으로서 할 수 있는 최선을 다한 후에는 오직 하늘의 뜻을 기다린다.

◎

◎

과목	내용	체크
전기	이론 학습	○

MEMO

〈절취선〉

학습플래너

Date . . . D- 공부시간 H M

◎

◎

◎

과목	내용	체크

MEMO

〈절취선〉

〈절취선〉

Date . . .	D-	공부시간 H M

◎

◎

◎

과목	내용	체크

MEMO

학습플래너

Date . . . D- 공부시간 H M

◎

◎

◎

과목	내용	체크

MEMO

〈절취선〉

Date . . .	D-	공부시간 H M

◎

◎

◎

과목	내용	체크

MEMO

〈절취선〉

학습플래너

Date . . . D- 공부시간 H M

◎
◎
◎

과목	내용	체크

MEMO

〈절취선〉

Date . . . D- 공부시간 H M

◎
◎
◎

과목	내용	체크

MEMO

〈절취선〉

학습플래너

Date . . . D- 공부시간 H M

◎
◎
◎

과목	내용	체크

MEMO

〈절취선〉

공기업 기술직 모의고사 답안카드

성 명

지원 분야

문제지 형별기재란	
(　　　)형	Ⓐ Ⓑ

수 험 번 호						
⓪	⓪	⓪	⓪	⓪	⓪	⓪
①	①	①	①	①	①	①
②	②	②	②	②	②	②
③	③	③	③	③	③	③
④	④	④	④	④	④	④
⑤	⑤	⑤	⑤	⑤	⑤	⑤
⑥	⑥	⑥	⑥	⑥	⑥	⑥
⑦	⑦	⑦	⑦	⑦	⑦	⑦
⑧	⑧	⑧	⑧	⑧	⑧	⑧
⑨	⑨	⑨	⑨	⑨	⑨	⑨

감독위원 확인
인

1	①	②	③	④	21	①	②	③	④	41	①	②	③	④
2	①	②	③	④	22	①	②	③	④	42	①	②	③	④
3	①	②	③	④	23	①	②	③	④	43	①	②	③	④
4	①	②	③	④	24	①	②	③	④	44	①	②	③	④
5	①	②	③	④	25	①	②	③	④	45	①	②	③	④
6	①	②	③	④	26	①	②	③	④	46	①	②	③	④
7	①	②	③	④	27	①	②	③	④	47	①	②	③	④
8	①	②	③	④	28	①	②	③	④	48	①	②	③	④
9	①	②	③	④	29	①	②	③	④	49	①	②	③	④
10	①	②	③	④	30	①	②	③	④	50	①	②	③	④
11	①	②	③	④	31	①	②	③	④					
12	①	②	③	④	32	①	②	③	④					
13	①	②	③	④	33	①	②	③	④					
14	①	②	③	④	34	①	②	③	④					
15	①	②	③	④	35	①	②	③	④					
16	①	②	③	④	36	①	②	③	④					
17	①	②	③	④	37	①	②	③	④					
18	①	②	③	④	38	①	②	③	④					
19	①	②	③	④	39	①	②	③	④					
20	①	②	③	④	40	①	②	③	④					

※ 본 답안지는 마킹연습용 모의 답안지입니다.

〈절취선〉

공기업 기술직 모의고사 답안카드

성 명

지원 분야

문제지 형별기재란	
(　　　)형	Ⓐ Ⓑ

수 험 번 호						
⓪	⓪	⓪	⓪	⓪	⓪	⓪
①	①	①	①	①	①	①
②	②	②	②	②	②	②
③	③	③	③	③	③	③
④	④	④	④	④	④	④
⑤	⑤	⑤	⑤	⑤	⑤	⑤
⑥	⑥	⑥	⑥	⑥	⑥	⑥
⑦	⑦	⑦	⑦	⑦	⑦	⑦
⑧	⑧	⑧	⑧	⑧	⑧	⑧
⑨	⑨	⑨	⑨	⑨	⑨	⑨

감독위원 확인
인

번호					번호					번호				
1	①	②	③	④	21	①	②	③	④	41	①	②	③	④
2	①	②	③	④	22	①	②	③	④	42	①	②	③	④
3	①	②	③	④	23	①	②	③	④	43	①	②	③	④
4	①	②	③	④	24	①	②	③	④	44	①	②	③	④
5	①	②	③	④	25	①	②	③	④	45	①	②	③	④
6	①	②	③	④	26	①	②	③	④	46	①	②	③	④
7	①	②	③	④	27	①	②	③	④	47	①	②	③	④
8	①	②	③	④	28	①	②	③	④	48	①	②	③	④
9	①	②	③	④	29	①	②	③	④	49	①	②	③	④
10	①	②	③	④	30	①	②	③	④	50	①	②	③	④
11	①	②	③	④	31	①	②	③	④					
12	①	②	③	④	32	①	②	③	④					
13	①	②	③	④	33	①	②	③	④					
14	①	②	③	④	34	①	②	③	④					
15	①	②	③	④	35	①	②	③	④					
16	①	②	③	④	36	①	②	③	④					
17	①	②	③	④	37	①	②	③	④					
18	①	②	③	④	38	①	②	③	④					
19	①	②	③	④	39	①	②	③	④					
20	①	②	③	④	40	①	②	③	④					

※ 본 답안지는 마킹연습용 모의 답안지입니다.

공기업 기술직 모의고사 답안카드

성 명

지원 분야

문제지 형별기재란	
(　　　)형	Ⓐ Ⓑ

수 험 번 호						
⓪	⓪	⓪	⓪	⓪	⓪	⓪
①	①	①	①	①	①	①
②	②	②	②	②	②	②
③	③	③	③	③	③	③
④	④	④	④	④	④	④
⑤	⑤	⑤	⑤	⑤	⑤	⑤
⑥	⑥	⑥	⑥	⑥	⑥	⑥
⑦	⑦	⑦	⑦	⑦	⑦	⑦
⑧	⑧	⑧	⑧	⑧	⑧	⑧
⑨	⑨	⑨	⑨	⑨	⑨	⑨

감독위원 확인
인

번호	답	번호	답	번호	답
1	① ② ③ ④	21	① ② ③ ④	41	① ② ③ ④
2	① ② ③ ④	22	① ② ③ ④	42	① ② ③ ④
3	① ② ③ ④	23	① ② ③ ④	43	① ② ③ ④
4	① ② ③ ④	24	① ② ③ ④	44	① ② ③ ④
5	① ② ③ ④	25	① ② ③ ④	45	① ② ③ ④
6	① ② ③ ④	26	① ② ③ ④	46	① ② ③ ④
7	① ② ③ ④	27	① ② ③ ④	47	① ② ③ ④
8	① ② ③ ④	28	① ② ③ ④	48	① ② ③ ④
9	① ② ③ ④	29	① ② ③ ④	49	① ② ③ ④
10	① ② ③ ④	30	① ② ③ ④	50	① ② ③ ④
11	① ② ③ ④	31	① ② ③ ④		
12	① ② ③ ④	32	① ② ③ ④		
13	① ② ③ ④	33	① ② ③ ④		
14	① ② ③ ④	34	① ② ③ ④		
15	① ② ③ ④	35	① ② ③ ④		
16	① ② ③ ④	36	① ② ③ ④		
17	① ② ③ ④	37	① ② ③ ④		
18	① ② ③ ④	38	① ② ③ ④		
19	① ② ③ ④	39	① ② ③ ④		
20	① ② ③ ④	40	① ② ③ ④		

※ 본 답안지는 마킹연습용 모의 답안지입니다.

〈절취선〉

공기업 기술직 모의고사 답안카드

성 명

지원 분야

문제지 형별기재란	
(　　　)형	Ⓐ Ⓑ

수 험 번 호						
⓪	⓪	⓪	⓪	⓪	⓪	⓪
①	①	①	①	①	①	①
②	②	②	②	②	②	②
③	③	③	③	③	③	③
④	④	④	④	④	④	④
⑤	⑤	⑤	⑤	⑤	⑤	⑤
⑥	⑥	⑥	⑥	⑥	⑥	⑥
⑦	⑦	⑦	⑦	⑦	⑦	⑦
⑧	⑧	⑧	⑧	⑧	⑧	⑧
⑨	⑨	⑨	⑨	⑨	⑨	⑨

감독위원 확인
인

번호					번호					번호				
1	①	②	③	④	21	①	②	③	④	41	①	②	③	④
2	①	②	③	④	22	①	②	③	④	42	①	②	③	④
3	①	②	③	④	23	①	②	③	④	43	①	②	③	④
4	①	②	③	④	24	①	②	③	④	44	①	②	③	④
5	①	②	③	④	25	①	②	③	④	45	①	②	③	④
6	①	②	③	④	26	①	②	③	④	46	①	②	③	④
7	①	②	③	④	27	①	②	③	④	47	①	②	③	④
8	①	②	③	④	28	①	②	③	④	48	①	②	③	④
9	①	②	③	④	29	①	②	③	④	49	①	②	③	④
10	①	②	③	④	30	①	②	③	④	50	①	②	③	④
11	①	②	③	④	31	①	②	③	④					
12	①	②	③	④	32	①	②	③	④					
13	①	②	③	④	33	①	②	③	④					
14	①	②	③	④	34	①	②	③	④					
15	①	②	③	④	35	①	②	③	④					
16	①	②	③	④	36	①	②	③	④					
17	①	②	③	④	37	①	②	③	④					
18	①	②	③	④	38	①	②	③	④					
19	①	②	③	④	39	①	②	③	④					
20	①	②	③	④	40	①	②	③	④					

※ 본 답안지는 마킹연습용 모의 답안지입니다.

좋은 책을 만드는 길
독자님과 함께하겠습니다.

2023 최신판 공기업 기술직 통합전공(전기 / 기계 / 토목)

개정2판1쇄 발행 2023년 03월 10일 (인쇄 2022년 10월 27일)
초 판 발 행 2021년 02월 10일 (인쇄 2020년 12월 31일)

발 행 인 박영일
책 임 편 집 이해욱
편 저 NCS직무능력연구소

편 집 진 행 하진형 · 유정화 · 문대식
표지디자인 조혜령
편집디자인 배선화

발 행 처 (주)시대고시기획
출 판 등 록 제10-1521호
주 소 서울시 마포구 큰우물로 75 [도화동 538 성지B/D] 9F
전 화 1600-3600
팩 스 02-701-8823
홈 페 이 지 www.sdedu.co.kr

I S B N 979-11-383-3656-7 (13320)
정 가 26,000원

공기업 통합전공

기술직

전기 · 기계 · 토목

혼공하는 취린이들을 위해 준비했어~!

취업을 준비하거나 이직을 준비하는 분들을 위해 만들어진 취업 정보 종합커뮤니티 카페

취업달성프로젝트!

대기업 & 공기업 취업 온라인 스터디 카페

https://cafe.naver.com/0moowon

NAVER 카페

취달프를 검색하세요!

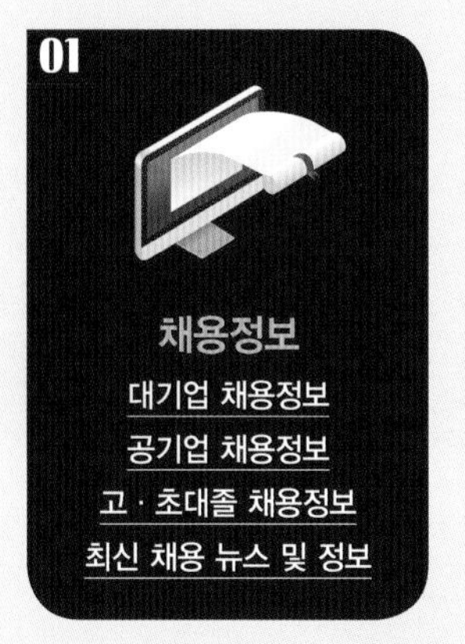

01

채용정보

대기업 채용정보

공기업 채용정보

고 · 초대졸 채용정보

최신 채용 뉴스 및 정보

02

무료 온라인 스터디

대기업 스터디

공기업 NCS 스터디

강의 동영상 제공

열정참여자 특별 혜택

03

꿀정보 대잔치

대기업 필수 정보

공기업 필수 정보

자소서 및 면접 꿀팁

04

무료 자료 제공

생생 취업 자료

최신 시사상식

1일 1한자성어

※ 도서 학습 관련 문의는 '도서 학습문의' 게시판에 남겨 주세요.

※ 도서의 정오사항은 '신속처리 정오표' 게시판에 업데이트됩니다.

취달프 카페 가입 이벤트

★ 가입인사 시 추첨을 통해 SD에듀 취업 관련 도서 1권 제공 ★

※ 추첨은 매달 진행됩니다.